棲霞年鑑

QIXIA NIANJIAN

南京市栖霞区人民政府主办

南京市栖霞区地方志编纂委员会办公室 承编

2015

总第13期

本刊荣获

2004 年

首届中国地方志年鉴评奖特等奖

第三届全国年鉴编纂出版质量评奖综合特等奖、中国年鉴奖

第三届南京地区年鉴评奖综合特等奖

2009 年

第四届全国年鉴编纂出版质量评比综合特等奖及框架设计、条目编写、装帧设计三个专项特等奖

全国地方志系统第二届年鉴评奖县(区)地方综合年鉴特等奖

首届江苏省年鉴奖市、县(市、区)年鉴综合特等奖

2012 年

第六届全国年鉴编校质量检查评比特等奖

2013 年

第七届全国年鉴编校质量检查评比特等奖

第二届江苏省年鉴奖市、县(市、区)年鉴综合特等奖

2014 年

第五届全国年鉴编纂出版质量评比综合特等奖及框架设计一等奖，条目编写、装帧设计特等奖

第三届江苏省年鉴奖市、县(市、区)年鉴综合特等奖

此图为古"金陵四十八景"之一。清宣统二年（1910）高岑绘画、廋生题书。录自民国《首都志》

图书在版编目(CIP)数据

栖霞年鉴.2015/南京市栖霞区地方志编纂委员会办公室编.
—北京:方志出版社,2015.11
ISBN 978-7-5144-1807-1

Ⅰ.①栖… Ⅱ.①南… Ⅲ.①区(城市)—南京市—2015—年鉴
Ⅳ.①Z525.31

中国版本图书馆 CIP 数据核字(2015)第 274653 号

栖霞年鉴(2015)

编　　者: 南京市栖霞区地方志编纂委员会办公室
责任编辑: 徐　宏

出 版 人: 冀祥德
出 版 者: 方 志 出 版 社
地址　北京市朝阳区潘家园东里9号(国家方志馆4层)
邮编　100021
网址　http://www.fzph.org
发　　行: 方志出版社发行中心
电话　(010)67110500
经　　销: 各地新华书店
印　　刷: 南京四彩印刷有限公司

开　　本: 889×1194　1/16
印　　张: 25
字　　数: 1020 千字
版　　次: 2015 年 11 月第 1 版　2015 年 11 月第 1 次印刷
印　　数: 0001~1200 册

ISBN 978-7-5144-1807-1　　定价:180.00 元

栖霞 年鉴

2015 QIXIA NIANJIAN

地址

南京市尧化门街189号

电话

025-85664155

传真

025-85664155

邮编

210046

电子信箱

qxqzb123@126.com

栖霞区档案局、地方志政务微博(南京栖霞档案－方志)

栖霞区档案局、地方志政务微信(南京栖霞档案方志)

《栖霞年鉴》编纂委员会

《栖霞年鉴》(2015)编辑部

主审人员名单

（按姓氏笔划顺序排列）

万安云	王　杨	王　俊	王小锋	王兆仁	王应松
王建国	王春宝	王殿民	王燕江	车金楼	冯　芯
冯宗雷	卢　静	古　琳	宁国信	仲崇蔚	刘　爽
刘　萍	吕宁华	庄　荣	朱　红	朱从政	朱敏生
毕瑞夏	池建华	许晓燕	佘凌云	吴　捷	吴平顺
张　健	张　捷	张大武	张中强	张庆喜	张兵兵
张青杰	李学民	李德山	杜　巍	杨　艳	杨克群
杨秀凤	汪金宝	沈　芸	邱积银	陆惠芳	陈若蓓
陈海频	周佳贤	周和斌	林晓明	欧阳慧珠	金　旭
胡婷婷	赵正轶	倪天华	夏秀华	徐　宁	徐　刚
徐　薇	徐兴东	徐观林	徐漫雪	秦声宁	翁丽敏
贾顺如	钱　琍	顾　磊	章水云	黄　斌	黄月红
黄忠洋	温世清	葛　铭	谢晓燕	靳黎丽	熊明高
颜　康	魏　兵				

编纂说明

一、《栖霞年鉴》是由南京市栖霞区人民政府主办、栖霞区地方志编纂委员会办公室承编的年度资料性文献。坚持以马克思列宁主义、毛泽东思想、邓小平理论、"三个代表"重要思想和科学发展观为指导，系统记述栖霞地区（含南京经济技术开发区、南京仙林大学城及驻区企事业单位）自然、政治、经济、文化和社会等方面的情况，为各级部门决策提供依据，为社会各界人士及海内外客商研究栖霞、投资置业，提供翔实、准确、权威的信息资料，为续修《栖霞区志》积累史料。

二、《栖霞年鉴》2015年卷主要记述2014年栖霞地区各项事业发展状况和最新成就。收录范围以地域为界，凡在栖霞区境域之内的单位、各行各业，不论其性质、隶属关系和级别，均在收录之列。

三、《栖霞年鉴》基本结构分为"编目""类目""分目""条目"4个层次。部分涉及面较广的"分目"增设"副分目"。2015年卷框架结构有较大变动，整合后设特载、区情概览、大事纪要、地方组织机构、南京经济技术开发区、南京仙林大学城、社会治理、科技·科技创新平台、城市环境、区域经济、公共服务、街道、人物·荣誉录、综录14个编目，各编目按自然、政治、经济、文化和社会的顺序，依次排列。

四、《栖霞年鉴》从创刊号始而至今，一以贯之，坚持每期固定设置"图片报道""大事纪要·特事纵横""综录·栖霞掌故""综录·往事钩沉""综录·邑人档案""专题彩页（魅力栖霞系列）"等栏目，以彰显地方特色、时代特色，皆蔚然成观。

五、为减少层次，避免交叉重复，《栖霞年鉴》多数"编目"和"类目"下不设"综述"，仅在"分目"或"副分目"下设"概况"作为第一"条目"，以对部门、单位期内情况进行综合性或概括性记述。

六、为便于阅读，《栖霞年鉴》"编目""类目""分目""副分目""条目"标题以及相关链接、附表等使用不同字体、字号，配以不同符号，分色印刷。其中，"类目"标题加网纹衬底，"副分目"标题前后加"·"符号，"条目"标题前加"◆"标记。凡需设"相关链接"的，在文中相关处加"*"符号标明。另在卷首设置机构（单位）简称、全称对照表。

七、《栖霞年鉴》2015年卷采用的稿件均由各街道、各部门、各直属单位以及驻区有关单位专人撰写，并经领导审阅，文中所用统计数据均经供稿单位审核，撰稿人随文署名，以示尊重其劳动成果并文责自负。"统计资料"由区统计局提供，凡因统计口径、方法、时间不同造成与条目中数据不一致时，均以区统计局资料为准。

八、《栖霞年鉴》2015年卷卷首有"总目录""目录""大事记要"，卷尾有"索引"，并附制光盘以方便检索。为便于涉外交流，年鉴"总目录"和"目录"采取中英文对照。

九、《栖霞年鉴》2015年卷的编纂工作得到区属各街道、各部门、各单位和驻区有关单位的热情支持与配合，也得到江苏省、南京市地志办领导和专家的指导帮助，在此谨表诚挚谢意。

编　者

2015年10月

栖霞区地图

南京化工学校
瓜埠客运站
瓜埠山
滁河闸站管理处
红山窑
扬子石化
雍庄立交
南京化学
葛塘
长芦
大厂
南化集团
南化氮肥厂
太子山路
凤凰南路
白庙
六合区
楼子
渔樵
沿江高等级公路
皇厂河渡口
通江集渡口
南京西坝码头有限公司
荣盛集团
玉带
龙袍
江堤管理所
洲滩度假村
长江二桥（北汉桥）
沙漠风情园
外沙
二八养殖场
坝村
八卦洲
二桥高速公路
下坝
大同
新闸
东江
八卦洲造船基地
南京钢铁集团
港池码头
八卦洲服务区
浩驰生态养殖公司
七里
长江二桥
洲头鱼嘴广场
浦珠北路
惠宁码头有限公司
新生圩码头
小漆江生态园
长江四桥
石埠桥
市铅锌银矿
栖霞山风景区
栖霞山
江南粉磨公司
摄山
栖霞寺
扬子水泥公司
新生圩海关
乌龙山
华港酒店
乌龙山公园
龙山纪念林
金陵石化
孝昇数码仙
二桥公园
燕子矶公园
熊猫电子工业园
笆斗山
南京电气集团
金陵石化化肥厂
南滨公园
北象山
南京经济技术开发区
金陵石化化工一厂
燕子矶
栖霞区医院
何家山
沪宁高速铁路
十月广场
博西华电器
基督教公墓
南象山
幕府山－燕子矶风景区
柳塘立交
柳塘科技园
佳和日化
大凹山
栖霞
南京理工大学（紫金学院）
绕城高速公路
仙林湖
区住建局
晓庄国际广场
新港医院
栖霞区医院
仙林站
南京技师学院
磨盘山
南京工业职业技术学院（仙林校区）
南京邮电大学（仙林校区）
南京大学（仙林校区）
龙泉山
龙王山
幕府山
高力家具港
高力汽配城
丁家庄保障房
尧化
仙林国际汽配城
南京财经大学（仙林校区）
长江大桥
宝塔桥
五塘广场
北崮山
区地税局
区国土局
迈皋桥
中车集团
南京师范大学（仙林校区）
奥莱城
羊山公园
南京中医药大学（仙林校区）
五亩山
迈皋桥
华电路
省中西医结合医院
红山
聚宝山
栖霞区
仙林
仙林中心
市委党校
西岗
红山动物园
农场山
东杨坊立交
徐庄软件园
徐庄
奔富建材
仙林鼓楼医院
小市
南京站
墨香路立交
京沪铁路
钟山国际体育公园
学则路
应天学院
灵山
陈山
中央门长途汽车站
南京火车站
长途汽车东站
王家湾
汉庭连锁
市农科院
紫东创意园
新庄立交
新庄
蒋王庙
钟山风景区
紫金山
东流
马路山
新模范马路
紫峰大厦
南京赛马场
麒麟铺社区
紫金山天文台
中山陵
马群
紫金山庄
鼓楼区
省政府
明孝陵
灵谷寺
马群立交
沪蓉高速公路
市政府
南京交通技师学院
麒麟
跨世纪物流
鸡鸣寺
九华山
南京大学
东南大学
玄武区
麒西路
麒东路
金陵饭店
钟山学院
马群广场
万家楼立交
牛头山
金陵制药厂
新街口
秦淮区
明故宫
孝陵卫
钟灵街
麒麟科创园开发指挥部
南湾营小区
瑞金路
下马坊
孝陵卫
狮子山
五百户立交
麒麟科创园
光华路
宁铜铁路
名人岛度假村
白下科技园
汤山林场余村管理区
丰面山
五峰岭
七桥瓮生态湿地公园
雨花台风景区
南双桥门立交
高桥门立交
宝善寺公墓
京沪高速铁路

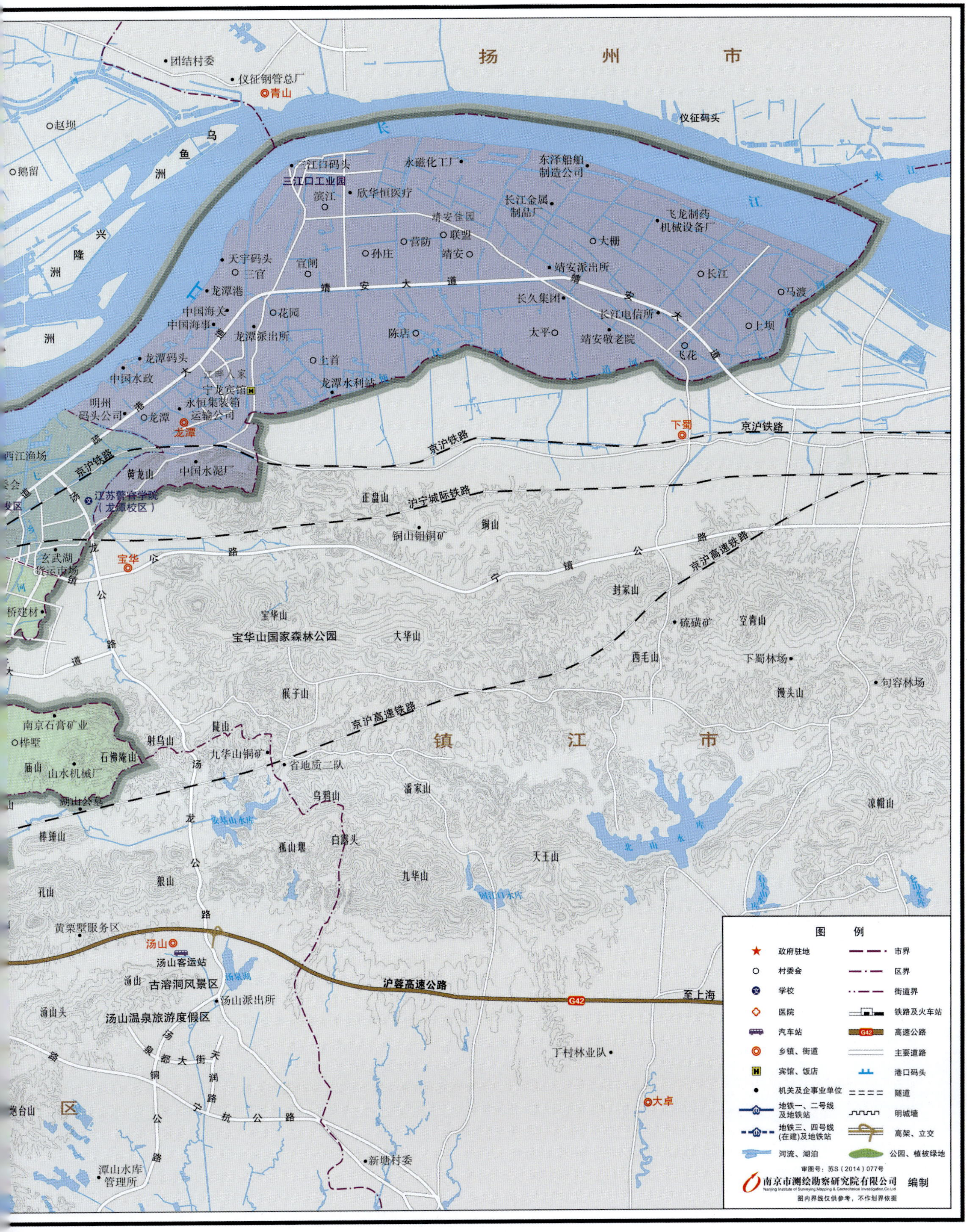

扬　州　市
团结村委
仪征钢管总厂
青山
仪征码头
赵坝
鹅留
乌
鱼
洲
兴
隆
洲
洲
长
江
三江口码头
三江口工业园
永磁化工厂
东泽船舶
制造公司
滨江
欣华恒医疗
长江金属
制品厂
靖安佳园
飞龙制药
机械设备厂
营防
联盟
大棚
孙庄
靖安
天宇码头
三官
宣闸
靖安派出所
长江
马渡
龙潭港
靖
安
大
道
长久集团
中国海关
花园
中国海事
长江电信所
上坝
龙潭派出所
陈店
太平
靖安敬老院
龙潭码头
上首
飞花
中国水政
江畔人家
龙潭水利站
宁龙宾馆
明州
码头公司
永恒集装箱
运输公司
龙潭
下蜀
京沪铁路
西江渔场
中国水泥厂
黄龙山
江苏警官学院
（龙潭校区）
正盘山
沪宁城际铁路
铜山钼铜矿
铜山
玄武湖
货运市场
宝华
宁
镇
公
路
京沪高速铁路
封家山
桥建材
宝华山
宝华山国家森林公园
大华山
硫磺矿
空青山
西毛山
下蜀林场
句容林场
猴子山
馒头山
南京石膏矿业
桦墅
石佛庵山
射乌山
陡山
九华山铜矿
省地质二队
镇　江　市
庙山
山水机械厂
汤
潘家山
湖山公寓
乌龙山
龙
凉帽山
棒锤山
孤山壁
白露头
天王山
北山水库
公
孔山
粮山
九华山
路
黄栗墅服务区
汤山
汤山客运站
沪蓉高速公路
G42
至上海
汤山
古溶洞风景区
汤山派出所
汤山头
汤山温泉旅游度假区
汤
泉
都
大
街
天
润
路
丁村林业队
铜
宁
杭
公
路
大卓
炮台山
区
潭山水库
管理所
新塘村委
图　例
政府驻地
市界
村委会
区界
学校
街道界
医院
铁路及火车站
汽车站
高速公路
乡镇、街道
主要道路
宾馆、饭店
港口码头
机关及企事业单位
隧道
地铁一、二号线及地铁站
明城墙
地铁三、四号线(在建)及地铁站
高架、立交
河流、湖泊
公园、植被绿地
审图号：苏S（2014）077号
南京市测绘勘察研究院有限公司　编制
Nanjing Institute of Surveying, Mapping & Geotechnical Investigation, Co.Ltd
图内界线仅供参考，不作划界依据

《栖霞年鉴》主要机构(单位)简称、全称对照

简称	全称
区委	中国共产党南京市栖霞区委员会
区人大常委会	南京市栖霞区人民代表大会常务委员会
区政府	南京市栖霞区人民政府
区政协	中国人民政治协商会议南京市栖霞区委员会
区纪委	中国共产党南京市栖霞区纪律检查委员会
区法院	南京市栖霞区人民法院
区检察院	南京市栖霞区人民检察院
区委办	中国共产党南京市栖霞区委员会办公室
区人大办	南京市栖霞区人大常委会办公室
区政府办	南京市栖霞区人民政府办公室
区政协办	政协南京市栖霞区委员会办公室
区人武部	南京市栖霞区人民武装部
区委保密办	中共南京市栖霞区委保密委员会办公室
区委组织部	中共南京市栖霞区委组织部
区委宣传部	中共南京市栖霞区委宣传部
区委党史工办	中共南京市栖霞区委党史工作办公室
区委统战部	中共南京市栖霞区委统一战线工作部
区委政法委	中共南京市栖霞区委政法委员会
区委区级机关工委	中共南京市栖霞区委区级机关工作委员会
区委老干部局	中共南京市栖霞区委老干部局
区委党校	中共南京市栖霞区委党校
区委社建工委	中共南京市栖霞区委社会建设工作委员会
区民宗局	南京市栖霞区民族宗教事务局
区台办	南京市栖霞区政府台湾工作办公室
区工商联	南京市栖霞区工商业联合会
区侨办	南京市栖霞区人民政府侨务工作办公室
区台联会	南京市栖霞区台湾同胞联谊会
区侨联会	南京市栖霞区归国华侨联合会
区综治委	南京市栖霞区社会管理综合治理委员会
区综治办	南京市栖霞区社会管理综合治理委员会办公室
区法制办	南京市栖霞区人民政府法制办公室
区外事办	南京市栖霞区人民政府外事办公室
区发改局	南京市栖霞区发展和改革局
区工信局	南京市栖霞区工业和信息化局
区住建局	南京市栖霞区住房和建设局
区科技局	南京市栖霞区科学技术局
科创中心	南京金港科技创业中心
区科协	南京市栖霞区科学技术协会
区残联	南京市栖霞区残疾人联合会
区国资办	南京市栖霞区人民政府国有资产监督管理办公室
区人社局	南京市栖霞区人力资源和社会保障局
区安监局	南京市栖霞区安全生产监督管理局
区安委会	南京市栖霞区安全生产委员会
区环保局	南京市栖霞区环境保护局
区城管局	南京市栖霞区城市管理局
区交运局	南京市栖霞区交通运输局
区药监局	南京市栖霞区食品药品监督管理局

区人口计生局	南京市栖霞区人口和计划生育局
区人防办	南京市栖霞区人民防空办公室
区志办	南京市栖霞区地方志编纂委员会办公室
区拆迁办	南京市栖霞区房屋拆迁安置管理办公室
区人才办	南京市栖霞区人才工作办公室
区文明办	南京市栖霞区精神文明建设指导委员会办公室
区编制办	南京市栖霞区机构编制委员会办公室
区委农委	中共南京市栖霞区委农村工作委员会
区农资办	南京市栖霞区政府农村集体资产管理办公室
区防汛办	南京市栖霞区防汛防旱指挥部办公室
团区委	中国共产主义青年团南京市栖霞区委员会
区妇联	南京市栖霞区妇女联合会
区文联	南京市栖霞区文学艺术界联合会
区工商分局	南京市工商行政管理局栖霞分局
区关工委	南京市栖霞区关心下一代工作委员会
区质监分局	南京市质量技术监督局栖霞分局
区国税局	南京市栖霞区国家税务局
区地税局	南京市栖霞地方税务局
区公安分局	南京市公安局栖霞分局
区国土分局	南京市国土资源局栖霞分局
仙林大学城	南京仙林大学城
南京开发区	南京经济技术开发区
紫金(仙林、新港)科创特区	紫金(仙林、新港)科技创业特别社区
物联网基地	南京仙林物联网产业基地
新尧新城	新尧新城开发建设指挥部
迈整指挥部	迈皋桥地区环境综合整治指挥部
栖霞建设	南京栖霞建设集团公司
高科置业	南京高科置业有限公司
工行新港支行	中国工商银行新港支行
农行城东支行	中国农业银行南京城东支行
南京银行和燕路支行	南京银行股份有限公司和燕路支行
南京工程公司	中国石油化工股份有限公司南京工程有限公司
南京电气集团	南京电气集团有限责任公司
中建八局三公司	中国建筑第八工程局有限公司第三建设有限公司
龙潭物流基地	龙潭物流基地开发有限公司
南京二桥	南京长江第二大桥
南京四桥	南京长江第四大桥
东站	上海铁路局南京东站
南大	南京大学
南师大	南京师范大学
南财	南京财经大学
南中医	南京中医药大学
南邮	南京邮电大学
紫金学院	南京理工大学紫金学院
南信院	南京信息职业技术学院
南工院	南京工业职业技术学院
应天学院	应天职业技术学院
钟山学院	钟山职业技术学院
技师学院	南京交通技师学院
特教学院	南京特殊教育职业技术学院
南师大附校	南京师范大学附属实验学校
南外仙林分校	南京外国语学校仙林分校

美丽乡村——桦墅

12 月 1 日，区政府与南京艺术学院签署战略合作协议　　区政府办　供稿

8 月 18 日，江苏省人民医院与栖霞区政府签订共建栖霞康复医疗体系建设合作协议　　区卫生局　供稿

8月，非遗项目“栖霞龙舞”亮相青奥场馆　　聂露露　摄

8月31日，栖霞(海门)实验初级中学开学典礼暨南京市栖霞中学新校区启用仪式　　区政府办　供稿

万谷 · 慧生活广场建成　　　　迈皋桥街道　供稿

9 月 29 日，中国南京第十五届“金秋栖霞”艺术节闭幕式在龙潭江畔人家广场举行

南京三维打印应用产业创新中心　　区科技局　供稿

张晓宇　摄

新建成的下庙保障房　　燕子矶新城建设指挥部　供稿

4 月 26 日，中国南京科技创业创新与重大项目洽谈会上，仙林大学城管委会与法国欧葆庭签约

仙林大学城管委会　供稿

7 月 19 日，栖霞区、南京开发区、仙林科技城重大项目签约仪式举行　仙林大学城管委会　供稿

9月22日，栖霞区重大项目开工仪式举行　　　　区政府办　供稿

10月30日，LG动力电池项目开工　　　　南京开发区管委会　供稿

仙林湖住宅区远眺

西岗街道　供稿

幕燕滨江风貌区

燕子矶新城建设指挥部　供稿

复建的观音门城楼　　燕子矶新城建设指挥部　供稿

九乡河生态公园

龙潭水一方生态园区　　　　龙潭街道　供稿

华沙　摄

图片报道

栖霞山秋色

区委宣传部　供稿

片
报
道

南京长江二桥绿化带　　燕子矶新城建设指挥部　供稿

整治后的北十里长沟东支区　　住建局　供稿

南京市栖霞区经济综合实力图示
（2010~2014）

图一　地区生产总值

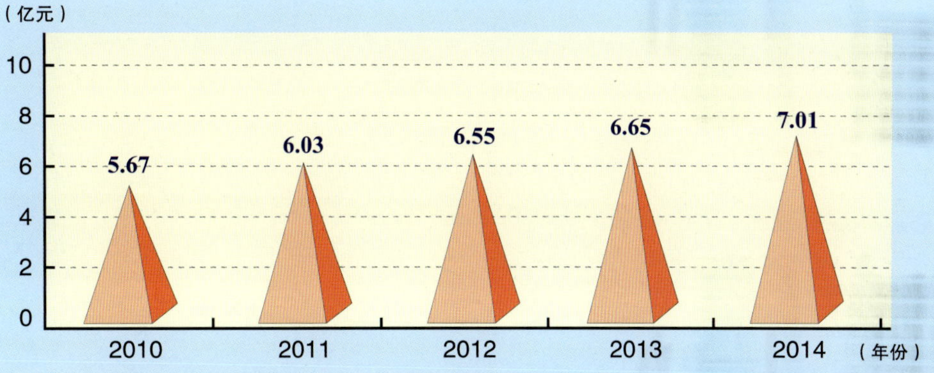

图二　第一产业生产总值

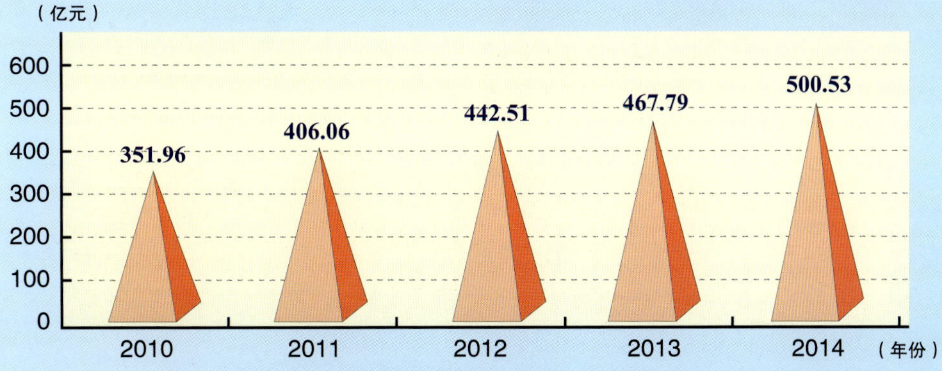

图三　第二产业生产总值

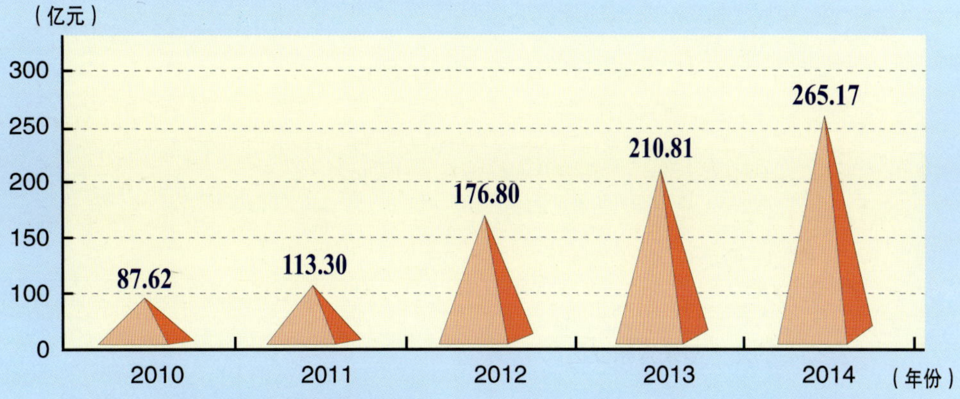

图四　第三产业生产总值

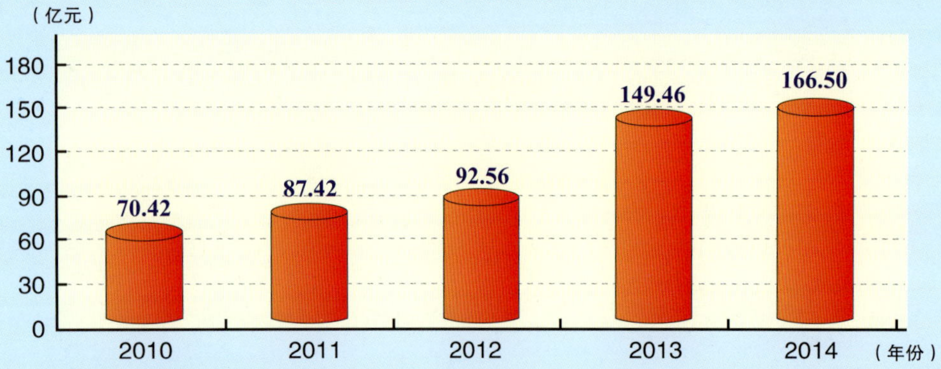

图五　财政总收入

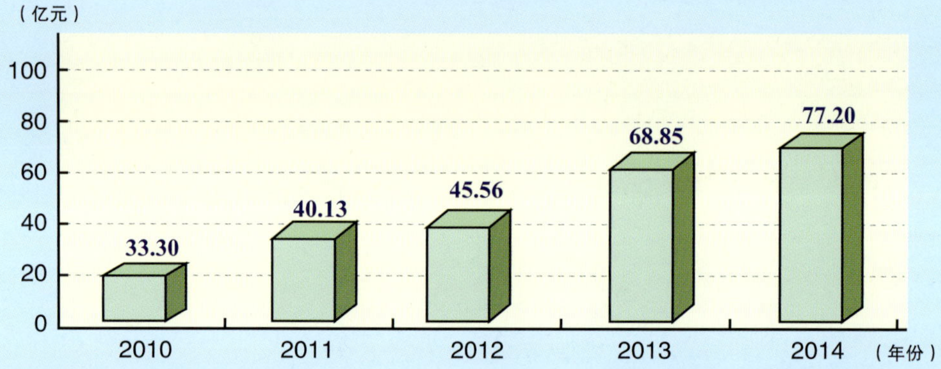

图六　地方财政一般预算收入

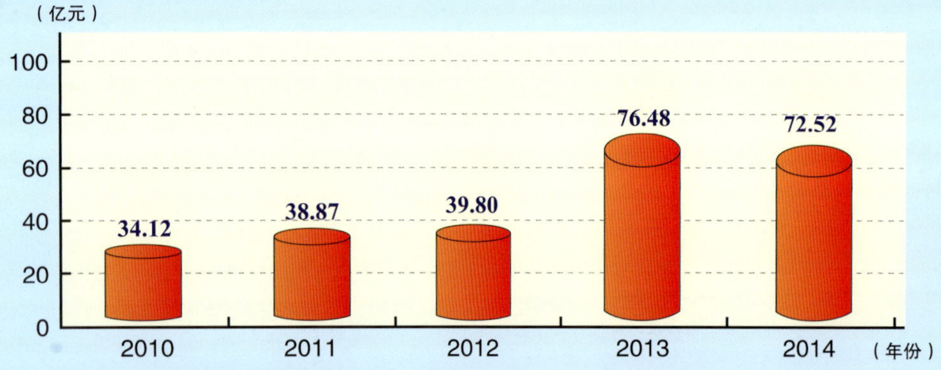

图七　财政总支出

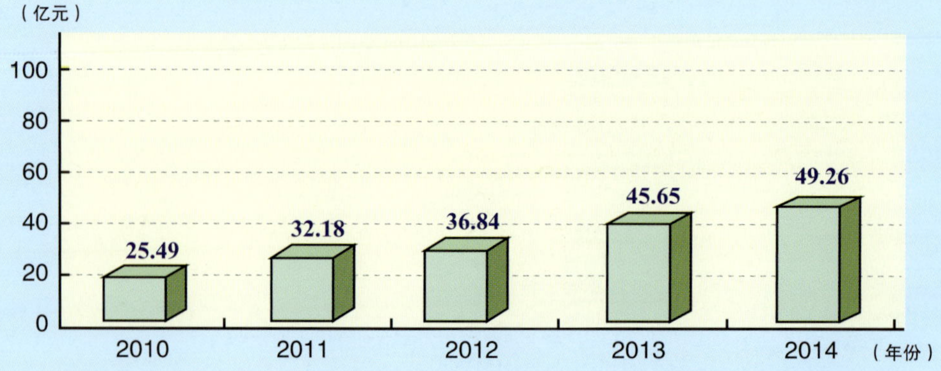

图八　地方财政一般预算支出

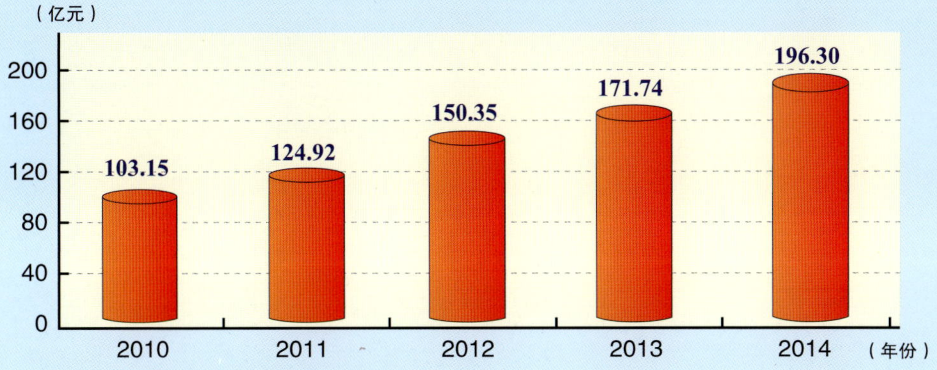

图九　社会商品零售总额

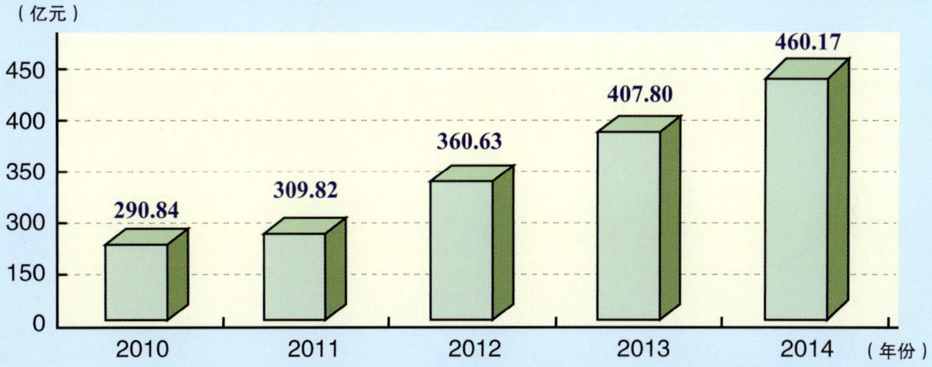

图十　全社会固定资产投资总额

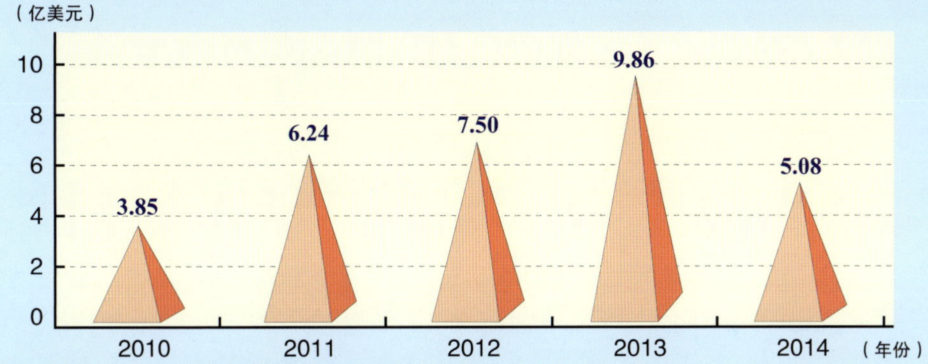

图十一　实际利用外资

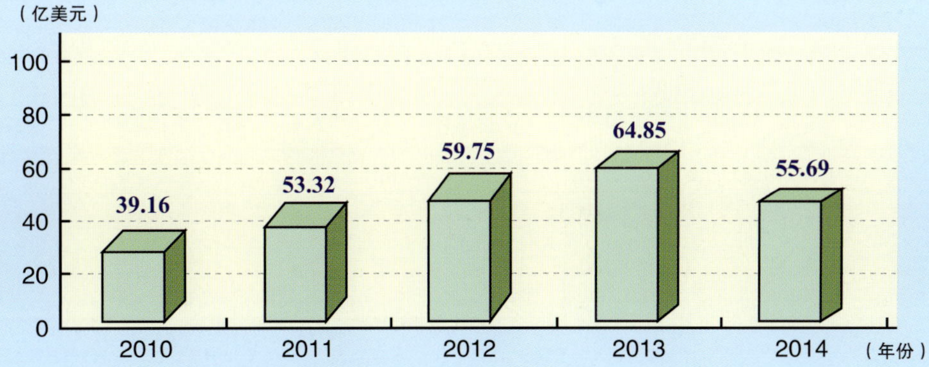

图十二　外贸出口总额

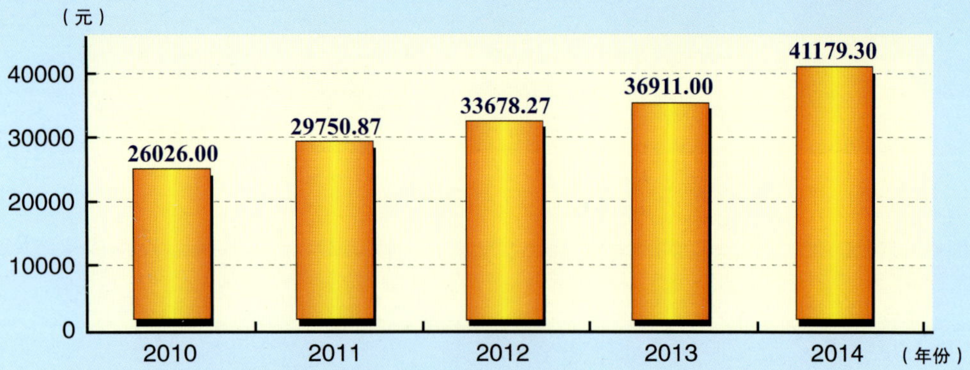

图十三　城市居民人均可支配收入

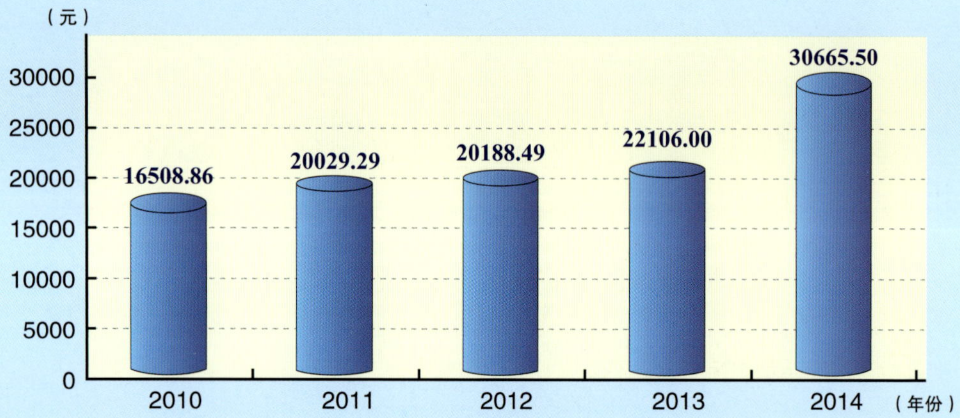

图十四　城市居民人均消费支出

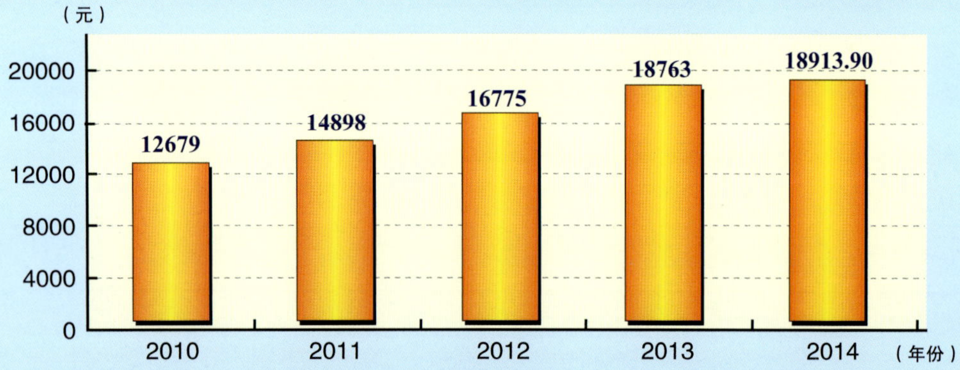

图十五　农村居民人均可支配收入

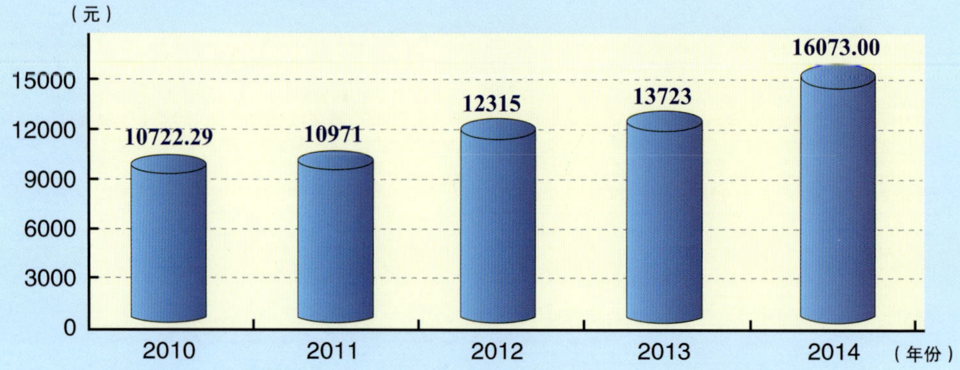

图十六　农村居民人均消费支出

总目录

目　录

组织机构及负责人名录

栖霞行政区

南京开发区

仙林大学城

大事纪要

特事纵横

年度要事

栖霞行政区

南京开发区

仙林大学城

地方组织机构

中共栖霞区委

综　　述

组　　织

视察调研

街道人大工委

栖霞区人民政府

综　　述

人事管理

政府法制

外事侨务与港澳台事务

政协栖霞区委员会

综　　述

街道政协工作

专门委员会

中共栖霞区纪委

综　　述

党风廉政建设

政风行风作风建设

案件查处

监督检查

民主党派

工商业联合会

群众团体

区总工会

团区委

区妇联

区科学技术协会

区红十字会

残疾人联合会

南京经济技术开发区

总　述

基础设施建设与管理服务

招商引资与项目建设

东区建设

南京综合保税区

部分入驻企业

南京仙林大学城

总　　述

基础设施建设

仙林科技城建设

进驻院校

综　　述

南京大学

南京师范大学

南京财经大学

南京中医药大学

南京邮电大学

南京森林警察学院

南京理工大学紫金学院

南京信息职业技术学院

南京工业职业技术学院

应天职业技术学院

南京技师学院

南京师范大学附属实验学校

南京外国语学校仙林分校

社会治理

法治建设

法治综合治理

审　判

检　察

公　安

·概　述·

·治安管理·

·户籍管理·

·案件侦破·

交通建设与管理

综　述

道路工程

交通行业管理

部分驻区单位

·上海铁路局南京东站·

·南京长江二桥·

·南京港龙潭集装箱有限公司·

·明州码头有限公司·

新城建设

新尧新城

燕子矶新城

迈燕新城

拆迁安置

城市管理

市容管理

住房保障

环境整治

物业管理

建筑安装管理

土地资源管理

环境保护

综　述

环境监管

环保执法

污染源治理

生态区建设

区域经济

工　业

综　述

工业园区

·马群科技园·

·十月公社科技创业园·

·三江口工业集中区·

·街道工业项目集中区·

部分驻区企业

·中建八局第三建设有限公司·

·南京电气(集团)有限责任公司·

国家税务

地方税务

工商行政管理

质量技术监督

价格管理

审计监督

统计管理

公共服务

教 育

综 述

学前教育

初等教育

普通中学教育

职业教育

社区教育

部分驻区院校

·金陵科技学院·

·钟山职业技术学院·

·南京交通技师学院·

·南京特殊教育职业技术学院·

文　　化

文学艺术创作

群众文艺

图书馆

文化遗产保护

广播电视

《今日栖霞》

文化产业

文化市场管理

档　　案

地方志

医疗卫生

综　　述

合作医疗

疾病预防控制

妇幼保健

社区卫生

爱国卫生运动

社会救助和福利

优抚安置与双拥共建

老龄事业

婚丧与地名管理

民族宗教事务

街　道

街道综述

社区管理

尧化街道

龙潭街道

栖霞街道

马群街道

仙林街道

迈皋桥街道

燕子矶街道

八卦洲街道

西岗街道

人物·荣誉录

新任区级领导人

先进模范人物

江苏好人

江苏省五一劳动奖章获得者

南京市五一劳动奖章获得者

南京好市民

逝世人物

荣誉录

综　录

新闻报道题录

文件目录选辑

中共栖霞区委员会

栖霞区人民代表大会

栖霞区人民政府

政协栖霞区委员会

中共南京市委南京经济技术开发区工委

南京经济技术开发区管委会

栖霞掌故

往事沟沉

邑人档案

统计资料

综　　合

人　　口

农　　业

工　　业

固定资产投资和建筑业

商贸业

财　　政

教科文卫体事业

人民生活

附　　录

索　　引

专题彩页

Contents

Special Records

Overviews

Major Events

Local Organizations

Nanjing Economic & Technological Development Zone

Nanjing Xianlin University Town

Social Governance

Science and Technology & Sci-tech Innovative Platforms

City Environment

Regional Development

Public Service

Subdistricts

Figures, the Commended Outstanding Individuals and Collectives

Appendix

特 载

Special Records

南京长江第四大桥

穆歌绘

◎ 责任编辑 方可畏

专　　记

栖霞区举行南京大屠杀死难者国家公祭日悼念活动

12月13日,是首个南京大屠杀死难者国家公祭日*。上午10时,中共中央、全国人大常委会、国务院、全国政协、中央军委在侵华日军南京大屠杀遇难同胞纪念馆举行南京大屠杀死难者国家公祭仪式。与此同时,栖霞区党政军民各界代表分别在燕子矶公园、陶行知纪念馆、燕子矶社区举行南京大屠杀死难者国家公祭日悼念活动。

1937年12月13日,侵华日军攻入南京,对已解除武装的中国守城部队官兵和南京平民百姓实施长达40多天灭绝人性的疯狂屠杀,30万生灵惨遭杀戮。在30万死难同胞中,将近半数是在栖霞土地上蒙难的,仅在燕子矶江滩和幕府山江岸两处,被日军集体屠杀的中国军民即分别有5万多人和57000多人*,燕子矶地区成为侵华日军南京大屠杀的主要屠场之一。每年12月13日,栖霞区党政军民各界人士均在燕子矶公园侵华日军南京大屠杀遇难同胞纪念碑亭*前举行悼念仪式,祭奠死难者的亡灵,庆祝中国人民抗日战争和世界反法西斯战争的伟大胜利,祈祷世界永久和平。

12月13日,南京大屠杀死难者国家公祭日栖霞区党政军民各界人士悼念活动,如期在燕子矶公园遇难同胞纪念碑亭前举行。碑亭两侧"勿忘国耻、圆梦中华","铭记历史、珍视和平、警示未来"蓝底白字的巨幅标语格外醒目。一个插满红、黄、白色鲜花的巨大花篮安放在纪念碑前,寄托着人们对死难者的深深哀思。区四套班子领导邢正军、夏宁、胡晓健、周峰、李斌、毕金生、万震等和200多名党政军民各界代表胸前佩戴白花,静静地肃立在纪念碑亭周围山坡上。

区委副书记、区长邢正军主持悼念仪式。

10时整,悼念仪式开始,现场奏唱《中华人民共和国国歌》。国歌奏唱完毕,防空警报拉响,全体代表向南京大屠杀死难者低头致哀。接着,幕府山庄小学六(1)班学生倪许愿和燕子矶街道太平村居民陶长树,分别代表全区中、小学生和社区居民讲话。倪许愿在讲话中表示,一定牢记历史,不忘国耻,铭记"落后就要挨打"的历史教训,在爱国主义、社会主义的伟大旗帜下,振奋民族精神,刻苦学习,为实现祖国的伟大复兴而努力奋斗。陶长树说,我们不会忘记侵华日军在南京屠戮30万军民的那段惨痛历史,对日本右翼势力企图否认南京大屠杀历史事实的行径表示极大愤慨,中国人民热爱和平,珍惜今天的幸福生活,绝不会让历史的悲剧重演,决心为维护世界永久和平,实现中华民族伟大复兴的中国梦奉献自己力量。随后,参加悼念仪式的党政军民各界代表依序缓步绕行纪念碑一周,敬献鲜花,表示哀悼。

12月13日,南京大屠杀死难者国家公祭日栖霞区党政军民悼念活动在燕子矶公园遇难同胞纪念碑亭前举行,区长邢正军(右五正面立者)主持悼念仪式并致辞　　《今日栖霞》报 供稿

悼念仪式结束后,参加悼念仪式的党政军民各界代表在燕子矶公园门外广场,观看揭露侵华日军在南京栖霞地区屠杀暴行的《圣典·国家公祭》图片展板*,进一步了解那一段惨痛的历史。

当日,陆续有1000多名群众,从全区各地自发到燕子矶公园遇难同胞纪念碑前,献上鲜花,寄托哀思,并在燕子矶公园门外广场观看《圣典·国家公祭》图片展板。

幕府山庄小学六(1)班学生倪许愿(右四)代表全区中小学生讲话

区委宣传部 供稿

参加悼念仪式的各界代表缓步绕行纪念碑一周并敬献鲜花表示哀悼

悼念仪式结束后,各界代表在燕子矶公园门外广场观看《圣典·国家公祭》展板

全区各地群众自发到燕子矶公园遇难同胞纪念碑前献花寄托哀思

12月13日，南京市教育局和南京卫生学校联合在陶行知纪念馆举行南京大屠杀死难者国家公祭日群众性悼念活动。纪念馆门眉上方悬挂着一条蓝色横幅,上书“勿忘国耻、圆梦中华”八个白色大字。南京市教育局领导完进,南京卫生学校领导姚峰、张红旗、孙学明,南京卫生学校师生代表和群众代表共200多人参加悼念活动。人们个个胸戴白花,列队站立在馆前广场上。

南京卫生学校学生处处长孙学明主持悼念活动。

10时整,悼念活动开始,现场奏唱国歌。国歌奏唱完毕,防空警报响起,全体肃立低头默哀。南京卫生学校党委副书记姚峰致辞,以无比沉痛地心情,祭奠和追思南京大屠杀惨案中不幸罹难的30万同胞和所有在日本侵华战争中不幸死难的同胞,缅怀为抗日战争胜利献出生命的革命先烈,揭露日本侵略者残害生灵的战争罪行,表明中国人民反对侵略战争、捍卫人类尊严、维护世界和平的坚定立场和实现中华民族伟大复兴中国梦的坚强决心。南京卫生学校学生代表贡瑞敏讲话,他表示一定要记住南京大屠杀这段惨痛的历史,以强烈的忧患意识和高度的民族责任感,自觉把爱国之情转化为报国之行,努力为祖国的繁荣富强做出自己应有的贡献。接着,南京卫生学校100名师生集体朗诵祭文《少年中国说》,文中表达中国青少年心声:“……故今日(制出将来之少年中国)之责任,不在他人,而全在我少年。少年智则国智,少年富则国富,少年强则国强,少年独立则国独立,少年自由则国自由,少年进步则国进步,少年胜于欧美则国胜于欧美,少年雄立于寰宇则国雄立于寰宇。……美哉我少年中国,与天不老;壮哉我中国少年,与国无疆!与天不老,与国无疆!与天不老,与国无疆!”

悼念活动结束，参加活动的全体人员依次瞻仰陶行知塑像、陶行知陵墓和革命烈士纪念碑,并分别敬献花篮。

12月13日,燕子矶街道燕子矶社区举行南京大屠杀死难者国家公祭仪式集体收视活动。侵华日军在南京制造灭绝人性的大屠杀惨案,30万中国同胞死于日军屠刀之下，燕子矶社区附近江滩是日军杀戮中国同胞的主要场所之一,5万多中国战俘和难民惨死于此。

集体收视活动场所设在社区会议室。一台电视机摆在主席台正中,会议室两侧墙壁上悬挂着蓝底白字横幅,分别为“铭记历史、珍视和平、警示未来”和“勿忘国耻、圆梦中华”。上午9时55分,街道办事处副主任孔娟和社区全体工作人员、群众代表共100多人齐聚会议室，参加集体收视活动。人们个个胸佩白花,静静肃立。10时整,国家公祭仪式开始,参加收视活动群众随着公祭仪式程序,齐唱国歌,低头默哀,聆听中共中央总书记、国家主席、中央军委主席习近平重要讲话和青少年代表齐诵《和平宣言》。

收视活动结束,大家表示,集体收视国家公祭仪式,不是为了记住仇恨,而是要铭记历史,警示未来,牢记落后就要挨打的教训,只有团结一致,共同奋斗,才能实现中华民族伟大复兴的中国梦。

在悼念仪式上，南京卫生学校百名师生集体朗诵祭文《少年中国说》

12月13日，南京市教育局和南京卫生学校联合在陶行知纪念馆门前广场举行南京大屠杀死难者国家公祭日群众性悼念活动

12月13日，燕子矶街道、燕子矶社区干部群众代表参加国家公祭仪式集体收视活动

区委宣传部　供稿

相关链接

南京大屠杀死难者国家公祭日

2014年2月27日，十三届全国人大常委会第七次全体会议通过决定，以立法形式将12月13日设立为南京大屠杀死难者国家公祭日。12月13日上午，中共中央、全国人大常委会、国务院、全国政协、中央军委在南京举行南京大屠杀死难者国家公祭仪式。中共中央总书记、国家主席、中央军委主席习近平出席并发表重要讲话。中共中央政治局常委、全国人大常委会委员长张德江主持公祭仪式。抗日老战士和老同志代表，中央党政军群有关部门和江苏省、南京市、南京军区负责同志，各民主党派中央、全国工商联负责人和无党派人士代表，港澳台同胞代表，为中国人民抗日战争胜利做出贡献的国际友人或其遗属代表，二战中国战区和遭受过日本法西斯侵略的亚洲国家驻华使节代表，南京大屠杀幸存者及遇难同胞亲属代表，江苏省各界群众代表等共1万人参加公祭仪式。公祭仪式上，77名南京市青少年齐声宣读《和平宣言》，习近平同南京大屠杀幸存者代表、85岁的夏淑琴老人和一名少先队员一起为国家公祭鼎揭幕。习近平讲话后，6名各界人士代表共同撞响"和平大钟"。

侵华日军在燕子矶江滩和幕府山江岸集体大屠杀

1937年12月12日，南京沦陷前一天，侵华日军舰船和飞机封锁燕子矶江面，数万准备渡江逃往江北避难的中国军民被围堵在燕子矶附近。12月13日，攻入南京的日军先头部队第十六师团第三十旅团第三十联队和第三十八联队赶到燕子矶，从三个方向将聚集的人群驱赶至江滩，用数十挺轻重机枪疯狂扫射一天一夜，江滩附近，尸横遍野，江水变赤。后经调查确认，死难者在5万人以上，其中，解除武装的中国士兵3万余人，逃难平民2万余人。燕子矶集体大屠杀是侵华日军攻入南京后首个大规模的屠杀暴行。

1937年12月18日夜间开始，侵华日军第十三师团第一〇三旅团第六十五联队连续5天，将圈禁在幕府山附近被俘的中国守城官兵和逃难的男女老幼共57400多人，分三批用铅丝、绳索捆绑，驱集至幕府山北侧草鞋峡江岸，先用轻重机枪射杀，再用刺刀乱戳，最后浇以煤油纵火焚烧，死难者残余骸骨全部被投入江中。幕府山集体大屠杀是侵华日军南京大屠杀中规模最大、持续时间最长、手段最为血腥的暴行。

燕子矶公园侵华日军南京大屠杀遇难同胞纪念碑

1985年，在中国人民抗日战争胜利和世界反法西斯战争胜利40周年之际，为了让世人永远铭记侵华日军南京大屠杀这段惨痛的历史，南京市人民政府相继在燕子矶、幕府山、中山码头、挹江门、北极阁、清凉山等南京大屠杀死难同胞蒙难地和丛葬地共19处建立纪念碑。其中，燕子矶江滩集体大屠杀遇难同胞纪念碑就立在江滩附近的燕子矶公园东侧三角亭中。碑亭设计成三角形，寓意中华民族历史曾经有过国土残破的惨痛一页，三角碑亭成握拳状，象征中国人民抗击侵略的意志和力量。碑亭落成后，每年12月13日，栖霞区党政军民均在此集会，沉痛悼念侵华日军南京大屠杀遇难同胞，庆祝中国人民抗日战争和世界反法西斯战争伟大胜利，祈祷世界永久和平。

《圣典·国家公祭》图片展板

《圣典·国家公祭》图片展板是首个国家公祭日前夕，由栖霞区档案局（馆）、栖霞区地方志办公室联合编辑制作。展板分《前言》《幕府山集体大屠杀》《燕子矶集体大屠杀》《南京东郊大屠杀》《东史郎绝笔》《日军片桐部队两少尉竞赛杀人》《侵华日军在南京栖霞山周边的屠杀》《抗击日寇》《正义审判》和《后记》10个部分，共20个版面。展板用大量历史文献和图照资料，揭露侵华日军在南京栖霞地区的屠杀暴行，回击日本右翼军国主义分子否认南京大屠杀的无耻谰言，警示人们，勿忘国耻，居安思危，面向未来。

附录一：

1985年~2013年栖霞区党政军民悼念南京大屠杀遇难同胞活动暨新闻报道选录

1985年，侵华日军南京大屠杀燕子矶公园遇难同胞纪念碑落成后，每年12月13日，栖霞区党政军民均在此集会，沉痛悼念侵华日军南京大屠杀遇难同胞，纪念中国人民抗日战争和世界反法西斯战争伟大胜利。20多年来，参加悼念活动的党政军民各界代表累计1万多人次，自发到燕子矶遇难同胞纪念碑前献花致哀的各界群众累计约5万人次。每次活动，有关媒体均予以报道。

牢记历史 振兴中华

我区各界人士悼念"南京大屠杀"遇难同胞

棲霞報 QIXIABAO 第205期 中共南京市栖霞区委主办 1997年12月17日

纪念侵华日军南京大屠杀同胞遇难60周年

我区各界人士隆重举行悼念仪式

我区隆重召开新兵入伍欢送大会

白花朵朵寄哀思 警钟长鸣警世人

我区各界人士悼念侵华日军南京大屠杀遇难同胞

各界人士悼念南京大屠杀遇难同胞

本报讯 低沉刺耳的防空警报在天地间响起、长鸣的汽笛仿佛在向人们诉说72年前的那幕人间惨剧。12月13日，我区在燕子矶公园纪念碑前举行悼念侵华日军南京大屠杀同胞遇难72周年仪式。区领导朱劲松、黄建平和区有关部门和街道的同志，以及学生、解放军、各界群众代表参加了悼念活动。

72年前的12月13日，侵华日军侵入南京城后，用坦克、枪炮和刺刀在南京制造了惨绝人寰的大屠杀惨案，在其后的六个星期中，杀害我同胞30万人，数以万计的妇女被强暴，公私财产损失难以计数。栖霞更是首当其冲，据史料记载，仅在1937年12月16日夜间就有3万余名解除武装的士兵和平民在江边遭到血腥杀戮。

区委常委、宣传部长朱劲松说，我们在这里重温历史，悼念遇难同胞，就是为了揭露日本侵略者令人发指的历史罪行，遏制日本右翼分子竭力歪曲历史的逆流浊浪，反思中华民族曾经遭受苦难的历史根源，颂扬中国人民反抗侵略的不屈精神；就是为了警策世人，以史为鉴，坚决维护历史真相，绝不允许任何人以任何方式篡改历史；就是为了教育广大人民群众特别是青少年，不忘国耻，深刻铭记"落后就要挨打"的历史教训，进一步激发爱国主义的热情，推进现代化建设、完成祖国统一，维护世界和平与促进共同发展。

参加悼念仪式的全体人员在凄厉的警报声中默哀，随后在纪念碑前献上了寄托哀思的小白花，告慰30万遇难同胞。（朱俊）

铭记历史教训 维护世界和平

悼念！30万同胞遇难66周年

我区隆重集会悼念30万同胞遇难70周年

本报讯 12月13日上午10时，南京城市上空凄厉的防空警报一声响过一声，燕子矶江边的轮船气笛和着呜咽的江水向人们控诉着70年前的惨烈一幕……我区在燕子矶公园南京大屠杀遇难同胞纪念碑前隆重举行悼念侵华日军南京大屠杀同胞遇难70周年仪式。区委副书记李汉桥，区人大常委会副主任王江河，副区长张民，区有关部门和燕子矶街道负责同志以及学生、解放军和各界群众代表200多人参加了悼念仪式。区委常委、宣传部长朱劲松主持悼念仪式。

仪式在庄严的国歌声中拉开序幕。全体人员向侵华日军南京大屠杀遇难同胞默哀，并向遇难同胞敬献了花圈。70年前的这一天，侵华日军侵入南京城后，用坦克、枪炮和刺刀等武器在南京制造了惨绝人寰的大屠杀，在其后的六个星期中，杀害我中国同胞30万人，数以万计的妇女被强暴，全市三分之一的建筑遭毁坏，公私财产损失难以计数。栖霞更是首当其冲，它蒙难之重、受害之深、情景之惨，大大超过人们的想象。仅在1937年12月16日夜间就有3万余名解除武装的士兵和平民在江边遭到血腥杀戮。

区委副书记李汉桥在致辞中说，我们在这里重温历史，悼念遇难同胞，就是为了揭露日本侵略者令人发指的历史罪行，遏制日本右翼分子竭力歪曲历史的逆流浊浪，反思中华民族曾经遭受苦难的历史根源，颂扬中国人民反抗侵略的不屈精神；就是为了警策世人，以史为鉴，坚决维护历史真相，决不允许任何人以任何方式篡改历史；就是为了教育广大人民群众特别是青少年，不忘国耻，深刻铭记"落后就要挨打"的历史教训，进一步激发爱国主义的热情，推进现代化建设、完成祖国统一，维护世界和平与促进共同发展。强国富民是我们肩上的历史责任。党的十七大为我们确立了前进的方向，让我们紧密团结在以胡锦涛同志为总书记的党中央周围，解放思想，振奋精神，万众一心，与时俱进，高举具有中国特色的社会主义伟大旗帜，推动栖霞又好又快发展，共同创造幸福生活和美好未来，以此告慰在南京大屠杀中遇难的30万同胞的亡灵。

小学生代表在仪式上宣读了倡议书，号召同学们记住这段历史，努力学习，用学到的知识为祖国的繁荣强盛贡献出自己的一份力量。

最后，全体人员绕纪念碑一周，向遇难同胞献上了寄托无限哀思的小白花。（任秋娴）

区政协召开六届第22次常委会议

区政协七届第一次会议将于12月24日召开

我区残疾人

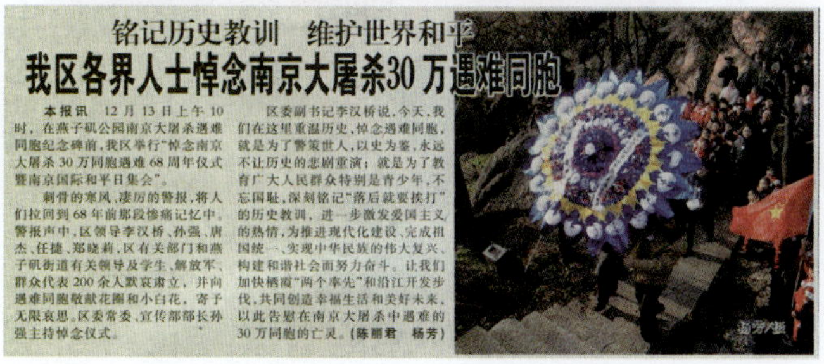
铭记历史教训 维护世界和平

我区各界人士悼念南京大屠杀30万遇难同胞

区档案局 供稿

附录二：

圣典·国家公祭

圣典·国家公祭
今年12月13日，是第一个由全国人大通过立法确定的国家公祭日，这在共和国的历史上是前所未有的，足以证明其具有非同寻常的意义。
77年前的这一天，侵华日军攻陷南京后血腥屠城，疯狂杀害了我30万妇孺老幼以及已经被解除武装的国军士兵，这成为南京人民一个永远的痛，对栖霞人民而言，其伤痛尤巨，激愤更烈，因为死难者中差不多有半数是在栖霞这块土地上惨遭杀戮的。
公祭，是一场圣典，一场全民族的圣典。
在公祭日即将到来之际，我们坚持以史为凭，严格依据历史文献和档案资料，编制了这套展版，用这种特殊的方式，参加公祭活动，并藉此祭奠和安慰逝者亡灵，声讨参与南京大屠杀的元凶大恶，回击日本极右翼分子百般否认南京大屠杀的无耻狡言和倒行逆施，永久性地固化中华民族的集体记忆，勿忘国耻，珍爱和平，居安思危，惕厉奋行，在以习近平为总书记的党中央领导下，为实现中华民族伟大复兴的中国梦而努力奋斗！
南京市栖霞区档案局（馆）
南京市栖霞区地方志办公室
2014年12月

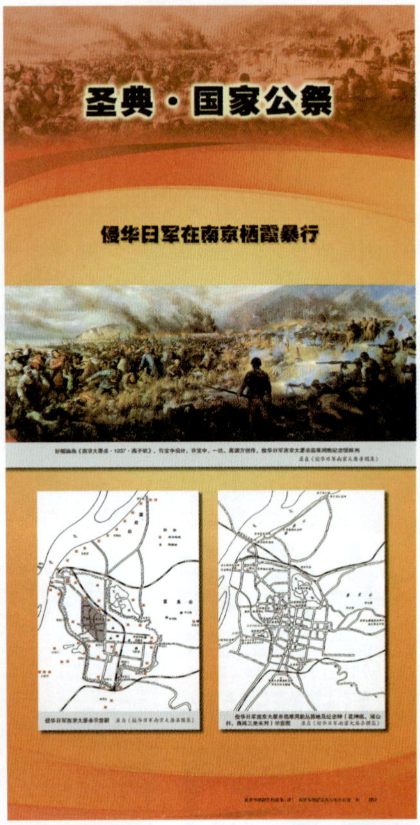
圣典·国家公祭
侵华日军在南京栖霞暴行

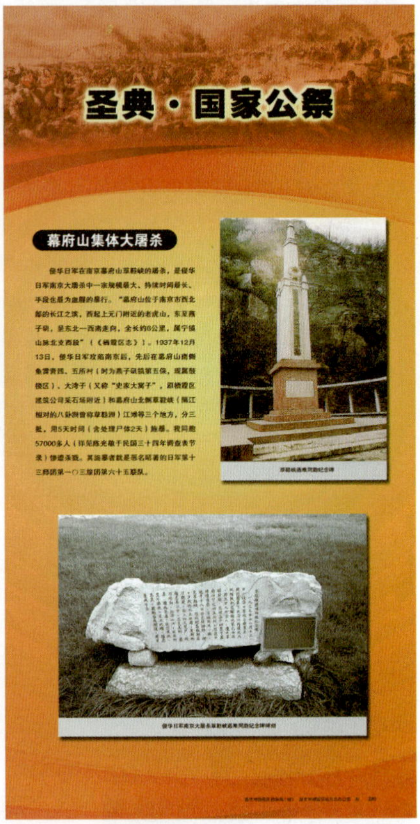
圣典·国家公祭
幕府山集体大屠杀
侵华日军在南京幕府山草鞋峡的屠杀，是侵华日军南京大屠杀中一宗规模最大、持续时间最长、手段也最为血腥的暴行。“幕府山位于南京市西北部的长江之滨，西起上元门附近的老虎山，东至燕子矶，呈东北—西南走向，全长约6公里，属宁镇山脉北支西段”（《栖霞区志》）。1937年12月13日，侵华日军攻陷南京后，先后在幕府山南侧鱼雷营西、五所村（时为燕子矶镇第五保，现属鼓楼区）、大湾子（又称“史家大窝子”，即栖霞区建筑公司采石场附近）和幕府山北侧草鞋峡（隔江相对的八卦洲曾称草鞋洲）江滩等三个地方，分三批，用5天时间（含处理尸体2天）施暴。我同胞57000多人（详见陈光敏于民国三十四年调查表节录）惨遭杀戮。其施暴者就是恶名昭著的日军第十三师团第一〇三旅团第六十五联队。

圣典·国家公祭

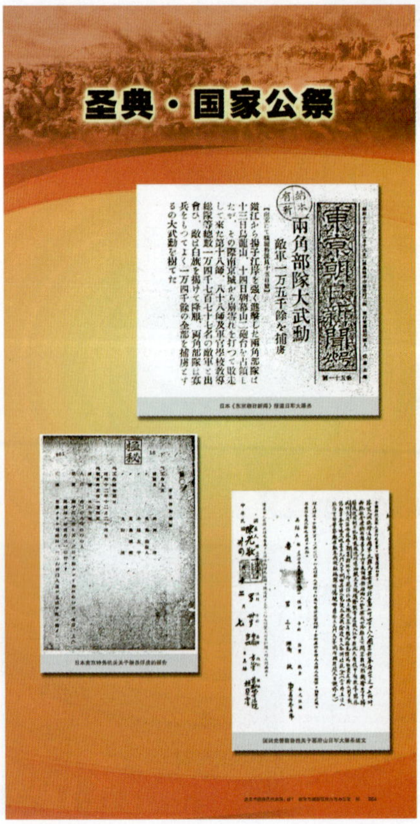
圣典·国家公祭
東京朝日新聞
両角部隊大武勲
敵軍一万五千余を捕虜

圣典·国家公祭
燕子矶集体大屠杀
燕子矶古来即是名胜之地。清代《金陵四十八景》、20世纪80年代及2007年版《金陵四十八景》均将"燕矶夕照"等景观收列其中。它与安徽采石矶、湖北城陵矶并称"长江三大矶"。清代学人潘次耕更赞其曰"临江峭壁不知数，第一玲珑燕子矶"，因而燕子矶就成了"万里长江第一矶"。
然而这里却曾是一处大刑场。1937年12月，侵华日军将已经解除武装的中国士兵和难民5万多人圈禁在江滩上用机枪射杀。一时江水变赤，小青河（燕子矶通江河）断流。

圣典·国家公祭

圣典·国家公祭
南京东郊大屠杀
侵华日军老兵东史郎在他的日记中就作了翔实而又具体的披露。他们在马群以及仙鹤门、燕王庙、岔路口、太平门（时均为南京市第十区，现属玄武区）等处杀害中国战俘和平民的总数也达到近五万人。其佐证之一就是，中国慈善团体崇善堂自1938年4月9日至5月1日，仅在中山门外收埋尸骨就达33828具。能够作证的，当然还有那块由伪南京市政公署督办高冠吾所撰文的"无主孤魂"墓墓碑。
由此可见，当时紫金山周边地区的惨痛之重，同时也足以反映出侵华日军的为恶之甚！

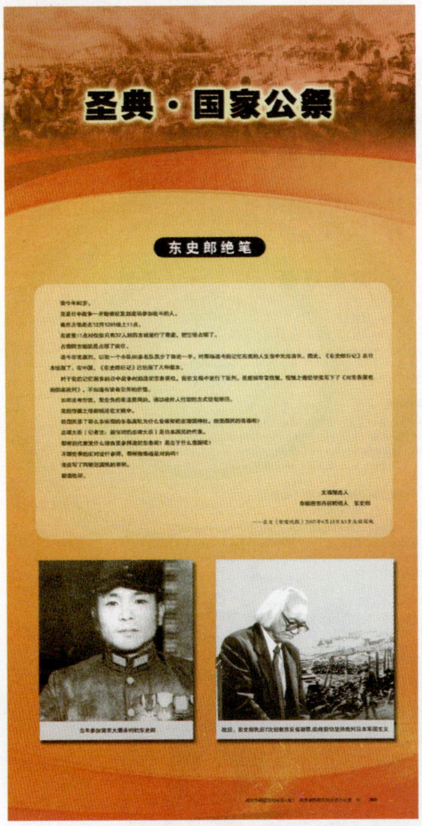
圣典·国家公祭
东史郎绝笔

圣典·国家公祭

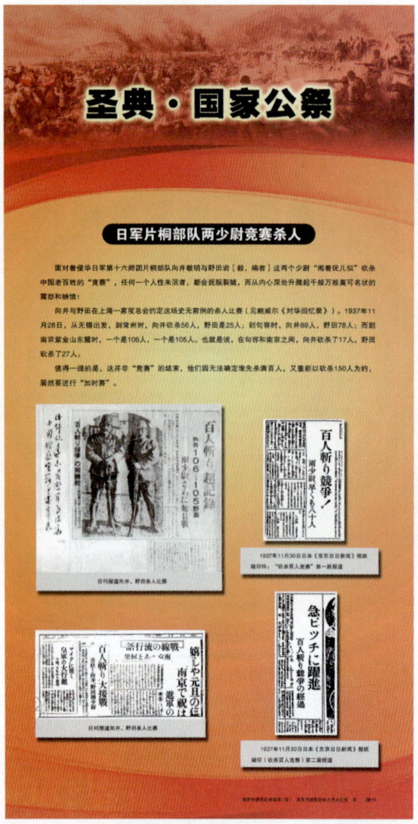
圣典·国家公祭
日军片桐部队两少尉竞赛杀人
面对着侵华日军第十六师团片桐部队向井敏明与野田岩［毅，编者］这两个少尉“闹着玩儿似”砍杀中国老百姓的“竞赛”，任何一个人性未泯者，都会扼腕裂眦，而从内心深处升腾起千般万般莫可名状的震怒和嫉愤！
向井与野田在上海一家夜总会约定这场史无前例的杀人比赛（见鲍威尔《对华回忆录》）。1937年11月28日，从无锡出发，到常州时，向井砍杀56人，野田是25人；到句容时，向井89人，野田78人；而到南京紫金山东麓时，一个是106人，一个是105人。也就是说，在句容和南京之间，向井砍杀了17人，野田砍杀了27人。
值得一提的是，这并非“竞赛”的结束，他们因无法确定谁先杀满百人，又重新以砍杀150人为约，居然要进行“加时赛”。
百人斬り競争！
急ピッチに躍進

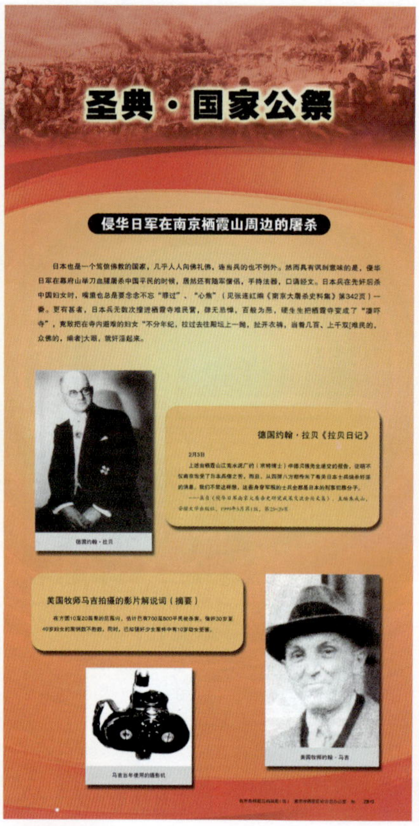
圣典·国家公祭
侵华日军在南京栖霞山周边的屠杀
日本也是一个笃信佛教的国家，几乎人人向佛礼佛，连当兵的也不例外。然而具有讽刺意味的是，侵华日军在幕府山举刀血腥屠杀中国平民的时候，居然还有随军僧侣，手持法器，口诵经文。日本兵在先奸后杀中国妇女时，嘴里也总是要念念不忘“罪过”、“心焦”（见张连红编《南京大屠杀史料集》第342页）一番。更有甚者，日本兵无数次撞进栖霞寺难民营，肆无忌惮，百般为恶，硬生生把栖霞寺变成了“潘吓寺”，竟敢把在寺内避难的妇女“不分年纪，拉过去往殿坛上一抛，扯开衣裤，当着几百、上千双[难民的、众佛的，编者]大眼，就奸淫起来。
德国约翰·拉贝《拉贝日记》
2月3日
美国牧师马吉拍摄的影片解说词（摘要）

圣典·国家公祭
日军从1938年1月4日至19日，11次闯进栖霞寺杀人、放火、强奸、抢劫。
日军竟然切开一名10岁女孩的阴道；逼迫母子乱伦，儿子拒绝被枪杀，母亲遭强奸后含恨自杀。
以人类的名义致所有于此有关的人

圣典·国家公祭

圣典·国家公祭
抗击日寇
新四军龙（潭）仓（头）伏击战
1939年10月初，新四军第2支队第4团首长决心在龙潭、仓头之间设伏，从南京开来一列火车被地雷炸翻脱轨，车内日军死伤50余人，炮伤日军110余人，迫使京沪铁路火车停开3天。
上元县武工队袭击日伪
上元县武工队经常活动于下蜀——龙潭——栖霞山——尧化门铁路沿线一带，神出鬼没地打击敌人，机动灵活地配合各区干部开展工作。武工队曾先后在栖霞山车站击毙作恶多端的日军翻译和便衣头子，端掉石埠桥伪警察所，袭击龙潭伪自卫团，在下蜀地区以奔袭方式捣掉伪军1个分队(约30余人)。
徐源泉致蒋介石密电（摘录）
(1937年12月23日)
武昌委员长蒋：为密。职军先头部队，歌日先后抵京，即编入卫戍军战斗序列，奉守担任栖霞山、中山墓之线，构作第二线预备阵地。鱼日因汤水镇北之孟塘，发现敌人数千向我挺进，旋奉令推进至龙潭、拜经台、射乌山、孟塘之线，以与汤水友军齐头，藉固左翼刘师。（246R）进至石洞山附近，即与敌遭遇，发生激战，肉搏终日，而占领石洞山。
我守该山乔营长喆润身先士卒，血战半日，饮弹殉国，而全营亦壮烈随之而牺牲矣。
该详查（41D）官长阵亡57员，受伤38员，士兵阵亡1725名，受伤581名，骡马阵亡90匹，受伤26匹。（48D）官长阵亡44员，受伤45员，士兵阵亡2093名，受伤435名，骡马阵亡95匹，伤5匹。
（徐源泉时为国军驻武汉第二军团长，奉调参加南京保卫战）

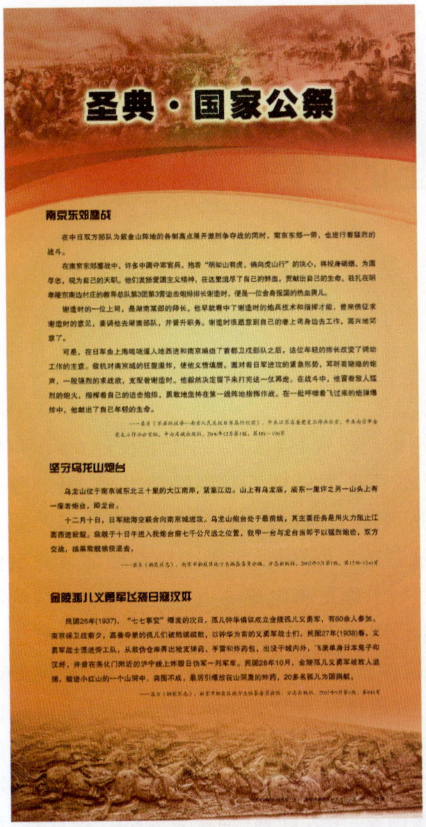
圣典·国家公祭
南京东郊鏖战
在中日双方部队为紫金山阵地的各制高点展开激烈争夺战的同时，南京东郊一带，也进行着猛烈的战斗。
在南京东郊鏖战中，许多中国守军官兵，抱着"明知山有虎，偏向虎山行"的决心，将投身硝烟、为国尽忠，视为自己的天职。他们发扬爱国主义精神，在这里流尽了自己的鲜血，贡献出自己的生命。驻扎在明孝陵东南边村庄的教导总队第3团第3营迫击炮排排长谢缵时，便是一位舍身报国的热血男儿。
谢缵时的一位上司，是湖南某部的师长。他早就看中了谢缵时的炮兵技术和指挥才能，曾亲自征求谢缵时的意见，要调他去湖南部队，并晋升职务。谢缵时很愿意到自己的老上司身边去工作，高兴地同意了。
可是，在日军由上海咄咄逼人地西进和南京编组了首都卫戍部队之后，这位年轻的排长改变了调动工作的主意。敌机对南京城的狂轰滥炸，使他义愤填膺。面对着日军进攻的紧急形势，耳听着隆隆的炮声，一股强烈的求战欲，支配着谢缵时。他毅然决定留下来打完这一仗再走。在战斗中，他冒着敌人猛烈的炮火，指挥着自己的迫击炮排，勇敢地坚持在第一线阵地指挥作战。在一批呼啸着飞过来的炮弹爆炸中，他献出了自己年轻的生命。
坚守乌龙山炮台
乌龙山位于南京城东北三十里的大江南岸，紧靠江边。山上有乌龙庙，庙东一里许之另一山头上有一座老炮台，即龙台。
十二月十日，日军陆海空联合向南京城进攻。乌龙山炮台处于最前线，其主要任务是用火力阻止江面西进敌舰。敌舰于十日午进入我炮台前七千公尺远之位置，我甲一台与龙台当即予以猛烈炮击，双方交战，结果敌舰被迫退去。
金陵孤儿义勇军飞袭日寇汉奸
民国26年(1937)，"七七事变"爆发的次日，孤儿钟华倡议成立金陵孤儿义勇军，有60余人参加。南京保卫战前夕，groups 寄养的孤儿们被陆续疏散，以钟华为首的义勇军战士们，民国27年(1938)春，义勇军战士混进劳工队，从敌伪仓库弄出枪支弹药、手雷和炸药包，出没于城内外，飞袭单身日本鬼子和汉奸，并曾在尧化门附近的沪宁线上炸毁日伪军一列军车。民国28年10月，金陵孤儿义勇军被敌人追捕，被逼进小红山的一个山洞中，突围不成，最后引爆放在山洞里的炸药，20多名孤儿为国捐躯。

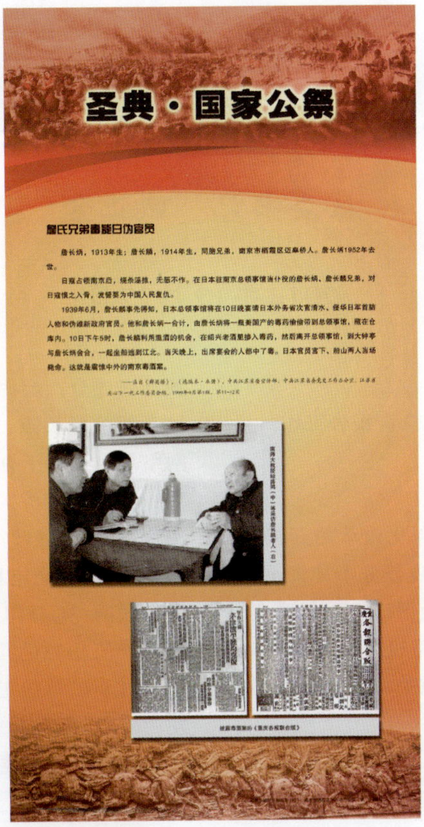
圣典·国家公祭
詹氏兄弟毒毙日伪官员
詹长炳，1913年生；詹长麟，1914年生，同胞兄弟，南京市栖霞区迈皋桥人。詹长炳1952年去世。
日寇占领南京后，烧杀淫掠，无恶不作。在日本驻南京总领事馆当仆役的詹长炳、詹长麟兄弟，对日寇恨之入骨，决誓要为中国人民复仇。
1939年6月，詹长麟事先得知，日本总领事馆将在10日晚宴请日本外务省次官清水、侵华日军首脑人物和伪维新政府官员。他和詹长炳一合计，由詹长炳将一瓶美国产的毒药偷偷带到总领事馆，藏在仓库内。10日下午5时，詹长麟利用温酒的机会，在绍兴老酒里掺入毒药，然后离开总领事馆，到大钟亭与詹长炳会合，一起坐船逃到江北。当天晚上，出席宴会的人都中了毒。日本官员宫下、船山两人当场毙命。这就是震惊中外的南京毒酒案。
披露毒酒案的《重庆各报联合版》

圣典·国家公祭
正义审判
MUKAI
TOSHIAKI
2186 CAPT
SUGAMO PRISON
NODA
TSUYOSHI
2183 2ND LT
SUGAMO PRISON
参与杀人比赛的日军少尉向井、野田两犯头部及侧面像
向井、野田被引渡到南京受审
向井、野田被押赴刑场
向井、野田两犯在南京雨花台被处决

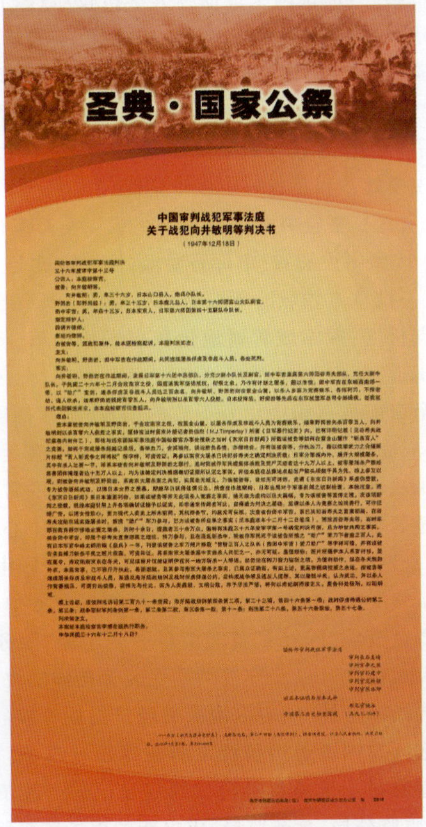
圣典·国家公祭
中国审判战犯军事法庭
关于战犯向井敏明等判决书
（1947年12月18日）

圣典·国家公祭
前事不忘，后事之师。
历史的无情，不但在于那一幕幕曾经发生的悲剧，更在于悲剧随着时间的消磨会逐渐在共同记忆中淡去。这是极其可怕的。"世界上有些事情是可以忘记的，但一个民族的血泪史是绝对不应当忘记的"。因为，一个没有记忆或失忆的民族是可悲的，也是没有希望、没有前途的，而"忘记过去就注定会重蹈覆辙"（西班牙哲学家乔治·桑塔亚纳语）。
每年12月13日，区委、区人大常委会、区政府、区政协都在燕子矶殉难同胞纪念碑前集会，沉痛悼念侵华日军南京大屠杀遇难同胞，庆祝中国人民抗日战争以及世界反法西斯战争胜利
少年儿童献上洁白的花，悼念死难者亡灵，祈祷世界永久和平

区档案局 供稿

工作报告

在区委九届八次全体(扩大)会议上的报告

区委书记　臧正金

2014年12月27日

同志们：

下面，根据区委常委会讨论的精神，我向全会报告工作。

一、今年工作回顾

今年是南京青奥会举办之年，是全面深化改革的开局之年。面对经济环境复杂多变、改革发展和专项任务十分繁重的形势，我们在市委的坚强领导下，团结带领全区广大干部群众，改革创新、克难奋进，以深入开展党的群众路线教育实践活动为动力，全力推动经济社会发展稳中有进、稳中向好，全面完成全年各项目标任务。

(一)认真贯彻中央部署和习近平总书记重要讲话精神，党的群众路线教育实践活动成效显著。区委常委会以高度的政治责任感，认真贯彻落实中央决策部署和习近平总书记系列重要讲话精神，确保中央政令畅通、决策落地生根。2月至10月，全区791个基层党组织、2.2万名党员参加党的群众路线教育实践活动，区委常委会始终做好表率，高标准、严要求推进各环节工作，带头开好专题民主生活会，并聚焦"四风"问题抓整改、求实效，制定实施30项整改举措并向社会公布，集中开展整治铺张浪费等六大专项治理行动，完善50项规章制度，启动新一轮"千名干部联系万户居民"、在职党员进社区、"96106"民生服务热线等"三大行动"，把作风建设不断引向深入。活动得到中央活动办、督导组和省委、市委督导组的充分肯定，全区干部群众干事创业的精气神明显提振，党风政风焕然一新。第一时间传达党的十八届四中全会精神，召开常委扩大会议和区委中心组学习会进行学习交流，深入开展对党员干部的培训，掀起学习宣传、贯彻落实四中全会精神的热潮。专题研究部署中央巡视组向江苏反馈意见的整改工作，结合栖霞实际确定21类102项整改任务，迅速有力抓好督促落实。及时传达学习习近平总书记视察江苏重要讲话精神，切实用"迈上新台阶、建设新江苏"的要求统一思想和行动。

(二)促进经济持续稳定健康发展，产业转型升级步伐加快。面对经济下行压力，我们增强工作定力、遵循经济规律，努力实现有质量有效益的增长。预计全年实现地区生产总值750亿元，同比增长10.5%；公共财政预算收入76.7亿元，同比增长11.5%。持续扩大有效投入，引进LG化学动力电池等83个亿元以上项目，推动72个重大项目开工建设、35个重点项目竣工投产。预计完成全社会固定资产投资459亿元，同比增长12.6%。积极培育新的增长点，从战略高度谋划互联网经济发展，引进游族网络等一批骨干企业，编制物联网、3D打印、电子商务等产业规划。为民营经济发展营造良好环境，区委全会专题部署并出台实施意见、加强政策扶持，康尼机电成功上市。全区产业结构不断优化，预计光电显示、生物医药、智能制造等"三大"科技产业和物联网、3D打印、软件及移动互联网终端等"三新"科技产业实现产值1933亿元，占规模工业比重80%；服务业增加值同比增长11.8%，单位工业增加值能耗下降5%。深入实施创新驱动发展战略，提高人才与产业契合度，成功创建国家"创新人才培养示范基地"，新集聚国家"千人计划"创业人才6名，培育省"双创"计划人才4名，上半年入选市"321"引进计划人才62名，位居全市第一；加快国家级仙林大学科技城(园)创建工作，各平台新建载体244.5万平方米、竣工92.8万平方米，江苏生命科技创新园、紫金(新港)科创特区成功创建"国家级科技企业孵化器"，金港科创中心成为全省首批科技创业孵化链条试点单位，南京先进激光技术研究院在全省率先试点股权激励改革，平台的规模效益和品牌效应逐步显现。

(三)坚持解放思想先行先试，全面深化改革实现良好开局。按照中央和省、市部署要求，加快推进七大领域35项改革任务，一批重点领域改革取得积极成效。抓住全市城管体制改革试点机遇，探索城管属地化和市场化改革，将区级管理力量下沉街道，制定更加严格的考核问责办法，全区每月城管考评稳居全市前列。积极用好下放的市权，承接栖霞山风景区管理职能，成立区规划分局；在全市率先组建区客运执法大队，充分整合执法部门和街道力量，形成贴近一线的常态化执法机制，取得显著整治成效。全面改造区政务服务中心，推动更多权力事项"一网化"审批、"一体化"执法，采用并联审批使平均办结时间压缩30%。加快建设街道全科便民服务中心，促进窗口业务由专业变综合、社工技能由单一变全能，服务效率和群众满意度大大提升。稳步推进街道社区管理体制改革，取消纯居社区经济指标考核，制定取消街道经济指标考核的试点方案。加快实施区属国资退出传统工商业等领域改革，完成龙潭、八卦洲街道农村土地承包经营权确权登记试点改革，合并区工商分局、质监分局、食药监局，成立新的市场监督管理局。各改革领域呈现新气象，市委常委会集体调研我区工作亮点。

(四)持续提升城市环境品质,生态文明建设向纵深推进。围绕迎青奥头等大事,在开展"9322"环境综合整治基础上,连续奋战"大干一百天"和"再干两百天"专项行动,累计动迁184万平方米、拆违18.2万平方米,市容环境发生显著变化,综合成绩位居全市考核前列,仙林街道4个社区在全省率先连片创成"江苏省城市管理示范社区"。召开全区规划工作会议,构建三区融合的规划管理体制,高标准推进一批城市设计和规划修编。将城市精细化管理延伸到居民小区,规范物业管理工作,在全市率先推出星级评比等奖惩办法。结合区域定位完善城市功能,仙林地区商业配套和景观优势进一步增强,迈燕片区环境和滨江风光带展现新形象,新尧新城基本建成区文化、教育和体育"三个中心",龙潭地区交通路网不断优化,西岗地区地铁小镇启动开发建设,马群地区全面掀起城中村改造热潮,开发区新港片区和东区加快产城融合步伐。全力攻坚生态文明建设"硬骨头",组建指挥部推动金陵石化及周边地区工业布局调整,制定工作规划和实施计划,报送烷基苯厂等4家企业搬迁方案,关闭201家不符合环保和安全标准的企业。狠抓环境污染治理,全面启动21家工业企业退城入园,完成24个排水达标片区建设和106条黑臭河道整治。加快城乡统筹发展,创新薄弱村帮促机制,加快八卦洲现代农业产业园、龙潭"水一方"农业生态园建设,农村环境面貌大为改善。

(五)着力保障和改善民生,社会治理能力水平不断提高。在经济增速放缓、改善民生压力加大的情况下,创新工作方法,持续办好民生实事。积极拓宽增收渠道,预计全区城乡居民收入分别达4.1万元、1.9万元,同比分别增长9.5%、10.5%。抓好农村劳动力、高校毕业生等重点群体就业工作,新增城镇就业1.8万人,大学生就业占比42.3%。加大民生保障支出,出台医疗救助、生活救助、残疾人救助等托底保障政策,有针对性地帮扶困难群众。部署实施教育新三年发展行动计划,激发教育系统活力,新建中小学和幼儿园20所,成功创建"全国义务教育发展基本均衡区"。贯彻南京建设中国健康服务与生命科技名城部署,不断深化"院府合作"和"校府联动",栖霞区医院南扩工程完工启用,在社区居家养老服务站全面建立"医养融合"服务体系。扩大各类保障房受益面,加强丁家庄、花岗两大市级保障房社区服务管理,为2004年前被征地农民解决住房困难问题。大力推进网格化、信息化、社会化服务管理,仙林街道成功创建"全国和谐社区建设示范街道"。深化"平安栖霞"建设,建立3.7万人的群防群治队伍,全面开展安保维稳大防控行动,深入开展第四轮"春风化雨"握手行动,社会和谐稳定得到有效维护。加强安全生产和食品药品安全监管,仙林、尧化街道分别成功创建"国际安全社区"和"全国安全社区"。

(六)加快文化强区建设,文化事业与文化产业协调发展。持续推进习近平总书记系列重要讲话精神学习宣传,广泛开展"中国梦"宣传教育。成立区新媒体宣传管理中心,加强正面宣传和网上舆论引导,搭建《金陵晚报》"今日栖霞"周刊、《南京日报》"栖霞视点"微信平台等新载体。大力培育和践行社会主义核心价值观,实施"善行栖霞"主题道德实践活动、新市民文明素质提升计划,掀起向身边典型王志刚等同志学习的热潮,文明指数测评综合水平位居全市前列,仙林街道荣获"全国社区志愿服务模范街道"称号。高标准完成栖霞山文化休闲旅游度假区城市设计和旅游等专项规划,全面拉开招商、拆迁和开发序幕,圆通禅院、金刚阁等一批重点项目启动建设。加快紫东国际创意园等平台建设,扶持壮大南京文交所、江苏可一等骨干企业,引进米兰总部等一批重点文化产业项目,预计全区文化产业增加值占GDP比重达10.2%。

(七)稳步发展社会主义民主政治,聚精会神抓好党的建设。支持区人大及其常委会围绕中心工作依法履职,出台专项制度保证人大增强监督刚性和监督实效。支持区政协发挥智力密集优势,围绕转型发展、环境整治等重大问题资政建言。认真落实习近平总书记关于从严治党的"八项要求",区委常委会切实加强自身建设,严格执行党的政治纪律,认真贯彻民主集中制,完善常委会议事规则和中心组学习规范。坚持把落实责任作为从严治党的根本保证,制定党风廉政建设"两个责任"实施细则和任务分解方案,带头把从严治党责任落实好,推动各级党组织、纪检监察机关切实承担主体责任和监督责任,开展街道、村(社区)书记抓基层党建述职评议工作。认真贯彻中央惩防体系五年工作规划,深入开展党性、党纪和正反典型教育,着力构建决策科学、执行坚决、监督有力的权力运行体系,对重点工作、"四风"问题持续开展专项检查,加大执纪问责力度,保持反腐高压态势,全区共立案查处党员干部违法违纪案件36件36人,问责党员干部39人。严格管理监督干部,规范和加强干部谈心谈话活动,严肃领导干部个人有关事项报告纪律,开展领导干部在企业兼任职清理整治,有序推进不合格党员处置工作。整顿提升11个软弱涣散党组织和6个阵地面积不达标村居,创成全省村级"四有一责"建设先进区,实现厂居社区党组织全覆盖。推进校地民主党派组织共建活动,成功创建省级"海外高层次华侨华人创业基地"。充分发挥工、青、妇等群团组织优势,进一步服务经济社会发展。以创成省级双拥模范区"八连冠"为动力,推动区民兵训练基地加快建设,基层武装部规范化建设全面达标。

在充分肯定成绩的同时,我们也要清醒地看到,当前全区工作中还存在一些困难和问题,主要是:一些传统规模企业转型升级步伐不快、发展后劲不足,处于培育阶段的新兴产业对经济增长的支撑力还不强;改革举措落地见效不够快,少数部门存在等待观望和求稳怕乱的倾向;产学研合作机制不够顺畅,缺少创新型龙头企业和产业集群;生态环境问题仍然比较突出,城市功能品质距离群众期盼还有较大差距;城乡居民收入持续稳定增长的基础不够稳固,优质公共服务资源分布不均衡,多元化群体利益的协调难度增大;部分党员干部对于新常态不适应、不习惯,精神萎靡、信心不足,联系服务群众不深入,"四风"问题时有反复,等等。对这些问题,我们一定要深刻认识,在今后的工作中采取有力措施,认真加以解决。

二、明年形势分析

12月中旬,习近平总书记亲临江苏视察指导工作,作出"努力建设经济强、百姓富、环境美、社会文明程度高的新江苏"的重要指示,这是江苏发展的新坐标、新定位、新任务。全区上下要把学习贯彻总书记重要讲话精神,作为当前和今后一个时期最重要的政治任务和进一步提升栖霞发展的目标追求,在新的起点上推动全区各项工作迈上新台阶。做好明年工作,必须以习近平总书记重要讲话精神为引领和动力,充分认清年度特点,准确把握发展形势。一是综合改革深化之年,基层工作增添新动力。根据市委统一部署,今年一批重要改革的意见和方案基本确定,明年将全面实施,实现区级与街道的联动、事权与财权的优化、政府与市场责权关系的厘清、机构精简与效率提升的同步,一些我们习惯多年的工作模式、考核导向将发生重大变化,基层治理创新将进入全面、系统、整体推进的新阶段。改革实施的过程将会带来一些波动,但从长远看,必将有力破除制约科学发展的体制机制障碍,深层次激发基层工作的动力与活力。二是转型升级攻坚之年,经济发展进入新常态。中央经济工作会议对我国经济发展进入新常态作出了系统阐述。与全国一样,栖霞推动转型发展的过程也是适应新常态的过程,尽管全区近年来在转方式、调结构上取得重要进展,尤其是新兴产业和服务业发展较快,但新动力尚未完成对传统动力的更替,迫切需要加快更新经济增长的"发动机"。明年全区将取消部分街道的经济指标考核,这并不意味着经济建设不如过去重要了,可以在经济工作上松一口气,甚至可以对经济下行听之任之。相反,要在主动适应新常态的基础上,更加积极引领新常态,既摆脱高速度情结、高指标冲动,又不能安于现状、无所作为,切实在区级层面加大统筹组织力度,加快培育新业态,把经济增速放缓的压力转化为倒逼经济转型的动力。三是法治建设强化之年,依法治区面临新任务。党的十八届四中全会第一次对建设中国特色社会主义法治体系、建设社会主义法治国家进行全面系统的决策部署。省委、市委全会分别对全面推进依法治省、依法治市出台了实施意见,正在制定指标体系和考核标准,明年将把法治建设纳入各级领导班子和领导干部年度政绩考核之中,将遵守法律、依法办事作为考察干部的重要内容。当前,全区在城市拆迁拆违、生态环境保护、工业布局调整等方面遇到的矛盾较多,群众的民主法治意识、权利义务意识、公平公正意识普遍增强。能不能运用法治思维和法治方式深化改革、推动发展、化解矛盾、维护稳定,是全区各级干部必须回答好的一道考题。这也是基层治理和社会生活领域的一场广泛而深刻的革命,必将带来执政理念和方式的重大变化,需要我们付出长期艰苦的努力。四是改进作风深入之年,从严治党提出新要求。十八大以来,中央以作风建设为突破口加强和改进党的建设,党员干部身上的紧箍咒越念越紧,规范权力运行的制度牢笼越扎越密。今年习近平总书记在教育实践活动总结大会上,又对新形势下全面推进从严治党明确提出"八项要求",为我们在新起点上把作风建设引向深入提供了行动指南。一年来全区开展的教育实践活动,让党员干部作风为之一新,但这些成效还是初步的,基础还不稳固。明年集中性的活动告一段落,外界督导压力由"非常"转入"日常",但"为官"的难度和标准只会强化提高、不会弱化降低,使慵懒者受鞭策、违规者受惩罚的机制只会越来越完善。在这种形势下,如何巩固和拓展教育实践活动成果,切实做到"作风建设永远在路上,永远没有休止符",需要我们以锲而不舍、驰而不息的决心和毅力,推进集中反"四风"、改作风转为经常性的作风建设,形成作风建设新常态。做好明年工作,全区各级必须进一步增强担当精神、创新意识和法治思维,既要坚定信心、保持定力,又要积极主动、攻坚克难,努力在新常态下实现新作为、增创新优势、开创新局面。

三、2015 年工作总体要求和主要任务

做好明年工作,总体要求是:深入贯彻落实党的十八大、十八届三中、四中全会精神和习近平总书记视察江苏重要讲话精神,按照中央和省委、市委对明年工作的部署,坚持"稳中求进、改革创新"总基调,以提高经济发展质量和效益为中心,主动适应经济发展新常态,统筹抓改革、强法治、稳增长、促转型、优生态、惠民生等各项工作,确保全面完成"十二五"规划目标任务,推动各项工作迈上新台阶、建设新栖霞。全年突出做好八个方面工作。

(一)坚持问题导向强化责任担当,力促改革任务有效落实。全面深化改革是全局工作的重中之重,必须勇于探索、大胆创新,不断将改革红利转化为发展动力。一要抓好重点改革任务落实。找准改革着力点,尽快在重点领域和关键环节上取得突破。深化城市管理体制改革,完成区环卫企业改制,在仙林和迈燕片区开展环卫保洁市场化招投标试点,探索政府、市场和社会共同管理城市的新机制。深化区级政府机构改革,积极推进城乡水务、交通、社保一体化改革,进一步理清职能、理顺关系。深化街道社区管理体制改革,突出街道"去机关化"调整组织架构和服务体制,突出社区"去行政化"加强自治功能建设,取消试点街道经济指标考核,优化年度和月度考核办法。深化行政审批和综合执法改革,加快建立政府行政权力等4张清单,完善"一网化"并联审批,强化街道综合执法职能,切实为企业松绑、为基层减负。深化国资、预算、统计等领域综合改革,为转型发展提供有力支撑。二要抓紧完善改革配套措施。改革能否取得成功,建立健全相应的配套措施至关重要。对涉及区街管理机构等改革,要及时规范和优化"三定"方案,科学合理确定职责、机构和编制,建立与改革要求相适应的管理体制与运行机制。对涉及职能调整和权力下放等改革,要同步研究财税体制配套措施,及时做好经费划转和工作衔接,形成财力与事权相匹配的财税体制,充分调动基层积极性。对涉及国资退出和城市管理市场化等改革,要提前制定人员分流、社会保障、信访维稳等预案,确保改革稳妥有序推进。三要抓出改革发展强大合力。改革越是向前推进,越会遇见阻力、碰到困难,越要凝聚共识、形成合力,拿出壮士断腕的决心和抽丝剥茧的智慧来推动。各项改革任务的牵头部门要按照"谁牵头、谁主办、谁负责"的原则,切实承担起主体责任,相关参与部门要切实履行协同责任,密切配合、高效推进。要强化对改革落实的督查,及时评估改革成效,对执行不力、推诿扯皮、敷衍塞责的部门和责任人,严肃予以问责追究,做到改革推进到哪里,督察就跟进到哪里,共同把改革抓实抓好、抓出成效。

(二)巩固经济稳中有进态势,努力提高发展质量和效益。

在新常态下，看一个地区的经济发展，重要的不是走得有多快，而是走得有多稳、走得有多远，关键要在转方式、调结构上下更大功夫。一要保持经济稳定增长。综合研判各方面因素，区委、区政府考虑，明年经济增长预期目标为10%~10.5%，公共财政预算收入、固定资产投资增幅均为9.5%~10%。这既符合新常态规律，又为转型发展留足空间。要充分发挥重大项目对稳增长的支撑作用，加强项目协调保障，推动LG化学动力电池等67个亿元以上重点项目加快建设，确保G108等重大项目早日建成投产。鼓励和支持企业利用资本市场发展壮大，推动优科生物、可一集团等新兴企业上市，促进一批龙头企业做大做强。借鉴复制上海自贸区的创新制度，加快在龙潭综保区等重点区域推广，增强开放型经济新优势，拓展对内对外开放新空间。加强地方政府性债务管理，积极防范潜在风险。二要培育新的经济增长点。在"中高速"增长中追求"中高端"发展，关键要加大产业结构调整力度，发展培育新的经济增长点。战略性新兴产业对产业升级具有重大引领带动作用，要在加快传统产业改造升级、开展智能工厂应用示范的同时，大力发展"三大""三新"科技产业，引进和培育一批新产品、新业态、新模式，加强区内企业对接，完善上下游产业链，引导企业由重产品向重服务延伸、由产业集聚向产业集群转变。新常态下服务业在经济结构中的地位进一步上升，要把发展现代服务业作为调结构、促转型的主攻方向，突出抓好现代物流、电子商务、现代金融、科技服务等生产性服务业，特别是要把握互联网经济发展潮流，研究制定全区产业规划，出台一批操作性强、含金量高的政策，培育南京文交所、游族网络等领军型骨干企业，加快发展基于网络的平台经济、内容服务等新业务。三要加强经济工作组织。统筹抓好取消街道经济指标考核后的经济组织工作，区级经济部门要科学统筹人员力量、优化工作机制，试点街道要把直接承担招商引资、财税增长等经济发展任务，转向为经济发展提供良好服务和优化投资环境。支持南京经济技术开发区转型升级、创新发展，全面清理解决"厂中厂"、土地粗放利用等问题，提高单位要素的投资回报率，进一步优化液晶谷、海港枢纽经济区、新港片区功能布局，在创新管理体制、加快产城融合、提高科创能力上争取新突破。大力支持民营经济发展，推动政策资源、政府服务更多地向民营经济倾斜，探索在政府平台中引入民间资本，积极推进混合所有制经济发展。做大总部经济和楼宇经济，加快开发区、燕子矶等地区高端商务楼宇建设，提升资源集约利用水平。全面总结"十二五"工作成效和发展经验，深入研究"十三五"发展和规划编制中的重大问题，努力编制出一个适应时代要求、符合栖霞实际、反映群众意愿的规划，为区域发展提供科学指引。

（三）加快仙林科技城建设步伐，增强区域创新驱动力。抢抓南京整合提升东南科技创新带契机，加快完善区域创新体系，进一步提高仙林科技城的综合实力和品牌影响力。一要打好人才质量牌。用好国家"创新人才培养示范基地"资源，从更高起点、更高层面实施人才引领战略，在引才育才上舍得下更大本钱，在提高人才质量上耐得住数量诱惑，重点培养既懂科技、又懂市场的复合型创新人才，吸引更多高层次、领军型人才，完善人才流动、培养、使用和激励机制，确保各类人才提质不减量、量增质更优，巩固和保持人才在全市领先优势。继续开展人才企业绩效评估，切实帮助引进人才解决经营困难，力争"321"引进计划人才项目年销售额1000万元以上企业突破20家。二要打好载体效益牌。积极对接苏南国家自主创新示范区建设，引进和培育一批高层次科技创新项目，与高校优势学科共建战略性新兴产业研究院，加快推进南大科学园和南信院、东大等大学科技园建设，新建地理信息科技园、省建科院等一批创新载体，全力争创国家级仙林大学科技城(园)。贯彻紫金特区条例，推动紫金(仙林、新港)科创特区坚持孵化先行，瞄准

位于仙林科技城的经天路地铁站　　宋耀生　摄

初创型人才、项目的引进和培育，完善苗圃、孵化器等功能，切实提升园区产出效益，确保走在全市紫金特区建设前列。提速江苏生命科技创新园、仙林软件与服务外包产业园等载体建设，实现全年新开工88.9万平方米、续建180.6万平方米、竣工80.6万平方米。三要打好环境优势牌。没有好的机制与环境，投的钱再多、引的人才再多，也难以出好的创新成果。要提高技术转移、创业孵化、检验检测认证等领域服务水平，促进政产学研合作，强化科技同经济对接、创新成果同产业对接、创新项目同现实生产力对接、研发人员创新劳动同其利益收入对接，形成有利于出创新成果、有利于创新成果产业化的新机制。加强政策扶持，引导企业增加创新投入，运作好省专利运营中心栖霞分中心，加快知识产权成果流动和转化，推动金港科创中心创成国家级科技创业孵化链条试点单位。

(四)全面推进法治栖霞建设，为区域发展提供法治保障。以党的十八届四中全会精神为指导，坚定不移走中国特色社会主义法治道路，坚持依法治区、依法执政、依法行政共同推进，坚持法治城市、法治政府、法治社会一体建设，推动法治栖霞创建工作走在全市前列。一要强化法治思维。当前，法治思维缺失是全面推进依法治区的最大挑战、最根本障碍。要坚定不移地把强化法治思维放在法治建设全局的突出位置，率先增强公职人员特别是领导干部对社会主义法治的理解和自信，提高运用法治思维和法治方式深化改革、推动发展、化解矛盾、维护稳定的能力，坚决摒弃各种漠视法治的特权主义、人治偏方，引领和带动全社会养成学法、尊法、用法、守法的良好习惯。按照“谁执法谁普法”的要求，扎实推进“六五”普法，加快健全以案释法制度，深化“法韵仙林”品牌建设，大力弘扬法治精神，全力营造浓厚的法治氛围。二要坚持依法行政。各级行政机关作为执法主体，与群众打交道最多、最直接。要突出权力规范和约束这个核心环节，推进政府部门机构、职能、权限、程序、责任“五个法定化”，做到法定职责必须为、法无授权不可为。推进依法科学民主决策，完善议事决策规则，把公众参与、专家论证、风险评估、集体讨论决定确定为重大决策法定程序，建立重大行政决策终身责任追究制度及责任倒查机制。普遍建立法律顾问制度，推行“法律诊所”模式，为政府议事决策提供法律意见。全面实施政务公开，依托区“一报一网一博一微信”等载体，推进政府决策公开、结果公开，确保法治建设群众满意度保持在90%以上。三要严格公正司法。以法治维护公平正义，公正司法是最后一道防线。要坚持以事实为根据，以法律为准绳，切实规范司法行为，改革司法机制，强化司法监督，推进司法公开，确保司法活动实体和程序公正。加快建立全区党政机关和领导干部违法干预司法活动和插手具体案件处理的记录、通报和责任追究制度，健全政府部门依法出庭应诉、支持法院受理行政案件、尊重并执行法院生效裁判的制度，主动支持和保障审判检察机关依法独立公正行使审判权、检察权，有效维护司法权威、树立司法公信，努力让群众在每一个司法案件中都感受到公平正义。

(五)深入推进生态文明建设，提升新型城市化发展水平。坚定不移、坚持不懈保护生态环境，提高生态文明水平，尽快走出一条经济发展和生态文明相辅相成、相得益彰的路子。一要巩固扩大环境综合整治成果。坚持高标准、高质量、高水平，进一步深入推进“再干两百天”和“9322”环境综合整治行动，全面完成20个192.4万平方米棚户区改造、26个小区出新、沿江砂场整治等任务，确保城管考评稳居全市前列、城市环境更加整洁有序。强化城市精细化管理，全面开展星级物业评比，通过财政补贴与考核奖惩挂钩等方式，促进物业管理水平新提升。充分发动驻区单位和居民，落实“门前三包”责任制，营造全民参与环境整治的浓厚氛围。二要加快完善城市功能。强化规划引领作用，以“一副三新”建设为重点，探索“多规融合”路径，提高城市规划和设计的科学化水平。高标准完善仙林地区环境景观形态，全面启动白象片区商业综合体、仙林湖湿地公园等配套设施建设，加快推进总部楼宇、高端住宅等项目建设，尽早运营欧葆庭养老项目、星级酒店和一批生活配套设施。加大迈皋桥地区环境综合整治力度，推进丁家庄城市综合体等商业设施建设。大力推动燕子矶新城和燕路以西片区拆旧出新，提升滨江风光带整体形象。提高新尧新城设施建设标准，推进栖霞商务区商贸综合体和家居广场项目开工建设。加快龙潭地区基础设施建设步伐，打造一批港城联动的特色街区。三要加大环境保护和治理力度。加速推进工业布局调整，与烷基苯厂等企业签署搬迁协议，启动搬迁项目建设，督促八卦洲地区船厂停产，加强对搬迁地区的整体规划和统筹开发。铁腕整治“三高两低”企业，严格征收企业排污费，加快推进锦湖轮胎等工业企业退城入园，确保万元工业增加值综合能耗下降3%、非工企业碳排放下降3%以上。深入实施“蓝天工程”，强化工业废气、机动车尾气和施工扬尘的防控，确保全区空气质量优良率高于全市平均水平。加快实施“清水工程”，结合秦淮东河水利工程加快河道整治，确保黑臭河道治理见到成效。四要进一步统筹城乡发展。明年江北新区将全面启动开发建设，要紧抓机遇，推动八卦洲综合开发。继续抓好统筹城乡发展试点工作，提速龙潭地区农用地综合整治和龙潭新市镇建设，推进村级“四有一责”建设，完成37个自然村环境整治，让农村成为安居乐业的美丽家园。加快推进农业现代化，大力发展高效设施农业，积极培育专业大户、家庭农场、农民合作社、农业企业等新型主体，促进农业生产经营专业化、规模化、集约化。推进休闲农业与乡村旅游融合发展，加快八卦洲、龙潭、西岗等地区农业观光休闲园区建设，提高农业综合效益。

(六)保障改善民生和创新社会治理，夯实平安和谐基础。按照守住底线、突出重点、完善制度、引导舆论的基本思路，更加重视和加强民生建设，不断提高群众幸福感和满意度。一要千方百计增加居民收入。认真落实增收政策，通过开展“三千三万”就业培训工程等提高工资性收入，通过壮大股份合作经济等提高财产性收入，通过鼓励支持群众创业、大力发展民营经济提高经营性收入，通过救助帮扶、济困托底提高转移性收入，努力实现城乡居民收入分别增长10%、11%。针对青年群体特别是高校毕业生就业难题，要整合区内孵化载体、高校、企业等资源，加强大学生创业就业培训和引导，提高大学生就地创业就业比例。二要多措并举优化公共服务。针对群众反映最强烈的问题，深入实施新一轮20项惠民工程，保证民生工作的稳定性、连续性、累积性，推进公共服务优质均衡发展。全面实施教育发展新三年行动计划，改革教师队伍考核奖惩机制，引进省内优质资源扩大合作办学，创建江苏省义务教育优质均衡改革发展示范区。全力提升基层医疗卫生服务水平，加快省人民医院栖霞康复院区建设，推进市妇幼保健院城北分院建设，打响一批社会办医品牌。健全社会保障体系，重点保障好困难群众的基本生活，加快推动西岗果牧场片区危房改造。完善社区居家养老服务网络，培育发展专业社会组织，不断丰富服务内容和形式，提高老年人生活质量。三要全力以赴维护社会稳定。群众安居乐业，离不开和谐稳定的社会环境。要进一步加强和创新社会治理，在推进网格化、信息化、社会化、群众化"四化融合"上探索更多经验、取得更多实效，全力通过国家级社区管理与服务标准化试点区验收。不断深化"平安栖霞"建设，加大矛盾纠纷排查力度，继续推进"春风化雨"握手行动，完善立体化治安防控体系，强化"四支队伍"建设，抓好安全生产和食品药品安全工作，促进社会和谐稳定。

（七）充分发挥文化资源优势，加快促进文化繁荣发展。高度重视做好新形势下的舆论引导工作，把大力培育和践行社会主义核心价值观作为文化建设的主心骨，广泛宣传教育、广泛探索实践，进一步增强价值引导力、文化凝聚力和精神推动力。从丰富的党史资源、优秀的传统文化、新的时代精神中汲取营养，充分发挥身边榜样的力量，讲好栖霞故事。深化文明城市创建活动，打造"善行栖霞"示范项目，提升公民文明素质和社会文明程度。深入研究新时期群众文化需求特点，精心开展栖霞山文化节、"金秋栖霞"艺术节等品牌活动，发展先进文化，创新传统文化，抵制有害文化，发展健康向上的网络文化，不断满足群众日益增长的精神文化需求。加快实施栖霞山文化休闲旅游度假区综合开发，全面推动一批重点项目开工建设，统筹规划设计、征地拆迁、招商引资等工作，进一步提高影响力和知名度。加快紫东国际创意园等园区建设，引进和扶持一批文化龙头企业，不断提高文化产业竞争力，确保文化产业增加值占GDP比重进一步提高。

（八）积极推进民主政治建设，凝聚推动发展的智慧和力量。支持区人大围绕促进科学发展依法行使职权、贴近民生开展工作，切实增强人大监督刚性和监督实效，更好地发挥人民代表大会制度的优势。支持区政协履行政治协商、民主监督、参政议政职能，围绕适应新常态、推进工业布局调整等重大问题资政建言，充分发挥协商民主重要渠道作用。广泛开展与党外人士谈心交友活动，做好党外干部选拔和推荐工作，打造校地统战共建品牌。发挥工会、共青团、妇联等群团组织的桥梁纽带作用，为加快转型发展凝聚力量。全面落实党的民族宗教政策，巩固民族团结、宗教和谐的局面。加强党管武装和国防后备力量建设，推进区民兵训练基地建设，进一步巩固和深化省级双拥模范区创建成果。

四、全面从严治党提高党建科学化水平

坚持党要管党、从严治党，不断增强各级党组织的创造力、凝聚力、战斗力，为全区经济社会发展提供坚强保障。

（一）要始终如一抓好作风建设。认真落实习近平总书记提出的从严治党"八项要求"，把要求严、措施严，对上严、对下严，对事严、对人严的"六严"的标准，贯穿于党的建设和党内生活各方面。坚决反对"政治自由主义"，严明政治纪律，严守政治规矩。坚决防止和克服"为官不为"倾向，加大治庸治懒力度，进一步弘扬正气、狠刹歪风邪气。旗帜鲜明地反"四风"，以钉钉子精神抓好党的群众路线教育实践活动整改任务落实和制度的制定执行，认真落实中央巡视组巡视江苏反馈意见的整改措施，确保群众认可一件、销号一件，不折不扣整改到位。深入开展"三严三实"专题教育、"千名干部联系万户居民"、在职党员进社区等活动，将作风建设引向深入、转为常态。

（二）要持之以恒抓基层打基础。牢固树立"抓好党建是最大政绩"的理念，把抓好党建作为各级党组织书记履职的主业，推动各级书记敢抓敢管、长管长严，切实做到守土尽责。扎实做好述职评议考核，实施机关部门党建与中心工作融合度测评。加强基层服务型党组织建设，加大软弱涣散组织的整治力度，舍得把精兵强将派下去、把保障资金投进去，有针对性地开展城乡基层党组织结对共建，加大集体经济薄弱村结对帮促。推进村居党组织书记年度为民办事清单和在职党员进社区服务清单公示公开，建立并用好为民办事基金，不断提升基层党组织服务功能，打造基层党建特色品牌。

（三）要更高标准建设干部队伍。深入开展学习型党组织建设，加大对各级各类干部的培训力度，分步骤把后备干部、年轻干部放到基层一线任职挂职，不断提高干部在复杂局面下推动发展的能力。完善干部考核评价体系，制定干部队伍建设三年规划纲要，杜绝"重能轻德"，真正把信念坚定、为民服务、勤政务实、敢于担当、清正廉洁的好干部选拔上来。加强对各级党组织负责人和其他党员领导干部的考核，加大抓党建工作的权重，对考评不称职、工作落后的干部坚决调整。加强干部监督管理，推进超职数配备干部专项整治，加强"三责联审"，试点新任领导干部有关事项公开。

（四）要坚持不懈推进反腐倡廉建设。严格落实党委主体责任和纪委监督责任，加大"一案双查"和"责任倒查"力度，重点查处十八大后腐败不收敛不收手，问题线索反映集中，群众反映强烈，现仍在重要岗位并且可能还要提拔使用的领导干部，形成惩治腐败的新常态。深化惩防体系建设，加快推动纪检监察机关转职能、转方式、转作风，突出监督检查和执纪问责，把权力关进制度的笼子。对党的纪律执行、重要决策部署和急难问题落实等情况加强监督检查，督促问题整改到位，切实执好纪、问好责、把好关。加快推进三区纪检监察工作融合，发挥校地廉政共建联盟作用，促进区域党风廉政建设协调发展。深入开展廉政文化"六进"等教育活动，打造"红枫廉韵"品牌，营造风清气正的良好氛围。

同志们，做好明年工作，任务艰巨，责任重大。让我们紧密团结在以习近平同志为总书记的党中央周围，在市委的坚强领导下，以更加旺盛的斗志、更加务实的作风，改革创新、开拓奋进，高水平高质量完成全年目标任务，为建设经济强、百姓富、环境美、社会文明程度高的新栖霞而努力奋斗！

区人大常委会工作报告

区人大常委会主任　李汉桥

2015年1月9日

各位代表：

我受区第十七届人民代表大会常务委员会委托，向大会报告2014年以来常委会的工作情况，请予审议。

2014年的主要工作

2014年是栖霞实施“十二五”规划承前启后的重要一年，也是全区上下齐心协力、攻坚克难、改革创新，各项事业实现新发展，人大工作和民主法治建设取得新成绩的重要时期。区人大常委会在区委领导下，认真学习贯彻党的十八大和十八届三中、四中全会精神，围绕中央和省市区委重大决策部署，认真行使宪法和法律赋予的职权。一年以来，共召开8次常委会会议和12次主任会议；作出决定、决议3项，审议专项工作报告32项；组织专题视察、政情通报、座谈、调研等活动37次；通过人事任免48人次，在全区经济社会发展进程中较好地发挥了地方国家权力机关的作用。

一、聚焦改革，服务发展，全力助推经济运行平稳向好

*深化计划预算审查监督。*区人大常委会拓展预算监督内容，突出对政府全口径预决算的审查监督，听取关于政府性债务控制与管理工作情况的报告，审议财政预算执行与审计工作情况，依法审查和批准了财政决算。听取和审议关于经济和社会建设工作计划执行情况的报告，着重就财政、环保、能耗等关键性指标进行全过程跟踪关注。专题视察金陵石化、华能金陵电厂、大唐电厂等大型能耗企业，督促有关部门严格按序时进度要求完成相关指标任务，不断推动全区经济在合理、稳定、安全的区间内运行。

*推动创新驱动发展。*区人大常委会坚持把推动创新驱动放在重要位置，围绕现代服务业发展和商务区建设深入调研，专题视察全区重点科创平台建设，听取和审议全区人才引进和培养情况的报告，要求区政府以提升服务业总量占比为重点、以扩大创新经济增长点为举措、以引进创新创业人才为支撑，加快软硬件建设、提升承载能力、优化项目运行实效，不断增创发展优势和后劲，为深化改革、结构调整、创新转型腾出更大空间，在区域竞争中赢得主动与优势。

*支持战略性新兴产业发展。*区人大常委会高度关注光电显示、生物医药、智能制造、物联网、3D打印、移动互联网等新兴产业，开展“加快电子商务产业发展”及“全区商贸流通业转型升级”等课题的专项调研，听取和审议全区新兴产业发展情况的报告，建议区政府加快构建以企业为主体，产学研相结合的技术创新体系，促进科研成果就地转化，提升企业核心竞争力。这些意见都得到了区政府的重视和采纳，并在实际工作中加以贯彻。

二、保障青奥，生态优先，为“美丽栖霞”画卷增墨添彩

*全力服务青奥会顺利召开。*按照时间节点与任务要求，区人大常委会积极参与“迎青奥”环境综合整治与督查工作。专题视察全区建设工地扬尘治理和文明施工情况，实地察看黑臭河道综合整治工程进展，要求区政府着力加强扬尘源头治理，进一步落实河道整治执法监管责任，为改善区域环境质量多出实招。组织部分市、区人大代表持证视察“迎青奥”工作，对餐饮服务、环境卫生、小区出新等进行督察，及时将代表在督察中发现的问题转交区政府相关部门，督促其尽快落实整改。

*促进区域生态修复和保护。*区人大常委会始终将优化水环境作为生态保护和修复的重点，围绕九乡河、北十里长沟东支等重点河流，采取现场察看、听取汇报的方式了解水质现状。就秦淮东河一期先导段工程建设情况开展跟踪视察，调研全区污水处理工作，督促区政府树立“大水利”观念，推动水安全、水资源、水生态综合治理。组织部分市人大代表定向定点视察危险废弃物处置工作，专题调研栖霞寺、燕子矶中学与丁家山地质灾害治理点，要求区政府寓防于治，防治结合，扎实推进危险废弃物处置及地质灾害隐患治理，确保国家和人民生命财产安全。

*推动生态休闲旅游片区建设。*区人大常委会专题听取栖霞山生态休闲旅游片区和文化休闲旅游度假区规划设计的报告，就做好生态规划、提高森林覆盖率、恢复山清水秀的山林风光、推动实现山寺一体化等问题提出建设性意见。重视“美丽乡村”建设，亲身感受西岗街道桦墅村和栖霞街道东阳社区建设现场气氛，专题视察龙潭“水一方”生态休闲旅游区，实地察看荷塘水质、森林苗木，建议区政府秉承生态与经济协调发展的理念，对生态旅游形成共识，科学规划，有序发展，让生态资源发挥最大的社会效益、经济效益和生态效益。

三、心系群众，突出普惠，着力保障和改善民生

*关注群众安危冷暖。*区人大常委会确定保障性住房监督专题，分别就全区拆迁安置、保障房小区电梯及物业管理工作开展专题视察和调研。要求区政府在确保安置优先的基础上，就保障房基础设施运作管理方面强化组织、保障经费，确保形成系统性的工作机制。督促区政府积极推进就业援助和创业带动就业工作，进一步落实相关优惠扶持政策，促进就业持续稳定增长。就城乡公交优化工作听取汇报，促进全区交通系统运输效率提高，满足群众的出行需求。专题视察农贸市场改造升级工作，围绕规划建设、资金投入、保供保质、长效管理等进行调

龙潭“水一方”生态休闲旅游区 龙潭街道 供稿

*严格推动依法行政。*区人大常委会出台《关于区政府工作部门主要负责人向区人大常委会报告履职情况的实施办法》，召开专题会议，听取区政府相关部门主要负责同志向区人大常委会报告履职情况，进行满意度测评并通过人大网站向社会公布测评结果。听取区政府关于廉政建设工作情况的报告，要求区政府在确保经济平稳发展的同时，更加重视党风廉政建设。积极履行备案监督职责，认真做好规范性文件备案审查工作，全年共备案审查规范性文件2件。高度重视信访工作，为维护群众合法权益，化解社会矛盾，促进社会和谐稳定发挥积极作用。

*切实促进基层法治建设。*区人大常委会调研全区平安建设推进工作情况，高度关注安保维稳大防控工作，专题视察全区人民调解室建设情况，就落实责任体系、摸清排查安全隐患、加强群防群治等提出工作建议与要求，督促区政府进一步完善社会防控体系建设，加大技防设施投入，形成法治震慑力。加强基层法治宣传，专题视察全区社区侨务工作开展情况，积极推动“六五”普法进程，组织并指导区人大代表补选工作，有序推进基层民主法治建设。

研，为丰富群众“菜篮子”取得了良好的工作效果和社会效应。

*促进社会事业健康发展。*区人大常委会围绕“教育优先”发展战略，一方面积极了解掌握丁家庄小学、南师附中丁家庄初级中学、摄山星城第二小学等新建中小学的建设情况，另一方面不放松对燕子矶中学、金陵中学仙林分校小学部等名校教学质量的跟踪督察，并就0~3岁婴幼儿早期教养工作开展调研，全力推进教育持续均衡发展。听取和审议全区社区卫生服务中心建设和运营情况的报告，督促区政府立足“院府合作”模式，进一步引进优质医疗资源，提升基层医疗管理服务水平。常委会听取全区社会服务项目培育与发展情况的报告，关注养老服务业发展，促进“爱德好来屋”“同一屋檐下”等知名社会组织提升服务栖霞、服务群众的功效。

*推进文化体育资源开发。*区人大常委会专题调研文化产业发展情况，听取和审议群众性文化活动开展情况的报告，组织代表视察姚坊门商业文化街区、区教育文化体育中心、城市社区“10分钟体育健身圈”建设与营运情况，进一步促进区域文化体育事业的发展和繁荣。区人大常委会组成人员身体力行，参与并引导市、区人大代表和群众积极投身“金秋栖霞”艺术节、“秋栖霞” 登山大赛及社区大型广场演出等全区性重大文化体育活动，参加区第十届机关干部运动会乒乓球比赛，在全区范围内营造“文体育人、奋发向前”的良好社会氛围。

四、夯实基础，强化保障，切实推进“法治栖霞”建设

*全力强化司法监督。*区人大常委会加强对法检两院工作的监督力度，专题听取两院工作推进情况的报告，就全面贯彻落实十八届四中全会精神，推进依法治区进程提出指导性意见。听取和审议区检察院推进检察建议工作情况的报告，调研区法院执行工作情况，对多项重点工作提出具体建议和要求。还组织部分市区人大代表听取“两院”工作汇报，观摩评议庭审工作，督促“两院”进一步提高司法公信力，充分彰显司法的公平正义。

五、拓展平台，加强服务，倾力支持代表发挥主体作用

*强化代表活动组织。*加强各街道“人大代表之家”建设，规范代表接待选民日活动，推进基层代表向选民述职活动，实现“一个载体、两项制度”全覆盖。坚持以小组活动作为闭会期间代表活动的基本形式，围绕区人大常委会年度工作要点和各街道自身实际，制定并实施代表活动计划，运用视察调研、现场查看、座谈交流等多种监督手段组织代表活动。年中召开政情通报会，由区长向全体代表通报半年工作情况，一年来，共邀请74名区人大代表列席区人大常委会会议并审议发言。重视市人大代表活动的组织开展，多次就全市的生态环保及检察工作开展定向定点视察。

*确保代表履职质量。*加强对专业代表小组活动的指导，先后举办以转变经济发展方式、推进生态文明建设、改进调查研究、代表议案建议撰写等主题的代表履职培训，组织代表就司法援助、生态环保、医药卫生等群众关注的热点问题进行调研，切实增强代表履职的广度和深度。常委会加大对代表履职实效的挖掘与宣传，全区涌现出一批既积极参与管理地方国家事务，又在本职岗位上奋发有为、在社会上甘于奉献的先进分子，较好地彰显了新时期代表风采。

*增强建议办理实效。*通过多种形式加强督促检查，力推建议办理工作取得实效。区人大常委会集中时间、人员和精力，对区十七届人大三次会议的代表建议尤其是10件重点建议督办件，及时组织开展建议办理“回头看”。督促区政府及各承办单位进一步强化责任，创新举措，切实把各项督办意见落到实处。经努力，一批代表反映强烈的关于改善民生、环境保护、城市管

理等方面的实际问题得以有效解决,建议办成率达95%,代表满意和基本满意率100%,代表建议办理工作取得明显成效。

六、改进作风,加强履职,不断提升自身建设水平

*精心组织开展群众路线教育实践活动。*区人大常委会党组充分发挥牵头抓总作用,在市委督导组的指导下扎实落实好自身教育实践活动的开展,统筹抓好人大机关教育实践活动的推进。区人大常委会党组和机关紧紧围绕保持党的先进性和纯洁性,以为民务实清廉为主要内容,聚焦“四风”,突出学习教育和查摆问题、抓好整改落实和建章立制,广泛征求意见,共梳理“四风”方面24条问题,征求86条意见与建议,提出18项全面整改措施并认真加以落实。

*提高人大工作的制度化规范化水平。*区人大常委会认真贯彻落实区委《关于增强人大监督刚性和监督实效的实施意见》,围绕行使讨论、决定重大事项职权,加强审查监督行政区财政全口径预决算,加强和改进人大监督方式等方面,进一步出台相关制度、细化操作流程。区人大常委会增开工作周例会,规范各类会议程序,严格控制会议时间与议题数量,提升审议质量,形成了一批针对性强、可操作度高的审议意见。严格执行党中央和省、市、区委关于廉洁从政的有关规定,反腐倡廉建设得到进一步加强。同时,结合纪念人民代表大会成立60周年,参加省、市各类纪念活动,举办书画摄影比赛,使人民代表大会制度的优越性深入人心。

*进一步加强信息化与调研工作。*区人大常委会组织市、区人大代表围绕调整产业结构、加强城市建设与管理、保障和改善民生、创新体制机制等课题开展调研,形成一批理论成果,编印《区人大常委会理论调研文集》,为区委决策出谋献策。开通人大政务微博、改版人大网站,用好电视专题、报纸专版和人大监督专报等宣传渠道,积极向全国、省、市人大网络平台和刊物投稿,共发表文章400余篇,全面深入反映我区人大工作特色和亮点,不断增强人大宣传的渗透力和影响力。充分发挥地方人大在对外交往中的积极作用,加强与兄弟区、县人大的交流沟通,展示栖霞良好形象。

各位代表,过去一年常委会取得的工作成绩,是在区委正确领导下,全体区人大代表、区人大常委会组成人员辛勤工作的结果,也是“一府两院”密切配合、区政协大力支持,街道人大工委、开发区人大联络办和全区人民积极参与的结果。在此,我谨代表区人大常委会向全区人民和社会各界表示衷心的感谢!

回顾过去一年的工作,对照宪法和法律赋予的职权,对照党的十八大和十八届三中、四中全会精神,对照区委要求和人民期望,区人大常委会的工作还有不足之处。主要表现在:监督的刚性、力度还不够,对重点、难点问题的跟踪问效需进一步强化;讨论决定重大事项的范围、内容和程序需进一步规范;收集民意、集中民智的机制需进一步健全等等。对此,区人大常委会将在今后的工作中认真改进。

2015年的主要任务

党的十八届三中全会,对全面深化改革作出重大战略部署。四中全会则聚焦“依法治国”,就构建法治中国,实现科学立法、严格执法、公正司法、全民守法给出顶层设计。这对做好新形势下人大工作提出了新的要求,也使人民群众对更好地发挥人大监督作用充满新的期待。贯彻三中、四中全会精神,充分发挥人大作为监督机关、民意机关的优势,人大工作的定位要更高、理念要更新、举措要更实、成效要更好。定位更高,就是要坚定“人大监督是最高层次法律监督”理念,立足全区改革发展稳定大局,抓住机遇推动我区人大工作与时俱进,使之与栖霞经济社会率先发展相适应,走在全市前列;理念更新,就是要适应全面深化改革新挑战,找准我区人大工作围绕中心服务大局的切入点、着力点和结合点,创新履职形式,拓展履职空间,切实发挥人大在保障和促进全区改革发展中的职能作用;举措更实,就是要时刻加强与代表和人民群众的联系,始终关注医疗、教育、就业、住房等事关群众切身利益的问题,在审议报告、视察调研、专项督察等常规监督模式外,必要时可启动质询、特定问题调查等监督方式;成效更好,就是要加强审议意见落实,切实提升监督实效。采取提前送审、书面和口头发言相结合等方式确保审议质量,并要求相关部门限期报告整改落实情况,切实履行好为人民代言、对人民负责、受人民监督的职责和义务。

2015年是贯彻落实十八届三中、四中全会精神、全面深化改革、加强依法治国的重要年份。区人大常委会将以党的十八大,十八届三中、四中全会和习近平总书记视察江苏重要讲话精神为统领,根据党中央和省、市、区委最新决策部署,牢牢把握稳中求进、改革创新核心要求,坚持法治导向,贯彻群众路线,弘扬务实作风,更加注重监督的实效性、代表的主体性和队伍的先进性,努力推动人大制度的理论和实践创新,不断开创人大工作新局面。

一、始终坚持区委领导,与时俱进推进依法治区进程

*抓好普法宣传,发挥人大常委会的推动作用。*区人大常委会要加强对全区法治宣传教育工作的监督,听取区政府关于普法规划实施情况的报告,提出做好法治宣传教育的建设性意见,推动普法规划实施取得明显成效。要充分利用各类媒体,开展国家宪法日宣传活动,广泛宣传宪法的重要意义及公民享有的权利和应尽的义务,全面弘扬法治精神,努力形成自觉学法守法用法的社会氛围。要提升各级人大代表和人大机关工作人员的法治思维,增强依法履职意识和能力,成为“学法、尊法、守法、用法”的表率,彰显法律的形象与尊严。

*抓好监督制约,发挥人大常委会的保障作用。*区人大常委会要学习贯彻好新《预算法》,按照具体要求逐条落实。要以争创全省法治建设先进区为目标,通过执法检查、备案审查等法定监督手段,重点监督关系改革发展、稳定大局和群众切身利益、社会普遍关注的问题,推动社会各项事业协调发展。要以民生为重点,借鉴先进地区人大工作的先进经验,重点监督各项民生指标的落实,以推动民生的逐步改善,回应社会关切。要强化法、检两院“由人大产生、对人大负责”理念,逐步实现院务公开、信息公开,提高司法公信力,促进公平正义。

*抓好工作审议,发挥人大常委会的促进作用。*区人大常委会要切实增强行政执法监督的针对性与主动性,督促执法部门严格执法,就综合执法、法律援助、群防群治等工作议题,通过

听取汇报、现场查看、座谈交流等形式开展监督。针对存在的问题，认真审议并提出富有针对性和可操作性的意见和建议，深化依法治区进程。同时，要加强对审议意见落实情况的跟踪督察，要求“一府两院”在规定期限内向区人大常委会报告审议意见的整改落实情况，为全区经济建设和保护人民群众的根本利益营造良好的法治环境。

二、突出人大监督刚性，全力推动全区重点工作开展

督促政府积极适应经济新常态。区人大常委会要密切关注经济形势变化，着力加强对国民经济和社会发展计划执行及全口径财政预决算的审查监督，提升人大经济监督的专业化水平，促进政府完善预算管理体系，加强政府性债务管理，保证把有限的财力用在刀刃上。要深刻领会习近平总书记关于经济新常态的重要论断，站在更加客观理性的立场，紧扣转型发展主题，紧紧围绕区域经济存量优化与新增长点的提质增效，着重就新兴产业推进、重大项目深化、城乡一体化建设、旅游业发展等事项开展监督，督促区政府进一步提高认识、凝聚共识，巩固经济稳中求进态势。

持续不断抓生态环保监督。区人大常委会要始终重视人民群众对生态环境的敏感度，以“一副三新”建设为重点，关注迈皋桥、燕子矶、尧化地区新城建设中环境的打造，关注全区“美丽乡村”建设，听取和审议全区环境综合整治工作和全区地质灾害防治工作情况的报告，视察空气质量检测工作开展情况，对区、街两级河道长效管理和九乡河应急治理工程推进情况以及重点企业排污口规范化设置与管理工作开展调研，督促区政府加快出台符合栖霞实际的生态补偿办法，使优良的生态环境和市容市貌真正成为惠民利民的基础。

推进公共服务保障水平不断提高。区人大常委会要聚焦群众关心的拆迁安置、医疗卫生、住房保障等方面的工作开展监督，听取和审议全区康复医疗体系建设情况的报告，了解并掌握全区市场监管体制改革方案落实情况，专题视察全区重点民生保障、重点基础设施建设、社会公共服务类规划建设工作情况，关注网格化管理推进实效，对事关民生的法律法规执行情况开展执法检查，努力为人民群众办实事、做好事。

更加关注人的发展。区人大常委会要牢固树立“教育是最大的民生”的理念，围绕教育均衡发展、校舍建设投入、优化资源配置等课题，就全区初中义务教育均衡发展和教育质量提升工作展开调研。要高度关注全区就业、创业现状，听取和审议全区大学生就业创业工作情况的报告，督促区政府加强工作统筹，推行培养合格建设者和中高端人才相结合、企业招工与职业教育招生相结合、创业与再学习再提升相结合，切实把创业就业工程抓紧、抓实、抓出成效。

促进文化事业不断进步。区人大常委会要注重人的精神需求，把促进文化繁荣作为提升人民幸福感的重要举措。在前几年工作的基础上进一步就龙潭金箔、金陵折扇、栖霞龙舞等非物质文化遗产传承展开调研，听取和审议全区重点文物保护情况的报告。发挥人大联系面广的优势，关注栖霞山文化休闲旅游度假区打造，关心并促进全区群众文化活动的开展，听取全区城市社区“10分钟体育健身圈”建设情况的报告，在发挥文化大区优势，实现文化浸润生活上贡献力量。

三、发挥代表作用，在保障代表履职上有新拓展

拓宽载体，充分发挥代表聪明才智。区人大常委会要切实增强联系代表的能力，做好代表闭会期间活动的组织，通过分类组织专题调研、定期意见征询、日常建议答复回馈等形式拓宽代表履职的渠道。同时，充分利用栖霞电视台、栖霞人大网站、人大政务微博、“今日栖霞”专刊等载体，大力宣扬典型，营造氛围，引导人大代表凝心聚力，成为建设栖霞的重要力量。

搭建平台，畅通代表联系渠道。区人大常委会要切实加强对市、区人大代表密切联系群众的考核，通过建立基层联系点、开展调研走访等方式，引导和鼓励人大代表主动深入基层，了解社情民意。要充分尊重代表的个性行为，鼓励专业代表小组针对区域内特定问题开展调研，并积极给予经费、后勤方面的保障，确保其工作开展顺利、职责履行到位。要进一步加大代表议案建议办理力度，继续开展“代表建议回头看”活动，着力提高建议办成率和代表满意率。

加强培训，提升代表综合素质。区人大常委会要对人大代表的综合素质进行后天性强化，继续采取学习培训与调研视察、专家授课与个人自学相结合的方式，为人大代表更新知识，补充能量，不断提升人大代表调研分析能力、组织协调能力、联系群众能力。要认真总结分析代表在调研过程中提出的意见与建议，通过向区政府提交富有针对性和可操作性的调研报告，切实彰显代表工作的实效性。

四、深化群众路线活动成果，凸显改进工作作风成效

进一步加强学习、提高素质。区人大常委会要以创建学习型机关为重点，围绕全区工作的中心、区人大常委会履职的重点、社会建设的热点、群众关注的焦点，制定并严格落实年度学习计划，坚持每周开展机关集体学习、每季度举办理论辅导或法治讲座，深化区人大常委会组成人员和机关干部对人大工作知识和相关法律法规的理解和运用，为有效监督夯实理论基础。

进一步改进作风、增强实效。区人大常委会要深入实际、深入基层、深入群众开展调查研究，继续扎实整改落实“四风”方面的突出问题和人民群众反映强烈的热点难点问题，真正以客观实际指导主观思维，形成反映真实、操作可行、方向正确的意见和建议，为区委科学决策提供合理建议，为政府抓好落实提供有力支持，为人大依法监督提供有效支撑。

进一步规范运作、廉洁高效。区人大常委会要切实规范办会、办文、办事程序，严肃相关制度的执行，促进区人大常委会机关讲程序、守规矩。要落实好“监督法”中关于公开的法律要求，充分发挥人大网站的作用，在做好向社会公开行使监督职权情况的同时，更好地接受社会监督。要坚持民主集中制原则，集体行使职权，遵守关于廉洁从政的各项规定，不断提高廉政建设水平。

各位代表，全面深化改革、发展社会主义民主政治、推进依法治国进程，人大及其常委会肩负着重大的职责与使命。让我们在党的十八大和十八届三中、四中全会精神指引下，在区委的领导下，进一步解放思想、振奋精神，团结一致、扎实工作，为建设经济强、百姓富、环境美、社会文明程度高的新栖霞而努力奋斗！

区政府工作报告

区长　邢正军

2015年1月8日

各位代表：

现在，我代表区人民政府，向大会报告工作，请予审议，并请区政协各位委员和其他列席会议的同志提出意见。

2014 年工作的回顾

2014年，是贯彻落实党的十八届三中、四中全会精神、全面深化改革的开局之年。一年来，我们在市委、市政府和区委的正确领导下，在区人大、区政协的监督支持下，把握"稳中求进、改革创新"的总基调，以党的群众路线教育实践活动为抓手，紧紧围绕青奥会保障工作，团结带领全区人民，加快转型升级、推动改革创新、优化城乡环境、着力改善民生，圆满完成了区十七届人大三次会议确定的目标任务。

*一是经济保持平稳增长。*预计实现地区生产总值750亿元，同比增长10.5%；公共财政预算收入77.2亿元，同比增长12.1%；全社会固定资产投资460亿元，同比增长13%。产业结构优化升级。光电显示、生物医药、智能制造"三大"产业和物联网、3D打印、移动互联网"三新"产业预计实现产值1950亿元，占规模工业比重达80%。LG化学汽车动力电池等72个重大项目开工建设，一批重大项目签约落户。服务业比重稳步提升。预计实现服务业增加值245亿元，同比增长11.8%；完成服务业投资250亿元，同比增长63.3%；实现社会消费品零售总额190亿元，同比增长13%。栖霞山文化休闲旅游度假区和文化创意产业集聚区列入省服务业重点平台项目。现代农业发展增速。完成土地流转1.26万亩，新增高效设施农业2032亩；新成立农民合作社13家、家庭农场16家。"八卦洲牌"芦蒿成功申报国家地理标志。龙潭"水一方"农业生态园一期建成开放并成功创建三星级乡村旅游示范点和AA级景区。

*二是创新驱动步伐加快。*科技创新成果显著。新认定高新技术企业20家，预计完成高新技术产业产值1700亿元；新认定省级工程技术研究中心2家、市级工程技术研究中心17家；成功创建国家知识产权强县工程试点区，新增市专利技术产业化基地1家，申请发明专利2473件，实施产学研合作项目58个。创新载体建设加快。在建重点产业园区244.5万平方米，竣工92.8万平方米。江苏生命科技创新园、紫金新港创业特别社区被评为"国家级科技企业孵化器"，金港科创园成为全省首批科技创业孵化链条试点单位及省级科技企业加速器。人才优势持续巩固。成功创建国家创新人才培养示范基地，新引进和自主培养"千人计划"创业人才8名，培育省"双创"人才4名、省"企业博士集聚计划"人才6名，入选市"321"引进计划100人，入选科技部科技创新创业人才1名、重点领域创新团队1个。科技金融日趋完善。研究出台全区科技金融工作意见等系列政策措施，全力打造科技金融集聚区和小微金融创新试验区，组建区科技金融服务中心。区创投合作基金规模达9.57亿元。民营经济助推发展。出台《栖霞区关于加快民营经济创新发展的实施意见》，新增省级民营科技企业55家，全区民营经济实现增加值160亿元，同比增长19.8%。

*三是地区面貌显著改善。*全域城市功能更加完善。坚持以片区开发改善区域环境，全力推进仙林副城和迈燕新城、新尧新城、龙潭新城"一副三新"建设。高标准完成栖霞山综合开发规划编制工作，启动圆通禅院、红枫片区拆迁等一批项目。生态文明建设初显成效。规模工业企业原煤消耗控制在1110万吨以内，单位工业增加值能耗下降5%，非工企业二氧化碳排放达标；完成8家"两高一资"企业整治、32台燃煤锅炉关停改造，整治关停无证(照)经营、安全有隐患、排放不达标等违规企业140余家；启动金陵石化及周边地区布局调整准备工作，加快推进主城工业企业"退城入园"工作。完成61.7公里的绿色通道品质提升专项整治任务，新增绿化造林3850亩；完成夏、秋两季农作物秸秆综合利用和禁烧工作；完成金川河流域24个排水达标片区建设和106条黑臭河道整治。环境综合整治成果显著。圆满完成青奥会和国家公祭日环境管控保障任务。完成14条城市道路工程和保障房片区配套道路建设。完成城中村危旧房改造项目22个，动迁总面积184万平方米。出新改造23个老旧小区，研究制定全区物业管理相关文件。完成31个一般自然村环境整治和5个三星康居村提档升级。圆满完成"大干一百天，环境大扫除"工作任务，被市政府评为立功单位。城市管理水平日益提高。投入5000余万元，优化公交线路17条，开通仙林微循环公交、尧化社区巴士、南京开发区循环公交。新增停车泊位2000个。生活垃圾分类收集覆盖率达76.3%，环卫机械化作业率达85%。全市城区组城市管理考核排名位居前列。

*四是重点改革稳步推进。*行政审批制度和行政执法体制改革不断深化。全力承接和用好下放的22项市权，区级部门在上年下放49项区权基础上再次下放42项与群众关系紧密的权力。建立"清单管理"制度，推进网上"并联"审批，平均承诺办结时间比法定时限大幅压缩。整合工商、质监、食品药品监督管理机构，成立区市场监督管理局。在尧化街道试行"一体化"执法，将11个部门简易执法权集中，组建综合执法队伍。在全市首家全面推进"全科社工"模式，7个街道完成服务中心建设，2个街道启动建设，推行"一门受理、一站办结、一网联办"，

群众办理事项时间缩短50%以上。城市建设管理体制改革试点推进。作为全市改革试点，加快推进市政管养市场化运作、城管队伍属地化管理、城市管理标准化考核、城市治理系统化建设，进一步深化国土资源属地管控与有偿使用制度改革。组建区客运执法大队，查处各类违法违规营运车辆895辆次。国资退出工作稳步开展。完成国资退出传统工商业及设计、施工、监理、养护、环卫、园林、审图、咨询等领域实施方案，出台国有资本管理体制改革工作实施办法，完成街道所属投资企业清理工作。

五是民生事业全面进步。居民收入稳步增长。新增城镇就业1.8万人，预计城乡居民人均可支配收入分别达4.1万元和1.9万元，同比增长9.5%和10.5%，位居全市前列。社会保障覆盖面不断扩大。单位养老保险净增缴费人数8500人，征收社会保险费18.4亿元。出台困难群众综合医疗救助办法、支出型贫困家庭救助办法、残疾人居民社会保险实施办法。新开工保障房36.7万平方米，续建37万平方米，竣工19.5万平方米。惠民服务能力日益增强。纵深推进幸福都市建设，扎实开展千场惠民服务，全面完成年度二十项惠民工程。新登记社会组织358家，每万人拥有注册登记社会组织15.6个，投入资金1580万元，向社会第三方公开招标购买各类惠民服务46项，有效提升群众幸福感、满意度。医疗卫生体系更加健全。引进省市三级甲等医院73名知名专家坐堂门诊，与省人民医院达成共建“栖霞区康复医疗体系”合作协议，组建省人民医院栖霞康复院区。合作医疗覆盖率达100%。启动0~3岁婴幼儿早期发展工作，建成6个街道指导服务站，15个社区亲子活动室。教育优质资源均衡发展。成功创建“全国义务教育发展基本均衡区”。新建中小学和幼儿园20所。栖霞中学与海门中学共建栖霞（海门）实验初级中学。南师附中仙林学校初中部丁家庄校区建成并交付使用。文化体育事业繁荣发展。预计实现文化产业增加值占GDP比重达10.2%。成功举办江苏省“秋栖霞”登山大赛、第二届南京市龙舟公开赛等各类文体活动1000余场。省广电网络整合工作平稳有序推进，整转数字电视用户3.6万户，数字化率达100%。社区（村）“10分钟体育健身圈”建成率达100%。社会综合治理不断强化。深化“平安栖霞”、“法治栖霞”建设，全面开展安保维稳大防控行动和第四轮“春风化雨”握手行动。强化安全生产“红线”意识，通过开展“迎青奥”双百日专项整治、“六打六治”打非治违专项整治行动，全区安全生产形势总体稳定。网格化社会服务管理和街道全科政务服务创成省级标准。仙林街道成功创建全国和谐社区建设模范街道和“国际安全社区”，尧化街道成功创建“全国安全社区”。与此同时，民族、宗教、武装、人防、台侨、档案、年鉴、地方志、外事、青少年、残疾人、红十字会等各项工作都取得了新的成绩。

六是政府自身建设取得实效。深入开展群众路线教育实践活动。认真执行中央“八项规定”，围绕行政审批制度改革、社区减负、办公用房清理等热点难点，解决了一批影响改革发展和群众反映强烈的突出问题。区政府制定的30项整改措施，已按照时序逐一落实。“三公经费”支出比上年下降27%。“阳光政务”服务体系逐步完善。自觉接受人大及其常委会的法律监督、工作监督和政协的民主监督，全年共办理人大建议、政协提案302件，办结率、满意率均为100%。完成区政务服务中心升级改造工作。成立区中小企业服务中心。整合构建区级社会管理信息化总平台。全年主动公开政府信息1094条，政府行政更加透明。成立区民生服务中心，开通“96106”为民服务热线，全天候提供便民服务。区“12345”全年共受理各类工单19822件，办结率100%，综合满意率达93.07%。区政府门户网站在“2014中国特色政府网站评选活动”中荣获“在线服务创新奖”。党风廉政建设全面落实。聚焦中心工作、作风建设和党风廉政建设方面的突出问题，加强源头治理，从严管理干部，对苗头性、倾向性问题早发现、早提醒、早制止。依托两级监督执纪架构，加大对相关职能部门依法履职情况的督察，保障权力公平、公正、公开运行。深入开展执法大检查、涉法涉诉信访案件督察、廉洁公正检查巡查，进一步推进规范执法、公正司法。

11月18日，2014年江苏省“秋栖霞”登山大赛在栖霞山举行　　区体育局　供稿

各位代表！过去一年取得的成绩来之不易，是市委、市政府和区委正确领导的结果，是区人大、区政协有效监督、大力支持的结果，是广大干部群众和衷共济、团结拼搏的结果。在此，我代表区人民政府，向区人大代表、政协委员，向奋战在各条战线上的全区人民，向所有关心支持栖霞发展的社会各界人士，表示衷心的感谢和崇高的敬意！

在充分肯定成绩的同时，我们也要清醒地看到，当前全区工作中还存在一些问题和不足，一是传统工业企业生产经营形势严峻，部分企业生产经营困难，保持经济平稳增长面临不少压力和挑战；二是产业转型升级任重道远，工业布局调整和主城工业企业“退城入园”任务艰巨；服务业特别是创新型、知识型、资本型、生态型等新型经济业态，在产业结构中比重仍然偏低；三是城乡居民收入保持持续增长还缺乏有效措施，生态建设和环境保护的成效，与人民群众要求相比差距仍然较大；四是政府职能和工作作风需要加快转变，一些部门和工作人员改革创新能力不强，服务意识、办事效率与企业和群众的期待还有一定差距。对此，我们一定高度重视，采取有效措施，认真加以解决。

2015 年主要目标和任务

2015年是全面深化改革的关键之年，是全面推进依法治区的开局之年，也是全面实现“十二五”规划的收官之年。根据区委九届八次全体(扩大)会议的部署，2015年政府工作的总体要求是：深入贯彻党的十八大和十八届三中、四中全会，以及习近平总书记系列重要讲话精神，以总书记视察江苏时提出的五个迈上新台阶为工作指南，继续坚持“稳中求进、改革创新”总基调，积极主动适应经济发展新常态，深入实施综合改革，激发社会发展活力；持续开展转型创新，提高发展质量效益；不断加强生态建设，提升人居环境质量；统筹推进城乡发展，完善地区功能品质；认真抓好民生保障，让人民群众得益受惠，促进经济平稳健康发展和社会和谐稳定，确保“十二五”圆满收官，推动各项工作迈上新台阶、建设新栖霞。

2015年全区经济社会发展主要预期目标是：地区生产总值增长10%以上，其中第三产业增长11%以上；公共财政预算收入增长9.5%以上；全社会固定资产投资增长9.5%；科技创业投资增长15%；社会消费品零售总额增长11%；完成城中村改造及小区出新面积250万平方米以上；万元工业增加值综合能耗下降3%，规模工业煤耗控制在1095万吨以内；城乡居民人均可支配收入分别增长10%和11%。

为实现上述目标，我们将着重抓好以下五个方面的工作：

一、纵深推进综合改革，增强地区发展活力

充分释放市场活力。按照全市统一部署，完成区属国有资本退出传统工商业和设计等八大领域改革，对区属经营性国有资产实行统一监管。坚持“非禁即入”，按照市场规律引导民间资本以PPP、股权投资等多种形式进入公共服务和基础设施建设领域，定期公布鼓励民间资本投资项目清单。推进民营企业新技术新产品首购首用，帮助企业积极申报国家、省市新型产业重点推广应用产品目录。支持企业在多层次资本市场挂牌、上市、融资，推动优科生物、可一集团等一批骨干企业上市。鼓励工商资本进入现代种养业，通过建立企业与农民、合作组织的利益联结机制，带动农业增效、农民增收。

不断优化政务服务。建立并实施政府行政审批权力清单制度。全面实行前置审批与项目核准“并联”办理，更加强化事中事后监管。完善区、街政务服务中心运行体系，实现政务服务网上办理、审批和监管，提升全科政务服务水平，提高行政审批效率。深入推行街道“一体化”执法，强化执法的规范性和时效性。研究制定政府购买服务实施意见，出台指导目录，建立资金管理制度。

深入推进基层改革。逐步弱化街道经济发展指标考核，在仙林、迈皋桥两个街道试点取消经济指标考核。实施街道机构改革，促进街道职能由管理向服务转变，强化服务居民职能。完成社区“去行政化”改革，将社区工作精力和重点转移到社会治理和为民服务上来。建立社区工作准入制度，逐步推行社区居委会协助政府工作事项服务外包，调动、整合各类资源共同承担社区治理责任。大力提升社工专业化、职业化水平，“全科社工”占比不少于50%。

二、紧扣产业提质增效，助力经济转型升级

全力聚焦战略性新兴产业。积极对接全市“一核两翼”发展策略，立足栖霞经济基础和产业优势，全力打造培育“三大”“三新”产业。加快建设中国南京液晶谷、国家级海港枢纽经济区，进一步延伸光电显示产业链，重点实施以智能制造和生物医药为主的临港产业带建设，加快推进LG化学汽车动力电池、海辰药业三期等一批重大项目，确保中电熊猫高世代液晶面板、中传成套设备生产等一批项目竣工投产。发挥仙林科技城的科教优势，围绕“三新”产业，突破一批关键技术，提升产业整体层次

位于中国南京液晶谷内的中国电子熊猫集团　　西岗街道　供稿

和能级，开工建设中电二十八所仙林新所区、兰德地理信息产业园等一批项目。特别注重发挥互联网经济在创新驱动中的先导作用，鼓励传统产业嫁接互联网技术，发展面向互联网的设计、定制等生产性服务业；加快跨境电子商务产业园、移动互联网产业基地、仙林物联网产业基地建设，引导互联网产业集聚发展；积极培育互联网龙头企业，推动南京文化艺术产权交易所、游族网络等骨干企业健康成长。2015年力争全区新兴产业增加值占GDP比重提高2个百分点以上。

大力发展现代服务业。编制《栖霞区现代服务业发展规划》，明确现代服务业发展方向和具体路径。充分发挥南京综合保税区、仙林软件与服务外包产业园、栖霞商务区等园区平台的承载功能，推动现代物流、科技服务、软件信息、商务商贸、文化旅游等现代服务业快速发展，确保服务业增加值占GDP比重达33%左右。重点建设龙潭国际综合物流集聚区，开工建设仙林"万达茂"、燕子矶招商地产商业综合体等项目，加快建设中建大厦、高科置业大厦、中石化工程中心等一批功能定位明确的总部楼宇，全年竣工一批总部项目。整合幕燕滨江风貌区、栖霞山景区旅游资源，规划乡村游、高校游、工业遗址游精品线路，打造栖霞旅游名片。

持续增强区域创新能力。落实《南京市紫金科技人才创业特别社区条例》，充分释放科教人才优势，打造"无障碍"创业环境、便捷高效创业通道。推动紫金创业特别社区、区属重点平台、高校创新平台和街道科技平台建设，全年竣工载体面积80万平方米以上。引导企业、社会资本参与投资建设孵化器，推广"孵化+创投"等孵化模式，新增在孵企业300家、毕业企业30家，金港科创园争创国家级科技创业孵化链条试点单位。深入贯彻市委、市政府建设中国健康服务与生命科技名城战略，江苏生命科技创新园、开发区生物医药产业基地重点打造生命科学企业总部基地、健康产业中心、现代中药研发和产业化中心，建设南京大学生物医学工程转化研究基地、南京中医药大学成果转化中心，积极培育生命科技产业本地龙头企业。鼓励园区平台与高校技术转移中心、科技中介机构、技术经纪人开展合作，着力转化技术成果，实施产学研合作项目60个以上。完善园区公共技术服务平台功能，建立以法务、财税、人力资源、市场咨询等为重点的全方位服务体系。做强科技金融集聚区，发挥区科技金融发展专项资金、种子基金作用，全方位、多渠道为科技企业提供金融服务。更加突出人才与产业的契合度，通过政策引导，发挥企业在引才、育才、用才中的主体作用。全面开展人才企业绩效评估，促进企业良性发展，力争"321"人才项目年销售额达1000万元以上企业突破20家。

三、完善城乡功能品质，加快新型城镇化建设

加快实施片区改造。坚持改造与整治相结合，完成铸造厂周边片区、尧佳路南侧地块等20个城中村危旧房改造项目。深入开展排水达标区创建，基本完成绕城公路以内四大片区主次干管、到户支管建设。重点治理城市积淹水片区，消除城市严重积淹水地段。实质性启动栖霞、尧化、八卦洲地区工业布局调整，全面完成迈皋桥、燕子矶地区21家工业企业"退城入园"，推进锦湖轮胎、电气集团等大型企业搬迁。积极引导推进城镇低效用地再开发，争创节约集约用地模范区。栖霞山开发片区完成各类城市专项设计规划，加快实施金刚阁、栖霞寺山门广场改造等项目建设。燕子矶新城启动经五路两侧整体开发，推进燕子矶老镇、体育公园等项目建设。迈皋桥、马群、尧化地区基本完成城中村拆迁改造任务，重点围绕小区出新、游园景观、公建配套等提升城市功能品质。

统筹城乡发展合力。完善城乡基础设施。加快实施马群南路、万晓路等续建工程，开工建设迈尧路、润阳路东延等市政道路，文枢西路、汇通路南延等一批道路竣工通车。进一步优化全区公交线网，围绕保障房片区、远郊地区以及对接地铁、有轨电车站点，微调、新增10条公交线路，方便群众出行。完成芝嘉花园、水站新村等26个老旧小区整治出新任务，实施太新路3号、红枫小区等直供水改造项目，稳步推进燕子矶新城、液晶谷等安置房建设，全年竣工约17.7万平方米。加快美丽乡村建设。充分发挥美丽乡村溢出效应，按照景区化理念指导规划、景点化标准建设乡村，融合环境、产业、文化等因素，实施田水路林村"五位一体"综合连片整治，逐步实现美丽向富民转变。抓住江北新区发展机遇，推动八卦洲综合开发。推进龙潭街道统筹城乡发展试点工作，加快农用地综合整治和新市镇建设。基本完成农村土地承包经营权确权登记颁证工作，探索建立农村产权交易市场，培育新型农业经营主体，新成立农民合作社10家、家庭农场15家。大力发展规模农业、高效农业、设施农业，推动传统农业向休闲农业、观光农业拓展延伸。整合龙潭"水一方"农业生态园、西岗周冲村等资源，完善景区配套服务，打响栖霞乡村旅游知名度。全面推行"河长制"管理模式，启动乡村污水生态处理试点工程，加快实施十里长沟、九乡河等整治工作，基本消除"黑臭"河道。夯实企业监管体系。巩固"无证(照)经营、安全有隐患、排放不达标"违规企业整治成果，着重解决群众反映强烈、污染较为严重、影响社会稳定的突出环境问题，实施环境污染有奖举报制度，维护群众合法环境权益。严格落实行业主管部门、街道和园区平台、建设单位三级责任体系，对重点企业污染源实施在线实时监控，从严从重打击违法排污行为。

提高城市治理水平。以提升生态环境质量、提升群众环境满意度为目标，深入开展"再干两百天"专项行动，完善城市治理标准化体系，建立常态化巡查机制，实现城市治理全覆盖、无盲区。改变政府主导的单一管理模式为政社互动的公共治理模式，进一步发挥驻区单位和社会自治组织的积极性，全面推行市容环境门前"三包"责任制。深入推动物业管理体制机制创新，开展星级物业评比，通过提高物业费收缴率、提升物管队伍素质、考核奖惩与财政补贴挂钩等方式，促进物业管理良性运转。保持违建管控高压态势，实现违建零增长。推动沿江岸线景观环境建设，完成砂场关停搬迁等整治任务。严厉打击非法运营行为，加大停车设施管理力度，借助联合执法手段，不断规范车辆运营秩序。新建晓庄广场、尧新路等公共停车场，新增泊位2000个，逐步缓解重点路段停车难题。完成仙林、南湾营、十字街等垃圾转运站新改建工程，垃圾收集转运实现全密闭，扩大垃圾分类覆盖区域，提高餐厨垃圾分类转运量。

四、办好惠民利民实事,推进民生持续改善

优化公共服务配套。做强栖霞教育品牌。全面实施栖霞教育新三年发展行动计划,推进龙潭新城、燕子矶新城等改造片区教育配建工程,启动建设新港中等专业学校新校区、栖霞区特殊教育学校,改造扩建燕子矶中学,南邮小学、燕子矶保障房幼儿园等9所小学、幼儿园投入使用。巩固现有名校合作成果,引进优质资源扩大合作办学,构建小学、初中教育发展共同体,放大名校带动效应,加速优质教育资源深度融合。做好燕子矶中学"省四星级高中"复评、省教育现代化区级监测评估工作,创建省义务教育优质均衡改革发展示范区和省学前教育改革发展示范区。实施第二轮名师培养计划,强化与师范院校对接,加强教师师德规范、传统文化、价值观念等基础教育。引入第三方评价机制,开展中小学校满意度测评,进一步密切家校合作。完善公共医疗体系。不断深化"院府合作""校府联动"项目,推进市妇幼保健院北院、省中西医结合医院东院建设,促进医疗卫生机构纵向联合。建立基层首诊、分级诊疗、双向转诊的现代医疗卫生体系,构建区域性卫生人才有序流动机制,充分发挥区属二级医院的带动作用,更好地承接省市三级医院的辐射,提升基层社区卫生服务中心服务水平,实现区内医疗卫生事业布局合理、均衡发展。健全康复医疗体系,逐步形成综合医院、康复专科医院、社区卫生服务机构、家庭"四维"医疗服务网络。提升文体服务水平。办好"金秋栖霞"艺术节等品牌活动,不断丰富群众文化生活。保护传统文化资源,推进南朝博物馆及遗址公园建设。优化"10分钟体育健身圈",正式启用区文化艺术中心、全民健身中心,让居民享受到功能全面的文体服务。同时,做好0~6岁残疾儿童抢救性康复训练、农贸市场改造升级等惠民实事工程。

提升社会保障水平。提高居民增收能力。启动全区人力资源大数据建设,整合培训资源,扩大社会机构、高职院校培训体量,打造更多品牌培训项目。实施大学生就业促进计划和创业提升计划,每年安排500万元大学生创业就业资金,实现新增高校大专以上学历毕业生就业3000人以上、大学生创业项目300个以上。强化农业科技服务、加大新型职业农民培训,加快构建以家庭经营性收入、工资性收入为基础,财产性收入、转移性收入为重点的长效增收机制,促进农民收入持续增长。建立多层次保障体系。提高城乡低保标准,强化低保信息比对,确保城乡低保统筹同标和公开公正。继续实施综合医疗救助、贫困家庭救助、意外伤害保险等三大新型托底政策,将处于各项保障政策之外的群体全部纳入社会保障体系,实现社会保障全覆盖。发展社会慈善事业,做大做强区慈善基金,凝聚全社会资源帮扶广大困难群众。实施栖霞区养老事业发展三年规划,完善居家、社区、机构养老网点布局,推动区属医院、社区卫生服务中心与养老服务机构长效合作,探索"医养融合"发展新路径。培育发展社会组织。扎实推进全区公益性社会组织培育和孵化工作,促进"专业枢纽型"社会组织本土化和"社区草根类"社会组织精品化,逐步扩大栖霞社会组织品牌影响力。鼓励社会组织与街道、社区进行项目对接,充分调动社会力量兴办公益性社会福利设施,提供优质的社会化服务。

筑牢安全稳定基础。不断深化"平安栖霞""法治栖霞"建设。全面贯彻新"安全生产法",落实企业主体责任,强化行业监管责任,完善"党政同责、一岗双责、齐抓共管"的监管责任体系。对全区范围内地下管线进行全面调查、测绘,建立地下管线信息系统。发挥区应急指挥平台作用,健全安全生产突发事件监测预警、值班值守、信息报送、处置决策、力量协调、现场指挥等应急管理机制,组织开展针对性、实战性应急演练,提高公众应急能力。加强和谐社区建设,完善立体化治安防控体系,强化群众幸福感、满意度评价,努力实现98%城市社区、96%农村社区达到省级和谐社区标准,创建省级以上安全社区2个。继续推进"春风化雨"握手行动,创新人民调解工作方式方法,更加注重运用法治思维和法治方法化解社会矛盾,促进社会和谐稳定。

五、不断改进政府服务,优化提升行政效能

始终坚持依法行政。普遍建立政府法律顾问制度,充实配强以执业律师为主的政府法律顾问团,运用法律手段保障行政行为规范合法。把公众参与、专家论证、风险评估、集体讨论确定为重大决策法定程序,做到法定职责必须为、法无授权不可为。深入推进"六五"普法,促进群众依法办事,扩大法律援助覆盖面。强化规划刚性约束,围绕产业转型、生态文明、社会治理、公共服务等重点方向,认真制定"十三五"发展规划,探索土地、城市、产业、生态"多规融合",充分放大规划效益,指导经济社会可持续发展。

始终坚持务实创新。充分利用现代信息技术推进行政许可审批和公共服务事项向电子政务集中,实现区、街两级政务中心协同办理、联网运行,建立区、街政务中心、外网服务平台与民生服务热线"三位一体"联动互补的政务服务格局。落实政务中心首席代表制,强化现场审批、组织协调、跟踪督办、限时办结,通过建立完善政府行政事项匿名评价等各项规章制度,不断提高行政效率。充分发挥新组建的区市场监督管理局作用,加大市场监督管理力度,提高监管标准、提升监管效能。

始终坚持勤政廉政。严格执行中央、省市有关党风廉政建设各项规定,提高政府工作人员拒腐防变能力,严防违纪违法行为发生。加强以党员干部理想信念、宗旨意识为主要内容的反腐倡廉教育,对基层公务员开展以廉政建设、作风建设为重点的全面培训,采取风险点控制,加大预防、治理腐败的力度。严格预算管理,全面执行政府预算决算审计制度。加强"三公经费"及会议、培训费等运行经费管理,支出规模比上年下降10%以上。始终践行党的群众路线,对于"四风"方面的突出问题坚持即查即改,对于群众关注的问题进行督察督办,以为民务实清廉的政府形象,赢得人民群众的拥护与支持,共同推动美丽幸福栖霞建设迈上新台阶。

各位代表,做好2015年工作,任务艰巨,责任重大。让我们在市委、市政府和区委的正确领导下,在区人大和区政协的监督支持下,以更加旺盛的斗志、更加务实的作风,开拓进取、改革创新,团结带领全区广大人民群众,为建设经济强、百姓富、环境美、社会文明程度高的新栖霞而不懈奋斗!

区政协工作报告

区政协主席　夏　宁

2015年1月7日

各位委员：

我受政协南京市栖霞区第八届委员会常务委员会的委托，向大会作工作报告，请予审议。

2014年工作回顾

2014年是贯彻落实中共十八届三中、四中全会精神、全面深化改革的开局之年，也是举办青奥会、环境大整治的决胜之年。一年来，区政协常委会在中共栖霞区委的坚强领导下，深入学习领会中共十八大和十八届三中、四中全会精神，牢牢把握团结和民主两大主题，紧紧围绕全区工作大局，认真履行政治协商、民主监督、参政议政职能，广泛凝聚智慧服务科学发展，充分发挥优势助推民生改善，积极协调关系促进社会和谐，为实现全区经济社会发展稳中有进、稳中向好做出了积极贡献。

一、牢固树立大局意识，同心同德坚定履职方向

服从、服务于党委政府工作大局，是政协组织必须始终自觉遵循的履职方向，也是人民政协坚持党的领导的具体体现。为此，区政协努力做到：

*在加强理论学习中深化思想认识。*政协工作要与时代发展同步、与党政工作同向，就必须把理论学习、思想武装放在重中之重的位置。一年来，我们通过党组会议、常委会议、主席会议、办公会议以及政协网站、刊物等平台，及时传达中共十八大，十八届三中、四中全会和习近平总书记系列重要讲话精神，学习领会省、市、区委的决策部署以及对政协工作的新要求，不断提高政治把握力和履职创新力。组织各界别委员代表、部分青年委员和政协机关干部听取专家授课，深刻理解全面深化改革的重要意义，进一步增进对国际、国内和省、市、区经济社会发展形势的认识，进一步增强与党委、政府共同推进栖霞科学发展的使命感和责任感，自觉把思想和行动统一到中央和区委的部署要求上来，积极做好服务新一轮改革的思想准备。

*在发展协商民主中增进各方共识。*推动栖霞发展大业，需要把社会各界的务实之策、睿智之言汇集到协商民主的重要渠道中来，形成强大的社会共识。一年来，区政协积极探索基层协商民主新路径，在西岗、马群、尧化街道开展试点，通过街道政协工委、区政协有关专委会与街道党工委协商，选定街道1-2项有待决策的重大事项，组织委员开展专题调研，与街道党政班子成员座谈对话，提出相关意见和建议，并投入力量推动该项工作开展。城乡建设委帮助西岗街道与草根社会组织建立健全沟通协调机制，成立10个指导帮扶团队对接社会组织，从活动策划、人员培训、资金筹措等方面予以长期支持，促进社会组织步入良性发展轨道；港澳台侨委深入马群地区商会组织走访调研，为服务园区转型发展探索新路；社会法制委组织高校教授、社区医疗机构负责同志与街道领导畅谈公共卫生服务体系建设，前往郑州学习“片医负责制”经验，探索基层医疗服务新模式。

*在教育实践活动中夯实共同思想政治基础。*人民政协是党和政府联系群众、团结各界的重要桥梁和纽带，践行群众路线、做好群众工作是人民政协义不容辞的责任。全区政协组织通过开展教育实践活动，切实把履职为民落实到政协工作各个环节。进一步健全完善政协专委会联系各界人士、政协委员联系群众制度，组织广大委员和政协机关干部深入社区村组、田间地头、工厂车间，与群众面对面、零距离的交流，倾听群众意见，了解群众愿望，反映群众诉求，为民排忧解难。进一步畅通收集民意渠道，通过上门走访、座谈交流和网络等多种途径，原汁原味直达快捷地采纳、汇集舆情民意，使有识之士的真知灼见及时转变为党政决策的重要民意资源。进一步改进政协机关作风，把在教育实践活动中征集到的来自政协委员、民主党派代表以及政协老领导等方方面面的宝贵意见，全部纳入到政协机关整改方案，坚持边查边改、立说立行，以更加饱满的精神状态、更加扎实的工作举措，团结委员、凝聚力量，夯实共同思想政治基础。

二、紧紧围绕中心工作，倾心倾智助推科学发展

紧扣改革发展重大决策和重要部署履行职能、开展工作，是新时期人民政协的第一要务。一年来，区政协聚焦全区改革发展中的大事要事，深入调研、献计出力，为党委、政府决策当好参谋。

*积极参与全区重点工作。*办好青奥会是去年全市上下的头等大事。区委、区政府启动“大干一百天、环境大扫除”专项整治行动，区政协主动请缨、勇挑重担，各位主席率机关全体干部驻守迈皋桥、尧化等地，连续四个多月奋战在一线，与街道和社区干部一道亲力亲为、动真碰硬，完成了各项整治任务。期间，针对迈皋桥、尧化等地的机动车辆违停难题，牵头交警、城管、物价等部门与街道共商对策，形成《关于加强机动车辆违停整治的建议》。区政协八届十二次常委会议专题视察“9322”环境综合整治工作，多渠道、多角度听取各界别委员对环境整治工作的建议。青奥会闭幕后，区政协趁热打铁，就落实环境整治长效机制进行专题调研，向区委、区政府报送了《关于借鉴上海、广州等地经验，抓好后青奥时期城市长效管理的建议》，提出“编制全区城市管理总体规划、优化调整管理机构和职能、建立区级联席会议制度”等建议，为进一步健全我区城市管理长效机制及时献上良策。

*主动围绕经济转型发展咨政建言。*区政协充分发挥人才荟

萃、智力密集的优势,重点围绕战略性新兴产业规划与发展、绿色节能产业发展、城市商贸综合体建设等议题,主动问计于相关领域的专家学者,为全区经济结构的转型调优进行前瞻性研究。主动把栖霞山综合开发与文化传承作为区政协八届三十一次主席会议议题,邀请南京大学古典文献研究所所长、长江学者程章灿等专家参与研讨,为栖霞山综合开发多方寻策。组织工商界委员视察南京市优秀民营企业可一文化产业集团,征集民营企业创新发展"金点子",探索驻区民营企业转型升级新路径。深入金港科创中心、紫东创意园、生命科技园、南大科学园等科创平台实地调研,组织召开全区科创平台可持续发展研讨会,邀请南京市社会科学院经济研究所所长黄南与各平台以及区发改、财政、国土、商务等部门的负责同志座谈交流,共同探讨。会后,整理形成《关于推动我区科创平台可持续发展的建议》,区委书记臧正金对此作出批示:"请区政府、区委组织部认真研究,吸纳有益建议,持续推进科创特区的建设"。

*紧扣热点难点问题深入调研。*区政协注重选择经济社会发展中战略性、全局性、前瞻性问题作为调研课题,努力为党政决策提供富有价值、操作性强的参考意见。去年初,中共南京市委提出把大学生就业作为年度考核四大约束性指标之一。区政协迅速行动,深入区内企业、驻区高校以及宁波江北区实地考察调研,结合栖霞实际撰写《关于促进我区大学生就业的建议案》,为提高大学生就业率提供应对之策。物业管理是栖霞加快城市化进程、提高城市管理品质面临的突出问题,针对我区商品房、经济适用房、小产权房、老旧小区等各类型物管现状,课题组深入走访调研,抽丝剥茧分析不同类型小区的物管模式,多方征求街道基层干部、小区业主以及物业企业负责人意见,形成《关于加强对全区小区物管工作管理的建议案》,引起区委、区政府对全区加强物业管理的高度重视。为促进建言献策的成果转化,区政协还开展建议案办理情况"回头看",对办理落实情况进行跟踪督办,有力推动政府部门转变作风、改进工作、取信于民,把民主监督落到了实处。

三、自觉维护百姓利益,群策群力促进社会和谐

人民政协来自人民、服务人民,这就决定了政协组织必须把维护好人民群众利益作为全部工作的出发点和落脚点。一年来,区政协坚持以人为本、履职为民,与全区各级组织共同努力,推动了一批民生问题得以有效解决。

*高度关注教卫事业发展。*教育和医疗乃民生之本。近年来,区委、区政府审时度势,积极引入名校、名医资源,在名校合作办学、"院府合作"办医上成功破题。去年,区政协将此列为视察的重要内容,区政协八届十三次常委会议认真听取引入名校提升教育质量情况的通报,会后成立课题组,在学习借鉴外地成功经验的基础上,提出《关于尽快提高我区名校分校办学质量的建议》,为推动栖霞优质教育发展建言献策。区政协八届三十次主席会议重点关注深化优质医疗合作成果的情况,委员们与区政府分管区长、区卫生局负责同志坦诚交流、直抒己见,为深化合作办医成果贡献良策。区政协八届二十八次主席会议组织委员视察新型机构养老情况,就加快我区"医养融合"发展进行深入调研,区长邢正军对调研成果作出批示:"政协的建议案分析透彻,针对性较强,请分管区长召开相应的联席会议,专题研究,探索符合我区实际的医养融合道路"。

*及时反映社情民意信息。*履职之要在于知情,知之愈详,则议之愈确。一年来,委员们主动深入基层、深入社区、深入群众,广泛收集基层百姓反应强烈的社会热点难点问题,全年共收到委员报送信息206篇,经整理上报《实时发布饮用水水质监测数据及提高检测频率的建议》《扩大地下管线普查范围的建议》等140篇民生信息,市政协采用63篇,排名全市第二位。这些如实反映民生诉求的信息质量高、分量足,数篇得到了全国政协的关注和转发,引起市、区主要领导的高度重视,在相关部门、街道的共同努力下,绝大多数问题得到回应和解决。其中,《加快推进尧化地区大型化工企业搬迁工作的建议》得到市长缪瑞林批示,市政府随即启动全市四大片区工业布局调整工作,区成立工作指挥部,制定全区工业布局调整规划,尧化地区大型化工企业搬迁工作已列入市、区议事日程。

*热忱解决群众所需所盼。*以群众利益为重、以百姓期盼为念,就必须广察民情、深接地气。一年来,区政协积极组织广大委员为群众做好事、办实事、解难事,搭建"民营企业·社会组织·公益项目"牵手活动等平台,委员们慷慨解囊、出资出力,体现了高尚的社会情怀。面对贫困学子就学问题,提案委委员热心资助"蓓享阳光教育阵地",教卫二组委员牵手"东峰爱心接力校外课堂",为社区单亲家庭、困难家庭子女和留守儿童提供免费课外辅导。面对社区癌症患者康复问题,经济一组委员牵头联系省红十字会和省肿瘤医院,对"癌友康"俱乐部会员予以一对一的专家义诊;科技二组委员出资用于"钱洁语言康复中心"听力评估室建设,为20多位聋哑儿童家庭免费提供康复治疗。面对弱势群体帮扶问题,社会法制委发起成立"企惠姚坊门"慈善基金会,委员们捐赠35万元,用于推动社区公益项目的发展;经济一组委员承担了协和养老院每年5万元的电费,为老人们"夏季送清凉,冬季送温暖",赢得良好的社会反响。

四、不断创新工作机制,尽职尽责服务全体委员

政协委员是政协工作的主体,政协的优势在委员,政协的贡献靠委员。一年来,区政协着力提高服务意识,增强服务能力,创新服务载体,为委员履职尽责创造良好条件。

*全程跟踪,提案工作更加扎实。*提案质量不仅反映委员的整体素质,而且体现了政协的履职水准。区政协围绕提高提案质量,从提案征集到办理落实,采取一系列改进、优化措施。全区"两会"召开之前,加强对委员撰写提案的培训引导,提前编印《提案参考目录》发给每位委员,帮助委员更好地了解栖霞改革发展稳定的重点、难点和关注点,为委员写好提案创造条件。充分调动委员的积极性,通过新闻媒体和政协刊物,加大对重点提案督办、专题座谈协商等活动的宣传力度,提高委员对政治协商、民主监督课题的关注度。提升提案工作信息化水平,优化升级提案工作网络系统,方便委员不受地域和时间限制,随时提交提案、跟踪督办、反馈意见。坚持督办重点提案,年初即确定《关于加快提升偏远社区医疗点医护能力的建议》等10件重点提案为重要督办件,紧紧抓住交办、督办和落实三个环节,确保提案办理质量。

周密安排，委组活动更富实效。一年来，各委、组发挥自身优势，紧贴我区改革发展中的关键领域和所驻街道的重点工作，年初议定全年活动计划，做到带题目视察、带建议座谈、带方案反馈，各委组协商议政活动开展得生动扎实、有益有效。教卫文体一组精心组织"仙林社会治理创新工作调研活动"，委员在实地体验仙林环境综合整治状况和社会治理创新成果的基础上，就网格化管理的覆盖与完善提出了中肯的建议；经济二组积极建言龙潭街道乡村旅游业发展，组织委员为"水一方"休闲农业观光旅游基地提档升级出谋划策；科技一组主动助力社区助老工作，在燕子矶燕华花园社区试点建立燕华众善居家养老服务中心；提案委发动委员投身环境整治工作，走进迈皋桥兴卫村一队清理卫生死角，充分发挥政协委员的模范带头作用。

丰富内涵，委员履职更具活力。重视发挥委员界别的代表性，组织委员参加政协组织的各类专题视察和对口协商等活动，拓宽委员协商议政途径，反映界别意见和呼声。结合年度重点调研课题，邀请委员全程参与调查研究，提高建言献策质量。进一步改进政协网站和刊物，通过"议政栖霞"官方微博和微信公众平台，邀请委员与网友在线议政，有效拓展了委员履职的渠道和方式。发扬人民政协重视学习的优良传统，发起成立"同舟书画摄影协会"，邀请江苏省书法家协会副主席李啸和江苏省摄影家协会副主席李培林，举办"明道·正则·写心"书法艺术和"摄影创作技巧与审美"讲座，为广大委员和机关干部提供"书画寄情怀，笔墨书春秋"的精彩舞台，在提升委员素质和修养的同时，进一步丰富机关文化生活。

各位委员，过去一年区政协各项工作成绩的取得，是区委正确领导的结果，是区人大、区政府和社会各界大力支持的结果，是全体委员、各民主党派、工商联、无党派人士和有关人民团体共同努力的结果，也是历届政协老领导、老同志和委员关心、支持的结果。在此，我谨代表区政协常委会，向区委、区人大、区政府和各部门、各单位，向所有关心、支持政协工作的领导和同志表示崇高敬意和衷心感谢！

在肯定成绩的同时，我们也应清醒地看到，与新形势新任务的要求和广大委员的期望相比，我们的工作还有需要改进和提高的地方。主要是：履行职能的制度化、规范化和程序化水平有待进一步提升，民主监督的广度、力度和深度有待进一步增强，提案和社情民意信息的跟踪督办有待进一步落实等。今后，我们将针对存在的问题积极采取措施，认真加以改进。同时，我们也真诚希望各位委员对常委会工作提出宝贵意见，携手开创栖霞政协工作新局面。

2015 年主要工作

各位委员，同志们，2015年是完成"十二五"规划各项任务的收官之年，也是贯彻落实中共十八届三中、四中全会精神和习近平总书记调研江苏讲话精神，全面深化改革的重要之年。近期召开的区委九届八次全会已经对今年各项工作任务进行了安排和部署，在新的一年里，面对新的形势和任务，区政协要切实做到：深入贯彻中共十八大，十八届三中、四中全会精神和习近平总书记视察江苏重要讲话精神，按照党中央和省、市、区委对明年工作的部署，紧扣"稳中求进、改革创新"总基调，牢牢把握团结和民主两大主题，充分发挥协调关系、汇聚力量、建言献策、服务大局的作用，履行好政治协商、民主监督、参政议政三大职能，为全面完成"十二五"规划目标任务，推动各项工作迈上新台阶、建设新栖霞作出积极贡献。

一、围绕中心，服务大局，广泛深入推进政治协商

习近平总书记在庆祝中国人民政治协商会议成立65周年大会上的讲话，深刻阐明了人民政协在社会主义民主政治建设中的重要地位和作用，这为我们进一步做好人民政协工作、充分发扬人民民主，提供了理论引导和行动指南。一是探索基层协商民主新途径。习近平总书记指出，在中国社会主义制度下，有事好商量，众人的事情由众人商量，找到全社会意愿和要求的最大公约数，是人民民主的真谛。区政协将按照协商于民、协商为民的要求，深入总结去年在西岗、马群、尧化三个街道开展基层协商民主试点所取得的经验，进一步拓展协商内容、丰富协商形式，建立健全协商议题提出、活动组织、成果采纳落实和反馈等机制，探索构建程序合理、环节完整的基层协商民主体系，确保协商民主有制可依、有章可循，不断提高协商民主实效。二是突出界别协商的优势。界别协商是政协智力优势、组织优势和制度优势的结合点、交汇点，理应成为政协推进协商民主的立足点。区政协将积极鼓励和引导界别委员根据界别特点，准确及时反映界别群众的愿望和要求，形成某一领域的"界别意见"，并与区委、区政府和相关部门进行沟通交流。今年，我们将重点结合"十三五"规划编制工作，选择专业性较强的界别，科学组织调研力量，与区政府相关职能部门就栖霞未来发展中的宏观和重大问题，开展调研和对口协商，形成专业的决策参考意见，为党委、政府科学决策拾遗补缺。三是强化协商成果的落实。政治协商能否发挥作用和取得实效，关键在于促进各类协商成果的转化。区政协将重点加强协商成果的跟踪问效，密切与党委政府及其部门的沟通和联系，及时掌握报送意见建议的办理落实情况，并通过视察、调研、座谈、走访等方式，促进办理落实。对一些重要协商成果，适时组织委员开展专题督查，并就落实过程中出现的新问题进行再协商，强化协商的针对性、适时性和实效性。

二、聚焦社情，直抒民意，扎实有序推进民主监督

充分运用政协视察、专题调研、委员提案和社情民意信息等有效形式，围绕全区经济社会发展中的重大问题，积极开展履职活动。一是视察调研注重覆盖热点难点。加强对选题的谋划，在财政管理领域，重点关注地方政府性债务监控；在综合改革领域，重点关注市级行政权力事项下放后的高效运行；在城市管理领域，重点关注深化城市管理体制改革，探索政府、市场和社会共同管理城市的新机制；在经济发展领域，重点关注总部经济和楼宇经济；在科技创新领域，重点关注探索建立创新成果市场化、产业化的新机制；在法制建设领域，重点关注行政执法和刑事司法衔接；在农村改革领域，重点关注新型农业经营主体引进与培育；在医疗卫生领域，重点关注引进医疗人才提升社区基本医疗质量；在社会管理领域，重点关注街道全科政务中心建设;在文化建设领域,重点关注群众文化社团发展等。二是信息采编注重反映民情民意。充分发挥基层政协上通下达、言路畅通、联系面广的优势,帮助党委、政府更加及时、准确、全面地掌握社情民意。今年,区政协将把社区、村组作为社情民意信息采编的主阵地,围绕群众在就业、就学、就医、交通等民生方面的所需所盼采编信息,及时收集反映强烈、矛盾突出的民困民忧,真正把社情民意信息做成密切党群关系的连心桥和政府为民办实事的直通车。三是提案督察注重推动实事实办。加强对提案建议转化落实的跟踪问效,突出对提案办理过程、措施和效果的督察,做到寓民主监督于提案办理落实的全过程。进一步创新提案办理方式,面向社会公开重点提案的办理信息,提高承办单位办理提案的透明度,让社会公众广泛知晓和参与提案办理,从而发挥社会监督作用。

三、发挥优势,集思广益,精益求精推进参政议政

政协建言献策的质量,直接影响政协参政议政的效能。我们要充分发挥政协组织人才多、智力优、联系广的优势,努力做到参政参在点子上、议政议在关键处,确保政协所建之言郑重而不敷衍、深刻而不肤浅、系统而不零碎,真正为党委、政府决策提供智力支持。一是围绕产业转型升级,重点调研产城融合发展。龙潭海港经济枢纽区是栖霞新一轮科学发展的龙头,根据规划,未来龙潭将建成集聚30万人口的现代化临港产业新城。目前,相比龙潭地区产业发展,教育、医疗、商贸等城市功能配套和公共服务还远未跟上,新城建设还有很大空间,还需很大投入,高起点、高标准地推进产城融合发展显得尤为重要。为此,区政协将组织专家学者进行深度调研论证。二是围绕全面深化改革,重点调研街道社区体制改革。去年底,市委、市政府出台《深化街道和社区体制改革实施方案》,要求街道、社区剥离经济管理职能,回归到社会管理和公共服务中来。当前,我区已启动街道、社区体制改革。在此背景下,如何更加有效地整合区内现有行政资源,建立健全科学有效、执行有力的政务服务运行机制,是摆在我们面前的重要课题。为此,区政协将按照转变政府职能的要求,学习借鉴先进地区的做法和经验,在推动街道、社区体制改革上出谋划策。三是围绕生态文明建设,重点调研黑臭河道治理。栖霞境内河网纵横,水域众多,水环境质量与群众生活息息相关。由于历史原因,我区一直是化工、建材、能源企业的集中地,多年来工业污水的超标排放,加之城市建设中河网水系遭到破坏,排污管网和污水处理设施建设又相对滞后,造成了水体污染较重,治水难度越来越大。为此,区政协将紧紧围绕水环境保护与治理开展专题调研,为全区整治黑臭河道问政把脉。

四、大兴学风,守正出新,与时俱进加强自身建设

政协机关以及全体政协委员的自身建设水平,事关政协地位、作用的发挥。政协工作要适应经济社会发展新常态,就必须以改革思维、创新理念、务实举措,大力推进政协履职能力建设。一是加强理论学习。继续强化"学习型、文化型、健康型"政协机关建设,以贯彻领会中共十八大,十八届三中、四中全会以及市政协十三届三次全会, 区委九届八次全会精神为目标,鼓励广大委员和机关干部学理论、学业务、学服务,为履职尽责奠定思想基础、知识基础和能力基础。继续办好"政协讲堂",邀请专家学者开设深化改革、依法治国、生态文明建设等内容的专题讲座,帮助广大委员和机关干部更新知识、开阔思路。继续发挥"同舟书画摄影协会"的积极作用,通过开设书画、摄影知识讲座、组织委员采风、送文化下基层等活动,帮助委员提升综合素质、塑造良好形象。二是创新工作载体。充分发挥政协网站、刊物的宣传窗口作用,对网站页面适时更新,对刊物版面改版扩容,不断扩大受众面,提升栖霞政协社会影响力。积极运用微信、微博等新媒体,及时发布委员风采、履职动态、基层工作、建言成果等内容,提升政协组织对委员凝聚力。围绕栖霞山文化休闲旅游度假区和文化创意产业集聚区建设,编辑出版历代名人颂咏栖霞山的诗词选集,努力繁荣地方文化,提升区政协文史工作水平。三是推动争先创优。进一步提高委组活动质量,落实委员参加政协会议和活动的考评制度。今年,区政协将开展争创先进委组、先进街道政协工委活动,评选优秀提案、政协信息以及先进单位、先进个人,以此激励广大委员积极进取,认真履职,推动政协工作再上新台阶。

各位委员,为者常成,行者常至。新的一年,栖霞经济社会各项事业发展任务艰巨,责任重大。让我们紧密团结在以习近平同志为总书记的党中央周围, 在中共栖霞区委的坚强领导下,凝心聚力、众志成城,和衷共济、克难攻坚,为建设经济强、百姓富、环境美、社会文明程度高的新栖霞而共同奋斗!

专文选登

以改革激活创新之源

臧正金

党的十八届三中全会对深化科技体制改革作出重要部署,为实施创新驱动发展战略进一步指明了方向。作为科教创新资源密集区,栖霞区当以改革为动力,以创建国家级仙林科技城为抓手,破解体制机制障碍,增强创新驱动力,为江苏建设创新型省份当先锋、作贡献。

完善创新市场导向机制,由表及里激活"创业之源"。与发达国家比，国内的科研成果转化率还不高，表面上看是因为创业人才不足、转化能力不强，深层次看也与直接面向市场应用的科技创新不多有关。缺少高水平的创新，创业就失去了充足的“源头活水”。深化科技体制改革，关键是释放出市场配置科技资源的决定性力量，促进科技创新与经济发展深度融合。要加快转变政府职能，处理好政府推动创新与企业自主创新的关系，促进技术、人才等创新要素向企业流动，让处在市场前沿的企业真正成为技术创新的主体。要深化教育领域综合改革，支持南京大学等高校建设世界一流大学和一流学科，围绕市场需求确定科技攻关的方向和重点，让创新的“种子”在市场的“沃土”中不断结出累累硕果。

完善政产学研合作机制，由点成线筑牢“协同之链”。随着知识创造和技术创新的突飞猛进，任何一个创新主体都无法通过单打独斗掌握所有创新资源。只有充分激发各类主体参与创新活动的积极性，建立政产学研协同创新机制，才能将散落的创新“珍珠”串成一条条闪光的“项链”。深化协同创新，重点是围绕产业链部署创新链，围绕创新链完善资金链，消除科技创新中的“孤岛”现象。要整合科技规划和资源，围绕全区优势产业发展需求，与高校、科研院所共建一批产业技术研究院，推动光电显示、生物医药、智能制造“三大”科技产业和物联网、3D打印、软件及移动互联网终端“三新”科技产业加快发展。要创新政府引导激励机制，对科技城高校参与协同创新实施评估和奖励，鼓励高校开展大规模的国际合作，面向全球引进人才，让更多两栖型“教授企业家”落户高校和企业，放大科技资源共享效应。

完善人才服务保障机制，由量到质提升“共赢之利”。科技工作的着力点不是科技本身，而是持续使科技创新成果转化为现实生产力，让经济发展提质增效、创新主体“有利可图”。这些都离不开一个体制机制灵活、服务功能完备的孵育和支撑体系。构建这个体系，核心是充分尊重人才、保障人才权益、最大限度激发人的创造活力。要创新高校人才培养模式，使更多创业创新人才脱颖而出、茁壮成长。要健全科技多元化投入体系，大力解决科技企业初创期融资难题。要完善知识产权保护、管理和运用机制，为各类人才营造有良好服务、法律保障和公平机会的环境。

（作者为中共南京市栖霞区委书记，此文载于2014年3月18日《新华日报》）

地方人大工作在法治建设道路上与时俱进

李汉桥

法治是社会有序运转的重要保证，是社会和谐发展的基石。党的十五大在总结历史经验的基础上，确立了依法治国、建设社会主义法治国家的基本方略，九届全国人大二次会议将这一治国方略载入了宪法。党的十八大以来，习近平总书记就民主法治建设发表了一系列重要论述，为建设社会主义法治国家指明方向和道路。十八届四中全会则更是聚焦“依法治国”，就构建法治中国，实现科学立法、严格执法、公正司法、全民守法作出顶层设计。这一系列举措对做好新形势下人大工作提出了新的要求，也使人民群众对更好地发挥人大监督作用充满了新的期待。如何充分发挥地方国家权力机关的作用，健全社会主义法制，建设社会主义法治社会，具有十分重要的战略性意义。下面，笔者结合自身工作实际，就地方人大如何进一步发挥在社会主义法治建设中的作用作一粗浅探讨。

一、社会主义法治建设道路中人大的独特地位

1.*推进法治建设，人大责无旁贷。*人民代表大会制度是我国的根本政治制度，其本质是人民当家作主。建设社会主义法治国家，构建社会主义和谐社会，最终目的就是实现人的权利得到充分体现，人的愿望得到充分表达，两者的根本目标是一致的。实践证明，坚持和完善人民代表大会制度，对于发展社会主义民主政治，保证人民依法行使民主权利，妥善处理好人民内部矛盾，依法协调好社会各方关系，维护和实现最广大人民的根本利益，都具有不可替代的作用。

2.*推进法治建设，人大优势在握。*人民群众是社会主义法治建设和和谐社会建设的力量源泉。由人民选举产生的各级人大及其常委会，来自人民，代表人民，受人民委托行使国家权力，并接受人民监督。这种天然联系使人大在密切党和国家机关与人民群众的联系上，有着独特的优势。地方各级人大及其常委会要立足法定职权，把这种优势发挥好、运用好，在社会主义法治建设中发挥重要作用。

3.*推进法治建设，人大大有可为。*贯彻依法治国基本方略，建设社会主义法治国家，是人大工作的重要职责和根本任务。地方人大及其常委会要正视社会主义法治建设给人大工作提出的新要求，通过行使重大事项讨论决定权，将贯彻党的主张与反映群众利益诉求相统一，推动地方决策法制化、民主化、科学化；通过行使监督权，保证宪法和法律法规的有效贯彻实施，促进国家机关及工作人员依法行政、公正司法；通过行使人事任免权，使德才兼备的人成为人大代表或者国家机关领导人员，为经济社会发展提供组织保障。

二、社会主义法治建设中人大作用发挥面临的困难与存在的问题

1.*“权大于法”的传统观念根深蒂固。*在我国几千年的封建历史中，宗法家长制和儒家纲常伦理成为统治阶级的统治工具，权大于法的人治文化始终以一种惯性的力量得以存活并延续至今，“礼不下庶人，刑不上大夫”的文化传承使得人治思想根深蒂固。权大于法的思想、官贵民贱的思想、以政代法的思想顽固存在，形成了对法治理念的排斥，也在一定程度上影响了法治建设中人大作用的发挥。

2.重大事项决定权运用不够。重大事项决定权是宪法和法律赋予地方人大及其常委会的一项极其重要的职权，也是实现地方重大决策民主化、法制化的重要手段。但是在实际操作过程中,这一手段运用的却比较少。以栖霞区为例,重大事项决定权仅是在诸如对财政预算的审批及调整等一些法定财经议题上得以运用，而在事关全区经济社会发展的重大问题上运用不够,人大调研不多、发声不力,主动介入少,主动提出决定更少。

3.监督工作仍存在薄弱环节。人大在实际的监督过程中,一定程度上存在重程序、轻实质,重审议、轻跟踪的现象。监督检查有时还不够深入,解决问题的力度不够,效果不是很好。参加监督的人大代表存在审议讨论时随大流、人云亦云,评议时说好话、戴高帽,大众化的"建议"提得多,有针对性的"意见"和尖锐的"批评"提得少。

4.代表素质滞后于法制建设要求。人大代表的素质高低直接关系到其是否能将人民利益正确表达出来,并积极地去追求实现。随着法治建设的不断推进,一些新情况、新问题也陆续出现,有些代表不注重学习,对法治建设了解不够,自然谈不上做出贡献;有的代表虽然了解相关情况,但存在怕得罪人的心理,不敢说、不愿说;还有的代表能力素质不高,不善于将群众的意见进行归纳、总结和表达,使代表作用的发挥大打折扣。

三、推进法治建设过程中发挥人大作用的几点思考

1.进一步加大普法力度,增强全民法治意识。一是要强化各级领导干部特别是各级党政一把手的法治意识。让各级干部牢固树立宪政意识、公仆意识,明确依法治国首要的是以宪治国,树立人民权利至上的思想,进而明确自己的职务和权力是人民给的,必须接受权力机关的制约和接受人民的监督。二是要强化各级人大代表和人大机关工作人员的法治意识。让人大代表和人大机关工作人员自觉遵守宪法和法律法规,使其善于通过人大行使自己的民主权利,监督各级官员依法行政、公正司法。三是要增强广大人民群众的法治意识。让人民群众切实增强主人翁意识、平等意识和权利意识,用法律武装头脑、规范行为,善于通过法律武器捍卫自身的合法权益。

2.进一步行使好重大事项决定权,促进法治建设更加完善。地方人大及其常委会要坚持按照法律规定，严格履行各项程序,慎重讨论决定本行政区域内政治、经济、社会发展的重大事项,确保做出的每一项决策符合科学发展观的要求。要处理好人大与党委、"一府两院"的关系,定期研究本行政区域内的重大事项。通过工作实践,逐步建立并完善科学的讨论、决定机制,并进一步规范有关保障人大决议、决定执行的制度,如建立情况定期报告制度、反馈制度、跟踪检查制度等等。结合人大行使监督权、人事任免权等形式,采取视察、调研等有效手段,协调解决工作中遇到的困难和问题,提出改进意见,保证人大决定权的行使扎实有效。同时,要让重大事项决定权的行使过程成为群众反映意见和利益诉求的有效途径，在行使决定权的过程中,坚持进行广泛、深入的调查研究,建立、健全一系列有助于正确决策的制度和程序，充分汲取各方面的意见,努力提高行使重大事项决定权的水平,保障重大决策的科学性和可行性。

3.进一步强化监督检查,切实增强监督工作实效。法治的实质即以法治权,使其受到监督与制约,受到人民权利的约束。人大监督的实质,就是通过完善监督机制,确保国家权力按照人民的意志和需要运行。因此,地方各级人大及其常委会要全面贯彻落实监督法,加强对"一府两院"的法律监督和工作监督,确保宪法和法律、法规正确实施,行政权和司法权正确行使,群众合法权益得到维护。一是要加强对司法工作的监督。支持审判机关依法独立行使审判权和检察机关依法独立行使检察权,督促其抓好执法队伍建设、建立健全错案责任追究制度,严厉查处有法不依、知法犯法的行为,促进司法公正,维护公平正义。二是要着眼于切实维护好广大人民的根本利益。紧紧围绕环境与资源保护、扩大就业、社会保障和解决群众生产生活困难等方面的突出问题开展工作监督，确保经济和社会统筹兼顾、协调发展,确保公民的合法权益得到尊重和保护。三是要认真行使人事任免权。正确处理党管干部和人大依法行使任免的关系,不断改进和完善人事任免的程序和方法,保证把党委推荐的干部经过法定程序,选举、任命为国家机关领导人员,为构建和谐社会提供坚强的组织保证。

4.进一步加强代表培训,不断提高代表素质。这一话题可谓是老生常谈了,但在现实中却往往是效果不显,甚至出现为培训而培训、脱离实际、形式主义的现象。因此,必须大力改善培训工作。一是要不断创新培训内容。要通过培训,使代表能及时了解法治建设过程中的新形势、新情况和新任务,增强对社会热点、难点问题的分析能力,让代表深刻地认识到自己在法治建设中可以做什么、应该怎么做。二是要注重理论联系实际,将学习培训与代表履职、地方人大工作的实践紧密结合。在培训过程中注重实践,力求学以致用。组织视察和调研活动前,先组织代表学习相关的法律、法规知识,提高代表视察和调研活动的针对性和科学性。三是要不断创新培训形式,丰富培训内容。通过以会代训、举办培训班、法律知识讲座等形式对代表进行集中培训,经常组织代表在人大系统内部的参观、学习、考察,交流经验,研讨问题,取长补短。同时,还运用人人网站和微博、微信等形式,把每期教育内容传送给代表,使网站、微博、微信成为人大代表知晓社情民意、当政议政的"移动课堂"和"网络阵地"。

(作者为区人大常委会党组书记、主任)

促进全区大学生就业的建议

政协栖霞区委员会

就业是民生之本，高等院校毕业生的就业问题更是全社会关注的头等大事。近年来，全国高等教育规模不断扩大，已经从“精英教育”进入“大众教育”时代，随之而来的问题是毕业生就业变得愈发艰难，这不仅关系学生个人前途及其家庭未来，而且成为影响社会稳定与发展的重要因素，是社会各界关注的热点话题。在2013年年底召开的中共南京市委十三届七次全会上，明确提出把“新增城镇就业人员中大学以上学历占比”列为2014年四大约束性指标之一，要求提高3个百分点以上。对于栖霞区而言，这就意味着年度新增大学生就业约4829人，占到新增城镇就业人员的34.52%，难度之大前所未有。栖霞区能否吸纳足够多的大学生就业落户，不仅关系着考核目标的完成，还直接影响到转型发展的实效，影响到栖霞区打造宜居宜业现代化新城区的能力与水平。为此，区政协将“促进全区大学生就业”作为重点调研课题，联合区人社局、南京开发区组织人事局、仙林大学城办公室成立专题调研组，并由区政协主席带队深入南京开发区入驻企业、仙林地区入驻高校以及宁波市江北区实地考察调研，为推动大学生就业工作问计把脉、出谋划策。

一、栖霞区大学生就业形势不容乐观

一直以来，栖霞区高校毕业生就业率始终处于全省平均水平。纵观全区大学生就业现状，主要呈现出以下特点：

1. 栖霞户籍大学毕业生就业呈逐年下降之势。数据显示，2011~2013三年间，栖霞户籍大学毕业生数量分别为1384人、1226人、1011人，就业率分别为86.4%、82.2%、64.4%，呈逐年下降态势。与此同时，未就业人数则分别为166人、196人、360人，呈快速增长趋势。

2.区内高校毕业生择业栖霞区比例偏低。栖霞区是全省重要的高等教育集聚区，仙林大学城共有12所高等院校，在校大学生14万人，是名副其实的人才“高地”。然而与之不相匹配的是，南京市每年新增大学生就业约8万名，2014年，南京市政府下达栖霞区新增大学生就业目标为4829人，仅占6%。与这一数据形成鲜明对比的是，2013年，南京市城镇新增就业20.2万人，其中栖霞区有1.82万人，占比超过9%，远高于新增大学生就业比例。由此可见，栖霞区新增就业人群的“含金量”严重不足，低学历人群较多。

3.区内企业高校生员工流失现象严重。在就业形势越发严峻的今天，一方面大学生面临着就业难的困境，另一方面众多企业抱怨人才流失严重，相当一部分大学生员工在工作前三年因为各种原因主动选择离职。以开发区海辰药业为例，该企业共有员工约450人，员工福利待遇在同类企业中属于中等偏上的水平，但受制于南京市偏高的居住和生活成本，十年间流失大学生员工近300名，替换率接近70%，不仅使原有的人才培养计划受阻，而且给企业人力资源管理带来成本消耗。

大学生就业难的原因非常复杂，与地区产业结构、创业环境、公共政策、社会保障等多种因素密切相关。我们在调研中发现，栖霞区吸纳大学生就业困难主要受制于四个方面：一是受整体经济形势所累。在金融危机的冲击下，全球经济目前正处于减速期，全国经济下行趋势已经显现并迟迟未见好转，就业之难首当其冲的是大学生群体，而近几年又恰逢大学生毕业高峰，导致总体“供大于求”，就业形势更加严峻。二是受全区产业结构所限。服务业尤其是现代服务业，是吸纳大学生就业的主要渠道。栖霞区是传统的制造业大区，长期以来服务业发展相对较慢。2013年，全区三次产业结构比约为1:68:31，服务业发展的滞后限制了对较高层次劳动力的需求。三是受生活成本偏高所迫。安居是乐业的重要前提，南京市的高房价已经成为吸引大学生择业的最大“障碍”。2013年，南京市住宅均价达到了17400元/平方米，高居全国第9位，远远高于经济发展本就高出南京一筹的苏州（10144元/平方米，居第19位）、无锡(7868元/平方米，居第34位)等地。栖霞地区房价涨幅同样较快，相当一部分大学生被迫选择异地就业。四是受生活配套欠缺所困。栖霞地域东西狭长，区域交通远不如市区发达，客观上加大了企业员工的生活和居住半径。但是，由于全区商贸业较为薄弱，特别是在产业园区和远郊地区只能满足日常最基本的生活之需，无法为大学生员工提供更多的休闲、娱乐、进修等配套服务，业余生活极为单调，企业难以“栓心留人”。

二、推动大学生就业对栖霞具有重要意义

当前，栖霞区正处在争当苏南现代化建设示范区和先行区的关键时期，推进大学生落户就业，对于推动转型发展、培育人力资源“红利”、改善地区人口结构，具有极其深远的影响。

1.有利于推动产业转型升级。劳动就业结构的优劣不仅决定着劳动者收入水平，也决定着产业结构与经济形态的水平。随着栖霞区加快推进“一城三圈”建设，传统的劳动密集型产业正加速向知识密集型、技术密集型和资本密集型产业转型，这一切离不开人才的保障。只有建立一支符合转型发展需要的人才队伍，才能实现劳动就业结构与产业结构双向互动、协同提升。所以，要把吸纳大学生就业作为优化劳动就业结构的重中之重，加大栖霞区对大学生的吸引力，让更多大学生在栖霞就业。

2.有利于培育人力资源“红利”。大学生是优质的人力资源，人力资源的层次决定了一个地区经济发展的高度。随着产业转型升级步伐的不断加快，人力资源存量势必成为今后一段时期经济社会发展的最大财富基础。为此，有必要结合产业升级开发更多适合高校毕业生的就业岗位，千方百计吸引大学生在栖霞区就业，吸纳储备一批高层次人才和高技能人才，为转型发展提供源源不断的人力资源“红利”。

3.*有利于改善地区人口结构*。人是社会的主体,经济发展和社会管理面临的重大问题无一不与人口的素质、结构等密切相关。第六次全国人口普查数据显示,全区64万常住人口中,具有大学(指大专以上)文化程度的为20.57万人,除去14万名驻区高校学生,每10万人中具有大学文化程度的仅有10264人,远低于南京市26119人的平均水平,这与全区失地农民、产业工人数量众多有关。为了从根本上改善地区人口结构,提升人口素质,优化年龄层次,必须吸引鼓励大学生留在栖霞区工作生活,为科学发展增添活力与潜力。

三、推动大学生就业的几点建议

大学生就业问题牵涉到社会方方面面,总体来说,属于结构性矛盾,需要采取综合措施加以解决。

1.*加快产业转型升级步伐*。产业结构决定就业结构。栖霞区大学生就业难的根子在产业结构失衡,要想破解大学生就业难题,必须从根本上解决产业结构不合理,特别是服务业偏弱的问题,通过产业转型升级释放出更多的大学生就业岗位。这样的转变在南京市早有先例,如雨花台区把加快软件及服务外包业发展作为转变经济发展方式的重要手段,积极吸引国际知名软件企业落户雨花软件园。目前,该区软件和信息服务业增加值占全区总量近30%,从业人员达3.5万人,其中硕士以上学历专业人才6800余人。预计到2015年底,可实现销售收入1000亿元,从业人员将突破12万人。从栖霞实际情况来看,2013年,全区服务业增加值占GDP比重刚刚超过30%,同期南京市服务业占比已经达到了54.4%,对GDP增长贡献率超过60%。由此可见,栖霞区产业结构调优升级的空间很大。目前,江苏生命科技创新园、南京紫东国际创意园等一批园区平台已从建设期进入发展期,且产业定位都是以现代服务业为主,建议区政府进一步加快产业转型升级步伐,加快发展科技服务、新型金融、商贸服务、文化创意等产业,为吸纳大学生就业奠定坚实的产业基础。

2.*鼓励扶持大学生自主创业*。以创业带动就业,是解决大学生就业难题的良方。通过对比发现,栖霞区为大学生创业所提供的优惠政策以及扶持资金等,与发达地区相比毫不逊色,差距主要体现在于创新创业载体的"软"实力上。例如,全区部分园区载体虽然建设了公共服务平台,但这些由政府主导的公共平台缺少科学有效的运行模式,对产业发展的支撑能力明显不足。受困于此,大学生们更多地选择在高校实验室进行孵化,这也是创新载体普遍存在的"软肋"。为突破这一瓶颈,宁波江北区创新思路,打破传统的政府主导模式,实行企业主导的市场模式,打造了医疗器械产业龙头企业为主导的大学生创业园,由企业建设并有偿开放公共服务平台,涉及产业上下游等高新技术领域,为入园大学生提供项目申报、研发监测、市场销售等一条龙服务,不仅提高了大学生创业的成功率,还吸引行业优质资源向园区集聚,取得了丰厚的市场回报。栖霞区应充分发挥产业和载体优势,鼓励有实力的企业参与公共服务平台建设,并由政府补贴,为创业项目提供专业化服务,从而吸引带动更多的大学生入园创业。

3.*促进校企合作定向委培*。近年来,随着南京开发区全面推进"二次创业,转型发展",NTN精密机电、博世汽车部件等一批先进制造业项目先后落户。这些先进制造业项目对于高技能人才的要求远远超过了低端制造业企业,必须是具备专业素质的大学生,并经过较长时间培训方能上岗。以博世汽车部件(南京)有限公司为例,该企业对技术岗位的工人素质要求比较严苛,专门委托南京技师学院,定向培训一批大专学生,上岗前送德国总部深造,培训成本达到22万元每人。类似的企业在栖霞区还有很多,我们在调研中了解到,中科煜宸计划发展一支100人的研究生团队,NTN精密机电计划培训1500名高学历的技工人才,中电熊猫十代线建成后预计招聘上万名大学生,这些都是栖霞大学生就业的重要增长点。建议区政府进一步整合三区资源,深入企业了解实际需求,并在高校"量身定制"培养高技能人才,促进先进制造业企业和高校深度合作,实现大学生就业与企业用工的完美"联姻"。

4.*加快就业见习基地建设*。大学生实习基地建设,有助于在企业和大学生之间架起沟通的桥梁,使高校毕业生能够及时了解企业发展状况以及对于员工的标准要求,提高大学生社会实践能力,使企业有针对性地吸引和选拔人才。我们在仙林高校走访时了解到,毕业生未将栖霞区列为就业首选地的一个重要原因就是对于栖霞区了解不够,而这完全可以通过建设就业见习基地来解决。以宁波江北区为例,该区已建设高校毕业生实习基地国家级1个,省级1个,市级8个,区级50个,每年接受约1200名高校毕业生实习,录用比例保持在60%左右。为了吸引上海交通大学、南京大学等"985"高校的优秀毕业生落户,该区连续三年提供40余个学校、医院等事业单位岗位定向招录上述高校的优秀毕业生。此外,外地大学生在宁波实习期间,该区不仅承担了交通和食宿费用,每月还额外给予1000元工作津贴,帮助外地毕业生走进江北区、了解江北区,最终择业江北区。鉴此,建议区政府加强有关政策和措施的研究,切实加强大学生就业实习基地建设,对实习大学生和企业给予一定的政策扶持和资金奖励,拓宽企业选人和学生择业的渠道和途径。同时,鼓励企业工程技术和管理人员走进大学课堂,推动企业技术的更新换代和高校相关课程的改革,从而实现共赢。

5.*降低大学生的择业成本*。在人才流动日益频繁的今天,留住大学生远比吸引大学生更加重要,而留人关键在于良好的就业环境。目前,各地纷纷采取有力措施,千方百计改善大学生就业软环境。如无锡市政府每年投入1亿元资金,对应届毕业生按照博士800元/月、硕士600元/月、学士500元/月的标准发放租房补贴,期限为两年时间,帮助大学生减轻了至少三分之二的房租负担。这样的优惠政策极具竞争优势,为吸引大学生落户增添了重重的"砝码"。栖霞区同样面临这样的问题,考虑到南京市普遍高于周边地区的居住和生活成本,建议区政府学习借鉴外地的先进经验,把解决大学生居住问题作为破解人才流失难题的重中之重,采用多种手段降低大学生择业栖霞区的综合成本。可以利用丁家庄、花岗两大保障房"近水楼台"的区位优势,面向大学生群体提供公租房和廉租房。进一步扩大人才政策的覆盖面,让优秀大学生人才得以享受人才公寓及租房补贴等优惠,安心留在栖霞区工作。同时,依托南京开发区雄厚的产业优势,结合新尧新城、燕子矶新城建设,在其核心区域大量建设员工公寓,开通公寓至开发区企业的公交"微循环"线路,以远低于市场的价格面向企业开放,解决大学生择业栖霞区的后顾之忧。

区情概览

Overviews

栖霞山·舍利塔

杨跃绘

◎ 责任编辑　方可畏

自然人文状况

◆**概况**　7000年前，栖霞地区已有先民从事渔猎活动，并创造了农业文明。公元前20世纪至公元前17世纪，栖霞境内开始出现两大原始聚落，一为玄武湖聚落，一为东北沿江聚落。春秋战国时期，“周武王有天下，封周章于其地”，栖霞地区先属吴，继属越，再属楚。秦始皇三十七年（前210），秦始皇第五次东巡经此北归，并设置江乘县。时江乘县境域广阔，西起南京石头城、白石垒沿江而东至句容市下蜀镇，再南折至江宁区淳化镇，连同今南京市玄武区、白下区、秦淮区、建邺区、鼓楼区、下关区、江宁区、雨花台区都在其领属之下。至南朝齐武帝永明七年(489)，山东高士明僧绍，史称明征君，在摄山结庐隐居，后舍宅为寺，名为“栖霞精舍”，即今栖霞寺，栖霞始得以冠名至今。

栖霞区历史悠久，人文荟萃，文化积淀丰厚，文化遗存众多，向为旅游胜地。这里，山川形胜，栖霞山氤氲缭绕，燕子矶惊涛拍岸，南京长江第二大桥和南京长江第四大桥长虹卧波；这里，经济和社会事业蒸蒸日上，国家级南京经济技术开发区强势发展，南京仙林大学城悄然崛起；这里，俊杰满目，从秦始皇到清乾隆皇帝，从处士明僧绍到诗仙李白，从过海大师鉴真到无尽意翁赵朴初，从北洋政府总理颜惠庆到民族实业家姚锡舟，从意大利航海家马可·波罗到人民教育家陶行知，从新中国缔造者毛泽东到中国共产党第二代领导人邓小平及第三代领导人江泽民、胡锦涛，古往今来无数风流人物均曾在此驻足流连，指点江山，吟诗抒怀，建功立业。

“一座栖霞山，半部金陵史”，成为南京史学界一种定见和共识。栖霞区在南京市的历史变迁和实施沿江开发战略、科学发展、和谐发展、实现中华民族伟大复兴的中国梦进程中，具有独特的地位和作用，令世人瞩目。

◆**地理环境**　栖霞区位于北纬32°02′50″~32°14′41″，东经118°45′42″~119°14′50″，地处南京市东北郊。东，自龙潭街道马渡村东长江中心航道起，经龙潭街道马渡村、上坝村、飞花村、太平村、陈店村、上首村、兴隆村、中国水泥厂社区、龙潭街社区和栖霞街道东阳村、东湖村，再接西岗街道孟北村、桦墅村，与江宁区及丹徒、句容两市交界。南，以西岗街道西岗村，仙林街道灵山和马群街道芝嘉花园社区、南湾营小区、花岗村、石坝村、马群村，与江宁区、玄武区接壤。西，自迈皋桥街道十字街起，至燕子矶街道田园美居一线与鼓楼区毗邻。北，从燕子矶街道渡师石起，绕八卦洲街道北，经栖霞街道，至龙潭街道马渡村，以长江中心线为界，与六合区及仪征市隔江相望。全区东西长43公里，南北宽22.5公里，总面积395.44平方公里(含水域面积)。

栖霞区地质构造属宁镇褶皱带，是地质学上二叠系下统栖霞组命名地。地势起伏大，地貌类型多，低山、丘陵、岗地、平原、洲地交错分布。土壤类型，大致可分为低山丘陵区、岗地区和平原(含洲地)区三种。栖霞区地形大势南高北低。南部丘陵、岗地连绵起伏，海拔多在50米~300米之间，栖霞山雄峙江左，海拔284.7米。北部沿江平原及江中洲地，地势低平，海拔在10米以下，水面、滩涂资源丰富。长江横贯东西，有长江岸线81.2公里(含八卦洲环江岸线)。区内植被区系属泛北极植物区中国—日本森林植物亚区的华东地区和华北地区，具有起源古老、植物种类丰富、南北成分兼有、亚热带植被性质显著的特点。区内动物属东部丘陵、平原亚区区系，系亚热带林灌、草地—农田动物群。由于受人类生产活动影响，自然界虎、狼等大型野生动物已经绝迹。

◆**气候特征**　栖霞区地处中纬度，近地面层受季风交替影响，季风气候明显，具有冬寒、夏热、春温、秋暖四季变化明显的气候特征。春季，大致于3月下旬开始，至5月下旬结束，平均历时60天左右，气温逐渐升高，寒暖、晴雨多变，常受北方强冷空气影响，出现“倒春寒”；夏季，大致从5月下旬到9月中旬，平均历时120天左右，分为初夏梅雨天气和盛夏伏旱天气两个季段；秋季，大致从9月中旬到11月中旬，历时60天左右，天高云淡，秋高气爽，风和日丽，温湿宜人；冬季，大致从11月中旬到翌年3月下旬，历时120天左右，气候寒冷干燥。栖霞区常年气温平均为15.3℃。一年中，日最低气温≤-10℃的日数平均为1天，日最高气温≥30℃的日数平均75天，日最高气温≥35℃的日数平均16天。全年日照时数约为2100小时，年日照率在47%左右，无霜期为7个月，在江苏省处于中等偏少的水平。年平均降水110天左右，降水量约1000毫米，以降落液态雨为主，占全年降水的90%以上，间有少量雪、雹等固态水降落。

◆**自然资源**　栖霞区金属、非金属、土地、水、动植物等自然资源丰富。矿产资源状况：非金属矿主要有白云石、石灰石、石膏、黏土、脉石、煤等，金属矿主要有铅、锌、银、金、锰等。土地资源状况：土地总面积为395.44平方公里（含水域面积），其中，国有土地220.92平方公里，占总面积55.87%；集体土地174.52平方公里，占总面积44.13%。在土地总面积中，岗地丘陵约174.64平方公里，占总面积44.16%，平原洲地约139.26平方公里，占总面积35.22%，水域约81.54平方公里，占总面积20.62%。水资源状况：除地表水域面积81.54平方公里外，年降水量约4.45亿立方米，径流量为1.16亿立方米；地下水含水厚度为25米~30米。生物资源状况：野生植物主要有纤维植物、淀粉植物、油脂植物、芳香植物、树脂树胶植物、保健植物等，其中药用植物790多种；野生动物主要有中华鲟、鲥鱼、刀鱼等18种鱼类动物，龟、鳖、扬子鳄等13种爬行类动物和狐、獐、兔等14种哺乳类动物。

◆**历史文化遗存**　栖霞区历史悠久，文化底蕴深厚，历史遗存众多。区内有国家级重点文物保护单位14处，分别是舍利塔、千佛崖、明征君碑、南朝梁始兴忠武王萧憺墓石刻、南朝梁临川靖惠王萧宏墓石刻、南朝梁鄱阳忠烈王萧恢墓石刻、南朝梁吴平忠侯萧景墓石刻、南朝北家边失考墓石刻、南朝梁安成康王萧秀墓石刻、南朝梁新渝宽侯萧暎墓石刻、南朝徐家村失名墓石刻、南朝梁桂阳简王萧融夫妇合葬墓石刻、南朝陈文帝陈蒨陵石刻、六朝家族墓；有省级文物保护单位4处，分别是王德墓、邓廷桢墓、陶行知墓、栖霞寺；有市级文物保护单位18处，分别是笆斗山古墓葬群，燕子矶、头台洞、二台洞、三台洞，弘济寺石刻，寒桥，陈作霖墓，中华民国空军第二通讯台旧址，王芃生墓，狮子坝小辟邪，十月村毛泽东塑像，高奇峰墓园，栖霞山高僧塔林，乾隆行宫遗址，定照庵刻碑，江南水泥厂旧址，东阳双井，桦墅石佛庵石窟，府前路张氏住宅，龙潭会师亭；有区级文物保护单位24处，分别是八卦洲示禁碑、禁牧碑，西库古井，江南水泥厂古银杏树，上前古银杏树，受降井，乾隆金陵返跸驻栖霞诗摩崖石刻，栖霞山天开岩摩崖石刻，御龙桥，黄质夫墓，西沟桥，官窑村官窑遗址，原中央化工厂南京工厂民国建筑，南京晓庄碉堡，乌龙山炮台遗址，文天祥诗碑亭及金陵驿旧址，靖安王家大村王氏祠堂，龙潭南街炮楼，龙潭定水庵遗址，龙潭龙小山碉堡，龙潭司门桥，龙潭火车站民国建筑，中国水泥厂河西街民国建筑，中国水泥公司龙潭工厂旧址，南京外郭城(栖霞区段)。有栖霞区不可移动文物4处，分别是东阳街许家井、东阳街周家井、东阳街306号门前古井、龙潭大士阁井。有国家级非遗项目1项，即南京金箔锻制技艺；国家级非遗传承人1名，是王必生。有省级非遗项目3项，分别是南京传统真金线制作技艺、金陵折扇制作技艺、栖霞龙舞；有省级非遗传承人4名，分别是葛义根(金箔)、熊怀娣(金线)、王克礼(金陵折扇)、薛友新(栖霞龙舞)。有市级非遗传承人11名，分别是张谊娟(金箔)、金旗美(金箔)、陈道祥(金箔)、张锡贵(金箔)、王伦贵(金箔)、张丽(金箔)王成(金线)、宗昌银(金线)、葛义秀(金线)倪世金(金陵折扇)、吴家胜 (金陵折扇)。有区级非遗项目7项，分别是南京云锦木机妆花手工技艺、柴龙道具制作技艺、金陵竹刻、泥人彩塑、千佛崖“石匠成佛”的故事、八卦洲来历的传说、莲湘舞。

◆建置沿革 秦始皇三十七年(前210)，秦始皇“废分封而设郡县”，在其第五次东巡时，置江乘县，为栖霞地区历史上最早的独立建置，治所在江乘村，即今西岗街道摄山星城附近。至隋开皇九年(589)，江乘县“被裁分并入江宁、丹徒、句容三县”，前后历时近800年。其间，东晋元帝司马睿于大兴三年(320)，在当时的江乘县境内寄设侨郡、县，以“安顿随其南渡之北方流民”，使之“流寓江左，庶有旋返之期，故许其挟注本郡”，皆取与山东原籍相同的名字，分别称南琅琊、南东海、南兰陵、南东平等郡以及临沂、怀德、即丘、丹都、开阳等县。侨立郡、县，起于东晋，定型于刘宋，齐梁稍有变更，至陈亡隋兴时消亡，前后历时248年。唐上元二年(761)，江宁县更为上元县，栖霞地区属之。五代十国，吴天祐十四年(917)，上元县析为江宁、上元两县，栖霞地区分属江宁、上元、句容三县，宋、元、明、清，大体如旧。

中华民国元年(1912)，废江宁、上元县，设南京府；中华民国2年(1913)，重置江宁县，栖霞地区属之。中华民国23年(1934)，划江宁县燕子矶和孝陵卫两个地区归南京市，成立燕子矶和孝陵卫两个乡区。中华民国31年(1942)，汪伪维新政府将燕子矶区改为乡区自治实验区。中华民国34年(1945)，国民政府还都南京，废汪伪建置，改燕子矶乡区自治实验区为第九区，孝陵卫区为第十区。中华民国38年(1949)1月，一度将八卦洲单设为第十四区，旋于当年6月废止。

中华人民共和国成立后，栖霞地区先后成立燕子矶、中山陵园、栖霞三区，鼎足而处。20世纪50年代至60年代初，成立南京市“大郊区”，三区建置一度撤销，栖霞地区又呈“朝分夕合，领属多变，治所无定”的分治局面，其间，江宁县、六合县、下关区、玄武区、鼓楼区等均分别管辖过栖霞地区部分地域。1963年4月，燕子矶区、中山陵园区、栖霞区建置恢复，1965年5月，合并成立栖霞区，三区鼎立局面终结。1970年1月，栖霞区又裂而为二，分设栖霞区和钟山区，至1975年4月，钟山区撤销并入后，栖霞区始最终归于“一统”，并延而至今。

1992年6月，中共南京市委、市政府决定在栖霞区沿江新生圩成立南京新港工业区管理委员会，属正局级市政府直属机构。1995年5月，更名为南京经济技术开发区 (简称南京

隋开皇二十年(581)，文帝杨坚登基，兴佛，诏令天下诸州选寺建塔，收藏佛舍利。隋仁寿元年(601)，栖霞寺舍利塔建成，原系木构，因岁月剥蚀而毁于唐会昌年间(841~846)。南唐时(937~975)，佛教又兴，重修栖霞寺，仿旧日木塔，改建成石塔，虽经千年风雨兵燹至今仍基本完好。1988年，栖霞寺舍利塔被确定为全国重点文物保护单位。 区音像中心 供稿

开发区)管理委员会。1996年1月14日,南京市市长办公会议专题研究加快南京开发区发展问题,确定从"实际出发,建立栖霞区与南京开发区联合开发的运行机制"。同年3月28日,栖霞区与南京开发区正式实施"区区联动、优势互补、共同发展"战略。

2001年11月30日,江苏省人民政府及南京市人民政府报经国务院批准,决定在栖霞区境内启动南京仙林大学城(简称仙林大学城)建设,成立仙林大学城建设领导小组,由省政府分管副省长任组长,并以栖霞区为主组建仙林大学城管理委员会,由区委书记任主任。

2010年1月20日,为进一步整合南京开发区、仙林大学城资源,实现栖霞区与南京开发区、仙林大学城优势互补、互利共赢局面,中共南京市委决定对栖霞区、南京开发区、仙林大学城实施三区融合一体化管理,实行"一个领导核心、一个利益主体、一张规划蓝图"的体制构架。2012年7月,受中共南京市委、南京市政府委托,区委、区政府管理南京开发区。

至2014年年末,栖霞地区仍延续栖霞行政区、南京开发区和仙林大学城"三区相互依存、互为一体"的建置格局。

◆行政区划　1999年年末,栖霞区辖马群、尧化、摄山、栖霞、龙潭、燕子矶、迈皋桥7个镇以及长江、营防、八卦洲3个乡。2000年5月30日,撤销迈皋桥、燕子矶、尧化和马群4镇,分别改为街道;撤销摄山镇,并入栖霞镇,组建新栖霞镇;撤销长江乡、营防乡,合并组建靖安镇。2001年12月14日,撤销栖霞镇,设立栖霞街道;撤销八卦洲乡,设立八卦洲镇。至此,栖霞区乡的建制消亡。2002年3月26日,经南京市政府批准,原属南京市奶业集团的南京仙林农牧场改列为栖霞区政府直属单位,更名为"南京市栖霞区仙林农牧场"。2002年12月11日,市政府批复同意撤销龙潭镇,以其原辖区域设立龙潭街道。2004年2月6日,市政府批复同意,在仙林新市区规划范围内成立仙林街道。2005年5月16日,经省政府批准,撤销八卦洲镇和靖安镇,分别设立八卦洲街道和靖安街道,至此,栖霞区镇的建制消亡。2009年7月30日,经南京市政府批准,设立西岗街道。

2011年5月4日,桦墅村和孟北村从江宁区汤山街道划入西岗街道。2012年7月2日,撤销靖安街道,将其整建制划入龙潭街道。2013年8月21日,栖霞街道栖霞街社区并入栖霞村,改名栖霞社区;迈皋桥街道增设春晓园、汇虹园、景和园、山水园4个社区。至2014年年末,栖霞区辖尧化、龙潭、西岗、栖霞、马群、仙林、迈皋桥、燕子矶、八卦洲9个街道,共115个居(村)委会。

◆人口民族　栖霞地区人口绝大多数为汉族。据2010年11月1日第六次人口普查结果,全区总人口644503人(含流动人口),其中,汉族639734人,占99.26%,少数民族4769人,占0.74%。少数民族共22个,有回族、满族、蒙古族、壮族、仫佬族、羌族和朝鲜族等。其中,回族居多,为3253人,满族次之,为595人,而傣族、达斡尔族、撒拉族、阿昌族最少,各为1人。

2014年年末,全区户籍总人口为443807人,其中,汉族438461人,占总人口98.8%;回族、满族、蒙古族等少数民族5346人,占总人口1.2%。常住总人口为668000人,其中居住在本地、离开户口所在地半年以上和户口在本地、外出不满半年的流动人口为224193人。□瞿志邦

2014年栖霞区各街道社区居委会、村委会名录

表1

街道	社区个数	经适房社区	纯居社区	村居合一社区	厂居社区	村委会个数	村委会
尧化街道	13	金尧花园、尧新、尧林仙居、尧辰、青田雅居、吴边、翠林山庄、王子楼	尧胜、尧化	—	尧石二村、尧安新村、尧化新村	0	—
龙潭街道	6	丽江苑、靖安佳园、怡江苑	龙潭街、龙潭村	—	中国水泥厂	18	宣闸村、花园村、上首村、兴隆村、二官村、靖安村、联盟村、营防村、孙庄村、滨江村、陈店村、太平村、大鹏村、南中村、飞花村、上坝村、长江村、马渡村
西岗街道	4	闻兰、观梅、听竹	—	—	西岗	2	桦墅村、孟北村
栖霞街道	13	五福家园	甘家巷、石埠桥	东阳村、西花村、栖霞、红梅村	南炼新村、滨江、栖化新村、银矿地质、江南水泥厂、南水新村	3	新合村、摄山村、石埠桥村

续表 1

街道	社区个数	经适房社区	纯居社区	村居合一社区	厂居社区	村委会个数	村委会
马群街道	15	百水芊城、宁康苑、芝嘉花园、润康苑、百水家园、文康苑、馨康苑、南湾营、金陵驿、花岗	果场、青马、马群、石坝、紫金	—	—	0	—
仙林街道	4	仙林新村	仙鹤、亚东、杉湖路	—	—	0	—
迈皋桥街道	16	奋斗、春晓园、汇虹园、景和园、山水园	十字街、迈皋桥街、东井村、金宁新村、万寿村、晓庄、兴卫村、长营、合班村、南塑	—	华电	0	—
燕子矶街道	13	幕府山庄、燕华花园、祥和雅苑	太平村、燕子矶、晓庄村、下庙村、柳塘	—	化纤新村、电瓷新村、南化新村、石化村、吉祥庵	0	—
八卦洲街道	1	—	八卦花园	—	—	7	上坝村、七里村、新闸村、东江村、下坝村、外沙村、中桥村
合计	85	34	30	4	17	30	30

□王　岚

经济与社会发展

◆**概况**　2014年，是贯彻落实党的十八届三中、四中全会精神、全面深化改革的开局之年。区委、区政府在中共南京市委、南京市政府正确领导下，把握"稳中求进、改革创新"的总基调，以党的群众路线教育实践活动为抓手，紧紧围绕青奥会保障工作，团结带领全区人民，加快转型升级、推动改革创新、优化城乡环境、着力改善民生，全力推动经济社会发展稳中有进、稳中向好，全面完成全年各项目标任务。地区生产总值772.71亿元，比上年增长10.4%；公共财政预算收入77.2亿元，比上年增长15.31%；全社会固定资产投资460.17亿元，比上年增长12.84%；社会消费品零售额196.30亿元，比上年增长14.30%；城镇居民人均可支配收入41179.3元，比上年增长8.8%；农民人均可支配收入18913.9元，比上年增长10.3%。

◆**三次产业状况**　2014年，面对经济下行压力，栖霞区增强工作定力，遵循经济规律，促进经济持续稳定健康发展。产业转型升级步伐加快。规模以上工业实现生产总值2420.49亿元，比上年增长0.04%，产业结构优化升级，光电显示、生物医药、智能制造"三大"产业和物联网、3D打印、移动互联网"三新"产业实现产值1950亿元，占规模工业比重达80%。LG化学汽车动力电池等72个重大项目开工建设，一批重大项目签约落户。服务业比重稳步提升。服务业增加值265.17亿元，比上年增长11.8%；完成服务业投资249.81亿元，比上年增长63.13%；实现社会消费品零售总额196.30亿元，比上年增长14.3%。栖霞山文化休闲旅游度假区和文化创意产业集聚区列入省服务业重点平台项目。现代农业发展增速。完成土地流转840公顷，新增高效设施农业136公顷；新成立农民合作社13家、家庭农场16家。"八卦洲牌"芦蒿成功申报国家地理标志。龙潭"水一方"农业生态园一期工程建成开放并成功创建三星级乡村旅游示范点和AA级景区。

◆**创新活力建设**　2014年，栖霞区创新驱动步伐加快。科技创新成果显著。新认定高新技术企业20家、高新技术产品82项，新认定省级工程技术研究中心2家、市级工程技术研究中心17家；成功创建国家知识产权强县工程试点区，新增市专利技术产业化基地1家，申请发明专利2744件，实施产、学、研合作项目58个。创新载体建设加快。在建重点产业园区244.5万平方米，竣工92.8万平方米。江苏生命科技创新园、紫金新港创业特别社区被评为"国家级科技企业孵化器"，金港科创园成为江苏省首批科技创业孵化链条试点单位及省级科技企业加速器。人才优势持续巩固。成功创建国家创新人才培养示范基地，新引进和自主培养"千人计划"创业人才8名，培育江苏省"双创"人才4名、江苏省"企业博士集聚计划"人才6名，入选科技部科技创新创业人才1名、重点领域创新团队1个，预计入选南京市"321"引进计划100人左右。科技金融日趋完善。出台全区科技金融工作意见等系列政策措施，全力打造科技金融集聚区和小微金融创新试验区，组建区科技金融服务中心。区创投合作基金规模达9.57亿元。民营经济助推发展。出台《栖霞区关于加快民营经济创新发展的实施意见》,新增江苏省民营科技企业55家,全区民营经济实现增加值160亿元,比上年增长19.8%。

◆城乡面貌改善　2014年,栖霞地区面貌显著改善。全域城市功能更加完善。坚持以片区开发改善区域环境,全力推进仙林副城和迈燕新城、新尧新城、龙潭新城"一副三新"建设。推进栖霞山文化休闲旅游区开发建设,高标准完成栖霞山综合开发规划编制工作,启动圆通禅院、红枫片区拆迁等一批项目。完成14条城市道路工程和保障房片区配套道路建设。完成城中村危旧房改造项目22个,动迁总面积184万平方米。出新改造23个老旧小区,研究制定全区物业管理相关文件。完成31个一般自然村环境整治和5个三星康居村提档升级。圆满完成"大干一百天,环境大扫除"工作任务,被南京市政府评为立功单位。城市管理水平日益提高。投入5000余万元,优化公交线路17条,开通仙林微循环公交、尧化社区巴士、南京开发区循环公交。新增停车泊位2000个。生活垃圾分类收集覆盖率达76.3%,环卫机械化作业率达85%。在南京市城区组城市管理考核中排名位居前列。

◆综合改革建设　2014年,栖霞区重点改革稳步推进,行政审批制度和行政执法体制改革不断深化。全力承接和用好南京市政府下放的22项权力,区级部门在上年下放49项区权基础上,再次下放42项与群众关系紧密的权力。建立"清单管理"制度,推进网上"并联"审批,平均承诺办结时间比法定时限大幅压缩。整合工商、质监、食品药品监督管理机构,成立区市场监督管理局。在尧化街道试行"一体化"执法,将11个部门简易执法权集中,组建综合执法队伍。在南京市率先推出"全科社工"模式,7个街道完成服务中心建设,2个街道启动建设,推行"一门受理、一站办结、一网联办"服务模式,群众办理事项时间缩短50%以上。城市建设管理体制改革试点推进。作为全市改革试点,栖霞区加快推进市政管养市场化运作、城管队伍属地化管理、城市管理标准化考核、城市治理系统化建设等体改项目,进一步深化国土资源属地管控与有偿使用制度改革。组建区客运执法大队,查处各类违法违规营运车辆895辆次。国资退出工作稳步开展。完成国资退出传统工商业及设计、施工、监理、养护、环卫、园林、审图、咨询等领域实施方案,出台国有资本管理体制改革工作实施办法,完成街道所属投资企业清理工作。

◆生态文明建设　2014年,栖霞区扎实推进节能减排工作,生态文明建设初显成效。规模工业煤耗控制在1110万吨以下,单位工业增加值能耗降幅达到5%,非工企业二氧化碳排放减少,均达到南京市目标要求。顺利完成21家主城区域工业企业搬迁和8家"两高一资""三高两低"企业整治任务,整治关停无证(照)经营、安全有隐患、排放不达标等违规企业140余家,完成32台锅炉关停改造,超额完成全年目标。全面实施蓝天工程,启动金陵石化及周边地区布局调整准备工作,加快推进主城工业企业"退城入园"工作,完成夏、秋两季农作物秸秆综合利用和禁烧工作,继续加强扬尘管控。环境综合整治成果显著。圆满完成青奥会和国家公祭日期间环境管控任务。加快推进清水工程,编制全区排水达标区创建规划及三年行动计划,并启动金川河流域24个排水达标片区建设,有序推进污水处理系统建设,建成东阳污水处理厂一期工程和龙潭污水处理厂一期工程,继续推进黑臭河道三年整治计划,累计完成河道整治106条。继续推进"绿色栖霞"行动计划,投入2.62亿元,完成总长约61.7公里的7条绿色通道品质提升工程,全区新增绿化造林面积257公顷,占计划190%。

◆民生保障状况　2014年,居民收入稳步增长,民生事业全面进步。新增城镇就业1.8万人,城乡居民人均可支配收入分别达41179.3元和18913.9元,比上年分别增长11.56%和0.84%,位居全市前列。社会保障覆盖面不断扩大。单位养老保险净增缴费人数8500人,征收社会保险费18.4亿元。出台困难群众综合医疗救助办法、支出型贫困家庭救助办法、残疾人居民社会保险实施办法。新开工保障房36.7万平方米,续建37万平方米,竣工19.5万平方米。惠民服务能力日益增强。纵深推进幸福都市建设,扎实开展千场惠民服务,全面完成年度二十项惠民工程。新登记社会组织358家,每万人拥有注册登记社会组织15.6个,投入资金1580万元,向社会第三方公开招标购买各类惠民服务46项,有效提升群众幸福感、满意度。医疗卫生体系更加健全。引进江苏省和南京市三级甲等医院73名知名专家坐堂门诊,与江苏省人民医院达成共建栖霞区康复医疗体系合作协议,组建省人民医院栖霞康复院区。合作医疗覆盖率达100%。启动0–3岁婴幼儿早期发展工作,建成6个街道指导服务站,15个社区亲子活动室。教育优质资源均衡发展。成功创建"全国义务教育发展基本均衡区"。新建成20所中小学和幼儿园。与海门市合作共建栖霞区海门实验初级中学。南师附中仙林学校初中部丁家庄校区建成并交付使用。文化体育事业繁荣发展。预计实现文化产业增加值占GDP比重达10.2%。成功举办江苏省"秋栖霞"登山大赛、第二届南京市龙舟公开赛等各类文体活动1000余场。与江苏省广电网络并联整合工作平稳有序推进,整转数字电视用户3.6万户,数字化率达100%。社区(村)"10分钟体育健身圈"建成率达100%。社会综合治理不断强化。深化"平安栖霞"、"法治栖霞"建设,全面开展安保维稳大防控行动和第四轮"春风化雨"握手行动。强化安全生产"红线"意识,通过开展"迎青奥"双百日专项整治、"六打六治打非治违"专项整治行动,全区安全生产形势总体稳定。全区网格化社会服务管理和街道全科政务服务省级标准创建成功。仙林街道被评为全国和谐社区建设模范街道和"国际安全社区",尧化街道被评为"全国安全社区"。与此同时,民族、宗教、武装、人防、台侨、档案、年鉴、地方志、外事、青少年、残疾人、红十字会等各项工作都取得了新的成绩。

◆政府自身建设　2014年,栖霞区深入开展群众路线教育实践活动,政府自身建设取得实效。认真执行中央"八项规定",围绕行政审批制度改革、社区减负、办公用房清理等热点难点,解决了一批影响改革发展和群众反映强烈的突出问题。区政府制定的30项整改措施,已按照时序逐一落实。"三公经费"支出比上年下降27%。"阳光政务"服务体系逐步完善。自觉接受人大及其常委会的法律监督、工作监督和政协的民主监督,全年共办理人大建议、政协提案302件,办结率、满意率均为100%。完成区政务服务中心升级改造工作。成立区中小企业服务中心。整合构建区级社会管理信息化总平台。全年主动公开政府信息1094条,政府行政更加透明。成立区民生服务中心,开通"96106"为民服务热线,全天候提供便民服务。区"12345"全年共受理各类工单19822件,办结率100%,综合满意率达93.07%。区政府门户网站在"2014中国特色政府网站评选活动"中获"在线服务创新奖"。党风廉政建设全面落实。聚焦中心工作、作风建设和党风廉政建设方面的突出问题,加强源头治理,从严管理干部,对苗头性、倾向性问题早发现、早提醒、早制止。依托两级监督执纪架构,加大对相关职能部门依法履职情况的督查,保障权力公平、公正、公开运行。深入开展执法大检查、涉法涉诉信访案件督查、廉洁公正检查巡查,进一步推进规范执法、公正司法。□何舒文

组织机构及负责人名录

栖霞行政区

◆中共栖霞区委

书　记:臧正金
副书记:邢正军
　　胡晓健
常　委:曹海连
　　杨白英(女)
　　陈　波
　　孙中华
　　毛银玲(女)
　　孙爱军
　　周　峰
　　李　斌

◆栖霞区人大常委会

主　任:臧正金(1月2日辞)
　　李汉桥(1月8日当选)
副主任:李汉桥
　　毕金生
　　张　民
　　贺　研(女)
　　王爱华(女,1月8日当选)
党组书　记:李汉桥
　副书记:毕金生

◆栖霞区人民政府

区　长:邢正军
副区长:曹海连
　　毛银玲(女)
　　尹　军
　　万　震
　　陈　松
　　秦志刚
　　秦亚平
　　邱志强(江苏省第五批科技镇长团挂职干部,8月挂职期满)
　　胡永红(女,12月24日任,江苏省第七批科技镇长团挂职干部,挂职期两年)
副巡视员:朱青涛
　　黄建平
　　张　军
　　王　智
党组书　记:邢正军
　副书记:曹海连

◆政协栖霞区委员会

主　席:夏　宁
副主席:时效俊
　　王爱华(女,1月5日辞)
　　蒋　励(1月7日当选)
　　孟祥康(不驻会)
　　王佩娟(女,不驻会)
　　曹于平(不驻会)
党组书　记:夏　宁
　副书记:时效俊
秘书长:梁　超

◆中共栖霞区纪委

书　记:杨白英(女)
副书记:朱从政
　　牛　立
常　委:江明洪
　　刘宗荣

◆栖霞区人民法院

院　长:王　睿
副院长:周　翊
　　赵　青(女)
　　江永忠
　　吕宁华(女)
　　季金华(南京师范大学挂职干部,12月挂职期满)
政治处主　任:胡　雷
执行局局　长:吕宁华(女,兼)
党组书　记:王　睿
　副书记:周　翊

◆栖霞区人民检察院

检察长:倪一斌
副检察长:黎祐彬
　　闵　钐(1月3日任)
　　黄月红(女)
　　周　明
纪检组组　长:侯康美(女)
政治处主　任:马明玉
反贪局局　长:李　飞
检委会专职委员:隋礼华(女)
党组书　记:倪一斌
　副书记:黎祐彬
　　闵　钐

◆栖霞区人民武装部

部　长:李　斌
政　委:徐　刚
副部长:倪海斌(2月20日免)
　　陈海波(9月12日任)

◆区委工作机构

办公室

主　任:田峥嵘
副主任:吴克全
　　刘　轶(女)
　　佘凌云(女)
　　赵正轶

保密委员会办公室

主　任:佘凌云(女)

组织部

部　长:陈　波
副部长:潘尚俊
　　瞿卫星

刘先明
武晓路(女)

组织员办公室
主　任:潘尚俊
副主任:武晓路(女)

人才工作办公室
主　任:瞿卫星
副主任:臧勇强(兼)
吴　捷
王　军(兼,江苏省第五批科技镇长团挂职干部,8月挂职期满)
李　栋(8月14日任,江苏省第七批科技镇长团挂职干部,挂职期一年)

党的建设领导小组办公室
主　任:武晓路(女)

党史工作办公室
主　任:唐永庆(女)
副主任:王春宝

宣传部
部　长:周　峰
副部长:赵家宝(兼)
王　勇
杜　巍(女,兼)

区精神文明建设指导委员会办公室
主　任:杜　巍(女,1月11日任)
副主任:杜　巍(女)

区网络信息管理办公室
主　任:王　勇(兼)
副主任:闫凤娟(女)

统战部
部　长:时效俊
副部长:韩跟东(回族,1月11日免)
刁志福
邢銮娣(女,1月11日任)

区民族宗教事务局
局　长:韩跟东(回族,1月21日免)
邢銮娣(女,1月21日任)

台湾工作办公室
副主任:韩跟东(回族,1月11日免)
吕文伟(女)

区工商业联合会
主　席:秦亚平(兼)
副主席:刁志福
党组书　记:刁志福

侨务办公室
副主任:沈　芸(女,11月25日任)

政法委员会
书　记:孙中华
副书记:曹小勇
潘洪义(8月4日任)
张连祥(南京市安全局挂职干部,挂职期二年)

区依法治区领导小组办公室
主　任:潘洪义(8月4日任)
副主任:陈　熙(女)

区社会管理综合治理委员会办公室
主　任:曹小勇

区维护稳定工作领导小组办公室
主　任:潘洪义(兼,8月4日任)

区国家安全领导小组办公室
主　任:曹小勇(兼)
副主任:宁国信

区委区级机关工委
书　记:马春成
副书记:朱　红(女,1月11日任)
纪工委书　记:朱　红(女,1月11日任)

区委老干部局
局　长:刘先明
副局长:池建华

区信访局
局　长:吴克全
副局长:王应松
沈朝阳
孙　薇(女)

区委防范和处理邪教问题领导小组办公室
主　任:张德根
副主任:曹永涛
张松泉(满族)

区委党校
校　长:胡晓健(兼)
常务副校长:刘淑琴(女)
副校长:夏秀华(女,1月11日免)
葛　铭
孙　伟(1月11日任,试用期一年)

区委社建工委
书　记:王开宏
副书记:徐兴东

◆区人大常委会工作机构

办公室
主　任:舒朝林(1月21日免)
华　巍(1月21日任)
副主任:华　巍
蔡家来(11月21日任)

研究室
主　任:华　巍(兼,1月21日免)
韩　锋(1月21日任)

人事代表联络工作委员会
主　任:贾　琦(女)
副主任:葛梅蓉(女)

内务司法工作委员会
主　任:施德胜
副主任:洪云虎

财政经济工作委员会
主　任:许　明(1月21日免)
于先志(1月21日任)
副主任:韩玉芬(女,3月27日任)

城建环保工作委员会
主　任:汤宝海
副主任:李春龙

教科文卫工作委员会
主　任:苗　生
副主任:闵建平

民族宗教侨务工作委员会

主　任:洪云虎

◆区政府工作机构

办公室

主　任:张　农
副主任:冯　芯(女)
赵锡斌
王　勇(兼)
王小锋(3月24日免)
安太平
顾　磊

区法制办公室

主　任:冯　芯(女)
副主任:邓　萍(女,11月25日任)

区外事办公室

主　任:赵锡斌(兼)

区发展和改革局

局　长:孔毅远
副局长:吴双龙
陆建尚(3月24日免)
乔　强
王宪文
杨　静(女)
杨　艳(女)

区工业和信息化局

局　长:孔毅远(兼)
副局长:尹福玉
张　青
金苏荣
吴国罡

区物价局

局　长:吴双龙
副局长:高庆海
左　新(1月22日免)
魏　兵(1月22日任)

区住房和建设局

局　长:胡达贵
副局长:陆惠芳(女)
葛　斌(4月3日任)
刘　吉(3月24日免)
李　莹(女)
吴　军
王　玮
任　玮(4月3日免)
王三友(11月25日任)
许　燕(女,1月22日任,试用期一年)

党工委书　记:韩　锋(1月11日免)
副书记:胡达贵
邢銮娣(女,1月11日免)
纪工委书　记:邢銮娣(女,1月11日免)

区房屋征收管理办公室

主　任:赵一海(兼,1月22日免)
龚立才(兼,1月22日任)
副主任:张胜海(兼,1月22日免)
周和斌(兼)
陆惠芳(女,兼)
朱　榕(兼)
刘文刚(兼)
马景河(兼)

区科学技术局

局　长:朱　勇
副局长:管建国
田　刚
詹　阳(女)
仲崇蔚(11月25日任)
崔世海(江苏省第五批科技镇长团挂职干部,8月挂职期满)
孙　林(8月23日任,江苏省第七批科技镇长团挂职干部,挂职期一年)

区科学技术协会

主　席:管建国
副主席:朱　勇
蔡现军
张晓东(女,不驻会)
施琴芬(女,不驻会)
赵肖文(不驻会)
朱成海(不驻会)
贾树田(不驻会)

区知识产权局

局　长:朱　勇

区教育局

局　长:徐观林
副局长:吴　兴
韩　俊(1月22日免)
林晓明(3月24日免)
葛德华(试用期一年)
李　斌(1月22日任,试用期一年)
党工委书　记:王守云
副书记:徐观林
韩　俊(1月11日任)
纪工委书　记:韩　俊(1月11日任)

区民政局

局　长:葛启龙
副局长:陈卫民
余　斌
左元龙
党工委书　记:朱敏生
副书记:葛启龙
丁　晓
纪工委书　记:丁　晓

区残疾人联合会执行理事会

理事长:王红霞(女)
副理事长:石晓红(女)
王燕江(11月25日任)

区司法局

局　长:卢　静(女)
副局长:崔雨笛
叶方林(1月22日任,试用期一年)

区财政局

局　长:张传荣
副局长:王兆仁
贾胜如(3月24日免)
魏　兵(1月22日免)
胡春香(女)
李　敏(女,1月22日任,试用期一年)

区政府国有资产监督管理办公室

主　任:张传荣
副主任:涂建新
徐　薇(女,兼,3月24日免)

区财政结算中心

主　任:王兆仁(兼)
副主任:柏　松(3月24日免)

区人力资源和社会保障局

局　长:蒋　励(3 月 27 日免)
　　　肖明宝(3 月 27 日任)
副局长:臧勇强
　　　张培卿(女)
　　　陈若蓓(女)
　　　姚树昌
　　　吕步志
　　　罗光勇
党工委书　记:蒋　励(3 月 7 日免)
　　　　　肖明宝(3 月 7 日任)
　　副书记:臧勇强
　　　　　陈若蓓(女)

区公务员局

局　长:张培卿(女,1 月 22 日任)

区劳动就业管理中心

主　任:闵江峰

区职业技术培训中心

主　任:刘　俊(女)

区机构编制委员会办公室

主　任:臧勇强
副主任:张培卿(女,1 月 11 日免)

区审计局

局　长:田　进
副局长:蒋　剑
　　　韩玉芬(女,4 月 3 日免)
　　　蒋　维

区统计局

局　长:陈　学
副局长:张中强
　　　端红霞(女)

区市场监督管理局(根据苏政发〔2014〕93 号文和宁编字〔2014〕30 号文通知,组建区市场监督管理局,原区工商分局、区质监分局、区食品药品监督管理局的职责,整合划入区市场监督管理局,挂区食品药品监督管理局牌子,不再保留区工商分局、区质监分局、区食品药品监督管理局。根据栖委字〔2014〕152 号文,成立中共栖霞区委市场监督管理局工作委员会。)

局　长:毕瑞夏(12 月 31 日任)
副局长:王永明(12 月 31 日任,正处职)
　　　曹红梅(女,12 月 31 日任,正处级)
　　　张　平(12 月 31 日任)
　　　陈士武(12 月 31 日任)
　　　端　学(12 月 31 日任)
　　　孙　华(12 月 31 日任)
　　　林锡祥(12 月 31 日任)
　　　张静林(12 月 31 日任)
　　　李　芳(女,12 月 31 日任)
　　　袁百强(12 月 31 日任)
　　　刘春臻(12 月 31 日任)
党工委书　记:汪　浩(12 月 20 日任)
　　副书记:毕瑞夏(12 月 20 日任)

区食品药品监督管理局

局　长:王永明(12 月 31 日任)

区安全生产监督管理局

局　长:曹定强(1 月 21 日免)
　　　李　斌(1 月 21 日任)
副局长:万安云
　　　吴　丹
　　　叶余丰

区环境保护局

局　长:孙德发
副局长:余　卫(3 月 24 日免)
　　　陈德力(4 月 3 日免)
　　　朱永强
　　　杨克群(女)

区规划分局(根据市委宁委发〔2014〕14 号文通知,成立市规划局栖霞区分局,为市规划局派出机构,由市规划局和栖霞区政府双重管理,同时列入栖霞区政府工作部门,不计入区政府工作机构个数。根据栖委字〔2014〕76 号文,成立中共南京市规划局栖霞分局党组。)

局　长:于建勋(3 月 1 日任)
副局长:徐　宁(3 月 18 日任,正处职)
　　　钱　健(3 月 18 日任)
　　　任　玮(3 月 18 日任)
党组书　记:徐　宁(3 月 7 日任)

区城市管理局

局　长:金　旭
副局长:邢宗显
　　　黄达举
　　　许　斌(1 月 22 日免)
　　　束泽斌
　　　叶银满(1 月 22 日任,试用期一年,11 月25 日,试用期满)
党工委书　记:戴　琳
　　副书记:金　旭
　　　　　潘洪义(8 月 4 日免)
纪工委书　记:潘洪义(8 月 4 日免)

区城市管理行政执法局

局　长:金　旭
副局长:邢宗显
　　　黄达举
　　　许　斌(1 月 22 日免)
　　　束泽斌
　　　叶银满(1 月 22 日任,试用期一年,11 月 25 日,试用期满)

区城市管理行政执法大队

大队长:徐广忠(1 月 22 日任,试用期一年)
政　委:叶银满(1 月 11 日免)
　　　戴海强(1 月 11 日任,试用期一年)

区交通运输局

局　长:于先志(1 月 21 日免)
　　　赵一海(1 月 21 日任)
副局长:仇智勇(女)
　　　葛　兵(4 月 3 日免)
　　　邬　立(11 月 25 日任)
党工委书　记:汪金宝
　　副书记:于先志(1 月 11 日免)
　　　　　赵一海(1 月 11 日任)
　　　　　徐邦进(1 月 11 日任)
纪工委书　记:徐邦进(1 月 11 日任)

区农业局

局　长:孙维良
副局长:郑舒聪
　　　汤春华
　　　毛焕胜

区委农村工作委员会

主　任:孙维良
副主任:李德山

区政府农村集体资产管理办公室

主　任:郑舒聪
副主任:吴学成(4 月 3 日任,试用期一年)

区水利局
局　长:仇金龙
副局长:范　劲
　　　侯书金
　　　温世清(3 月 24 日免)
　　　万士冬

区防汛防旱指挥部办公室
主　任:范　劲

区商务局
局　长:李　罡
副局长:赵晓琳(女,4 月 3 日免)
　　　顾　鹏
　　　陈良琪
　　　高　敏(女,8 月 23 日任,江苏省第七批科技镇长团挂职干部,挂职期一年)
党工委书　记:刘家常
　　副书记:李　罡
　　　　　夏秀华(女,1 月 11 日任)
纪工委书　记:夏秀华(女,1 月 11 日任)

区投资促进局
局　长:韦世斌(4 月 3 日免)

区供销合作联社
副主任:李彩珍(女,3 月 24 日免)

区文化旅游局
局　长:赵家宝
副局长:雷诗华
　　　俞朝晖
　　　宁　坤
　　　胡婷婷(女)
　　　周丽华(女,11 月 25 日任)

区卫生局
局　长:吕　俊
副局长:汪厚忠
　　　马　奎(回族,11 月 25 日任)
党工委书　记:陈志平
　　副书记:吕　俊
　　　　　王永明(12 月 20 日免)
　　　　　古　琳
纪工委书　记:古　琳

区红十字会
会　长:秦亚平
常务副会长:陈海频
副会长:朱　红(女,1 月 11 日免)

区人口和计划生育局
局　长:万　霞(女)
副局长:徐漫雪(女)
　　　苏桂茹(女)

区人民防空办公室
主　任:杨家龙
副主任:黄有露
　　　程龙法

区档案局
局　长:孙有文(1 月 22 日免)
　　　吴炳根(1 月 22 日任)
副局长:徐　强
　　　王　杨(6 月 26 日免)

区档案馆
馆　长:孙有文(1 月 22 日免)
　　　吴炳根(1 月 22 日任)

区地方志编纂委员会办公室
主　任:吴炳根

区体育局
局　长:盛有福
副局长:张兵兵

栖霞山风景名胜区管理处（根据宁编字〔2013〕14 号文和市政府常务会议精神以及市委常委会议纪要〔2013 年第 36 期〕、市委领导办公会议纪要〔2013 年第 24 期〕相关要求，栖霞山风景名胜区管理处整体划归栖霞区，为栖霞区政府直属差额拨款事业单位〔正处级〕。）
主　任:王　俊(4 月 3 日任)
见习主任:卢德和(3 月 7 日任)
　　　　夏和宝(3 月 7 日任)
　　　　李　宏(3 月 7 日任)

区房屋拆迁安置管理办公室
主　任:赵一海(1 月 22 日免)
　　　龚立才(1 月 22 日任)
副主任:张胜海(1 月 22 日免)
　　　周和斌
　　　朱　榕
　　　刘文刚
　　　马景河
党工委书　记:张胜海(1 月 11 日免)
　　　　　周和斌(1 月 11 日任)
　　副书记:赵一海(1 月 11 日免)
　　　　　龚立才(1 月 11 日任)
纪工委书　记:张胜海(1 月 11 日免)
　　　　　周和斌(1 月 11 日任)

区工业公司
经　理:尹福玉
党工委书　记:张　青
纪工委书　记:张　青

◆区政协工作机构

办公室
主　任:梁　超
副主任:靳黎丽(女)

专门委员会工作办公室
主　任:张华玲(女)

◆区纪委(监察局)工作机构

区监察局
局　长:朱从政
副局长:任秋娴(女)

办公室
主　任:刘建梅(女)

纪检监察室
主　任:李世发

案件审理室
主　任:潘元明

信访室
主　任:厉　楠(女)

宣传教育室
主　任:庞　博

效能监察室
主　任:齐　眉(女)

区督察工作办公室

主　任:朱从政

常务副主任:江明洪

区纪委(监察局)纪检监察工作室

第一纪检监察工作室

主　任:刘宗荣

副主任:郑乐安

第二纪检监察工作室

主　任:陈芳琴(女)

第三纪检监察工作室

主　任:陈桂玲(女)

第四纪检监察工作室

主　任:李　明(女)

◆群众团体

区总工会

主　席:毕金生(兼)

常务副主席:裴艾军(女)

副主席:姚树昌(兼)

包正康

翁丽敏(女,11月25日任)

团区委

书　记:杜官磊(5月31日免)

付建龙(5月31日任)

副书记:付建龙

陈珺珺(女)

王　杨(5月31日任)

书记助理:朱玉飞(南京特殊教育学院挂职干部,10月挂职期满)

区妇联

主　席:石　琴(女)

副主席:杨秀凤(女)

张奋林(女,试用期一年)

区文联

副主席:陈丽君(女,1月11日免)

◆区政府直属机构

江苏生命科技创新园管委会

主　任:陈　波(兼)

常务副主任:窦立华

副主任:张　捷

蒋尚平

余　蓉(女)

狄留庆(江苏省第五批科技镇长团挂职干部,8月挂职期满)

李　竹(江苏省第六批科技镇长团挂职干部,留任一年)

江苏省生命科技创新园发展有限公司

总经理:窦立华

副总经理:张　捷

余　蓉(女)

蒋尚平

南京紫东国际创意园管委会

主　任:贺　研(女,兼)

常务副主任:赵玉泉(2月14日任)

副主任:顾忠权(2月14日免)

黄　斌

颜　雯(女)

崔　鹏(江苏省第六批科技镇长团挂职干部,8月挂职期满)

韩顺法(8月23日任,江苏省第七批科技镇长团挂职干部,挂职期一年)

南京钟山创意产业发展有限公司

总经理:赵玉泉(2月14日任)

副总经理:顾忠权(2月14日免)

黄　斌

颜　雯(女)

李彩珍(女)

南京新尧新城开发建设有限公司

总经理:施正西

副总经理:陈甫林

熊明高

袁国强(兼)

新尧新城开发建设指挥部

指挥长:陈　松(兼)

副指挥长:操文荣(兼)

施正西(兼,3月24日任)

陈甫林(兼,3月24日任)

熊明高(兼,3月24日任)

袁国强(兼,3月24日任)

南京栖霞山旅游开发办公室

主　任:时效俊(兼)

副主任:叶　宁

南京栖霞山综合开发建设有限公司

总经理:姚学敏

副总经理:叶　宁(兼)

任　玮(兼)

南京栖霞山文化休闲旅游度假区管委会

主　任:曹海连

常务副主任:时效俊

副主任:郭昌标(兼)

姚学敏

叶　宁(3月24日任)

任　玮(3月24日任)

王　俊(4月11日任)

王晓亮(8月23日任,江苏省第七批科技镇长团挂职干部,挂职期一年)

迈皋桥地区环境综合整治指挥部

副总指挥:孙爱军(3月24日任)

办公室副主任:颜　康

杨小梅(女,4月3日任)

江苏金箔文化产业园管委会

主　任:周　峰(兼,1月22日任)

副主任:祁玉永(兼,1月22日任,2月14日免)

崔永国(兼,2月14日任)

钟漫江(女,兼,1月22日任)

南京仙林物联网产业基地管委会

主　任:毛银玲(女,兼)

南京八卦洲现代农业产业园管委会

主　任:毕金生(兼)

南京紫金(仙林)科技创业特别社区建设发展有限公司

董事长:张文敬

总经理:余　卫(兼)

副总经理:顾　戟

赵金花(女)

徐　薇(女)

南京栖霞南理工科技园有限公司

董事长:张文敬

总经理:余　卫(兼)

副总经理:陈　峰(兼)
顾　戟
赵金花(女)
徐　薇(女)

南京紫金(仙林)科技创业特别社区管委会
常务副主任:张文敬
副主任:王江河(3月24日任)
余　卫(3月24日任)
贾胜如(3月24日任)
顾　戟(3月24日任)
赵金花(女,3月24日任,试用期一年,11月25日,试用期满)
徐　薇(女,3月24日任,试用期一年,11月25日,试用期满)

南京栖霞科技发展投资有限公司
董事长:王江河

南京栖霞科技创业投资有限公司
副总经理:贾胜如

南京栖霞商务区管委会(南京东部商务区投资发展有限公司)
主　任:孙中华(兼)
副主任:秦志刚(兼)
操文荣(兼)
陆建尚
温世清(3月24日任)
张福勇(3月24日任)
张卫星(3月24日任)
林晓明(3月24日任)
总经理:陆建尚
副总经理:温世清
张福勇
张卫星
林晓明

南京金港科技创业园管委会(根据宁栖政字〔2014〕149号文,区政府关于成立南京金港科技创业园管理委员会的通知)
主　任:毛银玲(女,兼,8月23日任)
常务副主任:朱　勇(兼,8月23日任)
副主任:管建国(兼,8月23日任)
田　刚(兼,8月23日任)
蔡现军(兼,8月23日任)
詹　阳(女,兼,8月23日任)
仲崇蔚(兼,8月23日任)
崔世海(8月23日任,南京师范大学挂职干部,挂职期一年)

(根据中组发〔2013〕18号文《关于进一步规范党政领导干部在企业兼职(任职)问题的意见》要求,2014年3月24日,统一免去以上领导干部在企业所任职务)

栖霞建设集团公司
党委书　记:江劲松
副书记:李　云
纪委书　记:李　云
集团公司董事长:江劲松
股份公司董事长:江劲松
总　裁:江劲松
常务副总裁:范业铭
副总裁:徐水炎
吕　俊
股份公司监事会主席:汤　群
总裁助理:范广忠(1月1日任)

◆南京市垂直机构

南京市栖霞区国家税务局
局　长:董晓力
副局长:金　泳
胡　亮
欧阳慧珠(女)
纪检组组　长:钟家宝

南京市地方税务局栖霞分局
局　长:王晓苏
副局长:万利明
许晓燕(女)
谢寒生

南京市公安局栖霞分局
局　长:刘　勤
政　委:蒋跃玲(女,4月27日免)
蒋　浩(4月27日任)
副局长:肖世泉
吕　丹(4月27日免)
林家华(4月27日任)
刘裕平(4月27日任)
党委书　记:刘　勤
副书记:蒋跃玲(女,5月10日免)
蒋　浩(5月10日任)
纪委书　记:吴平顺
监察室主　任:吴平顺
区维稳办副主任:章银树

南京市国土资源局栖霞分局
局　长:黄卫东
副局长:张文涛(女)
周根宝
党组书　记:黄卫东

◆迈皋桥街道
党工委书　记:孙爱军(兼)
副书记:肖胜利
方　靖(兼,12月调离)
张大武
吴德双
办事处主　任:肖胜利
副主任:吴德双
颜　康
杨小梅(女,4月3日免)
程海博
龚立才(1月22日免)
顾　津(女,11月25日任)
孙璐璐(女,4月3日任,试用期一年)
汤　涛(2月14日任,南京工业大学挂职干部,挂职期一年)
程　庄
人大工委　主　任:张大武
政协工委副主　任:吴德双
纪工委书　记:张大武
人武部部　长:刘光明
统战员:刘光明

◆燕子矶街道
党工委书　记:肖明宝(3月7日免)
周传明(3月7日任)
副书记:周传明
盛　艳(女)
张　健
赵晓琳(女,3月7日任)
王　军(江苏省第五批科技镇长团挂职干部,8月挂职期满)
李志臣(8月14日任,江苏省第七批科技

镇长团挂职干部，挂职期一年)
办事处主　任：周传明(4月3日免)
盛　艳(女，4月3日任)
副主任：盛　艳(女)
张　健
赵晓琳(女，4月3日任)
邱家宏
熊明高(4月3日免)
吕　俊(4月3日任)
孔　娟(女)
赵国勇(试用期一年)
姜　浩(11月25日任)
张　淼(9月2日任，江苏省第六批科技镇长团挂职干部，8月挂职期满)
周华明
人大工委主　任：徐　选
副主任：陈　新
政协工委主　任：张　健
纪工委书　记：张　健
人武部部　长：梁会玉
统战员：梁会玉

◆马群街道

党工委书　记：刘海滨
副书记：徐　宁(3月7日免)
杜官磊
杨　明
车金楼
夏卫平(8月14日任，江苏省第七批科技镇长团挂职干部，挂职期一年)
办事处主　任：徐　宁(4月3日免)
杜官磊(4月3日任)
副主任：姚学敏(3月24日免)
杨　明
黄升鹏
史学经
李晓萍(女)
吴国林
唐维彬
陈研墨(11月25日任)
唐月朗(11月25日任)
王海燕(女，江苏省第六批科技镇长团挂职干部，8月挂职期满)
齐本胜(8月23日任，南京河海大学挂职干部，挂职期一年)
李世平
人大工委副主　任：车金楼
政协工委　主　任：杨　明
纪工委书　记：车金楼
人武部部　长：凌　云
统战员：凌　云

◆尧化街道

党工委书　记：操文荣
副书记：王永怀
胡　宁
黄　伟(女)
张　衡(江苏省第六批科技镇长团挂职干部，8月挂职期满)
李　栋(8月14日任，江苏省第七批科技镇长团挂职干部，挂职期一年)
办事处主　任：王永怀
副主任：黄　伟(女)
孙晓华(女)
周　超
张福勇
袁国强
赵乃宏
雷朝国(11月25日任)
李　敏(女，11月25日任)
纪家红(女)
人大工委主　任：胡　宁
副主任：王殿民
政协工委主　任：黄　伟(女)
纪工委书　记：胡　宁
人武部部　长：强国荣
统战员：强国荣

◆仙林街道

党工委书　记：孙金娣(女)
副书记：王宇峰
王建国
欧立祥
办事处主　任：王宇峰
副主任：欧立祥
冯　欣(女)
蔡绍锦(11月25日任)
徐正荣(11月25日任)
管　春(2月14日任，重庆邮电大学挂职干部，挂职期一年)
韩东文
人大工委主　任：于家涛(1月21日免)
副主任：王建国(1月21日任)
政协工委主　任：张　捷(4月24日免)
副主任：欧立祥
纪工委书　记：王建国
人武部部　长：徐　骏
统战员：徐　骏

◆区仙林农牧场

党委书　记：孙金娣(女)
副书记：王宇峰
场　长：王宇峰

◆栖霞街道

党工委书　记：郭昌标
副书记：石　磊
刘　爽(女)
王晓林
张谊浩(江苏省第六批科技镇长团挂职干部，8月挂职期满)
王晓亮(8月14日任，江苏省第七批科技镇长团挂职干部，挂职期一年)
办事处主　任：石　磊
副主任：王晓林
叶　宁(3月24日免)
王　俊
陈　峰
周朱伟
徐光银(11月25日任)
陈　云(女，11月25日任)
陆成雷
人大工委主　任：王前富
副主任：孔德年(3月27日任)
政协工委副主任：王晓林
纪工委书　记：刘　爽(女)
人武部部　长：孔德年(3月16日免)
周国强(11月24日任)
统战员：孔德年(3月7日免)
周国强(11月13日任)

◆西岗街道
党工委书　记:高军玲(女)
副书记:葛山来
庄　荣
李　萍(女)
王　斌(江苏省第六批科技镇长团挂职干部,8月挂职期满)
办事处主　任:葛山来
副主任:李　萍(女)
张东俊
刘思玉
卞小兵
顾　戟(兼,3月24日免)
韩　磊(南京市发改委挂职干部,5月挂职期满)
高　敏(8月23日任,江苏省第七批科技镇长团挂职干部,挂职期一年)
徐孝全
人大工委主　任:庄　荣
副主任:殷凤斌(3月27日任)
政协工委副主任:李　萍(女)
纪工委书　记:庄　荣
人武部部　长:殷凤斌(3月16日免)
统战员:殷凤斌(3月7日免)

◆龙潭街道
党工委书　记:祁玉永(1月27日免)
崔永国(1月27日任)
副书记:孙东方
钱　琍(女)
吴霞峰
胡　隽(江苏省第六批科技镇长团挂职干部,8月挂职期满)
钟德星(8月14日任,江苏省第七批科技镇长团挂职干部,挂职期一年)
办事处主　任:孙东方
副主任:吴霞峰
刘名祥(4月3日免)
徐邦进(1月22日免)
钟漫江(女)
杨恒开
刘茂广
陈晓芳(女,11月25日任)
李志发
人大工委主　任:董　理(女)
副主任:谢荣贵(1月21日免)
刘名祥(3月27日任)
政协工委副主任:吴霞峰
纪工委书　记:钱　琍(女)
人武部部　长:李　斌
统战员:李　斌

◆八卦洲街道
党工委书　记:曹显进
副书记:李春节
宋福红
倪天华
耿献辉(江苏省第六批科技镇长团挂职干部,8月挂职期满)
赵蕴龙(8月14日任,江苏省第七批科技镇长团挂职干部,挂职期一年)
办事处主　任:李春节
副主任:宋福红
朱　伟
何俊喜
张立新
唐　军(11月25日任)
孟桂正(11月25日任)
张如年
人大工委主　任:张玉凤(女)
副主任:闻金海(1月21日任)
政协工委主　任:宋福红
纪工委书　记:倪天华
人武部部　长:闻金海(3月16日免)
曹夕阳(11月24日任)
统战员:闻金海(3月7日免)
曹夕阳(11月13日任)

□左　健

南京开发区

◆中共南京市委南京开发区工委
书　记:臧正金
副书记:邢正军
杨友林(5月5日任)
李　华
委　员:徐志国
蒋　伟
张铁波
沈吟龙

◆中共南京市纪委南京开发区工委
书　记:杨　彬
副书记:周国正
张莉华(女,4月25日免)

◆南京开发区管委会
主　任:邢正军
副主任:杨友林(5月5日任)
徐志国
蒋　伟
张铁波
沈吟龙
巡视员:倪德龙
副巡视员:刘　众
陈林午

◆中共南京市委南京开发区工委工作机构
办公室
主　任:张贤明
副主任:黄　虎
王　慧(女)
梁晓苏(女)
调研员:张新有

组织人事局
局　长:罗红玲(女,2月23日任)
副局长:李家祥(正处级,2月23日任)
程时军(2月23日任)
张宛平(2月23日任)

宣传局
局　长:黄忠洋
副局长:张晓东
调研员:查勇灵(正处级,12月退休)

机关党委
专职副书记:谢世春

◆南京开发区管委会工作机构
办公室(行政审批服务处)
主　任:张贤明
副主任:黄　虎
王　慧(女)
梁晓苏(女)
调研员:张新有

经济发展局(安监局)

局　长:胡　弘

副局长:薛富铭(正处级)

梁　田(女)

周　俊

张玉康(正处级,6月退休)

副调研员:徐小肖

投资促进局(招商局)

局　长:陈怀恩(8月8日免)

刘洪文(9月14日任)

副局长:张鲁宁(正处级)

沈　耀

财政局

局　长:熊　俊

副局长:张　萍(女,正处级)

陈超义

王　伟

科技人才局

局　长:万　舜(2月23日免)

赵肖文(2月23日任)

副局长:倪　丹(女,2月23日任)

赵艳梅(女,2月23日任)

建设局

局　长:黄德军

副局长:王　宁(女,正处级)

金　普

冀　兴

赵　辉

国土资源与环境保护局

局　长:曹望鸿(2月23日任)

副局长:罗　欣(女,2月23日任)

何丽莉(女,2月23日任)

社会事业局(房屋征收办公室)

局　长:徐应卿(2月23日任)

副局长:戴升强(兼房屋征收办公室主任,2月23日任)

周敦文(正处级,2月23日任)

王　青(女,2月23日任)

副主任(征收办):陆　昆

副调研员:卜贤斌(2月23日任)

人力资源和社会保障局

局　长:罗红玲(女,2月23日任)

副局长:李家祥(正处级,2月23日任)

程时军(2月23日任)

张宛平(2月23日任)

法制办

主　任:黄忠洋

副主任:张晓东

调研员:查勇灵(正处级,12月退休)

城市管理局(综合执法支队)

局　长(支队长):黄晓东

副局长(副支队长):蓝孝梁

陆　虎

◆南京综合保税区管委会(龙潭管理局)

产业发展处副处长:计　红(女)

综合服务处副处长:卢文俊

招商处副处长:卢咏歌

孙　涛

于建平(正处级,4月12日任)

◆群众团体

南京市总工会南京开发区工委

常务副主席:宋持月(5月9日任)

副主席:林　力(正处级)

◆南京市监察局驻南京开发区监察室

主　任:周国正

纪检监察员:张莉华(女,正处级,4月25日任)

◆南京新港开发总公司工作机构

投资审计局

局　长:张　萍(女)

副局长:高　峰

规划管理局

局　长:钱德福

副局长:周　博

□柳云娇

仙林大学城

◆中共南京市委仙林大学城工委

书　记:臧正金

副书记:黎　辉

委　员:周　铣

赵子璧

赵效昭(12月24日免)

潘志宏

孙金娣(女)

杨白英(12月24日任)

◆南京市仙林大学城管委会

主　任:黎　辉

副主任:周　铣

赵子璧

潘志宏

孙金娣(女)

副巡视员:张文敬

盖立伟

◆中共南京市纪委仙林大学城工委

书　记:赵效昭(12月24日免)

杨白英(12月24日任)

副书记:戴思平

◆南京仙林大学城管委会工作机构

办公室

主　任:张青杰

副主任:赵玉泉(3月21日免)

组织人事处

处　长:吴　芸

副处长:盛　莉(女,3月21日任)

规划建设处

处　长:尚　革

副处长:徐　岩

徐　洁

市政管理处

处　长:金　波

副处长:蒋义家(3月21日任)

调研员:王昌富

副调研员:郑仲品

计划财务处

处　长:严　进

调研员:史剑炯

招商局

局　长:徐　洁(3月21日任)

监察室

主　任:戴思平

□翟鹏飞

大事纪要

Major Events

南京师范大学·仙林宾馆　　杨敬绘

◎ 责任编辑　方可畏

特事纵横

◆**仙林科技城发展联盟第四次理事会** 1月6日，仙林科技城发展联盟召开第四次理事会。联盟理事长、南京大学党委书记洪银兴等12所驻仙林高校领导，联盟理事长、中共栖霞区委书记、南京开发区工委书记、仙林大学城工委书记臧正金，栖霞区区长邢正军，仙林大学城管委会主任黎辉，南京开发区党工委副书记李华，栖霞区委常委、副区长毛银玲，仙林大学城管委会副主任潘志宏、孙金娣，以及驻仙林各高校科技部门、三区相关部门负责人出席会议。

会前，与会人员先后参观了中共南京市委党校仙林新校区、仙林鼓楼医院、3D打印展示和服务中心、羊山公园、九乡河生态公园和南大科学园等一批建设成果，对仙林科技城的发展有了更为直观的了解。会上，黎辉通报2013年仙林科技城发展情况和2014年重点工作计划。臧正金从经济保持较好发展趋势、产业结构调整进展顺利、区容区貌焕然一新、公共服务能力进一步提高等四个方面介绍了2013年栖霞地区的发展情况。他要求，仙林科技城要进一步加强人才引进和培养，营造创新创业氛围，创建国家级南京仙林大学科技城(园)，希望联盟各高校加强与地方政府的联动、合作，共同打造“双优生态”科技城。洪银兴在讲话中指出，一年来，仙林科技城交通条件、居住环境、生态景观等进一步提升完善，为高校教学、科研提供了良好环境。地区政校合作也日益紧密，在人才引进、协同创新、科技园建设等方面取得了显著成效。他表示，2014年，南京大学及驻区各高校将继续大力支持仙林科技城发展建设，积极配合国家级南京仙林大学科技城(园)创建工作。

按照年初制定的《仙林科技城发展联盟推动科技创业创新工作评比激励办法》，联盟围绕创业人才引进、大学科技园建设和科技产业项目引进等三个方面对驻仙林12所高校进行综合评比，并在会上对先进单位进行了表彰。本科院校中，南京大学、南京师范大学和南京邮电大学，分获一、二、三等奖，民办本科院校和高职院校中，南京信息职业技术学院获一等奖，应天学院职业技术学院和南京工业职业技术学院并列获得二等奖。

◆**第二批党的群众路线教育实践活动** 2月19日，根据中共中央和中共江苏省委、市委统一部署，栖霞行政区、南京开发区、仙林大学城在区机关大礼堂，召开第二批党的群众路线教育实践活动动员部署会。区委书记、区委教育实践活动领导小组组长臧正金主持会议，对三区教育实践活动作出动员部署，并代表三区党(工)委作反“四风”承诺。联系点领导、中共南京市委常委、宣传部部长徐宁及市委督导四组组长、市国资委副书记、副主任殷竞武分别讲话。三区领导班子成员，区法、检两院和区公安分局领导出席会议。三区所有参学单位主要负责人参加会议。参会人员扩大到行政区副处级干部和村、社区党组织负责人。会议邀请三区老领导、老同志，民主党派人士，部分区党代会代表、区人大代表和区政协委员，党员代表、群众代表和驻区单位代表等出席会议。会上，下发《关于成立区委党的群众路线教育实践活动领导小组的通知》《中共南京市栖霞区委关于深入开展党的群众路线教育实践活动的实施意见》《关于成立区委党的群众路线教育实践活动领导小组办公室的通知》《栖霞区深入开展党的群众路线教育实践活动学习教育、听取意见环节实施办法》《中共栖霞区委关于建立区委常委、党员副区长党的群众路线教育实践活动联系点的通知》《中共栖霞区委关于派出党的群众路线教育实践活动督导组的通知》等系列文件。会后，根据要求，对三区领导班子和区级党员领导干部进行民主评议，共发放评议表格200份，回收197份。

全区教育实践活动至10月份结束，历时9个月。活动期间，每个环节都出台具体《实施办法》《实施方案》和《具体问题答复意见》，编印各类指导性文件33份，组织召开全区性会议6场次，举办专题培训班3次。成立5个由副区级领导任组长的督导组，全程跟踪，做好各参学单位活动开展情况的督促检查和指导。开展“四风”问题“万人问诊”活动，通过编印《枫红栖霞》口袋书、制作电视专题片、开通官方微信学习平台、改版“栖霞党建”网站、组织区领导走进网络和电视直播间听取意见等多种形式，扩大活动影响。活动期间，在中央及省市群众路线教育网站、简报以及其他新闻媒体刊发活动报道文章60余篇。全区68家参学单位、631个基层党组织、1.9万名党员全程参加活动并完成各项要求。

◆**栖霞海门合作创办实验初中** 2月23日下午，栖霞区与南通海门市合作创办栖霞区海门实验初级中学签约仪式在栖霞区委党校举行。副区长万震主持签约仪式。区常委委、宣传部部长周峰致辞。栖霞区教育局局长徐观林和海门市教育局局长许新海代表双方签署合作办学协议。栖霞区委副书记胡晓健和海门市副市长王拥军出席签约仪式并讲话。胡晓健说，海门是著名的“教育之乡”，栖霞区引进海门教育理念和经验，标志着栖霞区在引进省内优质教育资源道路上又迈出坚实的一步。区委、区政府将全力支持学校建设，积极营造良好的办学氛围，早日将学校打造成为栖霞乃至南京市基础教育的新亮点、新标杆。王拥军充分表达了海门市高度重视、全力支持栖霞区海门实验初级中学发展的决心和信心。

栖霞区与海门市合作创办实验初级中学是继2012年在燕子矶高级中学合作开办“栖霞海门班”后，又一新的合作办学模式。实验初级中学为区属公办性质，由原栖霞中学初中部、新尧新城配建的初中和原南京炼油厂初中整合而成，分为尧化和南炼两个校区。尧化校区位于尧化街道公园东路，占地4公顷，按照20轨60个班级规模配建；南炼校区位于栖霞街道南炼新村，占地2公顷，可容纳12轨36个班级。根据合作办学协议，学校实行校长负责制，两个校区校长由海门市教育局选派，海门市定期组织优秀教师团队到校指导，把先进的办学理念和优质教学资源引进到学校，助推栖霞区教育事业在更高水平上均衡发展。9月1日，两个校区除原有初二、初三学生外，招收的初一新生业已入校。

2月23日，栖霞区与南通海门市合作创办栖霞区海门实验初级中学签约仪式上，栖霞区教育局局长徐观林（右）和海门市教育局局长许新海（左）代表双方签署合作办学协议　　区教育局 供稿

◆仙林街道获评成为国际安全社区　3月1日，仙林街道通过世界卫生组织评审，成为南京市首个国际安全社区*。2010年6月，仙林街道作为南京市首批、栖霞区首家安全社区建设单位，依据世界卫生组织《安全社区准则和指标》和国家安全生产监督局颁布的《安全社区建设基本要求》的有关规定，成立安全社区建设促进委员会，启动安全社区建设工作。街道安全社区建设促进委员会下设7个专项工作组，涉及交通、消防、学校安全等多个方面，先后策划实施防酒驾干预、大学生心理健康、大学生青春健康、外籍人员安全服务、老年人防跌倒等15个重点安全促进项目，定期做好评估工作。在推进安全社区建设过程中，街道工作人员与志愿者合作的网格化社会服务管理模式发挥着巨大作用。各个小区都成立志愿者"万家欢"巡逻队，在小区居民与街道、社区之间搭起一座沟通和解决问题的桥梁。小区外，还有专门负责街巷环境卫生的"管得宽"巡逻队和负责治安督察的"盯得紧"巡逻队等。居民志愿者参与网格化社会服务治理，不仅街道各项工作开展得井然有序，而且也拉近了街道、社区与小区居民之间的距离，干群拧成一股绳，社区安全状况不断改善。2012年8月，通过评估，仙林街道被命名为全国安全社区。此后，仙林街道安全社区建设工作进入新阶段，以人为本、广泛动员，努力创建国际安全社区。一方面，巩固已有创建成果，让广大民众尽情享受创建成果带来的利好；一方面，根据街道实际和群众的需求，以交通、学校、公共场所、工作场所、家居、老人、儿童等方面为重点，策划并实施新的安全促进项目。2月底，以拉里·查策尔为首的世界卫生组织国际安全社区评审组到仙林街道，对创建工作进行最后的评审，在走访和考查各个创建工作示范点后，给予充分肯定。最终，仙林街道安全社区建设工作获得通过，成为国际安全社区。

相关链接

安全社区

安全社区是指建立相关组织机构和社区内有关部门、企业、志愿者以及个人共同参与的伤害预防和安全促进工作，持续改进，实现安全健康目标的社区。安全社区分为国家安全社区和国际安全社区两个层次，国家安全社区建设工作由国家安全生产监督总局负责指导和评审。国际安全社区与国家安全社区相比，具有更广泛的包容性，涵盖家居、工作场所、公共场所、水域、学校、老人、儿童、交通、体育运动等诸多方面。国际安全社区建设工作由世界卫生组织负责指导和评审。1989年，第一个国际安全社区诞生，至2014年，全球仅有100多个社区获得这一殊荣。

◆法国欧葆庭项目落户仙林　3月27日，作为中法建交50周年中法经贸合作签约项目之一，南京仙林鼓楼医院投资管理有限公司与法国欧葆庭健康产业管理集团就欧葆庭南京仙林灵山康复养老项目在法国签署合作协议。中法经贸合作签约活动也是中法建交50周年习近平主席访问法国行程中的一项重要内容。法国欧葆庭健康产业集团创立于1989年，是享誉欧洲的专业养老及康复医疗管理集团，规模及康复医疗水平在欧洲排名第一。截至2013年底，该集团在法国、比利时、瑞士、西班牙和意大利共拥有452家各类康复医院、神经退行性疾病护理中心和高端养老机构，共有床位43287张，

2月27日，以拉里·查策尔（右三）为首的世界卫生组织国际安全社区评审组在仙林街道对创建国际安全社区进行最后评审　　仙林街道 供稿

集团于2002年分别在纽约和巴黎上市，2012年营业额达14.29亿欧元。针对拥有巨大需求的中国市场，法国欧葆庭集团选择南京作为中国首批业务拓展城市。仙林鼓楼医院是根据《南京市区域卫生规划》，在全市东部地区配建的综合性医疗设施，由基本医疗区和国际医疗、康复养老区、医学培训中心三大功能区组成。该医院目前注册资本为3亿元人民币，由仙林大学城管委会以现金出资，南京鼓楼医院以品牌、管理、技术等无形资产作价20%，共同组建南京仙林鼓楼医院投资管理有限公司作为投资主体推进医院建设。经过前期考察比选和双方多轮洽谈，3月4日，南京仙林鼓楼医院投资管理有限公司与法国欧葆庭集团签订了合作框架协议，明确由欧葆庭集团承租仙林鼓楼医院二期康复养老中心建筑用于后期经营，租赁期20年。欧葆庭集团将投资4.2亿元，建设能够接纳220名左右的失能或半失能老人的康复养老基地。该基地将成为欧葆庭集团在中国建设营运的首个康复养老项目。

◆“八卦洲杯”研究生科技创新计划大赛落幕　4月2日，由南京农业大学赞助、八卦洲街道主办的首届“八卦洲杯”研究生科技创新计划大赛启动。通过预选、初赛，4月28日下午，决赛在八卦洲中桥中学四楼报告厅举行。决赛评委会由八卦洲街道办事处主任李春节，八卦洲街道党工委副书记宋福红和南京农业大学专家、教授共16人组成。李春节致辞，对南京农业大学专家、教授的大力支持和同学们的积极参与表示衷心感谢，并着重介绍八卦洲现代农业及生态旅游业的发展情况，希望通过此次科技创新计划大赛，招才引智、招贤纳士，推动八卦洲地区进一步发展。

进入决赛的共有13个研究生科技创新团队，其科技成果涉及微生物鉴定、生态环境监测、教育机构创办等诸多方面。在团队代表精彩讲述和PPT展示之后，评委们针对各科技项目创新情况，分别提出相关问题及意见、建议，然后从项目的新颖性、实用性、可操作性、市场前景等6个方面进行综合评分，评选出一等奖1个、二等奖2个、三等奖3个。最终，谭华玮团队的“不结球白菜核心种植资源基团组数据库的构建”项目拔得头筹，宋爱萍团队的“一种快速鉴定菊花真菌病害病原菌类种的方法”和徐明飞团队的“基于智能手机的电学检测”两个项目分别获得二等奖，王翘楚团队的“微丝介导的小鼠卵母细胞成熟机制的研究”、蒋琪团队的“农业废弃物水稻育苗基质的开发应用”和刘妍妍团队的“一种适用于动态监测细苗根系生长的水培装置”三个项目分别获得三等奖。

科技创新计划大赛给大学生提供了创新创业平台和空间，同时也为八卦洲地区创新发展和集聚人才创造条件。八卦洲街道将从获奖项目中筛选出部分项目申报南京“321”引进计划。

◆辛德贝格亲属参观江南水泥厂难民营旧址　4月28日，“中国之友”辛德贝格*外甥女玛丽安娜和其丈夫奥莱，在陪同丹麦女王参观侵华日军南京大屠杀遇难同胞纪念馆之后的第二天，专程到栖霞区江南水泥厂难民营旧址参观访问。区委常委、宣传部部长周峰等陪同参观访问。

玛丽安娜一行在难民营旧址，饶有兴致地观看辛德贝格工作过的小黄楼、居住过的宿舍和救治过难民的医务室建筑遗存，倾听人们关于辛德贝格等国际友人在南京大屠杀期间设立难民营，收容和救助中国难民的情况介绍，并与江南水泥厂创办人之一的陈范有长子陈克潜会面，共同追思和缅怀辛德贝格等保护工厂资产、救助中国难民的义举。玛丽安娜说，昨天陪同女王参观侵华日军南京大屠杀遇难同胞纪念馆，心灵受到强烈的震撼，今天参观舅舅当年工作过的地方，进一步了解他不顾危险、不怕困难，帮助中国难民躲避日军残害的壮举，心灵再次受到震撼。玛丽安娜表示，为了追寻舅舅的足迹，专门成立了辛德贝格基金会，加强相关资料的搜集、研究和保护，并打算自己动手写一本关于舅舅生平的书，记录这段令人难忘和值得骄傲的历史。会面结束，陈克潜将一把题有“厚德载物”四字的金陵折扇赠送给玛丽安娜，以表达对辛德贝格救助中国难民义举的钦佩之情。玛丽安娜夫妇听说，为了保留这段历史记忆，永远铭记辛德贝格等国际友人的义举，南京市人民政府已将江南水泥厂难民营建筑遗存列入市级文物保护单位。对此，她甚感欣慰。

相关链接

辛德贝格

辛德贝格全名伯恩哈尔·阿尔普·辛德贝格，1911年2月19日，出生于丹麦奥胡斯市，1983年3月4日，因病去世，终身未婚。1937年12月5日，辛德贝格受丹麦国史密斯公司派遣，与德国禅臣洋行派遣的卡尔·京特一起，作为机械设备债权代理进驻江南水泥厂，至1938年3月20日离开，共107天。期间，面对侵华日军南京大屠杀暴行，辛德贝格与京特一起，利用自己特殊身份，在厂区设立难民营，庇护和救助2万多名中国难民以及受伤的中国军人，使他们免遭日军屠杀。同时，辛德贝格还千方百计搜集、记录日军在南京屠杀中国人民的犯罪事实，多次向国际社会揭露侵华日军南京大屠杀的真相，被中国人民称誉为“见义勇为”“中国之友”。

◆龙潭“水一方”荷花节开幕　6月29日，龙潭“水一方”荷花节开幕式与南京市2014年夏季旅游产品发布会同时在龙潭“水一方”生态休闲旅游区举行。龙潭“水一方”生态休闲旅游区主景区坐落在龙潭街道陈店村。原先，陈店村与附近靖安村、太平村共同形成一个近千公顷的天然圩区，域内，河渠纵横，塘荡星罗棋布。2013年5月，龙潭街道统一规划，对这块涉及3个村的千顷圩区进整合治理，根据地区遍布生态绿廊、湿地景观的特点，将其改造成为“水一方”生态园。2014年，又以天蓝、水清、景美为目标，再次进行环境整治，建设成为集旅游、观光、休闲、商务、垂钓、采摘为一体的“水一方”生态休闲园区。园区内，河网纵横，渠塘密布，花草树木茂盛，处处生机盎然，拥有荷塘水面近万亩(约660公顷)、水田旱地2000多亩(约140公顷)、各色果木园林1300多亩(约90公顷)、专用垂钓水面160多亩(约

11公顷),水间小路和水面上的千米栈道连通各处。开幕式结束,"水一方"生态休闲旅游区正式开园迎客,数千游人涌入园内,或在栈桥上漫步赏荷、或凭水垂钓鱼虾,或乘船游湖观景、或登岸采摘果蔬,个个快乐融融。这里俨然成了"吃货"的天堂,独具特色的"水八鲜"和"江八鲜"是"水一方"特有的物产。莲藕、茭白、菱角、水芹、茨菰、荸荠、芡实、茭儿菜等"水八鲜"早已名闻遐迩,广受喜爱;鲫鱼、刀鱼、河豚、江鳗、江鮰、江虾、江蟹、江鳜等"江八鲜"更是珍馐美味,香溢四方。中午时分,赏完美景的游客们纷纷坐进独具风格的农家乐餐馆,品尝水八鲜、江八鲜和各色农家土菜,尽情享受悠闲的田园生活。

◆重大项目集中签约、开工 7月19日,仙林大学城和栖霞行政区、南京开发区联合举办重大项目签约仪式,白象中心区综合体、中国电子科技集团第二十八研究所及灵山医养一体化养老社区等三个重大项目签约落户仙林大学城,总投资约212亿元。南京市领导项雪龙、华静、臧正金等出席并见证项目签约,大学城管委会主任黎辉,副主任周铳、潘志宏分别代表仙林大学城与托底投资方签订合作协议。白象中心区综合体项目位于仙林大学城白象商务中心区,占地约25公顷,规划建筑面积约93万平方米,将建成集办公、文化旅游、百货、娱乐、餐饮、住宅于一体的城市综合体,打造南京东部城市新中心,投资总额约150亿元,托底投资单位为大连万达集团;中国电子科技集团第二十八研究所仙林新所区项目位于仙林大学城地铁四号线汇通路站南北两侧地块,占地面积约27公顷。由中国电子科技集团第二十八研究所托底投资,将建成第二十八研究所仙林新所区,重点发展综合电子信息系统、航空运输管理、公共安全管理、软件与信息服务四大产业,打造南京技术创新新高地,总投资约40亿元;灵山医养一体化养老社区项目选址位于仙林大学城灵山西北侧,占地面积约20公顷,其中仙林鼓楼医院占地11公顷,拟引入社会资本,以实现三级国际医院的建设目标,同时依托该医院的医疗资源,通过引入社会资本建设医院南侧9公顷的规划养老地块,打造一个高端医养一体化养老社区,总投资约22亿元,托底投资单位为泰康之家(北京)投资有限公司。三个重大项目签约落户,将加速完善仙林大学城商业、养老等配套功能,进一步充实大学城转型发展的产业内涵,为建设宜学、宜研、宜居、宜业的高品质新城提供有力保障。

9月21日,2014中国·南京金秋经贸洽谈会重大项目集中开工仪式在南京开发区举行。开工的12个项目中,内资项目9个,外资项目3个。单体投资均超过3亿元,总投资额96亿元,涉及现代物流、保税仓储、高端装备制造、通讯科技等多个产业领域。友信崧锋国际物流、苏商国际贸易保税仓储、联讯综合物流中心、En bright国际贸易保税仓储、安宏基物流、烽火云计算中心及光纤预制棒6个项目同时开工,为南京开发区现代服务业注入新的发展活力。其中友信崧峰国际物流项目,总投资3.5亿美元,占地20公顷,包括库体组团和科研组团两个主要功能分区:库体组团功能分区以冷冻产品批发市场、体验中心、中央厨房、分拣中心为主,预计年交易额100亿元;科研组团功能分区主要以供应链中心、电子商务中心、检验中心以及企业总部科研办公区为主。港机重工制造基地、润道沃尔沃再制造基地、宇众汽车专业装备制造、康尼机电轨道交通二期扩建4个项目同时开工,显示南京开发区高端装备制造强大的发展后劲。其中港机重工制造基地项目,选址南京开发区东区、位于长江龙潭水道三江口河道南岸,距龙潭港区约4公里,总投资10.9亿元,占地20公顷。项目达产后,年产港口门座起重机产量100台、带斗门座起重机产量15台、岸边集装箱起重机产量20台、轨道集装箱起重机产量20台、其他产品产量30台。同时开工的中电熊猫供应链项目,位于中电熊猫液晶谷腹地,总投资6.8亿元,主要为中电熊猫以及南京市周边城市液晶面板、电子装备生产,提供相关原料检测、设备检测维修、仓储装卸、物流配送、电子商务以及其他相关配套服务。项目建成后,将具有年检测各种来料200万立方米、检测维修各类设备1.25万台(套)、整体和模组配送1000万台(套)的配套服务能力,助推南京液晶谷的发展。

◆区政府与省人民医院共建栖霞区康复医疗体系 8月18日下午,栖霞区区长邢正军和江苏省人民医院院长王虹代表双方签署合作协议,创办江苏省人民医院栖霞康复院区,共建栖霞区康复医疗体系。近年来,区政府在推进经济发展的同时,高度关注医疗卫生事业的发展,建成一批重要医疗卫生设施,健全三级基本医疗和公共卫生服务网络,完善"15分钟"健康服务圈。2013年5月6日,区政府

"水一方"农业生态旅游休闲园区万亩荷塘一角　　区音像中心 供稿

与江苏省人民医院签订共建协议，开展“院府合作”。一年多来，省人民医院选派23位知名专家，定期到栖霞区医院坐诊、指导，并托管4个重点科室，让栖霞百姓在家门口缴纳二级医院费用，就能享受到三甲医院的医疗服务，感到既方便又实惠。

根据协议，区政府拨付专款，负责康复院区设施建设，由全国一流的省人民医院康复医学中心专家团队帮助打造栖霞康复医疗体系。经过两个多月的紧张筹备，10月20日，江苏省人民医院栖霞康复院区正式启用。康复院区设在栖霞区医院门诊楼三楼，面积约2100平方米，有工作人员30名，开设康复病床34张。省人民医院康复科党总支书记、副主任许光旭等7人组成的专家团队，全面管理栖霞康复病区。康复院区除了向患者提供针灸、推拿、牵引等传统中医康复治疗和部分残疾人康复服务项目外，还邀约全国著名康复医疗权威、美国国家医学院院士、国际物理医学与康复医学学会主席励建安教授和省人民医院康复医学中心著名专家定期到院坐诊、指导，为栖霞地区百姓提供包括脑卒中、脑出血、脑外伤、脊椎损伤、截瘫、骨关节损伤等相关疾病的康复治疗服务和各种慢性病的早期康复与恢复期康复等全方位治疗服务。此外，省人民医院栖霞康复院区一方面通过康复医疗体系建设，开展康复评估与治疗，形成中西医结合的康复特色，实现从患者疾病早期到恢复期的无缝对接，帮助群众预防或减少各类伤残，提高功能障碍和伤残者的生命质量，提高医疗资源的使用效率，控制患者因疾病带来的经济负担，减轻社会和家庭压力；一方面通过康复医疗体系建设，帮助栖霞区医院打造康复医学专科和基层医疗机构康复人才的培训、输出基地，形成康复人才和技术的储备库，并逐渐向社区延伸，探索“养老—康复—护理”服务模式的医改新路径，为残疾人、老年人以及慢性病患者提供更方便、实惠的专业康复医疗服务。

◆栖霞山文化传承和保护研讨会 11月18日，栖霞区举行栖霞山文化传承和保护研讨会，邀请知名文史专家和文化学者，从多侧面、多角度，解析栖霞山的人文风景，挖掘栖霞山的文化底蕴，为栖霞山文化休闲旅游度假区建设把脉定向。区委常委、常务副区长、栖霞山文化休闲旅游度假区管委会主任曹海连主持研讨会。区有关部门负责人参加研讨会。曹海连在致辞中说，为落实市委、市政府“将栖霞山景区建成以礼佛、养生、创意、观景为特色的文化休闲旅游度假区和文化创意产业集聚区，争创国家AAAAA级旅游景区”的要求，区委、区政府成立栖霞山文化休闲旅游度假区管委会，制定规划，围绕“一核、一心、两带、九区”基本格局和“人文、生态、低碳、智慧、创新”建设理念，以佛教文化为特色，将栖霞山风景区打造成为历史与现代交相辉映，文化与产业融合发展的集礼佛、禅修、品茗、养生、赏枫、观景等于一体的国家级旅游度假区。

与会专家、学者围绕“让文化成为栖霞山文化休闲旅游度假区特色名片”主题，纷纷建言献策。南京大学历史系教授、博导贺云翱说，栖霞山有佛教、休闲、名人、六朝和石刻五大文化，这五大文化形成栖霞山旅游独特的内涵和地位。因此要在发掘文化资源、文化血脉、文化特色、文化品牌和文化可持续发展的基础上，做好栖霞山建设发展规划，并建一个高等级的展示栖霞山文化的博物馆，把五大文化做出来，让游客在博物馆内能欣赏栖霞山文化，走出博物馆能游山玩水，观赏历史遗存。南京大学哲学系教授、中华文化研究院院长赖永海说，栖霞寺是佛教三论宗的祖庭，我们要把三论宗的特色挖掘出来，给栖霞寺三论宗一个准确定位；栖霞山的舍利文化也很重要，隋文帝在全国建塔供奉舍利，首选寺院就是栖霞寺；千佛岩石窟，称得上是“江南云冈”，要把它保护起来进行展示；栖霞寺宗仰上人支持孙中山革命，孙中山出资重修栖霞寺，栖霞寺难民营等爱国爱教特色都应有所展示。佛教文化本身就是中国传统文化，希望栖霞山把观音文化做出来，把星云大师这个资源利用好，弘扬佛教文化，为社会提供正能量。南京师范大学地理科学学院旅游研究所所长、教授陶卓民说，这两年宗教旅游发展迅猛，栖霞山这样一个传统的宗教旅游胜地怎么转型发展？首先，要挖掘栖霞山宗教文化旅游的特色内涵，除了建栖霞山文化博物馆，还应恢复乾隆行宫。其次，要延伸旅游产业链，栖霞山旅游核心是宗教旅游，要想做大做强，就要形成产业链，使栖霞山宗教旅游和文化产业、农工产业等方面相互融合，发展现代观光农业，实现城乡一体化；做强红枫文化，打造四季栖霞，实现季季有红枫，时时有秋色，让历史变得时尚、文化变得可亲、自然可以接触、旅游进入生活。再次，要加强与周边旅游景区的联系，实现区域旅游的联动发展。南京市社会科学院副院长、教授李程骅说，栖霞山有丰富的历史文化积淀，特别是栖霞寺佛教文化，不仅是南京佛教文化的代表，也是中国佛教文化的代表，这个概念应该正本清源地传播出去。这有利于我们在未来5年、10年、20年，甚至更长时间，复兴中国传统文化，吸引世界佛教信众到南京来。栖霞山文化休闲旅游度假区的设计理念，首先，要考虑更加内敛、内涵更加丰富，要适应新常态之下未来10年、20年的发展需要。其次，栖霞山的山景文化、历史文化、佛教文化等，要相互契合，摆脱一些景区景点太满太现代的视觉感受。南京市作家协会顾问、作家冯亦同说，要探索和了解、发现和认识栖霞山十大文化符号。即，一行赞美诗：“第一金陵明秀”；两句流行语：“春牛首，秋栖霞”“一座栖霞山，半部金陵史”；三件国宝：舍利塔、千佛岩、明征君碑；四大丛林之首；五帝垂青(秦始皇、梁武帝、隋文帝、康熙、乾隆)；六朝石刻；七位佛教宗师：明僧绍、法度、僧朗、吉藏、鉴真、宗仰、赵朴初；八卷《摄山志》；九死一生、九九归一的“栖霞飞天”；十万大学生和仙林大学城所代表的栖霞新风貌、新文化。可以说，栖霞山是一首彪炳千秋的不朽史诗，是一部十方传诵的佛教经典，是一曲四季和美的自然交响，是一座流芳百世的人文宝库。保护和传承栖霞山文化，要搜集、整理、汇编《栖霞山文库》，要修建栖霞山历代诗书画廊，要建立栖霞山历史文化博物馆。

11月18日，栖霞区举行栖霞山文化传承和保护研讨会。区委常委、常务副区长、栖霞山文化休闲旅游度假区管委会主任曹海连(右侧前排右二)主持研讨会。

区委宣传部 供稿

年度要事

栖霞行政区

1 月

3日，区第十七届人大常委会举行第十四次会议。

4日下午，南京市代市长缪瑞林到区调研。

5日，区政协召开第八届第十次常委会议。

5~7日，政协南京市栖霞区第八届委员会举行第三次全体会议。

6~8日，区十七届人民代表大会第三次会议在区机关大礼堂召开。

8日下午，区委召开全区月度工作推进会。

10日，可一文化总部大楼暨可一书店开工仪式在仙林举行。

是日上午，区委召开全区总部经济发展暨重大项目推进会。

13日上午，江苏省法制办检查组，到区检查、考核法治建设先进区创建工作。

是日，区委、区政府召开冬春水利建设现场会。

14日，区委、区政府召开政风行风工作交办会。

17日下午，区委、区政府召开安全生产工作会议。

21日，区第十七届人大常委会举行第十五次会议。

22日，区政协第八届委员会召开第十一次常委会议。

26日，全市无证幼儿园综合治理推进会在区委党校召开，南京市副市长胡万进出席会议，栖霞区副区长万震作重点交流发言。

是日，南京市副市长胡万进到区督查节日食品安全工作，副区长秦志刚陪同督察。

27日，区委召开第九届纪委第四次全体会议。

28日，栖霞房地产关爱老人公益项目揭牌仪式在八卦洲街道协和老年人服务中心举行。

29日上午，区政府召开环境综合整治群众监督员工作座谈会。

30日，区领导臧正金、邢正军、李汉桥、夏宁、胡晓健、杨友林、孙中华、毛银玲、孙爱军、徐志国等分成两组，看望、慰问春节期间坚守岗位的公安干警、企业职工、环卫工人以及在养老院欢度春节的老人们。

2 月

7日，区委、区政府召开2013年度工作总结表彰暨机关作风建设动员会。

10日，中共福建省宁德市委书记廖小军、宁德市市长隋军率党政代表团到区考察。中共南京市委副书记靳道强、区委书记臧正金陪同考察。

11日，区委召开全区重点平台建设推进会。

14日下午，区委召开全区信访工作暨“春风化雨”握手行动推进会。

17日，政协委员“企惠姚坊门”牵手公益行捐赠仪式在尧化街道举行。

19日，栖霞行政区、南京开发区、仙林大学城联合召开党的群众路线教育实践活动动员大会。

23日，区政府与海门市合作创办栖霞区海门实验初级中学签约仪式在区委党校举行。

26日上午，“爱学习、爱劳动、爱祖国，践行中国梦”主题教育活动在十月军校启动，江苏省关工委名誉主任陈焕友、主任曹鸿鸣，中共南京市委常委、宣传部长徐宁，区领导臧正金、陈波、周峰等出席启动仪式。

27日，栖霞山风景名胜区管理处交接仪式举行。南京市旅游委党委副书记金卫东、区长邢正军参加交接仪式。

28日上午，区委召开政法工作会议。

3 月

2日，南京市环境综合整治指挥部考核组到区考核环境综合整治“9322”第一阶段工作。

5日，区委召开月度工作推进会。

8日，区委召开三区中心组理论学习报告会。

10日上午，区委召开全区网络宣传管理工作会议。

11日上午，区四套班子领导与机关干部一起到西岗街道孟北村，参加义务植树活动。

12日，区委、区政府召开迎青奥行政执法专项整治行动动员会。

13日，区委、区政府召开安全生产工作会议。

是日下午，区委、区政府召开2014年城市综合治理标准化建设工作会议。

14日下午，区委书记臧正金走进新浪网江苏直播间，开展“听民声、求良策、反‘四风’”微访谈活动，“面对面”听取网友对党员干部“四风”问题的意见建议。

16日下午，2014年栖霞区千场惠民服务活动启动仪式在西岗街道摄山星城举行。

14~21日，区委围绕“问效、问怨、问症、问策”主题，集中组织15场“问诊”座谈会。

19日，区委书记臧正金，区委常委、副区长毛银玲率区科技局、发改局有关人员，到马群街道三宝科技、高华科技调研民营企业发展情况。

21日，区政府召开2014年价格工作会议。

26日，区人大常委会召开市、区两级人大代表座谈会，听取代表对全区开展教育实践活动的意见和建议。

是日，区长邢正军突击检查全区环境综合整治情况。

27日，区第十七届人大常委会举行第十六次会议。

29日，中共中央统战部副部长、全国工商联党组书记全哲洙到江苏生命科技创新园调研，并与企业家交流座谈。区委常委、常务副区长曹海连陪同调研。

31日，区政府召开人大代表建议、政协委员提案交办会。

4　月

2日，区委、区政府召开妇女儿童工作会议，通报妇女儿童发展“两个规划”实施情况。

4日，区委、区政府召开全区教育工作会议。区委书记臧正金出席会议并讲话，市教育局局长吴晓茅应邀出席。区人大常委会主任李汉桥，区政协主席夏宁，区委常委陈波、孙爱军、周峰，副区长万震参加会议。

7日，区委、区政府召开月度工作推进会。区长邢正军对4月份全区重点工作进行部署。

9日，中共南京市委主要领导到区调研迎青奥环境整治和综合改革工作。区领导臧正金、邢正军、黎辉、胡晓健、杨友林、李华、曹海连、陈松陪同调研。

10日，三区召开2014年党建工作暨党的群众路线教育实践活动推进会，结合教育实践活动和迎青奥工作，部署“大干一百天、环境大扫除”专项整治行动。中共南京市委督导组组长张锦霞出席会议并讲话。

15日下午，区委、区政府召开全区农业农村工作现场会。

18日，南京市栖霞区同舟书画摄影协会召开成立大会。

25日下午，区委召开一季度经济形势分析会。

26日下午，区委召开中心组理论学习汇报会。

28日，栖霞商务区举行资源推介会，区长邢正军在推介会上致辞。

29日，区政府召开信息化工作推进会。

30日下午，中共南京市委常委、宣传部部长徐宁到区调研指导教育实践活动。市委督导四组组长张锦霞和区领导臧正金、杨白英、陈波、周峰等陪同调研。

5　月

5日下午，区委召开全区月度工作推进会，总结分析4月份工作情况，安排部署5月份重点工作。

7日，区政府与南京晓庄学院签署教育合作协议。

8日下午，区委召开各街道教育实践活动点评会。

10日，中共南京市委常委、宣传部部长徐宁到区听取教育实践活动情况专题汇报。市委督导四组组长张锦霞对栖霞区教育实践活动开展情况进行点评。

12日，区委召开迎接2014年度南京市城市文明程度指数测评工作会。

是日，南京市人大常委会人代联委主任李建、副主任徐纪楼、办公厅副巡视员王抚宁等领导到龙潭街道“人大代表之家”调研。区人大常委会领导李汉桥、王爱华等陪同调研。

13日，南京市“三争一创”领导小组办公室副主任、中共南京市委教育实践活动领导小组办公室副主任杨植到区检查教育实践活动第一环节“回头看”工作。市委督导四组组长张锦霞和区委书记臧正金陪同检查。

是日，区政协举办“政协讲堂”第八讲，组织政协委员瞻礼栖霞寺佛顶骨舍利，邀请南京市佛教协会副会长、栖霞寺首座曙光法师主讲“禅与中国文化”。

15日，江苏省考核验收组到区考核验收全省村级“四有一责”建设先进区创建工作。

是日下午，南京市督导组到区检查环境整治工作情况，副区长陈松、秦志刚、王智陪同检查。

16日，三区召开党的群众路线教育实践活动参学单位“一把手”专项述职会。中共南京市委督导四组组长张锦霞出席会议。

17日，区政府召开2014年秸秆禁烧综合利用工作会。

是日，全国政协副主席、农工党中央常务副主席刘晓峰一行到栖霞古寺考察，了解南京佛教文化的发展，对发扬南京佛教优秀文化传统，走具有南京特色的文化遗产保护和文化创新之路提出要求。

26日，三区召开党的群众路线教育实践活动查摆问题、开展批评环节工作部署会。中共南京市委督导四组组长张锦霞出席会议。

6　月

5日上午，区委召开月度工作推进会。

9日下午，区委召开全区重点项目推进会。

14日，中共南京市委主要领导到区调研群众路线教育实践活动开展情况。市领导周谦、徐金万、项雪龙、臧正金参加调研。

18日，区政协第八届委员会召开第十二次常委会议。

是日，中共南京市委副书记靳道强、市委常委李世贵到区专题调研美丽乡村建设，区领导邢正军、胡晓健陪同调研。

20日上午，团区委召开共青团南京市栖霞区第十三次代表大会。

26日，区第十七届人大常委会举行第十七次会议。

30日，区委召开全区青奥会安保维稳大防控行动动员部署大会。

7　月

3日下午，区委召开青奥会安保维稳工作会议。

4日，区委召开全区月度工作推进会。区四套班子全体领导出席会议。

是日，南京市人大常委会副主任李

琦到区参加"接待市人大代表日"活动。市人大常委会人代联委主任李建、副主任徐纪楼和区人大常委会领导李汉桥、王爱华参加活动。

7日上午,区委书记臧正金检查青奥会安保维稳大防控工作。

11日，区委召开党的群众路线教育实践活动专题民主生活会。中共中央活动办、中共中央第三巡回督导组派员参会。中共南京市委常委、组织部部长徐金万,市委常委、宣传部部长徐宁,中共江苏省委督导组组长佘义和，市委督导组组长张锦霞等参加会议。区人大常委会、区政协领导列席会议。

17日，区委、区政府和中国电子学会、南京市经济和信息化委员会联合主办的"生态智慧区域中国行系列活动之南京市栖霞区创建国家低碳工业园"举行启动仪式。

是日，区委常委会召开党的群众路线教育实践活动专题民主生活会。

19日下午，栖霞行政区、南京开发区、仙林大学城举行重大项目签约仪式,10个总投资549.7亿元的重点项目现场签约落户栖霞。南京市政协主席沈健等出席签约仪式。

23日下午，区委召开第九届委员会第七次全体(扩大)会议。

24日，南京市人大常委会秘书长侯成新到区调研人大工作。

是日，区人大常委会召开领导班子民主生活会专题通报会。中共南京市委督导组处长彭邦超出席会议。

是日，区第十七届人大常委会举行第十八次会议。

8 月

8日上午,区人大常委会在区机关小礼堂召开政情通报会。区长邢正军通报全区上半年经济和社会建设完成情况和下半年工作。

15日,栖霞行政区、南京开发区、仙林大学城联合召开党的群众路线教育实践活动整改落实、建章立制环节工作部署会。中共南京市委督导组组长张锦霞出席会议。

20日下午，区委在区委党校召开省"科技镇长团"工作总结暨欢迎会。

29日，区政协召开科创平台可持续发展研讨会。

9 月

1日,南京市副市长胡万进到丁家庄小学作开学检查,区长邢正军、副区长万震等陪同。

5日,区政协召开民营经济创新发展研讨会，研讨民营企业创新发展的经验做法。

是日,区委召开月度工作暨群众路线教育实践活动整改工作推进会。中共南京市委督导四组组长张锦霞出席会议。

9日，栖霞区第30个教师节庆祝表彰大会在机关礼堂召开,区四套班子主要领导,仙林大学城管委会、南京开发区管委会相关领导等出席。

17日下午,区委、区政府举办金洽会栖霞分会场招商引资活动。区领导臧正金,邢正军,曹海连、尹军、时效俊等参加活动。

17日、18日,区委在区机关大礼堂举办学习王志刚先进事迹报告会。

19日上午,南京市人大常委会副主任陈礼勤到区调研市人大代表工作。市人大常委会人代联委主任李建、副主任徐纪楼、副巡视员王抚宁参加调研。区人大常委会领导李汉桥、王爱华等陪同调研。

25日，区第十七届人大常委会举行第十九次会议。

10 月

8日，区委召开月度工作推进会,总结前三个季度工作，部署当前和第四季度任务。

10日，中共南京市委主要领导到区调研综合改革与城镇化工作。

11日,区委召开全区规划工作会议,南京市规划局副局长刘颖及机关处室负责人、栖霞区四套班子全体领导等参加会议。

14日，区政协第八届委员会召开第十三次常委会议，听取区政府引入名校提升教育质量情况的通报。

18日,栖霞行政区、南京开发区、仙林大学城联合召开教育实践活动总结大会暨"为民服务三大行动"部署会。中共南京市委督导四组组长张锦霞出席会议并讲话。

24日,区政协举办"政协讲堂"第九讲，特邀江苏省摄影家协会副主席李培林作"摄影创作技巧与审美"主题讲座。

27日上午，区人大常委会召开市人大代表和区政府组成人员报告履职情况工作会。

是日下午，区委举办台海形势报告会，邀请南京大学台湾研究所所长崔之清教授作两岸关系和台湾岛内局势专题报告。

29日，中共南京市委主要领导到区专题调研健康服务与生命科技工作,并参观考察诺瑞特医药科技有限公司、安迪科医药集团、健友生化制药股份有限公司等企业。市领导项雪龙、罗群、胡万进、臧正金等参加调研。

30日上午,落户南京开发区的LG新能源汽车动力电池项目破土动工。南京市市长缪瑞林、副市长罗群、区委书记臧正金等出席开工仪式。

11 月

5日,区委、区政府召开工作推进会,研究部署年底各项重点任务。

15日上午，中共南京市委常委会全体成员到区调研推进客运执法改革和城市管理综合改革情况。市委主要领导和市委副书记、市长缪瑞林分别讲话。

19日下午，区委在区机关大礼堂举行三区中心组学习会，传达党的十八届四中全会精神，宣传贯彻新安全生产法监管责任体系。

21日，区第十七届人大常委会举行第二十次会议。

27日，南京紫东国际创意园举办开园两周年企业联谊会,200多位政府、企业、中介服务机构的代表参加会议。

12 月

2日下午,栖霞寺圆通禅院暨金刚阁项目启动仪式在栖霞山举行。南京市佛教协会会长、栖霞古寺方丈隆相大和尚,栖霞古寺监院谛如法师以及区领导臧正金、邢正军、李汉桥、夏宁、胡晓健、曹海连、周峰、万震、时效俊等出席仪式。

2日、3日，栖霞区党政代表团到苏州吴江和常熟考察，学习先进地区在产业转型、科技创新、城市建设、生态建设等方面的成功经验。

5日上午，建邺区人大常委会组成人员一行到区参观考察社会管理工作。区人大常委会领导李汉桥等陪同考察。

8日，区委、区政府召开2015年工作研讨会，就2015年工作的思路、目标和重点进行充分交流，提出合理化建议。

11日，栖霞区与南京艺术学院人才培养与文化创意产业发展战略合作协议签约仪式在南京紫东国际创意园举行。

13日，区人大常委会召开2015年人大工作研讨会。

是日，是首个侵华日军南京大屠杀死难者国家公祭日。上午10点，国家公祭仪式举办的同时，栖霞区党政机关各界代表分别在燕子矶公园、陶行知纪念馆、燕子矶社区举行悼念活动。

17日，区政府召开会议，部署冬春护林防火工作任务。

18日，区第十七届人大常委会召开第二十一次会议。

19日，区政协第八届委员会召开第十四次常委会议，听取区政府关于培育新型农业经营主体的通报。

27日，区委召开第九届委员会第八次全体(扩大)会议。 □刘 宁

南京开发区

1 月

4日，南京市代市长缪瑞林带领市相关部门负责人到开发区调研，参观中电熊猫第六代彩色滤光片项目并召开专题会议。

9日，南京天加空调设备有限公司在开发区举行天加变频多联机生产线落成典礼。

16日，中国科学院副院长施尔畏一行由南京市政府副秘书长叶荣生等陪同，到南京先进激光技术研究院视察。

24日，全国中小企业股份转让系统(俗称“新三板”)首批全国285家企业集体挂牌仪式在北京国家会议中心举行，南京视威电子科技股份有限公司正式进入资本市场，股票代码为430461。

2 月

12日，南京市市长缪瑞林由市政府秘书长林克勤、副秘书长叶荣生陪同，率市发改委、经信委、环保局等部门有关人员到金陵石化公司调研。

18日，南京市金融办、紫金投资、中国银行等部门领导到开发区视察，召开座谈会并走访中科院南京先进激光技术研究院、(南西)科创基地内鼎科纳米、康众光电等科创企业。

是日，总投资6亿元的紫江炉业南京有限公司一期项目奠基仪式在开发区举行。

3 月

11日，南京市机关作风建设监督员第六组一行3人，到开发区调研指导机关作风建设工作。

18日，国泰君安集团总部和江苏分公司业务部、融资部、市场部等相关负责人到开发区考察，并座谈交流。

19日，南京市市长缪瑞林在市领导沈健、罗群、臧正金、林克勤、叶荣生及市相关部门负责人的陪同下，到开发区调研南京液晶谷建设发展情况，走访中电熊猫液晶显示科技有限公司。

20日，中共江苏省委书记罗志军由省、市相关部门负责人陪同，到开发区调研科技创新型企业，走访南京先进激光技术研究院和南京鼎科纳米技术研究所有限公司。

是日，国家科技部公布2013年创新人才推进计划组织实施工作成果，确定38个国家创新人才培养示范基地（又称“万人计划”基地），国家级南京新港高新技术工业园榜上有名。

26日，总投资2.2亿美元采埃孚转向系统南京新工厂奠基仪式在开发区举行。

是日，江苏省发改委副主任赵芝明一行到开发区调研，走访液晶谷南京中电熊猫液晶显示科技有限公司和紫金(新港)科技创业特别社区红枫核心区。

是日，投资8000万美元的德国采埃孚转向系统项目在开发区奠基。

4 月

1日，全国人大常委会副委员长张平由江苏省人大常委会副主任刘永忠、市人大常委会副主任李琦等陪同，到开发区视察，走访中电熊猫和南京第壹有机光电有限公司。

10日，南京市副市长华静一行到开发区调研韩资企业，参观乐采商贸（南京)有限公司和乐金化学(南京)信息电子材料有限公司。

11日，南京麒麟科技创新园开发建设管委会一行20余人，到开发区考察科技创新工作开展情况行，参观南京先进激光技术研究院和红枫科技园。

12日，玄武、秦淮、建邺、鼓楼、雨花台五区党政主要负责人及相关代表一行500余人，到开发区考察园区环境建设改造工作，参观开发区近年重点改造和新建的园区主次干道及周边环境系列整治工程。

15日，南京开发区科学技术协会成立。

18日，中共南京市委组织部带领江宁开发区、南京高新区和南京化工园党建工作分管领导，到开发区调研非公企业党组织书记队伍建设情况，走访乐金显示和乐金化学等企业。

22日，贵安新区管委会副主任岳喜勇一行到开发区考察，参观上海光机所南京先进激光技术研究院和LG化学、车险无忧等企业，并座谈交流。

25日，南京开发区总工会成立。

26日，第七届中国留学人员南京国际交流与合作大会在开发区举行，邀请电子信息、生物医药、光电显示、新能源新材料等领域近40位海内外高层次人才参观洽谈。

30日上午，江苏省副省长傅自应由南京市领导华静、臧正金等陪同，到开发区调研外贸工作，走访南京博西华有限公司和乐金显示(南京)有限公司。

5 月

16日，青岛市政府副秘书长王卫平一行到开发区考察，走访紫金(新港)科创特区鼎科纳米和康众光电等企业。

16~17日，开发区分别在龙潭、栖霞、

西岗街道开展第二季度“送岗位进社区”招聘活动，39家驻区企业参加招聘，提供岗位155个，职位705个。

20日上午，南京开发区出国（境）证件受理点揭牌仪式在开发区举行。

23日上午，南京市市长缪瑞林一行到开发区调研，走访南京综保区和龙潭港。

30日，开发区与南京市质监局签订创新发展合作协议和特种设备公共服务平台合作协议，双方约定共建检测平台和质量技术检测服务站。

6 月

3日，江苏省统计局基层工作处调研组一行到开发区调研统计规范化建设工作，走访天加空调。

是日，“南京开发区”杯“创青春”江苏省大学生创业大赛暨江苏省青年创业就业季启动仪式在南京邮电大学体育馆举行。

13日下午，南京市市长缪瑞林由市领导罗群、臧正金等陪同，到开发区专题调研中国石化股份有限公司金陵分公司。

18日，南京市首批“爱心母婴室”授牌仪式在开发区乐金化学（南京）信息电子材料有限公司举行，全市有关企业单位70余名工会干部参加会议。

23日上午，南京奥托立夫申达汽车零部件有限公司开业庆典在开发区举行。

25日，中共郑州市委常务副书记、市政协主席、市委秘书长王璋等一行10人到开发区考察，参观液晶谷、南京天加空调设备有限公司和中科煜宸激光技术有限公司。

26日，中共南京市委督导组到开发区视察群众路线教育实践活动第一批整改事项。

27日，国家海关总署署长于广洲一行由南京市副市长华静及南京海关、金陵海关相关负责人陪同，到开发区调研外贸企业运行情况，参观中科煜宸激光科技有限公司。

7 月

4日，总投资35亿美元LG新能源汽车动力电池项目在韩国首尔举行的“中国—韩国经贸合作论坛”现场签约，落户开发区。

19日，开发区、栖霞行政区、仙林大学城联合举行重大项目签约仪式。10个总投资549.7亿元的重点项目现场签约落户三区。其中，5个签约项目落户开发区，总投资达258亿元。

25日，中国·南京2014年新型显示技术与产业发展研讨会暨南京平板显示行业协会专家委员会成立大会在开发区召开。近20名国内外新型显示技术专家及各会员单位代表共计100余人参会。

8 月

1日，南京康尼机电股份有限公司在上海A股市场挂牌上市，股票代码为603111。

5日，国家科技部基础司副巡视员白岩冰一行7人，到开发区新港高新园调研，走访中科煜宸激光科技有限公司。

21日，江苏省总工会副主席王爱平一行，到开发区专题调研“爱心母婴室”建设工作，走访乐金显示（南京）有限公司和乐金化学（南京）信息电子材料有限公司的“爱心母婴室”。

22日，江苏省科技厅副厅长段雄、南京市科委副主任蔡伯圣一行，到开发区调研产学研协同创新基地建设推进工作，走访中科院上海光机所南京先进激光技术研究院、南京天加空调设备有限公司。

28日，广东省质监局局长任小铁率代表团一行60余人，到开发区考察，走访天加空调和中科煜宸等企业。

9 月

3日，南京市市长缪瑞林一行到康尼机电股份公司走访，调研上市企业情况。

11日，开发区与南京银行在管委会举行战略合作签约仪式。

是日上午，南京工业大学先进材料研究院师生到开发区参观，走访紫金新港（南西）科创基地和中科院上海光机所南京先进激光技术研究院。

15日，由开发区管委会、紫金（新港）科技创业特别社区主办，中科院南京先进激光技术研究院、南京煜宸激光科技有限公司共同承办的2014创新驱动“智”造未来主题论坛在开发区管委会举行。艾欧·史密斯（中国）热水器有限公司、海信电器有限公司等近80家企业代表参会。

18日，国家科技部人才中心副主任郝强一行6人，到开发区南京新港高新技术产业园，调研创新人才培养示范基地工作，走访南京长澳医药科技有限公司和南京煜宸激光科技有限公司。

21日，2014南京金洽会重大项目集中开工仪式在开发区举行，12个重大项目集中开工，开工企业涵盖光电显示、高端装备制造和现代服务业等产业领域，总投资约96亿元。

22日，南京市人社局就业促进处在开发区召开企业座谈会，调研失业预警试点工作，掌握企业用工状况。

23日，中国劳动保障科学院研究室主任刘庚华一行，到开发区调研新型城镇化下农村转移劳动力劳动保障问题。

10 月

15日，南京市市长缪瑞林到开发区调研，召开南京长江航运物流中心建设现场推进会，视察长江航运物流中心建设推进、沿江岸线利用及滨江环境整治情况。

18日，南京市市长缪瑞林到开发区专题调研建设发展情况，走访天加空调、京晶光电、A.O.史密斯、LG化学、鼎科纳米和康众光电等企业。

20日，开发区、龙潭街道与江苏省中西医结合医院共建江苏省中西医结合医院东院项目签约仪式在开发区管委会举行。

24日，开发区与南京邮电大学共建南京信息产业技术研究院签约仪式在开发区管委会举行。

30日，哥伦比亚国家信息技术通讯部信息政策与发展司司长阿尔贝伊德·古艾斯塔等一行5人，到开发区考察科技创新创业工作，走访中科院上海光机所南京先进激光技术研究院、南京人人保网络技术有限公司。

是日，LG新能源汽车动力电池项目破土动工。

31日，由国家商务部指导、南京市政府主办、开发区承办的第二届“2014国家级经济技术开发区对话500强高峰论坛”在南京举行。来自国家部委、江苏省、南京市、国内各省市商务主管部门和开发区，以及国内外商协会及企业嘉宾共约200人参加，就国家级开发区创新转型发展、跨国公司与开发区合作等议题开展广泛深入的对话交流。

11　月

3日，国务院正式批复，同意支持包括南京新港高新园在内的8个高新技术产业开发区建设苏南国家自主创新示范区。

11~12日，国家质检总局考核组到开发区考核验收国家级南京出口光电显示产品质量安全示范区。

12日，南京海关关长薛金楼一行，到开发区调研，走访龙潭物流基地内南京跨境贸易电子商务中心。

28日下午，全国政协外事委员会副主任、国务院新闻办公室原副主任王国庆一行，到开发区调研外资企业在华发展情况，参观乐金化学(南京)信息电子材料有限公司。

12　月

10日，紫金新港科技创业服务中心获评成为国家级科技企业孵化器。

11日，开发区2015年工作研讨会在管委会召开。

26日，开发区召开韩资企业产业党建联盟成立大会。

是日，南京综合保税区首批货物通关成功，正式实现封关运作。　□柳云娇

仙林大学城

1　月

6日，仙林科技城发展联盟召开第四次理事会。

22日，江苏省新闻出版局局长周琪，副局长沈建国、曹玉梅及省新闻出版局办公室、产业处、版权处等相关部门负责人一行到仙林大学城考察调研“中国游戏数码港”项目。

3　月

17日，仙林大学城党工委书记臧正金主持召开党的群众路线教育实践活动征求意见座谈会(高校领导专场)，听取驻区高校对大学城党工委的意见建议。

19日，南京文化产业研究中心在中共南京市委党校仙林新校区挂牌成立，南京市副市长陈刚、南京市政协副主席陆平贵为中心揭牌。

是日，江苏生命科技创新园举行国家生殖健康产业基地授牌仪式。

21日，仙林大学城、南京开发区党工委联合开展“我是谁、为了谁、依靠谁”大讨论。

27日，作为中法建交50周年中法经贸合作签约项目之一，南京仙林鼓楼医院投资管理有限公司与法国欧葆庭健康产业管理集团就欧葆庭南京仙林灵山康复养老项目在法国签署合作协议。

是日，中合绿建节能创新基地项目在南大科学园开工建设。

28日，仙林大学城白象片区仙林湖西侧二号住宅地块挂牌出让，新城地产以30亿元竞得该幅地块。

30日，第四届南京青年奥林匹克文化节闭幕专场演出在南京师范大学仙林校区体育馆举行。南京青奥组委副主席、副省长曹卫星，南京青奥组委常务副秘书长刘以安、徐宁，南京青奥组委副秘书长徐传德等出席闭幕演出。

4　月

26日，由区委、区政府，仙林大学城管委会共同主办的第六届江苏“仙林成才杯”模拟法庭大赛在南京大学仙林校区拉开帷幕。

25日，南京市政府副市长陈刚与国家新闻出版广电总局科技数字司司长、中国音像与数字出版协会第一副理事长张毅君签订合作协议，南京市政府与中国音像与数字出版协会将在仙林大学城合作共建中国游戏数码港。

5　月

6日，南京市第一家“邮政交警服务超市”在仙林邮政支局揭牌开业。

14日，江苏省大学生“青春飞扬　法治同行”法治微创作大赛作品展播启动仪式暨颁奖典礼在南京师范大学仙林校区举行。中共江苏省委宣传部副部长焦建俊，江苏省司法厅副厅长张光东，南京市司法局局长黄永祥、副局长李华等出席仪式。

6　月

6日，大学城管委会与工商银行江苏省分行营业部签署银政战略合作协议。

13日，南京市再生资源智能自助回收箱进校园启动仪式在南京师范大学仙林校区举行

17日，法国欧葆庭健康养老产业集团总裁曼逸夫(Yves LE MASNE)、副总裁杜彼岸(Gerard TUBIANA)、发展总监纪遥慕(Ludovic GUILAUME)、中国区总经理高天理(Nataniel FAROUZ)以及法国爱德思商业咨询集团董事长勒弗舍(Serge Le Faucheur)一行到仙林大学城参观考察，大学城管委会主任黎辉、副主任周铳陪同考察并介绍有关情况。

7　月

19日，仙林大学城和栖霞行政区、南京开发区联合举办重大项目签约仪式，白象中心区综合体、中国电子科技集团第二十八研究所及灵山医养一体化养老社区等三个重大项目签约落户仙林大学城，总投资约212亿元。南京市领导项雪龙、华静、臧正金等出席并见证项目签约，大学城管委会主任黎辉，副主任周铳、潘志宏分别代表仙林大学城与托底投资方签订合作协议。

22日，江苏省建筑科学研究院项目正式签约入驻南大科学园。

11　月

26日，广西壮族自治区教育厅巡视员林宁一行12人，在江苏省教育厅副巡视员马幸年等的陪同下，到仙林大学城参观考察。

12　月

31日，仙林大学城白象商务中心区地块成功挂牌出让，由大连万达商业地产股份有限公司竞得，土地出让成交总价36亿元。　□翟鹏飞

地方组织机构

Local Organizations

栖霞区人民政府办公楼　　杨帆绘

◎ 责任编辑　张永芳　张双全　孙　蓉

中共栖霞区委

综　　述

◆概况　2014年，是南京青奥会举办之年，是全面深化改革的开局之年。中共栖霞区委团结带领全区广大干部群众，改革创新、克难奋进，以深入开展党的群众路线教育实践活动为动力，推动经济社会发展稳中有进、稳中向好，完成全年各项目标任务。区委精简会议活动，召开全体(扩大)会议2次，回顾总结和部署工作；召开书记办公会31次、区委常委会14次，涉及经济、社会、党建、文化等各类议题75个；区委主要领导深入部门和街道检查项目建设、安全生产、安保维稳、环境整治等工作共48余次，举行三区重大项目签约仪式、建军87周年军政座谈会等活动20余次。全区实现地区生产总值772.7亿元，增幅10.4%；公共财政预算收入77.2亿元，增幅15.3%；城乡居民收入分别达4.1万元、1.9万元，增幅8.8%和10.3%，主要指标位居全市各区前列。

◆领导视察　1月4日，代市长缪瑞林到区调研工作，要求栖霞区发挥区级主体作用，抓住发展关键，形成特色亮点，市、区合力推动南京科学发展再上新台阶。南京市领导周谦、罗群、陆冰参加调研。区领导臧正金、邢正军、黎辉、杨友林陪同调研。区四套班子全体领导参加座谈。2月10日，福建省宁德市委书记廖小军、市长隋军率该市党政代表团到区考察。代表团参观南京先进激光技术研究院、中电熊猫、仙林街道、九乡河生态公园等地，了解栖霞区经济转型、科技创业创新、城市发展等情况。中共南京市委副书记靳道强、区委书记臧正金陪同考察。11月15日，市委常委会集体到栖霞区，先后在仙林执法中队和尧化街道办事处，调研区推进客运执法改革情况和城市管理综合改革情况。臧正金作工作汇报。区领导邢正军、胡晓健、陈松、孙金娣陪同调研。

◆主要活动　1月30日，区领导臧正金、邢正军、李汉桥、夏宁、杨友林、胡晓健、孙中华、毛银玲、孙爱军、徐志国等分两组看望慰问节日期间坚守岗位的公安干警、企业职工、环卫工人以及在养老院欢度春节的老人们，并向大家致以新春的问候。2月26日，“爱学习、爱劳动、爱祖国，践行中国梦”主题教育活动在十月军校启动，省关工委名誉主任陈焕友、主任曹鸿鸣，中共南京市委常委、宣传部部长徐宁，区委书记臧正金，区委常委、组织部部长陈波，区委常委、宣传部部长周峰等出席启动仪式。3月14日，区委书记臧正金走进新浪江苏直播间，开展“听民声、求良策、反‘四风’”微访谈活动，与“栖霞视点”的广大网友在线交流，“面对面”听取网友对党员干部“四风”问题的意见建议。9月17日，区委举办金洽会栖霞分会场活动暨栖霞山文化休闲旅游度假区项目推介会，向80余名文化、旅游、养生、房地产、商贸服务等行业的企业代表推介集礼佛、赏枫、禅修、品茗、养生等于一体的栖霞山文化休闲旅游度假区。区长邢正军主持会议。市领导刘以安、钱建宁，区领导臧正金、曹海连、尹军、时效俊等出席会议。12月1日，栖霞区与南京艺术学院在紫东国际创意园签订人才培养与文化创意产业发展战略合作协议，合作内容包括成立南京艺术学院(栖霞)文化创新园、共建“栖霞区南京艺术学院大学生创业孵化基地”，遴选大学生优秀文化创意项目入驻孵化等。区领导臧正金、周峰、贺研、万震出席会议。12月2日，栖霞古寺圆通禅院暨金刚阁项目启动仪式在栖霞山举行，臧正金，市佛教协会会长、栖霞古寺方丈隆相大和尚，栖霞古寺监院谛如法师，区领导邢正军、李汉桥、夏宁、胡晓健、曹海连、周峰、万震、时效俊等出席活动。

◆专题会议　2月7日，区委、区政府召开2013年度工作总结表彰暨加强机关作风建设动员会。区委书记臧正金要求切实改进作风，狠抓责任落实，努力实现一季度“开门红”，确保完成年度各项目标任务。区长邢正军主持会议。区委副书记胡晓健宣读表彰决定。区四套班子全体领导出席会议。2月11日，区委召开全区重点平台建设推进会。臧正金主持会议并指出，要按照全年目标任务，进一步坚定决心和信心，加快推进各类平台建设任务，注重招才引商质量，更好地发挥平台效益。区委常委、常务副区长曹海连通报1月份全区经济社会运行情况。区四套班子全体领导出席会议。2月14日，区委召开全区信访工作暨“春风化雨”握手行动推进会。臧正金要求发扬“钉钉子”精神，最大限度提高化解率，真正做到矛盾化解稳控在基层，从源头上减少重复访、越级访和非访的发生。邢正军主持会议。胡晓健宣读全区信访工作有关先进集体和先进个人的表彰决定。区委常委、政法委书记孙中华对信访工作和“春风化雨”握手行动作部署。区委常委、区四套班子主要领导出席会议。4月25日，区委、区政府召开一季度经济形势分析会。臧正金要求通过总结工作、分析形势，进一步查找问题、研究对策，切实增强经济工作的前瞻性和主动性，推动经济平稳较快发展，确保完成全年目标任务。邢正军出席会议并讲话。曹海连分析全区一季度经济形势，部署“双过半”有关工作。胡晓健主持会议。胡晓健、李华、陈波、毛银玲、徐志国等区领导出席会议。5月29日，区委、区政府组织召开全区青奥维稳工作动员会。臧正金要求，全区上下要全力维护社会安全稳定。邢正军主持会议。孙中华部署全区青奥安保维稳工作。区公安分局局长刘勤通报全区青奥会维稳形势。区委、区政府全体领导出席会议。6月30日，区委召开全区青奥安保维稳大防控行动动员部署大会。臧正金要求认真贯彻落实全市动员大会精神，进一步集聚全区资源，强化防控网络，为青奥会提供安全保障与和谐环境。邢正军主持会议。会上各街道工委书记递交《青奥安保责任书》，孙中华作动员部署。区领导孙爱军、李斌、尹军、秦志刚、孙金娣、刘勤等出席会议。7月29日，区委召开青奥维稳安保大防控责任推进会。臧正金要求认真贯彻江苏省、南京市有关维稳工作会议精神，动员和推动全区各级以更加强烈的责任感和使命感，以更加有力的举措和手段，全力维护社会安全稳定。邢正军主持会议。区四套班子全体领导，南京开发区、仙林大学城分管领导出席会议。9月16日，区委召开全区环境综合整治“大干一百天”专项行动总结表彰暨“再干两百天”专项行动动员大会。臧正金主持会议并讲话，总结前一段时间“大干一百天”专项行动取得的成绩，表彰环境综合整治工作中涌现出的先进集体和个人，对开展“再干两百天”专项行动进行动员部署。邢正军讲话，区领导黎辉、李华、杨白英、陈波、孙中华、孙爱军、周峰、陈松、孙金娣、刘众等出席会议。10月11日，区委召开全区规划工作会议。臧正金要求按照新的规划体制要求，进一步统一思想、明确思路、深入推进，以更高水平的规划，为建设现代化美丽幸福栖霞提供有力支撑。南京市规划局副局长刘颖讲话。邢正军主持会议。区领导李汉桥、夏宁、胡晓健、曹海连、杨白英、陈波、孙爱军、周峰、万震、陈松、秦志刚、朱青涛等出席会议。12月8日，区委、区政府召开2014年工作研讨会。臧正金要求全区上下学习苏州吴江和常熟转型发展的理念和思路，增强转型发展的责任感和紧迫感。邢正军围绕谋划下年思路，抓好下年工作提出要求。胡晓健主持会议。会上，11位区领导、9个部门、4个平台和9个街道均作交流发言。区四套班子全体领导出席会议。12月19日，区委召开物业管理大会。臧正金要求以物业管理水平的新提升，为美丽栖霞建设提供坚强保障。胡晓健主持会议。副区长陈松总结全区物业管理工作并部署明年工作。各街道递交2015年度小区出新、物业管理责任书。区领导毛银玲、孙爱军、秦志刚、孙金娣等出席会议。

◆国家低碳工业园启动仪式　7月17日，区委、区政府联合中国电子学会、南京市经济和信息化委员会主办生态智慧区域中国行系列活动之南京市栖霞区创建国家低碳工业园启动仪式。工业和信息化部节能与综合利用司副司长杨铁生、中国工程院院士李京文、中国电子学会秘书长徐晓兰、中国电子学会副秘书长刘明亮、南京市经信委副主任周文彪、区委书记臧正金、区长邢正军和区委常委、副区长曹海连等领导及专家出席活动。启动仪式上，杨铁生与邢正军为栖霞区绿色节能协会揭牌。栖霞区与中国电子学会、天津排放权交易所签订节能减排战略合作框架协议，实施6个以合同能源管理为主要模式的重点项目。

◆全体(扩大)会议　7月23日，区委召开栖霞区第九届委员会第七次全体(扩大)会议。区委书记臧正金代表区委常委会作工作报告，要求全区上下着眼大局、咬定目标、团结奋斗，共襄青奥盛会、共促改革创新，善始善终抓好党的群众路线教育实践活动，完成全年目标任务，加快建设现代化美丽幸福栖霞。区委副书记、区长邢正军主持会议。全会审议通过《中国共产党南京市栖霞区第九届委员会第七次全体会议决议》。三区全体领导出席会议。12月27日，区委召开区委九届八次全体(扩大)会议。臧正金代表区委常委会作工作报告，区委常委会报告履行党风廉政建设主体责任情况、区政府领导班子报告廉洁从政情况，分组讨论全委会报告和全区2015年经济、政治、文化、社会和生态文明建设工作目标(草案)。邢正军主持会议。三区全体领导出席会议。

◆常委(扩大)会议　11月1日，区委召开区委常委(扩大)会议。区委书记臧正金主持会议，传达学习党的十八届四中全会和十八届中央纪委第四次全会精神，列席党的十八届四中全会的石磊传达会议有关情况，区委副书记胡晓健传达《中共中央关于全面推进依法治国若干重大问题的决定》主要精神，区委常委、区纪委书记杨白英传达党的十八届中央纪委第四次全会主要精神。会议还研究全区教育新三年发展行动计划。三区全体领导出席会议。12月16日，区委召开区委常委(扩大)会议。臧正金主持会议并讲话，要求全区各级要学习贯彻中共中央总书记习近平在江苏视察时的重要讲话精神，在经济发展、现代农业建设、文化建设、民生建设、党的建设等“五个方面”迈上新台阶。区四套班子主要领导参加会议。　□施　巍

组　织

◆概况　2014年，全区组织工作以第二批党的群众路线教育实践活动为重要内容和抓手，坚持从严治党、夯实基础，全区组织工作呈现新局面。

在干部工作方面，以干部监督和管理为重点。开展领导干部在企业兼任职清理、领导干部个人有关事项报告、超职数配备干部、退(离)休领导干部在社会团体兼职等专项检查工作，通过制定《区管干部因私出国(境)管理规定》《关于建立栖霞区委组织部部长谈心谈话制度的意见》，与区纪检监察、组织、信访等部门建立干部监督工作联系通报制度等措施，加大对干部的日常监督。采取理论报告会、中心组学习、集中培训等多种形式，组织党员干部学习贯彻中共中央总书记习近平系列讲话精神和十八届三中全会精神，选派不同层次、级别、类型的

12月27日，区委召开区委九届八次全体(扩大)会议　李慧珍 摄

干部分批次参加中央、省市委党校专题培训和进高校自主选学。

在人才工作方面，坚持引进高层次人才。先后组织“科技镇长团”、园区平台等到国内各大城市开展招才引智推介会数十场次，对接各类高端人才近千名，与西安交大共建西安人才工作站。通过新编引才宣传册、建立“创业栖霞”掌上APP及微信公众号，在栖霞电视台、《栖霞简报》开设专栏等途径，推介区创业创新环境优势。努力提升服务实效，为人才化忧解难，建立区级资助资金会审制度，为符合条件的人才项目拨付资金730万元；兑现人才公寓65套，拨付住房补贴144万元，为54名高层次创业人才提供体检。全年，全区共有1人进入第十一批国家“千人计划”创业类；4人入选省“双创计划”，6人入选省“企业博士集聚”计划；121人入选市“321引进计划”、8人入选市科技创业家，4家企业入选市高端人才团队计划，集聚“千人计划”创业人才7人。

在基层党组织建设方面，突出抓基础、强服务。扎实开展薄弱基层党组织转化工作，为薄弱村居分别明确1名区领导挂钩联系帮助转化。启动新一轮“千名干部联系万户居民”和在职党员进社区活动，三区118家机关、企事业单位和驻区高校、部队与113个基层村居党组织结成共建对子，3000余名机关在职党员到结对村居开展志愿服务。通过出台《村（社区）党组织书记规范管理实施办法》、举办基层党组织负责人培训班、组织部分村书记到境外考察和参加市级培训等方式，切实提升基层“一把手”素质能力。截至年底，全区共有党组织748个，党员20331人。其中，农村党组织50个（含2个村党委，12个村党总支），党员3404人；社区党组织214个（含20个社区党委，23个社区党总支），党员8381人；企业党组织209个。全区在岗职工党员8527人。全年新发展党员181名，其中，具有大专以上学历达到85%，35岁以下的占76%。

◆领导干部在企业兼（任）职清理　1~8月，根据上级组织部门关于规范党政领导干部在企业兼职（任职）工作的意见精神，区委组织部对全区领导干部在企业兼（任）职情况进行调查摸底和清理规范。至3月，全区清理规范市管、区管干部企业兼职（任职）112人285个职位。8月，根据中共南京市委组织部《关于开展规范党政领导干部在企业兼职（任职）工作“回头看”的通知》，区委组织部再次发出通知，要求街道和区级机关部门按照“一个不漏、一个不留”的要求进行再梳理、再规范，并将所免干部企业兼职（任职）文件报区委组织部备案。

◆党建网站改版升级　2月19日，历时3个月，栖霞党建网全新改版上线运行。改版后的网站下设党建聚焦、党建之基、干部之窗、人才之家、党史之源、群团之舟、组工之魂、他山之石、基层在线等9个主体板块，以及感动栖霞、在线学习、党建咨询、党员交流、公众服务等5个功能板块。同时结合党的群众路线教育实践活动的开展，专门开辟“群众路线在栖霞”专栏，开通“群众路线在栖霞”官方微信。

◆村居党组织整顿　4月，根据《中共中央组织部、中央党的群众路线教育实践活动领导小组关于在第二批党的群众路线教育实践活动中整顿软弱涣散基层党组织的通知》精神和中共江苏省委组织部、中共南京市委组织部相关文件要求，区委组织部开展整顿软弱涣散和阵地不达标村居党组织工作。整顿期间，对照标准和要求，梳理出11家软弱涣散社区（村）党组织和6个活动阵地面积不达标的社区（村）党组织。为保证整顿转化工作取得成效，成立由区委主要领导任组长的工作领导小组，下发《抓好整顿软弱涣散社区（村）党组织有关工作的通知》，采取常委挂钩、一居一策、资金保障、标本兼治、结对共建等五项具体措施扎实推进。按照区委统一部署，区委常委分别挂钩牵头负责1个村居党组织的整顿转化，帮助村居制定个性化整改方案，区委专门拿出500万元资金补助阵地不达标村居的办公服务用房建设和服务功能完善。至年底，全区17个软弱涣散及阵地面积不达标的社区（村）党组织全部明确和实施具体的整改措施，其中，16家整改到位。

◆企业融资对接会　8月15日，区人才办协调联系江苏省经济和信息化委员会、江苏省中小企业局，联合区发改局、区科技局以及南京开发区相关部门，共同在金港科技创业中心举办省“百县万企”融资培训栖霞专场，为全区中、小、微企业送上专题金融服务。当天，省内34家投融资机构现场设点，区内近150家企业到会，7家企业现场路演，发放投融资手册200余份，达成投融资意向近千万元。

◆科技镇长团工作　8月20日，栖霞区在区委党校多功能厅召开省“科技镇长团”工作总结暨欢迎会，对第六批省科技镇长团工作进行总结，同时欢迎第七批科

8月20日，栖霞区在区委党校多功能厅召开省“科技镇长团”工作总结暨欢迎会　李慧珍 摄

技镇长团到区。会上，区长邢正军致欢迎辞，区委常委、组织部部长陈波和南京开发区工委副书记李华分别宣读挂职安排，区委书记臧正金讲话。第七批行政区“科技镇长团”共有团员12人。其中，“985”、“211”高校5人，中科院相关院所2人，省级机关2人，其他特色院校3人。挂职期间，第六和第七批科技镇长团成员先后到全国各地拜访高校院所50余家，开展专场活动60场，对接专家教授1300多人；引进12所高校的重点实验室和创新平台，促成产学研合作项目51个；协助引进11家企业总部入驻园区，帮助企业申报省级以上项目42个；新建各类研发平台16个、孵化器3个，面积3.7万平方米；促成产学研合作项目合同20个，合同总金额2000多万元；辅导33个企业申报各类科技项目。帮助江苏生命科技创新园成功创建“中国生殖健康产业基地”和“国家级科技企业孵化器”；协助南京开发区成功申报科技部“创新人才培养示范基地”；协同南京新百药业、江苏省化工协会成功在栖霞板块创建“江苏生物医药产业协同创新服务示范基地”，为栖霞区蝉联“省人才工作先进区”、“全国科技进步先进区”做出贡献。

◆基层党组织负责人培训班 12月6日、12月9~11日，区委组织部、区委区级机关工委、区委党校、区委农工委、区民政局联合举办全区基层党组织负责人培训班，村、社区、“两新组织”及区机关支部的近300名基层党组织书记参加培训。培训班按照“统分结合、宜统则统、宜分则分”的原则组织，采取集中授课、外出考察、现场教学等形式进行。12月6日，培训班在区机关大礼堂集中授课，区委书记臧正金作开班动员，为全体学员作“强化五种意识、提高五种能力”的报告，要求全区基层党组织书记要努力当好联系群众的表率、干事创业的表率、廉洁自律的表率，在服务群众、凝聚人心、推动发展、促进和谐中创先争优、再创佳绩。当天，中共南京市委党校教授郝继明为学员们全面阐述中共中央总书记习近平的党建战略思想；中共江苏省委组织部三处主任科员王玉福、中共南京市委组织部组织二处处长袁迅分别作“新常态下的基层党建工作”和“发展党员和健全党员出口机制”的业务授课。12月9~11日，培训班按照机关党建、社区党建、农村党建、“两新”和园区党建等四个类别，分赴不同地区开展学习考察和现场教学。其中，机关党建组18名代表，由区政府办副主任安太平带队，到苏州市学习考察机关党建工作，先后参观苏州市供电公司全国劳模韩克勤工作室、苏州出入境检验检疫局廉政文化建设、苏州市行政中心服务品牌建设和苏州地税局机关文化建设。社区党建组22名代表，由区委组织部副部长武晓路和区民政局副局长余斌带队，到武汉考察武昌区中南路街百瑞景社区、水果湖街张家湾社区、东亭社区和江岸区百步亭社区；农村党建组14名代表，由区委农工委副主任李德山带队，到苏州张家港市考察苏南农村党建工作。代表们先后到张家港市桥镇胡同社区和金村、凤凰镇水蜜桃基地、大新镇新东社区、南丰镇永联村和常兴社区，较为全面地感受和学习“党建引领、经济先行、政策扶持、敢想敢为”的张家港农村党建模式，对全区农村党建标准化建设和农业现代化、集约化、园区化发展提供有益借鉴；“两新”和园区党建组19名代表，由区委党校副调研员蒋殿浦带队，到浙江省杭州市考察非公企业和园区平台党建工作，参观全国非公企业“双强百佳党组织”娃哈哈集团党委、华立集团党委、中南集团“红色桩基工程”党建品牌、白马湖创意园以及浙商博物馆。

◆人才工作者专题培训班 12月22~24日，栖霞区人才办举办为期3天的全区人才工作者专题培训班。区人社局、区发改局、区科技局等部门分管领导，科技镇长团全体成员及“校地合作”挂职干部，各街道、园区人才工作分管领导、人才专管员等60余人参加培训。22日上午，在区委党校举行开班仪式，区委常委、组织部部长陈波作开班动员。动员会后，省产业技术研究院发展部主任顾俊、南京市人才办副主任金松分别就“加快栖霞新兴产业发展的研究与思考”以及“全市人才工作现状与分析”为学员授课。22日晚至24日，培训班由副区长胡永红带队到上海浦东开展以“互联网经济”为主题的案例教学和现场教学。在浦东国际人才城，特邀中国浦东干部学院心理学博士周颖为学员进行团队合作素质拓展培训；23日，在中科院上海高等研究院，分别邀请上海科技大学创业与管理学院院长李玫，知名互联营营销与商业模式专家刘文标，上海市侨联副主席、浦东留学生联合会常务副会长程东，铂泉创投合伙人马俊杰，北美洲中国学人国际交流中心主任尤伟顺等先后为培训班授课。课程内容涵盖如何辨识人才项目、怎样吸引人才以及人才引进过程中的技巧策略，同时还对现阶段中国所面临的挑战和如何实现创新路径作分析，对互联网思维与互联网经济进行讨论。24日，学员们分别到上海高研院成果展示厅和分析测试中心、浦东软件园和上海二三四五网络公司以及江苏省产业技术研究院进行现场教学。 □纪　颖

宣　传

◆概况 2014年，全区宣传思想文化和精神文明建设工作围绕理论武装、新闻宣传、网络管理、精神文明、文化产业五个方面展开。年初，制定《2014年度区委中心组理论学习计划》，组织12次区委中心组集体学习，向区委中心组成员推荐送书4批次；12月，结合党的群众路线教育实践活动问题整改，制定颁布《关于进一步坚持和规范区委中心组理论学习制度的意见》，推进全区学习型党组织建设。1~3月，在全区9个街道开展党员干部冬训工作，参训率97.9%，栖霞街道获江苏省基层党员干部冬训工作示范乡（镇、街道）称号。3月，策划组织区委书记走进新浪直播间，开展题为“听民声、求良策、转‘四风’”的微访谈活动。5月，“栖霞视点”政务微信平台上线运营；7月，栖霞区与《金陵晚报》联办的《今日栖霞》周刊正式发行；8月，成立栖霞区新媒体宣传管理中心，整合全区宣传资源，形成宣传合力。全年，在市级以上新闻媒体刊用宣传、推介栖霞区稿件1990篇。栖霞新闻网累计发布各类宣传信息2994条，制作“环境综合整治”等10个专题，每月独立IP访问量近15万次，网页累计点击量超40万次，位列南京市各区首位。“栖霞视点”政

务微信设“微栖霞”、“微生活”、“微服务”3大版块，上线半年，共发布信息500余条。发送舆情预警信息2500余条，受理办结“南京网络问政”、“龙虎民声”网帖1500多条，及时回复率99%以上，向区委、区政府主要领导报送舆情快报52期。确定23类47个城市文明示范点。依托“善行栖霞”主题道德实践活动、新市民文明素质提升计划，策划四大类道德主题活动，先后开展“我们的节日”、“图书换绿植”等活动700余场次，新建立8个市级城市志愿服务站示范点，推动三区（栖霞区、南京开发区、仙林大学城）112家文明集体建立志愿服务站。截至12月底，全区共有各类志愿者队伍超过200支，合计12万余人。围绕《全区文化产业发展“十三五”规划》编制工作，区委宣传部联合上海社科院、南财文化产业研究中心，开展栖霞区文化产业发展状况专题调研工作。组织策划“2014南京·栖霞文化创意产业沙龙”、“码头系列——创意市集”主题活动。全年，引进8个“321”文化人才项目。2014年文化产业增加值占地区生产总值比重达10.2%。全年，栖霞区连续五年获南京市文化产业先进区称号。“栖霞视点”微博获2014江苏政务微博最佳应用奖；《善行栖霞　做典型微电影先行区》获南京市宣传思想文化工作创新奖；陶虹、张海健等7人当选第12届南京好市民，郭凤萍当选江苏好人，童钰迪成为南京市唯一一位登上“全国百名美德少年展示榜”的学生。

◆对外宣传　2014年，中央、江苏省、南京市各级新闻媒体刊用宣传、推介栖霞区的稿件1990篇，其中重点报道200篇。1月1日，中央电视台《朝闻天下》等中央和省、市媒体，对栖霞寺元旦撞钟祈福活动进行现场直播。1月9日，重点新闻《南京：公益漂流书，传递中国梦》在《新闻联播》中播出。2月，《栖霞：打造“五大产业板块”，实现文化产业跨越发展》的专题报道在美国《侨报》和《欧洲时报》刊登。全国“两会”期间，《南京栖霞：如何打造“金三角”科技新城》的专题报道在《小康》“两会”特刊刊登。7月14日，《找准支点，栖霞做好转型发展大文章》重点报道在《南京日报》头版头条刊出。7~8月，抓好典型宣传，组织省、市媒体集中宣传区委政法委副书记王志刚的先进事迹，相关报道先后在《新华日报》、《南京日报》、江苏电视台、南京电视台等十余家省、市主流媒体刊登。全年，在《新华日报》刊登《群众工作的好形式　党和人民的连心锁》、《仙林街道评选“草根明星”》、《宜居乐居美丽栖霞》、《以改革激活创新之源》、《南京栖霞区：转型发展变身科教大区》等报道，产生较大影响。据统计，在中央一级媒体上发稿40篇，在《南京日报》头版见报近40条，编辑《新华日报》、《南京日报》、《南京晨报》、《扬子晚报》等平面媒体专版30多期。

◆网络宣传管理　2014年，区委宣传部在重点网站、论坛刊发栖霞区宣传稿件5000余篇次。处理网络舆情及突发事件1500余条，向区委领导报送《舆情快报》52期。受理办结网络问政平台网帖1586条，组织开展2014南京青奥、国家公祭日等重大活动的网评工作，组建覆盖全区主要部门的网评员队伍。3月，召开全区网络宣传管理工作会议，下发《关于进一步推进政务微博工作的通知》（宁栖宣字〔2014〕5号）和《关于进一步深化全区政务微博建设和运用的通知》（栖委办字〔2014〕14号）两个文件。3月底，实现全区各街道、部门政务微博全覆盖，组织开展全区政务微博管理人员业务培训。7月，与西祠论坛共同策划开展网络“大咖”看栖霞活动，邀请微博和论坛名人实地参观，座谈交流，见证和宣传栖霞发展变化。11月，开展“栖霞区十个示范性政务微平台”评选工作，编写《2014年栖霞区政务微博运营工作通报》。12月，成立区委网络安全和信息化领导小组，统筹协调网络安全和信息化工作。

◆栖霞新闻网　2014年，栖霞新闻网累计发布重要新闻、工作动态、视频新闻等各类宣传信息2994条，策划、制作开设“栖霞区流淌在身边的感动先进典型宣传”“听民声　求良策　转四风”、“新栖霞·星主播”“奋进的栖霞共青团”、“栖霞好味道”等宣传专题10个，为区内各单位提供有效宣传平台，打造栖霞网络宣传品牌。7月，在栖霞新闻网首页增设《今日栖霞》专栏，实现纸媒的电子阅读，打造“报网互动”的立体式宣传格局。网站每月独立IP访问量近15万次，网页访问量近40万次，全年网页累计点击量484万次，开通至年底累计点击量突破1400万次，点击量在南京11个区级新闻网中位列第一，区域影响力进一步提升。

◆文明城市创建　2014年，全区有23类47个点位申报成为南京市新一轮城市文明示范点。5月，栖霞区召开全区迎查工作部署会议，全面部署迎查工作要求；6月，建立文明创建工作QQ群，利用短信平台面向街道办事处主任、相关责任部门负责人、创建工作联络员等发送创建重点工作提示信息1000余条；8月，组建区、街两级市民督导团，每周对辖区内示范点进行暗查，对发现问题及整改情况予以通报，共上报督查菜单21期，问题105条。全年，迎接市级市民督导团检查23次，面向相关责任单位发提示短信督促整改，畅通信息多向互通共享渠道等，全区示范点问题整改率、文明测评综合水平位居全市前列。

◆志愿服务　2014年，全区先后组织开展“学习雷锋好榜样”、“三关爱”、“邻里守望”等各类志愿服务活动2000余场。1月，把每月的最后一个周六定为“社区志愿服务集中行动日”，仙林街道获全国社区志愿服务模范街道称号。3月2日，在迈皋桥地铁广场组织开展“学习雷锋好榜样”大型志愿服务集中行动。6~8月，先后组织全区16个南京城市志愿服务站示范点负责人参加市级培训，并把相关志愿服务站点纳入青奥会城市信息点，开展青奥宣传、交通指引、信息咨询、应急救助、便民服务等各类城市志愿服务。11月，评选出仙林街道仙林新村社区药膳坊、燕子矶街道“追逐梦想”文体志愿者联盟等年度十大“示范性志愿服务品牌”，在全区作经验推广。12月，全区有5名志愿者获南京市优秀志愿者称号，栖霞街道栖霞社区“爱在邻里”志愿服务站当选南京市优秀志愿服务组织。

◆区委中心组理论学习　年初，制定《2014年度区委中心组理论学习计划》，确定12个学习专题，突出党的群众路线教育这个重点，逐月安排学习，规定必读书目，向区委中心组成员推荐送书4批500册。采取“请进来”与“走出去”相结合的办法，既邀请中共中央党校、中国人民大学、南大等专家教授，又邀请包明昌、郭凤萍等基层先进典型现身说法，围绕党的十八届三中、四中全会精神和宏观经济形势及台海形势等重大主题，组织12次区委中心组集体学习。专题组织4场王志刚先进事迹报告会，2000多人听取报告；组织区委中心组成员观看《情系人民》《身边人眼中的周恩来》、《焦裕禄》等教育影片，到雨花台烈士陵园接受“缅怀革命先烈、重温入党誓词”党性教育。

◆未成年人思想道德建设 1月，栖霞区文明办组织开展“缤纷的冬日”未成年人寒假系列活动。栖霞中学学生童钰迪成为南京市唯一一名登上“全国百名美德少年展示榜”的学生。4~5月，结合社会主义核心价值观、南京青奥会、未成年人文明礼仪三大主题，组织开展“童眼看文明共迎青奥会”征文征画大赛活动，收到参赛作品704件，联合市文明办在全市范围内开展作品微博展播互动活动。6月19日，配合市文明办、市电视台，到南师附中仙林学校小学部和南京市第一中学马群分校，开展全市“文明礼仪百校行”专题采访。7月3日，做好江苏省测评组对南京十月军校开展的全省未成年人社会实践基地运行管理测评相关工作，并通过测评。12月25日，区委宣传部全体成员到龙潭街道钱洁语言康复中心，慰问聋哑儿童，建立“善行栖霞”爱心基地。

◆网络微访谈 3月14日，区委书记臧正金走进新浪江苏直播间，开展“听民声、求良策、反‘四风’”微访谈活动，与“@栖霞视点”的广大网友在线交流，“面对面”听取网友对党员干部“四风”问题的意见建议。一个半小时的访谈中，网友提问430个问题，涉及教育、卫生、环境、就业、安全、养老、住房等方面，臧正金通过官微“栖霞视点”认真回复并@网友，解答网友的疑问，有效利用新媒体平台畅通政民间的互动渠道。

◆文化建设“十个十示范工程” 4月8日，区文明委下发《关于深入开展2014年度文化建设“十个十示范工程”的实施意见》。由区委宣传部、区文明办、区文化旅游局等6家单位牵头，各街道、各部门共同参与，培育文化建设领域的“栖霞品牌”。7月，区文明办编制《栖霞区文化建设“十个十示范工程”分项方案汇编》下发至各街道和相关单位。9月，召开栖霞区文化建设“十个十示范工程”暨宣传工作推进会。12月底，各项评选活动结束，共选树100个品牌。评选过程和结果，通过栖霞文明网、“@栖霞V文明”官方微博、《今日栖霞》等进行展示。

2014年度栖霞区文化建设“十个十”示范工程名录

1.“八礼四仪”教育示范学校(幼儿园)

迈皋桥中心小学
燕子矶中心小学
南师附中仙林学校小学部
栖霞区实验小学
南京一中马群分校
南京外国语学校仙林分校
栖霞中学
燕子矶中学
迈皋桥街道中心幼儿园
栖霞区第一实验幼儿园

2.示范性政务微平台

南京市公安局栖霞分局刑警温秀荣微博：@南京女刑警
区文化旅游局旅游发展科官方微博：@南京栖霞旅游
栖霞山风景区官方微博：@南京栖霞山风景区
区档案局官方微博：@南京栖霞档案-方志
南京江洲旅游发展有限公司官方微博：@八卦洲旅游
迈皋桥街道办事处官方微博：@我爱迈皋桥
区城管局官方微博：@南京栖霞城管
栖霞区人民政府办公室微信公众号：南京栖霞96106
仙林大学城管委会微信公众号：南京仙林
栖霞电视台微信公众号：家住栖霞

3.示范性志愿服务品牌

仙林街道仙林新村社区药膳坊
燕子矶街道“追逐梦想”文体志愿者联盟
栖霞公安“夕阳红关爱团”
栖霞街道栖霞社区“爱在邻里”志愿服务站
尧化街道“企惠姚坊门”社区综合为老服务项目
南师大“红烛”青协西岗托管课堂教育类志愿服务项目
栖霞区城市治理志愿者分协会
龙潭街道三官村“益呼百应”志愿服务队
区人社局“人社民生惠我行”志愿服务项目
迈皋桥街道兴卫村社区“益兴微爱”志愿服务站

4.示范性文明窗口单位

尧化街道政务服务中心
区城管局行政服务大厅窗口
区财政结算中心
南京栖霞公证处
栖霞区妇幼保健院(原迈皋桥医院)妇产科
栖霞区医院急诊科
南京市国土资源局栖霞分局第一国土资源中心所
南京市公安局栖霞分局办证接待中心
区人社局行政服务中心
区档案局保管利用科

5.示范性未成年人教育实践基地

尧化街道金尧花园社区“青春加油站”
八卦洲街道“和悦之洲”未成年人教育实践基地
栖霞街道东阳社区助力成长第二课堂
栖霞区青少年活动中心(西岗街道)
亲近母语学堂
南京十月军校
迈皋桥街道十字街社区未成年人教育实践基地
马群街道蓓享阳光成长服务中心
栖霞区未成年人心理辅导中心(南京一中马群分校)
仙林街道仙林新村社区“晓葵课堂”

6.年度文化创作精品

歌曲《春天来了》(作曲:陈丽君、培峰,作词:卢咏椿)
舞蹈作品《大家一起来跳舞》(编导:张飞,辅导老师:林茂军、赵伟伟、李宇晗)
纪录片《龙的重生》(导演:申赋渔,剧务:栖霞街道、西岗街道)
小品《人生如戏》(作者:张可、徐世亮)
文学作品《风云再起》(作者:高低)
文学作品《塘村概略》(作者:曹寇)
民间艺术作品《栖霞柴龙》剪纸、泥塑(作者:张方林、朱劲伟、王荣俊、宋志宏)
美术作品《人生若只如初见》(作者:李洵)
摄影作品《好事成双》(作者:李全中)
摄影作品《小巷尽头有人家》(作者:韦兆民)

7.十佳基层艺术团队

马群街道金马艺术团
仙林街道杉湖路璀璨金鹰志愿者艺术团
栖霞街道栖化新村文艺演出队
西岗街道老年合唱团
尧化街道姚坊门劲松艺术团
八卦洲街道社区红歌队
龙潭街道“快乐夕阳”舞蹈队
龙潭街道中国水泥厂社区金秋老年人艺术队
燕子矶街道莲湘舞队
省电建一公司笑春风歌舞队(迈皋桥街道)

8.十佳群众性文化活动

马群街道文化志愿服务活动
仙林街道仙林新村社区中秋放歌
栖霞街道栖霞社区青少年国学启蒙班
西岗街道星缘荟纳凉晚会
八卦洲街道红杜鹃民俗婚庆展
八卦洲秋季活动畅享月
燕子矶街道文化辅导员进校园“教手艺”
迈皋桥街道“我爱迈皋桥”第二届群文艺术大赛
尧化街道“家住姚坊门”活动
龙潭街道“龙潭情·巾帼梦”妇女节大型广场文艺演出

9.栖霞好新闻

用全部的精力延伸生命的宽度,王志刚同志先进事迹报告会举行(今日栖霞)
南京辛德贝格小医院旧址将纳入规划保护(人民网)
栖霞:昔日城郊脱胎换骨进主城(新华日报)
南京栖霞区:转型发展变身科教大区(新华网)
栖霞区综合改革先行先试(龙虎网)
“四化融合”扮靓尧化门(南京日报)
栖霞街道变“管理”为“治理”,一字之差社区变样(江南时报)
栖霞孟北社区土地流转盘活抛荒地,让农民鼓了钱袋子(南报网)
救命车主显真情,传递人性正能量(栖霞电视台)
他走了,给我们留下满满的感动(南京晨报)

10.“感动栖霞”年度人物

李宝权:身残志坚常年参加志愿服务活动(迈皋桥街道)
公安栖霞分局巡特警大队:百姓的“守护神”(区公安分局)
葛礼正:细心公交司机路边救人(区文明办)
丁世椽、余开彪:三次勇闯火海救老人(区文明办)
张兵:80后社区书记积劳成疾(迈皋桥街道)
侯文荣、俞素华:古稀夫妇毅然加入遗体捐赠队伍(仙林街道)
蔡云:带领村民致富的好书记(西岗街道)
史俊峰:勇于实践、锐意创新的码头班长(区总工会)
吴兴林:放弃名校诠释最美乡村教师(区教育局)
孔庆生:“三勤”乡村医生为村民看病40余年(区卫生局)

◆“创意市集”活动　4月,第二季创意市集活动启动,融入青奥元素、国际元素,强化互动与体验。10月,延续“码头市集”品牌,成功举办第三季“花园码头”创意市集。11月,第四季“红枫码头”创意市集开幕,品牌集聚度更高,参展的文创产品更加优质、多元,引起社会各界和各大媒体关注。“码头市集”将朝着最具品牌价值的市集、最具创意元素的市集、最具生命力的市集定位发展,着力打造成为栖霞区创意集聚,文创产品的展示交易,文创人才的挖掘、培养、服务,品牌文化活动的服务,学校、企业、人才、产品、园区(街道)五方的交流对接五大平台。

◆“栖霞视点”政务微信开通　5月20日,“栖霞视点”政务微信平台上线运营,每天发布全区热点新闻、民生服务、工作动态等资讯,成为栖霞区继栖霞新闻网、“栖霞视点”政务微博后又一新媒体宣传平台。9月12日,“栖霞视点”政务微信围绕“政务”+“服务”进行栏目改版,增设政策解读、民生服务、社区新景、栖霞文史等版块,增强新媒体影响力。10月25、26日连续两天参与报道栖霞区创意集市，开展"栖霞视点"政务微信线下营销活动，提升新媒体运营能力，当日有200多名微友加关注微信公众账号，增强政务新媒体运营能力。截至年底，推送微信532条，吸引1800待定名粉丝关注。

◆《金陵晚报》推出《今日栖霞》专刊　7月1日，金陵晚报社和区委宣传部合作编辑的《今日栖霞》专刊正式出版发行。《今日栖霞》是区委宣传部主办的内部刊物《栖霞简报》的升级版。1993年10月18日，区委机关刊物《栖霞报》创刊，每周一期，发行21年，共出版发行1032期。其间，曾两次改版，最终改名《栖霞简报》。5月28日，区委、区政府研究决定，《栖霞简报》与金陵晚报社等市属媒体展开战略合作，更名《今日栖霞》，无论从内容还是形式上，都将有全新的升级定位，在政务、经济、民生、文化等方面向读者展示栖霞发展的新动态。《今日栖霞》专刊仍每周一期，周二或周三与《金陵晚报》同时出刊，全彩印刷。每期4版，头版为特稿或深度报道，二版为要闻，三、四版为人文和民生信息。特殊情况，可扩至八个版面。发行范围覆盖栖霞全区和主城部分区域。专刊首期精心策划《"靓丽"数据，折射市民身边发生的新变化》《医治黑车顽疾，仙林探索新模式》《引名校、育人才，栖霞转身教育强区》《"96106" 全天候为您解忧》等重点稿件，既有体现区委、区政府中心工作的深度稿，也有探索城市管理有效做法的典型文章。这些稿件不仅在栖霞区范围内值得一读，对于全市范围内一些重点工作和做法也有启发和借鉴意义。　□葛新冬

统　　战

◆概况　2014年，区委统战部发挥统一战线独特优势，引导统一战线代表人士共同服务全区经济发展，维护稳定，促进社会和谐。完成第二批党的群众路线教育实践活动各项任务，建立完善11项工作制度，制定出台相关意见文件8个。加强民主党派基层组织及党外代表人士队伍建设，推进校地统战共建。加强对台海外交流合作，组织两场专项推介会，提供项目信息80余条，接待海外客商120余人次，为全区人才、项目引进牵线搭桥。依法管理区内民族宗教事务，做好少数民族群众服务工作，推进区内宗教活动场所规范化建设，开展宗教活动场所档案室标准化建设。加强基层商会工作，加大行业商会建设力度，加强非公经济代表人士理想信念教育，开展"千企帮千户牵手行动"，为全区经济社会建设发展凝聚力量，做出贡献。2014年，区委统战部被区委、区政府评为"五个建设"先进单位、区机关作风先进单位，获市委统战系统宣传调研成果一等奖。

11月13日，第四届"红枫码头"创意市集活动在栖霞山举行　区委宣传部 供稿

◆统战工作会议　4月16日，区委统战部召开2014年全区统战工作会议。中共南京市委统战部副部长、市民宗局局长李兰，区委常委、组织部部长陈波，区政协副主席、统战部部长时效俊出席会议。各民主党派基层组织负责人、街道统战员和统战联络员、系统党工委分管领导、街道商会和行业商会会长、区基督教三自爱国委员会负责人、部分受表彰的先进集体和先进单位代表参会。会议还邀请12所高校统战部领导、结对共建的高校民主党派基层组织负责人参加。区委统战部副部长、区工商联党组书记刁志福主持会议。时效俊代表区委统战部总结2014年统战工作，部署2015年主要工作。会上，表彰2014年统战工作先进单位和先进个人。各街道、系统党工委向区委统战部递交2015年统战工作目标责任书。南大等高校统战部与结对的街道代表上台签订校地共建目标协议书。民革南京邮电大学支部与民革栖霞区总支等民主党派共建单位负责人签订结对共建目标协议书。

◆党外干部培训班　10月27~28日，区委统战部、区委组织部和区社会主义学校联合举办全区党外干部培训班。全区党外干部、区属各民主党派基层组织负责人、各党派成员代表、机关各部门党外骨干以及街道统战员共计77人参加培训。区委常委、组织部部长陈波，区政协副主席、区委统战部部长时效俊，区社会主义学校常务副校长刘淑琴，区委统战部副部长、区民宗局局长邢鎏娣出席开班仪式。陈波在开班动员时希望党外干部们重在学习，贵在实践，努力提升自身的政治素养和工作能力，为全区经济社会更好更快发展做出应有的贡献。开班典礼后，中共江苏省委统战部、江苏省民宗局、中共江苏省委党校及南大的有关专家教授分别围绕党外干部

执政能力的提高、社会主义核心价值观、台海形势及宗教与社会和谐四个主题进行授课。

◆**区海联会2015工作会议**　12月3日，区海联会组织高校、台资企业、外资企业、三区有关部门的理事十余人参加会议，区政协副主席、区委统战部部长、区海联会会长时效俊出席会议。区台办副主任、区海联会秘书长吕文伟主持会议。在栖霞区文化休闲旅游度假区，理事们听取栖霞区度假区项目规划情况介绍。对于栖霞山即将推出的核心旅游、滨江国际休闲、民国工业遗址、摄山—何家山养生、南象山科学研发五大功能片区，及栖霞小镇、圆通禅院、地质主题公园、邮轮码头等8个具体项目，理事们表示出极大兴趣和关注。在栖霞古寺佛学院，区委统战部副部长、区工商联党组书记、区海联会副会长刁志福汇报2014年工作总结。与会人员讨论2015年工作思路，通过活动方案。最后，时效俊讲话，要求区海联会不断加强自身建设，吸引更多的海外人士和知名企业加入，助推栖霞区社会和经济又好又快发展。

□郑　岩

社会建设

◆**概况**　2014年，区委社建工委以提升群众幸福感、满意度为目标，以保障和改善民生为重点，发挥好"统筹、分解、指导、调研"四项职能，不断完善全区社会治理体制机制建设。至年底，全区网格化工作满意率85%，比上年提升8.37%；联合南大社会学院开展"社会治理体系和人的现代化"专题研究，初步设计出评价栖霞区社会治理水平的指标体系；开展全区社会建设创新项目评选，建立栖霞区社会建设创新项目库，累计对入库的品牌项目和试点项目发放扶持资金11万元；推广尧化街道"全科政务"模式，培育"全科社工"360名，有7个街道相继建立全科政务服务中心；制定《栖霞区推进"三化融合"发展创新社会治理体系建设的意见》，推动街道三大平台载体建设，网格化信息指挥平台建成使用率100%，政务服务平台建成使用率近80%，生活服务平台建成使用率超50%。全区累计开展惠民服务活动3527场，惠及近30万群众。

◆**千场惠民活动**　3月16日，2014年栖霞区千场惠民服务活动启动仪式在西岗街道摄山星城举行，区委副书记胡晓健宣布2014年栖霞区千场惠民服务活动正式启动，区人大常委会副主任张民、区政协副主席时效俊出席活动。中共南京市委社建工委书记祁豫玮和区委常委、副区长毛银玲共同为西岗街道"星缘荟"、仙林街道"草根奖协会"、区司法局"律师团服务队"、团区委"高校志愿者服务队"和区老年人体育协会"乐龄服务队"5支志愿团队代表授旗。启动仪式现场，开展科普大篷车、法律咨询、健康义诊、助残康复、现场招聘等各类服务活动，累计吸引近千人次参与。2014年，全区累计开展惠民服务活动3527场，惠及近30万群众；数百个高校社团和志愿者队伍为全区百姓提供近百个品质化服务项目，超额完成全年千场惠民服务活动计划。

◆**"三化融合"发展意见出台**　4月1日，区委社建工委出台《栖霞区推进"三化融合"发展创新社会治理体系建设的意见》，推动网格化、信息化、社会化"三化融合"。《栖霞区推进"三化融合"发展创新社会治理体系建设的意见》明确"三化融合"发展的具体目标和任务，以网格化为基础，创新社会治理工作方式，系统整合资源力量，科学设置机构职能，优化工作运行流程，细化工作责任分解，规范监督考核机制；以信息化为手段，构建较为完善的社会治理信息系统，实现服务管理信息收集、整理、传递的全面、迅速、准确，提高工作效率，保障服务质量，满足社会需求，节约运行成本；以社会化为支撑，不断完善社会组织扶持政策和管理制度，降低准入门槛，健全管理服务体系，加大专业社会力量引进培育，加强草根社团组织引导，扩大社会力量参与公共服务的广度深度，建立健全社会力量承接公共服务项目的竞争机制，促进优胜劣汰。鼓励支持居民自治，增强自我管理服务的意识和能力，提高社会治理成效。5月份，构建以"三化融合"为特色的品牌项目在南京市第三届"社会建设创新奖"评选中获二等奖。

◆**幸福都市指标测评工作推进会**　7月30日，栖霞区召开全区幸福都市指标测评工作推进会，区委副书记、区长邢正军讲话，区委常委、副区长毛银玲主持会议。各街道办事处主任和区委社建工委、区发改局等23个责任部门的主要负责人列席参加。邢正军就进一步落实中共南京市委、南京市政府关于建设人民满意的幸福都市工作提出具体要求。毛银玲就2013年区幸福都市各项指标完成情况与南京市对区现代化考评指标完成情况作对比分析，并从"优服务、补短板、广宣传"三方面对做好2014年幸福都市指标测评工作提出要求。会上，区委社建工委专门汇报2013年全市幸福都市测评情况和2014年上半年全区幸福都市指标体系调整和推进工作，重点围绕栖霞区在指标体系中的薄弱环节、幸福都市指标体系的最新要求及下一步推进幸福都市指标体系的重点工作等作说明。

◆**网格化省标确立**　12月30日，以区委社建工委为制定主体的《网格化社会服务管理规范》通过专家评审。年初，区委社建工委向江苏省质监局申报网格化省级标准，省级标准重点对"网格的工作流程、网格的考核监督"进行细化，突出网格化"重心下移、机构整合、分工不限"等特点，展现网格化服务管理工作的闭环流程。4~9月，区委社建工委开展调研收集材料，先后9次召开工作组会议商讨标准起草事宜。在形成标准征求意见稿的基础上，向江苏省12个城市的民政局、街道，南京市20个社会建设创新试点街道等共44家单位征求意见。此外，向中国社会科学院、南大、东南大学等5名省内外专家征询意见建议。其间，收集意见59条，最后确定采纳21条，部分采纳1条，修改采纳9条。10月，区委社建工委召开标准初审暨征求意见会，听取采纳包括南大社会学院及南京市标院、南京市社建工委等5名专家的修改意见12条，并最终形成《网格化社会服务管理规范》标准送审稿。

□王　倩

老干部工作

◆**概况** 2014年，栖霞区有离休干部83人，易地安置离休干部3人。其中，抗日战争时期参加革命工作的18人，解放战争时期参加革命工作的68人；享受地市级待遇的6人，享受地市级两项待遇的13人；行政单位32人，事业单位34人，企业单位20人；区级退休老领导20人；离休干部中，90岁以上8人，80~89岁78人。区委老干部局按照“全面做好离退休干部工作”的总体要求，开展党的群众路线教育实践活动，加强作风纪律建设，完善服务管理机制，优化老干部服务管理，推动全区老干部工作在为党的事业增添正能量中彰显价值、拓展空间。是年，区委老干部局被区委、区政府表彰为2014年度完成“五个建设”工作目标先进单位、2014年度机关作风建设先进单位。

◆**离退休干部党支部建设和思想政治建设** 2014年，区委老干部局牢牢把握“为党的事业增添正能量”的价值取向，对照“三严三实”要求深化老干部组织建设，发挥离退休干部党支部“自我教育、自我管理、自我服务”作用。先后为老干部订阅《中国老年报》、《老年周报》、《南京日报》、《银潮》、《健康管理》等报纸报刊315份，组织离退休干部党支部书记培训，召开各种形式的情况通报会、形式报告会27(场)次，组织外出参观考察20多次。围绕“老干部谈十八大以来新变化”主题活动，组织老干部学习党的十八大和十八届三中、四中全会交流会，举办老干部“迎青奥颂党恩”书画摄影展活动，到六合大泉村李元龙先进事迹陈列馆、湖南韶山革命老区考察，组织老干部参观南京青奥场馆，以亲身经历和切身感受，让老干部了解中共中央的大政方针和省、市、区委的决策部署。落实领导干部联系老干部制度，分别组织春节、国庆、元旦等重大节日及高温季节走访慰问老干部工作，上门探望生病住院及面临困难的老同志，适时召开征求意见座谈会，保持与老同志的经常性联系，及时掌握老干部所思所想、所需所盼，把准老干部思想脉搏。

◆**走访慰问老干部** 1月20~24日，区委书记臧正金、区长邢正军、区人大常委会主任李汉桥、区政协主席夏宁、区委副书记胡晓健、区委组织部部长陈波等分五组，分别走访慰问28位区四套班子老领导；8月4日，臧正金、胡晓健、陈波先后走访慰问李凤华、曹庆和、闵承烈3位离休老同志；8月12~18日，区委老干部局组织走访慰问区四套班子老领导；12月3~15日，区委老干部局组织春节走访慰问全区79位基层离休干部。

1月19日，区委书记臧正金(中)、区委组织部部长陈波(右一)走访慰问离休干部闵承烈 付晓平 摄

◆**老干部活动** 1月25日，区委老干部局组织区四套班子老领导参观南京长江二桥沿线环境综合整治成果、金港3D打印中心、羊山湖公园、紫东国际创意园；3月31日，在区委党校召开听取老干部意见座谈会；4月11日，组织区四套班子老领导参观江宁现代农业科技园及江宁“五朵金花”；5月23日，组织区四套班子老领导参观江宁杨柳村、方山；6月24日，组织区四套班子老领导参观龙潭“水一方”生态观光科技园；9月4日，组织区四套班子老领导参观游览南京青奥村（建邺区场馆）；10月21~24日，组织部分区四套班子老领导到湖南韶山革命老区考察；11月12日，组织区四套班子老领导参观游览江浦青奥村场馆。

◆**老干部医疗保健** 5月9日，在原伯乐中学阶梯教室，区委老干部局邀请南中医教授王旭为全区离退休干部作“长寿之路”健康知识讲座，全区离退休干部130余人参加。10月15~16日，区委老干部局与区卫生局联合发文，组织全区离休干部、易地安置离休干部及原区四套班子退休老领导共计62人，先后在江苏省中西医结合医院及栖霞医院进行健康检查。12月，按照《栖霞区企业离休干部医药费统筹实施办法》，协调全区20位企业离休干部所在的区商务局、工业公司、住建局、交运局、仙林农牧场、栖霞建设等7家单位，按8800元/人的标准征收2015年度离休干部医药统筹经费，补缴2014年度离休干部公费医疗支出446307.62元。

□付晓平

党　校

◆**概况** 2014年，区委党校以“打造全省一流区县级党校”为目标，突出“做大教育培训阵地、做响课题调研品牌、做亮会务接待窗口、做优作风建设标兵”总体思路，完成区委、区政府交办的各项工作任务，为栖霞区经济社会平稳快速发展等提供理论支持和智力保障。

协助区委组织部、区人社局举办主体班12场，培训人数1547人；与区委办、区统计局等部门联合办班36场，培训人数4189人；送教到基层34场，培训人数

3380人；委托办班11期，培训学员737人次；举办政协讲堂3场，参训学员600人次。新开设现场教学基地7个，开辟17个现场教学点，挂牌12个，接待现场教学班次25个，现场教学110场，参加人数2160人次；组织教师到中共中央党校和省市委党校培训16批次。成功申报2014年省市委党校课题4项，在全市党校系统第七次科研评奖活动中获优秀组织奖，调研课题《美丽栖霞建设路径研究》获2013~2014年度全省党校系统调研课题结项优秀，《城市扩张中失地农民再就业问题调查与思考》获2013~2014年度全市党校系统调研课题结项优秀，在全省社区治理年会上，一篇文章被评为优秀。在全市党校系统教学比赛中，高小雅获一等奖。10月23日，南京市援藏援疆干部人才培训基地挂牌。是年，区委党校获全市党校系统调科研第七次科研组织奖、全市党校系统系列活动团体三等奖，被评为区级机关作风建设2014年度先进单位、2014年度区"五个建设"工作目标先进单位。

◆**处级干部轮训班** 3月8日、15日、22日，全区处级干部轮训班在区政府大礼堂举行，全区所有区管干部（含调研员）参加培训，区委副书记胡晓健作开班动员。其间，中国人民大学马克思主义学院教授王向明作《人民是真正的英雄——群众路线教育》报告、中共中央党校教授王长江作《十八届四中全会精神解读》报告、中共中央党校教授刘宝东作《坚定不移解放思想 坚持不懈改革开放——深入学习贯彻党的十八届三中全会精神》报告、南大行政管理系副主任李永刚作《切实转变政府职能，深化行政体制改革》报告、中共南京市纪委副书记何德剑作《学习贯彻习近平总书记关于党风廉政建设和反腐败斗争的重要讲话》报告。

◆**全区干部培训领导小组工作会议** 4月24日，2014年全区干部教育培训工作领导小组会议在区委党校召开。区委副书记胡晓健，区委常委、常务副区长曹海连，副区长万震和区政协副主席时效俊及42家领导小组成员单位相关负责人参会，中共南京市委党校副校长王玉珍、中共南京市委组织部干部教育培训处处长邓力群应邀出席会议，会议由区委常委、组织部部长、区干部教育培训工作领导小组副组长陈波主持。会上，区委组织部副部长、区干部教育培训工作领导小组办公室主任潘尚俊总结2013年全区干部培训工作情况，部署2014年干部教育培训工作。参会领导为八卦洲红杜鹃等7家区委党校现场教学基地授牌，为全区12个现场教学点挂牌。区委宣传部、区人社局、栖霞街道3家单位结合工作实际作交流发言，介绍部门干部教育培训工作特色做法和下一步工作设想。王玉珍发言，对栖霞区工作表示肯定。胡晓健就全区干部教育培训工作提出明确要求。

◆**科级干部培训班** 11月13~15日，区委组织部、区人社局、区委党校联合举办全区2014年科级干部培训班，区机关部门、街道100名学员参训。区委常委、组织部部长陈波作开班动员，区委常委、常务副区长曹海连作培训小结。南大政府管理学院教授李永刚作《推进国家治理体系和治理能力现代化》报告、中共江苏省委党校教授章凝作《弘扬传统文化，构建文化强国》报告、中共南京市委党校教授郝继明作《突发事件应急处置》报告、中共南京市委党校副教授高信奇作《习近平总书记系列讲话精神解读》报告、中共南京市委党校副教授戴芳作《十八届四中全会精神解读》报告、区委组织部副部长兼组织员办公室主任潘尚俊作《年轻干部的成长》报告。该培训班课程设置新颖，除安排课堂面授外，更多是安排学员到区内经济社会发展平台参加现场教学，增强感性认识。

◆**援藏培训班** 12月15~29日，第二批西藏墨竹工卡县科级领导干部公共服务和创新社会管理专题培训班在区委党校落下帷幕，培训班为期14天，培训学员48人，分别来自墨竹工卡县各个部门和乡镇。课程设置新颖，有理论授课、桌面推演、现场教学、分组讨论等，师资为省、市、区委党校教师。培训内容为宏观经济形势与转型发展；创新行政管理方式，提高政府公信力；突发事件的应急处理；传统文化发扬与保护；领导干部的心理调适；城市规划与建设以及栖霞区情、区城市建设、社会管理等。组织学员分别到梅园新村、高淳国际慢城、八卦洲生态农业园、东阳社区、尧化街道等地开展现场教学。该期培训班由县委副书记、常务副县长张屹带队，中共南京市委组织部派员全程跟踪培训进展情况。 □朱高明

党 史

◆**概况** 2014年，区委党史办落实中共江苏省委、南京市党史部门下达的各项任务。开展党的群众路线教育实践活动；完成栖霞区资料征集遗址普查工作；建立南京市雨花台烈士纪念馆栖霞党史教育基地；完成十月村毛泽东塑像保护项目；出版发行《枫红栖霞》系列丛书；新建栖霞街道红梅村农家书屋，捐赠图书3500余册，价值5万余元；开展"送书进社区"活动，为援建的马渡村、西花村、新合村、王子楼社区、仙林新村5个书屋，扩充图书8000册；开展党史工作"六进"活动，组织宣讲18场，组织参观学习30余批次，送"为民务实清廉——周恩来事迹"展板进机关、街道和企业；拍摄《党员郭凤萍》专题片；启动栖霞区党史口述史料征集工作。

◆**毛泽东塑像保护** 1月2日，区委党史办联合区文化旅游局向区委呈报《关于保护毛泽东视察十月人民公社塑像的报告》，区委书记臧正金作批示，并请南京开发区着手落实该项目。3月26日，区委党史办邀请南京市社科院、中共南京市委党史办、南京市文化旅游局等部门专家领导在南京开发区管委会举行毛泽东塑像纪念广场文物保护及景观设计方案研讨交流会。会议决定采用原址保护修缮的方式，改造广场。至9月9日，建成十月村毛泽东纪念广场。通过改建，完善广场空间形象及功能，提升广场绿化环境品质，力争将其打造成栖霞区新的红色教育基地。10月1日，十月村毛泽东塑像广场向公众正式开放。

◆**栖霞区区史、党史资料征集和历史遗址遗迹普查工作完成** 4月3日，区委党史办在区委党校召开栖霞区区史、党史资料征集和历史遗址遗迹普查工作总结

表彰大会，表彰9个先进单位和15名先进个人。区委常委、组织部部长陈波，区委党史办主任唐永庆、副主任王春宝，区档案局（馆）局长、区志办主任吴炳根，各街道工委专职副书记以及各相关部门工作人员、各街道党史工作联络员、受表彰先进个人参加大会。征集普查工作由区委组织部、区委党史办、区档案局、区志办四家单位联合发起，于2013年11月1日在全区9个街道启动。经过五个多月的挖掘、整理，形成近80万字的文字材料。

◆**雨花台烈士纪念馆栖霞党史教育基地** 4月29日，区委党史办在区委党校举行南京市雨花台烈士纪念馆栖霞党史教育基地揭牌仪式。中共南京市委党史办副主任李德平，雨花台烈士陵园管理局副局长黄莹，区委常委、组织部部长陈波，区委常委、宣传部部长周峰，中共南京市委党史办宣联处处长安丽，雨花台烈士纪念馆馆长向媛华，中共南京市委党史办和雨花台烈士陵园管理局的相关领导，栖霞区各相关部门的领导，各街道党史工作分管领导、联络员、村（社区）党务工作者、大学生村官代表以及全区党的群众路线教育实践活动工作联络员200余人参加揭牌仪式。向媛华和区委党史办主任唐永庆签订合作协议。建立雨花台烈士纪念馆栖霞党史教育基地，引进优质党史资源落户栖霞，是落实第二批党的群众路线教育实践活动的具体体现，有助于拓宽党史宣传教育的途径和平台，提高党史工作和党的建设科学化水平。教育基地建立后，先后组织参观学习30余批次，组织宣讲18场，组织安排栖霞电视台滚动播放革命英烈微电影。

◆**《枫红栖霞》系列丛书出版** 10月，区委党史办出版发行《枫红栖霞》系列丛书。该系列丛书分《党史问答——栖霞区党的群众路线教育实践活动读本》《晓庄英烈——青春在劳山脚下绽放》《岁月留痕——栖霞区历史文化巡礼》《回眸征程——栖霞区跨越发展的十年》4册。第一册以动漫人物问答辅以文字的形式，编写党史及党的群众路线教育实践活动基本知识手册；第二册以连环画的形式，编写反映新中国成立前栖霞区晓庄师范十位革命英烈人物的事迹；第三册以路线图索引的形式，编写反映栖霞区革命历史和文化遗存及其教育和历史价值；第四册以图文并茂的形式，编写反映栖霞区自2004年第八次党代会以来，全区在经济、政治、文化以及社会各项事业中所取得的成就。该系列丛书旨在为全区各党支部教育党员干部，提供理论性和实用性为一体的工具书和极具栖霞特色的党史、党课教材，帮助全区党员干部及广大青少年，更好地了解中共栖霞区委领导人民进行革命、建设和改革开放的历史，从中获取科学发展的启示与借鉴。 □陈晓清

区级机关党建

◆**概况** 2014年，区委区级机关工委辖直属党（总）支部62个，其中，总支10个，总支下属支部52个，有中共党员1953人。区委区级机关工委加强理论教育和学习培训，推进学习型机关建设，营造人人争当学习型干部的良好氛围；实行党建目标管理，开展形式多样的组织活动，严把组织发展“入口关”，充分发挥机关党组织的战斗堡垒作用和党员的先锋模范作用；开展以为民、务实、清廉为主要内容的党的群众路线教育实践活动，为民办实事，加强机关作风规范化和制度化建设，通过创建“党员责任岗”、“四解四促”、“三服务”、组织机关作风监督员明察暗访、大学生志愿者机关作风调查、千人评议机关等举措，提升机关作风建设整体水平，为全区“五个建设”提供思想和组织保证。

◆**党员发展** 2014年，区委区级机关工委在发展党员工作中，实行党建目标管理模式，按照工委书记与机关支部签订的党建目标管理责任书，将机关党员的发展与管理纳入目标管理。根据“坚持标准，保证质量，改善结构，慎重稳妥”十六字方针，严把“入口关”，建立入党公示制度、群众测评和工委委员票决制度、党内外群众座谈会制度和谈话制度，积极、慎重、稳妥地做好党员发展工作。全年，区机关共发展新党员19名，其中，35岁以下的15名，占发展总数的79%；女性9名，占发展总数的47%；具有大专以上学历的19名，占发展总数的100%。

◆**党建工作大会** 4月24日，区委区级机关工委在区委党校多功能厅召开党建工作大会，总结2013年机关党建工作，部署2014年工作任务，贯彻落实江苏省、南京市、栖霞区党建工作大会和作风建设大会精神。区委区级机关工委委员、区机关各党（总）支部书记、党务干部约100人参加会议。区委副书记胡晓健讲话。区委区级机关工委书记马春成在总结报告中指出，2013年，区级机关各级党组织开展“千名干部联系万户居民”、领导干部下基层“四解四促”、“结对共建”等活动，推动机关党建工作，有343名处以上领导干部在全区9个街道的社区、村建立联系点114个，结对帮扶困难群众1583户。2014年，区级机关党的建设工作要重点抓好五个方面：学习贯彻党的十八届三中全会精神，提高机关党员干部思想政治素质；持续推进党的先进性建设，全面推进机关党组织建设水平；持续加强机关服务意识，提高机关服务效能和群众满意度；落实党风廉政责任制，着力提升机关反腐倡廉建设水平；切实加强机关群团建设，提高服务群众的能力水平。

◆**《全区机关干部日常工作规范》出台** 6月4日，区委区级机关工委出台《全区机关干部日常工作规范》（简称“工作规范”）。“工作规范”从工作纪律、岗位纪律、公文处理规范、按程序处理公务、规范公务语言、规范接待来访人员、请假销假制度、会议制度、财务纪律、廉政行为规范、卫生责任制度及遵守公共秩序等12个方面，对机关干部日常工作做出具体规定，旨在通过加强“日常”监督，让那些“大错不犯、小错不断、形象不佳”的机关干部产生危机感和紧迫感，时刻注意自己的言行。同时，在区委区级机关工委设立监督信箱、监督电话，聘请机关作风监督员，找准机关干部在作风建设方面存在的不足，以及时解决机关干部身上具有倾向性、苗头性的问题，促进机关干部服务群众能力的全面提升。

◆**机关干部募捐献爱心** “七一”，元旦、春节前夕，区委区级机关工委与区慈善

协会组织全区机关干部募捐，募集慈善捐款2352578.3元，其中冠名基金留存数40.5万元，云南鲁甸救灾款43250元，“慈善一日捐”1904328.3元，按照市慈善总会要求全部上交。4月，市慈善总会返还区救助经费1285421元。全年，共救助1680人，下拨救助款145.3万元，其中大重病1583人、135.41万元，困难家庭94户、9.66万元，其他困难对象3户、0.23万元。

◆党员责任岗　自10月起，区委区级机关工委在机关各部门开展“党员责任岗”创建活动。活动目的通过对党员示范岗的设立、考核、表彰，促进广大机关党员干部充分发挥先锋模范作用，塑造为民、务实、清廉的良好形象。此次“党员责任岗”的申报中政治素质过硬是首要标准，申报设岗的党员个人必须忠实践行全心全意为人民服务的宗旨，具有为群众办事、给群众提供方便的为民、便民意识；其次，工作作风要严谨细致，既能严格执行部门的各项规章制度和服务规范，又具有“便民、高效、廉洁、规范”的服务理念。同时，业务能力要突出，灵活掌握各项方针政策和业务技能，不断与时俱进，有较强的影响力和示范性。此外，管理制度要公开，各部门的工作制度、工作流程、工作纪律、监督电话等一律向社会公布，便于接受群众监督。在活动开展阶段，区委区级机关工委以不定期抽查、第三方明察暗访等形式，对“党员责任岗”设立情况进行检查，并将检查结果作为机关作风综合评议中日常评议的重要依据。

◆千人评议机关　12月17日，区机关作风建设评议动员大会在区机关会议中心召开。区委副书记胡晓健出席会议并讲话，对2014年作风评议工作作动员和部署。区委常委、组织部部长陈波主持会议。会上对2014年评议方案及组织实施情况进行说明。2014年评议工作突出日常评议与年终评议相结合、书面评议与实绩评议相结合，改变以往作风评议年终“一评定终身”的情况。其中，日常评议占15%，年终评议占60%，实绩评议占25%。在评议部门同时，选取18个与全区经济和社会发展密切相关，群众关注度高，社会服务面广，具有一定代表性的窗口科室参与评议。为扩大评议范围，增强区机关和街道评议的互动性，对全区9个街道办事处机关作风进行评议。开展“街道评机关、机关评街道”活动，推动机关和街道作风建设同频共振、互评互促。切实加大评议力度，在往年对口反馈各部门(单位)排名和意见建议的基础上，分别列两组评议排名后三位的单位确定为机关作风建设重点整顿单位，并由区机关作风建设工作领导小组责成其针对不足、找准问题，制定整改措施和计划，将整改结果以党组织名义作出专题报告。区机关58个部门、各平台、18个窗口科室负责人，各街道专职副书记、机关工委委员、作风监督员及评议工作小组成员等参加会议。　□王国梁　刘宏章

青少年教育

◆概况　2014年，区关工委结合全区改革发展新形势和青少年实际，加强关工委工作的组织领导。利用校外教育辅导站平台，发挥“五老”作用，开展“爱学习、爱劳动、爱祖国，践行中国梦”(简称“三爱一践行”)主题教育活动。加强组织建设，颁发《关于组织大学生村官参与校外教育辅导站工作实施意见》，调整街道关工委领导班子成员，充实91名大学生村官进入社区(村)关工委班子，选派50名在职教师充实到校外辅导工作。成立民办“海博”教育关工委，完成南京雷锋文化馆扩建工程。是年，全区各级关工委组织226个〔区关工委1个，街道关工委9个，社区(村)关工委106个，各级教育关工委34个，民企关工委71个，政法系统关工委5个〕，“五老”志愿者5762人。

◆主题教育活动　2014年，区关工委广泛开展“三爱一践行”主题教育活动，引导青少年培育和践行社会主义核心价值观。2月26日，在十月军校承办全省“三爱一践行”主题教育活动启动仪式。5月18日，在摄山星城小学承办全市迎青奥老少书画艺术广场表演赛。全区各级关工委加强与工青妇等部门之间的联动以及与驻地军队、高校、企业之间的合作，以开展“三爱一践行”主题教育活动及“大手牵小手，激励三代人，共迎青奥会”系列活动为抓手，把握“三月学雷锋”、“七一”建党、暑期“四个一”活动、“十一”国庆等重要时间节点，举办主题宣讲、主题征文、法制教育、网吧监督、结对关爱等教育活动。全区各级关工委先后组织“2014新春网络寄语”、“迎青奥老少书画艺术广场表演赛”、“三爱书签”制作、“今天我上镜”——少儿书画视频节目、“老少共携手　齐心迎青奥”系列活动、“迎青奥、树新风”知识竞赛、“小小将军”夏令营、“走进青奥　法制同行”、“网上公祭”活动、社区“学子论坛”、社区“国学讲堂”等系列活动。其中，参与“2014新春网络寄语”作品1900多件，暑期“四个一”活动作品1000多件，13635人参与“三爱”书签制作活动(362件送市关工委参展，56件作品获奖)，参与“网上公祭”留言2681条；雷锋文化馆接待参观学习、接受雷锋精神教育的青少年达10万多人，其中中小学生7万多人次，另有青年职工3万多人次。

◆关爱帮教活动　2014年，全区“五老”志愿者组建各类关爱工作团(队)135个，其中法制宣讲团33个，结对帮教小组94个，举办法制教育宣讲110场次，受教育人数达3.8万多人次。开展关爱困难家庭子女、留守流动儿童扶困助学工作，为528名困难学生及孤残疾青少年筹措关爱帮扶资金154.1万元，成功转化结对帮扶的28名问题青少年。八卦洲街道为辖区40名贫困家庭学生开展夏令营及“六一”和新学年赠送“爱心大礼包”活动；栖霞街道五福家园社区举办第六届“学子论坛”活动，当场募集爱心企业捐款60多万元，全部用作关爱帮扶基金；区委政法系统关工委按照“定人、定岗位、定关爱对象”的工作要求，43位“老政法”组成“五老”关爱队伍，深入“中途之家”、“青少年管护中心”等阵地开展关爱活动，并与南京新港职中、燕华花园等学校和社区结对开展关爱工作，用真心赢取信任、用爱心传递温暖、用恒心感化“浪子”，成功转化结对帮扶的22名问题青少年。

◆校外教育工作　2014年，区关工委修订完善《栖霞区校外教育辅导站工作规则》，与区委组织部、区教育局联合颁发《关于组织大学生村官参与校外教育辅

导站工作实施意见》《关于开展"校站结合"工作实施意见》,规范校外辅导站的组织领导、人员配备、财政支持、骨干培训、责任机制,组织好大学生村官、在职教师参与校外教育辅导站工作。先后为37个社区(村)新配电脑196台,全区校外教育辅导站共有电脑724台,按标准建成94家,占社区总数90%,基本实现基层辅导站电子阅览室全覆盖。 □付晓平

栖霞区人民代表大会

综　述

◆**概况**　2014年,区人大常委会围绕区十七届人大三次会议确定各项目标任务,认真行使宪法和法律赋予职权,在全区经济社会发展进程中发挥地方国家权力机关作用。全年,共依法举行9次常委会会议和12次主任会议。听取和审议区人民政府、区人民法院和区人民检察院工作报告32项。组织常委会围绕全区经济社会发展开展专题视察、政情通报会和座谈调研37次。作出决议、决定3项,通过人事任免46人次。召开常委会会议9次,涉及会议议题19项,共有10个政府部门负责人代表区政府向常委会会议报告工作;召开主任会议12次,涉及会议议题11项,共有9个政府部门负责人代表区政府向常委会主任会议报告工作;召开政情通报会1次。区长邢正军通报全区上半年经济和社会建设完成情况及下半年工作安排。

◆**常委会会议**　2014年,区人大常委会共召开常委会会议9次,听取"一府两院"工作汇报19项,决定任免国家机关工作人员46人次。

◆**常委会主任会议**　2014年,区人大常委会共召开主任会议12次,研究区人大常委会有关工作,听取"一府两院"重要工作汇报11次。

◆**十七届人大三次会议**　1月6日,区第十七届人大三次会议开幕。1月8日上午,该会议完成各项议程闭幕。区委书记臧正金在闭幕式上讲话,区人大常委会党组书记、主任李汉桥主持闭幕式。在区十七届人大三次会议举行的第三次全体会议上,与会代表以无记名投票方式选举李汉桥为区第十七届人大常委会主

2014年栖霞区第十七届人大常委会会议主要议题一览

表2

时间	会议	会议情况
01-03	十七届常委会第十四次会议	区人大常委会党组书记、副主任李汉桥主持会议,常委会副主任毕金生、张民、贺研及委员共21人出席会议。区委常委、区政府常务副区长曹海连,区检察院检察长倪一斌,区法院相关负责人等列席会议。会议听取和审议区发改局局长孔毅远代表区政府作《关于栖霞区2013年经济建设和社会建设计划执行情况及2014年计划(草案)的报告》和区财政局局长张传荣代表区政府作《关于栖霞区2013年财政预算执行情况和2014年财政预算(草案)的报告》。会议还听取区监察局局长朱从政代表区政府作《关于2013年政府廉政建设工作情况的报告》。会议表决通过《栖霞区第十七届人大常委会代表资格审查委员会关于补选代表的代表资格审查报告(草案)》和《栖霞区人民代表大会常务委员会工作报告(草案)》,并通过相关人事任免
01-21	十七届常委会第十五次会议	区人大常委会主任、党组书记李汉桥主持会议,常委会副主任毕金生、张民、贺研、王爱华及委员共26人出席会议。区委常委、区政府常务副区长曹海连,区法院、区检察院相关负责人,区人大常委会相关委室,南京经济技术开发区相关部门和各街道人大工委负责人列席会议。会议审议通过区人大常委会2014年工作议题安排(草案),并通过相关人事任免
03-27	十七届常委会第十六次会议	区人大常委会主任、党组书记李汉桥主持会议,常委会副主任毕金生、张民、贺研、王爱华及委员共21人出席会议。区政府副区长万震,区法院、区检察院相关负责人,区人大常委会相关委室,南京经济技术开发区相关部门和各街道人大工委负责人列席会议。会议听取和审议区文化旅游局局长赵家宝代表区政府作《关于全区群众性文化活动开展情况的报告》和区人民法院院长王睿作《关于区人民法院执行工作情况的报告》
06-26	十七届常委会第十七次会议	区人大常委会主任、党组书记李汉桥主持会议,常委会副主任毕金生、张民、贺研、王爱华及委员共23人出席会议。区委常委、区政府常务副区长曹海连,区法院、区检察院相关负责人,区人大常委会相关委室,南京经济技术开发区相关部门和各街道人大工委负责人列席会议。会议听取和审议区审计局局长田进代表区政府作《关于2013年度栖霞区预算执行和其他财政收支情况的审计工作报告》和区财政局局长张传荣代表区政府作《关于2013年度栖霞区财政决算草案的报告》,表决通过《栖霞区人民代表大会常务委员会关于批准2013年栖霞区财政决算的决议》。会议还听取和审议区卫生局局长吕俊代表区政府作《关于全区社区卫生服务中心建设和运营情况的报告》
07-24	十七届常委会第十八次会议	区人大常委会主任、党组书记李汉桥主持会议,常委会副主任毕金生、张民、贺研及委员共22人参加会议。区委常委、区政府副区长毛银玲,区法院、区检察院负责人,区人大常委会相关委室和各街道人大工委负责人,区政府有关部门负责人及部分区人大代表列席会议。会议听取和审议区发改局副局长乔强代表区政府作《关于2014年上半年全区经济建设和社会建设工作目标完成情况的报告》和区财政局局长张传荣代表区政府作《关于2014年上半年全区财政预算执行情况的报告》。会议还听取和审议区民政局局长葛敢龙代表区政府作《关于全区社会组织及社会服务项目培育发展情况的报告》

续表 2

时间	会议	会 议 情 况
09-25	十七届常委会第十九次会议	区人大常委会主任、党组书记李汉桥主持会议，常委会副主任毕金生、张民、贺研、王爱华及委员共25人参加会议。区政府副区长秦志刚，区检察院检察长倪一斌，区人民法院相关负责人，区人大常委会相关委室、南京经济技术开发区相关部门和各街道人大工委负责人，区政府有关部门负责人及部分区人大代表列席会议。会议听取和审议区城管局局长金旭代表区政府作《关于全区城市管理工作情况的报告》，建议区政府要强化思想认识，利用报刊、网络、公益广告等形式，组织宣传教育活动，营造全社会感知、理解、支持城市管理工作的良好氛围。会议还听取和审议区发改局局长孔毅远代表区政府作《关于全区新兴产业发展情况的报告》
11-21	十七届常委会第二十次会议	区人大常委会主任、党组书记李汉桥主持会议，常委会副主任张民、贺研、王爱华及委员共21人参加会议。区政府副区长尹军，区检察院、区人民法院相关负责人，区人大常委会相关委室、南京经济技术开发区相关部门和各街道人大工委负责人，区政府有关部门负责人及部分区人大代表列席会议。会议听取和审议区财政局局长张传荣受区政府委托所作《关于栖霞区2014年财政预算调整建议的报告》、区商务局局长李罡代表区政府作《现代服务业发展和服务业集聚区建设情况的报告》和区征收拆迁(安置)办公室主任龚立才代表区政府作《关于全区征收拆迁安置工作情况的报告》。会议表决通过《栖霞区人民代表大会常务委员会关于批准栖霞区2014年财政预算调整的决议》和《关于召开栖霞区第十七届人民代表大会第四次会议的决定》并通过相关人事任免
12-18	十七届常委会第二十一次会议	区人大常委会主任、党组书记李汉桥主持会议，常委会副主任张民、贺研、王爱华及委员共21人参加会议。区委常委、区政府常务副区长曹海连，区法院院长王睿、区检察院检察长倪一斌，区人大常委会相关委室、南京经济技术开发区相关部门和各街道人大工委负责人，部分市人大代表、区政府工作部门负责人、区人大代表列席会议。会议听取和审议臧正金、邢正军、李汉桥、侯成新、戴云、孔毅远、徐观林、操文荣、江劲松等9名市人大代表履职情况报告，进行满意度测评，测评结果向社会公布，并报送市人大常委会人事代表联络委员会备案。会议还听取和审议区政府办公室主任张农、区城管局局长金旭、区统计局局长陈学、区农业局局长孙维良、区文化旅游局局长赵家宝、区计生局局长万霞等6名区政府工作部门主要负责人履职情况报告，进行满意度测评，测评结果向区委报告、向社会公布
12-31	十七届常委会第二十二次会议	区人大常委会主任、党组书记李汉桥主持会议，常委会副主任毕金生、张民、贺研、王爱华及委员共21人参加会议。区委常委、区政府常务副区长曹海连，区法院、检察院相关负责人，区人大常委会相关委室和各街道人大工委负责人，南京经济技术开发区相关部门、区政府有关部门负责人及部分区人大代表列席会议。会议听取和审议区发改局局长孔毅远代表区政府作《关于栖霞区2014年经济建设和社会建设计划执行情况及2015年计划(草案)的报告》和区财政局局长张传荣代表区政府作《关于栖霞区2014年财政预算执行情况和2015年财政预算(草案)的报告》。会议还听取区监察局局长朱从政代表区政府作《关于2014年政府廉政建设工作情况的报告》。会议表决通过《栖霞区第十七届人大常委会代表资格审查委员会关于补选代表的代表资格审查报告(草案)》和《栖霞区人民代表大会常务委员会工作报告(草案)》，并通过相关人事任免

2014年栖霞区第十七届人大常委会主任会议主要议题一览

表 3

时间	主 要 议 题
02-27	听取区人口和计划生育局局长万霞代表区政府作《关于全区0~3岁婴幼儿早期发展工作情况的报告》
03-20	听取区工商分局局长毕瑞夏代表区政府作《关于全区工商管理服务企业发展工作情况的报告》
04-29	听取区交通运输局局长赵一海代表区政府作《关于全区公交优化工作情况的报告》
05-30	听取区人力资源和社会保障局局长肖明宝代表区政府作《关于全区新增就业工作情况的报告》
06-19	听取区公安分局党委书记、局长刘勤代表区政府作《关于深化平安栖霞建设工作情况的报告》
07-17	听取区检察院副检察长黎祜彬代表区检察院作《关于推进检察建议工作情况的报告》
08-29	听取区安监局局长许斌代表区政府作《关于全区安全生产工作情况的报告》
09-18	听取区政府办公室主任张农代表区政府作《关于区十七届人大三次会议代表建议办理情况的报告》
10-24	研究部署区人大常委会调研月开展有关事宜
10-31	听取区法院院长王睿代表区人民法院作《关于区人民法院工作情况的报告》和区检察院检察长倪一斌代表区检察院作《关于区人民检察院工作情况的报告》
11-13	听取区住建局局长胡达贵代表区政府作《关于全区"9322"环境综合整治工作情况的报告》
12-30	听取区十七届人民代表大会第四次会议筹备工作情况报告

任；王爱华为区第十七届人大常委会副主任；于先志、杜官磊、韩锋为区第十七届人民代表大会常务委员会委员。

◆街道人大工委主任联席会 5月7日，栖霞区人大常委会召开街道人大工委主任联席会，区人大常委会副主任王爱华出席会议并讲话，区人大常委会相关委室负责人及各街道人大工委主任参加会议。会上，各街道人大工委主任从“人大代表之家”建设、代表活动、建议办理、积极参与党的群众路线教育实践活动、环境整治专项行动等方面汇报一季度工作。区人大常委会相关委室通报分析各街道人大工委一季度活动开展情况、信息宣传和理论研究工作，并明确下半年工作目标。王爱华指出，各街道人大工委积极组织代表参加党的群众路线教育实践活动和“大干一百天，环境大扫除”专项行动，将代表履职与当前重点工作有机结合，取得显著成效。

◆市人大常委会领导到区调研 5月12日，南京市人大常委会人代联委主任李建、副主任徐纪楼、办公厅副巡视员王抚宁等领导到栖霞区龙潭街道“人大代表之家”调研代表工作。栖霞区人大常委会主任李汉桥、副主任王爱华等领导陪同调研。李建一行视察龙潭街道新建150平方米的“人大代表之家”，听取专题汇报，查阅台账，对龙潭街道“人大代表之家”建设给予充分肯定，并提出要求。7月4日，南京市人大常委会副主任李琦到区参加“接待市人大代表日”活动，与孔毅远、操文荣、肖明宝、高军玲、郭昌标等5位市人大代表进行座谈交流。市人大常委会人代联委主任李建、副主任徐纪楼，区人大常委会主任李汉桥、副主任王爱华参加活动。7月24日，南京市人大常委会秘书长侯成新调研区人大工作。区人大常委会主任、党组书记李汉桥从加强和规范区人大常委会讨论决定重大事项职权的行使、加强区人大常委会对政府财政全口径预算决算的审查和监督、加强和改进人大监督方式、加强区人大常委会对任命、决定任命领导干部履职情况的监督、扩大人大代表和群众对人大监督工作参与等五个方面汇报区人大落实《中共南京市委关于增强人大监督刚性和监督实效的意见》工作情况。区人大常委会相关部门负责人汇报了区人大信息化工作建设情况。9月19日上午，南京市人大常委会副主任陈礼勤到区调研市人大代表工作。市人大常委会人代联委主任李建、副主任徐纪楼、副巡视员王抚宁参加调研。区人大常委会主任、党组书记李汉桥、副主任王爱华等领导陪同调研。陈礼勤一行察看仙林、尧化街道“人大代表之家”建设情况，并在尧化社区“人大代表之家”召开座谈会，听取李汉桥、王爱华以及尧化、仙林、龙潭、西岗等四个街道人大工委负责同志关于开展市人大代表闭会期间活动的情况汇报。

1月6日，区第十七届人大三次会议开幕　　李慧珍 摄

◆“庆祝人民代表大会制度建立60周年”书画摄影比赛 6~7月，栖霞区人大常委会开展“庆祝人民代表大会制度建立60周年”书画摄影比赛活动，活动由区人大常委会办公室牵头，区文化旅游局、区文联联合组织。区人大办公室从六月初开始向全区现任及历届江苏省、南京市、栖霞区人大代表、区人大及街道人大机关工作人员、书画摄影爱好者广泛征集作品，共征集书画类稿件140余幅、摄影作品100余幅，并邀请中国书法家协会创作评审委员章炳文和南京市文联秘书长杨康乐作为专家评委，评出书法、美术、摄影各一等奖1名、二等奖2名、三等奖5名、入选奖20名左右。

◆政情通报 8月8日上午，区人大常委会在区机关小礼堂组织召开政情通报会。区长邢正军对全区上半年经济和社会建设完成情况及下半年工作的安排进行通报。区人大常委会主任、党组书记李汉桥主持会议，区人大常委会领导毕金生、张民及130名区人大代表参加会议。会后，代表以街道代表团为单位对政情通报内容进行认真审议，对下半年工作提出意见和建议。

◆人大代表补选 11月21日，栖霞区人大常委会召开区十七届人大代表补选工作部署会，区人大常委会副主任王爱华出席会议并讲话，区人大常委会相关委室负责人，迈皋桥、燕子矶等9家街道人大工委主任参加会议。2014年需要补选区人大代表19名，涉及迈皋桥、燕子矶、马群、尧化、仙林、栖霞、西岗、龙潭等9家街道，补选工作从11月21日开始，分为四个阶段进行，至12月7日，报送选举结果，公告当选代表。

◆议案建议获表彰 12月10日，在南京市人大工作大会上，栖霞代表团撰写的代表议案、建议获市人大“优秀代表建议”。夏清瑕等10名代表提出《关于对保障房的建设和管理进行立法的议案》、郭昌标提出《关于将渣土车管理作为政府的特殊经营行业，纳入政府管理体系的建议》，李战提出《关于逐步限制或取消酒店一次性用品的建议》，戴云提出《关于采用以箱换箱方式清理垃圾的建议》，刘晶波提出《关于规范管理、提升南京市0~3岁幼儿教育质量的建议》、孔毅远提出《关于开放南京市私家车“油改气”改装市场，改善空气质量的建议》等1件议案、5件建议荣获殊荣。

检查监督

◆概况 2014年，区人大常委会完善代表建议办理评价机制，把满意度作为考核承办单位效能建设的重要依据，推动代表建议办理从“答复满意”向“结果满意”转变。区人大常委会共受理代表建议117件，117件代表建议全部办结，解决和基本解决的112件，占95%，比去年提高近5个百分点；列入计划逐步解决的5件。其中，常委会确定的10件重点建议办结率、满意率、办成率均达100%。

◆重要决议和决定 6月26日，区人大常委会听取和审议区政府《关于2013年度栖霞区财政决算草案的报告》，作出《栖霞区人民代表大会常务委员会关于批准2013年栖霞区财政决算的决议》；11月21日，区人大常委会听取和审议区政府《关于2014年1至10月份财政预算执行情况及财政预算调整建议的报告》，作出《栖霞区人民代表大会常务委员会关于批准栖霞区2014年财政预算调整的决议》；11月21日，区人大常委会根据第二十次常委会会议相关议题，作出《栖霞区人大常委会关于召开栖霞区第十七届人民代表大会第四次会议的决定》。

◆市人大代表督查“迎青奥”工作 6月13日，区人大常委会组织部分南京市人大代表持证督察“迎青奥”环境整治工作。代表们先后视察尧化街道北十里长沟整治情况、铁路水厂出行整治情况、新尧新城范围内道路出新整治情况、尧化周边道路综合整治情况，听取尧化街道“百日大扫除”阶段性工作汇报。6月27日，区人大常委会组织部分南京市人大代表持证视察“迎青奥”环境整治和小区出新工作，区政府副区长陈松及相关部门、街道负责人陪同视察。代表们先后视察省电力建设第一公司宿舍整治出新项目、迈皋桥广场拆违项目、南京第二热电厂宿舍小区整治出新项目，观看了项目出新成果展，听取专项工作汇报，对区政府为迎接“青奥会”开展环境整治和小区出新工作所取得的成绩给予肯定。7月11日，区人大常委会组织部分南京市人大代表持证视察“迎青奥”环境整治工作。代表们先后视察西岗街道网格化信息指挥中心、闻兰社区、竹丝西路绿化整治带、桦墅村周冲美丽乡村建设情况。7月30日，区人大常委会组织部分南京市人大代表持证视察“迎青奥”环境整治工作。代表们先后视察燕子矶观音门、燕子矶滨江公园建设现场、南化新村社区13~16栋出新小区、幕府山庄小区后花园环境整治情况。

视察调研

◆概况 2014年，区人大常委会认真履行职责，依法开展各项调查研究工作。全年，组织专题视察23次，组织专题调研活动11次，8月8日，组织全区人大代表听取区政府专题政情通报会1次，10~11月，开展调研月活动，形成调查报告32篇。同时，组织各级人大代表视察活动20次。

◆专题视察 2014年，区人大常委会先后组织专题视察23次。2月20日，区人大常委会组织驻会委员和部分人大代表专题视察全区人民调解室建设情况。区人大常委会党组副书记、副主任毕金生，副主任王爱华参加视察，区政府副区长秦志刚、区司法局和迈皋桥街道主要领导陪同视察。2月28日，区人大常委会组织驻会委员和部分人大代表专题视察全区社区侨务工作情况。区人大常委会主任、党组书记李汉桥、副主任毕金生、王爱华参加视察，区政府副区长万震、区政协副主席、统战部部长时效俊以及相关街道主要领导陪同视察。3月12日，区人大常委会组织驻会委员和部分人大代表专题视察全区职业技能培训基地建设和运行情况。区人大常委会主任李汉桥，副主任贺研参加视察，区委常委、区政府副区长毛银玲、区人社局、区教育局和西岗街道主要领导陪同视察。3月25日，区人大常委会组织驻会委员和部分人大代表专题视察全区保障房电梯管理工作情况。区人大常委会主任、党组书记李汉桥，副主任毕金生、张民参加视察，区委常委、常务副区长曹海连，区质监分局和迈皋桥街道主要领导陪同视察。4月10日，区人大常委会组织部分区人大代表专题视察全区建设工地扬尘治理和文明施工情况。区人大常委会主任、党组书记李汉桥，副主任毕金生参加视察。区政府副区长陈松，区住建局、环保局主要领导陪同视察。4月17日，区人大常委会组织部分区人大代表专题视察区城市社区“10分钟体育健身圈”建设情况。区人大常委会主任、党组书记李汉桥，副主任张民、王爱华参加视察。区体育局、马群街道、西岗街道主要领导陪同视察。5月9日，区人大常委会组织部分区人大代表，专题视察区现代农业发展情况。区人大常委会主任、党组书记李汉桥，副主任毕金生、张民、贺研参加视察。副区长秦志刚，区农业局、龙潭街道、八卦洲街道主要领导陪同视察。5月15日，区人大常委会组织部分区人大代表专题视察全区大气污染防治及污水处理情况。区人大常委会主任、党组书记李汉桥，副主任毕金生、张民、贺研参加视察。区委常委、常务副区长曹海连，区环保局、住建局及相关街道主要领导陪同视察。5月22日，区人大常委会组织部分区人大代表，专题视察区秦淮东河一期先导段工程建设情况。区人大常委会主任、党组书记李汉桥，副主任毕金生、张民、王爱华参加视察。区政府副巡视员张军，区水利局主要领导陪同视察。6月6日，区人大常委会组织部分区人大代表，专题视察全区“院府合作”工作情况。区人大常委会主任、党组书记李汉桥，副主任毕金生、张民、王爱华参加视察。区政府副区长秦亚平，区卫生局主要领导陪同视察。6月12日，区人大常委会组织部分区人大代表，专题视察新尧新城建设推进情况。区人大常委会主任、党组书记李汉桥，副主任毕金生、张民、王爱华参加视察。区政府副区长陈松，新尧新城开发建设指挥部、尧化街道主要领导陪同视察。6月17日，区人大常委会组织部分区人大代表，专题视察区农贸市场升级改造工作情况。区人大常委会主任、党组书记李汉桥，副主任毕金生、张民参加视察。区政府副区长尹军，区商务局主要领导陪同视察。7月10日，区人大常委会组织驻会委员和部分区人大代表专题视察全区地质灾害防治工作情况。区人大常委会主任、党组书记李汉桥，副主任毕金生、王爱华、贺研参加视察，区政府副区长陈松，区国土分局、栖霞街道和燕子矶街道主要领导，区环保局分管领导陪同视察。7月15日，区人大常委会组织驻会委员和部分区人大代表专题视察全区节能降耗工作情况。区人大常委会主任、党组书记李汉桥，副主任毕金生、张民、贺研、王爱华参加视察，区政府相关部门负责人陪同视察。8月14日，区人大常委会组织部分区人大代表专题视察区教育文化体育中心建设与运转情况。区人大常委会副主任毕金生、张民、王爱华参加视察。区政府副区长万震，区教育局、文化旅游局、体育局、尧化街道主要领导陪同视察。8月20日，区人大常委会组织部分区人大代表专题视察区保障房物业管理情况。区人大常委会主任、党组书记李汉桥，副主任毕金生、张民、贺研、王爱华参加视察，区政府副区长陈松，区住建局、迈皋桥街道和尧化街道主要负责同志陪同视察。9月4日，区人大常委会组织部分区人大代表专题视察区中小学建设与发展情况。区人大常委会主任、党组书记李汉桥、副主任毕金生、张民、王爱华参加视察。区政府副巡视员王智，区教育局、迈皋桥街道、西岗街道主要领导陪同视察。9月11日，区人大常委会组织部分区人大代表专题视察区重点产业园区建设情况。区人大常委会主任、党组书记李汉桥、副主任毕金生、张民、贺研、王爱华参加视察。区委常委、常务副区长曹海连，区园区办主要领导陪同视察。9月23日，区人大常委会组织驻会委员和部分人大代表专题视察全区养老服务体系建设情况。区人大常委会主任、党组书记李汉桥、副主任毕金生、张民、王爱华参加视察，区委常委、副区长毛银玲，区民政局、西岗街道、栖霞街道主要领导陪同视察。10月9日，区人大常委会组织部分区人大代表专题视察栖霞山文化旅游业综合开发工作情况。区人大常委会主任、党组书记李汉桥，副主任毕金生、张民参加视察。区政府副区长万震，区文化旅游局主要领导、栖霞山文化休闲旅游度假区管委会主要领导陪同视察。10月17日，区人大常委会组织部分区人大代表专题视察区美丽乡村建设工作情况。区人大常委会主任、党组书记李汉桥，副主任毕金生、张民、王爱华参加视察。区政府副区长秦志刚，区农业局、西岗街道、栖霞街道主要领导陪同视察。10月30日，区人大常委会组织部分区人大代表专题视察全区人才企业发展运营工作情况。区人大常委会主任、党组书记李汉桥，副主任毕金生、张民参加视察。区委常委、组织部长陈波、区政府分管领导胡永红、区委组织部领导、区人才办主要领导陪同视察。11月7日，栖霞区人大常委会组织驻会委员和部分区人大代表专题视察区十七届人大三次会议代表建议办理情况。区人大常委会主任、党组书记李汉桥，副主任毕金生、张民、贺研、王爱华参加视察，区委常委、常务副区长曹海连及区教育局、城管局、住建局、迈皋桥街道、燕子矶街道、马群街道负责人陪同视察。11月27日，区人大常委会组织部分区人大代表专题视察全区重点基础设施建设情况。区人大常委会主任、党组书记李汉桥，副主任毕金生、张民、王爱华参加视察。区政府副巡视员朱青涛、区住建局主要领导陪同视察。

6月17日，区人大常委会主任李汉桥（左三）组织部分区人大代表，专题视察区农贸市场升级改造工作情况　　区人大办 供稿

◆市人大代表定向定点视察　3月18日，区人大常委会组织南京市人大栖霞代表一组全体代表定向定点视察市检察院工作。市人大常委会人代联委主任李建、区人大常委会主任李汉桥参加视察。市检察院检察长葛晓燕、副检察长孙道林等陪同视察。5月13日，区人大常委会组织南京市人大栖霞代表二组全体代表定向定点视察危险废弃物处置工作。区人大常委会主任李汉桥、市人大常委会办公厅副巡视员李亚军参加视察，市环保局副局长方贵陪同视察。6月11日，区人大常委会组织南京市人大栖霞代表一组全体代表定向定点视察秦淮区检察院工作，市人大常委会人代联委副主任徐纪楼参加视察。市检察院副检察长孙道林、党组成员王俊、秦淮区检察院检察长朱赫等领导陪同视察。10月23日，区人大常委会组织南京市人大栖霞代表二组全体代表定向定点视察水环境整治工作。区人大常委会主任李汉桥、市人大常委会办公厅副巡视员李亚军参加视察，市环保局副局长张丹宁陪同视察。11月7日，区人大常委会组织南京市人大栖霞代表一组全体代表定向定点视察市检察院职务犯罪办案基地，区人大常委会

副主任王爱华参加视察，市检察院副检察长黄晓非陪同视察。

◆调研月　10~11月，区人大常委会组织开展调研月活动。常委会全体组成人员会立足法律监督和工作监督，全面了解“一府两院”的工作，突出重点，突出人民群众普遍关注的热点、难点，明确调研意向，制定调研方案，深入到全区城建、民生等相关部门展开调研活动。同时通过街道人大工委组织全区80%以上的代表通过视察、座谈、走访和问卷调查等多种形式，为常委会2015年工作和“两会”议题提出意见和建议。截至调研月结束，人代委完成《关于栖霞区大学生创业工作情况的调研报告》，内司委完成《关于区法院依法服务保障拆迁工作的调查报告》和《关于对全区流动人口服务管理工作的调查报告》，民侨委完成《以人为本　以侨为根　全面推进基层侨务工作》调研文章，财经委完成《关于推动我区商贸流通业转型升级的思考》调研文章，城建委完成《以数字化城管建设为契机　大力推进全区科学城管体系建设》调研文章，教科委完成《关于栖霞区旅游产业发展情况的调研报告》和《充分利用档案资源　高效服务于地方社会经济发展》调研文章。

街道人大工委

◆概况　2014年，各街道人大工委在发挥代表先进作用方面成效明显，积极参与迎青奥、全国文明城市复查、征地拆迁、项目建设、网格化管理、防汛、“三争一创”等重点工作，为维护地区稳定和谐起到促进作用。同时，各街道人大工委认真履行宪法和法律赋予的各项工作职能，加强对区人大代表的组织力度，立足各街道特点开展视察调研、平台培训、参观考察、座谈交流等形式多样的代表活动，既凝聚代表，又推进街道工作，服务全区大局。

◆栖霞街道人大工委　2014年，街道人大工委组织代表视察调研、学习参观等活动8次，内容涉及水利、社会福利、街道建设等各个方面，其中组织代表视察自来水站改水进展情况、十月科创园二期建设情况、石埠桥幸福敬老院运营情况、栖霞山旅游开发规划及开工建设情况。9月18日，组织代表参观南京市人大代表60周年纪念展。9月25日，组织10位代表走访栖霞法庭，旁听关于2014年7月14日被告驾驶小型越野客车与原告驾驶的无牌二机相撞，造成原告受伤的道路交通事故庭审。　□张君陶

◆迈皋桥街道人大工委　2014年，街道人大工委组织南京市、栖霞区人大代表交流学习活动4场，培训代表80余人。5月29日，组织区人大代表视察迈皋桥南塑社区平房区、东西南北风拆违现场；迈皋桥中心幼儿园、和燕路263号、东井村28号、老迈皋桥中心幼儿园、言和路游园；迈皋桥老街停车场；空武库260、260-1以及街道保障房建设和街道政务服务中心，并解答道路建设规划、高楼电梯使用等方面问题。7月11日，组织部分人大代表旁听栖霞区法院审理的一起生产销售有毒有害食品案件庭审过程，零距离接触审判工作，并对法官的审判工作进行评议。8月11日，组织召开2014年政情通报会，向代表们通报街道动迁拆违、治乱整破、工程建设及街道下半年维稳、安全和环境整治主要工作，并组织代表们对报告展开讨论。12月10日，组织辖区人大代表开展视察活动，并现场听取街道关于辖区河道整治和拆迁工作情况的汇报。　□曹其杰

◆尧化街道人大工委　2月21日上午，区人大常委会副主任王爱华一行到尧化街道调研街道人大工作，并征集街道对区人大工作的意见和建议。3月初，街道人大工委走访街道内的区人代表，征求代表们对街道今年人大工作的意见和建议，并邀请各位人大代表为街道和办事处重点难点工作献言建策。3月中旬，街道人大工委前往区人大代表所在单位征求关于群众路线教育实践活动的意见和建议，共征集到代表意见和建议5条。3月16日，尧化街道在尧新社区会议室召开街道党的群众教育实践活动动员大会。区人大尧化街道代表团代表应邀出席会议，并参与对街道领导班子和领导干部民主评议。6月13日，南京市人大代表团一行到尧化街道专题督查街道迎青奥环境整治工作，参观了北十里长沟，听取尧化街道环境整治工作经验。7月29日，尧化街道人大工委邀请迅达公司在吴边社区和苑小区健身广场举办“电梯安全知识进社区”活动。10月27日，街道人大工委在尧新社区举办“关注燃气安全·共建平安社区”天然气安全使用知识讲座，社区居民群众、青年志愿者共40余人参加。11月21日，街道人大工委组织区人大代表专题视察调研街道居家养老工作，人大代表一行实地视察姚坊门居家养老服务中心尧化、尧林仙居、王子楼3个站点。　□王小虎

◆马群街道人大工委　2月13日，街道开展“9322”环境整治工作测评。代表们在现场调研、视察，肯定街道在城中村的拆迁改造、“绿色通道”建设、沿街门面房整治和小区内部卫生死角清理等方面工作。5月26日，街道人大工委组织辖区人大代表赴栖霞法院参加庭审，陪同听取了一起关于工伤保险待遇纠纷案件的审理过程。6月30日，街道人大工委动员代表下基层开展慰问困难党员活动。此次走访街道各个社区共上报困难党员35名，街道共发放35000元慰问金。7月25日，街道领导班子召开党的群众路线教育实践活动专题民主生活会。区人大代表孙中华出席会议并讲话。整场民主生活会共收到批评意见182条，街道工委书记和办事处主任各25条，其他领导班子成员平均12条。9月18日，街道人大工委组织辖区人大代表赴南京市科学会堂参观“庆祝南京市人民代表大会成立60周年纪念展”。10月29日，街道人大工委开展了以“铁律无情、警钟长鸣”为主题党风廉政警示教育活动，街道全体机关干部、社区副职以上干部参加了活动，共计152人接受此次廉政教育。11月21日，街道人大工委组织辖区基层社区书记赴玄武区梅园新村社区邻里中心、社会组织服务团及建邺区社会管理服务中心考察学习社会治理工作，由街道人大工委副主任车金楼带队，街道人大代表、工委书记刘海滨共同参与活动。11月下旬，街道第四选区人大代表补选

工作正式启动。人大工委根据法定程序开展此次补选工作，成立选举工作领导小组，指导选区各个单位及时开展宣传发动、核对选民信息、确定正式候选人、划分选民小组等各阶段工作并及时发布相关公告。12月1日下午召开代表候选人见面会，12月6日正式选举。此次补选，参选选民3886人。区商务局党工委书记刘家常高票当选为区人大代表。

□刘　谐

◆**龙潭街道人大工委**　2~10月，街道人大工委全程参与党的群众路线教育实践活动，负责8个村居、2个中心和一个部门共11家单位督导，参与街道"三谁"大讨论以及"环境整治为了谁"大讨论，书写对照检查材料。7月，组织人大代表视察水一方生态休闲旅游区、"9322"环境整治工程、110条河道环境整治以及43条黑臭河的整治，号召人大代表参与监督，推进"迎青奥百日大扫除"工作。8月5日，组织人大代表参加区人大征求学教活动意见以及建议座谈会，召开人大代表座谈会，征求学教活动意见和建议。8月8日，街道人大工委组织辖区内区人大代表参加代表工作平台专题培训。

□陈　欣

栖霞区人民政府

综　　述

◆**概况**　2014年，栖霞区经济保持平稳增长。实现地区生产总值750亿元，同比增长10.5%；公共财政预算收入77.2亿元，同比增长12.1%；全社会固定资产投资460亿元，同比增长13%。实现服务业增加值245亿元，同比增长11.8%；完成服务业投资250亿元，同比增长63.3%；实现社会消费品零售总额190亿元，同比增长13%。全区民营经济实现增加值160亿元，同比增长19.8%。光电显示、生物医药、智能制造"三大"产业和物联网、3D打印、移动互联网"三新"产业预计实现产值1950亿元，占规模工业比重达80%。完成土地流转8140万平方米，新增高效设施农业135万平方米。新认定高新技术企业20家，预计完成高新技术产业产值1700亿元，成功创建国家知识产权强县工程试点区。江苏生命科技创新园、紫金新港创业特别社区被评为"国家级科技企业孵化器"。成功创建国家创新人才培养示范基地，新引进和自主培养"千人计划"创业人才8名，培育省"双创"人才4名，入选科技部科技创新创业人才1名。全力推进仙林副城和迈燕新城、新尧新城、龙潭新城"一副三新"建设。规模工业企业原煤消耗控制在1110万吨以内，单位工业增加值能耗下降5%，非工企业二氧化碳排放达标。完成61.7公里的绿色通道品质提升专项整治任务，新增绿化造林257万平方米；完成金川河流域24个排水达标片区建设和106条黑臭河道整治。完成青奥会和国家公祭日环境管控保障任务。完成城中村危旧房改造项目22个，动迁总面积184万平方米。出新改造23个老旧小区。完成"大干一百天，环境大扫除"工作任务，被市政府评为立功单位。新增城镇就业1.8万人，预计城乡居民人均可支配收入分别达4.1万元和1.9万元，同比增长9.5%和10.5%。新开工保障房36.7万平方米，续建37万平方米，竣工19.5万平方米。与省人民医院达成共建"栖霞区康复医疗体系"合作协议，组建省人民医院栖霞康复院区。合作医疗覆盖率达100%。成功创建"全国义务教育发展基本均衡区"。新建成20所中小学和幼儿园。栖霞中学与海门中学共建栖霞（海门）实验初级中学。南师附中仙林学校初中部丁家庄校区建成并交付使用。全面开展安保维稳大防控行动和第四轮"春风化雨"握手行动。强化安全生产"红线"意识，开展"迎青奥"双百日专项整治、"六打六治"打非治违专项整治行动。仙林街道成功创建全国和谐社区建设模范街道和"国际安全社区"，尧化街道成功创建"全国安全社区"。全年，区政府召开全体（扩大）2次；召开常务会议7次，涉及议题33个；召开区长办公会20次，涉及议题76个。多次召开重要工作动员部署会议，推动各项工作顺利开展。区政府按照年度目标规划开展各项工作。主要领导深入部门、街道和现场，督查工程建设、生产安全，调研民生保障、环境保护、居民生活约67次，举办投资环境推介活动和招商引资项目签字发照仪式7次，工程项目集中开工仪式5次，参加各种联谊活动、专题峰会和论坛2次，组团到先进地区学习交流2次。

◆**政府自身建设**　2014年，栖霞区政府深化行政审批制度和行政执法体制改革，承接和用好下放22项市权，在上年下放49项区权基础上再次下放42项与群众关系紧密的权力。建立"清单管理"制度，推进网上"并联"审批。加快推进市政管养市场化运作、城管队伍属地化管理、城市管理标准化考核、城市治理系统化建设，完成国资退出实施方案，出台国有资本管理体制改革工作实施办法。全年共办理人大建议、政协提案302件，办结率、满意率均为100%。完成区政务服务中心升级改造工作。成立区中小企业服务中心。整合构建区级社会管理信息化总平台。全年主动公开政府信息1094条。成立区民生服务中心，开通"96106"为民服务热线。区"12345"全年共受理各类工单19822件，办结率100%，综合满意率达93.07%。区政府门户网站在"2014中国特色政府网站评选活动"中获"在线服务创新奖"。

◆**领导视察**　1月4日下午，中共南京市委副书记、代市长缪瑞林到区调研工作。缪瑞林一行首先到仙林鼓楼医院，和输液患者及住院病人进行交流，随后又调研南京中电熊猫第六代彩色滤光片项目、栖霞区3D打印展示和服务中心。2月10日，中共福建省宁德市委书记廖小军、市长隋军率该市党政代表团到区考察。中共南京市委副书记靳道强、区委书记臧正金陪同考察。代表团参观考察南京先进激光技术研究院、中电熊猫等地，了解经济转型、科技创业创新等情况。随后到仙林街道和紫东国际创意园听取社会管理网格化工作开展情况和各项人才政策、创业环境的介绍。3月25日，缪瑞林率领市相关部门和各区政府负责人，到区检查环境综合整治工作，并现场观摩迈皋桥地区环境整治成效。11月14日，中共安徽省委常委、合肥市委书记吴

1月4日下午，南京市代市长缪瑞林(左三)到区调研工作　　湛　阳　摄

存荣率合肥市党政代表团到区考察。靳道强、区及开发区领导胡晓健、倪德龙、贺研陪同考察。代表团首先考察南京中科煜宸激光技术有限公司并听取发展历程、主营业务和核心技术介绍。随后到紫东国际创意园，详细了解园区规划发展、建设理念、产业定位以及栖霞区的人才政策和创业环境。11月15日，中共南京市委常委先后到仙林执法中队和尧化办事处，了解栖霞区推进客运执法改革情况和城市管理综合改革情况，并听取区全面深化改革工作和城市管理体制改革试点方案，以及其他各区的改革工作汇报。

◆全体(扩大)会议　2014年，区政府召开全体(扩大)会议2次。2月13日下午，区政府召开第五次全体扩大会议，安排部署全年重点工作。区委副书记、区长邢正军，区委常委、常务副区长曹海连，区委常委、副区长毛银玲，副区长尹军、万震、陈松、秦志刚、秦亚平、邱志强和副巡视员朱青涛、黄建平、王智出席会议。区机关各部门、各直属单位、各街道办事处主要负责人参加会议。会上，区发改局、住建局、民政局、环保局分别针对2014年工作进行表态发言。邢正军要求巩固扩大经济稳中向好的势头，坚持转型发展、绿色发展，加强民生保障，不断强化安全生产“红线”意识，提高突发事件监测预警、处理能力。曹海连主持会议。7月30日下午，区政府召开第六次全体(扩大)会议，总结上半年工作，分析形势，部署下半年任务。邢正军重点对环境综合整治、青奥外围保障、转变工作作风三个方面对全区下半年工作提出具体要求并强调指出，要客观分析所面临的困难和问题，科学安排、统筹兼顾，创新举措、强力推进，抓好巩固环境整治成果、做好青奥环境保障、大力转变工作作风“三个重点”，确保完成全年各项目标任务。曹海连、毛银玲、尹军、万震、陈松、秦志刚、秦亚平和朱青涛、黄建平、王智出席会议。会议由曹海连主持。

◆常务会议　2014年，区政府召开常务会议7次。1月26日，区政府召开第十六次常务会议，研究城市管理体制改革和节地提效有关工作，听取全区安全生产监管工作情况汇报。2月10日，区政府召开第十七次常务会议，研究2014年度重点工作目标及初步分解方案和区长分工，听取政府信息化工程推进情况汇报。5月27日，区政府召开第十八次常务会议，研究2013年财政决算草案、个人建房审批和中小企业贷款担保有限责任公司业务试行办法修订事宜，听取“十三五”规划编制前期准备工作和传统文化资源保护利用情况汇报。6月3日，区政府召开第十九次常务会议，研究2013年度栖霞区预算执行和其他财政收支情况审计工作报告、城管考核工作、均衡全区医疗资源三年行动计划和区政府班子党的群众路线活动对照检查材料。6月17日，区政府召开第二十次常务会议，研究《栖霞区支出型贫困家庭生活救助暂行办法》《栖霞区安全生产管理责任体系》和社区成立事宜，听取栖霞建设国有股权退出一般商品房开发领域情况汇报、全区“9322”环境综合整治进展情况汇报、全区卫生服务中心建设与营运情况汇报和全区推进平安建设工作情况汇报。9月25日，区政府召开第二十一次常务会议，研究栖霞山地质灾害治理工作、《栖霞区土地指标有偿配置暂行办法》、广电网络整合工作、迈皋桥老街污水管改造及南十里长沟二、三支河道综合整治工程建设和钟山学院地块出让事宜。11月18日，区政府召开第二十二次常务会议，研究《栖霞区大学生就业创业工作实施意见》、2014年财政预算调整报告(草案)和区科创公司设立长城金茂新三板基金事宜、给予江苏聚合创意新兴产业投资基金扶持政策事宜，听取关于栖霞区现代服务业发展和服务业集聚区建设情况汇报和2014年市对区考核目标完成情况汇报。

◆重要工作动员部署会　1月10日，全区总部经济发展暨重大项目推进会在区委党校召开。区委副书记胡晓健为中石化南京工程公司、中建八局第三建设有限公司两家顺利通过南京市总部企业认定企业授牌，区领导曹海连、贺研、时效俊出席会议，区委常委、副区长毛银玲主持会议。1月17日下午，全区安全生产工作会议召开。会议宣布，从当日起至三月中旬，全区开展“一节两会”期间安全生产大检查，确保春节期间经济社会安全稳定。区委副书记、区长邢正军要求相关单位认真组织，全面排查，确保节日期间安全生产。区委常委、常务副区长曹海连主持会议。3月11日，全区小区出新、物业管理现场会召开。邢正军要求把小区出新当成自己家的装修来做，探索物管便民服务新机制。会前，副区长陈松率相关部门和街道负责人，到迈皋桥和尧化街道，察看老旧小区出新、物业管理基本情况。3月13日,区政府召开安全生产工作会议,部署今年的工作目标和主要任务。邢正军要求突出重点行业领域安全监管,用高标准加大安全隐患排查治理力度,为全区经济社会发展创造更加安全环境。副区长尹军参加会议。4月4日下午,区政府召开全区教育工作会议。区委书记臧正金出席会议并作重要讲话。他要求全区上下强化振兴教育、人人有责的共识,通过加强组织领导、加大投入力度、营造浓厚氛围等保障措施,凝聚发展教育的强大合力。市教育局局长吴晓茅应邀出席,并对栖霞教育事业提出殷切期望。区人大常委会主任李汉桥,区政协主席夏宁,区领导陈波、孙爱军、周峰、万震参加会议,区委副书记胡晓健主持会议。4月25日下午,区委、区政府召开一季度经济形势分析会,区委书记臧正金要求抓住重点,确保二季度各项经济指标完成。邢正军部署二季度重点任务。区委副书记胡晓健主持会议。6月30日下午,区委、区政府在区委党校召开青奥安保维稳大防控行动动员部署大会,就青奥安保维稳大防控行动进行专题部署。臧正金强调,全区各级要创造一切条件,动员社会力量,落实责任,建立治安巡查、群防群治和督察奖励机制,为青奥会提供安全保障与和谐环境。区长邢正军主持会议。区领导孙中华、李斌、尹军、秦志刚、孙金娣、刘勤参会。7月30日,区政府召开幸福都市指标测评工作推进会。区委副书记、区长邢正军出席会议并讲话,区委常委、副区长毛银玲主持会议。邢正军就进一步落实市委、市政府关于建设人民满意的幸福都市工作提出了具体要求。毛银玲也就2013年全区幸福都市各项指标完成情况与市对区现代化考评指标完成情况进行对比分析,并对做好2014年幸福都市指标测评工作提出要求。10月10日,区委、区政府召开全区重点平台建设推进会,结合10月1日起开始实施的《南京市紫金科技人才创业特别社区条例》,研究部署下一阶段工作任务。会上,负责紫金(新港)科创特区、江苏生命科技创新园、南大科学园等11个平台建设的区领导以及园区办负责人分别交流发言。臧正金强调,各园区平台要把握"特"的优势,在人才创业上打响品牌。要大力引进创业人才和初创企业,扭转"321"人才在全区比重较低的局面,走出"特"的路子。邢正军要求,园区平台建设要规范手续、保证质量、强化安全,在项目招商方面要突出协同性,在人才引进方面要突出匹配性,在招商队伍培养方面要突出专业性,通过苦练内功抓管理、创新思路谋发展,将园区平台打造成为经济发展的主战场,更好地引领全区产业转型升级。10月11日,全区规划工作会议召开,市规划局副局长刘颖及机关处室、区四套班子全体领导、南京经济技术开发区、仙林大学城分管领导及栖霞区机关各部门、直属单位、垂管部门主要负责人、各街道负责人参加会议,会议由邢正军主持。会上,副区长陈松总结回顾了栖霞分局三月份成立以来全区规划工作,结合实际分析当前形势,部署了下一阶段工作任务。在当天会议上,区规划编制研究中心、区规划协会也正式揭牌。

◆环境综合整治总结表彰暨动员大会

9月16日下午,区政府召开环境综合整治"大干一百天"专项行动总结表彰暨"再干两百天"专项行动动员大会,总结"大干一百天"经验,对建立"后青奥"时期城市建设长效管理作出部署。会议要求从17个整治清单入手,把环境综合整治向纵深推进。同时扩大宣传,动员广大群众积极响应、自觉参与到专项整治和城市管理中来,形成全社会共建共享的合力。区委书记臧正金,区委副书记、区长邢正军出席会议并讲话,南京仙林大学城管委会主任黎辉,南京经济技术开发区管委会党工委副书记李华、副巡视员刘众,区领导杨白英、陈波、孙中华、孙爱军、周峰、张民、陈松、时效俊、孙金娣参加会议。

◆机关工作总结表彰暨机关作风建设动员大会 2月7日,全区2013年度工作总结表彰暨加强机关作风建设动员会在机关大礼堂召开。区委书记臧正金要求切实改进作风,狠抓责任落实,努力实现一季度"开门红",确保完成年度各项目标任务,为争当苏南现代化建设示范区先行区、加快建设美丽幸福栖霞而努力奋斗。区四套班子全体领导出席会议。区委副书记、区长邢正军主持会议。区委副书记胡晓健宣读表彰决定。会上表彰了一批2013年度完成"五个建设"工作目标有功单位、有功个人和先进单位、先进个人,机关作风建设先进单位、优胜单位、优秀科室。9个街道、部门代表、重点平台负责人向区委、区政府递交2014年度工作目标责任书,区发改局、区城管局、栖霞街道、尧化街道、栖霞山风景区管委会等4家单位做表态发言。

◆可一文化总部大楼暨可一书店开工仪式 1月10日,可一文化总部大楼暨可一书店开工仪式在仙林举行。仙林可一书店由江苏可一文化产业集团股份有限公司投资建设并进行运营管理。项目建成后,将为居民带来一个具有多元文化服务和产品的综合性、一站式、体验型的3万平方米超大型文化购物中心。区领导臧正金、李汉桥、夏宁、胡晓健、曹海连、周峰等为项目开工奠基培土。

◆栖霞山风景名胜区管理处交接仪式

2月27日,区政府与市旅游委举行栖霞山风景名胜区管理处交接仪式,标志着栖霞山风景名胜区管理处整体划归栖霞区,归栖霞山文化休闲旅游度假区管委会管理,成为区政府直属差额拨款事业单位。南京市编办主任许宏、市旅游委主任金卫东、区长邢正军参加交接仪式。区政府常务副区长曹海连与市旅游委签订移交协议。邢正军在交接仪式上要求,做好景区接管后各项事宜,做好栖霞山风景区安全管理,确保景区安全稳定。副区长万震、区政协副主席时效俊出席仪式。

◆栖霞山文化休闲旅游度假区项目推介会 9月17日,在紫金山庄召开栖霞山文化休闲旅游度假区项目推介会,推出栖霞山核心旅游、滨江国际休闲、民国工业遗址、摄山—何家山养生、南象山科学研发五大功能片区及栖霞小镇、栖霞广厅、圆通禅院金刚阁、凤翔峰佛宫、地质主题公园、霞光主题游乐园、星级酒店、邮轮码头8个具体项目详细规划及招商计划。市委常委、常务副市长刘以安、区委书记臧正金、区委常委、常务副区长曹

2月27日,区政府与市旅游委举行栖霞山风景名胜区管理处交接仪式

区政府办 供稿

海联、副区长尹军、区政协副主席、区委统战部部长时效俊出席推介会。区委副书记、区长邢正军主持推介会。会后,中国进出口银行江苏分行和区政府签订开发栖霞山文化休闲旅游度假区项目合作备忘录。

◆重大服务项目集中开工 9月22日,总投资达100亿元的8个现代服务业重大项目在栖霞区和仙林科技城集中开工。8个项目涉及产业发展、科技创新、城市建设和社会民生四大领域,包括 总投资30亿元招商地产商业开发项目、总投资40亿元丁家庄商业综合体项目、总投资10亿元上海九霄商业综合体项目、总投资6.8亿元兰德数码地理信息产业园项目、总投资4亿元省建科院研发基地项目、总投资4亿元栖霞建设总部项目、总投资2亿元马群科创中心三期项目、总投资1.5亿元永达汽车产业园项目。其中,招商地产商业开发项目将在燕子矶新城建设城北区域首个集购物、餐饮、休闲、娱乐为一体的体验式生活中心;丁家庄商业综合体项目,将为丁家庄保障房片区及其周边区域逾30万居民提供集中式商业服务及生活配套服务,并为附近居民提供4000多个就业岗位;上海九霄商业综合体项目,将为仙林地区居民建设一座休闲、娱乐和购物中心;其他还有总投资6.8亿元兰德数码地理信息产业园、总投资4亿元江苏省建科院研发基地项目等,主打物联网、可再生能源利用、生物医药、电子商务、软件研发等新兴产业和科技服务业,建成后将推进栖霞现代服务业等相关产业的集聚和产业竞争优势的提升,以产业转型升级增强全区发展后劲。市委副书记靳道强宣布项目开工,市委副秘书长、政策研究室主任孙惟勤出席仪式,区领导臧正金、邢正军、李汉桥、夏宁、黎辉、胡晓健、曹海连、潘志宏、尹军参加仪式。

◆LG新能源汽车动力电池项目开工 10月30日,南京开发区LG新能源汽车动力电池项目破土动工。项目由韩国LG化学株式会社、南京紫金(新港)科技创业特别社区建设发展有限公司和南京新工投资集团有限责任公司合资建设,初期总投资约5亿美元,未来将根据市场情况不断追加投资。项目采用全球领先锂离子电池技术,将从事新能源汽车动力电池芯、电池组的生产和电池包组装,是LG化学继韩国梧仓工厂、美国霍兰德工厂之后全球第三个汽车动力电池生产基地,将是LG化学公司全球最重要动力电池生产基地。副市长罗群、区委书记臧正金、南京经济技术开发区管委会常务副主任杨友林等出席开工仪式。

◆建议和提案办理 2014年“两会”期间,区人大代表和政协委员围绕当年及“十二五”时期全区经济社会发展大局和人民群众普遍关注的热点难点问题,共提出建议提案共302件,其中,代表建议117件,委员提案185件。在收到建议提案后,区政府按照建议人、提案人所提出的问题和内容,根据区政府各部门、各街道的职能和管辖范围,将其中267件建议提案交由55个区相关职能部门和9个街道办事处具体承办。其余35件由于超出区政府职能部门和街道办理权限,经协商,分别由南京经济技术开发区管委会(22件)和仙林大学城管委会(13件)负责办理。从办理的结果来看,已解决和基本解决的(A类)建议提案有285件,占建议提案承办总数的94%(即办成率),与2013年相比提高2个百分点;被采纳并列入计划逐步解决(B类)14件;因条件限制而作说明解释(C类)2件;所有建议提案办结率、满意率均实现双100%的目标。其中,区人大确定的10件重点建议和区政协确定的10件重点提案不仅在办结率、满意率上达到了100%,并在办成率上取得100%好成绩。

◆区政府与南京艺术学院签署战略合作协议 12月1日,区政府与南京艺术学院在紫东国际创意园举行签约授牌仪式,区委臧正金书记,南京艺术学院院长刘伟冬、副院长谢建明,区领导周峰、万震、贺研出席签约仪式,相关职能部门、二级学院领导和区相关部门领导参加签约仪式。臧正金与刘伟冬共同为“南京艺术学院(栖霞)文化创新园”、“栖霞区南京艺术学院大学生创业孵化基地”揭牌并分别致辞。谢建明和副区长万震作为双方代表签署《战略合作协议》。根据协议,此次双方合作内容除了成立“南京艺术学院(栖霞)文化创新园”,“栖霞区南京艺术学院大学生创业孵化基地”外,还包括遴选大学生优秀文化创意项目入驻孵化;紫东创意园每年出资在南艺设立奖学金;南艺相关院系与燕子矶中学、栖霞中学开展结对共建,帮助培养高中艺术类特长生等。 □高 颖

人事管理

◆概况 2014年,栖霞区人事(编制)工作为建设美丽幸福栖霞提供有效的人事

编制服务和人才智力支持。全年计划招考公务员9名；接收安置转业干部44人；会同区教育、卫生，其他事业单位，招聘教师181名、卫生系列专业技术人员81名，其他事业单位工作人员104名。区编制部门为全区169家事业单位法人年检(年检153家，不需年检16家，年检率100%)，合格率100%，并为33家事业单位名称变更办理了相关手续。根据国务院《事业单位登记管理暂行条例》的规定，为1家事业单位办理撤销注销登记手续。区编制部门按照市编办关于开展各区机构和人员编制核查，深化机构编制实名制管理的通知要求，核查全区55家行政机构和169家事业机构和人员编制。适时跟踪掌握全区机构、编制和人员变化情况，及时更新数据，调整信息，确保实有机构、人员与按规定审批的机构、编制、职数等相一致。安置军转干部44人，其中正团7人，副团10人，技术七级1人；技术八级及营职以下23人，事业3人。组织开展2014年江苏省“博士计划”申报工作，报送自主创业类申报人员1名。为栖霞建设、海陵药业等企业单位共办理181名毕业生网上审批、落户等手续。中心共转进档案760份，调出档案160人。

◆公务员考核 2014年，全区共有1244名公务员参加考核，参加考核率100%，其中区人社局负责832人中，优秀109人，称职695人，不定等次28人(含23名新招录公务员)，优秀人员比例13.1%。

◆津补贴清理整顿 根据市规范公务员津贴补贴工作领导小组《关于开展我市公务员津贴补贴清理整顿规范工作的通知》文件精神，2014年，区人社局会同区纪委、财政、审计部门，全面自查2008年以来全区津贴补贴实施情况。针对自查过程中发现的问题，逐项开展清理、逐项进行整顿。同时，根据区纪委《关于印发〈纠正“四风”问题专项督察工作方案〉的通知》文件要求，配合区纪委，会同财政、审计部门，专项督察全区范围内纠正“四风”问题。

◆事业单位岗位管理 2014年，区人社局加大对聘用合同签订率督促、备案、检查力度，重点加强街道事业单位聘用合同的清理规范。全年为305名事业单位工作人员办理聘用合同鉴证工作，事业单位聘用合同签订率达98.7%。贯彻落实《事业单位进人计划凭证使用规则》，全面梳理2014年事业单位进人情况，加强事业单位进人凭证管理，做到事业单位进人与进保有效对接。实施事业单位岗位管理制度，按照按需设岗、竞聘上岗、按岗聘用、合同管理的要求，加强指导，完成栖霞山风景名胜区管理处、栖霞区城市规划编制研究中心岗位设置，为83名事业单位工作人员办理岗位聘任工作。

◆事业单位招聘 2014年，区人社局坚持做到招聘简章报市级管理部门备案，招聘信息、过程、结果“三公开”，增强事业单位公开招聘工作透明度。会同区教育、卫生及其他事业单位，先后经过报名、笔试、资格验证、面试、体检、考核、公示等程序，招聘181名教师、81名卫生系列专业技术人员和104名其他事业单位工作人员。在招聘过程中均严格执行政策、严格规范程序、严肃招聘纪律，招聘结果真实有效。

◆职称评审 2014年，区人社局按照职称评聘的有关规定要求，在确保职称工作质量的同时强化服务意识，主动与各单位联系和沟通，及时通报评审申报事项，积极组织开展评审申报工作。全年为140名专技人员办理聘任手续；审核卫生系统286名专技人员初中级职称考试材料、18名高级职称考试材料；审核完成教育、卫生、文化、农业、建设、化工、交通等高中级专业职称晋升材料145份，其中，高级1人，中级144人。2014年，为150名大中专毕业生办理初定及聘任手续。组织开展教育系列专业技术资格评审委员会换届工作，会同区教育部门，按照《江苏省专业技术资格评审工作规范》要求，上报62名候选人员名单及相关材料。

◆军转干部管理 2014年，区人社局完成1名自主择业军队转干部的档案接收、报到和工资核定工作。根据《关于进一步调整规范自主择业军队转业干部津贴补贴制度的通知》(国转联〔2012〕2号)精神，对2001年以来安置到区18名自主择业军队转业干部调整规范津补贴，人均月增资800元，从2009年7月1日起执行。同时，还发放了自主择业军转干部 春节 慰问金。 □向开宇

政府法制

◆概况 2014年，区法制办以迎青奥行政执法专项整治工作为重点，统筹依法行政各项工作，为全区经济和社会发展提供了有力的法制保障。根据《南京市行政执法监督办法》有关规定，对全区13名行政执法岗位工作人员在全市环境专项整治工作中因行政执法不履职、不作为予以问责；换发执法证件6本，新申领123本，为各街道新申领执法证件172本，保证全区行政执法工作正常开展。落实重大行政处罚案件备案制度，提高法制监督效能。在燕子矶街道及龙潭街道分别设立行政复议联系点，为申请人提供方便、快捷、经济的行政复议申请渠道。参与政府决策，加快对马群、燕子矶、尧化、迈皋桥四个街道拆迁扫尾、行政裁决工作的进度；在燕子矶街道燕子矶社区开展“大干一百天，环境大扫除”活动。至年底，行政复议案件共计3件，维持2件，不予受理1件。做好行政诉讼案件的应诉工作。利用行政应诉机会与诉讼人和部门沟通，进行行政调解。至年底，全区行政机关诉讼案件共计33件，出庭应诉率91.67%。

◆参与政府决策 2014年，区法制办加快对马群、燕子矶、尧化、迈皋桥四个街道拆迁扫尾的行政裁决工作进度。全年对拆迁（征收）事宜提出法律意见共计60余件，协助南京市国土局报裁、送达50余起。依法核发7个非征地拆迁项目许可证和9个国有土地征收决定。在合班村危旧房、城中村片区环境综合整治改造项目以及何家村、高家村危旧房城中村改造项目中，有3户拆迁居民申请区政府作出征收补偿决定，经核查后裁决对2户下发征收补偿决定，一户中止。在全区“大干一百天，环境大扫除”活动中，区法制办深入燕子矶街道燕子矶社区协助工作。工作中收到区长督办件7

件，区级整改工单 301 件，街道工单 69 件，社区自查工单 90 件，全部圆满完成。

◆法制监督　3 月，区法制办转发《南京市行政执法监督办法》，进一步明确行政执法规范、职责及责任。4 月，全区共有 13 名行政执法岗位工作人员因行政执法不履职、不作为被问责。问责持有行政执法证件人员 4 名，暂扣行政执法证件 1 个月，进行离岗培训；责令 9 名未申领行政执法证件、需要继续在行政执法岗位工作的人员，参加培训考试并按规定申领行政执法证件，统一纳入全区行政执法人员管理。根据各执法部门新增人员及调岗情况，协调沟通相关部门，换发执法证件 6 本，新申领 123 本；同时，为各街道新申领执法证件 172 本。全年，根据江苏省和南京市关于重大行政处罚备案工作文件要求，全区重大行政处罚报备共计 93 件，涉及区城管局、区药监局等 8 家部门，罚款金额 400 万余元，没收违法所得 50 万余元。对报备案件中发现行政处罚自由裁量不当行为，进行严格审查并及时反馈意见。6 月，栖霞区被评为“重大行政处罚案件质量优秀区”。

◆政府法治建设　4 月，根据《中共栖霞区委　栖霞区人民政府关于全面深化改革的实施意见》以及《中共栖霞区委关于明确 2014 年全区重点难点促落实工作及专项促落实负责人的通知》要求，区法制办积极协助区发改局、区农业局推进简政放权工作，对涉及民生服务类、备案类、有利于当地经济发展类等行政许可和审批事项，提出下放 149 项行政权力的建议。全年，区法制办对全区 12 件拟发规范性文件进行合法性审查，其中 2 件审查通过并发文，其余 10 件不属于规范性文件审查范围，予以否决；根据《市政府办公厅关于开展市政府规范性文件清理工作的通知》要求，8 月 31 日前，对以区政府名义印发的现行有效的 28 件规范性文件进行清理，决定对《栖霞区支出型贫困家庭生活救助暂行办法》等 15 件规范性文件予以保留，对《栖霞区财政预算资金管理暂行办法》等 13 件规范性文件予以废止。根据《区政府办公室关于印发区政协八届三次会议委员提案办理方案的通知》要求，区法制办与相关单位会办序号为 0082 号提案，案由为“关于提高我区执法机关群众满意度的提案”，区法制办作出答复，获提案委员认可。

◆迎青奥行政执法专项整治　3 月 12 日，区政府召开迎青奥行政执法专项整治行动动员会，成立行政执法专项整治行动领导小组以及 6 个重点整治工作组。7 月 23 日，区委、区政府印发了《栖霞区迎青奥行政执法保障工作实施方案》、落实《迎青奥行政执法重点事项目录》《迎青奥联合执法事项目录》《全市迎青奥行政执法规范》，确定执法任务和标准，加大行政执法力度，为青奥会提供有效执法保障。成立环境保护、城市管理、交通运输、市场秩序、公共安全、景区窗口 6 个重点整治工作组，并要求各牵头部门召开联席会议，针对各自工作特点制定二级实施方案，建立领导小组，明确责任分工，开展联合执法工作。7 月 19 日至 8 月 31 日青奥会期间，全区各执法部门开展执法共 5724 次，联合执法 411 次，行政处罚立案数 583 件，作出处罚决定 571 件。同时，根据《南京市迎青奥行政执法保障工作督查方案》文件要求，区法制办与区督察办对全区各执法部门进行联合检查，发现问题及时督促整改，共发通报 4 期，专报 1 期，暂扣执法证件 7 本。　□崔美娟

外事侨务与港澳台事务

◆概况　2014 年，区政府坚持“走出去”与“请进来”相结合，进一步拓宽对外交往渠道、提升对外交往实效，助力全区经济社会发展。先后组团赴芬兰、荷兰等国及中国香港等地招商引智，接待澳大利亚、丹麦奥胡斯、中国香港等地代表团到访。区人民政府台湾事务办公室(以下简称区台办)、区人民政府侨务工作办公室(区侨办)认真履行工作职能。全区(行政区)常住台胞 374 人(不包含驻区高校台籍师生)，归侨 47 人，侨眷属 680 余人；侨港澳资企业 43 家、台资企业 14 家。区台办、侨办维护三胞权益，深入台、侨资企业和基层一线开展“四解四促”活动，发挥资源优势，开展“以台引台、以侨引侨”工作，为区招商引资、招才引智工作牵线搭桥，全年共引进“321”重点人才 1 名，邀请重点台商 120 名到区考察。妥善调处“三高两低”化工企业整治、燕子矶保障房片区征地拆迁等工作中台企搬迁、拆迁等矛盾问题。全年共组织开展社区侨法宣传活动 73 场次，开展社区为侨服务活动 71 场次。春节期间，走访慰问台胞台属、归侨侨眷属 34 人，发放慰问金近 4.24 万元。认真审核 27 名企业退休归侨身份，为其发放退休归侨困难补助 3.24 万元。

青奥会期间，全区各执法部门开展执法 5724 次，联合执法 411 次

区法制办 供稿

◆赴芬兰、荷兰洽谈推进项目 6月10~17日，区人大常委会副主任、南京紫东国际创意园管委会主任贺研率团赴芬兰、荷兰参观考察，参访芬兰国家技术研究中心、森博格林绿植公司等机构和企业，并就成立中芬联合研发中心与芬兰优卡咨询公司、南京即物致理电子科技有限公司签署了三方合作协议。

◆赴香港地区招商引资与招才引智 7月30日至8月3日，副区长邱志强(挂职)带队赴香港地区考察，参访智隆国际有限公司、招商银行(香港)分行，洽谈推进一批金融项目，并在香港大学、香港科技大学推介创业孵化苗圃和加速器，吸引优秀人才到栖霞创新创业。11月17~21日，区委常委、迈皋桥街道党工委书记孙爱军带队赴香港地区考察，先后走访香港嘉华集团总部、戴德梁行、恒隆集团有限公司等单位，举办商业地产招商说明会，推介区内地块资源和产业定位，吸引港商投资。12月10~13日，区商务局局长李罡带领招商小分队赴香港地区参加香港地产企业交流年会，并拜访和记黄埔、新鸿基、中海等一批知名地产企业，与企业负责人就相关地块开发进行洽谈。

◆丹麦奥胡斯市朗卡尔中学到燕子矶中学访问 6月1~4日，丹麦奥胡斯市朗卡尔高中(Langkaer Gymnasium)校长安德斯·史特加德(Mr.Anders stergaard)、外事助理玛莉·林蒂格(Ms.Maria Lindinger)等一行对栖霞区燕子矶中学进行为期4天的友好访问，双方续签合作交流备忘录。访问期间，校长一行全程观摩燕中的升旗仪式和主题晨会，并深入课堂听课、体验，与学生互动交流。

◆澳大利亚维多利亚州州督一行参观栖霞山风景区 10月14日，澳大利亚维多利亚州州督阿莱克斯·切尔诺夫(Alex Chernov)及夫人一行4人，在江苏省外事办领导陪同下，参观考察栖霞山风景区，区外办主任赵锡斌、栖霞山文化休闲旅游度假区管委会副主任叶宁参与接待。阿莱克斯·切尔诺夫表示栖霞山深厚的历史文化底蕴、优美的自然风光，给他留下了深刻印象，他愿以此为媒介，加强南京与维多利亚州在文化旅游业的交流合作。

◆香港地区公务员研习班学员考察亚东社区 10月16日，在南京大学参加第八届香港特别行政区政府公务员事务局研习班的学员在南京市外事办、南大有关工作人员陪同下，到仙林街道亚东社区考察交流。学员一行参观社区整体环境，在社区便民服务中心切身体验有序的管理和人性化服务，随后在仙林街道会议室举行座谈会，交流双方在基层社会管理服务方面的做法与经验。

◆中法两国大学生参观金港科创中心3D打印馆 4月18日，南京大学中法丝绸之路交流协会组织来自法国巴黎高科国立高等矿业学校、巴黎综合理工大学和南京大学的20余名青年大学生，在市外办友协处相关工作人员陪同下，参观栖霞区南京三维打印应用产业创新中心，并现场体验3D自动成像技术。

□高　颖

◆中华台北奥委会副主席廖裕辉一行到栖霞古寺瞻仰佛顶骨舍利 8月27日，中华台北奥委会副主席廖裕辉、秘书长陈国仪一行10人到栖霞古寺瞻仰佛顶骨舍利。南京市台办主任金辉，区政协副主席、区委统战部部长时效俊，南京市台办秘书处处长尹忠、区台办副主任吕文伟等接待并陪同参观。廖裕辉一行在净善法师陪同下参观弥勒殿、毗卢宝殿、舍利塔，并瞻礼佛顶真骨舍利。双方进行友好交谈，就两岸佛教文化进行交流并互赠礼物以作纪念。

◆区文化产业考察团到台湾地区考察交流 12月21~25日，栖霞区副区长万震带队，率南京钟山创意产业发展有限公司等相关部门负责人一行6人到台湾地区进行5天文化创意产业考察交流。期间，与新北市淡水区政府、八里区政府进行交流，参访台北华新丽华公司总部，并实地参观考察佛光山、华山1914文创园、松山文创园、驳二艺术特区、诚品书城等文化产业园区。

◆海外华人高层次人才考察江苏生命科技园 6月27日下午，海外华人高层次人才一行12人到江苏生命科技创新园考察交流。区人才办副主任吴捷，江苏生命科技创新园管委会常务副主任窦立华、副主任余蓉，国家"千人计划"专家、企业代表沈小宁博士参加交流。园区管委会副主任余蓉及招商部人员陪同海外华人高层次人才参观园区高校

6月1~4日，丹麦奥胡斯市朗卡尔高中到燕子矶中学交流访问　区政府办 供稿

理化测试中心平台、南京安赛莱医药科技有限公司。吴捷对各位高层次人才莅临江苏生命科技创新园参观考察表示欢迎,随后讲解区内人才政策;窦立华向各位人才介绍园区整体投资环境和科技人才扶持政策;园区落户人才企业代表沈小宁博士介绍企业发展基本情况和在园区落户的切身感受。海外高层次人才听后对园区发展环境及相关人才扶持政策充满兴趣,最后,人才代表对研发项目作简要介绍。整个座谈交流会气氛融洽,并达成多项合作意向。园区省级“华侨华人高层次人才创业基地”拥有海外归侨独立创办的研发孵化企业13家,70余名归侨高层次人才在其中开展研发工作。

◆侨界精英聚栖霞　10月11~12日,由江苏省侨联、南京市侨联和区政府主办;南京侨商联合会、区人才办、区商务局和区侨办、侨联共同承办的“创业中华·创新南京——2014年海外侨界人才聚金陵”活动在栖霞区举行。来自美国、加拿大、新加坡、刚果、澳大利亚、荷兰、芬兰、日本等国家和地区的近50位侨商及嘉宾参加。江苏省侨联副主席镇翔,南京市侨联主席周雯,区长邢正军,副区长尹军、万震,区政协副主席、区委统战部部长时效俊,南京市侨联副主席林柏、副巡视员王金刚,江苏省侨联经济科技部部长李正新出席欢迎仪式。活动由副区长万震主持。区长邢正军致欢迎词,副区长尹军介绍栖霞区人才及投资环境,来自美国商宏科技有限公司总裁罗平代表侨商和嘉宾发言。周雯和镇翔分别讲话。通过介绍,侨商和嘉宾对栖霞区生物医药、科技创新、文化创意、现代物流和装备制造五大重点产业表示出浓厚兴趣。12日上午,海外侨商和嘉宾先后考察江苏生命科技园、紫东国际创意产业园、栖霞街道、马群街道和燕子矶街道。通过考察,侨商和嘉宾纷纷表示,栖霞区各类产业园区规划科学,特色明显,各项扶持政策具有很强吸引力。考察活动现场,部分侨商就生物医药、新能源产品、物联网技术等多个项目达成合作意向。

□何　颖　郑　岩

政协栖霞区委员会

综　　述

◆概况　2014年,政协栖霞区委员会围绕区委、区政府的中心工作,学习领会中共十八大和十八届三中、四中全会精神,把握团结和民主两大主题,围绕全区工作大局,履行政治协商、民主监督、参政议政职能,凝聚智慧服务科学发展,发挥优势助推民生改善,协调关系促进社会和谐,为实现全区经济社会发展稳中有进、稳中向好做出贡献。全年,区第八届政协召开第三次全体会议,涉及议题9项;召开常务委员会议5次,涉及议题17项;召开主席会议11次,涉及议题35项;召开其他会议2次。开展3项重大活动,举办3次“政协讲堂”系列讲座。全年,共提交提案218件,其中,区工商联和栖霞民革综合支部团体提案2件,委员联名提案30件,委员个人提案186件;提交提案的委员198人,占委员总数的93%。按照提案的内容划分,涉及经济科技方面的47件,占20%;涉及城建城管方面的95件,占40.4%;涉及教卫文体方面的44件,占18.8%;涉及民生保障方面的40件,占17%,其他方面9件,占3.8%。经审定,立案185件。截至7月,所有提案均已办复,办结率、满意率均达到100%。

◆协商议政　2014年,区政协通过会议协商形式,围绕全区经济社会发展中的重大问题,深入开展各类协商议政活动。全年,区政协召开常委会议5次、主席会议11次和各类专题协商会议,就全区科创平台可持续发展、大学生就业等诸多方面进行讨论,并先后向区委、区政府报送《关于推动我区科创平台可持续发展的建议》《关于促进我区大学生就业的建议案》等一批协商议政成果,区委书记臧正金针对区政协关于推动全区科创平台可持续发展的建议作出批示。

◆民主监督　2014年,区政协为委员搭建监督平台,完善监督机制,落实监督事项。9月29日,专题召开主席会议,邀请委员和媒体代表共同听取区政府关于提案办理情况通报,视察办理成果,推动提案办理落实;坚持重点提案督办制度,遴选出《关于加强村级债务管理的建议》《关于建立大学生创业服务体系的建议》等10件重点提案由区政协各位主席领衔督办,通过领导督办,10件重点提案全部办成,取得良好效果。对于《加快推进尧化地区大型化工企业搬迁》等部分超出区级管理权限的提案,主动邀请23名驻区市政协委员,联名向市“两会”提交,得到市政府批示,推动一批涉及栖霞发展的重大问题列入议事日程。

◆调查研究　2014年,区政协选择事关人民群众切身利益的课题开展调研。成立课题调研组,就推进“医养融合”发展开展专题调研,先后赴尧化、西岗、八卦洲等街道以及上海浦东新区、苏州高新区等先进地区实地考察,邀请鼓楼医院护理专家、南京市社保中心领导、南京养老机构负责人和仙林部分高校养老专业学者座谈,吸取各方意见,结合实际形成《关于加快推进我区“医养融合”发展的建议案》。区长邢正军作出批示。此外,还报送《关于借鉴上海、广州等地经验,抓好后青奥时期城市长效管理的建议》《关于尽快提高我区名校分校办学质量的建议》等一批调研成果。

◆反映社情民意　2014年,区政协、各专委会和广大政协委员深入基层、社区、群众,广泛收集基层百姓反映强烈的社会热点、难点问题,全年共收到委员报送信息206篇,先后上报《实时发布饮用水水质监测数据及提高检测频率的建议》《扩大地下管线普查范围的建议》等140篇民生信息,南京市政协采用63篇,排名全市第二位。这些反映民生诉求的信息,数篇得到全国政协的关注和转发。其中,《加快推进尧化地区大型化工企业搬迁工作的建议》得到南京市市长缪瑞林批示,市政府随即启动全市四大片区工业布局调整工作,成立工作指挥部,制定全区工业布局调整规划,尧化地区大型化工企业搬迁工作列入南京市、栖霞区重要议事日程。

◆**八届三次全体会议**　1月5~7日，中国人民政治协商会议南京市栖霞区第八届委员会举行第三次全体会议，出席会议的各界政协委员共214名。区政协主席夏宁向大会作区政协工作报告。区政协副主席时效俊向大会报告关于八届二次会议以来提案工作情况。区政协副主席王佩娟主持开幕会。区机关各部门主要负责人、各街道工委书记、办事处主任、政协工委主任和有关单位负责人列席会议。区工商联、区各民主党派代表，离退休的区政协历届老领导应邀参加会议。会议期间，全体委员听取并审议区政协主席夏宁作《政协南京市栖霞区第八届常务委员会工作报告》和区政协副主席时效俊作《关于八届二次会议以来提案工作情况的报告》。对2012~2013年度政协工作先进专委会、先进个人、优秀政协委员和信息工作先进个人进行表彰，听取十个委组委员代表发言。全体委员列席区人大十七届三次会议，听取并讨论区长邢正军作《政府工作报告》。组织委员开展政情视察活动，让委员全面了解栖霞转型发展情况。通过选举办法和选举工作人员名单，蒋励当选政协南京市栖霞区第八届委员会副主席，胡达贵、朱从政当选政协南京市栖霞区第八届委员会常务委员会委员。会议审议通过《政协南京市栖霞区第八届委员会第三次会议决议》，号召全区各级政协组织和广大政协委员在区委领导下，围绕争当苏南现代化建设示范区先行区目标做出贡献。本次会议共征集提案218件，其中，区工商联和栖霞民革综合支部团体提案2件，委员联名提案30件，委员个人提案186件。

1月5日，政协南京市栖霞区第八届委员会第三次会议在区级机关大礼堂召开
区政协办 供稿

◆**常委会会议**　2014年，区八届政协共召开常务委员会议5次，涉及议题17项。1月5日，区政协召开八届第十次常委会议，审议通过有关人事安排。区政协主席夏宁主持会议，副主席时效俊、蒋励、孟祥康、王佩娟、曹于平及区政协常委出席会议。1月22日，区政协召开八届第十一次常委会议，审议通过《政协南京市栖霞区第八届委员会2014年度工作要点(草案)》《政协南京市栖霞区第八届委员会2014年度常委会议议题安排(草案)》；通报《政协南京市栖霞区第八届委员会2014年度主席会议议题安排》和区政协2014年度重点提案；协商通过有关人事安排。区政协主席夏宁主持会议，副主席时效俊、蒋励、孟祥康、王佩娟、曹于平及区政协常委出席会议。6月18日，区政协召开八届第十二次常委会议。区政协主席夏宁主持会议，副主席蒋励以及区政协常委参加会议，副区长陈松、区环境综合整治指挥部办公室有关负责同志应邀列席会议。会前，与会人员先后视察省电建宿舍小区出新项目和北十里长沟东支河道整治项目。会议听取实施"9322"环境综合整治行动的情况通报，并进行协商讨论；审议《关于加强对全区小区物管工作管理的建议》；协商通过有关人事安排。10月14日，区政协召开八届第十三次常委会议，视察南师附中仙林学校初中部和栖霞区(海门)实验初级中学，听取全区引入名校提升教育质量情况的通报，并进行协商讨论；协商通过有关人事安排。区政协主席夏宁主持会议，副主席时效俊、蒋励、王佩娟、曹于平以及区政协常委参加会议，区政府万震副区长应邀列席会议。12月19日，区政协召开八届第十四次常委会议，视察周诚蔬菜种植家庭农场和绿丫蔬菜专业合作社，听取区培育新型农业经营主体的通报，并进行协商讨论；审议通过区政协八届四次会议有关事宜及有关人事安排。区政协主席夏宁主持会议并讲话，区政协副主席蒋励、孟祥康、王佩娟、曹于平，区政协常委参加会议。区政府秦志刚副区长应邀列席会议。

◆**主席会议**　2014年，区八届政协召开主席会议11次，涉及议题35项。1月22日，区政协召开八届第二十二次主席会议，协商讨论《政协南京市栖霞区委员会2014年度工作要点(讨论稿)》，协商讨论《政协南京市栖霞区委员会2014年度常委会议议题安排(讨论稿)》，协商确定《政协南京市栖霞区委员会2014年度主席会议议题安排》，听取区政协八届三次会议提案审查情况报告，协商确定区政协2014年度重点提案，讨论研究有关人事安排。同时决定将以上内容提交常委会审议。区政协主席夏宁主持会议，副主席时效俊、蒋励、孟祥康、王佩娟、曹于平出席会议。3月5日，区政协召开八届第二十三次主席会议，视察尧化街道司法所和全区社区矫正管理教育服务中心，听取社区矫正工作情况的通报，并进行协商讨论。区政协主席夏宁主持会议并讲话，区政协副主席王佩娟、曹于平及部分区政协委员参加会议，区政府副区长秦志刚应邀列席会议。3月28日，区政协召开八届第二十四次主席会议，视察仙林东城汇、迈皋桥华电科技园和马群招商花园城，听取区现有城市商贸综合体发展情况的通报,并进行协商讨论。区政协主席夏宁主持会议并讲话,区政协副主席蒋励、孟祥康、曹于平及部分区政协委员参加会议,区委常委、区政府常务副区长曹海连应邀列席会议。5月8日,区政协召开八届第二十五次主席会议,视察尧化街道和苑小区和迈皋桥街道东井村44号小区,听取区专业化物业管理覆盖与管理情况的汇报,并进行协商讨论。区政协主席夏宁主持会议并讲话,区政协副主席时效俊、蒋励、孟祥康、王佩娟、曹于平及部分区政协委员参加会议,区政府副区长陈松应邀列席会议。5月30日,区政协召开八届第二十六次主席会议,视察梁临川靖惠王萧宏墓石刻、梁始兴忠武王萧憺墓石刻、梁鄱阳忠烈王萧恢墓神道石刻和金陵折扇制作技艺,听取栖霞区传统文化资源保护利用工作情况的通报,并进行协商讨论。区政协主席夏宁主持会议并讲话,区政协副主席时效俊、蒋励、孟祥康、曹于平及部分区政协委员参加会议,副区长万震应邀列席会议。7月31日,区政协召开八届第二十七次主席会议,视察华能金陵电厂和金鹰奥莱城,专题听取区绿色节能产业发展情况的通报,并进行协商讨论。区政协主席夏宁主持会议,副主席时效俊、蒋励、孟祥康、王佩娟、曹于平参加会议,区政府相关部门负责人、高校专家学者以及工商界委员代表应邀列席会议。9月4日,区政协召开八届第二十八次主席会议,视察马群钟山学院高端养老项目和迈皋桥颐和护养中心,专题听取区关于推进医养融合工作情况的通报,并进行协商讨论。区政协主席夏宁主持会议,副主席时效俊、蒋励、孟祥康、王佩娟及部分区政协委员参加会议,区委常委、区政府副区长毛银玲应邀列席会议。9月29日,区政协召开八届第二十九次主席会议,视察金港大学生科技创业苗圃和八卦洲红杜鹃生态农业园等提案办理成果,专题听取区政协八届三次会议以来提案办理工作情况的通报,并进行协商讨论。区政协主席夏宁主持会议,副主席时效俊、蒋励、孟祥康、王佩娟、曹于平及部分区政协委员参加会议,区委常委、区政府常务副区长曹海连应邀列席会议。10月29日,区政协召开八届第三十次主席会议,视察马群街道社区卫生服务中心和栖霞区医院,听取区深化优质医疗合作成果情况的通报,并进行协商讨论。区政协主席夏宁主持会议并讲话,区政协副主席时效俊、蒋励、孟祥康及部分区政协常委、委员参加会议,区政府副区长秦亚平应邀列席会议。12月1日,区政协召开八届第三十一次主席会议,视察栖霞山文化休闲旅游度假区,听取区推进栖霞山文化休闲旅游度假区和文化创意产业集聚区综合开发情况的通报,并进行协商讨论。区政协主席夏宁主持会议并讲话,区政协副主席时效俊、孟祥康、曹于平及部分区政协委员、高校专家学者参加会议。12月19日,区政协召开八届第三十二次主席会议,协商讨论区政协八届四次会议有关事项(包括区政协八届四次会议议程、日程;提交区政

表4 2014年栖霞区政协常委会会议议题一览

时间	届次	主 要 议 题
01-5	10	审议通过有关人事安排
01-22	11	审议通过《政协南京市栖霞区第八届委员会2014年度工作要点(草案)》、《政协南京市栖霞区第八届委员会2014年度常委会议议题安排(草案)》;通报《政协南京市栖霞区第八届委员会2014年度主席会议议题安排》和区政协2014年度重点提案;协商通过有关人事安排
06-18	12	视察省电建宿舍小区出新项目和北十里长沟东支河道整治项目,会议听取实施"9322"环境综合整治行动的情况的通报,并进行协商讨论;审议《关于加强对全区小区物管工作管理的建议》;协商通过有关人事安排
10-14	13	视察南师附中仙林学校初中部和栖霞区(海门)实验初级中学,听取区引入名校提升教育质量情况的通报,并进行协商讨论;协商通过有关人事安排
12-19	14	视察周诚蔬菜种植家庭农场和绿丫蔬菜专业合作社,听取区培育新型农业经营主体的通报,并进行协商讨论;审议通过区政协八届四次会议的有关事宜及有关人事安排

表5 2014年栖霞区政协主席会议议题一览

时间	届次	主 要 议 题
01-22	22	协商讨论《政协南京市栖霞区委员会2014年度工作要点(讨论稿)》;协商讨论《政协南京市栖霞区委员会2014年度常委会议议题安排(讨论稿)》;协商确定《政协南京市栖霞区委员会2014年度主席会议议题安排》;听取区政协八届三次会议提案审查情况的报告;协商确定区政协2014年度重点提案;讨论研究有关人事安排。同时决定将以上内容提交常委会审议
03-05	23	视察尧化街道司法所和全区社区矫正管理教育服务中心,听取区社区矫正工作情况的通报,并进行协商讨论

续表 5

时间	届次	主 要 议 题
03–28	24	视察仙林东城汇、迈皋桥华电科技园和马群招商花园城，听取区现有城市商贸综合体发展情况的通报，并进行协商讨论
05–08	25	视察尧化街道和苑小区和迈皋桥街道东井村44号小区，听取了区专业化物业管理覆盖与管理情况的汇报，并进行协商讨论
05–30	26	视察梁临川靖惠王萧宏墓时刻、梁始兴忠武王萧憺墓石刻、梁鄱阳忠烈王萧恢墓神道石刻和金陵折扇制作技艺，听取栖霞区传统文化资源保护利用工作情况的通报，并进行协商讨论
07–31	27	视察华能金陵电厂和金鹰奥莱城，专题听取区绿色节能产业发展情况的通报，并进行协商讨论
09–04	28	视察马群钟山学院高端养老项目和迈皋桥颐和护养中心，专题听取区关于推进医养融合工作情况的通报，并进行协商讨论
09–29	29	视察金港大学生科技创业苗圃和八卦洲红杜鹃生态农业园等提案办理成果，专题听取区政协八届三次会议以来提案办理工作情况的通报，并进行协商讨论
10–29	30	视察马群街道社区卫生服务中心和栖霞区医院，听取区深化优质医疗合作成果情况的通报，并进行协商讨论
12–01	31	视察栖霞山文化休闲旅游度假区，听取区推进栖霞山文化休闲旅游度假区和文化创意产业集聚区综合开发情况的通报，并进行协商讨论
12–19	32	协商讨论区政协八届四次会议有关事项(包括区政协八届四次会议议程、日程；提交区政协八届四次会议审议《常委会工作报告》和《提案工作情况报告》；区政协八届四次会议执行主席、秘书长名单；区政协八届四次会议执行主席分组名单和政协领导分工；区政协八届四次会议秘书处各组负责人名单；增补常委建议名单)，协商讨论区政协委员调整方案

协八届四次会议审议《常委会工作报告》和《提案工作情况报告》；区政协八届四次会议执行主席、秘书长名单；区政协八届四次会议执行主席分组名单和政协领导分工；区政协八届四次会议秘书处各组负责人名单；增补常委建议名单)，协商讨论区政协委员调整方案。

◆科创平台研讨会 8月29日，区政协组织召开科创平台可持续发展研讨会，区政协主席夏宁主持会议并讲话，区政协副主席时效俊、蒋励、曹于平出席会议，市社科院经济发展研究所黄南所长、区属科创平台常务负责人、区政府相关职能部门主要负责人以及部分区政协委员列席会议，共同为全区科创平台可持续发展建言献策。

◆民营经济研讨会 9月5日，区政协召开民营经济创新发展研讨会，就民营企业创新发展的经验做法进行研讨，为政府营造有利于民营经济创新发展的环境建言献策。区政协主席夏宁、副主席蒋励以及区政协部分工商界委员参加会议。会前，与会人员首先参观南京市优秀民营企业——江苏可一文化产业集团。会上，工商界委员们围绕搭建平台，实现资源共享；优势互补，发挥规模效应；创新驱动，大力发展文创产业等问题做研讨发言，从不同角度展示民营经济发展取得的成绩，对存在问题成因进行分析，并提出建议。

◆"民营企业·社会组织·公益项目"牵手活动 2014年，区政协在八届三次全体会议上向政协委员发起结对帮扶的倡议，发起"民营企业·社会组织·公益项目"牵手活动，为爱心企业与草根社会组织搭建合作平台，引导政协委员特别是工商界委员与社会组织和公益项目定向

9月5日，区政协召开民营经济创新发展研讨会，会前视察江苏可一文化集团

区政协办 供稿

对接，帮助和扶持区社会组织发展。全年，活动在全区9个街道实现全覆盖，对接帮扶钱洁语言康复中心、八卦洲街道协和老年人服务中心、迈皋桥街道蓓享阳光成长服务中心、栖霞街道爱心接力校外课堂等10家社会组织，由委员爱心企业对社会组织开展的为老为小、助残助病等公益项目进行冠名资助，并成立导师工作室，对社会组织运营管理给予技术支持，为老百姓提供质量更优、针对性更强的社会服务。

◆基层协商民主试点工作　2014年，区政协探索基层协商民主新路径，在西岗、马群、尧化街道开展试点，经街道政协工委、专委会与街道党工委协商，选定街道1~2项有待决策的重大事项，组织委员开展专题调研，与街道党政班子成员座谈对话，提出相关意见和建议，并投入力量推动该项工作开展。城乡建设委帮助西岗街道与草根社会组织建立健全沟通协调机制，成立10个指导帮扶团队对接社会组织，从活动策划、人员培训、资金筹措等方面予以长期支持，促进社会组织步入良性发展轨道；港澳台侨委深入马群地区商会组织走访调研，为服务园区转型发展探索新路；社会法制委组织高校教授、社区医疗机构负责同志与街道领导畅谈公共卫生服务体系建设，前往郑州学习“片医负责制”经验，探索基层医疗服务新模式。

◆政协讲堂　4月18日，“政协讲堂”第七讲特邀省书法家协会主席李啸副作《明道　正则　写心》专题书法艺术讲座。区政协主席夏宁，副主席时效俊、蒋励、孟祥康、王佩娟、曹于平出席活动，200多名区政协委员及区机关干部积极参会。5月13日，组织政协委员瞻礼栖霞寺佛顶骨舍利，邀请市政协委员、中国佛教院栖霞山分院副教务长、市佛教协会副会长、栖霞古寺首座曙光法师开展“禅与中国文化”专题讲座，让委员们实地感受佛教文化与中华传统文化魅力。10月24日，“政协讲堂”第九讲特邀省摄影家协会副主席李培林作“摄影创作技巧与审美”主题学习讲座。区政协主席夏宁，副主席蒋励出席活动。

◆提案工作　2014年，区政协不断改进和优化服务，通过多种形式提高提案质量。组织委员列席区政协主席会议和常委会议，听取区政府相关工作情况通报，并通过委组活动、对口协商、专题调研以及网站刊物等多种途径和载体，帮助委员知情明政。全会召开之前，根据区委、区政府年度工作重点，梳理出《提案征集要目》，供委员选题参考，并将上年度优秀提案范例一并提供给委员，引导委员选准选好题目，有针对性地撰写高质量提案。全会期间，区政协还专门组织政情视察活动，让委员实地了解全区经济社会发展情况，为提好提案启发思路。严格审查立案标准，按照提案工作相关制度规定，区政协提案委在初步审查的基础上，会同区政府办和区相关部门强化对提案的复查审核，对每件提案都进行认真协商研究，确保立案质量。

2014年，区政协从全局工作角度出发，坚持与时俱进，开拓创新，不断提升提案工作水平。对于部分事关全局重点提案进行深入挖掘，形成《关于促进我区大学生就业的建议》和《关于加强对全区小区物业管理监管的建议》等建议案，引起党委、政府主要领导重视。对于《加快推进尧化地区大型化工企业搬迁》等部分超出区级管理权限的提案，主动邀请23名驻区市政协委员，联名向市“两会”提交，得到南京市政府领导批示，推动一批涉及栖霞发展重大问题列入议事日程。开通网上提案工作系统，委员们通过网络提交提案，提案委在线汇总、审查提案，承办单位线上办理、答复提案，提案委、提案人以及承办单位之间沟通联系更加便捷，提高提案工作效率。通过区政协网站和刊物，向全体委员和社会公布提案目录和重点提案，及时刊登典型案例的办理过程、落实效果和社会评价，扩大社会影响力。区“两会”期间，提案委还联合区政府办，举办提案办理成果展，以图文并茂的形式，集中展现提案办理成果，请委员监督，让委员满意。

街道政协工作

◆概况　2014年，栖霞区各街道政协工委探索街道政协工作新路径、新方法，推进制度化、规范化建设，充分发挥基层政协优势，丰富委组活动，切实履行职能，有力推进政协工作的开展，为社会发展和稳定作出了积极贡献。

◆栖霞街道政协工委　3月29日，五福家园东峰爱心接力校外课堂正式揭牌，区政协主席夏宁、教卫文体二组全体委员、栖霞街道主要领导及爱心接力校外课堂全体师生参加揭牌仪式。南京东峰混凝土有限公司吴光明委员出资支持校外课堂建设，为困难家庭学子提供学业辅导等服务。

◆西岗街道政协工委　10月10日，由区政协和西岗街道党工委、办事处共同发起，西岗街道政协工委组织的“星城·星缘区政协委员帮扶结对公益行活动”正式拉开帷幕。活动现场，区政协委员对“星之缘”等10个“为老、为小、为残”的社会组织进行结对帮扶，引导和帮助草根社会组织为居民提供更专业的居家养老、家政服务、慈善救助、帮教矫治等服务。

◆尧化街道政协工委　2月17日，“企惠姚坊门”政协委员牵手公益行捐赠仪式在尧化街道举行。区政协主席夏宁，区委常委、副区长毛银玲，区政协副主席蒋励以及区政协社会法制委全体委员，尧化街道主要领导和10位社区书记参加了本次活动。6月26日，南京宇创石化工程有限公司于晓光委员在对接的“宇创老年之家”为老人庆祝生日。区政协副主席蒋励、尧化街道政协工委主任黄伟、尧化街道办事处副主任李敏、区政协委员南理工教授郝文、爱德居家养老服务中心主任唐海燕、翠林山庄社区党支部书记戴金荣等领导共同出席活动。9月23日，宇创老年之家举办“寿星乐重阳”活动。区政协副主席蒋励、尧化街道政协工委主任黄伟出席活动。

◆八卦洲街道政协工委　1月28日，栖霞房地产关爱老人公益项目揭牌仪式在栖霞区八卦洲街道协和老年人服务中心举行。区政协主席夏宁、副主席蒋励，区政协委员、南京栖霞房地产开发集团有限公司董事长刘新生、区红十字会常务副会长陈海频、八卦洲街道政协工委主任宋福红以及协和老年人服务中心30余名老人参加揭牌仪式。刘新生捐资帮助中心老人解决空调电费困难，并为中心每位老人及工作人员送上新春慰问礼品。

◆**迈皋桥街道政协工委** 3月1日，区政协副主席蒋励、迈皋桥街道政协工委副主任吴德双、提案委部分委员、区红十字会、团区委等相关领导一行十余人，在迈皋桥文化活动中心，共同参加由亚永电力有限公司赞助的“亚电蓓享阳光教育阵地”揭牌仪式，并现场观摩阵地活动情况，还与阵地负责人及部分参与活动的大学生进行座谈。提案委委员、亚永电力有限公司何福建主动资助阵地建设。7月16日，何福建委员到结对帮扶的迈皋桥街道社会组织“蓓享阳光”教育基地，了解社会组织近期运作情况，并为教育基地小朋友们捐赠课外读物。9月18日，迈皋桥街道政协工委邀请解放军军区机关医院口腔科专家到街道讲解关于口腔健康的知识，十三个社区近百名居民听取讲座。

◆**马群街道政协工委** 4月25日，雅格“蓓享阳光课堂”正式揭牌，同时向蓓享阳光成长服务中心捐赠扶持资金，并为困难家庭孩子赠送书包、文具。区政协副主席、区委统战部部长时效俊参加活动。

◆**龙潭街道政协工委** 2月28日，“年达听力评估中心”正式揭牌。区政协副主席时效俊、区残联理事长王红霞、区红十字会常务副会长陈海频出席揭牌仪式，年达炉业捐资用于聋哑儿童的听力评估测试。3月18日，东升“放学来吧”揭牌仪式在龙潭街道社会组织服务中心举行，区政协主席夏宁、区社建工委、区红会、区民政等相关部门负责人以及政协经济二组全体委员参加仪式。东升金箔厂欧红捐款，用于图书添置及教师补助。6月17~18日，在龙潭街道政协工委的牵头下，政协委员靖安卫生院俞文慧的联络下，靖安卫生院牵手上坝村，开展65岁以上老人免费测血压活动。

◆**仙林街道政协工委** 2月13日，仙林街道工委发挥政协组织优势，邀请教卫文体一组部分委员参与召开的“仙林美居生活广场二楼招商会议”。其中，石明钟担任评委，欧立祥、刘武平担任监督员。

专门委员会

◆**概况** 2014年，区政协不断充实委组活动内涵，政协委员主体作用得到充分发挥，委员的履职热情得到充分释放。各专门委员会发挥界别优势，围绕全区重点工作和关键领域，开展了内容丰富、形式多样的视察调研和协商议政活动。

◆**提案委** 11月14日，区政协副主席蒋励带领提案委全体委员到秦淮区洪武路街道龙王庙社区参观学习，秦淮区政协副主席吴健雄，秘书长吴春生和洪武路街道分管领导陪同参观。

◆**港澳台侨委** 4月19日，港澳台侨委到南京工业职业技术学院开展“真人图书馆”活动，区政协委员、南京雅格贸易有限公司总经理辛波现场“授课”，与大学生分享他丰富的人生阅历。4月25日，港澳台侨委走进钟山老年服务人力资源开发园区，考察居家养老产业建设。政协委员们先后考察养老机构“钟山颐养园”、康复机构“钟山老年康复医院”、研究机构“钟山老龄事业研究院”、培训机构“钟山老年服务人才培训中心”以及钟山学院现代服务与管理系老年专业群等项目建设，并就养老产业发展与项目负责人进行座谈交流。

◆**教卫一组** 3月26日，教卫文体一组委员前往江苏省中西医结合医院视察调研。委员们实地考察医院骨科、消化科、检验科以及内镜中心，听取区政协副主席、省中西医结合医院王佩娟副院长对医院发展现状、业务特色及服务亮点的详细介绍，并在随后的座谈会，对医院下一步建设发展、如何构建和谐医患关系、完善第三方调解机制等提出建议。9月19日，教卫文体一组委员调研仙林社会治理创新工作。委员们视察羊山公园和九乡河生态湿地公园，对仙林“大干一百天”环境综合整治成果给予肯定。参观南大和园社会治理促进中心，加深对仙林街道“网格化、社会化、信息化”工作的了解，并对仙林社会组织“助老、助小、助残”等社会治理创新举措表示赞许。11月21日，教卫文体一组前往栖霞山参观考察，加深对栖霞山的悠久历史和文化底蕴了解，并就栖霞山的规划建设提出建议。

◆**教卫二组** 7月25日，教卫文体二组组织专题调研会，对“取消药品加成”后产生的影响进行探讨。10月21日，区政协教卫文体二组组织政协委员走进开发区天加空调设备有限公司，了解企业发展状况，并针对发展中存在的问题，为企业的发展出谋划策。11月27日，区政协教卫文体二组全体委员走进南京中医药大学，调研考察中医药教育和产业发展状况。

◆**经济一组** 3月25日，区政协经济一组委员一行前往中石化南京烷基苯厂和南京炼油厂，对石化企业安全环保工作进行参观考察，了解石化项目的环保控制、社会影响以及税收留存等问题。同时，委员们还实地考察芳烃(PX)项目，在随后的座谈会中，委员们就安全环保问题提出意见和建议。11月21日下午，区政协经济一组委员们实地视察八卦洲街道水利工程和农村水环境建设开展情况，区水利局主要领导及分管领导陪同视察。委员们先后视察跃进河整治工程、小江河整治工程和中心河整治工程和现代化农业园区，听取八卦洲街道工委副书记倪天华对洲内水利建设和环境整治情况汇报，并针对视察情况及水利工程建设情况，提出意见和建议。12月5日，区政协经济一组组织委员赴高淳漆桥老街和桠溪国际慢城，参观考察高淳乡村环境保护、改造和旅游发展情况。

◆**经济二组** 5月29日，经济二组政协委员一行视察栖霞区法院，听取法院相关负责人对区法院建设和工作开展情况汇报。随后，委员们走进法庭，现场旁听刑事抢劫案件审理，近距离感受人民法院审判工作。9月18日,经济二组政协委员视察委员企业——江苏新恒基特种装备有限公司,听取企业负责人就民营企业升级转型后的发展情况汇报,提出完善企业转型升级的金融支持,拓展企业融资渠道等有针对性的建议。11月26日,经济二组政协委员一行先后视察南京冠佳科技有限公司、南京年达炉业有限公司,并参观相关企业经营生产车间,听取企业负责人就民营企业升级转型后的发展情况汇报。

◆科技一组　1月23日,科技一组委员视察新尧新城建设现场,实地参观在建的区文化体育中心和“姚坊门”特色街区,并走进新尧新城指挥部,听取指挥部总经理施正西对新尧新城城市综合体的总体介绍,提出应加快地铁和公交枢纽建设,引进集购物、休闲、娱乐为一体的商业中心,加快推进太平山森林公园建设等建议。

◆科技二组　4月23日,科技二组全体委员走进南京经济技术开发区国税局,开展一次“便民办税”体验活动。委员们走进国税局办公场所,观摩开发区国税局组织文化建设,全程参与体验涉税事项综合业务办理、特服务号涉税政策咨询辅导、自助区纳税申报等“一站式”涉税服务流程。委员们还走进A.O史密斯和中科煜宸两家企业开展税收政策解读辅导,与国税干部一起对高新技术企业和“321”引进人才等优惠政策进行答疑解惑。11月24日,科技二组全体委员考察南京综合保税区,参观考察综保区建设发展情况,并就综保区建设发展情况开展主题座谈,讨论近年来尤其是东扩后南京开发区发展状况,综保区正常运营后对地区经济发展的拉动作用和对周边地区辐射作用等。

◆社会法制委　3月2日,社会法制委李益民委员组织南京交管局金盾艺术团,走进结对共建的金尧花园社区,为社区居民带来一场“让关爱生命之花绽放、让出行平安伴随你我”的慰问演出。9月19日,社会法制委组织委员在迈皋桥法庭参加一场民事案件的公开审理。11月14日下午,社会法制委组织视察委员企业——南京宇创石化工程有限公司。委员们参观企业生产车间,并听取企业负责人关于民营企业转型发展情况的汇报。提出完善企业转型升级,拓展企业融资渠道;充分挖掘高校、政府机关的人才;政府加大资金帮扶力度等有针对性建议。

◆城乡建设委　3月24日,区政协城乡建设委委员组织委员视察栖霞区管理工作。委员们先后深入仙林街道东方天郡小区、尧化街道和苑小区、迈皋桥街258号小区和华电一宿舍等小区,详细了解物业管理情况及部分老旧小区出新工程,并听取区住建局关于全区物业管理有关情况汇报。区政协主席夏宁听取汇报并参加座谈。委员们就全区进一步健全物业管理机制,促进全区物业管理工作健康发展等方面工作建言献策。

□龚　捷

中共栖霞区纪委

综　述

◆概况　2014年,区纪委、区监察局、区督察办推进反腐建设,各项工作取得新成效。协助区委制定出台“两个责任”《实施办法》《实施细则》和《分解方案》。制定下发《栖霞区一线督察工作意见》《栖霞区监督检查工作实施办法(试行)》《栖霞区纪检监察干部队伍管理暂行办法》等制度,源头提升防腐水平。对惠民补贴资金发放、公有房屋土地出租、“阳光拆迁”、小型建设工程项目发包、旧房拆除工程管理、投资项目审计服务、项目节能评估等七个重点领域关键环节加强监督检查。组织“一把手”上廉政党课100余场,开展“我的勤廉家风”主题征集活动。对干部作风、公款送礼、公车私用等问题开展31次检查,对问题整改情况强化督办。对街道、部门、园区开展纠正“四风”专项检查,并由三区纪(工)委开展互查。深化“四评联动”评议工作成效,加大对职能部门依法行政工作的监督力度。结合群众路线教育实践活动要求,加强政风行风问题整改督办。坚持有案必查、有腐必惩。全年,共查办案件36件36人(行政区34件34人,开发区2件2人),其中、大要案6件6人,办结率100%。建立健全信访室、工作室、基层纪检监察组织工作架构,加大信访办理力度。按照审理24字方针,快审快结,全部审结移送案件。对区计生局、财政局行政执法工作及党风廉政建设情况开展专项监察,规范行政执法行为。对区委、区政府重大决策部署贯彻落实情况加大监督检查力度,确保政令畅通。重点对20项民生工程推进情况开展督察,确保惠民政策落到实处。

◆区纪委常委会　2014年,区纪委召开常委会议29次。主要议题有:贯彻落实市纪委全会精神;研究部署全区纪检监察工作以及群众路线教育实践工作;研究处理全区党风廉政建设重要问题;研究决定纪检监察规章制度的制定及实施;讨论决定党员干部违纪案件和其他重要案件的立案及涉案人员的党纪处分。

2014年栖霞区纪委常委会一览

表6

时间	会 议 情 况
01-17	区纪委常委会研究干部工作;研究《纪检监察干部管理暂行办法》;传达市纪委全会会议精神。
02-18	区纪委常委会研究案件立案和结案工作。
03-03	区纪委常委会研究街道、系统纪工委人员调整情况;研究委局办各室职能调整情况;听取群众路线实施方案。

续表 6

时间	会议情况
04-09	区纪委常委会传达市纪委青奥会期间环境整治工作会议精神;研究媒体曝光问题调查处理情况。
04-14	区纪委常委会研究环境综合整治督查百日行动问责办法、环境综合整治百日行动督察工作实施方案。
05-08	区纪委常委会听取相关问责处理情况;研究《栖霞区城市管理问责办法》。
06-27	区纪委常委会研究案件相关工作;讨论委局办群众路线教育活动相关材料;听取干部工作相关汇报。
07-17	区纪委常委会听取群众路线学教活动民主生活会相关筹备工作。
08-05	区纪委常委会听取青奥会前维稳相关工作情况;贯彻全区月度推进会精神。
09-02	区纪委常委会研究《关于进一步加强纪检监察信访工作意见》;研究案件相关工作。
10-24	区纪委常委会研究《栖霞区监督检查工作实施办法(试行)》;听取干部考核工作汇报;听取案件结案工作汇报。
11-24	区纪委常委会研究全区综合改革推进情况督察报告;听取中央巡视组交办件调查情况汇报。
12-16	区纪委常委会听取案件工作情况汇报。

党风廉政建设

◆概况 2014年,区纪委、监察局、督察办按照党风廉政建设责任制工作要求,以落实"两个责任"为关键,以"监督的再监督""检查的再检查"为重点,以创新方式方法为引擎,维护群众利益,完成各项工作任务。

◆党风廉政建设责任制 2014年,区纪委协助区委制定出台"两个责任"《实施办法》《实施细则》和《分解方案》。年初与24家街道、系统党工委签订党风廉政建设责任书,通过"共性"和"个性"条款有机结合不断完善内容,增强责任书实效性和可操作性;年中结合党风廉政责任制检查,对各级党(工)委落实主体责任情况进行检查;年底由区四套班子主要领导、区委常委、党员副区长等区领导,分别带领17个考核组对全区24个党(工)委党风廉政建设责任制落实情况进行检查考核,促进责任履行。深化党风廉政建设网格化工作,优化完善组织架构,拓展网格化管理的工作内涵,并借助信息化手段增强监督实效。

◆惩防体系建设 2014年,区纪委制定下发《栖霞区一线督察工作意见》《栖霞区监督检查工作实施办法(试行)》《栖霞区纪检监察干部队伍管理暂行办法》等制度,提升源头防腐水平。组织全区1700多名党员干部签订了"不出入私人会所、不接受和持有私人会所会员卡"承诺书,并按要求组织全区处级以上干部申报"直系亲属及所在单位参与政府投资项目"专项廉政信息,强化对领导干部监督。

◆重点领域工作监督 2014年,区纪委按照"监督的再监督""检查的再检查"要求,对惠民补贴资金发放、公有房屋土地出租、"阳光拆迁"、小型建设工程项目发包、旧房拆除工程管理、投资项目审计服务、项目节能评估等七个重点领域关键环节加强监督检查。督促职能部门通过公示栏和阳光村居网及时公示惠民补贴政策、对象等信息,强化对惠民资金发放环节监督;推动建立项目审批前置事项监督中介机构库,堵塞权力寻租空间。加强政务服务网上行政审批工作的电子监察,开展预警纠错、投诉处理等常态化监察工作,保障权力公平、公正、公开运行。

◆廉政宣传教育 2014年,区纪委在全区开展党风党性党纪、正反典型教育,组织"一把手"上廉政党课100余场。深化"红枫廉韵"廉政文化品牌,开展"我的勤廉家风"主题征集活动。建立全国首家校地廉政共建联盟,联盟成立被评为全国十大廉政文化事件。依托该平台联合南大、南师大等重点高校共同举办"红枫廉韵杯·青春思辨会",围绕廉洁诚信话题开展辩论,发挥廉政文化影响力,活动受到市委书记龙翔和上级纪委肯定。《中国纪检监察报》、中央电台、《新华日报》、人民网、新华网等35家主流媒体进行刊发报道,210余家网站转载。择优选取52名知名专家学者进入联盟智源专家库,为廉政课题研究、社会实践调研储备智力资源。

政风行风作风建设

◆概况 2014年,区纪委、监察局、督察办按照"三转"要求,围绕纠正"四风"专项检查,推进政风行风转变、规范权力运行、强化监督检查,力促部门改进工作作风,提升工作效能,优化政务环境,维护群众利益。全年,跟踪督办各类问题419个,开展专项检查31次,通报批评2人,提醒谈话13人。

◆作风建设监督检查 2014年,区纪委突出重要时期、重点场所、重点部门,通过发送廉政短信、下发廉洁自律通知、组织人员明察暗访等多种方式对机关作风建设情况监督检查,促进工作效能提升。对干部作风、公款送礼、公车私用等问题开展31次检查,对问题整改情况强化督办。加强会风会纪督查,对发现的问题严肃处理,通报批评2人,提醒谈话13人。

◆政风行风问题整改督办 2014年,区纪委结合群众路线教育实践活动要求,梳理出政风行风评议、信访举报、"12345"民生诉求热线等各类问题419个,以交办单形式交办到位,并督促整改完成

403 个,办结率达 96%,其余问题正在跟踪督办。

案件查处

◆**概况**　2014 年,区纪委按照“三转”要求,聚焦主责,突出主业,不断加大案件查办力度。全年,共查办案件 36 件 36 人(行政区 34 件 34 人,开发区 2 件 2 人),其中大要案 6 件 6 人。

◆**案件查办**　2014 年,区纪委坚持有案必查、有腐必惩,严肃查处黑豆腐作坊等损害群众切身利益违规违纪行为;及时查处北十里长沟东支环境被污染问题案件;重点查处违规使用公款购买购物卡等违反作风建设规定违纪行为。依托校地廉政共建联盟平台,统筹区域办案资源,丰富联盟办案专家库,提高智慧办案水平。全年,共查办案件 36 件 36 人(行政区 34 件 34 人,开发区 2 件 2 人),其中大要案 6 件 6 人。

◆**群众信访举报**　2014 年,区纪委制定出台《关于进一步加强纪检监察信访工作意见》,建立健全信访室、工作室、基层纪检监察组织工作架构,加大信访办理力度。全年共收到各类信访 391 件次,同比上升 53%,办结率 93%,信访移送案件线索 13 件,成案 11 件 11 人。对信访件中一些苗头性、倾向性问题,及时反馈相关部门,落实整改,建章立制。对中央巡视组交办 30 条线索和 43 个妥处问题线索,按照要求,明确责任分工,认真组织核查,做到件件有回复。

监督检查

◆**概况**　2014 年,区纪委、监察局、督察办围绕区委、区政府中心工作,加大专项督查和执法监察工作力度,取得明显成效。全年,共开展监督检查 460 次,编发督查报告 44 期、督查专报 7 期,下发督办单 10 份、监察建议书 11 份,提出督查建议和工作建议 85 条,问责党员干部 39 人,保障各项工作顺利推进。

◆**加强依法行政监察**　2014 年,区纪委对区计生局、财政局行政执法工作及党风廉政建设情况开展专项监察,规范行政执法行为,促进部门依法行政。督促相关部门、街道强化土地执法共同责任制落实。先后对安全事故、环境脏乱差、城管考核排名居后等情况进行调查,并对相关责任人给予处理,全年共问责党员干部 39 人。

◆**重点工作监督**　2014 年,区纪委加大对区委、区政府重大决策部署贯彻落实情况监督检查力度,确保政令畅通。对市级重大项目和列入区人代会 141 个重点项目及率先基本实现现代化指标落实情况进行督查,确保目标任务按照序时进度推进。对南京市、栖霞区领导交办的批办件加大办理力度,跟踪督促整改落实。对全区十项重难点促落实、综合改革、321 人才引进计划、文明城市创建等工作加强监督检查,完成各项任务。在全区环境综合整治、青奥和公祭日保障行动中,发挥两级监督组织作用,督查相关职能部门依法履职情况。围绕“三重一大”事项,积极探索监督检查新途径,采取日常检查和专项检查相结合的方式,促进责任落实到位。全年,共开展监督检查 460 次,编发督查报告 44 期、督查专报 7 期,下发督办单 10 份、监察建议书 11 份,提出督查建议和工作建议 85 条,保障各项工作顺利推进。

◆**民生工作督查**　2014 年,区纪委重点对 20 项民生工程推进情况开展督查,通过立项式、联动式、跟踪式等多种督查方式,增强督查实效,确保任务完成,惠民政策落到实处。采取“一线督察工作方法”,完善“日跟踪、周例会、月通报、季推进”的督查机制,加强对“12345”民生诉求办理情况的督查,通过协调会、红黄牌警告等方式,加大推进工作督办力度,提高综合满意率。　□阮德奇

民主党派

◆**概况**　全区共有中国国民党革命委员会(简称“民革”)、中国民主同盟(简称“民盟”)、中国民主建国会(简称“民建”)、中国民主促进会(简称“民进”)、中国农工民主党(简称“农工党”)、中国致公党(简称“致公党”)和九三学社等 7 个民主党派基层组织。除民革、民建、民盟有 3 个总支外,其余民主党派组织还有 15 个支部,民主党派成员 235 名。其中,市区人大代表、政协委员共 30 名。2014 年,区内各民主党派成员,通过市、区人大、政协等多种渠道提出提案、建议案近 20 件,为区委、区政府当好参谋和助手。

区内各民主党派组织继续推进校地结对共建活动,共同完成调研课题 12 个,开展惠民活动 20 余场次,民主党派组织活力进一步增强。

◆**民主党派基层结对共建负责人座谈会**　1 月 23 日上午,区委统战部在区委党校,组织召开全区基层民主党派组织结对共建暨系统党工委负责人党派工作座谈会。各民主党派市委会领导,区民主党派基层组织负责人及区各系统党工委分管领导,区政协副主席、统战部部长时效俊,受特别邀请的民革南邮支部、民盟南财支部、民建南工院支部、民进南师大委员会、农工党南中医委员会、致公党南大支部、九三学社南大委员会等 7 个共建单位的主委,区台办副主任吕文伟、区侨办副主任沈芸、区委统战部副调研员刘计彬参加会议。区委统战部副部长刁志福主持会议。会上,各民主党派基层组织负责人就 2013 年工作及 2014 年工作计划、下一步结对共建工作特色工作进行交流。区内系统党工委代表,就 2014 年工作计划进行简要汇报。刘计彬通报 2013 年度统战工作及 2014 年度工作安排。各民主党派市委会领导分别对栖霞的党派工作给予肯定,并对今后的工作提出意见和建议。时效俊就做好校地党派共建工作提出意见,希望共建双方在新的一年中,继续充分发挥自身联系广泛、智力密集的优势,为建设美丽幸福栖霞凝聚力量。

◆**民主党派共建工作**　2014 年,依托党派校地共建平台,区各党派基层组织结合自身实际,积极主动与高校党派组织开展各项特色品牌活动,取得成效。由民

1 月 23 日，区委统战部召开全区基层民主党派组织结对共建暨系统党工委负责人党派工作座谈会
区委统战部 供稿

革栖霞总支、民革南邮支部牵线，区统计局与南京邮电大学成立“栖霞区经济、社会和资源环境协调发展研究”、“栖霞经济综合竞争力的变动与提升”、“栖霞区转变经济增长方式研究——对栖霞区第三次经济普查资料分析”等 10 个重点课题研究小组；九三学社南大分社和栖霞支社共同完成《关于建立八卦洲生态补偿机制，推进生态文明建设》的调研报告，为八卦洲生态文明建设献计献策；农工党栖霞基层组织、南京中医药大学农工党支部共同对区内社区卫生服务中心中医科(馆)开展调研论证，并已开展试点；民建南工院支部，促成校经济管理学院物流管理专业与民建栖霞总支会员吕德宝创办的捷顺达物流有限公司建立学生实训基地，并通过民建栖霞总支邀请企业进校园开展大学生专场招聘会等。共建活动丰富党派组织服务社会的方式、内容，收到校地共赢的实效，受到民主党派成员的认可和欢迎。

◆**致公党市委会组织名医进社区义诊** 4 月 27 日上午，致公党南京市委会联合栖霞区委统战部，在马群街道百水芊城社区举办“爱国卫生从我做起 健康常笑伴您一生”大型慢病综合示范区巡回义诊活动。致公党市委会驻会副主委刘嘉英，栖霞区政协副主席、统战部部长时效俊等出席活动，区卫生局、区药监局分管领导也应邀参加。此次义诊活动，共邀请 9 名专家，他们分别来自江苏省人民医院、江苏省中医院、南京鼓楼医院、南京脑科医院、南京中医院、南京市口腔医院等三甲级医院，针对内分泌、神经外科、常见消化等慢性病，细致认真为居民诊治。同时，活动现场还免费为小区居民测血糖、量血压、发放日常保健手册，义诊当日近 300 人次参与活动，受到社区群众欢迎。

◆**民盟栖霞区总支成立** 10 月 22 日下午，民盟南京市栖霞区总支成立大会，在区燕子矶中学会议室召开。市委统战部副部长、市社会主义学院党组书记李跃芝，民盟南京市委主委、市社会主义学院院长王汝成，民盟驻会副主委戴云，栖霞区政协副主席、中共栖霞区委统战部部长时效俊，区教育局党工委书记王守云等应邀出席大会。戴云主持会议并宣读《关于成立民盟栖霞区总支的决定》，任命叶宁为总支主委，唐志军为副主委，关惠、李国伟、张明、雷震海为委员。叶宁代表新成立的民盟栖霞区总支委员会表态发言。民盟江宁区总支主委龚瑾，代表民盟江宁区总支祝贺栖霞区总支成立。时效俊致贺词。李跃芝作重要讲话。最后，王汝成表示，民盟栖霞区总支是民盟南京市的第十二个基层总支，标志着民盟组织不断壮大、基层组织建设健康发展，王汝成对民盟栖霞区总支今后工作提出期望。

□何 颖

工商业联合会

◆**概况** 2014 年，区工商联(商会)认真组织开展非公有制经济人士理想信念教育实践活动，深入开展民营企业文化建设，进一步加强非公经济代表人士队伍建设和商会组织建设，新成立行业商会 1 个，新增会员企业 150 家，成立区工商联民营企业专家指导团，推进校企共建活动，积极开展商会会员对外交流和招商活动，引导民营企业家发挥“光彩”精神，深入开展“千企帮千户”牵手活动，不断扩大工商联组织影响力。燕子矶街道商会被复评为市优秀五星级基层商会，龙潭街道商会、马群街道商会被复评为五星级基层商会。100 家民营企业被评为市民营企业文化建设先进单位。

◆**非公经济人士理想信念教育实践活动**

2014 年，区工商联(商会)组织开展非公经济人士理想信念教育实践活动，多举措推动非公经济人士“信念、信任、信心、信誉”教育活动发展。组织区会员企业负责人参加市、区组织的各类培训班和教育实践活动，其中，学习十八大、十八届三中、四中全会精神培训会和民营经济专场等区级讲座 6 场，“宁商大讲堂”等市级讲座 7 场。组织 1 位和 4 位青年企业家分别参加省、市“新生代”民营企业家培训；组织 4 位企业家参加上海交大高级研修班；组织 2 位企业家参加第五期井冈山培训班。

◆**“千企帮千户”牵手行动** 2014 年，区工商联落实全市“同心·万企帮万户工程”，继续开展“千企帮千户牵手行动”，帮助辖区内农村低保户解决实际生活困难、脱贫致富。南京经济技术开发区、全区 9 个街道商会的众多企业慷慨解囊，共筹集资金 719.8 万元，帮助就业 72 人，资助学业 296 人，帮扶困难家庭 1520 户。各街道将“千企帮千户”工程纳入网格化管理，制定“一户一档”的个性化帮扶方案，从改善生活居住环境入手，落实帮扶贫困户措施，受到群众好评。

《南京日报》12 月 31 日报道栖霞区 2012~2014 年"千企帮千户牵手行动"。

◆**全哲洙调研栖霞区高新技术企业**　3 月 29 日上午，中央统战部副部长、全国工商联党组书记全哲洙，由江苏省统战部副部长、工商联党组书记杨勇陪同调研栖霞区高新技术企业。全哲洙一行考察南京大学化学与生物医学科学研究所、江苏省理化测试中心等高校科研实验室，听取园区负责人对园区规划建设、产业导向和支持创新型企业发展等情况的介绍。区委常委、常务副区长曹海连、区工商联党组书记刁志福、江苏生命科技创新园管委会副主任窦立华等陪同调研。

◆**龙潭街道新商会成立**　4 月 28 日下午，龙潭街道新商会成立并召开第一次会员大会。大会汇报商会筹备情况；通过商会章程、选举办法，选举产生执委及秘书长；召开执委会选举产生会长、常务副会长及副会长。南京年达炉业科技有限公司董事长陶圣年任商会首届会长，南京东升金属箔厂总经理欧红任常务副会长。龙潭街道新商会由原靖安街道商会和原龙潭街道商会合并成立。

◆**区工商联七届七次执委会**　8 月 8 日下午，栖霞区工商联召开七届七次执委会，增选区工商联副会长。经街道商会推荐、相关部门综合评价、全体执委表决，增选南京金芒果服饰有限公司董事长金小华、南京龙蟠物流有限责任公司董事长高广庆为区工商联副会长。

◆**聘任区民营企业专家指导团成员**　8 月 8 日下午，区工商联举行民营企业专家指导团成员聘任仪式。来自南京大学、南京邮电大学等 7 所高校的 8 位专家受聘。市工商联副巡视员费学勤，区政协副主席、区委统战部部长时效俊，区统战部副部长、区工商联党组书记刁志福，区统战部副部长、区民宗局局长邢銮娣，区工商联全体执委参加聘任仪式。聘任仪式上，南京大学党委委员、统战部长、政府管理学院教授王云骏代表专家指导团成员发言。省委党校工商管理教研部副主任赵常林教授作题为《当前民营经济发展形势分析》的专题讲座。

◆**高力汽配城商会成立**　9 月 12 日下午，栖霞区高力汽配城商会成立大会举行。高力汽配城商会全体会员，兄弟行业商会以及相关合作单位的代表，区工商联、迈皋桥街道、万寿社区相关负责人等 150 余人参加大会。市工商联副主席郑德巍，区政协副主席、区委统战部部长时效俊，市工商联副巡视员费学勤，区工商联党组书记、副主席刁志福等出席会议。大会选举南京龙蟠物流有限公司董事长高广庆任会长，南京奥强汽配有限公司总经理苏士雪等 8 人任常务副会长。会员企业共 112 家。　□彭中华

群众团体

区总工会

◆**概况**　2014 年，区总工会组织开展"情系困难职工"春节送温暖系列活动，端午、中秋佳节慰问走访活动以及金秋助学活动，为全区 160 名市、区两级困难职工，131 名省、市级劳模，16 名困难劳模，3 名困难企业工会主席、56 名重病困难互助会员送去慰问金及物品达 65 万元；开展"春风送岗活动"，为全区职工提供 60 余项工种、1700 余个工作岗位；开展进社区、进企业、进园区系列活动 10 场，完成职工申领创业贷款 171 万元。职工互助互济工作有序开展，全区参保职工逾万人，参保额达 60 余万元，理赔人数 100 余人，理赔金额 30 万元。

区总工会以"2014 建会行动计划"活动为载体，全区新建独立建会企业 43 个，工会联合会新增法人单位 173 个，新增工会会员 3150 人，职工入会率保持 96%以上，企业动态建会率保持 95%以上。制定出台《栖霞区基层工会工作经费补贴方案》、《栖霞区工会协理员聘用管理暂行办法》，印发《栖霞区基层工会工作记录手册》。在全区各街道推广工会工作"网格化"管理，创建新南京人工会服务站，累计办理入会手续会员1545 人。承办全市"春季集中要约行动"启动仪式，全区规模以上建会企业集体合同和工资集体合同签订率分别达到 95%和 94%以上，发放要约 600 余份；推荐南京金芒果服饰有限公司等 4 家单位参评南京市厂务公开民主管理先进单位、推荐南京中影南国电影城管理有限公司等 4 家单位参评南京市和谐劳动关系企业。制定印发《栖霞区工资集体协商指导员管理办法》和《工资集体协商指导员工作日志》。

全区新增"安康杯"竞赛参赛企业 17 家、参赛职工 2275 名，参赛企业和参赛职工总数比上年度分别增长 10%。南京明州码头有限公司获得江苏省"安康杯"竞赛优胜企业，3 家企业、3 个班组及 3 名一线职工荣获南京市"安康杯"竞赛优胜单位及优胜个人。开展"工人先锋号"创建活动、第四届职工"十大科技创新成果、十大先进操作法、十佳合理化建议"评选活动。江苏凯米膜科技股份有限公司的制膜车间获得省级"工人先锋号"；欧文斯科宁（南京）建筑材料有限公司的 A 班等 5 家单位获市级"工人先锋号"称号。江苏凯米膜科技股份有限公司的创新成果耐强酸、强碱有机管式膜及组件获得南京十大科技创新成果二等奖。深入推进"1+3"安全监控工作体系建设，区总工会全年参与安全事故调查 7 次。夏季慰问博润清洁有限公司的环卫工人，送上 4 万余元的清凉用品。八卦洲街道南京宁栖缘农产品有限公司周福安获得江苏省"五一劳动奖章"，南京明州码头有限公司史俊峰等 3 人获得市"五一劳动奖章"。南京栖霞建设集团股份有限公司获市"五一劳动奖状"。发放劳模慰问金 15 万元，组织全区历届全国、省、市级 131 名劳动模范参加免费健康体检，为 66 名 60 岁以下劳模及先进人物赠送康惠医疗互助保障。成功举办第一届"共创栖霞美·共圆栖霞梦"——栖霞"最美劳动者"评选活动，全区 20 名职工分获"栖霞最美劳动者"和"栖霞优秀劳动者"称号。举办"幸福生活·快乐工作"女职工心理健康知识讲座、"放飞思绪·我形我塑"女职工创意面点制作大赛、"庆端午·心系职工'粽'是情"包粽子比赛等特色活动。开展女职工帮扶关爱行

动,走访慰问全区73名市、区两级困难女职工以及27名重病困难互助女会员;为27名单亲困难母亲的子女提供助学金;组织全区女劳模、先进人物和市、区两级在档困难女职工150余人参加妇科体检;为29家企业女职工赠送4000份计生用品。在中机国际工程设计研究院有限责任公司华东分院,建立1家市级“爱心母婴室”,开展“缘来是你”青年交友、“传递书香·扮靓生活”——图书换绿色植物、“大美栖霞行——先进代表、一线职工看栖霞”、“职工金话筒”主持人大赛等文化活动。组织2573名职工全程参与平安青奥志愿者活动。创建市级职工书屋4家、职工文化示范基地1家、职工心理健康教育服务中心2家。联合区人社局、区司法局在紫东国际创意园开展“以案说法 法律援助进园区”活动,在燕子矶街道胜利二村开展“劳动合同法——法制惠民进社区”活动,全年共办理法律援助案件12件,办理企事业单位法人证书15件。

◆情系职工送温暖活动 1月16日,区总工会在西岗街道摄山星城文化艺术中心书画院举行2014年“迎春纳福赠春联情系职工送温暖”活动。区总工会领导与困难职工进行亲切交谈,书画院的老师们纷纷挥毫泼墨书写春联和“福”字,送给现场的困难职工。此次送温暖活动扩大慰问的覆盖面,提高慰问标准,共为全区149名市、区两级困难职工,127名省、市级劳模,16名困难劳模、3名困难企业工会主席、56名重病困难互助会员送去慰问金和物品达37余万元、春联和“福”字200多幅。

◆春风送岗专场招聘会 2月20日,由区总工会、区人社局、迈皋桥街道工会联合会联合举办的栖霞区2014年度“情系职工 春风送岗”专场招聘会在迈皋桥地铁广场隆重举行。活动得到南京市总工会职介中心的支持,为求职人员带来10多家单位37个岗位的招聘信息。荣邦餐饮、泰康人寿、南京康联有限公司等70余家企业前来参会,提供工种60余项,岗位1700余个。招聘会吸引2000多人应聘,798名应聘者现场与用工单位达成就业意向。本次活动为外来务工人员等各类求职人员提供免费服务860人次,发放春风行动手册1000余本,组织报名参加职业技能培训60余人,免费提供劳动维权服务和法律咨询服务45人次。

◆最美劳动者表彰活动 4月28日,区干部职工代表,在区委党校多功能厅欢聚一堂,庆祝劳动者自己的节日。大会隆重表彰一批栖霞“最美劳动者”和“优秀劳动者”。市总工会副主席陆路、市文明办副主任吴静以及区领导陈波、周峰、毕金生、万震、时效俊出席活动,并为获奖者颁奖。

从2月开始,区总工会、区文明办在全区开展“共创栖霞美、共圆栖霞梦——寻找最美劳动者”活动,活动得到全区各级工会组织和广大职工群众响应和广泛参与。以爱岗敬业、甘于奉献、艰苦创业、勤劳致富、热爱公益等标准为入选条件,经过推荐自荐、材料审核、网络投票、评委打分、网上公示等环节的层层选拔,最后产生十位栖霞“最美劳动者”和十位栖霞“优秀劳动者”。区委常委、组织部部长陈波代表区委向受到表彰的最美劳动者和优秀劳动者表示祝贺和敬意,向全区各行各业、各条战线上的广大职工群众致以节日的问候。与会最美劳动者代表宣读致全区广大劳动者倡议书。出席当天活动的还有全区各街道、相关部门领导,基层工会组织和企业代表。

◆法制惠民进社区 5月24日,区总工会联合区司法局、区检察院、区法院等部门在燕子矶街道胜利二村市民广场,开展《中华人民共和国劳动合同法》《中华

4月28日,区广大干部职工在区委党校多功能厅欢聚一堂,表彰一批栖霞“最美劳动者”和“优秀劳动者” 区总工会 供稿

人民共和国劳动法》《中华人民共和国环境保护法》等法律法规宣传咨询活动。此次活动是区总工会全年为民服务十件实事的一部分，旨在加大劳动法律法规的宣传力度，推进企业经营者和广大职工学法、遵法、守法、用法，依法保障劳动者合法权益、推动企业健康发展、促进社会和谐稳定。活动中，南京市总工会法工部部长张豪放、副部长帅小平及工作人员莅临现场指导，区总工会分管领导、法工干部及法援律师现场解答市民有关劳动合同、社会保险、劳动保护、劳动争议处理、劳务派遣等方面的问题。活动共发放《劳动合同法》150余本、《江苏省"一办法七条例"》200余本、《江苏省工会劳动法律监督条例》180余本，其他各种宣传单页和手册300余份，接待法律咨询200余人次。

◆**图书换绿色植物活动** 6月24日，区总工会联合新华网开展"第五届江苏职工读书活动月"系列活动之"传递书香·扮靓生活——图书换绿植活动"在金港科创中心拉开序幕。活动现场，金港科创中心各企业员工积极参加，他们在得知图书将捐献给希望工程时，提供八成新以上的图书，涵盖社科、文学、经管、哲学、生活类等方面，并在书的扉页或内置卡片上填写赠言。员工们表示，这场公益活动实现资源再利用，在用绿色植物美化家庭的同时，旧书的价值也得到最大化利用，希望工会多多组织这样的活动。下一步，区总工会将把该活动陆续在全区其他园区、企业开展并将把置换的图书资料统一捐赠希望工程学校。

◆**组织先进代表看栖霞** 7月16日，区总工会、区文明办组织栖霞区劳模、"最美劳动者"、"中国好人"、"南京好市民"、"优秀志愿者"共40余人游览参观栖霞区部分景点和产业发展集聚区，了解栖霞区人文景观和产业发展。代表们先后参观龙潭港、龙潭"水一方"休闲旅游区、劳模代表创新工作室、八卦洲洲头和金港科创中心3D打印展示馆。此次先进代表栖霞行，是区总工会与区文明办第一次合作组织。

◆**法律援助进园区** 9月19日，区总工会、区司法局、区人社局在紫东国际创意园举办"以案说法 法律援助进园区"活动暨南京工会职工法律援助团律师巡回课堂，全区各街道劳动法律监督委员会成员，各局系统、园区及直属工会领导，各街道、园区部分企业负责人、人力资源管理人员100余人参加活动。市总工会法工部领导到会进行指导并全程参加活动。

课堂上，区法律援助中心的四名律师，重点剖析工伤事故的认定、赔偿补偿问题，返聘已经退休劳动者的用工问题，劳动合同签订、解除和终止所引起劳动争议以及女职工怀孕、生育、哺乳期间解除劳动合同的法律纠纷的典型案例。授课过程中，各位律师还与企业负责人、工会干部、职工代表进行互动问答。区总工会还向参会人员发放《中华人民共和国劳动合同法合订本》《江苏省"一办法七条例"法规汇编》等资料100余册。区总工会副主席包正康对做好下一步的法律援助服务工作提出要求。

◆**全国总工会领导检查指导工作** 9月24日，由省总工会保障部部长张祖春，市总工会副主席刘辉、保障部部长杨海涵陪同，全国总工会保障工作部副部长凌萍一行4人，对区内2013年度中央、省财政、市总工会拨付困难职工专项帮扶资金管理使用情况，以及区总职工援助服务中心规范化建设情况进行检查指导。区人大常委会副主任、区总工会主席毕金生，区总工会分管主席分别用多媒体演示汇报全区2013年以来保障工作的开展情况，以及各类帮扶专项资金具体使用和管理情况。全国总工会保障工作部工作人员对各类帮扶制度制定是否规范完善，对帮扶系统软件中的困难职工档案信息资料录入更新情况是否及时和正确进行一一仔细审核，对帮扶信息采取现场随机抽查、电话回访以及上门等形式，确认电子档案信息和纸质档案以及帮扶款项发放的真实完整。检查期间，全国总工会保障工作部副部长凌萍一行，对随机抽查的两户特困职工分别上门了解情况并送上慰问金。

检查组对区总工会在开展对困难职工的各类帮扶、制度建设、专项帮扶资金的使用等方面的工作给予肯定。认为区总各类帮扶资金都有预算和决算，且合理安排使用，没有改变和擅自扩大帮扶资金的用途、使用范围和年末截留资金的情况。所有的帮扶资金发放对象，全部进入全国工会帮扶工作管理软件，均建有电子档案，档案项目填写完整。而且存档的帮扶资金会计资料、工作台账，内容真实完整，各种专项资金预、决算报表及帮扶情况实名制汇总表，按照全国总工会的要求统一制作表格，上报的数据准确无误与存档一致。 □刘洪飞

团区委

◆**概况** 2014年，团区委带领全区各级团组织，引领青年奋发向上、带领青年建功立业、促进青年成长成才、维护青少年合法权益，不断加强团组织自身建设。坚持思想引领，提升青少年价值观，积极开展团校授课活动，针对青年思想引领工作，结合群众路线教育实践活动、团的组织建设、城中村改造中青年团干的作用等多项工作，开展多次授课。倡导青年积极参与党的群众路线教育实践活动，开展"学党史知团情，群众路线我践行"一站到底知识竞赛。举办"全国保护母亲河行动解放军青少年绿色家园立碑仪式"，开展"大手拉小手"青奥扫除小分队环保行动，打造青少年爱国主义教育阵地。坚持服务大局，广泛开展志愿服务活动，紧扣青奥会主题，营造文明氛围，依托社会组织培育高校公益有生力量，开展丰富活动迎接青奥盛会。坚持汇聚资源，青少年权益工作形成新机制，推进重点青少年群体服务与管理省级试点工作，成功开展第六届"仙林成才杯"模拟法庭大赛。坚持创新引领，团建工作有新进步，通过调整考核项目制分值占比，引导基层团组织结合自身情况突出工作重点，以团建创新品牌、省市试点工作示范点建设等工作。举办团干部专题培训班，夯实团干部的工作理论基础，并引入拓展训练、青联委员沙龙座谈等活动形式，加强团队凝聚力建设，有效提升团干部队伍素质。增补12名青联委员，加强青联组织的活动力度。是年，团区委获全国

"首批基层团建创新典型案例"、"全国预防青少年违法犯罪县级地区考核"优秀等次、"国家级解放军青少年绿色家园"、"《中国共青团》典型示范案例"、"江苏省共青团十佳理论学习型团组织"、江苏省"成长护航工程"示范项目、"江苏省希望工程爱心传递奖"等国家级、省级称号与荣誉。

◆少先队总结表彰 1月14日，全区少先队总结表彰会，在燕子矶中心小学召开。区教育局党工委书记王守云，团区委副书记陈珺珺，全区9所中心小校、1所直属学校少先队工作分管校长，全区少先队辅导员共50余人参加会议。会议由教育局团工委书记周广仲主持。会上，燕子矶中心小学、南湾营小学、南师附中仙小、龙潭中心小学4家学校作交流发言。团区委学少干事李孝玲作2014年全区少先队工作总结。大会为15家2014年度栖霞区优秀少先队大队部、33个栖霞区优秀少先队中队集体、63位栖霞区优秀少先队员颁发荣誉证书。

◆团中央领导到区开展专项调研 3月12日，团中央城工部副部长马兴民、就业创业工作处副处长颜滨一行，到区调研基层服务型团组织建设工作并召开专题座谈会，广泛听取党政领导、基层团干部、团员青年等对做好服务型团组织建设工作的意见和建议。马兴民一行首先调研国家级南京金港科创中心大学生创业苗圃，并与入驻大学生创业企业代表交流。随后在基层服务型团组织建设专题座谈会上，来自全区各行业的党政领导、基层团干部和团员青年，分别就如何理解服务型团组织建设、如何加强机制保障、本单位的特色做法、先进经验以及目前遇到的困难和困惑等，表达自己的认识和体会。马兴民指出，通过调研，江苏的基层服务型团组织建设工作收获和启示很大。服务青年是共青团组织的基本职责，也是党组织对共青团组织一贯的要求和期待。

◆党史团情知识竞赛 5月4日，全区"学党史知团情，群众路线我践行"一站到底知识竞赛，在区委党校举行。区委常

3月12日，团中央城工部副部长马兴民(右一)调研金港科创中心大学生创业苗圃
团区委 供稿

委、组织部部长陈波参加活动并致辞。为纪念"五四运动"95周年，深入开展第二批党的群众路线教育实践活动，区委活动办、区委党史办、团区委联合组织全区团员青年开展知识竞赛活动。竞赛活动分两个阶段展开，全区9个街道、23个部门划分赛区进行初赛，产生出20位分赛区优胜者晋级决赛。决赛现场，经过六轮角逐，区公安分局选送的龙潭派出所民警郑红艳获得冠军。本次知识竞赛，以设立分赛区的方式，使全区35岁以下团员青年都能参加初赛，达到旨在普及党团史知识和群众路线相关知识学习的效果。赛后，组委会发出倡议书，号召全区青年团员要继续发扬竞赛精神，立足本职岗位、敬职敬业，彰显青年创新创优优势；热心参与服务青奥，凸显青年时代先锋特质；主动投身百日会战，体现青年服务大局品格，为把栖霞建设成为苏南现代化建设示范区先行区出力献策，为开创美丽幸福栖霞建设新局面贡献青春力量和智慧。

◆"仙林成才杯"模拟法庭大赛 5月11日，历时二十多天，经过预赛、社区普法创意赛、决赛，江苏第六届"仙林成才杯"模拟法庭大赛在区法院举行闭幕式。团省委副书记蒋敏出席大赛闭幕式。模拟法庭大赛旨在充分发挥司法贴近青年、服务青年的能动作用，进一步丰富法制教育形式，提高大学生知法、守法、用法的实际能力，使社会主义法治理念教育得到实践与体验。"仙林成才杯"模拟法庭大赛创办7年，大赛品牌效应逐年凸显，成为全省具有影响力的法律赛事之一。参赛高校规模逐步扩大，第六届大赛共吸引武汉大学、华东政法大学、苏州大学等省内外17所高校到宁参赛。此届大赛新增社区普法创意赛环节，立足社区，侧重新意，以社区群众参与度及普法的有效性为考评维度，评选出大赛最具普法创意奖，受到社会各界广泛关注和热烈好评。本届大赛的案例选择侧重"青奥会"元素，进一步发挥"法治与青奥同行"的品牌影响力。

◆解放军青少年绿色家园立碑仪式 5月26日，团区委、区教育局、马群街道共同举行"全国保护母亲河行动解放军青少年绿色家园"立碑仪式。全国保护母亲河行动江苏栖霞项目——解放军青少年绿色家园，是由栖霞团区委倡导并联合团中央、江苏团省委、栖霞区政府、栖霞区马群街道共同发起，规划建设10公顷核心功能植树造林区，旨在发挥栖霞优势，将青少年生态文明教育与生态建设、地方经济社会发展创造性地结合起来。解放军青少年绿色家园项目将成为弘扬生态文明，树立"文明栖霞"的旗帜和努力改善栖霞人居环境的"绿色栖霞"城市

5月11日,江苏第六届"仙林成才杯"模拟法庭大赛决赛现场　　团区委 供稿

名片。活动中,马群街道党工委副书记车金楼和团区委副书记陈珺珺,为全国保护母亲河行动解放军青少年绿色家园揭碑。截至10月底,解放军青少年绿色家园项目一期全部竣工,并通过团中央和团省委验收。

◆**区第十三次团代会**　6月20日,共青团南京市栖霞区第十三次代表大会在区机关大礼堂召开。区委书记臧正金,团市委书记单晓峰,区领导邢正军、李汉桥、夏宁、胡晓健、曹海连、杨白英、陈波、孙爱军、周峰、李斌、万震出席大会开幕式。区机关各部门、各直属单位主要领导,各街道工委书记、副书记,区属各党(工)委分管领导,团市委组织部、办公室领导,驻区高校团委领导以及驻区部队部分官兵列席大会。付建龙代表共青团南京市栖霞区第十二届委员会作题为《领时代风气之先,立改革创新之潮,汇聚正能量为建设现代化美丽幸福栖霞而努力奋斗》工作报告,报告全面总结全区各级团组织深入推进文明先锋、和谐先锋、立业先锋、关爱先锋、固本强基工程等方面的工作,对后三年全区共青团工作进行动员部署。随后,臧正金、单晓峰分别发表讲话。大会一致通过工作报告,选举产生新一届团区委委员。在随后召开的共青团南京市栖霞区第十三届委员会第一次全体会议上,付建龙当选为共青团南京市栖霞区第十三届委员会书记,陈珺珺、王杨当选为副书记。当天下午,共青团南京市栖霞区第十三次代表大会完成各项议程闭幕。

◆**栖霞青年创业创新学院成立**　7月9日,南京栖霞青年创业创新学院(以下简称"栖霞青创学院")揭牌暨"青创仙林"暑期精益创业夏令营活动启动仪式在区委党校举行,区委常委、组织部部长陈波,科技镇长团团长、副区长邱志强,团市委副书记戴修成出席仪式。栖霞青创学院整合三区(栖霞区、开发区、大学城)资源,实现"园区、校区、社区"联动,为区内有志创业的大学生、大学生村官(社工)等青年提供全方位、持续性的"2+4+X"创业服务。"2+4+X"服务体系中的"2"是指作为"预孵化器"功能的栖霞青创学院,对一个项目和团队的最长服务周期为2年。"4"是指服务流程和服务阶段,包括以栖霞青年创业大赛为主、以高校、专家推荐为辅进行项目遴选阶段,进而进入项目培育孵化的预孵化器阶段,接下来进入孵化器、加速器阶段以及最后项目成熟成功落地等4个阶段。"X"是指项目、人才落地后,通过搭建信息共享平台,举办高校学者、成功创业家沙龙活动等,为青年创业家提供包括招聘、教育、医疗、培训等一系列后续跟踪信息服务。学院致力于3个新领域的拓展,即大学生创业政策直通车"校园行"项目、"创青春"挑战杯优秀项目落户"栖霞行"项目、"产学研"项目落地"园区行"项目;继续做实做好栖霞青年创业大赛、"青创仙林"周末沙龙2个已有工作品牌;通过设立"栖霞青创学院"高校分院、园区分院、社区分院,打造不少于1万平方米的"栖霞青创预孵化"阵地,打包争创省、市乃至国家级的青创示范基地。青年创业创新学院师资力量,主要由各高校创业导师及历届创业大赛获奖选手中成功创业的青年创业家组成。区属各创业创新园区平台为学院配套场地,用于课程讲授、活动开展和创业创新项目预孵化。学院理事会下设办公室,设在团区委,负责学院日常运行管理。

◆**"奋斗的青春最美丽"分享团到栖霞**　7月14日,团中央"奋斗的青春最美丽"分享团走进栖霞 暨共青团践行党的群众路线送公益进社区活动,在仙林街道南大和园社区举行。区委常委、组织部部长陈波,仙林大学城管委会副主任、仙林街道工委书记孙金娣,以及区委组织部、区委宣传部、区委社建工委、区民政局、仙林街道和南大团委负责人参加活动。活动中,区民政局现场颁发社会组织登记证书,陈波、孙金娣为来自南京大学、南京师范大学的暑期社会实践小分队授旗。随后,团中央二期"奋斗的青春最美丽"分享团成员、"青春梦想,同龄同行" 青年互助协会创始人李哲亚为社区青年做分享交流。

◆**团省委领导调研栖霞区共青团工作**　10月17日,共青团江苏省委员会书记万闻华,到其基层联系点南京市栖霞区,调研基层共青团工作,团市委书记单晓峰,区委常委、组织部部长陈波陪同调研。万闻华首先到位于尧化街道尧顺家园社区的栖霞区高校公益性社会组织培育中心,调研青年社会组织培育发展情况,以及"后青奥"时代高校志愿服务进社区工作;随后,万闻华到金陵中学仙林分校小学部,调研栖霞区青少年核心价值观教育工作,考察该校青奥示范校建设,并参与青少年核心价值观教育社团活动。　□杨舒仪

区妇联

◆**概况** 2014年区妇联完成“十二五”妇女儿童发展两个《规划》“2014年度监测统计工作”，履行区妇儿工委办公室的职能，推进区妇女儿童规划目标及“十件实事”的落实，启动全区“女性健康快车”活动，为全区近2000名单亲困难妇女、困难家庭妇女提供“八一”医院免费妇科病检查，邀请“八一”医院妇科专家、恒大中医院等的各科专家，开展“助医行”社区广场惠民服务9场，受益女性近千人次，活动期间共悬挂宣传标语10余条，将健康宣传送到妇女群众身边。开展“营造温暖之家，关爱困难群体”系列活动，通过帮困扶贫、爱心捐赠、走访慰问、谈心交流等形式，为患“两癌”(宫颈癌、乳腺癌)的困难妇女免费体检，并为其中10户困难家庭送去每户1000元的慰问金。为全区210名家庭困难和单亲困难母亲每人送上700元的慰问费。同时，给予区妇联共建结对社区——龙潭街道丽江苑社区送去7万元的帮扶资金。对长期(20年及以上)从事基层社区(村)妇联工作，现已退休且生活较为困难的32名老妇联干部走访慰问，为她们送上每人600元的慰问金。2014年，全区各级妇联共走访慰问困难妇女400余人，发放慰问金及实物共计74万余元。各级妇联广泛开展“春风送岗”系列活动，组织各类招聘活动30余场，为20名创业女性争取小额贷款470万元，开展各类法律知识讲座及广场活动40余场，发放法律宣传资料近2000份，全区各级妇联接待妇女群众来信来电来访共计700余件次。2014年“六一”前后，区妇联购置价值5000元的书包、文具等学习用品，走访看望25名困难家庭儿童，为15名“春蕾计划”内的女童及孤儿发放13500元的春蕾助学金及慈善助孤款。

2014年，区妇联先后荣获“江苏省妇女‘双学双比’竞赛活动先进集体”、“妇女儿童工作先进集体”及全区“‘六五’普法中期先进集体”荣誉称号、栖霞区人民政府被南京市政府妇儿工委评为“南京市实施妇女儿童‘十件实事’先进集体”。

◆**纪念“三八”节104周年系列活动** 3月4日，栖霞区妇联在区委党校多功能厅举行栖霞区“三八”国际劳动妇女节104周年纪念暨表彰大会。70个“巾帼文明岗”、20名区“巾帼岗位明星”，江苏省“三八”红旗集体、江苏省“巾帼文明岗”、江苏省“来料加工示范基地”、江苏省“巾帼志愿服务示范站”等6家先进单位获得大会表彰。市妇联副主席徐晓洁，区委常委、组织部部长陈波，区政府副区长万震出席会议。各街道、社区(村)妇联主席、区机关各部门妇委会主任，女企业家、女大学生村官和受表彰人员代表等240人参加会议。

是年“三八”节前后，区妇联开展四项专题活动：一是举办女性综合素质提升培训班，邀请240名全区优秀妇女代表参加综合素质培训班，开设领导力、礼仪规范等专题培训，提升女性综合素质。二是开展主题演讲展示。邀请16名优秀女代表，围绕“巾帼建新功.共筑栖霞梦”开展演讲展示活动，讲述寻梦、追梦、圆梦故事。三是开展助困帮扶活动。对30余名长期从事基层社区(村)妇联工作、现已离任且生活较为困难的妇联干部进行走访慰问，发放慰问金4万余元。四是举行“春风送岗”专场招聘会，为失业女性提供近百个岗位，为创业妇女提供小额担保贷款政策等信息，为有就业创业愿望的妇女开辟绿色通道。

◆**区妇女儿童工作会议** 4月2日，栖霞区召开妇女儿童工作会议。南京市政府妇儿工委办公室主任、市妇联副主席贾慧，区委常委、组织部部长陈波，副区长、区妇儿工委主任万震，区妇联主席、区政府妇儿工委副主任石琴，区妇儿工委成员单位全体成员，涉及相关指标任务单位的分管领导和联络员，各街道办事处分管副主任、妇联主席共90余人参会。会上，万震部署2013年度“两个规划”监测统计工作和迎接省市妇儿工委中期评估验收工作。区妇儿工委办公室主任传达市妇女儿童工作会议及市政府妇儿工委年度监测统计会议精神，通报全区妇女儿童发展“两个规划”的实施情况；区统计局专业人员就2013年度监测统计工作作统计业务辅导；区教育局、区人社局、区卫生局分别作交流发言。贾慧为区卫生局颁发南京市妇女儿童工作先进集体奖牌。

◆**校企对接座谈会** 7月12日，按照党的群众路线教育实践活动“走出机关、走向基层、走进妇女群众”的要求，为进一步搭建区女企业家协会会员单位与驻区高校合作的平台，栖霞区妇联在南京信息职业技术学院召开校企对接座谈会，区妇联领导班子、南京信息职业技术学院师生代表、区女企业家协会会员单位代表及江苏生命科技园、南京紫东国际创意园园区代表共计20余人参加座谈，区妇联主席石琴主持会议。

座谈中，与会企业代表分别介绍各自企业的基本情况及用工需求，南京信息职业技术学院领导介绍学校的基本情况，并和与会人员就新形势下的就业形势进行交流座谈。

◆**“11·25”反家暴日专项宣传** 11月25日是第十六个“国际反家庭暴力日”。以反家暴日为契机，以“抵制家庭暴力 共建美好家园”为主题，区妇联在迈皋桥地铁广场举办反家暴日广场宣传活动。邀请法律工作者宣传普及男女平等基本国策及妇女权益保障相关法律法规，有效预防和制止家庭暴力，建立平等、和睦、文明的家庭关系，并有专职律师现场为妇女提供维权服务。据统计，全区各级妇联共开展反家暴活动9场，现场接受妇女群众咨询70余人次。 □秦 赟

区科学技术协会

◆**南京经济技术开发区科协成立** (详见P108“南京经济技术开发区”相关条目)

◆**区级协会(学会)活动** 2014年，区级协会(学会)活动开展能力持续增强，形式不断丰富。水利学会组织开展“世界水日”科普宣传活动；教育学会开展校本研修科研论坛活动、科技辅导员培训，对青少年科技竞赛、科普教育基地建设给予大力支持；农林协会、农机协会引进多个新品种新技术，对农民进行

技术培训、指导;卫生协会积极推广家庭医生、建立健康小屋、开展义诊、咨询服务等活动。

◆基层科协队伍建设　2014年,全区基层科普工作队伍更加完善。一方面,社区(村)科普员业务能力提升,通过举办"全媒体科普阅览屏管理"培训、社区(村)科普员培训等,切实提升基层科协工作者业务水平。另一方面,科普志愿者队伍不断壮大,通过吸收科技工作者、高校大学生、医护工作者以及社区志愿者,注册科普志愿者人数超过4700人。

□杭　铖

区红十字会

◆概况　南京市栖霞区红十字会(简称区红会,基层红十字会简称红会)是中国红十字会的地方组织。栖霞区现有街道红会9个,大中小学校红会22个,卫生系统红会12个,企业红会2个,社区(村)红十字公益服务站35个。2014年12月11日,栖霞区红会第四届理事会第四次会议召开。

是年,区红会着重从组织建设、备灾救助、卫生救护、宣传筹资、志愿服务和无偿捐献等六个方面,围绕区委、区政府的中心工作,全面完成市红会年度工作目标,发挥政府人道领域助手应有的作用、救护培训工作、宣传工作和遗体捐献工作,获市红会2014年度区红会单项工作先进单位表彰。秘书长丁彤获全市唯一2009~2013年度江苏省红会系统先进工作者称号。

在元旦、春节"博爱送万家"活动中,区红会系统发放款物总计146.99万元(含省市下拨款物),全区1352户家庭受益,受益总人数4736人。全年募集款物473.99万元,用于公益事业支出450.63万元,占年度捐赠总收入的95.1%。在五个街道开展"中医中药社区行"志愿服务活动5场,为1200多位社区居民提供健康服务。区红会组织志愿者参加造血干细胞采样,64人加入中华骨髓库。开展初级救护培训,共普及培训8015人,初级救护员培训810人;组织16所中小学和幼儿园开展红十字金陵宝宝"博爱校园行"募捐筹资活动,共筹得义卖款6.88万元。260多篇工作信息在《中国红十字报》、中国人道网、省市区红会网站、省市文明网、栖霞党建网、《金陵晚报》《栖霞简报》等媒体上登载。

◆卫生救护培训　2014年,区红会走进机关、企事业单位、社区(村)、大中小学校开展初级救护培训,全年共普及培训8015人,初级救护员培训810人。在区教育局和卫生局的支持和配合下,为全区15所中学的初高中新生和新港职校新生开展普及救护培训。与区安监局合作,为驻区企业厂长、经理、安技干部、安全员普及救护知识和技能,合计培训500多人。与区文明办联合组织开展应急救护培训,为7家市以上文明单位员工70多人开展初级救护员培训。开展"红十字应急救护培训和国防教育相结合"活动,为燕子矶中学和市卫校新生开展救护培训。除开展红十字应急救护培训以外,区红会还为特殊群体开展订单式救护培训。5月,区红会邀请南京军区总医院神经内科和门诊部伤口护理中心专家,为尧化街道53户有长期卧病、瘫痪在床病人的家属进行急救和护理培训。6月,邀请省中西医结合医院专家,为区第一实验幼儿园教师和学生家长开展婴幼儿救护知识和技能培训,为栖霞街道居民开展压疮(褥疮)防治知识培训。

◆志愿服务　2014年,区红会组织开展"中医中药社区行"健康服务活动,为社区居民提供健康咨询、专家义诊、药粥药茶、中药香囊、传统功法健身、拔火罐、推拿、艾灸诊治和针灸治疗等服务。4月20日、5月25日、7月5日、10月19日、11月22日,"中医中药社区行"先后走进西岗街道、迈皋桥街道金山花苑社区、八卦洲街道丽岛花园社区、栖霞街道南水新村和尧化街道青田雅居社区,服务居民1200多人,活动中发放区红会人道救助公益项目、无偿献血、造血干细胞志愿捐献等宣传手册1100多份,毛巾、围裙、环保购物袋等宣传品500多份。3月2日,在迈皋桥广场参与区文明办牵头组织开展的"学习雷锋好榜样"志愿者集中行动,发放造血干细胞、遗体和人体器官捐献以及急救知识等宣传材料200余份。5月20日,参与区委宣传部组织的"5·20爱在栖霞"大型民生服务日暨"栖霞视点"微信平台上线活动,设立服务台,宣传工作职能,接受市民问询。各街道、区卫生和教育系统红会结合自身实际,开展各类志愿服务活动90多场次。

◆人体造血干细胞、器官无偿捐献宣传

2014年,红十字"博爱月"期间,全区红十字系统广泛开展宣传活动,发放造血干细胞志愿捐献宣传彩页、无偿献血宣传资料、人体器官捐献宣传资料3000多份。区志友组织在全区九个街道共开展11场志友"两献"宣传活动,发放宣传资料和纪念品1000多份。5月8日世界红十字日,区红会联合迈皋桥街道红会开展造血干细胞集中采样活动,各街道和区教育、卫生系统红会,积极动员组织街道干部、社工、企业员工、教师、医生等志愿者参加采样活动,当天采样成功53例。全年造血干细胞志愿捐献入库人数64人。区卫生系统红会建立造血干细胞志愿捐献者微信群,宣传和普及造血干细胞捐献知识,向志愿者介绍捐献的目的、意义、过程、有无副作用等知识。12月18日,栖霞街道红会组织开展遗体、人体器官和组织无偿捐献宣传活动,80多名志愿者和社区群众参加活动。

◆备灾救助　元旦、春节"博爱送万家"活动中,全区红十字系统共发放款物总计146.99万元(含省市下拨款物),全区1352户家庭受益,受益总人数4736人。走访慰问造血干细胞成功捐献志愿者杜鹃和李志华,给予每人1000元的慰问金。走访慰问吉祥庵社区、五福家园社区困难家庭和燕华花园社区,慰问款额合计1万余元。走访慰问南京癌友协会栖霞活动中心和栖霞区志友大组,分别支持活动经费3000元和2000元。栖霞区癌友康复会成立之初,区红会为其提供工作经费2万元。为4位居民申请红十字金陵医疗救助博爱资金共1.29万元。7位儿童得到"市红十字金陵宝宝博爱资金”救助，救助金额合计 1.7 万元。3 位大学新生获得 2014 年“圆梦公益助学金”合计 1.2 万元。11 位因病致困的居民获得救助合计 1.75 万元。

◆宣传筹资 3 月 17 日，栖霞区红会官方微博正式上线。12 月 11 日，栖霞区红会官方网站正式开通。12 月上旬，拍摄制作完成红十字电视专题片《男孩和小鱼》，该片在区红会四届四次理事会、市红会 2014 年南京市红十字工作总结会议、栖霞电视台、中国红十字报社“中红在线”上播放。260 多篇工作信息在《中国红十字报》、中国人道网、省市区红会网站、省市文明网、栖霞党建网、金陵晚报、栖霞简报等媒体上登载。区红会常务副会长陈海频、副会长朱红、秘书长丁彤撰写的工作心得和调研文章，分别被江苏《红十字》会刊、《江苏红十字报》《中国红十字报》和区委《调查与思考》刊用。华电中学、炼油厂小学、迈皋桥中心小学、金陵中学仙林分校小学部、栖霞区阳光天使幼儿园、燕子矶中学、摄山新城小学、栖霞区实验初级中学南炼校区、幕府山庄小学、栖霞区第一实验幼儿园、靖安中心小学、燕子矶中心小学、化纤厂小学、八卦洲中心小学、市一中马群分校、栖霞街道中心小学，开展“博爱校园行”爱心义卖活动，共筹得爱心款 6.88 万元，专项用于救助区内 14 岁以下患大病的儿童。

◆组织建设 12 月 11 日，栖霞区红会召开第四届理事会第四次会议，会议审议通过《栖霞区红十字会第四届理事会第四次会议工作报告》《栖霞区红十字会 2013 年 11 月至 2014 年 11 月接受捐赠款、物收支情况的报告》和《关于调整部分理事、常务理事、副会长名单》。6 月 10 日，具有独立法人资格，由区红会作为主管单位的民间社团组织栖霞区癌友康复会成立。区委书记、区红会名誉会长臧正金，副区长、区红会会长秦亚平亲临成立大会。伯乐中学和迈皋桥中心小学获第三批“江苏省红十字示范学校”，市第一中学马群分校和炼油厂小学荣获第二批“南京市红十字示范学校”。迈皋桥街道红会、区疾病预防控制中心红会、南京市第一中学马群分校红会等 11 个基层组织获市红会 2013 年度基层红十字工作先进奖。 □李正勇

残疾人联合会

◆概况 2014 年，全区共有持证残疾人 7255 人，约占户籍总人口的 1.8%。区残联围绕残疾人社会保障和公共服务两个体系建设，以惠民工程为抓手，全面加强残疾人康复、就业、教育培训、组织建设和宣传文体等工作，推动全区残疾人工作向更高水平迈进。全年完成近 3000 家用人单位的按比例安排残疾人就业年审，通过区地税部门征收残疾人保障金 2254.76 万元。联合区人社局及工商联组织多场“百企多岗”残疾人专场招聘会，安置残疾人就业 188 人，其中，稳定就业 165 人，灵活就业 23 人；以创业带动就业，鼓励和扶持残疾人自主创业 17 人；完成残疾人技能培训 281 人；选派 8 名优秀残疾人参加南京市残疾人职业技能大赛。新建 2 个农村残疾人扶贫基地，安置并带动周边困难残疾人实现年人均收入超出当地平均水平 50%以上。落实有关保障政策，全区贫困残疾人应保尽保，进入低保的残疾人 1521 人。发放各项补贴 835.49 万元，发放率 100%(其中，无固定收入重残、“一户多残、依老养残”救助 1048 人、722.37 万元，困难残疾人“护理补贴、低保重残补贴”990 人、104.6 万元，残疾人机动轮椅车燃油补贴 172 人、4.47 万元；接受中、高等教育的残疾学生及贫困家庭残疾学生奖励及补助 4.05 万元)。出台《栖霞区残疾居民社会保险实施办法》及《栖霞区困难残疾人家庭临时救助金管理办法(试行)》等文件。春节期间，开展“送温暖、献爱心”活动，走访慰问困难残疾人家庭 558 户，送去慰问金和慰问品合计价值 53.7 万元；端午、中秋等传统节日期间，看望慰问区内麻风病人，送去慰问金及慰问品合计 3.2 万元。加强残疾人康复托养阵地建设，正式启用区残疾人托养中心。引进 2 个社会组织开展社区康复活动；开展“三助一给”及康复“四进家庭”活动，为 406 户残疾人家庭制定“个性化”康复档案，配发各种辅助器具 617 件；为肢体残疾人免费安装假肢 24 例，为 62 名残疾人配备低视力定制眼镜；向贫困残疾人捐赠助听器 32 台；为贫困精神病人提供免费药品达 275 人次；为 80 名贫困残疾儿童申请免费抢救性康复训练。

◆关注贫困残疾人 2014 年，区残联开展走访慰问困难残疾人活动。春节期间，共走访慰问贫困残疾人家庭 558 户，送去慰问金和慰问品合计价值 53.7 万元。“世界防治麻风病日”、端午节、中秋节等重大节日期间，看望慰问区内住院麻风病人，发放生活补贴及慰问品合计价值 3.2 万元。是年，出台《栖霞区困难残疾人家庭临时救助金管理办法(试行)》，全年共为 21 人发放临时救助金 2.35 万元；出台《栖霞区残疾居民社会保险实施办法》，区残联每年投入 300 余万元为全区 2000 余名三、四级残疾人免费办理居民养老及医疗保险，此举获得市残联“树品牌、创特色”创新奖。

◆残疾人就业与培训 2014 年，区残联始终把解决残疾人就业作为残疾人工作的重中之重，落实区政府关于《促进残疾人就业培训和自主创业实施办法的通知》精神，广纳社会资源，多渠道、多层次、多形式促进残疾人就业。联合区人社局、工商联以及爱心企业举办残疾人专场招聘会，安置残疾人稳定就业 165 人，灵活就业 23 人，成功扶持 17 名残疾人实现自主创业，发放一次性创业扶持金 3.4 万元。加大残疾人职业技能培训力度，培训残疾人 281 名，超额完成目标 40.5%。选派 8 名残疾人参加市残联举办的第二期残疾人“SYB 创业”培训班；投入 4.9 万元用于残疾人技能培训，其中，2 名残疾人取得高级计算机操作证书，4 名残疾人取得盲人计算机初、中级证书，5 名残疾人取得盲人保健按摩师资格。

◆按比例安排残疾人就业年审 2014 年，根据省市残联要求，区残联需完成对辖区内所有用人单位的按比例安排残疾人就业年审工作，为此，区残联通过栖霞有线电视台、《栖霞简报》等媒体，宣传《残疾人就业条例》《江苏省按

比例安排残疾人就业办法》等文件精神，向辖区内用人单位发放《致用人单位一封信》计3200封，经过努力，最终共完成对2992家用人单位的年审。是年，协同区地税局征收残疾人就业保障金2254.76万元，比上年增长25.2%，为推动全区残疾人事业的发展储备资金。对使用残疾人超比例的用人单位落实相关优惠政策及奖励，共奖励31家超比例安置残疾人单位，发放奖励金共计18.6万元。

◆引进康复专业社会组织　2014年，区残联引进栖霞区启承社区康复管理指导中心及南京瑞海博医院两个专业社会组织，分别在西岗、栖霞、马群、尧化4个街道开展社区康复试点，首先进入残疾人家庭开展摸底调查。之后，由南京中医药大学等专业师资力量，为社区有需要的残疾人定制个性化康复档案，提供包括康复咨询、评估训练和日常生活能力训练及康复等专业服务。

◆残疾人文体工作　2014年，联合区电视台在“本周新闻”栏目中开播手语同步翻译，广大聋哑人可以通过标准手语动作，获取和了解栖霞社会经济发展和有关时事要闻等各方面信息。举办“上善栖霞，美丽家园”残疾人摄影展，遴选50余幅作品参展，展示残疾人摄影爱好者的内心世界。栖霞街道成立“五月风”残疾人书画苑、尧化街道成立“姚坊门九州残疾人文化艺术中心”，残疾人通过参加书法、绘画、才艺的学习和交流，丰富文化生活，陶冶情操。引进优秀残疾人乒乓球运动员闫硕，在韩国仁川举行的2014亚洲残疾人运动会和江苏省第九届残疾人运动会上，共斩获4枚金牌，为国为区争得荣誉。

◆组织区内残疾人免费体检　5月5日至5月31日，由区残联出资60万元，联合区卫生局为全区7103名持证残疾人开展免费体检活动。此次体检项目包括测心电图、胸透、血常规、尿常规、B超(肝、胆、胰、脾、双肾)、物理检查(内科、血压)、血生化(血脂三项、空腹血糖、转氨酶)等项目。区残联多次与区卫生局沟通协商，组织各街道残联理事长召开专项活动部署会，要求在保证安全的前提下，为前来体检的残疾群众提供周到人性化的服务。体检活动结束之后，区残联还通过提供医疗救助、优惠服务以及配发辅助器具等措施，进一步做好体检后续服务工作。

5月20日，区阳光家园残疾人托养中心启用，市残联党组书记、理事长谢德俊(右)与区委副书记胡晓健共同为其揭牌　区残联 供稿

◆全国助残日活动　5月17日，由区残联主办，区工商联、区人社局、尧化街道共同承办的栖霞区第二十四次全国助残日暨“百企多岗”招聘会活动在尧化街道市民广场举行。区委副书记胡晓健，副区长毛银玲，市残联教就处处长张良亲临现场指导。活动现场，来自全区的38家用人单位提供包括业务员、保洁员、装配、数控、保安等120多个用工岗位，现场近百名有就业意向的残疾人前来咨询、应聘。活动现场还有免费义诊、法律咨询、测量血压、按摩推拿、免费理发、家电维修等便民服务项目。为构建常态化长效帮扶机制，区残联将此次“助残日”活动拓展为“助残月”系列活动，活动期间共向全区贫困残疾人捐赠彩电100台、洗衣机60台、电饭煲50台。

◆区残疾人托养中心运营　5月20日，区阳光家园残疾人托养中心正式启用运营。中心分三层，建筑面积达近2000平方米，共有50张床位，是集生活、康复、娱乐于一体的标准公寓式残疾人托养机构。中心采用公办民营模式，重点为区内重度肢体及精神、智力残疾人提供生活照料、康复护理、“农疗”服务、技能培训及精神慰藉等服务。市残联党组书记、理事长谢德俊，市残联副理事长马兰，区领导胡晓健出席启用仪式。谢德俊和胡晓健为栖霞区阳光家园残疾人托养中心揭牌；区法律服务行业的爱心律师代表向中心捐款5000元。

◆残疾人技能竞赛　6月，区残联组织8名优秀残疾人才参加市残疾人技能大赛并获得优异成绩，其中燕子矶街道张春伟、迈皋桥街道董跃军和李伟、八洲卦街道潘士胜4人在CAD制图、计算机装配及网页制作项目中分获一二三等奖；9月，迈皋桥街道王凤霞在江苏省残疾人职业技能竞赛中荣获陶艺项目第三名，并在全国残疾人陶艺比赛中获得“最佳创意奖”。　□傅　佳

南京经济技术开发区

Nanjing Economic & Technological Development Zone

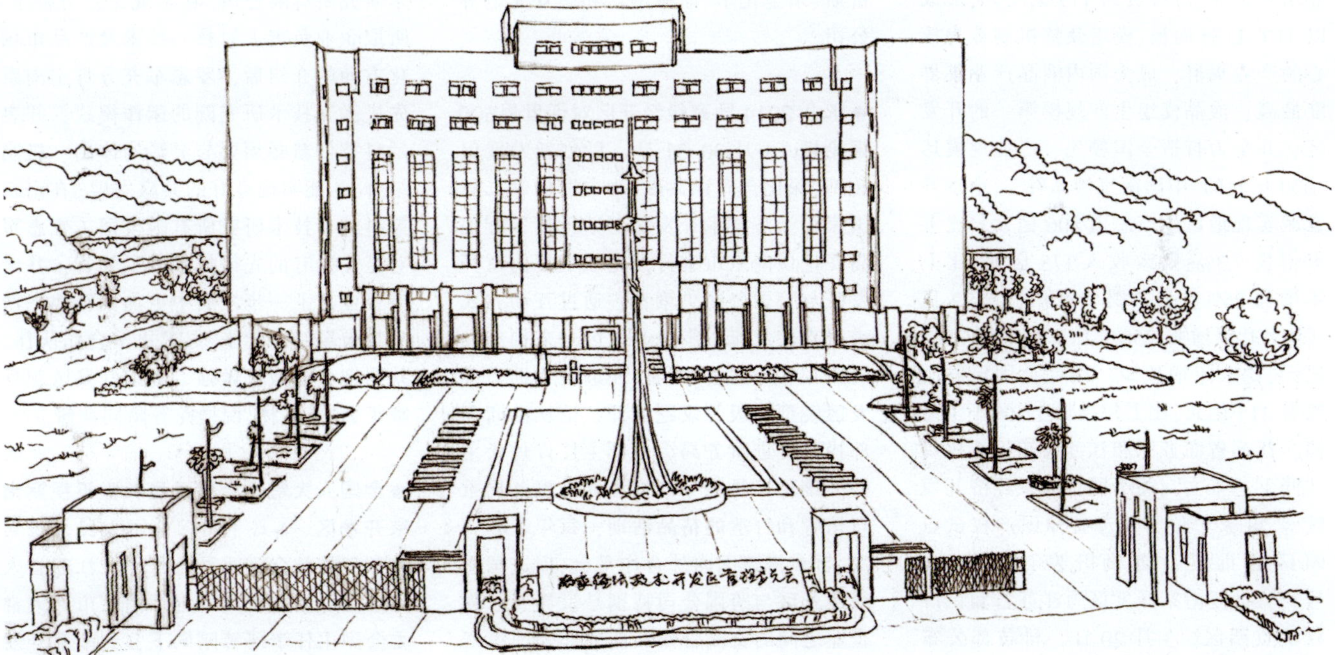

南京开发区管委会办公楼

杨秋绘

◎ 责任编辑 张永芳

总　述

◆**概况**　2014年,南京开发区坚持走新型工业化和集约化发展道路,促进产业优化升级,经济发展质量和速度快速提升。集聚487家20多个国家和地区代表行业乃至世界领先水平的企业,世界500强投资企业61家,内资超亿元企业62家,集中规模以上工业企业124家,高新技术产业产值占全区工业产值80%以上,高新技术产品出口额占全区出口额90%以上;累计建立上规模研究院和研发中心近50家,专利申请量1241件。光电显示产业集聚液晶显示、OLED显示、激光显示、新光源、太阳能光伏、电子装备等项目。其中,中电熊猫、夏普、乐金显示等企业,总投资约115亿美元,形成以TFT-LCD面板、模组及整机制造为核心的产业集群,成为国内液晶产业集群度最高、液晶模组生产规模第一的开发区,并全力打造全国领先、产业规模达3000亿元的"中国南京液晶谷"。南京开发区实现地区生产总值806亿元,比上年增长7.3%;财政收入175亿元,比上年增长25%;公共财政预算收入72亿元,比上年增长25%;工业总产值3568亿元,比上年增长4%;全社会固定资产投资315亿元,比上年增长11.6%。1月初,江苏省商务厅和江苏省知识产权局共同下达批文《关于同意南京经济开发区等28家单位为江苏省知识产权试点园区的批复(苏商开发〔2013〕1330号)》,批复南京开发区为江苏省知识产权试点园区。3月20日,科技部公布2013年创新人才推进计划组织实施工作成果,国家级南京新港高新技术工业园成功入选国家创新人才培养示范基地。

◆**缪瑞林调研南京开发区**　1月4日,南京市代市长缪瑞林一行到南京开发区调研,走访中电熊猫第六代彩色滤光片项目,在区委党校召开专题会议。2月12日,南京市市长缪瑞林在南京市政府秘书长林克勤、副秘书长叶荣生等陪同下,率市发改委、经信委、环保局等部门到中国石化股份有限公司金陵分公司调研。3月19日,缪瑞林在南京市领导沈健、罗群、臧正金、林克勤、叶荣生以及市相关部门负责人陪同下,到南京开发区调研南京液晶谷建设发展情况,走访中电熊猫,召开座谈会。5月23日,缪瑞林一行到南京开发区调研,走访南京综合保税区、龙潭港。6月13日下午,缪瑞林一行到南京开发区调研中国石化股份有限公司金陵分公司,视察金陵石化烷基苯厂,实地察看栖霞大道和炼西路改造。9月3日,缪瑞林一行到康尼机电股份有限公司走访,调研上市企业情况。10月15日,缪瑞林到南京开发区调研,召开南京长江航运物流中心建设现场推进会,考察长江航运物流中心建设推进、沿江岸线利用及滨江环境整治情况。10月18日,缪瑞林到南京开发区调研建设发展情况,走访天加空调、京晶光电、艾欧史密斯、乐金化学、鼎科纳米和康众光电等公司。

◆**承办2014国家级经开区对话世界500强论坛**　1月30~31日,以"创新发展促转型,深化合作谋共赢"为主题的第二届国家级经济技术开发区对话世界500强高峰论坛南京市举行。论坛汇集南京开发区与跨国公司决策者,通过互动方式进行直接交流,围绕开发区未来创新发展路径、跨国公司利用先进技术助力开发区转型升级等议题展开。论坛由商务部投资促进事务局综合部主任许丹松主持。该论坛是商务部投资促进事务局重点培育和打造的精品活动,每年举办一次,旨在搭建国内外合作平台,促进国家级经开区与跨国公司特别是世界500强企业之间的交流合作。商务部外国投资管理司副司长邱丽新在致辞中表示,国家级经开区应聚焦转型升级,着力体制增效,构建创新驱动型、绿色低碳型和智能服务型的新园区。江苏省商务厅副厅长赵进也参加论坛并讲话。在主题发言环节,南京开发区管委会副主任沈吟龙作了南京开发区投资环境的推介。哈尔滨经开区管委会副主任董继文介绍哈尔滨经开区创新发展需求与500强企业的合作机遇。中国惠普有限公司首席技术官李为冲作主题为"惠普产业创新服务平台助力园区发展"的演讲。上海市漕河泾新兴技术开发区发展总公司副总工程师韩宝富作了主题为"产城融合:由功能单一的工业园区向功能多元的城市空间转变"的发言。远大集团副总裁、远大能源利用管理有限公司总经理张晓东作了"创新能源管理助力绿色园区可持续发展"方面的介绍。北京科技园建设(集团)股份有限公司副总经理王粿介绍"产业园区的开发与运营方面"的经验。此届论坛由商务部投资促进局、南京市政府主办,商务部外资司为指导单位,南京开发区管委会承办。

◆**罗志军调研科技创新型企业**　3月20日,中共江苏省委书记罗志军在江苏省、南京市相关部门负责人陪同下,到南京开发区调研科技创新型企业,走访南京先进激光技术研究院和南京鼎科纳米技术研究所有限公司。在参观完公司展厅、听取企业负责人对核心技术及产品市场化方面的介绍后,罗志军充分肯定南京先进激光技术研究院的运作模式,并表示科技创新必须要与灵活的体制、机制结合,才能实现良好的共赢发展。在南京鼎科纳米技术研究所有限公司,罗志军对企业拥有的先进技术表示赞赏,并希望企业在下一步发展中更加紧密地把产品与市场结合起来,寻求更多合作伙伴,共同把企业做大做强。南京开发区领导臧正金、杨有林、倪德龙等陪同调研。

◆**全国人大常委会副委员长张平视察南京开发区**　4月1日,全国人民代表大会常务委员会副委员长张平在江苏省人大常委会副主任刘永忠、南京市人大常委会副主任李琦等陪同下,到南京开发区视察,走访中电熊猫和南京第壹有机光电有限公司。张平充分肯定南京开发区在战略性新兴产业和节能环保产业发展上给予企业的支持和服务。同时,张平表示,这次走访的两家企业所在的产业,均为国家重点发展产业,市场前景广阔,希望企业家们要充分做好艰苦创业的思想准备,开拓发展思路,为国家经济转型发展做出更大贡献。

◆**南京开发区科学技术协会成立**　4月15日,南京开发区科学技术协会(简称

“科协”）成立大会在南京开发区管委会召开，该协会是南京首个独立社团法人身份科协。江苏省科协党组书记、副主席陈惠娟，南京市科协主席黄敏、副主席沈平，南京开发区管委会巡视员、紫金（新港）科创特区主任倪德龙等出席会议。南京开发区光电显示、生物医药、装备制造等多个行业的企业负责人140余名会员代表参加会议。陈惠娟在讲话中说，科协是科技人员之家，南京开发区作为高新技术企业汇聚之地，成立科协组织对开发区的发展起着十分重要的作用。会议听取南京开发区科协筹备工作报告，审议并通过《南京经济技术开发区科学技术协会章程》，选举产生第一届委员会委员，选举南京开发区管委会科技人才局局长万舜为主席、副局长倪丹为副主席。万舜表示，要切实履行好科协职责，建立以企业为主体、市场为导向、产学研相结合的技术创新体系，整合资源提供支撑，促进企业在自主创新中做出更多更大贡献。

◆开发区总工会代表大会召开 4月25日，南京开发区总工会第一次会员代表大会在南京开发区管委会召开，全区157名会员代表参加会议。南京市人大常委会党组副书记、市总工会主席许慧玲，南京市领导、南京开发区党工委书记臧正金讲话。南京开发区党工委副书记李华，区人大常委会副主任、区总工会主席毕金生，南京开发区管委会巡视员、工会工委主任倪德龙等出席会议。许慧玲代表南京市总工会向大会的召开表示祝贺，提出始终坚持工会工作正确的发展方向，全面履行工会组织各项职能，加强工会自身建设三点意见。臧正金指出，南京开发区围绕打造国际化、创新型、生态式现代临港产业新城的发展定位，实践“稳中快进、进中突破、再创辉煌”的二次创业战略部署，需要依靠职工群众的强大力量和聪明才智，他希望，总工会认真贯彻全心全意依靠工人阶级的指导方针，充分发挥工会组织在推动科学发展中的重要作用，切实加强和改善党对工会工作的领导。会上，李华代表南京开发区原工会工委向大会作工作报告，总结南京开发区工会16年来的工作经验，规划未来5年的工作蓝图。大会选举产生南京开发区总工会第一届委员会、经费审查委员会和女职工委员会。李华当选为南京开发区总工会第一届委员会主席，宋持月当选为常务副主席。

◆傅自应调研外贸工作 4月30日上午，江苏省副省长傅自应在南京市领导华静、臧正金等陪同下，到开发区调研外贸工作。傅自应一行先后走访南京博西华有限公司和乐金显示（南京）有限公司。随后，傅自应在管委会召开座谈会，听取南京市、南京开发区外贸工作情况汇报，并与博西华、乐金显示两家企业负责人座谈。傅自应希望南京市积极研究外贸保增长的具体措施建议，学习中国香港地区和韩国的成功经验，为外贸企业搭建综合服务平台，注重发展自主品牌企业，培育出规模大、效益好的本土外贸企业。

◆新型显示技术与产业发展研讨会暨平板显示行业协会专家委员会成立 7月25日，中国南京2014年新型显示技术与产业发展研讨会暨南京平板显示行业协会专家委员会成立大会在宁召开。中国科学院院士黄维、欧阳钟灿等近20名国内外新型显示业内专家及各会员单位代表100余人参会。南京平板行业协会成立于2007年，会员单位包括中电熊猫、乐金、夏普、瀚宇彩欣、CETC-55所、CEC-11院、南大、东南大学、南邮等68家南京及周边地区平板显示企业和相关科研院校。大会选举出20名国内外新型显示知名专家成为南京平板行业协会专家委员会成员，为南京新型显示产业把脉问诊、出谋划策，也为企业做好服务工作。会议期间，各专家代表上台交流新型显示前沿技术并解读产业最新发展趋势，举行圆桌研讨会，共同探讨南京地区平板显示产业发展战略。

◆创新驱动“智”造未来主题论坛 9月15日，由南京开发区管委会、紫金（新港）科创特区主办，中国科学院南京先进激光技术研究院、南京煜宸激光科技有限公司共同承办的2014创新驱动“智”造未来主题论坛在南京开发区管委会举

4月25日，南京开发区总工会第一次会员代表大会在南京开发区管委会召开　　区科技局 供稿

位于南京开发区的紫金新港激光产业科创基地　　南京开发区 供稿

行。南京开发区管委会副主任沈吟龙、南京光电技术研究院院长马宁等出席会议。艾欧史密斯(中国)热水器有限公司、海信电器有限公司、博世汽车部件有限公司、南京晶升能源设备有限公司、康尼机电股份有限公司等近80家企业代表参会。南京开发区管委会副主任沈吟龙致辞,他指出,以提升核心关键技术,提高智能装备水平为目标,南京开发区将依托园区内优势企业,发挥产业集聚区的技术联动作用,推进区内经济健康、持续、高速发展,构建先进技术与优秀企业间的桥梁和纽带。论坛上,邢飞、徐国建、金自立、高雪松等博士分别作"激光加工应用技术""智能制造技术""机器人应用技术""激光金属3D打印技术"等报告,集中展示激光产品新技术、新产品以及智能控制软件方面取得的成就。马宁对此次论坛给予高度评价。会后,与会人员到南京先进激光技术研究院和南京煜宸激光科技有限公司参观考察,与激光显示、激光装备和3D打印机等进行"零"距离"亲密接触",咨询产品、了解技术参数和市场应用情况。

基础设施建设与管理服务

◆概况　2014年,南京开发区园区功能品质和生态环境质量实现新提升,园区城市化功能品质进一步提升,生态工业示范园区的品牌效应持续扩大。全面抓好就业与劳动保障、安全生产、信访维稳等工作,营造安全有序、和谐稳定的园区环境,确保"青奥会""国家公祭日"等活动期间的社会稳定。南京开发区城乡统筹和民生保障取得新成效。营造南京开发区与栖霞区和托管街道融合发展的良好局面,发挥南京开发区的辐射带动作用,推进街道经济发展和环境面貌改善,帮助群众安居乐业走向富裕。7月1日,东阳污水处理厂建成并投入试运行。

◆开发区出国(境)证件受理点开通　5月20日,南京开发区出国(境)证件受理点揭牌仪式在南京开发区管委会举行。该受理点主要提供与办证相关的复印、照相、收费、速递等"一站式"服务,为辖区居民就近办理护照和往来港澳、往来台湾通行证等出国(境)证件提供便捷服务。

◆新港环境监测站建成　10月,南京新港环境监测站建成。监测站由南京开发区管委会环境保护局直接管理,主要负责园区及托管街道范围内的环境质量监测、污染源监督性监测、环境应急监测、委托监测和投诉监测等工作。预计2015年6月通过CMA认证,将正式承担南京经济技术开发区环境管理监测任务,完善南京开发区环境管理,提升环境监管能力建设。

◆炼西路建成　10月11日,炼西路建成开通。炼西路位于南京开发区金陵石化公司西侧,是新港炼油厂片区南北向的主要交通干道,也是金陵石化厂区运输出口通道。道路南起栖霞大道,北至南龙路,全长1720米,宽49米,采用双向6车道主路加两侧各6米宽辅道的断面形式,为南京开发区内新的交通和景观道路。道路开通后,方便金陵石化炼油厂片区企业员工和周边居民出行,提升道路周边的环境面貌,优化拓展新港建成区东侧的产业承载空间。

招商引资与项目建设

◆概况　2014年,南京开发区新引进重点项目36个。加强对项目建设的保障和督促推进,新开工重点项目30个,新竣工重点项目21个。

2014年南京开发区部分重点新开工项目情况

表7

序号	项目名称	投资方	总投资	项目内容	开工时间
1	中唐半导体项目	中唐半导体科技有限公司	3亿美元	半导体研发、封装、测试、产学研及公司运营总部	1月
2	南粮粮油交易市场项目	南京粮油交易市场有限公司	3.8亿元	主要建设粮油市场综合体、成品粮应急地位储备仓库、综合服务楼等设施	1月

续表 7

序号	项目名称	投资方	总投资	项目内容	开工时间
3	紫江工业炉	紫江炉业南京有限公司	6 亿元	新购国产设备约 100 台(套)、进口设备约 30 台(套),建设形成年产 90 台(套)工业炉的生产规模	2 月
4	采埃孚汽车转向系统项目	博世有限公司和采埃孚有限公司的合资公司	2 亿美元	建设汽车电液转向系统	3 月
5	高华传感器产业园	南京高华传感科技有限公司	3 亿元	新建 9 条传感器自动化生产及测试线,新增设备仪器 129 台(套)	5 月
6	熊猫供应链项目	南京中电熊猫贸易有限公司	6.8 亿元	建设液晶谷及周边电子企业物流服务平台	6 月
7	白云电气玻璃绝缘子项目	白云电气集团有限公司	7.43 亿元	建设玻璃绝缘子自动化及智能化生产线	7 月
8	康尼机电轨道交通二期扩建项目	南京康尼机电股份有限公司	6.4 亿元	新增总建筑面积约 11 万平方米，其中研发、实验试制用房 39580 平方米,生产用房 54843 平方米,辅助用房 15577 平方米	9 月
9	博西华电器扩建项目	博西华电器(江苏)有限公司	3.88 亿元	新建洗衣机生产线 2 条,电机生产线 7 条;建设 5 座辅助公用工程	9 月
10	乐金化学动力电池项目	南京乐金化学新能源电池有限公司	1.15 亿美元	年产高容量电池芯 500 万芯，模组 45 万组,电池包 14000 个	10 月
11	华东棉业物流交易配送中心建设项目	江苏省棉麻(集团)有限公司	6.86 亿元	建设形成年销售棉花 20 万吨，最大仓储 10 万吨的能力	12 月

2014 年南京开发区部分重点新竣工项目情况

表 8 单位:亿元

序号	项目名称	投资方	总投资	项目内容	竣工时间
1	中电熊猫第六代液晶面板 10K 扩产技改项目	南京中电熊猫液晶显示科技有限公司	8	利用原有生产厂房和动力设施,新购置进口工艺设备共计 52 台(套),提高设备利用率,使月产能在原有 80K 的基础上增加 10K 达到 90K 的产能	3 月
2	电子科技工厂自动化设备、轨道交通智能设备及环保设备建设项目	南京熊猫电子科技发展有限公司	18.3	建设形成年产各类工厂自动化设备 100964 台/套、各类环保设备 120 台/套、各类轨道交通智能设备 6008 台/套的生产规模	3 月
3	奥托立夫年产 9000 万平方米汽车安全织带项目	南京奥托立夫申达汽车零部件有限公司、南京奥托立夫汽车安全系统有限公司	1.02	分期建设 3 条汽车安全织带生产线,共采购各类进口设备台 54(套)、国产设备台 157(套)	6 月
4	中建化工设备制造项目	南京中建化工设备制造有限公司	3	新购主要生产设备和检测仪器约 300 台套,主要从事石油化工过程成套装备制造、新能源设备制造、工艺金属结构加工等	6 月
5	巨祥电线电缆生产基地建设项目	南京巨祥电线电缆有限公司	5	建设形成年产各类电线电缆约 50 万公里的生产规模	9 月
6	正大天晴扩建项目	南京正大天晴制药有限公司	21	从事冻干粉针抗肿瘤、非 PVC 软袋输液、小容量注射剂、抗肿瘤生物制剂等产品研发生产	12 月
7	南粮粮油交易市场项目	南京粮油交易市场有限公司	3.8	主要建设粮油市场综合体、成品粮应急地位储备仓库、综合服务楼等设施	12 月

东区建设

◆**概况**　2014年,南京开发区东区加速推进龙岸花园经适房、液晶谷片区经济适用房、摄山星城第二小学装修与绿化工程等一批民生工程建设;完成南京综合保税区外围四条配套市政道路、337省道拓宽改造工程及周边绿化工程等基础设施工程;完成中电熊猫G108项目的正式水电接入等重点企业保障项目;完善东阳、龙潭污水处理厂设备的调试及厂区内部配套设施,东阳污水厂正式投入运行,龙潭污水厂试运行成功。

◆**机电产业园二期、龙潭经适房项目安置住房交付**　7月17日,南京开发区召开机电产业园二期、龙潭经适房项目交房工作协调会,对交付场地、流程及职责进行分工和确认。安置房小区为龙岸花园吉祥苑,交付10幢小高层、近1000套房源,小区绿化率36%,环境优美,配套有幼儿园、地下车库、社区用房及安全监控设施等。在拆迁群众办理完登记、审核、结算、物业等手续后,工作人员还一对一服务带群众上门入户,登记验房时发现的问题并做好后续解决工作。7月底,南京开发区完成机电产业园二期、龙潭经适房项目拆迁安置房的交付工作,解决龙潭街道滨庄、宣闸、花园村等600多户拆迁群众的居住问题。

南京综合保税区

◆**概况**　2014年,南京综合保税区(龙潭片)规划面积为3.83平方公里,一期封关运作面积为1.15平方公里,按照“总体规划、分步实施”的原则开发建设。南京综合保税区(龙潭片)以探索建立自由贸易园区为目标,依托南京区位优势和综合保税区政策优势,面向南京都市圈和长江中上游区域,建设体现南京特色和优势、具有较强集聚和辐射能力的“国际贸易中心”,重点规划建设保税物流中心、展示交易中心、维修检测中心、研发中心、结算中心和金融中心等六大中心和进口红酒、食品等十大交易平台,发展高端制造、货物贸易以及检测维修、保税物流、商务服务、金融服务等服务贸易。以南京综合保税区(龙潭片)为龙头,南京开发区还在综合保税区周边规划建设120平方公里的南京龙潭海港枢纽经济区,主动融入长江经济带建设,依托枢纽资源,发展枢纽经济。12月,南京综合保税区(龙潭片)实现业务运作。

◆**方伟到南京综保区(龙潭片区)调研**　12月30日下午,江苏省政府副秘书长方伟在南京市副市长华静及江苏省、南京市相关部门负责人陪同下,到南京综合保税区(龙潭片区)调研。方伟一行参观综合办公大楼大厅、规划展览馆、卡口、监控室、验货场地、监管仓库和巡逻车道等基础设施建设情况,并在南京开发区管委会召开座谈会。南京开发区领导杨友林、蒋伟等参加会议。会上,南京开发区管委会副主任蒋伟介绍南京综合保税区(龙潭片区)规划建设、招商引资工作情况及下一步工作打算。方伟表示,南京综合保税区实现出口加工区、保税物流中心和保税区的功能叠加,是国内除上海自贸区外开放层次最高、优惠政策最多、功能最齐全、手续最便捷的特殊经济区域之一,希望南京开发区推进龙潭港实现由内河港向海港的转变,增强区位交通优势,加紧开展招商,把综合保税区打造成拉动南京市外向型经济发展和产业升级的核心引擎。

□柳云娇

部分入驻企业

◆**概况**　2014年,南京开发区工业总产值3568亿元,同比增长4%;进出口总额226亿美元,同比增长10%;出口总额105亿美元,同比增长10%;合同利用外资3.1亿美元,实际利用外资3.5亿美元。艾欧史密斯(中国)热水器有限公司的高效分体热泵、阳台壁挂式太阳能热水器等6项产品入选江苏省、南京市2014年重点推广应用新产品名单。南京开发区中石化金陵石化公司、乐金显示(南京)有限公司、南京乐金新港显示有限公司、南京华新有色金属有限公司、东光光电(南京)有限公司、南京夏普电子有限公司、南京中电熊猫液晶显示科技公司等7家企业位列全省超百亿元工业企业(集团)之列,成为南京市入选最多的区县(开发区),其中南京中电熊猫液晶显示科技公司为首次上榜。6月份,南京长青激光科技有限责任公司的“宽波带光源装置”、南京圣和药业有限公司的“二苯乙烯类肿瘤靶向药物Combretastatin A4类似物”等2件授权发明专利入选江苏省2013年度百件优质发明专利名单。7月,2014年度江苏省专利实施计划项目公示,南京圣和药业有限公司的“二苯乙烯类肿瘤靶向药物Combretastatin A4类似物A4衍生物”项目成功获批专利转化实施类项目,也是全市唯一一家获批该项目的企业。7月,江苏省科技厅发布《关于认定2014年江苏省第二批高新技术产品的通知》,南京开发区天加空调、圣和药业等5家企业的“满液式水源螺杆冷(热)水机组”、“圣诺灵(注射用阿奇霉素)”等12件产品获批2014年第二批省高新技术产品。7月,南京圣和药业有限公司、南京烽火藤仓光通信有限公司、南京正大天晴制药有限公司和南京年达炉业科技有限公司等4家企业入选2014年度江苏省企业知识产权管理标准化示范创建先进单位名单。

◆**增加4项南京市优秀专利项目**　4月14日,南京市知识产权局公布2013年度南京市优秀专利奖名单,南京开发区有4家企业的4项专利榜上有名。其中,南京康尼机电股份有限公司的“车辆自动锁闭机构的端部解锁装置”(ZL201110146115.8)、南京中电熊猫晶体科技有限公司的“用于石英晶体振荡器连续升温测试的多工位同步测试系统”(ZL201110220240.9)、南京中山制药有限公司的“活血止痛胶囊的制备工艺”(ZL200610096420.X)获得优秀发明专利奖,南京汇金锦元光电材料有限公司的“一种具有柔性透明导电薄膜的电容触摸屏”(ZL201220403994.8)获优秀实用新型专利奖。

9月21日，2014年金洽会重大项目集中开工仪式在南京开发区举行　　南京开发区 供稿

◆增加1家省级院士工作站　6月，江苏省科技厅批准南京天加空调设备有限公司和西安交通大学能源与动力工程学院组建企业院士工作站（苏科条函〔2014〕179号）。院士工作站代表国家各个领域的最高学术水平，天加公司将充分利用院士的学术资源专注于节能环保事业的科研与创新。天加公司院士工作站引进的院士团队包括中国著名传热学专家、中国科学院院士陶文铨，教育部长江学者奖励计划特聘教授何雅玲。该院士工作站致力于可回收工业生产中大量75~200度的低温余热和前置换热器技术的研究，通过与有机朗肯循环（简称ORC）机组相结合，进行余热发电。工作站通过研究余热回收系统和储能系统，提升热回收系统的稳定性和高效性，从而系统化解决低温余热发电的关键技术问题。

◆6家企业通过首批市级工程技术研究中心认定　6月，南京市科学技术委员会下发《关于公布2014年首批市级工程技术研究中心认定名单的通知》，南京开发区南京视威电子科技股份有限公司的“南京市智能安防物联网应用工程技术研究中心”、南京理工大学速必得科技股份有限公司的“南京市纸币识别和鉴伪工程技术研究中心”、阿特拉斯科普柯（南京）建筑矿山设备有限公司的“南京市建筑矿山设备工程技术研究中心”、江苏南极星科技有限公司的“南京市全自动高精度贴片机关键技术工程技术研究中心”、南京贝奇尔机械有限公司的“南京市集中润滑泵系统工程技术研究中心”、南京第壹有机光电有限公司的“南京市OLED照明工程技术研究中心”等6家工程技术研究中心完成各项建设任务，成功获批。至2014年，南京开发区共建有各级工程技术研究中心52家，其中，国家级工程技术研究中心5家，省级工程技术研究中心26家，市级企业工程技术研究中心21家。

◆3个项目获批科技部中小企业发展专项　6月24日，科技部和财政部联合发布《2014年度中小企业发展专项资金科技创新、科技服务和引导基金项目立项的通知》（国科发计〔2014〕166号），南京开发区3个项目成功获批科技部中小企业发展专项。其中，南京诺威尔光电系统有限公司的“基于激光扫描热波成像技术的飞行器在役无损检测系统”和南京海思创新生物科技有限公司的“紫金透骨喷雾剂治疗急性软组织损伤（气滞血瘀证）的临床试验研究”两个项目获批科技型中小企业技术创新项目；江苏南方农药研究中心的“新农药筛选与应用技术研发”获批科技型中小企业科技服务项目。3个项目分别获得计划扶持资金60万元、105万元和44万元。

◆南京康尼机电股份有限公司上市　8月1日，南京康尼机电股份有限公司在上海A股市场挂牌上市。南京市副市长罗群、南京开发区管委会常务副主任杨友林到上海证券交易所出席上市仪式。江苏省证监局、财政厅、金融办等各级领导均出席该公司上市仪式。南京康尼机电股份有限公司主营业务为轨道交通门系统的研发、制造和销售及提供轨道交通装备配套产品与技术服务，轨道交通门系统具有完全自主知识产权。该公司上市后股票代码为603111，发行股票7230万股，发行股票后总股本数为28891万股。此次发行价格为6.89元，发行市盈率为18.62倍，首日涨幅44%，上市后表现强劲。此次上市公司共募集资金4.98亿元，扣除各项发行费用后募集资金净额4.5亿元。公司募集到的资金主要投向轨道交通门系统及内饰扩建、轨道交通门控装置和技术中心项目，这些项目具备良好的市场前景和盈利能力。

◆乐金显示(南京)有限公司 乐金显示(南京)有限公司(以下简称LGD)，是韩国LG Display株式会社（原LG.Philips LCD株式会社）在海外投资建厂的第一家生产法人。公司成立于2002年7月，注册资本3.78亿美元。LGD主要从事研究开发、生产液晶显示模组系列产品及相应的配套产品，并提供相关产品的售后服务，是全球较大的液晶显示模组生产工厂之一。主要产品有苹果PAD模组、车载显示模组、笔记本模组。

2014年，乐金显示(南京)有限公司生产模组7022万片，实现主营业务收入317.3亿元，比上年下降8%；工业总产值331.2亿元，比上年下降7.5%。

◆南京华新有色金属有限公司 南京华新有色金属有限公司是1993年12月由台湾华新丽华股份有限公司控股的华贵国际有限公司与南京高科技股份有限公司、苏逸实业有限公司、江苏省电信公司、华新(中国)投资有限公司共同设立的中外合资企业。经过增资、吸收合并，该公司注册资本6.2亿元，投资总额8.1亿元，主要从事新型铜合金材料、电气化铁路架空导线及相关产品开发、生产、销售。公司主要生产以8毫米铜条及2.6毫米铜线为主要规格的铜线材产品，为各类电线电缆及扁平线、极细线材的原材料。产品被广泛应用于漆包线、极细线、通信线、电力线、电子及计算机配线、电源用线、汽车用线、扁平线、电车线及电解铜箔原料等，年产能为40万吨，是中国最大的铜条生产基地之一。公司连续多年销售收入保持在100亿元以上，为江苏省百强企业。

2014年，南京华新有色金属有限公司实现主营业务收入136亿元，比上年下降7.8%；工业总产值136亿元，比上年下降7.8%。

◆南京乐金新港显示有限公司 南京乐金新港显示有限公司（简称乐金新港）1997年9月25日注册，1998年8月17日建成投产，中韩合资企业，总投资5620万美元。由韩国乐金电子株式会社与南京新港开发总公司、乐金电子(中国)有限公司、南京新港高科技股份有限公司共同投资兴建，专业生产电脑显示器和液晶电视。产品1999年4月通过ISO 9002认证，2000年5月通过ISO 14000认证。

2014年，南京乐金新港显示有限公司生产显示器1953万台，电视216万台，实现主营业务收入256亿元，比上年上升6.4%；工业总产值258.6亿元，比上年上升6.3%。

◆南京夏普电子有限公司 南京夏普电子有限公司于1996年入驻南京开发区，占地约15.67公顷，累计总投资7.8亿元，拥有自建研发机构，研发人员近百人。作为江苏百强企业，主要从事LCD电视、投影机、LCD模组的生产、销售等，是世界知名的电器品牌。

2014年，南京夏普电子有限公司生产电视229万台，实现主营业务收入286.7亿元，比上年下降9.8%；工业总产值288.3亿元，比上年下降9.7%。

◆乐金化学(南京)信息材料有限公司

乐金化学(南京)信息材料有限公司于2003年入驻南京开发区，累计投资7.4亿美元。主要从事偏光板和锂电子电池的生产、销售等。

2014年，乐金化学(南京)信息材料有限公司生产偏光板129540千片，电池466710千块，实现主营业务收入113.7亿元，比上年上升17.9%；工业总产值114.2亿元，比上年上升17.4%。

◆喜星电子(南京)有限公司 喜星电子(南京)有限公司于2002年入驻南京开发区，为韩国独资企业，累计投资9900万美元，注册资本3400万美元。公司主要从事TFT-LCD模组、显示器及其零部件、平板数字电视机及平板数字电视机零部件的研发、生产和销售。

2014年，喜星电子(南京)有限公司实现主营业务收入58.2亿元，比上年下降32%；工业总产值96.3亿元，比上年上升18.9%。

◆邦基(南京)粮油有限公司 邦基(南京)粮油有限公司成立于2006年，为邦基公司在华独资企业，公司致力于研发、加工和生产蛋白饲料豆粕，国标一级、四级大豆油，浓缩磷脂和大豆深加工过程中派生的相关产品和附属产品等，向长江流域众多的饲料加工企业和小包装生产商提供优质的产品与服务。

2014年，邦基(南京)粮油有限公司实现主营业务收入40.2亿元，比上年下降15.4%；工业总产值39.8亿元，比上年下降17.9%。

◆博西华电器(江苏)有限公司 博西华电器(江苏)有限公司于2004年入驻南京开发区，注册资金6300万美元。主要从事开发、生产、销售家用电器和燃气用具。公司自建研发机构4个，着力研发洗衣机、抽油烟机、热水器等新产品，现有专利692项，研发人员363人。公司内设五个工厂，是博世和西门子家电集团吸尘器电熨斗等小家电、厨具电器、洗衣机、电热水器及电机等家电产品的主要生产基地，拥有洗衣机研发中心、制冷(冰箱)研发中心、厨具产品研发中心。

2014年，博西华电器(江苏)有限公司生产热水器18万台，洗衣机124万台，实现主营业务收入54.5亿元，比上年下降2.1%；工业总产值54.2亿元，比上年下降2.6%。

◆南京中电熊猫液晶显示科技有限公司

南京中电熊猫液晶显示科技有限公司于2009年9月入驻开发区，累计总投资139.3亿元。主要从事TFT-LCD面板和模组、液晶显示器、电视机等产品的生产、销售等。公司在引进夏普生产线的基础上，重点推进技术的消化吸收和再创新，是国内最先进的液晶面板生产线之一，南京市政府一号工程。

2014年，南京中电熊猫液晶显示科技有限公司实现主营业务收入142.8亿元，比上年上升24.5%；工业总产值142.8亿元，比上年上升24.5%。 □柳云娇

南京仙林大学城

Nanjing Xianlin University Town

南京师范大学·图书馆

杨阦绘

◎ 责任编辑　张永芳

总　述

◆**概况**　2014 年,仙林大学城完成总投资约 27 亿元。建成仙林鼓楼医院二期工程,医院一期口腔科和生殖中心装修完成;交付仙林湖高中和 1 所公办幼儿园,开工建设仙鹤片区北部南邮小学,启动仙林湖小学、幼儿园前期工作;建成交付中心商务区商务办公楼,新地星级酒店开业;仙林大道南侧社区服务中心投入运营,学则路商业广场和仙鹤片区北部社区服务中心开工建设,羊山风情街、科技城国际交流中心、仙林湖社区服务中心等项目前期工作启动。国电研究院、江苏省计量检测基地建成交付,中建安装公司总部、南京高科总部主体封顶;建成地理信息产业园西侧路,文枢西路西延,中心区 E1 地块 A、B 线等 4 条道路;启动仙隐南路南延等 7 条道路前期工作。继续推进主题公园建设。完善九乡河生态公园、羊山科技公园景观配套,新建绿道标识牌 164 块、公共厕所和管理用房 5 处共 500 平方米,新增停车泊位 460 个;基本建成萧宏石刻公园;推进仙林湖湿地公园前期工作。新建、改造各类绿化 45 万平方米,建成 15 公里城市绿道、2 处青奥主题雕塑、1 处青奥文化景墙。完成白象片区经天路、纬地路、湖东路等 5 条道路景观建设;完成仙鹤片区仙隐北路、文澜路等 11 条道路景观提升,加快灵山、桂山、龙王山废弃宕口修复整治,累计新增山体绿化面积 110 多万平方米;完成 16 条河道、12 处湖面漂浮物清理及 7 条主要河道水系清淤。投入 720 万元,增加 20 台公交车,新辟 3 条微循环线路,开通 4 条"定制公交"线路,划设停车位 2155 个,24 个重点部位加装高清监控探头。推进南大科学园、江苏生命科技创新园、紫金(仙林)科创特区和驻区高校大学科技园建设,新开工载体面积 27 万平方米,建成交付 4 万平方米。依托地区各类科创载体和人才资源,新引进和创办科技企业 200 多家。截至年底,南大等 12 所高校和南外仙林分校等 5 所中小学全部建成招生,地区在校师生人数近 20 万人,总人口增加到 30 万人。

基础设施建设

◆**概况**　2014 年,仙林大学城管委会针对当前功能不全、人气不旺的实际,加快推进地区商业、教育、医疗、交通、文化休闲等生活配套设施建设。完善各类市政管线、信号灯、交通标志牌、导视牌、路名牌、路灯、道路标线等市政设施。在此基础上,强化地区城市管理,配合栖霞区和市有关部门,开展交通秩序综合整治,对非法营运车辆、违章驾驶、渣土车抛洒滴漏等违规、违章行为进行集中整治。建成地理信息产业园西侧路、文枢西路西延、中心区 E1 地块 A、B 线等 4 条道路;启动仙隐南路南延等 7 条道路前期工作。完成白象片区经天路、纬地路、湖东路等 5 条道路景观建设;完成仙鹤片区仙隐北路、文澜路等 11 条道路景观提升,加快灵山、桂山、龙王山废弃宕口修复整治,累计新增山体绿化面积 110 多万平方米;完成 16 条河道、12 处湖面漂浮物清理及 7 条主要河道水系清淤。完善九乡河生态公园、羊山科技公园景观配套,新建绿道标识牌 164 块、公共厕所和管理用房 5 处共 500 平方米,新增停车泊位 460 个;基本建成萧宏石刻公园;仙林湖湿地公园前期工作按序时进度推进。新增外围交通干道和仙林地区各主要出入口交通指示牌 86 块,改造仙林大道等主干道路名牌 287 块,全面出新地区道路标识标线;建成灵山公交首末站,推进新市区公交停保场建设。为解决区域发展对公共交通新的需求,新辟 3 条微循环线路连接尧化门、摄山星城等区域,开通 4 条"定制公交"线路,点对点直达南京火车站、长途汽车站、南京南站等。新建、改造各类绿化 45 万平方米,建成 15 公里城市绿道、2 处青奥主题雕塑、1 处青奥文化景墙。

位于仙林大学城的青奥雕塑"击剑"　翟鹏飞 摄

◆**环境综合整治**　2014 年,仙林大学城以全市"大干一百天、环境大扫除"专项整治行动为契机,地区城市治理工作连续 46 个月稳居全市首位。成立交通秩序、停车秩序管理办公室,加强巡逻执法,劝离非法营运车辆 14000 余台次,处罚各类违章车辆 22067 台次。累计投入 1000 多万元,在学衡路等 21 条道路划设停车位 2155 个,新增隔离柱 3000 多个、隔离护栏 800 余米,改造金陵中学仙林分校小学部和仙林公交首末站停车场,在 24 个重点部位加装高清监控探头,实现区域智能电子监控全覆盖。强化环卫保洁工作,投入近 400 万元新增 5 台机扫车、3 台清洗车,实现地区主干道机扫全覆盖;动员社区居民组建 32 支突击小组,整治 29 个居民小区、商业街区,清理卫生死角，拆除小区违建，清理店牌店招和户外广告，地区51条主次干道、290万平方米公共区域环境状况全面提升。

◆绿化景观建设 2014年，新建、改造各类绿化45万平方米，建成15公里城市绿道、2处青奥主题雕塑、1处青奥文化景墙。针对仙林湖地区住宅陆续交付的实际情况，完成白象片区经天路、纬地路、湖东路等5条道路景观建设；对仙鹤片区仙隐北路、文澜路等11条道路进行景观提升，全线整治面积12.5万平方米，更换补植乔木4772株，种植灌木、草皮和时令花卉13.8万平方米，地区绿化景观优势进一步彰显。

◆生态治理 2014年，加大扬尘控制、山体修复和水系治理工作力度，确保仙林国控点PM2.5指标在全市名列前茅。强化扬尘防控，排查39家工地，招募人员对19个重点工地定岗值守，督促工地做好扬尘防控工作；加快灵山、桂山、龙王山废弃宕口修复整治，累计增加山体绿化面积110多万平方米；突出河湖水系治理，完成16条河道、12处湖面漂浮物清理及7条主要河道水系清淤，并通过中水管道定期从九乡河、羊山湖引水对人流密集河道、湖面进行补水和冲洗，有效缓解地区水域跨区污染和面源污染问题。

◆邮政交警服务超市开业 5月6日，全市第一家邮政交警服务超市在仙林邮政支局揭牌开业。市民可以在此办理常见的车驾管业务、查询车辆违章及驾驶证记分、处理交通违法曝光缴纳罚款。至年底，交警服务超市可以办理常见的车驾管业务、查询车辆违章及驾驶证记分、处理交通违法曝光缴纳罚款等。其中，车驾管业务包括车辆所有人变更联系方式，异地委托核发机动车安全技术检验合格标志，补、换领机动车安全技术检验合格标志，核发临时行车号牌，驾驶证补换证，延期审验换证，变更联系地址和电话，注销机动车驾驶证；交通违法处理业务包括交通违法查询，非现场简易程序违法处理及罚款缴纳。此外，邮政交警服务超市还提供驾驶人照相、体检，查询驾驶证罚款记分，查看机动车交通安全违法曝光照片，寄送牌证等服务。

◆首个社区地埋式垃圾站启用 5月上旬，仙林大学城南大和园地埋式垃圾站通过验收并投入使用，成为国内首家同步采用欧洲技术并根据中国垃圾成分特点进行优化设计的社区地埋式垃圾站。该地埋式垃圾站是由带压缩功能的智能直运侧上料垃圾车和地埋垃圾桶组成，垃圾车可以通过全自动或手动模式完成装载作业，并配备多个作业监控摄像头及安全防护栏，提料机械举升能力为3吨。通过社区垃圾从垃圾桶直接到终端处理场、无中转环节的垃圾直运试点，有效控制社区垃圾向垃圾中转站运输途中抛洒滴漏污染，为解决垃圾中转站选址困难的问题提供可参考途径。该社区地埋式垃圾站设置3个地埋式垃圾桶，单桶标准容积为3.5立方米、能够装载垃圾2吨，并可实现边收集边压缩，做到源头分类，最大限度减轻垃圾堆放对社区环境的影响，极大地改善社区居民的生活环境。

◆全市再生资源智能自助回收箱进校园启动仪式 6月13日，全市再生资源智能自助回收箱进校园启动仪式在南师大仙林校区举行。南大、南师大、南中医、南邮、南工院、南信院、紫金学院、应天职业技术学院、南京技师学院等驻仙林大学城高校相关领导，南京市商务局、南京市再生资源行业协会相关领导，仙林大学城管委会副主任孙金娣等共同出席启动仪式。此次投放的再生资源智能自助回收箱"不挑食"，饮料瓶、易拉罐、废纸、旧杂志，鼠标、键盘等小型电子废弃物等，只要能放得进去，都可以实现废旧物品自助回收，并可兑换领取话费积分。推动再生资源智能自助回收箱进校园，既是再生资源回收体系建设的提档升级，也是城市社区回收网点的有益补充。

◆新增和调整6条微循环公交线路 仙林大学城管委会为进一步强化与南京开发区、马群、尧化门等周边地区公共交通联系，完善仙林鼓楼医院、市委党校等重要点位公共交通，方便地铁换乘，于6月21日新开通328路、329路、330路、331路等4条线路，密集微循环公交线网。同时，根据实际出行需要，对原有323路、324路进行线路延伸，并在客流量大的产业园区、学校附近增设停靠站。在此基础上，提高高峰时段运力。增加30辆车长8米的中型巴士，调剂到321路、323路等客流量较大的线路，提高单趟运力和发车密度。

仙林科技城建设

◆概况 2014年，仙林科技城推进科技创新、功能完善、项目引进、环境提升、城市管理等各项工作，地区转型发展实现新突破。加快推进南大科学园、江苏生命科技创新园、紫金(仙林)科创特区等平台载体建设，新开工面积57万平方米，建成交付34万平方米，其中江苏生命科技创新园成功创建"国家级生殖健康产业基地"和"国家级科技企业孵化器"。围绕科技研发、现代服务和总部经济三大产业，国电研究院、江苏省计量检测基地建成交付，中建安装公司总部、南京高科总部主体封顶；江苏可一文化总部、中合绿建研发、地理信息科技园、中科院紫金山天文台科研基地启动建设；江苏省建筑科学研究院、南京能瑞自动化研发项目等相继落户；依托地区科教资源优势，新引进和创办科技企业200多家。总建筑面积近100万平方米的万达第四代产品顺利落户白象片区中心商务区；总投资约60亿元的中电集团28所签约；金鹰奥莱城二期落户；欧洲养老和康复医疗第一品牌法国欧葆庭健康产业集团进驻仙林；与国内人寿保险领军企业泰康人寿达成合作意向。

◆项目招商 2014年，总建筑面积近100万平方米的万达第四代产品落户白象片区中心商务区，总投资120亿元，打造集文化旅游、商务办公、百货、娱乐、餐饮等于一体的仙林城市新地标；总投资约60亿元的中电集团28所签约；金鹰奥莱城二期落户；欧洲养老和康复医疗第一品牌"法国欧葆庭健康产业集团"成功进驻仙林，打造进驻中国市场的首个高端康复养老项目；与国内人寿保险领军企业泰康人寿达成合作意向，计划投资40亿元，引进国际顶尖医疗品牌，建设高标准国际医疗中心。

◆**基础设施**　2014年，建成地理信息产业园西侧路、仙隐南路、中心区E1地块东侧及南侧等4条道路；争取市住建委支持，开工建设文枢西路西延工程；启动仙隐南路南延、广志路西段、地理信息产业园东侧路、学子路南延、鲤鱼山路、昆仑恒基地块东侧路等7条道路前期工作。完善九乡河生态公园、羊山科技公园景观配套，新建绿道标识牌164块、公共厕所和管理用房5处共500平方米，增设停车泊位460个；加快萧宏石刻公园建设；仙林湖湿地公园前期工作按进度推进。

◆**科教服务**　2014年，仙林大学城管委会对接响应高校需求，及时解决驻区高校发展中的矛盾和问题。协调规划部门加快推进南信院、紫金学院大学科技园建设，协助学校开展项目招商活动，30多家中小企业和创业团队初步确立合作意向，解决大学生就业近200名；参与高校文化设施建设，一站式办理南师大北校区、紫金学院相关建设项目的审批手续，解决应天学院土地遗留问题和南中医在建项目招投标矛盾；保障南中医60周年校庆及南师大、南财专项活动，稳妥处理高校内部垃圾清运矛盾，主动参与南大和园菜场经营管理、居家养老试点等社会服务工作；结合“迎青奥”集中整治校园周边环境，协助高校妥善解决突发事件维稳保障。

◆**仙林科技城发展联盟第四次理事会**

1月6日，仙林科技城发展联盟(简称“联盟”)召开第四次理事会。联盟理事长、南大党委书记洪银兴等12所驻仙林高校领导，联盟理事长、中共栖霞区委、南京开发区工委、仙林大学城工委书记臧正金，区长邢正军，仙林大学城管委会主任黎辉，南京开发区党工委副书记李华，区委常委、副区长毛银玲，仙林大学城管委会副主任潘志宏、孙金娣以及驻仙林各高校科技部门、三区相关部门负责人出席会议。参会人员分别参观中共南京市委党校仙林新校区、仙林鼓楼医院、3D打印展示和服务中心、羊山公园、九乡河生态公园和南大科学园等建设成果，了解仙林科技城发展状况。会上，黎辉通报2013年仙林科技城发展情况和2014年重点工作计划。臧正金从经济保持较好发展趋势、产业结构调整进展顺利、区容区貌焕然一新、公共服务能力进一步提高等四个方面介绍2013年栖霞地区发展情况。按照年初制定的《仙林科技城发展联盟推动科技创业创新工作评比激励办法》，联盟围绕创业人才引进、大学科技园建设和科技产业项目引进等三个方面对驻仙林12所高校进行综合评比，并在会上表彰通报先进单位。本科院校中，南大、南师大、南邮分获一等奖、二等奖、三等奖，民办本科院校和高职院校中，南信院获一等奖，应天学院职业技术学院和南工院并列获二等奖。

◆**法国欧葆庭项目签约**　(详见P51“大事纪要”相关条目)

◆**仙林大学城三个重大项目集中签约**

7月19日，仙林大学城和栖霞区、南京开发区联合举办重大项目签约仪式，白象中心区综合体*、中国电子科技集团第二十八研究所*及灵山医养一体化养老社区*等三个重大项目签约落户仙林大学城，总投资约212亿元。南京市领导项雪龙、华静、臧正金等出席并见证项目签约，仙林大学城管委会主任黎辉，副主任周铣、潘志宏分别代表仙林大学城与托底投资方签订合作协议。

相关链接

白象中心区综合体项目

白象中心区综合体项目选址位于仙林大学城白象商务中心区，东至湖东路，西至守敬路，南至仙林大道，北至广志路。项目总用地面积约25.13公顷，规划建筑面积约93万平方米，用地性质为商办、商住混合用地，将建成集办公、文化旅游、百货、娱乐、餐饮、住宅于一体的城市综合体，打造南京东部城市新中心。该项目投资总额约150亿元，托底投资单位为大连万达集团。

中国电子科技集团第二十八研究所仙林新所区项目

中国电子科技集团第二十八研究所仙林新所区项目选址位于仙林大学城地铁四号线汇通路站南北两侧地块，总用地面积约26.67公顷。该项目由中国电子科技集团第二十八研究所托底投资，将建成二十八所仙林新所区，重点发展综合电子信息系统、航空运输管理、公共安全管理、软件与信息服务四大产业，打造南京技术创新新高地，总投资约40亿元。

灵山医养一体化养老社区项目

灵山医养一体化养老社区项目选址位于仙林大学城灵山西北侧，总用地面积约20.33公顷，其中仙林鼓楼医院占地11公顷，拟引入社会资本，以实现三级国际医院的建设目标，同时依托该医院的医疗资源，通过引入社会资本建设医院南侧9.33公顷的规划养老地块，打造一个高端医养一体化养老社区。项目总投资约22亿元，托底投资单位为泰康之家(北京)投资有限公司。

进驻院校

综　述

◆**概况**　至年底，仙林大学城入驻院校19所。南大、南师大、南财、南中医、南邮、南京森林警察学院、紫金学院、南师大中北学院、南工院、南信院、应天学院、南京技师学院等12所大学和南师大附属实验学校、南外仙林分校、南京国际学校、金陵中学仙林分校、南师附中仙林学校、摄山中学、摄山星城小学7所中小学全部建成招生，地区在校师生人数超过

20 万人，总人口增加到 30 万人。

□翟鹏飞

南京大学

◆概况　2014 年，南大有 28 个直属院系，各类学生总计 31304 人，其中本科生 14188 人、硕士研究生 10654 人、博士研究生 5013 人、全日制外国留学生 1449 人。全校设本科专业 86 个，专业硕士学位授权点 23 个，专业博士学位授权点 1 个，硕士学位授权一级学科 18 个，硕士学位授权二级学科点（不含一级学科覆盖点）9 个，博士学位授权一级学科 40 个，博士学位授权二级学科点(不含一级学科覆盖点)3 个，博士后流动站 38 个，国家级人才培养基地 13 个；有一级学科国家重点学科 8 个，二级学科国家重点学科 13 个，江苏高校优势学科建设工程二期项目立项学科与重点序列学科22个；有国家实验室(筹)1 个，国家级2011协同创新中心 2 个，国家重点实验室 7 个，教育部重点实验室 8 个，江苏高校协同创新中心 5 个，江苏省重点(工程)实验室 9 个，国家工程技术研究中心 1 个，国家工程研究中心 1 个，教育部工程中心 2 个，环境保护部工程技术研究中心 1 个，江苏省工程中心 11 个，教育部人文社会科学重点研究基地 4 个。有中国科学院院士 28 人，中国工程院院士3人，中国科学院外籍院士 1 人，第三世界科学院院士 4 人，俄罗斯科学院院士1人，加拿大皇家科学院院士 1 人，“千人计划”创新人才 29 人、创业人才 14 人，“外专千人计划”入选者 2 人，“万人计划”科技创新领军人才 4 人、百千万工程领军人才 1 人、教学名师 1 人，教育部“长江学者奖励计划”特聘教授 90 人、讲座教授 25 人，国家杰出青年基金获得者 97 人，国家级教学名师 10 人，国务院学位委员会学科评议组成员 19 人，国家级有突出贡献的中青年科学、技术、管理专家 16 人，“973 计划”和重大科学研究计划项目首席科学家 36 人次，“青年千人计划”入选者 45 人，“万人计划”青年拔尖人才 4 人，教育部“新世纪优秀人才支持计划” 获得者 238 人，“百千万人才工程”国家级人选 30 人。

根据自然出版集团首次发布的衡量自然科学研究水平的自然指数，南大在世界各大机构和高校中排名第 38 位，在全国高校中排名第 3 位，其中，化学学科位列全球第 15 位，全国高校第 2 位。“人工微结构科学与技术协同创新中心”以第一的成绩通过教育部认定，新增“软件新技术与产业化协同创新中心”和“中国文学与东亚文明协同创新中心”2 个省级协同创新中心。全年，新增“973”与重大科学研究计划项目 6 项，获得国家自然科学奖和国家科学技术进步奖二等奖各 1 项、何梁何利奖 1 项，获得部省级一等奖 10 项；在超一流和学科群一流期刊发表论文 60 篇，其中在 Nature 及子刊发表论文 19 篇，比上年增长 90%；获得国家社科基金重大项目 9 项，立项总数名列全国高校前茅；配合“国家公祭日”编撰出版 3 部 5 卷国家公祭公众读本。“以学生发展为中心的‘三三制’本科培养体系构建与实施” 项目团队获第七届高等教育国家教学成果特等奖并获一等奖 1 项、二等奖 5 项。新增“十二五”国家级规划教材 17 种，1 名教师荣获宝钢优秀教师特别奖；获全国优秀博士学位论文 4 篇、优秀博士学位论文提名论文 6 篇。

有 13 个学科进入美国 ESI 排名世界前 1%；在英国 QS 最新公布的世界一流大学综合排名与学科排名中，南大名列世界第 162 位、亚洲大学第 26 位，全校有 20 个学科进入世界前 200 位。全年有 11 名教授入选南大首批人文社会科学资深教授和荣誉资深教授；新增长江学者奖励教授 19 人，位居全国高校第二位；新增“国家杰出青年科学基金”获得者 7 人，新增“千人计划”入选者 3 人、“青年千人计划”入选者 18 人，新增万人计划领军人才 5 人。吴培亨院士荣获全国模范教师称号。国际编号为 192178 小行星被正式命名为“黎介寿星”。

2014 年，南大接纳国际学生 3000 余人，因公出国出境师生近 4000 人次，本科生出境交流率继续保持在 30%以上；勒克莱齐奥等 5 位诺贝尔奖获得者到校授课或开展合作研究，学科创新引智基地总数位居全国高校第一；成功举办东亚研究型大学协会第 20 届年会；联合国秘书长潘基文再次到校与学生对话，台湾地区陆委会主委王郁琦到校演讲。

◆完成南京青奥会服务保障　2014 年，南京青奥会期间，南大有 1600 余名志愿者参加青奥志愿者队伍，服务于主媒体中心、青奥村各国代表团驻地、各大主要竞赛场馆，完成各项赛事保障工作。志愿服务期间，中共中央政治局常委、国务院总理李克强，国际奥委会主席巴赫等接见南大志愿者，李克强为南大志愿者原创的“青奥村手绘地图”亲笔签名；联合国秘书长潘基文到南大，以“青年参与、共同发展”为主题对话南大青奥志愿者。此外，南大外国语学院教授王守仁带队

8 月，南京青奥会期间，李克强为南大志愿者原创的“青奥村手绘地图”亲笔签名
南大 供稿

的外国语学院教师团队在青奥会申办期间参与大量翻译工作,被授予“南京申报2014年青奥会有功单位”和“有功个人”称号。

◆国家重大仪器专项“单细胞时空分辨分子动态分析系统”启动　1月12日,南大化学化工学院教授陈洪渊主持的国家重大科研仪器设备研制专项项目“单细胞时空分辨分子动态分析系统”启动会召开。教育部科技司副司长雷朝滋,南大校长陈骏,院士柴之芳、万立骏、黄维、谭建荣,国家自然科学基金委相关领导以及项目专家组、监理组成员等出席启动会。会议由国家自然科学基金委分析化学学科主任庄乾坤主持。陈骏代表南大致欢迎词;国家自然科学基金委计划局局长孟宪平、化学部常务副主任梁文平先后讲话,对项目给予充分肯定。

项目主持人陈洪渊代表项目组介绍项目的整体规划、拟解决的关键科学与技术问题、研究内容与具体计划、任务分配等情况。该项目周期自2014年1月至2018年12月,历时5年,总经费6400万元。项目将针对单细胞分析所面临的新问题与新挑战,通过自主创新,利用纳米级电化学探针固有的多重物理特性,对小体积—复杂体系中微弱信号的获取、微流控通道内单细胞的可控捕获、胞内分子离子化效率的提高、细胞中特定分子的追踪定位等方面突破有关的科学问题和关键技术,研制成能够实现单细胞高时空分辨的分子动态分析系统,用于细胞内多种生物分子的同时检测、分子时空分布与细胞功能之间的关系、细胞类型分析、干细胞诱导分化研究以及细胞损伤和修复的分子机制等研究,为生命科学与疾病诊断的基础与应用研究提供有力的方法与技术支撑。与会专家在听取报告后,对项目的计划安排、实施要点、技术推进方式、人力资源调配和财务监管等方面提出意见和建议。

◆罗志军到南大参加江苏省纪念五四活动　5月4日,适逢五四运动95周年,中共江苏省委书记罗志军出席在南大举办的“改革伴我成长、放飞青春梦想”纪念五四活动,并与各界青年代表座谈。中共江苏省委常委、组织部部长杨新力,中共江苏省委常委、省委秘书长樊金龙,中共江苏省委副秘书长刘松汉,江苏省教育厅厅长沈健,团省委书记万闻华,南大党委书记洪银兴、校长陈骏、党委副书记朱庆葆及党委常委、党办主任邹亚军等参加座谈。罗志军首先考察由2014年江苏青年五四奖章获得者、南大电子科学与工程学院教授王欣然领衔的实验室。罗志军听取王欣然的汇报,并观看相关成果展示。罗志军还看望第九届江苏青年五四奖章获得者,向大家表示祝贺。

◆缪瑞林一行走访南大　10月25日上午,南京市市长缪瑞林一行到南大走访调研。南京市副市长胡万进,南京市政府秘书长林克勤、副秘书长赵晶夫,中国科学院院士、南大校长陈骏,南大党委副书记、纪委书记任利剑,南大副校长潘毅、薛海林,南大党委常委、党办主任邹亚军以及南京市政府相关部门和南大相关部处负责人出席座谈会。会议由胡万进主持。陈骏对缪瑞林一行的到来表示欢迎。在简要介绍南大的发展历程、新校区建设、人才培养、科学研究、队伍建设等方面情况后,陈骏特别介绍中共中央总书记习近平在当年的“五四讲话”中提出,要建设“第一个南大”,这是南大人的骄傲,同时也是南大新百年建设的压力和动力;南大的“三三制”本科人才培养改革获得第七届高等教育国家级教学成果特等奖,意味着南大的教学改革事业得到肯定。缪瑞林指出,近年南大充分发挥科教人才优势,集聚优质创新资源,为地方经济社会发展做出贡献,希望双方进一步拓展合作领域,合力推进区域科技创新创业平台建设;加强高端人才培养,定向培养更多更好的各类人才;加强文化领域合作,为南京文化遗产保护、传承、利用、发展发挥更大作用。

◆东亚研究型大学协会第35届理事会暨第20届年会　10月31日,东亚研究型大学协会(AEARU)第35届理事会暨第20届年会在南大举行,韩国、日本及中国大陆、香港和台湾地区的15所成员学校及QS代表出席会议,南大校长陈骏以理事长身份主持会议并讲话。大会就2014年度协会完成活动及2015年度协会拟开展的项目进行交流。此届理事会及年会是南大首次担任国际大学联盟理事长单位以来举办的重要活动。此次会议就进一步加强东亚研究型大学协会与欧洲研究型大学联盟(简称LERU)及其他世界一流研究型大学联盟之间的合作达成共识,并就2014年、2015年协会框架下即将举办的年会、理事会、各项学术研讨会及学生活动进行讨论和交流。韩国首尔国立大学、香港科技大学、日本东北大学、日本筑波大学代表就“提升东亚研究型大学本科教学水平及科研能力”发表演讲。会议还特邀QS代表作题为“东亚研究型大学面临的机遇和挑战”的报告。

◆21世纪世界华文文学高峰会议　11月2日,以“承传与新创:新世界世界华文文学发展的可能性”为主题的第三届21世纪世界华文文学高峰会议开幕式在南大仙林校区举行,这也是21世纪世界华文文学高峰会议首次在中国大陆举办。此届会议由中国作家协会指导,中华全国台湾同胞联谊会、台湾新地文学发展协会、南大联合主办,南大文学院、南大中国新文学研究中心、南大中国文学与东亚文明协同创新中心承办。中国作家协会主席铁凝、中华全国台湾同胞联谊会会长汪毅夫、台湾新地文学发展协会理事长郭枫、瑞典学院院士贺拉斯·恩格道尔、中国作家协会副主席李敬泽、中华全国台湾同胞联谊会副会长杨毅周、江苏省作家协会主席范小青、南大党委书记张异宾等嘉宾,世界各地的近百位作家、学者、翻译家出席开幕式,开幕式由南大文学院院长徐兴无主持,张异宾代表南大致欢迎辞,铁凝和贺拉斯·恩格道尔分别发言。会议期间,与会代表分为“大陆的自省与异域的审视”、“两岸三地和世界华文文学的生态”、“华文文学理论研讨”、“翻译、批评、传播与文学的转向”等四个分组,就相关议题展开深入研讨。

◆“诚·祭”南京大屠杀死难者国家公祭日系列活动　2014年12月13日是侵华日军南京大屠杀遇难同胞77周年祭日,也是首个南京大屠杀死难者国家公祭日。在此期间,南大组织开展“诚·祭”南京大屠杀死难者国家公祭日系列活动,深切悼念南京大屠杀死难者和所有在日本帝国主义侵华战争期间惨遭日本侵略者杀戮的死难者,缅怀在争取民族独立和自由过程中英勇献身的包括南大师生在内的所有烈士们。师生共同以史为鉴,祈愿未来。

此次“诚·祭”南京大屠杀死难者国家公祭日系列活动历时十天,从12月3日至12月13日国家公祭日当天,分为“不能忘却的记忆”系列学习活动、“身边的纪念”系列悼念活动与“面向未来、珍视和平”系列文化活动三个类别展开。12日傍晚,南大历史学系在南大仙林校区图书馆前的二源广场举办“烛光祭”校园祭奠活动,追忆南京大屠杀那段血淋淋的往昔历史。随后,近百名南大师生与30位志愿者手捧蜡烛,诵读南京大屠杀遇难同胞祭文。活动最后,历史学系教师武黎嵩分享曾祖父的抗战故事,告诫学生们铭记历史不是为煽动仇恨、缅怀亡灵也不是为宣扬报复,珍惜今日之和平,铭记先贤之境遇,缅怀同胞之苦难,为中华之崛起而读书。

◆习近平考察江苏省产业技术研究院 12月13日,中共中央总书记习近平在中共江苏省委书记罗志军、江苏省省长李学勇等陪同下,考察江苏省产业技术研究院,了解江苏省推动科技体制改革和科技创新体系建设有关情况。南大教授、中国科学院院士张全兴,水污染控制与资源化工程技术研究所所长任洪强,医药生物技术研究所所长华子春和科技成果转化中心主任陈强参加会见,水污染控制与资源化工程技术研究所和医药生物技术研究所的近200位师生参加活动。

江苏省产业技术研究院以产业应用技术研究开发为重点,依托省内高校、研究所具有国际领先水平的国家重点实验室、工程技术中心等创新载体,首批成立14个研究所,其中依托南大建设2个研究所。以“国家有机毒物污染控制与资源化工程技术研究中心”为依托建设的水污染控制与资源化工程技术研究所,开展环保功能新材料、智能化环保装备、节能降耗智能化装备等关键共性技术研究。以“医药生物技术国家重点实验室”为依托建设的医药生物技术研究所,重点开展重大疾病治疗靶点、生物技术创新药物、生物技术制造等产业关键技术研发。在同科技人员交谈时,习近平要求,要深入推进科技和经济紧密结合,推动产学研深度融合,实现科技同产业无缝对接,不断提高科技进步对经济增长的贡献度。 □罗 刚

南京师范大学

◆概况 2014年,南师大仙林校区占地面积177.58万平方米,建筑总面积50.58万平方米。拥有国家重点学科6个、国家重点(培育)学科3个,江苏高校优势学科10个,江苏省一级学科国家重点学科培育建设点5个,江苏省一级学科重点学科18个,3个学科跻身ESI全球前1%。2014年博士后流动站由19个增加至22个。录取本科新生4012人,文科投档线347分、理科投档线359分,均比省控线高14分。体育类专业投档线继续位居全省第一,音乐类专业投档线在江苏省招生的全国院校中保持第一。录取硕士研究生2655人、博士研究生251人。

新增国家级精品视频公开课2门;13种教材入选“十二五”本科国家级规划教材;获国家教学成果奖5项,其中一等奖2项。入选国家首届卓越教师培养计划改革项目2项。学生获“创青春”全国大学生创业大赛金奖并获“优胜杯”,获国际大学生数学建模竞赛二等奖2项。南师大被评为江苏省大学生创业示范基地。推进研究生拔尖人才培育,获全国优秀博士学位论文1篇、省优秀博士学位论文6篇、省优秀硕士学位论文19篇。全方位参与南京青奥会各项志愿服务,获第二届夏季青年奥林匹克运动会先进集体称号。

有正高级职称教职工549人,副高级职称895人,中国科学院院士1名。引进“杰青”1名,江苏省特聘教授5名。入选“长江学者”1名、国家“万人计划”首批教学名师1名、“全国优秀科技工作者”2名、国务院学位委员会第七届学科评议组成员5名、江苏省“双创·博士计划”5名、江苏省首届社科英才3名、2014年中国高被引学者6名,入选省高校“青蓝工程”中青年学术带头人9名、优秀青年骨干教师7名、科技创新团队1个。

新增江苏高校协同创新中心2个、江苏省工程实验室、江苏高校重点实验室、首批江苏省非物质文化遗产研究基地各1个;连续第二年获国家重大科学研究计划(973计划)项目;获国家自然科学基金项目76项,其中重点项目2项、优秀青年科学基金项目1项,首次获批重点国际(地区)合作研究项目2项。获国家社科基金项目22项,其中重点项目6项。获教育部高等学校科学研究优秀成果奖、江苏省青年科技奖各1项,江苏省科学技术奖二等奖2项。教师在*PNAS*、*Scientific Reports*等国际权威期刊上发表高水平论文多篇,连续第五年有著作入选《国家哲学社会科学成果文库》。

创办“大使讲坛”,邀请加蓬共和国驻华大使让·罗贝尔·古隆加纳、德国驻上海总领事芮悟峰等到校讲学;与13所海外大学新签或续签交流协议,与1所海外大学合作举办“1+1+1”硕士培养项目;入选国家留学基金委“优秀本科生海外学习项目”12名;聘请外籍教师49人,获批国家和省级教师公派出国项目34人。3门课程入选“江苏省留学生全英文授课精品课程”。选派216名学生到海外学习,在校留学生共1639人。南师大被评为教育部来华留学教育示范基地、2014年度全球优秀孔子学院。

◆完成第二届青奥会相关工作 2014年,南京青奥会期间,南师大千余名学子在青奥文教志愿服务团队、青奥文化教育实践团队、OBS(奥林匹克广播服务公司)、青奥会特许商品经营店等担任志愿者、文化教育代表及实习生、闭幕式引导员或开幕式演员,全方位参与南京青奥会各项志愿服务。赛事期间,南师大志愿者们将百年名校的文化底蕴融入青奥会各项服务工作中,做到“讲好中国故事,传播中国文化,当好中国名片”,向全世界展示南师大志愿者的青春风采,成为最闪亮的“南师名片”。志愿者的表现获团中央第一书记秦宜智的高度评价,南

京青奥组委副秘书长徐传德、开闭幕式部部长高农生和文化教育部部长焦勇专程到校，对学校在青奥会期间做出的贡献表示感谢。南师大获第二届夏季青年奥林匹克运动会先进集体、南京青年奥林匹克文化节突出贡献奖称号。

◆1个项目获国家自然科学奖二等奖 2014年，南师大教授汪永进领衔的课题组完成的“二十万年来轨道至年际尺度东亚季风气候变率与驱动机制”科研成果，获国家自然科学奖二等奖。该项目以中国洞穴石笋记录为载体，论述不同时间尺度亚洲季风变化历史、驱动机制及其全球联系，构建二十万年来中国石笋同位素气候地层学相对完整的研究体系。重要的科学发现有亚洲夏季风强度变化在轨道尺度上具有强烈的岁差旋回特征，与北半球太阳辐射基本同步；千年尺度季风突变与格陵兰温度变化一一耦合，气候背景控制千年突变的频率和强度；全新世亚洲季风干旱事件与太阳活动强度高度相关；发展“石笋微层年代学和气候学”，揭示过去2000年季风气候年际自然变率和驱动因素。该项目研究成果被167种SCI源刊他引1889次。这是南师大首次以第一作者单位获国家自然科学二等奖，实现在国家“三大奖”方面的突破。

◆在国际权威期刊发表高水平论文 2014年，南师大副教授叶超在《自然》(*Nature*)上发表题为《土地管理：中国的土壤污染治理》(Land management: resolving soil pollution in China）的学术论文。黄晓华教授团队与耶鲁大学及北大—耶鲁联合中心教授邓兴旺研究团队共同合作，其研究成果《稀土元素在植物细胞中的生活周期》(Rare earth elements activate endocytosis in plant cells)发表在《美国科学院院刊》(*PNAS*)上。

◆获国家级教学成果奖5项 2014年，在高等教育国家级教学成果奖的评选中，南师大有5项教学成果获奖，其中一等奖2项、二等奖3项，实现学校在获奖数量与等级上的历史性突破。教授文晓明等领衔的《观念引领，机制创新，以点促面——地方高水平大学卓越人才培养的探索与实践》、教授宋永忠等领衔的《推进新时期教师教育高端化、实体化、一体化改革，打造教育家成长摇篮》分获高等教育(本科)类一等奖、二等奖，教授鲁洁等领衔的《儿童道德生活的建构——小学德育课程改革与实践研究》、教授王建等领衔的《中学教育与高师教育良性互动的地理教学协同创新实践》分获基础教育类一等奖、二等奖，教授张杰等领衔的《外语研究生国际化培养体系的创新与实践》获高等教育(研究生)类二等奖。

◆曹卫星一行考察品牌专业建设 11月12日，江苏省副省长曹卫星一行到南师大调研品牌专业建设情况，江苏省副秘书长、办公厅主任李一宁，江苏省教育厅副厅长丁晓昌以及江苏省政府办公厅和江苏省教育厅相关工作人员陪同调研。曹卫星对南师大的各项工作给予肯定，认为南师大在内涵建设、特色发展、工作成效和社会影响等方面均取得较好成绩，希望学校进一步拓宽思路、创新举措，在内涵建设、水平提升上取得更大进展。

□陈妙阂 管红星

南京财经大学

◆概况 2014年，南财招收博士研究生2人、硕士研究生694人、公办本科生3825人。获美国大学生数学建模竞赛一等奖1项，获全国研究生数学建模竞赛全国一等奖1项，28名学生获江苏省高等数学竞赛一等奖。获第二届江苏省虚拟仪器竞赛二等奖1项，获全国应用统计专业学位研究生案例大赛一等奖1项、全国大学生市场调查与分析大赛总决赛一等奖2项，获江苏省第四届大学生艺术展演比赛特等奖5个。学生表演的情景舞蹈《青春相册》成功参演“五月的鲜花·我们的中国梦”2014年全国大学生主题文艺活动专题节目。大学生艺术团晋级《我要上春晚》年度总决选。南财被评为高雅艺术进校园“十佳优秀单位”。新增信用管理、网络与新媒体、软件工程3个本科专业。获江苏省本科高校青年教师教学竞赛人文社会科学组一等奖一项，4门教材获江苏省高等学校重点教材立项，6个省级重点专业全部通过江苏省“十二五”重点专业中期检查，大学生实践创新训练计划项目纪录片《敬礼·老兵》入选第七届全国大学生创新创业年会，并获江苏省创新创业成果展示会“最具潜力创新项目奖”。获批江苏省企业研究生工作站4个、省级研究生创新项目40项。新设应用经济学博士后科研流动站，开展博士后研究工作。

引进教师22人，其中海归博士5人，国内高水平博士15人。获批“青蓝工程”项目科技创新团队1个、中青年学术带头人5人、优秀青年骨干教师7人，获批“六大人才”项目资助4人，江苏省第四期“333工程”项目资助2人，江苏政府留学基金项目资助5人，江苏省高校优秀中青年教师和校长境外研修项目资助7人，1人获江苏省优秀教育工作者称号，2人获江苏省五一劳动奖章。教师以第一作者身份发表在校奖励期刊上的论文227篇，其中发表在一类期刊上的论文24篇，二类期刊上的论文57篇。获准立项国家社会科学基金项目13项，国家自然科学基金项目19项，国家科技部项目2项，教育部人文社会科学研究立项项目11项，江苏省社会科学基金项目13项，江苏省教育厅自然科学基金项目11项，江苏省教育厅及其他厅局级社会科学基金项目38项。获江苏省哲学社会科学优秀成果奖11项，其中一等奖3项；获江苏省高校哲学社会科学研究优秀成果奖13项，其中一等奖2项。纵向和横向项目到账经费总额3681.7万元。新设应用经济学博士后科研流动站1个。江苏高校优势学科一期项目立项的应用经济学、工商管理通过考核验收，并获双“A”好成绩。应用经济学、工商管理、粮食安全与工程3个学科获江苏高校优势学科二期项目立项。现代粮食流通与安全协同创新中心入选江苏省第二批高校协同创新中心。大学生创业园被列为江苏省大学生创业基地建设单位。与五星控股集团有限公司签订全面合作协议。

◆《敬礼·老兵》项目获奖 2014年，南财学生创新创业优秀项目——纪录片《敬礼·老兵》成功入选2014江苏省大学生创新创业优秀成果交流展示会，并荣获“最具潜力创新项目奖”20强。该展示会由江苏省教育厅、江苏省科学技术厅、江苏省人力资源和社会保障厅共同主办。在中国人民抗日战争胜利69周年之际，纪录片《敬礼·老兵》既是对抗战英雄的赞颂，也是对历史资料的记录和补充。项目负责人袁启斐带领其团队历时半年，走访南京32位抗战老兵，对老兵们进行采访、拍照、摄像，留下珍贵的影像资料，制作成以老兵抗战经历为主题的纪录片，网络点击量超过百万人次，引发社会对抗战老兵的关注。

◆现代粮食流通与安全协同创新中心入选江苏省高校协同创新中心 3月18日，江苏高校协同创新中心建设工作座谈会在南京召开，会上公布第二批立项建设的江苏高校协同创新中心、第二批培育建设的江苏高校协同创新中心、首批立项建设的高职院校工程技术中心名单。南财现代粮食流通与安全协同创新中心入选江苏省第二批高校协同创新中心。南财有2个省级协同创新中心获准立项建设，标志该校内涵建设水平和行业影响力得到进一步提升。

◆傅自应访问商务孔子学院 5月29日，在江苏省与纽约州结好25周年之际，江苏省副省长傅自应访问南财商务孔子学院，发表“促进江苏—纽约友好关系进一步深化”的主旨演讲。他回顾江苏省与纽约州建立友好省州关系25年来在政治、经济、教育和文化等方面的合作成果，肯定南财作为江苏省唯一一所财经类综合大学与纽约州立大学各分校之间建立起来的良好合作关系。商务孔子学院成立3年多，在教授汉语的基础上成功打造出“杰出演讲家系列”、“中国商务系列”、“中国艺术系列”等颇受当地欢迎的项目，为加强江苏省与纽约州的经济、教育以及文化的交流做出贡献。

◆凤凰·南财出版分社挂牌 12月26日上午，南财在仙林校区食工楼二楼会议室举行凤凰·南财出版分社成立暨揭牌仪式，南财党委书记陈章龙、凤凰出版传媒集团有限公司党委书记王译萱共同为凤凰·南财出版分社揭牌，双方签订《出版合作框架协议》和《出版合作备忘录》。凤凰·南财出版分社的成立，为双方共同搭建发展平台，填补南财无出版社历史空白，有利于发挥财经出版特色，完善该校出版框架，发挥出版物对于教学、科研以及学科建设的推动作用。

□郑 锷

南京中医药大学

◆概况 2014年，南中医教学质量工程建设取得新进展。获国家级教学成果二等奖1项，新增劳动与社会保障本科专业1个，眼视光学和生物制药等2个专业通过学士学位授权评审，新增中药学国家级实验教学示范中心1个，主编教材入选第二批“十二五”普通高等教育本科国家级规划教材9部。55项大学生创新训练计划入选国家级课题，获第二届全国高等中医药院校大学生课外学术科技作品竞赛一等奖、二等奖、三等奖各1项；第四届全国高等医学院校中医药创意设计大赛三等奖1项；全国中医药院校技能大赛暨2014年“中医药社杯”中医知识技能大赛团体三等奖，单项二等奖、三等奖各1名。新增2个专业硕士学位授权点。获“创青春”全国大学生创业大赛金奖2项、铜奖3项；获“创青春”省级竞赛金奖1项、银奖3项、铜奖1项，获“优胜杯”。在第二届“远志杯”全国高等中医药院校大学生课外学术科技作品竞赛中，获全国一等奖、二等奖、三等奖各1项。首次完成自主选拔录取招生工作。完善招生宣传网络，新增13个优质生源基地，完成各专业招生计划。教授干祖望、夏桂成荣膺“第二届国医大师”称号。新增全国优秀教师1人、国家杰出青年科学基金获得者2人、享受政府特殊津贴人员2人、江苏省特聘教授1人、江苏省“青蓝工程”科技创新团队1个。新获国家留学基金项目资助1人、国家建设高水平大学公派研究生项目资助1人，选派18人参加各类境外研修、培训。4个江苏省优势学科通过一期项目验收，在二期项目申报中，中医学、中药学成功进入立项，中西医结合、护理学进入重点序列学科。立项各级各类自然科学研究项目117项、人文社科项目42项，其中国家自然科学基金立项61项，资助经费首次位居全国中医药院校第三。首次获国家级社科项目（艺术类）立项1项。获教育部自然科学奖一等奖1项，获各级科技成果奖励6项。获授权专利33项，专利数位居全国中医药院校第二。新签技术合同70项。南中医学报获第五届中国高校优秀科技期刊奖和优秀社科期刊奖。

◆李克强慰问青奥会志愿者 8月28日上午，中共中央政治局常委、国务院总理李克强在南京出席第二届夏季青年奥林匹克运动会闭幕式之际，看望南中医在南京国际博览中心服务的青奥会志愿者代表，向他们表示慰问。李克强在和志愿者们交流时指出，志愿者的志愿服务，展现乐于助人、甘于奉献、敢于担当的青年形象。他勉励大家更好地弘扬“奉献、友爱、互助、进步”的志愿者精神，汇聚起推动社会进步的巨大力量，为实现“两个一百年”的奋斗目标和中华民族伟大复兴的中国梦、为促进世界各国人民特别是青年之间的友谊而不懈努力。赛会期间，南中医志愿者以规范的管理、严明的纪律、扎实的作风、有序的工作、微笑的服务，完成青奥组委会交给的各项任务，受到好评。

◆建校60周年纪念大会暨中医药高等教育发展论坛开幕式 10月15日，南中医建校60周年纪念大会暨中医药高等教育发展论坛开幕式在仙林校区体育馆召开。江苏省副省长曹卫星，中国工程院副院长、南中医荣誉教授樊代明，原卫生部副部长朱庆生，国家中医药管理局副局长王志勇，原江苏省常务副省长俞兴德，原江苏省副省长李全林，原江苏省政协副主席周珉等领导及海内外各界嘉宾、师生校友代表2000余人参会。中共江苏省委书记罗志军、江苏省政协主席张连珍、南京市市长缪瑞林、世界卫生组织传统医学部主任张奇、美国国际合作委员会主席陈香梅、解放军南京军区联勤部、北京中医药大学等发来贺信。大会由南中医党委书记陈涤平主持。南中医校长胡刚代表该校致辞并回顾南中医建

10 月 15 日，南中医建校 60 周年纪念大会暨中医药高等教育发展论坛开幕式在南中医仙林校区体育馆召开　　南中医 供稿

校 60 年的发展历程。曹卫星、国家中医药管理局副局长王志勇、江苏省教育厅厅长沈健分别讲话，对南中医建校 60 周年表示祝贺，并对该校以后发展提出希望和要求。

◆**曹卫星一行调研专业建设**　11 月 12 日，江苏省副省长曹卫星率江苏省政府副秘书长、办公厅主任李一宁，江苏省教育厅副厅长丁晓昌等到校调研专业建设情况。校长胡刚主持校专业建设工作汇报暨座谈会，校党委书记陈涤平致辞。副校长黄桂成从学校专业建设的理念与特色，中医学、中药学、护理学等优势专业建设的成果等方面作专题汇报。教授吴勉华向与会人员介绍南中医推进人才培养模式改革的思路与举措。曹卫星肯定学校新一届领导班子齐心协力、共谋发展取得的初步成绩。曹卫星就学校下一步建设与发展提出三点要求：要以构建现代专业体系、加强专业内涵建设和创新人才培养模式为抓手，提升专业建设水平；要通过加强产学研结合、加强国内外合作和培育标志性成果，提升协同创新水平；要培养和引进相结合，加强人才队伍建设。　□樊广花

南京邮电大学

◆**概况**　2014 年，南邮有仙林、三牌楼、锁金村、江宁四个校区，拥有通信与信息工程学院、经济学院、继续教育学院/应用技术学院、工程训练中心等 21 个院(部、中心)，信号处理与传输研究院、人口研究院、教育部宽带无线通信技术工程研究中心等 20 余个研究院(所、中心)及 2 个省“2011 计划”协同创新中心，1 个独立学院——南邮通达学院。有博士后流动站 3 个，一级学科博士学位授予点 3 个、二级学科博士学位授予点 14 个，一级学科硕士学位授予点 10 个、二级学科硕士学位授予点 34 个，专业学位授权点(领域)13 个，本科专业50 个。有 7 个国家特色专业建设点，1 个国家专业综合改革试点项目，1 个专业通过国家工程教育专业认证，省级品牌特色专业及建设点 18 个，国家级卓越计划专业 8 个，省级卓越计划专业 5 个，省级重点专业(类)9 个。现有各类在籍生 3 万余人。有教职工 2300 人，其中博士生、硕士生导师 564 人，具有高级专业技术职务的占 53.14%，具有博士、硕士学位的占 90%。

有省部共建国家重点实验室培育基地 1 个，省部共建教育部重点实验室 1 个，教育部工程研究中心 2 个，省级重点实验室 7 个，省级工程中心 4 个；江苏高校哲学社会科学重点研究基地（含培育点)2 个，江苏省决策咨询研究基地 2 个；国家级实验教学示范中心 2 个，国家级虚拟仿真实验教学中心 2 个，国家级工程实践教育中心 1 个，国家级校外实践教育基地 1 个，国家级高校学生科技创业实习基地 1 个；江苏省创新平台提升项目 1 个，原信息产业部重点实验室 11 个，省级实验教学与实践教育中心 14 个，中央财政专项实验室(含中央地方共建)56 个。图书馆拥有纸质文献藏书量 200 余万册。

有机半导体的设计原理、高效制备与光电器件项目获教育部自然科学二等奖，多类型无线传感网感知技术及其产业化应用项目获教育部科技进步二等奖。南邮牵头、中国科学院院士黄维负责的有机电子与信息显示协同创新中心获准立项建设。黄维领衔的“有机光电子学”创新团队成功入选国家科学技术部重点领域创新团队。南邮科技园获批为 2013 年度国家级高校学生科技创业实习基地。南邮“超分子光电子”学生团队获全国首批大学生 “小平科技创新团队”称号。南邮荣誉教授、2007 年诺贝尔物理学奖得主 Peter Grünberg 获 2014 年度江苏友谊奖。南邮申报的光学工程博士后科研流动站获批。在 2014 中国机器人大赛暨 RoboCup 公开赛中，南邮参赛队获冠军 2 项、亚军 1 项、季军 1 项、二等奖 1 项、三等奖 2 项，其中，Apollo 救援仿真队首次获城市多智能体救援仿真项目冠军。南邮化学学科、工程学科和材料科学学科进入 ESI 国际学科排名全球前 1%。

◆**全国未来无线通信学术研讨会**　4 月 15 日，全国未来无线通信学术研讨会在南邮举行。此次研讨会由江苏省物联网技术与应用协同创新中心、江苏省通信学会联合主办，江苏省无线通信重点实验室、江苏省通信学会无线通信专委会、南邮物联网科技园和通信与信息工程学院承办。研讨会由南邮副校长、江苏省无线通信重点实验室主任、江苏省物联网技术与应用协同创新中心主任朱洪波主持，300 余人参加研讨会。诺贝尔物理学奖获得者 Peter Grünberg 以 “Towards devices with lower energy consumption and higher sustainability”为题开篇。中国工程院院士张乃通、贲德分别以“建设天空地一体信息网络的几点看法”、“天基监视雷达”为题作报告。移动通信国家重点实验室主任、东南大学信息科学与工程学院院长尤肖虎，中国台湾成功大学教授陈晓华，

清华大学航空航天学院副院长陆建华，网络与交换国家重点实验室主任、北京邮电大学通信网络研究院院长张平，无线移动通信国家重点实验室主任、大唐电信集团公司副总裁陈山枝，毫米波国家重点实验室主任、东南大学信息科学与工程学院副院长洪伟，哈尔滨工业大学深圳研究生院电子与信息工程学院院长张钦宇分别作题为“5G移动通信及密集协作网络”、“Smart Grid Communication Networks”、“空间通信与网络：机遇与挑战”、“泛在信息化社会发展趋势”、“TD-LTE4G进展及5G展望”、“45GHz毫米波通信技术与标准研究进展”、“面向深空探测测控的信息传输理论”的学术报告。

◆“人口与城市发展”学术论坛 5月17日，由南邮、中国社会科学院经济研究所、农工民主党中央人口与资源工作委员会、国家卫生计生委流动人口司、农工民主党江苏省委员会、南京市社会科学院、中国（南京）城市发展战略研究院主办，南邮人口研究院承办，群众杂志社协办的“人口与城市发展”学术论坛在南邮仙林校区举行。全国政协副主席、农工民主党中央常务副主席刘晓峰，国家卫生计生委副主任王培安，江苏省政协副主席、中共江苏省委统战部部长罗一民，江苏省政协副主席、农工民主党江苏省委主委、中科院南京分院院长周健民等领导和嘉宾300余人参加论坛。

论坛围绕“人口城市化与经济社会可持续发展”主题组织两场学术报告会。中国社会科学院经济研究所所长、博士生导师裴长洪，中国社会科学院人口与劳动经济研究所研究员张车伟，中国社科院城市与竞争力研究中心主任倪鹏飞，南邮人口研究院副院长、农工民主党中央人口与资源工作委员会副主任沙勇等分别就城镇化中的产业发展趋势、问题与经验、人口城镇化与住房发展、人口发展与城市竞争力、城市公共治理创新、劳动力结构演变与经济增长、流动人口服务与管理、做好城市民族工作、城市化进程中的特大城市人口增长、人口快速城市化与三农的关系、重庆统筹城乡发展中的农村人口城市化问题与对策等问题发表主题演讲并进行学术探讨。

◆网络文化发展协同创新中心揭牌 5月20日，南邮网络文化发展协同创新中心（简称“中心”）揭牌仪式在仙林校区举行。中共江苏省委宣传部部务委员双传学，江苏省社科联党组副书记汪兴国，东南大学人文学院院长、中心学术委员会主任樊和平，中国联通江苏分公司副总经理张涌等出席揭牌仪式。双传学和南邮校长杨震为中心揭牌，南邮副校长颜晓红宣读成立协同创新中心文件，南邮副校长、中心主任叶美兰主持仪式。网络文化发展协同创新中心以南邮为牵头单位，协同北京大学、南大、南师大、中国矿业大学、841研究所、江苏省知识产权局、金陵科技集团公司、新华网股份有限公司、百度在线网络技术（北京）有限公司、中国电信江苏分公司、中国移动江苏分公司、中国联通江苏分公司等在文化和网络领域具有突出优势的知名高校、科研院所和优势企业参与，通过强强联合，以促进社会主义文化大发展、大繁荣为导向，以网络文化发展为载体，着力打造国家急需、江苏一流的研究与实践综合创新中心。

◆承办2014“创青春”江苏省大学生创业大赛 5月23日，2014“创青春”江苏省大学生创业大赛决赛在南邮举行。大赛由共青团江苏省委、江苏省教育厅、江苏省人力资源和社会保障厅、江苏省科学技术协会、江苏省学生联合会主办，南邮、南京开发区共同承办。共青团江苏省委书记万闻华、南京开发区管委会主任邢正军、南邮校长杨震和副校长王宗荣，团省委、南京开发区部分中层领导，各参赛高校的领导和师生代表出席开幕式。赛事下设大学生创业计划竞赛、创业实践挑战赛、公益创业赛3项主体赛事，于2月启动，6月上旬结束，最终评选确定“创青春”省赛金、银、铜奖和优秀组织奖，并确定参加全国“创青春”大赛作品报全国大赛组委会。

◆南邮—瑞萨电子联合实验室揭牌仪式 6月13日，南邮—瑞萨电子嵌入式MCU联合实验室揭牌仪式在南邮仙林校区举行。南邮副校长王承宽、瑞萨电子（中国）有限公司（简称“瑞萨电子”）董事长兼总经理堤敏之出席揭牌仪式。南邮电子科学与工程学院党委书记胡纵宇和堤敏之代表双方签署联合实验室合作协议，双方共同为联合实验室揭牌。瑞萨电子相关负责人作“瑞萨公司产品与技术”报告。与会人员参观电工电子实验教学中心和校大学生创新活动中心，双方就大学生创新能力培养、电子创新实验开发、课程建设等方面达成共识。

◆与南京开发区合作共建南京信息产业技术研究院 10月24日，南邮与南京开发区合作共建南京信息产业技术研究院签约仪式在南京开发区管委会举行。南邮校长杨震、南京开发区管委会常务副主任杨友林出席活动并讲话。该研究院将瞄准产业转型需要，围绕新一代信息技术的发展，特别是在宽带无线通信、大数据、移动互联、信息服务相关领域，推动产业链的协同创新，建设国内一流、国际知名的信息产业技术创新创业平台和战略性新兴产业创新中心，促进南邮的内涵建设和南京开发区信息产业的可持续发展。

◆生物、有机与纳米电子学国际研讨会

12月12~14日，第二届“生物、有机与纳米电子学”国际研讨会（“2nd International Symposium on Bio, Organic & Nano Electronics”, ISBONE-2014）在南京召开。此次国际研讨会由有机电子与信息显示国家重点实验室培育基地、江苏省柔性电子重点实验室、江苏先进生物与化学制造协同创新中心（国家级“2011计划”平台）与江苏省有机电子与信息显示协同创新中心共同主办，南邮信息材料与纳米技术研究院、江苏—新加坡有机电子与信息显示联合实验室与南京工业大学先进材料研究院联合承办。研讨会邀请美国犹他大学教授Peter J.Stang、中国科学院化学研究所院士万立骏、美国斯坦福大学教授崔屹、新加坡南洋理工大学教授张华、*Nature Communications*副主编Zhang Changjun、*Small*和*Advanced Science*副主编Xu Guangchen、香港浸会大学教授Wong Wai-Yeung、北京大学教授占肖卫、清华大学教授刘冬生、中国科学院上海物理应用研究所教授樊春海、国家纳米科学中心研究员唐智勇、浙江大学教授申有青等海内外知名学者，南邮及南京工业大学 400 余名师生参会。此次国际研讨会大会报告分为纳米电子学、生物电子学、交叉学科以及有机电子学 4 个部分，从全球化战略高度围绕生物、有机、纳米电子三个领域，立足物理、化学、材料等基础学科的前沿研究，重点聚焦有机电子、纳米技术在信息显示、信息存储、信息传感、信息处理、生物传感、太阳能电池等领域的应用。　□贾　姝

南京森林警察学院

◆概况　2014 年，南京森林警察学院占地总面积 76.2 公顷，校舍总建筑面积 20 万平方米，由仙林校区、花园路校区组成。仙林校区主要承担本科学历教育任务，花园路校区主要开展全国森林公安民警、森林防火指挥员培训和继续教育任务。南京森林警察学院设置有侦查学(公安情报、计算机犯罪侦查和特警方向)、刑事科学技术、治安学(警务管理、林火管理和特警方向)、消防工程(林火管理学方向)、网络安全与执法、公安管理学、警务指挥与战术等本科层次专业和侦查、治安管理等专科层次专业。5 月 22 日，侦查学、治安学、刑事科学技术、消防工程(林火管理方向)4 个专业被增列为学士学位授权专业。全日制在校生 5099 人，其中专科生 513 人、本科生 4586 人，2014 年实际录取本科生 1418 人。截至 12 月底，2014 届 1320 名毕业生就业 1172 人(其中 2 人为考研)，占毕业生总数的 88.79%；未就业 148 人，占毕业生总数的 11.21%。全年培训在职民警、森林防火指挥员 2000 余人。有教职工 409 人，具有高级职称教师 145 人，其中，正高级职称 29 人，博士、硕士研究生 203 人，聘请兼职教授 31 人、高级教官 41 人、教官 20 人，基本形成一支学科专业较齐全、结构合理、业务能力强、专兼结合的师资队伍。现有国家级、省级和公安部部级教学名师各 1 人，江苏省优秀教学团队 2 个，省级实践教学中心和省级实验教学中心各 1 个。全国公安、林业系统优秀人民警察、优秀教师等 14 人，荣立一、二等功 30 人，享受国务院政府特殊津贴专家 3 人，江苏省“青蓝工程”中青年学术带头人 3 人，江苏省“333 工程”培养对象 3 人。安排教师、管理服务人员外出学习、培训，选派 22 人参加公安业务实践；选派干部到国家林业局党校、中共江苏省委党校等参加各项培训 19 人次；1 名校领导在贵州省挂职，选派 2 名中层领导干部到新疆、西藏挂职锻炼。全年，推荐 32 人参加高级专业技术职务的评审，推荐 2 人参加中级专业技术职务的评审，4 人取得中级专业技术资格，6 人取得在职攻读博士学位入学资格，接收高校毕业生 20 名。2014 年，申报晋升各级警衔人员 107 人，其中，晋升警监 22 人、晋升警督 44 人。

◆学生竞赛获奖　2014 年，南京森林警察学院组织学生参加江苏省第四届大学生艺术展演，获校长风采奖 1 个、特等奖 1 个、一等奖 6 个、二等奖 4 个、三等奖 6 个、甲组优秀创作奖 3 个，该校获“校长杯”优秀组织奖；组织警乐团代表公安部参加“中华号角”2014 上海之春国际音乐节管乐艺术节，并在“中华杯”中国第八届非职业优秀(交响)管乐团队展演中获银奖。组织学生参加首届全国警察公共关系之星大赛，获大赛唯一的特等奖；组织学生参加第六届“仙林成才杯”模拟法庭大赛，在比赛中获团体总分第一、社区普法创意金奖、合议庭方第一、公诉方第一、被告方优胜奖的优异成绩。

◆第二届青年奥林匹克运动会安保任务完成　8 月，在南京举办的第二届青年奥林匹克运动会上，南京森林警察学院 3782 名师生奋战在安保第一线 34 天，在 12 个赛会场馆相关岗位共出任务 7.9 万人次，累计安检 88 万余人次，检查箱包 39 万余件，检查车辆 2.4 万余辆，查出子弹、子弹壳、打火机、管制刀具、机油违禁物品近 6 万件，无任何安全事故，为“平安青奥”、“特色青奥”做出贡献。

◆全国公安院校管乐基地揭牌　12 月 3 日，全国公安院校管乐基地揭牌仪式在南京森林警察学院举行。全国公安文联主席祝春林、国家林业局森林公安局局长王海忠共同为基地揭牌。全国公安院校管乐基地的设立，旨在以警察管乐活动为载体，推动全国公安院校的公安文化建设，形成文化育警、文化强警的良好氛围。全国公安院校管乐基地在南京森林警察学院设立，是对该校校园文化建设的肯定。　□成昌波

南京理工大学紫金学院

◆概况　2014 年，紫金学院占地总面积 40.87 公顷，总建筑面积 19.7 万平方米。紫金学院有机械工程系、电子工程与光电技术系、计算机系、经济管理系、人文

8 月 14 日，南京森林警察学院学警在第二届青年奥林匹克运动会安保现场
张文达 摄

与社会科学系、基础教学部等六个系(部),28个本科专业,5个专转本专业,其中物联网工程专业首次开始招生。专转本增开英语专业。图书馆新采购图书2.46万册,图书总量达66.5万册。1月,学院领导班子换届,李新民、许晨昱接替陆健、马大庆分别就任学院院长、党委书记。紫金学院招收2300余名新生,在江苏省招生线文、理科分别达到303分和313分,超过二本省控线2分和1分,稳居江苏省内三本批次院校之首。在校生规模7750余人,招生范围覆盖全国16个省市。至年底,紫金学院有教职工614人,其中专任教师459人,具有博士、硕士学位的占69.06%,师资力量不断增强。

紫金学院开办"紫金教育教学工作坊",6次邀请名师讲学。制定完成2014年《教学质量报告》,总结分析质量建设情况,扩大社会影响。与南京理工大学泰州科技学院合作,确定机械工程专业和电气工程及自动化2个试点联合共建专业。学院以2014年为紫金慕课元年,创建国内领先的慕课平台之一"紫金学堂",打造紫金MOOC生态圈,先后开发建设2门在线慕课(全省共17门),与省社科院合作建设的"形式与政策"MOOC纯线在教育试点上线应用,至年底,上线学习达到2254人,在线讨论4588条。

紫金学院在科研立项工作上取得新突破,获教改类省级立项1项,院级以上立项5项。在首次对独立学院开放的江苏省高校自然科学研究项目申报中,获准立项2项,取得历史性突破。学院成为栖霞区社会建设委员会的民意调查机构,承接栖霞区"双枫连心幸福栖霞"及"网格化社会服务管理工作"的大型民调项目。选派40余名学生先后到美国阿肯色州立大学、中国台湾佛光大学及龙华科技大学交流。新开展与英国埃塞克斯大学"3+1"本硕连读项目,与美国威斯康辛协和大学、北园大学、提赛德大学校际交流项目,与美国伊利诺大学、英国罗汉普顿大学留学奖学金项目。

2014届毕业生升学率近7%,170余名学生考入南大、南京理工大学、南京航空航天大学、河海大学、上海大学等国内知名一本院校,研究生升学率在同类院校中名列前茅;近20人成功申请到澳大利亚昆士兰大学、英国曼彻斯特大学、英国纽卡斯尔大学等海外优秀高校研究生留学资格。在2014年江苏省普通高校本专科优秀毕业设计(论文)评选中,2010级张绚璇等5位学生获三等奖。5月,紫金学院被江苏省教育厅、综治办、公安厅联合评为江苏省平安校园;12月,获新华网评选的2014中国影响力独立学院称号。在2014江苏省大学生创新创业优秀成果交流展示会上,紫金学院电光系王文杰等学生的"等离子体音箱"项目、机械系张勇等学生的"亮度可控节能工业应用灯"项目入选创新训练项目展示,经管系学生吕亚楠的《江苏省中小企业会计人才需要调研报告》入选创新优秀论文。

◆学术、科技竞赛获奖 2014年,紫金学院在读学生在各级学术、科技竞赛中频频获奖。1月1日,在第五届"蓝桥杯"全国软件专业人才设计与创业大赛中,获江苏赛区一等奖1名、三等奖1名、优秀奖2名。3月22日,在第五届"蓝桥杯"全国软件专业人才设计与创业大赛中,获江苏赛区一等奖2名、二等奖4名、三等奖6名、优秀奖5名。4月30日,在2014微软学生全球大赛中国区总决赛中,获一等奖。5月11日,在2014中国机器人旅游大赛暨RoboCup中国机器人大赛选拔赛中,获一等奖。5月31日,在江苏省普通高等学校第十二届高等数学竞赛中,获奖人数比例98.75%,居全省参赛的独立学院之首。6月1日,在第五届"蓝桥杯"全国软件专业人才设计与创业大赛全国总决赛中,获全国个人赛三等奖一名,江苏赛区一等奖2名、二等奖4名、三等奖6名、优秀奖5名。6月28日,在第十届"博创杯"全国大学生嵌入式物联网设计大赛华东赛区比赛中,获二等奖2项、三等奖1项。7月18日,在第九届全国大学生"飞思卡尔"智能车竞赛中,获华东赛区一等奖。7月19日,在第十届"博创杯"全国大学生嵌入式物联网设计大赛总决赛中,获团队三等奖,成为江苏省唯一晋级总决赛并获奖的独立学院。8月6日,在第四届全国大学生光电设计大赛中,获全国三等奖。9月13日,计算机系学子在第五届中国大学生服务外包创新创业大赛中,获全国三等奖。10月12日,在2014年中国机器人大赛暨RoboCup(机器人世界杯)公开赛中,获FIRA5VS5足球仿真机器人一等奖、机器人游中国比赛优秀设计奖。10月18~19日,机械系紫金Power车队参加第八届中国节能竞技大赛,夺得大学组电动车项目并列第11名、燃油车项目第36名的优异成绩,该成绩在江苏省所有高校参赛队中位列第一。11月2日,在第七届全国高等院校"广联达杯"工程算量大赛中,获团体一等奖以及两个单项一等奖;同日,机械系2支参赛队伍在第四届中国教育机器人大赛总决赛中分获一等奖、二等奖。11月23日,在

10月18~19日,紫金学院机械系紫金Power车队参加第八届中国节能竞技大赛,获大学组电动车项目并列第11名、燃油车项目第36名 紫金学院 供稿

江苏省第十一届高校物理及实验科技作品创新竞赛中,获一等奖1项、二等奖1项,2位指导教师被评为优秀指导教师。

◆获2014微软学生全球大赛中国区总决赛一等奖　3月26日,紫金学院承办Imagine Cup2014微软"创新杯"全球科技大赛南理工紫金学院校区选拔赛,紫金学院Thinking&Coding代表队脱颖而出。4月15日,在Imagine Cup2014微软学生全球大赛中国区半决赛中,Thinking&Coding代表队成为全国晋级决赛的7所高校队伍之一。4月30日,Imagine Cup2014微软"创新杯"全球大赛中国区总决赛在南京国际展览中心举行,收集全国300多所高校1483个作品,吸引超过8000名大学生参与。紫金学院Thinking&Coding代表队与入围决赛的21个代表队同场竞技,获全国一等奖。学院代表队所获荣誉是江苏省高校参赛团队中最优成绩。

◆获新华网评选的2014中国影响力独立学院称号　12月4日,紫金学院院长李新民、党政办主任于洋应邀参加由新华网主办的2014年新华教育论坛——"大国教育之声"活动。中宣部、教育部的领导以及全国教育界知名专家、学者、媒体人及各大教育机构的领军人物400余人参会,聚焦"互联网时代"教育格局中的教育现状,共探教育未来发展之路。论坛邀请中国教育学会副会长朱永新为论坛发布"大国教育之声"、中宣部新闻局副局长武家奉公布《2014年中国教育行业舆情报告》。教育论坛特别发布2014年中国最具影响力独立学院评选表彰名单,紫金学院当选2014中国影响力独立学院,新华网总裁助理徐明伟上台为学院颁奖授牌。会议期间,李新民接受新华网专题采访。　□辛百哲

南京信息职业技术学院

◆概况　2014年,南信院《共建"公共技术服务平台"创新校企深度合作模式》等6个典型案例入选《江苏省高等职业教育改革发展创新案例集》,4位教师参加教育部"高职院校领导海外培训项目"的研修成果获专家好评。实施高层次人才培养工程,首批聘请7名兼职教授,定向指导学院26名培养对象,1名教师获评江苏省优秀教育工作者,2名教师获评江苏省经济和信息化委员会委属院校教学名师。8名教师参加江苏省经济和信息化委员会委属院校说专业、说课比赛,分获一等奖两个、二等奖四个、三等奖两个。6名教师获全国信息化教学大赛一等奖、二等奖。新增正高职称4人,副高职称15人,博士2人,硕士5人,"六大人才高峰"1人,省"青蓝工程"5人。专任教师中高级职称教师比例达42%,"双师素质"教师比例超过90%。获纵向社科项目立项19项,获资助经费41.2万元;横向项目立项70项,获资助经费465.4万元。院级科研基金项目立项14项,院级社科基金项目立项21项。获17项专利授权,其中授权发明专利11项,实用新型专利6项;获软件著作权登记7项。

完成单独招生、对口单招、普通招生录取工作,录取新生4330名,录取率100%,实际报到4143名,报到率95.68%,居全省高职院之首。普通招生文科分数线270分,理科分数线279分,艺术类429分,总体情况居江苏同类高职院校前列。2014届毕业生3665人,就业率98.1%。组织105场校园招聘会,提供岗位数是毕业生数的3倍。至年底,2015届毕业生4027人,预就业率超90%。连续12年获江苏省高校毕业生就业工作先进集体称号,被评为2014年全国职业院校就业竞争力示范校。

学生在全国职业院校技能大赛、全国数学建模竞赛、中国技能大赛、省高等数学竞赛、省18届运动会、省高等职业技能竞赛等赛事中获多项团体和单项一等奖,在全国高职高专英语写作大赛中获江苏赛区特等奖。学子曹锦涛在台湾地区研习期间考取9张国际证照,创历届大陆到台学生研习生之最。南信院先后获第四届黄炎培职业教育优秀学校、首批江苏省国防教育示范学校等称号。

◆承办2014年全省高职院校技能大赛总开幕式　4月25日,2014年江苏省高等职业院校技能大赛总开幕式在南信院举行。江苏省教育厅厅长沈健,江苏省经济和信息化委员会副主任胡学同,南信院党委书记孔德海、院长张旭翔、党委副书记王钧铭、副院长施泽波和陆群等出席开幕式。参加此次省赛电子产品设计赛项的39个代表队的领队、选手、指导教师、裁判员共200多人参加开幕式。开幕式由江苏省教育厅副厅长丁晓昌主持。大赛在全省11所高职院校设有赛点,设7个专业大类16个比赛项目,79所高职院校、9所联合学院分院参赛,参赛学生1654人,参赛人数为2013年的1.3倍。此次比赛部分获奖选手将代表江苏省参加2014年全国职业院校技能大赛高职组比赛。

◆校企合作理事会年会　4月30日,南信院召开校企合作理事会2014年年会。校企合作理事会是学院为促进教育教学改革而建立的校企合作领导决策机构。国家认监委原副主任、南信院名誉院长车文毅,江苏省经济和信息化委员会教育培训处处长张兴、副处长庄栋岭和综合协调处处长韩立春,江苏省教育厅高教处副处长经贵宝,区委常委、副区长毛银玲,江苏省高校招生就业指导服务中心党总支书记胡建平,省无线电管理局副局长董卫等出席年会,中兴通讯、中国质量认证南京分中心、省无线电研究所、中电熊猫、十四所、五十五所、二十八所、熊猫集团、720厂、富士通、三宝科技、镇江汉邦、中邮建技术公司、同创电子、金蝶软件、信雅达公司及昆山、吴江开发区人社局等近30家优秀企业和合作单位代表,南信院全体院领导、分院、职能部门负责人约90人参加年会。会上,参会人员交流理事会工作,推进校企合作,提高人才培养质量,提升社会服务水平。

◆合作建立教育培训基地　10月15日,中国认证认可协会在南京举行教育培训基地揭牌仪式,标志着第一个致力于认证认可、检验检测人才培养的全国性培训基地正式落户南信院。中国认证认可协会会长王凤清和江苏省副省长史和平共同为中国认证认可协会教育培训基地揭牌。江苏出入境检验检疫局局长王伟,江苏省经济和信息化委员会副主任龚怀进,中国认证认可协会秘书长生飞,中国

10 月 15 日，中国认证认可协会教育培训基地揭牌仪式举行　　南信院 供稿

质量认证中心主任王克娇，南信院领导等共同出席揭牌仪式。中国认证认可协会教育培训基地建立后，主要为认证认可机构入门培训和从业人员继续教育、新认证培训项目从业人员培训、认证认可人员机考、新认证培训项目研发、网络课程制作服务，并承担认证认可专业人员实操能力培训考试；认证认可人员的注册、再注册、扩大专业等执业人员服务项目的考试；成为中国认证认可协会师资培养的核心机构。

◆**埃斯顿工业机器人学院合作签约仪式**

12 月 18 日，南信院举行埃斯顿工业机器人学院合作签约仪式。埃斯顿工业机器人学院将通过校企双方资源深度融合，在工业机器人应用人才培养、工业机器人技术实训中心建设、教师技能培训、工业机器人职业培训和职业资格鉴定、机器人应用项目研发、工业机器人客户技术服务等方面开展深度合作。埃斯顿工业机器人学院将打造成江苏省机器人行业高级技术技能人才培养、项目应用合作研发与客户技术服务的基地，以适应江苏省产业装备制造业转型升级的需要。　□吴笑欢

南京工业职业技术学院

◆**概况**　2014 年，南工院录取新生 4500 余名，其中联办本科 240 名，高考各批次录取分数线均居同类院校前列；2014 届毕业生 4115 名，其中理工类 2124 人，文科类 1538 人，艺术类 453 人，年终就业率和协议就业率分别达到 99.2%和97.23%。

启动 6 个国家一流、8 个省级一流专业建设行动计划；新成立航空机电学院、城市轨道交通学院；新开设飞机制造技术、飞机机电设备维修和飞机电子设备维修 3 个专业；获“十二五”职业教育国家规划教材立项 25 部，省级重点教材立项 4 部；获评国家教学成果奖 1 项。获江苏省职业技能大赛一等奖 6 个，二等奖 2 个，三等奖 3 个；获国家职业技能大赛一等奖 2 个，二等奖 3 个，三等奖 2 个；获省优秀毕业设计(论文)评选一等奖 2 篇，二等奖 1 篇，三等奖 4 篇；学生创新创业大赛，获国家级、省级一等奖 22 项，二等奖 31 项，三等奖 62 项；学生申报专利 80 项，获批国家新型专利和发明专利 33 项。柔性引进中共中央组织部“千人计划”国家特聘专家 1 人，项目化引进行业专家 5 人；入选“青蓝工程”科技创新团队培养对象 1 个，“青蓝工程”中青年学术带头人培养对象 2 人、优秀青年骨干教师培养对象 4 人；入选“六大人才高峰”第十一批高层次人才 2 人；获评江苏省优秀教育工作者 1 人；获批国家留学基金委资助出国留学、访学 2 人，省财政资助出国培训 8 人；新增正高级职务任职资格 8 人、副高级职务任职资格 20 人。获批江苏省高职院首个工科协同创新中心——江苏风力发电工程技术中心；各类纵横向项目，科研课题申报 150 项，获批立项 109 项，其中获批国家级项目 1 项，省部级项目 6 项，市厅级项目 50 项；新增省级科技创新团队 2 个。受理申请专利 175 项，授权 89 项，其中发明专利 7 项；获得省级科技成果奖 2 项，分别是江苏省机械工业科技进步奖三等奖 1 项，江苏省第十三届哲学社科优秀成果奖三等奖 1 项；与中兴通讯股份有限公司合作成立南工院中兴通讯 ICT 行业创新基地和南工院中兴通信学院；与金蝶集团合作共同开发教学版财务管控软件；与捷豹路虎合作建设捷豹路虎卓越培训中心；与南京国厦合作共建校中厂国厦电子产品生产调试 SMT 基地；与韩国现代重工株式会社共建现代重工工业机器人工程中心；与瑞士 ABB 机器人公司合作成立工业机器人创新应用中心，与国家软件产业基地——江苏软件园签订战略合作协议。

是年，南工院被评为全国职业教育先进单位、全国第一批节约型公共机构示范单位、江苏省职业教育先进单位、江苏省高等学校和谐校园、江苏省高校毕业生就业工作先进集体、江苏省国际合作交流先进学校、江苏省节能先进单位、江苏省首批普通高校武装部规范化建设试点高校、江苏省档案工作四星级单位，当选为江苏省中华职业教育社副主任单位等。

◆**校友会成立**　6 月 7 日，南工院校友会成立大会召开，江苏省教育厅副巡视员步锦昆、江苏省民政厅社会组织管理局副局长黄建华出席成立大会，全国各地的校友代表、离退休教师代表、全体中层干部和学生代表 180 余人参会。校长孙爱武致欢迎辞；校友会筹委会副会长陈桂林受校友会筹委会委托，作校友会筹备工作报告；黄建国宣读同意成立文件，步锦昆讲话。成立大会收到南大校友总会、东大校友总会等 127 家单位发来的祝贺以及上海、宁夏、广东、甘肃、青海、江西、浙江、福建、云南、重庆、山东、四川、南京、无锡等 14 家地方校友会、校友会筹委会的贺词。

◆**ICT 行业创新基地签约仪式**　7 月 8 日，教育部高等职业院校 ICT(信息通信

技术)创新能力建设管理办公室在深圳举办高等职业院校应用科研能力建设研讨会暨首批ICT行业创新基地签约仪式。教育部副部长鲁昕、深圳市副市长吴以环、教育部职成司司长葛道凯、中兴通讯董事长侯为贵、中兴通讯高级副总裁庞胜清等参加签约仪式。ICT行业创新基地建设是由教育部和中兴通讯签署的战略合作项目,旨在全国遴选一批高职院校,分批合作组建20个ICT行业创新基地,由教育部和中兴通讯联合验收和授牌。基地拟采用"企业主导,学校主体,师生参与,校内实施,市场应用"的应用科研校企合作新模式,并通过企业研发项目走进校园的形式,实现应用科研的体制与机制创新,同时,创新基地也是合作专业的技术支撑平台。南工院是首批签约的十八所高职院校之一,校长孙爱武代表该校与中兴通讯股份有限公司副总裁弓月中签订"共建ICT行业创新基地战略框图协议",并作"典型行业ICT创新基地实施方案"主题交流发言。

◆曹卫星到校视察　11月12日上午,江苏省副省长曹卫星到校视察,江苏省政府副秘书长、办公厅主任李一宁,江苏省教育厅副厅长丁晓昌等陪同视察。曹卫星参观大学生科技作品展、校史展览馆和黄炎培职业教育思想展览馆,现场观看学生科创作品的演示,并听取学校工作汇报。曹卫星指出,南工院要加快推进"现代化",在现代职教体系架构下,探索建设现代化的高等职业技术学院;要深入推进"集团化",探索集团化的办学模式,推动政产学研多方合作;要着力推进"国际化",推进国际合作办学、教师境外培训研修、国际职业资格证书引入以及留学生等方面的工作。

◆参加第二十三次全国高校党的建设工作会议并作交流发言　12月28~29日,第二十三次全国高等学校党的建设工作会议在北京召开。中共中央总书记、国家主席、中央军委主席习近平作出重要批示,中共中央政治局委员、中央组织部部长赵乐际主持会议,中共中央政治局委员、国务院副总理刘延东在会上作主报告,中共中央政治局委员、中央宣传部部长刘奇葆出席会议。各省、自治区、直辖市和新疆生产建设兵团党委组织部、党委宣传部分管负责人,党委教育工作部门主要负责人,中央和国家机关有关部门单位负责人,解放军总政治部有关部门负责人,部分高校党委书记和校长代表等出席会议。会上,五所高校作经验交流,其中,南工院作为全国高职院的唯一代表参加大会交流,南工院党委书记尤建国作题为《把牢育人方向　彰显办学特色　发挥高职院校在服务"两个率先"中的独特作用》的交流发言。　□陈　青

应天职业技术学院

◆概况　2014年,应天职业技术学院(应天学院)占地面积33.84万平方米,建筑面积14.63万平方米。应天学院设有教师教育与设计学院、商学院、机电与信息工程系和基础部3院1部,有31个专业。在校学生3988人(另有2959名南京审计学院金审学院2013级和2014级新生在应天学院校区就读)。教职工近360人,其中专任教师262人。安排102人次参加岗前培训、"双师"培训、国家和省级项目培训和学术研讨,选派4名优秀青年教师到美国培训学习,选派2名管理骨干到本科院校核心部门挂职锻炼,完成9名教师资格认定和6名"双师型"、10名"双职称"教师认定。完成普通招生录取,录取新生999名,实际报到新生951名,报到率96%。举办校园专场招聘会50场,共有2343名2014届大专毕业生毕业。至年底,2014届毕业生就业率为98.08%。

是年,应天学院获2013年度江苏省教育系统信息工作先进单位称号;被江苏省人力资源和社会保障厅评为2013年度省级优秀职业技能鉴定所,是唯一获得省级优秀职业技能鉴定所的省内民办院校;在江苏省第二届大学生安全知识竞赛中获优秀组织奖;获2014年度江苏省高校无偿献血先进单位称号及2014年度江苏省高等学校"学生管理创新奖"三等奖;获第四届大学生艺术展演活动"校长杯"优秀组织奖;连续9年获2014年度江苏省高校"最佳党日活动"称号。教职工获省级奖项40个,完成2012年高校哲学社会科学基金课题2项,获批2014年江苏省高校哲学社会科学基金立项课题3项。学生获省市级奖项100余个,其中全国大奖4个。下达2014年大学生实践创新训练立项项目,10项推荐为省级一般项目,2项推荐为省级指导项目。12月26日,通过10项2013年省级大学生创新训练各项目验收。应天职业技术学院国家职业技能鉴定所2014年度开展鉴定1861人次,考证通过率达到83.62%,为社会组织考试2560人次。学校图书馆纸质文献藏书量达28万册。12月,仙林大学城管委会完成学校南侧大门和南围墙测绘定桩工作,启动南大门及南围墙建设工程。

2014年应天学院学生获奖情况

表9

序号	获奖时间	获 奖 项 目	级别	获 奖 情 况
1	1月	"经典江苏"2013年大学生规范汉字比赛	省级	获一等奖1个,三等奖1个,优秀奖12个
2	4月	江苏省高等职业院校物流一体化技能大赛	省级	获二等奖
3	4月	2014年江苏省职业学校师生技能大赛	省级	获三等奖
4	4月	第四届"大学生眼中的南京"影展	省级	获优胜奖
5	4月	江苏省"用友新道杯"会计技能大赛	省级	获二等奖

续表 9

序号	获奖时间	获 奖 项 目	级别	获 奖 情 况
6	4 月	2014 年江苏省高等职业院校学生技能大赛	省级	获二等奖 4 个,三等奖 4 个
7	4 月	首届江苏省高职院校“斯维尔杯”工程造价技能大赛	省级	获三等奖
8	5 月	2013 年江苏省普通高等学校本专科毕业设计(论文)评优活动	省级	个人获二等奖 1 个, 三等奖 2 个,团队获奖 1 个
9	6 月	江苏省普通高等学校第十二届高等数学竞赛专科类	省级	获三等奖
10	6 月	第十届“用友新道杯”全国大学生沙盘大赛江苏总决赛	省级	获团体三等奖
11	8 月	江苏省第四届大学生艺术展演活动	省级	获特等奖 1 个,一等奖 3 个,二等奖 5 个,三等奖 6 个,优秀创作奖 1 个
12	8 月	第七届全国高等院校“广联达杯”工程算量大赛	全国	获二等奖
13	11 月	第五届全国高等院校“广联达杯”施工管理沙盘及软件应用大赛	全国	获三等奖
14	11 月	会计专业技能竞赛决赛环节暨第八届全国大学生会计信息化技能大赛	全国	获三等奖 2 个
15	12 月	第三届江苏省师范生教学基本功大赛	省级	获三等奖

◆讲座、培训活动 1 月 15 日,邀请首届国家级教学名师、南大教授卢德馨到校作专题讲座。卢德馨结合自身教学实践,就电子教案的制作及使用、教学规范与授课体会以及如何开展教学活动等方面作讲解。1 月 15 日,邀请中共江苏省委十八届三中全会宣讲团成员、东南大学经济管理学院院长徐康宁到校宣讲。徐康宁从经济视角深刻阐述十八届三中全会关于改革的内容。报告由党委书记、院长王薇主持,党委副书记、副院长沈明,院长助理胥亮及全体教职工参加报告会。5 月 21 日,由江苏省高校招生就业指导服务中心主办的“高校就业指导公益巡讲活动”在应天学院报告厅举行。各院系书记、辅导员和各年级学生代表参加。6 月 4 日,应天学院举行 2014 首期大学生 SIYB 创业培训开班仪式。此次培训由该校和南京市职业技术培训指导中心联合举办。胥亮、南京市创业教育指导专家王建霞等出席。12 月 10 日,由共青团江苏省委、江苏省教育厅、江苏省学联主办,应天学院团委承办的 2014 年“我的青春故事”江苏省大学生成长故事会在校图书馆报告厅举行,各学院分团委书记以及南京理工大学、钟山职业技术学院、南京体育学院、南京农业大学 4 所高校的团委负责人、学生代表以及应天学院 300 余名学生参加报告会。

◆与栖霞区合作推进 0~3 岁早期教育发展工作 6 月 26 日,应天学院推进院与区人口计生局签订合作协议,共建栖霞区0~3 岁婴幼儿早期发展指导中心和栖霞区 0~3 岁婴幼儿早期发展指导培训基地。区人口计生局局长万霞、副局长苏桂茹,应天学院院长王薇、副院长沈明以及教师教育学院相关教师出席会议。根据协议,确立教师教育学院为栖霞区0~3 岁婴幼儿早期发展指导中心和栖霞区 0~3 岁婴幼儿早期发展指导培训基地。8 月 20 日,沈明和万霞出席栖霞区 0~3 岁婴幼儿早期发展指导培训基地揭牌暨培训班开班仪式,万霞作培训动员。此次培训为期 4 天,邀请省内 0~3 岁早期教育的专家、南京市儿保所一线专业医生以及校内骨干教师等承担授课任务。全区各街道、社区计生干部参加培训,听取专门的育婴师培训课程。9 月 27 日,教师教育学院学前教育专业部分师生在沈明、副院长李会敏带领下,在仙林金鹰奥莱城中心广场进行 0~3 岁早期教育的家庭教育咨询和早期教育活动。此次活动由区人口计生局承办。10 月 24 日,沈明、李会敏应邀出席政府购买服务项目及 2014 年度公益创投项目签约仪式,沈

6 月 26 日,应天学院与栖霞区人口计生局签订合作协议 黄 鹂 摄

明代表五色花育儿园与万霞签订合约。五色花育儿园作为签约单位，主要对区人口计生局负责两个合作项目，一个是0~3岁婴幼儿早期发展教育培训，一个是育婴师培训。12月8日，五色花育儿园开园。　□金财财

南京技师学院

◆概况　2014年，南京技师学院设有机械工程系、数控技术应用系、电气工程系、计算机技术系(信息中心)、汽车技术系和基础课部六个教学系部，拥有国家级重点专业5个，省级重点专业8个，省级示范专业4个，省级精品课程8个，市级技能大师工作室1个，市级重点专业、示范专业、精品课程11个。有专任教师265人，其中正高4人，副高43人，中级职称69人，硕士学位27人。有国务院特殊津贴获得者2名，全国技术能手2名；省级专业带头人9名，教学名师5名，省"333高层次人才培养工程"第二批中青年科学技术带头人1人，省"333高层次人才培养工程"第三层次培养对象1人，市级教学名师、专业带头人、一体化教师等20人。组织教职工参加各类培训634人次，其中出国培训2人次，"一专多能"专业课教师校本培训84人次，专业课教师顶岗培训14人次。与南京工程学院合作开展专业带头人、骨干教师和优秀青年专业能力提升培训，采取随堂听课、课程建设研讨等形式合作研发实用型课题；选派高级职称人员、教育管理人员走进中共南京市委党校，参加教育能力提升培训。开展"学科带头人、教学能手、教学新秀"评选工作，评出院级学科带头人9名、教学能手19名、教学新秀15名、骨干教师84名。

是年，南京技师学院获中国职协优秀科研单位奖、优秀科研工作组织奖、技工院校班主任国家级远程培训优秀组织单位；全市迎青奥青少年法律知识电视大赛活动优秀组织奖；全市内保系统保卫组织先进集体；被团省委、省人社厅评选为全省人力资源和社会保障系统青少年维权岗；院团委连续17年被评为南京市五四红旗团委，教师胡珍霞获全国优秀共青团干部称号。

8月29日，根据学院工作需要，经南京市人力资源和社会保障局党组研究决定，张国平任学院党委书记、院长，原党委书记刘兴国、院长王生宁不再担任原职务。

◆校企合作　2014年，南京技师学院新开发中国电子科技集团公司第二十八研究所等用工单位8家；与南京晨光集团实业有限公司签订校企合作协议，进行产学研合作；与南京港务局、南京移动公司等企业开发新的订单培养合作项目；与南京嘉环科技、中电熊猫等企业开办冠名班，校企共订教学培养方案，共同培养技能人才；完成各类培训、鉴定12395人次，其中为企业培训鉴定2481人，高技能人才培训鉴定人数达1808人，占职业资格鉴定总数的14.6%。2014届毕业生976人，推荐就业976人，就业率100%，毕业生满意率91.1%，企业满意率93%。

◆学生培养成果　2014年，彭城获江苏省优秀团员称号，唐颖获江苏省"三创"优秀学生称号，10动漫高职班获江苏省先进班级称号，学院"真情护老"服务团队被评为2014年全省大中专学生志愿者暑期文化科技卫生"三下乡"社会实践活动优秀团队，崔文秀、孔祥麟获南京市优秀团员称号，李宇星获市优秀学生称号，沙雨婷获市优秀学生干部称号，13电子高职班获市先进班集体称号。1月4日，院篮球队获市中职系统篮球比赛第三名。4月18日，学院举行"蒂森克虏伯奖学金"颁奖仪式，学生梅勇波、孔文琦获奖学金，并取得到德国蒂森克虏伯集团总部学习考察的机会。5月6日，学生辩论队在南京市直属大中专院校辩论比赛中获优胜奖、优秀组织奖，黄瑞获优秀辩手称号。5月24日，院龙舟代表队在首届仙林高校体育联盟龙舟赛中获500米直道赛第一名、200米直道赛第三名。10月19日，在江苏省首届职业学校田径比赛中，学生孙昊旻获男子110米栏冠军，吴伟杰获男子铅球第三名，学院获体育道德风尚奖。12月3日，学院足球社、校园维修社被南京市教育局评为南京市职业学校优秀学生社团。

◆教学教研成果　2014年，在全国第十二届技工院校教学教研技术开发优秀成果评比中，南京技师学院项桂萍等教师的"电梯操作和监控平台"项目获二等奖，丁磊等教师的"丰田1ZR发动机曲轴皮带盘螺栓拆装专用□"项目获优秀奖；获中国职协组织的优秀教科研成果43项，其中一等奖3项，二等奖4项，三等奖17项，优秀奖19项；参加南京市第二届职业教育教学成果评选，获二等奖1项；出版教材19本；申报省级以上教科研项目50项，其中部级优秀教科研评选48项，部级立项课题1项，省级立项课题1项。机械设备装配与自动控制专业

4月18日，"蒂森克虏伯奖学金"颁奖仪式举行　南京技师学院 供稿

被评为江苏省技工院校示范专业，"Photoshop 图形图像处理" 课程被评为江苏省技工院校精品课程。

◆技能竞赛获奖 6月20日，在第四届"浩辰杯" 华东区大学生 CAD 应用技能竞赛二维工程图比赛中，南京技师学院5名学生与华东地区的大学生们同场比拼，一人获一等奖，三人获二等奖，一人获三等奖。9月18日，在第六届全国数控技能大赛江苏选拔赛中，学院教师王刚、学生陈军获加工中心操作工(四轴)教师组第4名和数控铣学生组第1名，并入选全省集训队。教师徐文城获加工中心操作工(四轴)教师组第4名，学生浦立祥获数控铣工高职学生组第7名。参赛的三位教师被省人社厅晋升为高级技师职业资格；其中教师王刚、徐文城被分别授予江苏省技术能手和江苏省五一创新能手称号；学院获优秀组织奖称号。11月2日，在江苏省首届"微端杯"原创动漫艺术大赛中，学生王强获插画组铜奖，教师徐善福被评为优秀指导教师。

□葛　炜

南京师范大学附属实验学校

◆概况 2014年，南师大附校有初高中6个年级，51个教学班，1700余名学生，240多名教职工。南师大附校提出"全员管理、全程呵护、全面培养"的"三全"理念，促进学生全面发展。2009至2013年南师大附校连续5年获南京市高中教学质量优秀奖和教学管理奖。南师大附校在社团活动、学科竞赛、艺体教育等方面形成自身的办学特色。在全国摄影艺术家精品大赛、全国中小学美术展、全国青少年科学与艺术大会、南京市中小学创新设计大赛等评比中，南师大附校学子均取得成绩。南师大附校艺术班每年都有95%以上的学生通过专业考试并被高等艺术院校录取，进入中央戏剧学院、北京电影学院、上海音乐学院、上海戏剧学院、中国传媒大学等院校。南师大附校作为南京市特色体育学校，每年均有学生以健美操国家级运动健将身份升入国内知名高校就读。南师大附校先后获全国青少年艺术人才培训基地、江苏省青少年机器人科技创新实验基地、江苏省数学奥林匹克培训基地、南京青少年奥林匹克教育示范学校、南京市艺术特色学校、南京市体育与健康特色学校、南京市基础教育课程改革先进集体、全国百佳艺术教育单位等称号。

◆参观考察活动 3月31日至4月2日，澳大利亚西澳洲课程与标准权威机构顾问 Gail Taylor 一行到南师大附校参观，为即将进行的中澳合作办学项目作准备。南师大附校有意引进澳洲高中教育体系，从培养目标、课程体系、评价体系等方面，强化该校的特色建设，打造一个真正为学生一生幸福奠基的教育平台。顾问 Gail 表示对南师大附校非常满意，双方合作的相关事宜在推进中。5月27、28日，新加坡立化中学师生一行67人对南师大附校进行为期2天的参观与访问。南师大附校学生陪同新加坡的师生一起上课、下课，参与课堂讨论。课间，学生们互相交流，探讨两个国家之间教育的不同之处。28日，南师大附校派专人组成授课组，对新加坡学生进行专项授课，内容包括中国文化、中国美术、中国音乐以及手工等内容。

◆承办第三期仙林地区班主任联盟研讨会 4月9日下午，南师大班主任研究中心仙林地区中小学班主任联盟第三次研讨会在南师大附校举行。南师大班主任研究中心教授朱曦、博士陈红燕、南外仙林分校主任黎鹤龄等众多德育专家以及沿江开发区、玄武区、鼓楼区的近60位一线班主任、德育教育骨干参会。活动以"直抵心灵教育"为研究话题，围绕学生如何交到好朋友、如何转化"特殊生"进行研讨。南师大附校教师赵春燕开设一节主题为"朋友拍卖会"的微型课，郭勇、徐海燕、周桂兰等8名班主任展示南师大附校德育研讨过程。与会的德育骨干分享自己的教育故事和方法：低起点、小步子；多沟通、调心态；齐合力、贵坚持；多些爱、多技巧；多赏识、找闪光；切实际、重效果；多付出、不放弃；把"特殊"的学生转变成有"特长"的学生。朱曦指出，教育者一定要从善意出发，人心对人心、人格对人格的教育，能使孩子们的心灵更加美好。南师大附校校长、特级教师陆一鹏提出"我的教育是使'特殊生'不特殊，还是使普通生变'特殊'思考话题，与会教师纷纷发表自己的观点，把整个研讨推向高潮。

◆健美操队获奖 10月30日至11月6日，2014欧洲啦啦操锦标赛在法国巴黎举行。经国家体育总局体操运动管理中心同意，南师大附校与相关高校及其他

10月30日至11月6日，2014欧洲啦啦操锦标赛在法国巴黎举行

南师大附校 供稿

中小学运动员共同组成中国代表队参赛。在11月1日结束的中学组技巧啦啦操精英组比赛中，南师大附校运动队获冠军。12月，南师大附校在全国近3万所开展啦啦操项目的高、中、小学评比中，获国家体育总局颁发的全国啦啦操实验学校称号，南京市仅南师大附校一所。

□樊　玉

南京外国语学校仙林分校

◆概况　2014年，南外仙林分校设有小学部、中学部(完中)和国际高中部，有154个班级，5600余名学生，961名教职工，其中专任教师531人，外籍教师57人。该校继续在办学体制机制、课程安排、课堂教学及德育等方面开展探索和改革，开展以“四项基本教育原则”(“面向全体学生”、“发挥学生的主体作用”、“有效率的教育”和“开放式教育”)为指导，“三项中心工作”(德育领域的“理想教育”、教学领域的“课堂教学改革”、管理领域的“班级管理体制改革”)为主轴的全方位、大规模改革，与南师大出版社合作出版《南外仙林分校教育探索》系列丛书。南外仙林分校外语教学践行“情景—结构—交际”的教学模式，实行小班上课、外教执教、中外教材并用和听说领先，读写结合，高频率、大容量、快节奏的先进外语教学方式，提高学生的外语素养。开展课堂教学改革、外语节、艺术节、读书节、科技节、体育节、远足活动、音乐会、学生会干部竞选、才艺展示、演讲会、辩论会等，使学生们在学中“玩”，在“玩”中学，实现知和行的统一。同时，南外仙林分校加快办学国际化步伐，先后创办中澳VCE班、中德班、中美GAC&ACT班、中美班，实行外方教学、中外合璧式管理。国际高中部有100多名学生进入国际名校留学深造。

◆青奥会文化教育项目代表暨南外仙林分校“礼仪形象大使”决赛　3月5日，2014青奥会文化教育项目代表暨南外仙林分校“礼仪形象大使”决赛举行，32名选手参赛。决赛中，初中选手们面对评委作3分钟主题演讲和3分钟的设计方案展示。高中组则增加1分钟的互动问答环节，问题均是开放性问题，涉及雾霾、城市基建、青奥文化知识传播等，学生根据自己的认知进行作答。8月，选拔出的“礼仪形象大使”参与青奥村“阿曼文化小屋”和“加拿大文化小屋”文化展示活动。

8月21日，青奥会文化教育项目代表接待日本访问团　　南外仙林分校 供稿

◆Ipad移动教学技术培训及课堂教学观摩活动　3月25日，南外仙林分校Ipad移动教学技术培训及课堂教学观摩活动在小学部一楼阶梯教室举行。苹果教育集团、人大附中、金陵中学的多位专家和系统工程师应邀开设“Ipad移动教学技术要点”等专题讲座并展示Ipad在数学、物理、生物、地理、历史等学科教学中运用的实例，同时开设一堂Ipad辅助数学教学的观摩课。半天的培训学习，让教师们感觉到“Ipad移动教学技术”既是一项挑战，又是一种能让师生体验到快乐、获得21世纪人才必须具备的技能的手段。

◆中国(南京区)基础英语素质教育研讨会　4月16日，北京外国语大学全国教育科学“十一五”规划教育部重点课题“中国基础英语素质教育的途径与方法”课题组与南外仙林分校联合举办中国(南京区)基础英语素质教育研讨会。北京外国语学院课题组负责人、北京外国语大学语言教育评测中心副主任霍庆文，南京市教研室英语教研员邢文骏，栖霞区教研室英语教研员以及南京、湖南、上海、苏州、无锡、连云港、南通等地区的近450名教师、教研员参加会议。王露、林瑶两位教师分别上四年级和初一年级“典范英语”观摩课。

◆南京青少年双语朗诵比赛启动仪式　4月21日，由南外仙林分校承办的“我爱南京、支持青奥”2014“麦当劳杯”南京青少年双语朗诵比赛启动仪式在南外仙林分校小剧场举行。中共南京市委宣传部副部长、南京市文明办主任曹劲松宣布比赛启动，南京日报社总编辑王嵬，南京青奥组委新闻宣传部副部长陈正荣，江苏省朗诵协会会长、国家一级演员高英，麦当劳东部市场总经理李娟娟等嘉宾出席仪式。此次双语朗诵比赛旨在激发全市青少年对南京的热爱，让他们以文明城市小主人面貌，为青奥盛会贡献自己的力量。

□宋国斌

社会治理

Social Governance

Local Organizations

南京市栖霞区人民法院

杨帆绘

◎ 责任编辑　胡国富　贾志忠

法治建设

法治综合治理

◆概况　2014年,全区政法综治部门坚持以十八大和十八届三中、四中全会精神为指导,扎实推进平安栖霞、法治栖霞、过硬队伍建设,有效维护全区社会和谐稳定,促进社会公平正义,成功创建江苏省"社会治安安全区",被中共省委、江苏省政府授予省"法治建设示范区"称号。加大社会矛盾纠纷预防化解力度,调处矛盾纠纷6100件,调处成功率96%以上。继续开展第四轮"春风化雨"握手行动,成功化解一批疑难复杂信访事件,42件信访包案全部办结。

区法院审结各类民商事案件5463件,同比上升22.3%,涉及诉讼金额11.7亿元;执结各类案件1618件。区检察院立案侦查各类涉嫌贪污贿赂和渎职侵权犯罪案件23件、26人。加大法律援助力度,至10月底,区法律援助中心办理法律援助案件386件,接待来电、来访、网上咨询4303人次;栖霞公证处办理各类公证1441件。

区公安分局组织开展"九大攻坚战"、青奥安保、"秋风行动"等专项行动,全区五类侵财警情较前三年平均值序时下降19.48%、"110"接报入室盗抢警情数序时同比下降41.18%。年内二起命案全部侦破,成功破获江苏省公安厅挂牌督办的盗窃汽车串案、"1·12"摄山特大入室盗窃案,为群众挽回经济损失100余万元。破获特大跨省贩毒案、仙林地区系列入室盗窃案、公安部督办的汤某等人传销案。

◆社区法律诊所　2014年,为加快构建覆盖城乡的公共法律服务体系,保障社区群众法律需求,区推广建立社区法律诊所。各街道选择一个社区建立实体法律诊所,其他社区建立网上法律诊所,形成"1+X"运行模式。全区建立社区实体法律诊所9个、网上社区法律诊所9个,区司法局安排律师事务所和基层法律服务所定向与服务社区签订协议。各律师事务所或基层法律服务所每月8日、18日(节假日顺延)指派一名执业人员免费为社区居民提供线上线下法律咨询,接受社区居民委托的各类诉讼代理,为符合条件的社区居民提供法律援助。

◆平安青奥建设　6月始,区委政法委、区综治办按照备战、临战、实战三个阶段统筹谋划、有序推进青奥安保工作。着力构建"两级中心"(区、街道巡防指挥中心)、"四级防控网"(街面反恐处突网、街面点线面巡控网、社区群控网、小区巡防网)、"四个专项布防网"(场所行业阵地控制网、社会面视频监控网、易侵害部位防范网、重点高危人员管控网)、"五项机制"(指挥调度机制、工作例会机制、勤务报备机制、警情研判机制、检查考核机制)等安保机制。按照全区人口5%的比例,招募群防群治队伍3.7万人,组建巡防队伍11支,依托全区114个一级网格、838个二级网格、7003个三级网格,按照定点、定人、定岗、定责、定时的要求,对全区1个核心防控目标、19个一级防控目标、1946个二级防控目标、2018个三级防控目标,落实巡防力量。截至8月28日,全区刑事警情同比下降48.4%、刑事发案同比下降93.3%,治安警情同比下降44.4%,受理治安案件同比下降57.9%,实现"六个绝不发生"目标,群众安全感大幅提升。

◆平安志愿者队伍建设　青奥会期间,全区组建以公安机关为主导、以人民群众为主体、多方共同参与的群防群治队伍,志愿者队伍达3.7万人。5月31日,区委、区政府与各街道和重点部门签订《青奥安保维稳工作责任书》,明确平安志愿者责任。各街道、村(居)委根据《栖霞区平安志愿者服务工作意见》,确定不同阶段平安志愿者服务重点。12月10日,全区平安志愿者誓师大会在区委党校召开,对志愿者进行总动员,要求志愿者做好"四员",即贴心为民勤跑腿,当好"服务员";潜心细致摸实情,当好"信息员";尽职履责治乱源,当好"战斗员";真情化雨解心结,当好"调解员"。对平安志愿者队伍加强考核,将平安志愿服务工作纳入街道、重点部门平安建设考核范围,实现平安志愿服务工作与平安建设创建工作同部署、同检查、同考核。全区平安志愿者在治安维护、安全防火、纠纷调处、法制宣传等方面发挥积极作用。

◆省委政法委号召向王志刚学习　9月,中共南京市委追授王志刚"南京市优秀共产党员"称号,10月,中共江苏省委政法委下发通知,号召全省政法干警开展向王志刚学习活动。王志刚原任区委政法委副书记、区依法治区办公室主任,兼任区维稳办主任,因长期超负荷工作,积劳成疾,于7月14日病逝,终年52岁。王志刚1985年曾参加对越自卫反击战,立三等功三次。在区工作11年间,忠于职守、无私奉献,赢得广大干部群众好评,是全区唯一一位连续3年获区"五个文明"建设有功个人称号的干部。

◆国家公祭日群防群治　12月13日,为南京大屠杀遇难者国家公祭日,区委区政府、区委政法委周密部署,保障这一活动顺利进行。区委书记臧正金、区长邢正军多次听取公祭活动群防群治工作汇报,并作出批示。12月5日,区委常委、政法委书记孙中华召集会议,对一级响应期间的目标任务、工作要求、力量部署等作出具体安排。突出重点,落实社会面防控。区公安分局及时调整重点目标和点位的值勤时间、方式和警力部署。强化督查,落实责任。孙中华多次到重点地段督查指导群防群治工作,区行动办指定2名干部每天督查群防群治工作,对发现的不负责任、工作不落实的现象及时指出,并现场督促改正。加强管理,维护良好形象。区行动办及时召开会议,要求各街道、部门以高度责任感,切实做好平安志愿者日常管理工作,明确其仪容仪表、行为举止、工作规范等要求,促进其严谨规范地开展工作,提升自身形象,维护城市形象。

◆执法督查　12月30~31日,区委政法委依据中央八部委《关于党委政法委员会对政法部门执法活动进行监督的规定》,对区公安分局、区法院、区检察院、区司法局等4个政法部门2014年执法情况进行督查。区委政法委采取巡查、明察暗访、案卷核查等方式，从执法作风、执法效能、执法水平、执法纪律等方面对各部门的执法工作进行全方位督查，重点督查执法规范化建设是否到位，执法业绩档案制度是否完善，执法公开制度是否落实，信访投诉案件处理是否到位等。督查中，抽查各部门结案案件90卷、政法干警执法档案300份、反馈案件评查意见10份。督查有效地推动政法各部门执法规范化建设，促进公正廉洁执法，提高人民群众的满意度。 □潘 婷

审 判

◆概况 2014年，区法院依法履行审判职能，审理各类案件9987件（含旧存1499件），结案7580件，同比分别提高22.49%和13.95%。其中，审结各类刑事案件384件，判处罪犯440人；审结民商事案件5463件，同比增长22.27%，涉及诉讼金额11.7亿元；受理行政诉讼案件51件，同比增长168.42%，审结33件，审查并审结行政非诉案件31件，其中裁定准予执行21件；受理执行案件2429件，执结1618件。

践行为民服务宗旨，健全诉讼服务机制，落实司法便民16项措施，为当事人提供立案审查、案件信息查询、诉讼咨询、约见法官等“一站式”诉讼服务。扩大司法救助范围，为更多符合条件的当事人缓、减、免交诉讼费，提供法律援助律师，发放执行救助款。

保障申诉信访权利，坚持运用法律手段解决涉诉信访问题，化访为诉，化堵为疏，提高涉诉信访工作实效。

探索司法改革途径，开展以“主审法官制”为基本单元的审判权运行机制改革，制定改革实施方案，落实主审法官、合议庭的办案责任，消除审判权运行机制的行政化问题。推进执行工作机制改革，制定执行案件12项管理措施，健全执行查控和执行征信机制，建立点对点网络查询系统，加大反规避执行力度，将297名拒不履行义务的被执行人录入最高人民法院失信人员名单，限制其贷款、高消费等行为，通过媒体公开曝光43名失信被执行人，司法拘留26人。有序推进“零佣金”网络司法拍卖工作，为当事人节省佣金107万元。充分运用科技手段，全面推进审判流程、裁判文书、执行信息公开，积极构建开放、动态、透明、便民的阳光司法机制。

强化队伍建设，改进司法作风，扎实推进党的群众路线教育实践活动，认真贯彻落实中央八项规定，不断强化司法行为规范。坚持每月廉政和业务固定学习日制度，组织87名干警参加省、市法院的各种专题培训27次，选派优秀法官到南京市中级人民法院挂职交流。开展对速录员的业务技能培训，提高法官助手队伍的整体素质。

是年，陈猛、耿晔兄、张亮、代兵华被南京市中级人民法院评为优秀法官（工作者），杨燕、徐琴被南京市中级人民法院分别记个人三等功，栖霞区法院行政审判庭被南京市中级人民法院记集体三等功。

◆刑事审判 2014年，区法院审结各类刑事案件384件，判处罪犯440人。开展“打黑除恶”、“禁毒”、“扫黄打非”等专项活动，依法审结毒品案件60件60人，盗窃、诈骗、抢劫等侵财案件159件191人。严惩危害食品安全犯罪，保障群众“舌尖上的安全”。严厉打击贪污贿赂犯罪，审结9件12人。贯彻宽严相济的刑事政策，对初犯、轻微刑事犯罪和具有自首、立功等情节的178名被告人依法从轻处理。

◆民商事审判 2014年，区法院审结民商事案件5463件，同比增长22.27%，涉及诉讼金额11.7亿元。加大对婚姻家庭、道路交通、物业等纠纷的调解力度，调解和经调解撤诉结案1369件，调撤率56.92%。完善劳动争议案件、交通事故案件专业化审判模式，审结案件1166件，其中涉及10人以上群体性案件119件。妥善应对民间借贷纠纷高发态势，审结民间借贷案件534件，涉案标的额3.13亿元。维护市场交易秩序，审结建设工程、买卖、物流、加工承揽等合同纠纷563件，促进市场要素安全、快速流转。

◆行政审判 2014年，区法院受理行政诉讼案件51件，审结33件。加强行政审判工作，畅通立案渠道，全年受理案件数同比增长168.42%。依法支持合法行政行为，审查并审结行政非诉案件31件，其中裁定准予执行21件。完善行政争议解决的协调沟通机制，引导行政相对人正确认识权利义务，推动行政纠纷实质性化解。推进行政机关负责人出庭应诉工作，行政机关负责人一审出庭应诉率91%以上。通过举办法律知识讲座，邀请区工商局、区行政管理执法局、区公安局等部门人员旁听庭审活动，提高行政机关依法行政水平。

◆判后执行 2014年，区法院受理执行案件2429件，执结1618件。创新工作机制，制定执行案件12项管理措施，强化执行规范化建设。健全执行查控和执行征信机制，按照上级法院统一安排，建立与金融、国土、房产、工商、公安等部门点对点网络查询系统，查询被执行人房产、车辆等财产线索3.42万条。加大反规避执行力度，将297名拒不履行义务的被执行人录入最高人民法院失信人员名单，限制其贷款、高消费等行为。组织开展涉民生案件专项执行活动，在电视，地铁、公交、商业集聚区广告屏等载体公开曝光43名失信被执行人，司法拘留26人。有序推进“零佣金”网络司法拍卖工作，挂出27件拍品，成交11件，成交额4684.5万元，平均溢价率0.21%，为当事人节省佣金107万元。

◆司法便民 2014年，区法院强化立案窗口规范化建设，落实司法便民16项措施，为当事人提供立案审查、案件信息查询、诉讼咨询、约见法官等“一站式”诉讼服务。工作人员提前半小时到岗接待来访群众，工作日中午安排专人值班，及时为当事人办理各类诉讼事宜。适应信息化时代人民群众多元化司法需求，增设网上诉讼服务，当事人可在网上办理立案、传递证据材料、申诉信访、投诉建议等，减少当事人往返法院次数，加强对当事人诉权的保障。是年，网上提供各类法律服务1830人次，在线答疑1537件次。推进诉讼档案电子化，完成诉讼案卷电子化扫描1.6万余册，方便当事人查询。加大案件繁简分流力度，一审案件简易

程序适用率75.7%，增强司法救济的及时性和便利性。

◆司法救助 2014年，区法院不断扩大司法救助范围，对劳动争议、追索工资报酬、工伤赔偿等涉及职工、农民切身利益的案件，追索赡养费、抚养费、抚育费的案件，以及其他民事案件中经济确有困难的当事人缓、减、免交诉讼费用48.2万元，确保经济困难群众打得起官司。依法保障人权，对符合条件的2名刑事被告人，协调法律援助机构指派律师为其提供辩护。推动司法救助纳入社会救助体系，向34名申请执行人发放执行救助金11.3万元，避免他们因被执行人确无财产可供执行而陷入生活困境。

◆化解涉诉信访纠纷 2014年，区法院坚持运用法律手段解决涉诉信访问题，化访为诉，化堵为疏，提高涉诉信访工作实效。注重信访源头治理，加强对土地征用、房屋拆迁、劳动保障等领域涉诉矛盾纠纷的风险评估，对120件案件进行风险管理，纳入院长督办案件36件，做好涉诉信访控增减存工作。重视初信初访，院领导约访123次，庭长接访331次。建立12345平台转办事项处理机制，强化网上院长信箱"直通车"功能，方便群众信访诉求，收到群众信访投诉58件，均已及时办理回复。加大涉诉信访积案清理力度，开展迎青奥信访维稳200天专项整治行动，做好国家公祭日期间维稳工作，通过领导包案、专人接访、多元化解、司法救助等方法，确保南京青奥会、国家公祭日期间涉诉信访态势平稳可控。

◆审判权运行机制改革 2014年，区法院开展以"主审法官制"为基本单元的审判权运行机制改革。制定改革实施方案，建立审判组织审判权运行机制、管理机制、咨询机制、辅助机制、考评机制、保障机制、培训机制，优化资源配置。对弱化院庭长在审判流程管理环节的审批权限进行研究探索，向主审法官、执行长放权，做到让审理者裁判，由裁判者负责，消除审判权运行机制的行政化问题。上半年，公开选拔6名主审法官，面向社会招聘6名法官助理，按"一审一助一书"的模式构建6个审判团队；下半年，组建4个主审法官(庭长)+1名助理审判员+1名法官助理+2名书记员的审判团队组合模式。全年，建立2种审判团队组合模式、10个审判团队。充分发挥审判委员会委员、庭长业务带头人的示范引领作用，全年，审判委员会委员、庭长参与案件审理1594件，审结1426件。

◆阳光司法机制建设 2014年，区法院全面推进审判流程、裁判文书、执行信息公开，构建开放、动态、透明、便民的阳光司法机制。实行审判流程信息公开，在立案当日，即通过手机短信告知当事人受理案件的案号、案由、立案日期、案件承办人和联系电话等信息，方便当事人了解案件进展情况。推进庭审公开，继续开展邀请群众进法院活动，利用网上诉讼服务中心、公告屏等，提前一周公开每天的庭审安排，让人民群众自由选择旁听，并通过网络预约旁听。全年，邀请8647人次走进法院，旁听611个庭审，其中有231件案件通过网络预约旁听庭审。全面实行庭审同步录音录像，对有宣传教育意义的典型案件，通过互联网直播庭审过程，全年，开展网络庭审直播40期。实行裁判文书公开，通过"中国裁判文书网"公布裁判文书3307篇。健全人民陪审员工作机制，普通程序案件陪审率98.48%。

5月27日，部分区人大代表在区法院第四法庭旁听孙某受贿案庭审

区法院 供稿

◆刘业林、张小政食品监管渎职案 2014年，刘业林、张小政食品监管渎职案在区法院审结。2011年5月~2012年5月，刘业林、张小政分别担任南京市江宁区动物卫生监督所派驻南京元润食品有限公司检疫小组组长、副组长期间，明知元润公司屠宰经营户王永在生猪屠宰过程中存在甲状腺、肾上腺、病变淋巴结等问题，既没有严格按照规定予以摘除，也没有监督元润公司进行无害化处理，更没有采取补检或者没收销毁等措施，导致含有病变淋巴结的屠宰废弃物10万余斤被王永销售给从事食用猪油生产、销售的王雷。王雷将从王永处收购的屠宰废弃物生产、加工成食用猪油，长期销售给南京地区的8家黄桥烧饼店，造成有害食用猪油流入餐饮行业，数量大、持续时间长、地域范围广、危害人群数量多的严重后果。区法院审理认为，刘业林、张小政玩忽职守，后果严重，均已构成食品监管渎职罪，依法分别判处刘业林、张小政有期徒刑一年、缓刑一年六个月。

◆解华受贿、滥用职权案 2014年，解华受贿、滥用职权案在区法院审结。2013年9月，南京新港东区建设发展有限公司(简称"东区公司")受南京开发区管委会委托，负责实施正大天晴污水工程。时任东区公司副总经理的解华未按规定对该工程招投标，且未经汇报、决策，将该工程指定给未取得安全生产许可证且没有相关资质的南京尔凡建设工程有限公司(简称“尔凡公司”)施工。尔凡公司没有按照规定采取安全保护措施，导致沟槽开挖时发生坍塌，施工工人刘玉对被土块砸中背部，下半身被压住，而工人贾大文等人在救援过程中行动失当，沟槽再次坍塌，砸中贾大文头部，贾大文经医院抢救无效死亡。

2007~2013年，解华利用担任南京江宁开发区居民住宅建设管理办公室主任、重点工程建设管理办公室主任及东区公司副总经理的职务便利，为他人在承接业务、款项结算、施工协调等方面提供帮助，非法收受行贿人给予的财物计67万元。

区法院审理认为，解华的行为已分别构成滥用职权罪和受贿罪，数罪并罚，依法判处有期徒刑六年六个月，并处没收财产20万元，受贿款67万元依法予以没收，上交国库。

◆南京盈嘉恒升公司商品房买卖群体性诉讼案 2014年，区法院审结王凯、朱继海、余秀梅等人与南京盈嘉恒升实业有限公司商品房预售合同纠纷系列案件共106件。2011年，南京盈嘉恒升实业有限公司在取得栖霞区前新塘丽池花园(香榴湾)的商品房预售许可证后，公开预售该小区商品房，并与数百名购房者签订《南京市商品房预售合同》，而购房者也均按照合同约定支付完购房款。但由于南京盈嘉恒升实业有限公司资金链断裂，导致该小区部分房屋未能在约定的时间内交付或迟延交付。对此群众反映强烈，意见极大，纷纷诉至法院要求解决。区法院受理后，考虑到该案涉及人数较多，矛盾分歧较大，极易引发群体性事件，故对案件的性质、走向、对策进行反复研究和深入分析，对群众积极疏导，并联系协调相关部门，使争讼房屋得以全部交付，同时及时做出判决，依法判令南京盈嘉恒升实业有限公司分别赔偿购房者不等数额的违约金，有效稳定群众情绪，维护群众合法权益。

□冯存国　王　雪

检　　察

◆概况 2014年，区人民检察院把促进和保障全区改革发展作为检察机关的首要任务，以“检企共建”、“四解四促”(了解社情民意、破解发展难题、化解社会矛盾、力解机制束缚，促进干群关系融洽、促进基层发展稳定、促进机关作风转变、促进机关执行力)等活动为抓手，找准检察工作服务全区经济发展和社会进步大局的切入点，开展涉法涉诉矛盾纠纷化解终结行动、社区矫正工作专项清查行动，采取落实首办责任、领导包案、联防联控等措施，确保专项行动取得实效。贯彻区委环境整治工作部署，制定《开展生态环境保护专项活动方案》，组织开展“检察环保行”专项行动。开展高效设施渔业等政策性补贴资金安全情况专项检察，确保涉农惠民政策得到落实。为有效遏制工程建设领域腐败现象，主动提供行贿犯罪档案查询服务2594件、2834次，推动健全社会征信体系。

2014年为“企业服务年”，区检察院开展打击侵犯知识产权和制售假冒伪劣商品犯罪专项行动。推行“零距离”服务企业工作机制，定期召开检企座谈会，开展法治教育，提升企业经营的法治化水准。聚焦全区重大投资项目，推行职务犯罪风险评估和动态防控机制，确保国资安全。

全年，依法解决各类重点疑难诉求189件。推行轻微刑事案件、民事申诉案件和解机制，参与开发区企业劳资纠纷调处工作，确保驻区企业稳定发展。完善司法救助制度体系，综合运用心理疏导、法律援助、社会救助等方式，对诉讼和生活困难的刑事被害人及其亲属提供救助和关怀。

开展“走进基层、走进社区、走进企业、走进校园”主题实践活动，完善检察官直接联系群众、直接服务群众工作机制。扎实开展“检察开放月”、“检务直通车”、“在职党员进社区”、“千名干部联系万户居民”等活动，拉近检群距离，提升检察形象。制定《检务公开清单和法律文书互联网公开办法》，利用人民检察院案件信息公开系统和微信平台，公开法律文书和典型案例48份，发布诉讼流程信息2238条。制定《审查起诉阶段公开审查实施方案》、《审查逮捕阶段公开听取意见实施细则》，将不起诉、不批准逮捕、申诉案件复查等工作纳入公开审查范围。

打通司法为民的“最后一公里”，建成实体为民服务中心，设置业务咨询、案件受理、行贿犯罪档案查询、信访接待等4个对外服务窗口。开通全市检察机关首家微信公众服务号，打造“指尖上的为民服务中心”，实现实体与虚拟、线上与线下的融合互补。主动融入社会大调解格局，加强检察长接待、视频接访、下访巡访、巡回检察等工作，建立农民工维权绿色通道，积极督促有关部门依法履职，支持起诉、监督办理拖欠工资纠纷案件38件，为农民工追回工资800余万元。

重点查办教育、就业、社会保障、生态环境、安全生产等与民生民利密切相关的重点领域犯罪案件。与行政执法机关建立信息共享、联席会议、案件移送等制度，围绕群众关注的热点问题适时开展专项行动，严厉打击危害食品药品安全犯罪，依法监督立案“地沟油”、毒猪蹄等犯罪案件8件、15人。进一步规范和加强检察建议工作，延伸执法办案链条，及时发现影响社会稳定的风险隐患，向相关部门、单位发出检察建议32份。与检察日报社、南大联合举办创新青少年刑事和解机制研讨会，牵头设立全国首家“青少年刑事案件和解中心”，探索完善未成年人特别司法保护机制。

执行党风廉政建设责任制，开展“增强党性、严守纪律、廉洁从检”专题教育活动。推行案件质量标准化管理，强化干警规范执法意识。制定干警一日行为规范和日常行为准则，实行定期巡查制、检务督察制、通报点评制，规范和约束干警言行。

2014年，区检察院被评为江苏省文明单位、南京市先进检察院、平安南京建设先进集体、全区完成“五个建设”目标工作有功单位、机关作风建设先进单位等，全院有集体31次、个人48人次受上级机关表彰。

◆打击影响群众安全感犯罪 2014年，区检察院关注社会治安领域出现的新情况，突出打击严重影响人民群众安全感的犯罪，批准逮捕故意伤害、杀人等恶性暴力犯罪案件38件、40人，提起公诉50件、68人。引导侦查、提前介入全省首例利用游戏机开设赌场案、马群特大传销案等一批在全市有重大影响的新型犯罪案件引导侦查，全力维护社会稳定。重点打击抢劫、抢夺、入室盗窃、街面扒窃等多发性侵财犯罪，积极参与危险驾驶、交通肇事犯罪专项整治行动，密切关注网络赌博违法犯罪新动向，依法打击利用网络传播淫秽物品等犯罪。全年，依法批准逮捕各类刑事犯罪254人，提起公诉472件、614人。

◆打击职务犯罪 2014年，区检察院坚持"系统抓、抓系统"，突出查处行业性、领域性窝串案，组织开展查办"发生在群众身边、损害群众利益"职务犯罪专项行动，在工程建设、教材采购、农机补贴、保障性住房等领域开展打击犯罪行动，立案侦查贪污贿赂犯罪18件、20人，立案查办渎职犯罪5件、6人，其中，处级要案8件、8人，科级8件、9人，为国家挽回经济损失1400余万元。坚持打防结合、惩防并举的工作方针，推进侦防一体化建设，强化源头预防、标本兼治。开展案例分析26次、预防调查13次。构筑预防职务犯罪人民防线，深入机关、学校、企业、社区开展警示教育和法制宣讲77场，2500余人受到教育。对城中村拆迁改造、地铁四号线和丁家庄保障房建设等重点工程开展同步预防，在全区营造优良政务环境和法治环境。

◆南京栖霞检察微信服务平台开通 6月18日，南京栖霞检察微信服务平台开通，同名新浪官方微博同步播报。该平台含三大模块：一是案件受理，可实现控申业务受理的全部功能，如举报、控告、刑事申诉、民事行政申请监督、对检察人员投诉以及受理情况的查询；二是查询预约，可实现案件流程信息查询、律师阅卷预约、行贿档案查询预约以及预防职务犯罪警示教育基地参观预约等功能；三是检察信息公开，可实现信息发布、法律文书公开、征求意见建议、网上参观、法治教育等功能。该平台开通，是区检察院继互联网官方网站、新浪官方微博后，又一便民利民亲民新举措，是在"微时代"条件下，开启新媒体时代社会沟通能力的新尝试。

◆外来未成年人管护基地实施细则会签暨揭牌仪式 7月4日，区检察院会同南京市救助管理站流浪未成年人保护中心，在区外来未成年人管护基地举行外来未成年人管护基地实施细则会签暨揭牌仪式。区检察院检察长倪一斌、副检察长黎祜彬和救助站站长戴阿根、副站长张建宁等出席仪式。实施细则对管护基地的入驻对象、管护对象的权利义务告知、管护基地的主要工作内容等作详细说明。两家单位密切合作，将进一步推动未成年人保护制度在社会保护和司法保护方面无缝衔接。此次会签的实施细则，将使管护教育的法治化和规范化水平进一步提高。

7月4日，外来未成年人管护基地实施细则会签暨揭幕仪式在区外来未成年人管护基地举行 区检察院 供稿

◆创新青少年刑事和解机制研讨会 9月24日，创新青少年刑事和解机制研讨会在区检察院召开。会议由《检察日报》理论部、区检察院、南大犯罪预防与控制研究所联合召开，最高人民检察院公诉厅未检处处长张寒玉、团江苏省委权益部部长陶莉、江苏省检察院公诉一处副处长郑宇、南京市检察院副检察长陆晓敏、区政法委书记孙中华等领导出席会议，律师代表、仙林大学城13所高校代表和协调员参会。研讨会以青少年刑事和解理论与实践为主题，分《青少年刑事和解机制的栖霞实践》和《青少年刑事和解理论与实践问题研讨》两大单元。在第一单元，区检察院发布《仙林大学城在校大学生犯罪适用刑事和解研究报告》，区检察院检察长倪一斌作青少年刑事和解机制报告，南大教授狄小华对青少年刑事和解机制效果作评估报告。在第二单元，交流新形势下各地开展青少年刑事和解工作的经验，听取高校协调员、公安人员、法院人员、律师代表等对青少年刑事和解机制的意见和建议。 □彭 鹏

公 安

·概 述·

◆概况 2014年，区公安分局完成青奥安保各项任务，实现"四个严防"、"五个坚决防止"和"六个绝不发生"目标。出动警力2772人次，做好青奥会开闭幕式和5次彩排安保。完成重要人员警卫任务57批次和玄武湖铁人三项赛场、钟山高

尔夫球场、南京体育学院羽毛球场馆、马群苏果总仓等场馆住地安保工作。完成青奥会服务人员在紫东创意园的住宿、培训和88名提前到宁外籍运动员在辖区的住宿、训练的安保任务。抽调警力参与龙潭、东阳、南京四桥检查站安检工作。开展消防、烟花爆竹、民间爆破物品、剧毒化学品等安全监管领域隐患排查整改,全区未发生重大安全事故。

严厉打击犯罪活动,组织开展“七项行动”“九大攻坚战”、护青行动、“秋风行动”等专项行动。全年,刑事案件立案3304起,同比下降3.7%。破案1480起,破案率44.8%。其中,2起现行命案全部侦破,8类案件破案119起,破案率89.9%。抓获刑犯罪事作案人员73人,公诉497人,其中侵财公诉206人。

落实治安管控措施,构筑立体化、现代化治安防控体系。完善社会面四级巡防网格和专项重点管控网相结合的治安防控体系。出台反恐工作意见、处置暴恐事件预案,为反恐工作奠定坚实基础。“大防控”行动中招募3.7万余名治安志愿者,完善新形势下专群结合、群防群治工作模式。实施居民小区“5556”治安防范基础工程*,通过7项工作机制(“零容忍”责任机制、每月例会机制、每周清查机制、每月过堂机制、警情研判机制、举报监督机制、定期培训机制),对行业场所实施长效管理。

相关链接

“5556”治安防范基础工程

5项治安防范设施:小区封闭、划线停车收费、防爬防盗设施建设、单元防盗门锁维护、监控等技防设施安装;

5支队伍:物管、保安、“红袖标”、特勤、网格员;

5项治理措施:易发案部位治安威慑、“十个零容忍”关停行动、城中村“网格化”“五查五掏”集中清查、外来人口“三化”“三放心”治理、治安防范宣传“五个一”;

6个方法:精细化研判、规范化管理、制度化检查、目标化奖惩、源头化治理、人性化服务。

全区5类侵财警情较前三年平均值序时下降15.9%,110接报入室盗抢警情数序时同比下降40.01%。对全区37家桑拿浴室、20家游戏机室、20家歌舞厅等场所实行分级管理,对存在问题的场所进行关停整治。全年,查处治安行政案件1.01万件,查处娼赌毒人员1269人,其中,涉娼155人、涉赌607人、涉毒507人。加强流动人口管理,新登记暂住人口19.8万人,累计登记暂住人口36.8万人。对迈皋桥等治安复杂地区开展网格化清查,做好居民小区停车秩序整治,“群租房”、“日租房”整治。对马群、西岗地区传销进行专项整治,破获公安部督办的汤某等人组织领导的传销案。是年,采取刑事强制措施37人、移送起诉9人。

2014年,区公安分局落实涉外安全管理各项制度,完善南京市公安局警务综合平台“常住境外人员管理”“临时住宿人员管理”“不准出境人员管理”三大模块的日常登记管理,按照规范受理公民因私出国(境)证照申请,依法查处非法出入境案件及涉外治安、刑事案件,有效维护全区正常的出入境秩序。

截至12月31日,全区常住境外人员2850人,其中外国人2195人。全年办理境外人员临时住宿登记8632人次,其中外国人6041人次、中国台湾居民1183人次、中国港澳居民1397人次、华侨11人次。受理公民因私出国(境)证照申请2.01万人次,其中,办理普通护照9889本、《往来港澳通行证》7048本、《大陆居民往来台湾通行证》3191本。全年,处置涉外案件202起,其中,受理涉外刑事案件28起、涉外治安案件16起,查处出入境案件87起,其他事件71起。出入境案件中,非法入境案1起、非法居留案18起、违反临时住宿登记管理规定案65起、未尽监护义务致使外国人非法居留案3起。

是年,区公安分局被公安部命名为“全国公安机关执法示范单位”。

·治安管理·

◆概况 2014年,区公安分局履行公安职能,开展各项治安管理工作。加强行业场所管理,取缔无证游戏机室28家、无证旅馆22家、无证经营KTV16家。加强危险物品管控,涉危单位未发生一起危险品丢失、被盗、被抢案(事)件。推进社会面视频监控系统建设,新建高清监控点位300个,全区总点位达1000余个,初步形成全重点覆盖的社会面视频监控网络。2014年,区公安分局通过视频监控系统抓获犯罪嫌疑人360人,破案450起。加强社会面巡防,根据《栖霞分局应急指挥调度街面巡逻力量固化一览表》要求,区公安分局巡特警大队和各派出所每天出动街面巡逻车24辆、特勤巡逻车21辆,设置警务岗亭13个,出动防暴武装巡逻力量和10支特勤武装巡逻队(藤棍队),构筑点、线、面相结合的街面治安防控格局。每晚抽调机关警力支援重点地区派出所开展路面巡逻。为巡特警大队配置防暴武装巡逻车,每天由民警带领特勤队员在迈皋桥、燕子矶等治安复杂地区开展24小时武装巡逻盘查,提高街面见警率、管事率、控制力和震慑力。

◆网格化集中清查整治行动 2014年,区公安分局在全区开展网格化集中清查系列行动。1月26日,开展以流动人口和出租房屋清理为重点的2014年第一次“网格化”“五查五掏”集中清查整治行动。出动692人,其中,民警282人,特勤、保安、协管员410人。清理房屋出租户751户,新登记22户;核查暂住人口1851人,新登记510人,注销193人。清查桑拿浴室、旅馆、游戏机室等场所12家,清查网吧33家,下发整改通知1份。破获刑事案件2起,查处治安案件3起,刑事拘留1人,治安处罚4人。

2月24日9:00~25日9:00,区公安分局在全区开展以流动人口和出租房屋清理为重点的2014年第二次“网格化”“五查五掏”集中清查整治行动。出动642人,其中,民警278人,保安、特勤、协管员364人,清查出租房屋775户,核查暂住人口2635人,新登记暂住人口845人,注销暂住人口65人。

3月6日19:00~24:00,区公安分局在全区开展以流动人口和出租房屋清理为重点的集中清查整治行动。出动633人,其中,民警179人,保安、特勤、协管员454人。清理房屋出租户900户,核查暂住人口1859人,通过巡逻和设卡盘查

525人，检查清理有附属居住地的流动人口落脚处22处，清理公共场所234家，其中，中小旅馆118家、网吧48家、小商品市场4家、二手机市场16家、洗浴场所26家，其他娱乐场所22家。获取各类线索、社情6条，破获刑事案件1起，查处治安案件2起，查获可疑物品2件，刑拘1人，治安处罚2人。

1月1日~8月28日，全区共开展15次“网格化”“五查五掏”集中清查行动，共出动警员4000余人次，核查暂住人口5.7万人次，清理房屋出租户1.3万户，新登记暂住人口6200余人、房屋出租户230余户。清查各类场所、网吧1000余家，整改21家。盘查嫌疑车辆2100余辆，检查行人1100余人。共破获刑事案件11起，破获查处治安案件31起，缴获仿真枪、管制刀具一批。

7月16日晚，区公安分局在迈皋桥街道兴卫村组织开展“网格化”“五查五掏”集群战役第一次集中清查行动。区委常委、迈皋桥街道党工委书记孙爱军，区公安分局党委书记、局长刘勤，副局长肖世泉，迈皋桥街道办事处主任肖胜利现场指挥清查工作，20余家新闻媒体采访。其间，出动民警100名、特勤200名、协管员100名，区政府相关职能部门、迈皋桥街道等出动城管队员100名，清理房屋出租户67户、出租屋648间，核查暂住人口1075人，新登记暂住人口230人，新登记寄住人口69人。检查网吧14家，旅馆9家，责令停业整顿KTV1家，检查游戏机室10家，责令关门停业1家。巡特警大队出动55名警员，分三组设卡盘查，盘查可疑人员76人、车辆70辆，查获管制刀具1把、钢管和棒球棍3根、弹弓1把，移交嫌疑人7名，其中，有吸毒前科1人，移交违法机动车2辆。巡特警大队在上城名苑检查一辆黑色比亚迪汽车时，查获仿真枪长枪4把、仿真短枪24把。

◆打击非法传销　6月27日凌晨，区公安分局组织300余名警力对马群地区非法传销进行集中打击。区公安分局局长刘勤、副局长林家华现场指挥，各参战单位领导按照分工，带队深入百水芊城秀水坊、宁康苑、润康苑、文康苑、融康苑、馨康苑、熙康苑等抓捕一线，抓获非法传销人员103人，刑事拘留13人。

9月18日凌晨，由区政府党组成员、区公安分局党委书记、局长刘勤，区委政法委副书记、区法治办主任、区维稳办主任潘洪义现场指挥，近200名参战警员根据前期掌握情况和任务分工，对摄山星城的天佑苑、齐东苑、闻兰苑、听竹苑、观梅苑、步青苑等34处非法传销进行集中打击。捣毁传销窝点24个，抓获违法传销人员87名，依法刑事拘留13人，工商行政处罚52人，行政处罚私房出租户房主4户。

◆特勤集中培训　8月6~7日，区公安分局在十月军校组织全区特勤队员集中培训。区公安分局副局长肖世泉做动员，各派出所和巡特警大队特勤、分管民警近300人接受培训。培训内容为青奥安保知识学习、队列训练等。八卦洲派出所、栖霞派出所、燕子矶派出所获训练考核前三名，90名特勤队员在训练中表现突出，被评为优秀学员。

·户籍管理·

◆概况　2014年，全区登记常住人口44.8万人，新登记录入暂住人口20.8万人，同比增长6.7%；新登记房屋出租户10769户，同比增长46.7%。受理审核各类户口2824户、5024人，办理二代居民身份证1.7万人，签发临时身份证6537人，签发边境通行证83人，为2016人次提供咨询服务。

◆流动人口管理　2014年，区公安分局牵头开展全区流动人口管理工作。人口管理大队每周对各派出所暂住人口、房屋出租户管理情况暗查并通报一次。5月始，区公安分局组织开展“群租房”集中整治专项行动。行动中细致调查摸底，多措并举，推出“以房管人，五房定位，分色标识，定期上门”管理模式。

·案件侦破·

◆概况　2014年，区公安分局对各类违法犯罪活动保持高压打击态势，先后破获江苏省公安厅挂牌督办盗窃汽车串案、江苏省公安厅挂牌督办入室盗窃案、公安部督办传销案、南京市公安局挂牌督办入室抢劫案、江苏省公安厅挂牌督办电信网络诈骗案、江苏省公安厅挂牌督办特大入室盗窃系列串案、南京市公安局挂牌督办抢夺串案、涂污文物案、燕子矶故意杀人案、南京市公安局挂牌督办抢劫串案等案件。破案1480起，破案率44.8%。

◆省公安厅挂牌督办盗窃汽车串案　1月1日，区公安分局刑警大队会同网安大队、迈皋桥派出所抓获犯罪嫌疑人汪某、刘某，破获江苏省公安厅挂牌督办盗窃汽车串案，并将两辆被盗车辆追回。经审查，两人对盗窃作案事实供认不讳。

◆省公安厅挂牌督办入室盗窃案　3月27日，区公安分局网安大队会同刑警大队、仙林派出所抓获江苏省公安厅挂牌督办入室盗窃案犯罪嫌疑人李某。经查，李某对2014年1月在南京市多次入室盗窃的作案事实供认不讳。

◆公安部督办传销案　6月27日，区公安分局出动300余名警员，对马群地区非法传销人员居住地进行集中清查，抓获传销人员103名，查获传销书籍、宣传资料200余份。经查，汤某等人以缴纳6.98万元加入“连锁经营”组织可获利1040万元为诱饵，在亲友、同学、同乡等关系中吸收成员，发展下线，涉案金额达1000余万元。汤某、代某等9名涉案嫌疑人被批准逮捕。

◆市公安局挂牌督办入室抢劫案　7月14日，区公安分局刑警大队会同迈皋桥派出所抓获入室抢劫嫌疑人顾某(男，21岁，江苏盱眙县人)，破获南京市公安局挂牌督办抢夺串案。经查，张某对实施抢夺的作案事实供认不讳。

◆省公安厅挂牌督办电信网络诈骗案

8月2日，区公安分局刑警大队会同网安大队、迈皋桥派出所在海南抓获犯罪嫌疑人符某、符某某、李某，成功破获江苏省公安厅挂牌督办电信网络诈骗案。

经审查,3人对诈骗作案事实供认不讳。

◆省公安厅挂牌督办入室盗窃系列串案 8月15日、23日，区公安分局抓获盗窃犯罪嫌疑人黄某、杨某、兰某、赖某,破获江苏省公安厅挂牌督办入室盗窃系列串案10起。通过审讯,犯罪嫌疑人对其多次入室盗窃的作案事实供认不讳。

◆市公安局挂牌督办抢夺串案 9月10日，区公安分局刑警大队会同龙潭派出所抓获抢夺犯罪嫌疑人张某，破获南京市公安局挂牌督办抢夺串案。经查,张某对抢夺作案事实供认不讳。

◆涂污文物案 10月22日，区公安分局内保大队会同栖霞派出所抓获故意损坏南朝文物嫌疑人郭某。经审查,郭某对涂污文物事实供认不讳。

◆燕子矶故意杀人案 11月14日,区公安分局破获燕子矶幕府山庄“2002·1·28”故意杀人案,将潜逃12年的公安部B级命案逃犯郑某抓获归案。

◆市公安局挂牌督办抢劫串案 12月1日，区公安分局刑警大队会同燕子矶派出所抓获抢劫犯罪嫌疑人高某、陈某和叶某，破获南京市公安局挂牌督办抢劫串案。经审查,3人对抢劫作案事实供认不讳。

◆市公安局挂牌督办“白日闯”系列案件 12月3日,区公安分局尧化门派出所会同网安大队、刑警大队,抓获入室盗窃嫌疑人臧某，破获南京市公安局挂牌督办尧化门地区入室盗窃串案7起。经审查,臧某对入室盗窃作案事实供认不讳。

·专项行动·

◆概况 2014年,区公安分局按照上级公安机关统一部署，结合辖区治安实际状况，先后开展流动人口和出租房屋清理整治、打击“两盗一骗一扒”、迎“青奥”安全生产200天、缉枪治爆、严控严查散装购销汽油、电信网络诈骗案挽损、百日破案竞赛、护校安园、打击传销、打击假冒伪劣、打击假币、解决信访突出问题、青奥会安全保卫、打击黄赌娼、公共娱乐场所治安整治、秋风行动、行业场所清理、宁安行动、禁毒会战等专项行动。

◆电信网络诈骗案挽损 1~12月,区公安分局根据南京市公安局部署，在全区组织开展电信网络诈骗案件挽损专项行动。堵截电信诈骗汇款45次,为人民群众挽回经济损失120.67万元。

◆打击传销 2~7月，区公安分局开展打击传销专项行动，清理涉传人员600余人,立案2起,破案2起。采取强制措施24人,移送起诉9人。其中汤锋涉嫌组织领导传销罪一案被列为公安部督办案件。10~12月,为巩固打击传销专项行动成果，南京市公安局又牵头开展为期3个月的打击传销集中整治行动,其间,区公安分局清理涉传人员100余人,立案2起,破案1起,采取强制措施5人。

◆打击“两盗一骗一扒” 3月1日~10月31日,区公安分局根据江苏省公安厅、南京市公安局统一部署,在全区组织开展打击“两盗一骗一扒”专项行动。其间,破获入室盗窃、盗窃电动自行车、电信诈骗、扒窃四类侵财案件254起,破获江苏省公安厅挂牌案件11起、南京市公安局挂牌督办案件11起，缴获赃车汽车20辆、助力车5辆,抓获侵财作案成员167人。

◆迎“青奥”安全生产200天专项整治 3月17日~8月底，区公安分局根据南京市公安局部署，在全区组织开展迎“青奥”安全生产200天专项整治行动。检查单位318家次，查改安全隐患113处，为青奥会成功举办提供坚强有力的安全保障。

◆缉枪治爆 3月18日~11月30日,区公安分局根据公安部、江苏省公安厅和南京市公安局统一部署,在全区组织开展缉枪治爆专项行动。其间,排查涉枪单位3家、民用爆破企业3家、烟花爆竹批发经营企业1家、易制爆化学品单位40家,收缴各类枪支55支、子弹7074发、雷管17枚、仿真枪28把、管制刀具11把。

◆严控严查散装购销汽油 3月25日~12月底,区公安分局根据南京市公安局部署，开展严控严查散装购销汽油专项行动。其间,查出散装汽油8721升,督促指导26家加油站安装散装汽油购销监管系统,取缔无资质加油站9家。

◆百日破案竞赛 5月1日~8月10日,区公安分局根据南京市公安局部署,在全区开展“百日破案竞赛”专项行动。破获入室盗窃、盗窃电动自行车、电信诈骗、扒窃、抢夺、抢劫等6类案件201起,破获上级挂牌督办案件10起,打击处理89人,绩效排名位列南京市公安局同类公安分局第一。

◆护校安园 5月6日至年末，区公安分局按照南京市公安局工作要求,在全区开展“护校安园”专项行动。其间,出动警员2793人次，查改各类安全隐患218处,整治校园周边摊点244处,化解涉校纠纷16起。校园保安配备率、器材配置率达100%。寄宿制学校均配备值班人员和生活管理教师，确保24小时有人值班。校园技防安装率100%,联网率82%。

◆打击黄赌娼 7月10日~8月30日,区公安分局根据公安部、江苏省公安厅和南京市公安局部署，在全区范围内组织开展查禁打击黄赌娼专项行动。破获涉娼案件2起、涉赌案件62起,打击处理涉娼违法犯罪人员8人、涉赌违法犯罪人员221人,其中,治安处罚203人、刑事拘留2人。查处违法违规场所87家,其中停业整顿55家。依法取缔无证游戏机室28家、无证旅馆22家、无证经营KTV16家。

◆公共娱乐场所治安整治 7月20日~8月20日,区公安分局根据青奥安保工作总体部署和南京市公安局《关于在全市开展公共娱乐服务场所治安整治专项行动的实施方案》，在全区范围内组织开展公共娱乐场所专项整治行动。检查各类场所496家次，发现并消除各类安全隐患135处,下发限期整改通知书68份。

5月16日，区公安分局民警在南师大仙林校区进行护校巡逻　区公安分局 供稿

◆秋风行动　9月28~29日、10月16~17日，区公安分局根据南京市公安局统一部署，在全区开展“秋风1号”“秋风2号”专项行动。出动警员1099人次，查获违法犯罪嫌疑人员26人，破获刑事案件8起，盘查嫌疑车辆183辆，盘查嫌疑人员404人，清查暂住人口2376人，新登记流动人口664人，清查重点部位场所1432家。

◆禁毒会战　10月1日~12月31日，区公安分局在全区开展禁毒会战专项行动。打击处理涉毒嫌疑人员100人，同比上升709%；查处吸毒人员295人，同比上升402%；强制隔离戒毒45人，同比上升300%。2014年，区公安分局获禁毒打处、吸毒查处、强戒入所3项绩效目标完成出色奖，刑警大队获第一阶段禁毒会战先进所队奖。

◆宁安行动　12月1~17日，区公安分局按照南京市公安局“宁安行动”工作方案，组织开展以社会治安打防管控为主要内容的“宁安行动”。其间，区公安分局组织两次统一行动，出动警员1334人次，查获违法犯罪嫌疑人员52人，破获刑事案件114起，盘查嫌疑车辆374辆，盘查嫌疑人员702人，清查暂住人口4348人，新登记流动人口1199人，清查重点部位场所1757家。　□吴佳键

司法行政

◆概况　2014年，区司法局进一步增强法治宣传的针对性和实效性，依托“法韵仙林”法治校园建设，成功举办“青春飞扬　法治同行”大学生法治微创作大赛活动。同时，不断扩大法治宣传教育的覆盖面，组织“法治惠民社区行”活动609场次，实现经适房社区普法工作全覆盖，发放资料4万余份(册)，受教育群众达1.2万余人次。青奥会期间，开展“人民调解百日会战”活动。进一步规范拆迁纠纷调解和公调对接工作，逐步推广调解员联系点制度，采取上门调解、周末调解等便民举措。全区各级人民调解委员会化解各类矛盾纠纷近5000起。对女性和未成年社区服刑人员开展“按需定制”式矫正和多场集中教育活动，社区服刑人员接受专项教育率100%，在册266名社区服刑人员和676名刑满释放人员无一重新犯罪。在全区建成区街两级法律服务中心和社区“法律诊所”三级公共法律服务平台，让老百姓在家门口享受到优质高效的法律服务。全年，区法律援助中心办理法律援助案件461件，接待来电、来访、网上咨询4838人次，栖霞公证处办理各类公证1727件。是年，区司法局被评为江苏省安置帮教工作先进集体、江苏省司法行政系统“互帮共建”工作先进集体和江苏司法行政系统信息工作先进集体。12月，区人民调解员包明昌和郭凤萍被南京市司法局评为“最美人民调解员”称号。

◆社区法律诊所　2014年，全区9个街道全部建成社区法律诊所。社区法律诊所通过政府购买法律服务的形式选聘专业律师，每个社区确定1名工作人员与专业律师对接，为居民提供法律服务。法律诊所的服务内容有6项：为居民签订合同提供法律服务，提出法律意见和建议；开展普法教育，开设法治讲座，为集体组织和个人提供法律咨询服务；开展法律援助，让困难群众获得法律帮助；调解矛盾纠纷；协助司法所对社区服刑人员进行教育管理，对刑释人员开展帮扶

2014年栖霞区法律援助和“148”法律服务情况

表10　单位：件

办理各类法援案件数	461	刑事案件	39
		民事案件	422
		非诉案件	0
接待来访数	2217	–	–
“148”法律援助专线来电数	2621	–	–

2014年栖霞公证处办证情况

表11　单位：宗

办理各类公证数	其中		
	国内民事公证数	经济类公证数	涉外公证数
1727	1322	73	331

教育;参与"民主法治村居"建设和依法治村居工作,协助处理村居集体组织涉法事务。区司法局还与区电视台合作推出《法律诊所》节目,选取与生活贴近的涉法案例,邀请专业法律服务工作者分析讲解。

◆栖霞律师服务中法合作项目 3月27日,南京仙林鼓楼医院投资公司与法国欧葆庭集团合作项目"养老康复项目"落户南京仙林,这是国家主席习近平访问法国之后,两国之间签署的50个经贸合作项目之一。在这之前,省、市、区各级政府对此项目十分重视,通过多轮谈判,中法双方达成共识,于4月24日签订初步协议,并决定在4月25日"2014中国·南京科技创业创新与重大项目洽谈会"上举行签约仪式。栖霞律师严青作为区政府和仙林大学城管委会的法律顾问,参与项目谈判和合同条款审查,她提出的一些合理意见均被采纳,维护了中法双方的合法权益。

◆市司法局领导调研区司法行政工作 4月9日,南京市司法局局长黄永祥到区调研司法行政工作,区委常委、政法委书记孙中华陪同调研。黄永祥先后到区法律援助中心、尧化司法所、八卦洲司法所、八卦花园社区法务工作室调研查看,并召开座谈会,听取区、街两级司法行政工作和社区法务工作室推进情况汇报。黄永祥对区司法行政工作给予充分肯定。他指出,过去一年里,栖霞区司法局各项工作进展顺利,在全市绩效评价中位列第二,取得历史性突破。希望栖霞区司法局再接再厉,重点抓好完善措施,推进"四个全覆盖"(矛盾纠纷调处、公共法律服务、特殊人群服务管理、法治宣传教育全覆盖);加大建设力度,夯实基层基础;提升素质,努力打造服务型、实战型队伍三个方面工作。

◆区司法局与南师大法学院座谈交流 4月14日,中共南师大法学院党委书记、教授眭鸿明等一行到区司法局座谈交流。区司法局领导班子、相关业务科室,部分区属律师事务所负责人参加座谈。眭鸿明介绍南师大法学院与相关单位合作,开展法学教育培训、社会实践情况。区属北京君泽君(南京)律师事务所和德和衡(南京)律师事务所分别介绍各自情况,并表示愿意为高校学生提供良好的学习实践平台。区司法局相关业务科室就法律援助、法律宣传、法律服务等情况进行沟通交流。双方约定,要在高校法科学生社会实践及司法行政理论研究方面加强合作,互通有无,实现共赢。

4月25日,栖霞律师为中法项目签约提供服务　　区司法局 供稿

◆省法治微创作大赛作品展播启动仪式暨颁奖典礼 5月14日,由区司法局承办的江苏省大学生法治微创作大赛作品展播启动仪式暨颁奖典礼在南师大仙林校区举行。中共江苏省委宣传部副部长焦建俊、江苏省司法厅副厅长张光东,南京市司法局局长黄永祥、副局长李华,区委常委、区政法委书记孙中华,中共南师大党委副书记王建、南师大法学院院长李力等出席活动。2013年10月,省、市、区的宣传、司法等部门共同举办"青春飞扬法治同行"大学生法治微创作大赛。省内外39所高校、近1000学生参与,共报送法治微电影和微小说400余件。经过初审、网上投票、专家评审,有85件优秀作品获奖。

◆用"动态密码"监督社区服刑人员 6月起,区司法局利用"动态密码"在一定时间内的有效性,对社区服刑人员采取"动态密码"监督方法。每周一上午,由区司法局向各司法所发布本周动态密码,司法所将本周动态密码及时告之社区服刑人员,社区服刑人员在电话汇报时先说明本周动态密码,区矫正局随后进行电话和录音回听抽查考核。如果该社区服刑人员"动态密码"回答正确,说明其与司法所联系畅通,处于正常在控状态;反之,则说明该社区服刑人员可能处于边缘状态,应列入"预警黑名单",从而采取相应措施。该方法零成本投入,操作简单易行,促进社区服刑人员与司法所相互联系,同时便于区矫正局对矫正工作者量化绩效考核,有效提高监管安全系数。

◆律师事务所走访民营企业 8月10日起,区司法局组织各律师事务所开展为期一个月的走访民营企业活动。各律师事务所采用召开座谈会、问卷调查等形式了解企业情况。通过走访调研,从法律和政策层面梳理出制约民营企业发展的诸多因素,为民营经济发展趋势、民营企业发展规律提供依据,为党委政府分析民营经济发展水平、制定民营经济发展政策提供参考。至9月9日,区司法局、各律师事务所走访调研民营企业21家,征得意见和建议41条,形成调研文章11篇。针对民营企业在发展壮大过程中存在的融资困难、资信评价体系缺失、企业管理不够科学规范等突出问题，区司法局制定出台民营企业融资法律风险和防范、民营企业资信评估、物流企业管理等3个法律服务产品，赢得企业欢迎和赞誉。

◆区司法局人民调解官方微博开通 8月20日，区司法局人民调解官方微博"栖霞人民调解"weibo.com/qxrmtj在新浪上线，这是区司法局利用新媒体开展人民调解工作的一次有益尝试。"栖霞人民调解"将依托微博在舆情收集方面的独到优势和信息分享方面的强大推送功能及时发布辖区内人民调解工作，区司法局安排专人进行信息发布、内容更新等日常维护工作。"栖霞人民调解"官方微博的开通，使人民调解员获取信息的渠道更加快捷通畅，人民调解员可以通过加"关注"成为"粉丝"的方法获取调解信息，有效地与基层人民调解员互动，通过评论、私信等微博功能探讨人民调解工作，分享调解心得等。

◆区司法局与龙潭监狱启动"枫红飘扬"项目 9月3日，区司法局与龙潭监狱在龙潭监狱召开座谈会，启动互帮共建"枫红飘扬"项目。区司法局局长卢静、副局长叶方林，龙潭监狱政委毛成发、副监狱长施友生参加座谈。双方达成合作意向，区司法局将定期组织律师、公证员、社会工作师、人民调解员走进监狱开展法律服务并为服刑人员提供法治宣传和心理健康教育的视频资料；龙潭监狱将定期指派矫正师、心理咨询师协助区司法局开展社区矫正监管、心理咨询、警示教育等活动，并为区司法局提供服刑纪录视频资料。同时，双方将合作编撰案例集等出版物，并拍摄"枫红飘扬"普法微电影，建立"枫红飘扬"普法库网络平台。

◆《人民调解法》知识竞赛 10月21日，区司法局组织的《人民调解法》知识竞赛决赛在区委党校举行。从全区9个街道近1000名调解员中选拔出来的27名选手分9个代表队参加决赛。南京市司法局基层处副处长徐玲、区委政法委副书记曹小勇、江南时报《法治周刊》主编许尽义担任评委，街道部分领导和社区调委会委员观摩。竞赛的内容为《人民调解法》相关条文、上级司法部门对基层调委会的工作要求、调解的方法和技巧、卷宗的制作要求等。竞赛题分为必答题、抢答题、风险题。选手答题积极踊跃，展现出栖霞区人民调解员扎实的基本功和别样的风采。最终，燕子矶代表队获一等奖，迈皋桥代表队、仙林代表队获二等奖，栖霞代表队、龙潭代表队、尧化代表队获三等奖。

◆"主动预防犯罪体系"构建 11月12日，区司法局社区矫正管理局局长、心理咨询师曹军瑭为南工院能源与电气工程学院学生《大学生心理犯罪解析与预防》专题报告，由此，区司法局构建的"主动预防犯罪体系"步入实践阶段。该专题报告是"主动预防犯罪体系"的重要组成部分，它提出人的一生需要解决"人与物""人与人""人与心"3个问题。"人与物"指的是，一些人犯罪是因为把物质作为唯一目标，自己给自己强加痛苦；"人与人"指的是，人生变化很大，极小的一件事可以败坏一个人，也可以成就一个人；"人与心"指的是，遇到任何意外，都不要被恐惧等不良情绪所控制，而要冷静解决。"主动预防犯罪体系"旨在通过法治心理安全等系列教育，增强大学生的法治观念，阻断犯罪思维，杜绝犯罪行为发生。按照计划，至年底，"主动预防犯罪体系"将覆盖仙林大学城。

◆区看守所法律援助工作站成立 11月23日，区看守所法律援助工作站挂牌成立。这是区法律援助中心延伸法律援助触角、拓宽刑事法律援助申请渠道的又一举措。修改后的《刑事诉讼法》将刑事法律援助适用阶段由以往的审判阶段提前至侦查和审查起诉阶段，在看守所设立法律援助工作站，有利于维护和保障看守所在押人员的合法权益。该站实行律师轮流值班制度，不定期地组织律师开展法治宣传教育，免费提供法律咨询，向犯罪嫌疑人和被监管人员宣传相关法律、法规和政策，配合公安机关做好其教育、感化和挽救工作，为在押人员特别是家庭困难、请不起律师的犯罪嫌疑人和未成年犯罪嫌疑人等提供法律援助。

◆公调对接推进会 12月24日下午，区司法局、区公安分局联合召开区公调对接工作推进会。南京市司法局副局长李世刚，区委常委、政法委书记孙中华等到会，区综治办领导，各街道综治办主任、司法所所长，派出所所长、公调对接室调解员等参会。会上，派出所和公调对接室代表作交流发言。区司法局、区公安分局就进一步规范、提升公调对接工作分别部署。李世刚充分肯定区公调对接工作起步早、运行效果好，并指出要进一步加强公调室的业务指导和培训，加大考核检查，完善各项保障，加强协调配合。孙中华强调公调对接工作在维护全区和谐稳定中的基础作用，要求从强化履职尽责、强化机制衔接、强化配套保障三个方面提升全区公调对接工作。作为全市第一家试点并成功推广公调对接的区，2012年以来，区公调对接室化解矛盾纠纷超万件，其中，疑难复杂和群体性纠纷近千件。会议下发《关于进一步规范"公调对接"工作意见》，对受案范围、调解纠纷流程、服务规范以及工作保障等方面作进一步明确。 □郭晓屹

信　访

◆概况 2014年，区信访局围绕"和谐稳定争第一"目标，以确保南京"青奥会"、国家公祭日期间社会和谐稳定为主线，重点推进信访积案化解、减控进京非访、强化基层基础建设等重点工作，妥善化解各种社会矛盾。全年，共接待来访508批、2086人次；受理信访事项177件，办结率98.5%；办理人民群众来信152件，办结率100%；区政府办公室复查信访事项42件；会同有关职能部门联合接待、协调会办198场次，成功化解11件历史遗留案件；按期办结中央、江苏省、南京市交办的信访事项16件；对中央巡视组交办的124件次信访事项，交办率、反馈率、办结率达到100%。是年，仙林街道、燕子矶街道、尧化街道被评为全区信访工作先进单位。

◆“春风化雨”握手行动 2014年,区委、区政府开展第四轮领导干部联系群众的“春风化雨”握手行动。16位区级领导和26名部门主要负责人联系42件信访事项。2月14日,区委、区政府在区政协小礼堂召开信访工作暨第四轮“春风化雨”握手行动推进会。区四套班子全体领导出席会议,区机关各部门、直属单位主要领导,各街道党政主要领导、专职副书记、综治主任、信访办主任参加会议。会上,区委书记臧正金讲话,要求7月底前,全区信访事项化解办结率达90%;12月底前,全区信访事项化解办结率达100%。区长邢正军主持会议。会上各街道签订并递交信访工作目标责任书。是年,42件信访事项中,化解11件,办结31件,化解办结率100%。

◆“基层基础建设巩固年”活动 4~12月,全区开展信访工作“基层基础建设巩固年”活动。巩固已有接待场所、信访队伍和工作机构,巩固已有工作责任、运行机制、操作流程,巩固基层单位争先进位措施。全区各街道、社区(村)信访工作人员配备达标率分别为100%、98%,接待场所建设达标率分别为100%、99%。落实第一时间信息报送机制、第一时间协调会办机制、第一时间排查化解机制、第一时间领导包案负责机制、第一时间陪访和代理机制、第一时间责任追究机制,确保突出信访问题不出区,一般矛盾纠纷不出街道。实行信访工作网格化模式,规范首办程序,提高初信初访解决在首办环节办结率。是年,仙林街道、尧化街道、龙潭街道被评为全市2012~2014年信访工作基层基础建设先进街镇。

◆信访信息化管理系统开通 5月1日,南京和谐信访信息化管理系统在全区各街道、部门开通运行。该系统可以办理来访、来信、视频接访、满意度评价等23项内容,实现信访事项网上受理、办理、审核、报结一体化功能和可查询、可跟踪、可办理、可评价的一揽子监督,有效提升信访工作公信力和服务水平。各街道、各部门按要求配齐相关硬件设备,并选派工作人员参加业务培训活动,学习操作技能,确保系统顺利开通运行。信访信息化管理系统开通运行后,上级交办的信访事项能第一时间受理,第一时间答复,第一时间解决。

◆信访矛盾排查化解专项行动 6~9月,区委、区政府按照中共南京市委、南京市政府统一部署,开展信访矛盾排查化解专项行动,排查化解以征地拆迁、劳动社保、环境保护等领域信访突出问题为重点矛盾纠纷。做到工作责任到位、化解措施到位、工作落实到位,确保青奥会前将排查出的矛盾纠纷化解。期间,南京市联席办交办信访事项22件,化解办结率100%;区联席办共收集信访隐患排查信息107条,化解81件,办结26条,化解办结率100%。

◆国务院执法组到区检查工作 7月10日下午,区信访局作为全省代表之一,接受国务院“信访条例”执法检查组工作检查。江苏省政府副秘书长、江苏省信访局局长莫宗通,南京市政府副秘书长、南京市信访局局长孔祥勇等领导陪同调研。国务院“信访条例”执法组一行视察区信访接待中心及仙林街道信访接待中心,现场查看台账资料,并听取区信访工作情况汇报及仙林街道信访工作“四步工作法”经验介绍,对栖霞区“信访条例”贯彻落实情况及仙林街道信访工作“四步工作法”给予高度评价。 □殷 明

公共安全

安全保卫

◆概况 2014年,区公安分局积极维护社会安全稳定,落实巡逻防范、秩序维护、安全检查等各项安全保卫措施,完成7个重要节假日、10场大型活动和第二届青年奥林匹克运动会的安全保卫工作。

◆节假日安全保卫 1月1~3日元旦假期,区公安分局按照一级巡防要求布置警力开展执勤、巡逻和安保工作,确保元旦假期全区良好的社会治安秩序。期间,全区社会治安情况总体平稳,未发生重大刑事、治安案(事)件。

1月31日~2月6日春节假期,区公安分局按照南京市公安局节日安保工作部署,开展巡逻防范、安全检查等各项安保工作。春节期间,共接到各类报警求助1375起,其中报立刑事案件47起,报立治安行政案件13起,处理各类纠纷78起,救助服务群众607起,未发生有影响的重特大刑事案件和治安事件。各烟花爆竹销售点销售秩序正常。全区社会治安情况总体平稳。

4月5~7日清明假期,区公安分局出动警力380余人,在辖区9座墓园加强巡查,开展现场秩序维护、人流疏导等工作。期间,各祭扫场所治安情况良好,未发生重大火灾事故。栖霞山和燕子矶公园两处旅游景点秩序井然。全区未发生重大案(事)件。

5月31日~6月2日端午假期,区公安分局认真开展巡防工作,重点加强对商业区、公园、广场、车站、地铁站点周边以及各高校内部巡逻巡查,落实重点人员管控措施,同时加强值班备勤,认真做好突发事件应急处置准备。期间,全区社会治安情况总体平稳,未发生重大刑事、治安案件。

9月6~8日中秋假期,区公安分局加强社会面巡逻防范,同时加强值班备勤,做好突发事件应急处置准备。其间,全区社会治安平稳,未发生重大刑事、治安案件。

10月1~7日国庆假期,区公安分局按照南京市公安局要求部署,结合全区治安实际开展安全保卫工作。其间,全区社会治安情况总体平稳,未发生重大刑事、治安案件。

12月25日,按照南京市公安局统一部署,区公安分局高度重视、精心组织,结合辖区治安实际,细化安保工作方案,全力做好圣诞节安保工作。期间,出动警力300余人,认真落实各项安保工作措施,切实做好人员进出控制、周边地区巡逻、突发事件处置等工作,全区2家基督教堂和22处聚会点各项活动安全有序。

◆重大活动安全保卫 2013年12月31日晚,2014年元旦“迎新年”撞钟活动在栖霞寺举行。南京市副市长、市公安局党

委书记、局长徐锦辉到活动现场实地察看烟花爆竹禁放情况，检查指导活动安保工作。区公安分局制定安保工作方案，成立由局长刘勤总负责、副局长肖世泉具体负责、各执勤单位主要负责人为成员的安保工作领导小组，并提前召开现场会对安保工作进行部署。当晚，分局抽调359名民警和特勤队员，按照“定人、定点、定责”的要求投入安保工作，全力维护活动现场及周边治安秩序，保证整个活动安全有序。至2014年1月1日凌晨2时许，撞钟活动圆满结束。

1月30日晚，2014年除夕“迎新春”撞钟活动在栖霞寺举行。为确保活动安全有序，区公安分局制定安保工作方案，成立由局长刘勤总负责，副局长肖世泉具体负责，各执勤单位主要负责人为成员的安保工作领导小组。活动前，区公安分局相关单位对栖霞寺内消防等设施进行安全检查，在活动现场设置警戒带和人流疏导标识。当晚，200余名执勤民警和特勤队员按照“定人、定点、定责”的要求参与安保工作，所有执勤警力警容严整，执法规范，保证了整个活动的安全有序。至1月31日凌晨2时许活动圆满结束。

4月28日~5月28日，是第四届金陵礼佛文化月，在南京市公安局统一领导下，区公安分局成立由局长刘勤总负责、政委蒋跃玲具体负责，指挥室、内保大队、治安大队、巡特警大队、消防大队、警务保障室、保安公司和相关派出所负责人为成员的安保工作领导小组。每天安排38名警力，节假日增派9~14名警力到现场执勤，负责安检及各个岗点的秩序维护、消防巡查、后勤保障、护卫迎送佛舍利、备勤待命等各项工作。其间，栖霞寺未发生一起案件和事故。

6月10日，全国职业院校技能大赛中职组护理技能赛项开幕式在南京卫生学校报告厅举行，江苏省、南京市领导及千余名嘉宾参加活动。区公安分局内保大队在活动前对开幕式场馆进行各项安全检查。活动当天，分局副局长刘裕平到场检查安保工作落实情况，分局组织出动内保大队、燕子矶派出所警力，严格按照安保工作要求，参加开幕式执勤工作。执勤人员精神饱满、文明执勤，认真做好活动现场领导警卫、现场秩序维护、治安事件处置等工作。至当日15时，开幕式顺利结束，现场治安秩序良好。

8月4日上午，南京佛教界在栖霞寺举行“盛世圆梦　祈福青奥”法会活动。市、区相关领导及佛教教职人员、居士参加法会。为确保活动安全有序进行，在南京市公安局统一领导下，公安分局成立了专门的安保工作领导小组，精心制定安保工作方案，并组织人员对栖霞寺进行实地勘察。针对活动现场面积小、通道窄特点，认真分析及预测现场形势，开展全面安全检查，对发现的安全隐患及时整改到位。活动当天，区公安分局组织出动内保大队、治安大队、国保大队、栖霞派出所50名警力参与现场执勤。参战民警按照安保方案要求，明确责任分工，认真做好活动现场领导警卫、秩序维护等工作，确保活动安全圆满。

8月17~19日，“2014三星Galaxy青奥韵动巨星演唱会”在南京师范大学体育馆(仙林校区)举行，区公安分局圆满完成演唱会现场安保任务。为确保活动安全有序，区公安分局专门成立安保工作领导小组，制定和部署各项安保措施，并由治安大队牵头，会同区消防大队及仙林派出所组成联合检查组在赛前对场地进行严密安全检查，消除安全隐患。活动期间，公安分局领导到活动现场检查安保工作落实情况。分局每天组织出动治安大队、巡特警大队、仙林派出所等单位60名警力参加现场执勤，参战民警按照任务分工，认真落实各项安保措施，维护活动现场秩序，确保活动顺利进行。

8月30日至9月20日，全区17所高校陆续开学，共有4.6万余名新生到校报到。同时，全区127家中小学校、幼儿园也于9月1日开学。根据江苏省公安厅、南京市公安局统一部署，区公安分局扎实落实开学季校园及周边安保工作，出动警力600余人次、保安及特勤700余人次，通过提前介入、科学部署、协作配合等措施，彻底排查校园及周边各类安全隐患，全方位落实校园安保工作，确保辖区开学季安全有序。

9月21日上午，2014年金浩会重大项目集中开工仪式在南京经济技术开发区举行。市、区领导出席活动。为确保活动顺利进行，区公安分局治安大队会同栖霞派出所提前对现场进行实地查看，制定周密安保工作方案，并成立由治安大队领导总负责、栖霞派出所领导现场负责的工作组，抽调民警、特勤等20名警力参与现场执勤。活动期间，执勤民警和特勤队员按照“定人、定点、定责”的要求，认真落实各项安保工作措施，所有执勤警力警容严整，执法规范，保证了整个活动安全有序。

10月14~15日，南京中医药大学建校60周年系列庆祝活动在仙林校区举行，国家中医药管理局、江苏省政府相关领导以及各届校友1500人参加此次活动。区公安分局专门成立安保工作领导小组，制定和部署各项安保措施，副局长刘裕平召开各参战单位负责人会议，部署校庆安保工作，督促校方做好各类安全隐患的排查和化解，细化安保方案，做好警力调配部署工作，配合学校加强治安、消防、交通秩序维护。校庆活动期间，各参战单位按照任务分工，认真落实各项安保措施，维护活动现场秩序，确保了校庆活动顺利进行。

12月13日，南京大屠杀死难者国家公祭活动在江东门纪念馆及全市5处分会场隆重举行。按照南京市公安局统一部署，区公安分局高度重视、强化领导，精心组织、全力以赴，圆满完成国家公祭活动安保任务。当天上午，分局党委副书记、政委蒋浩，分局党委委员、副局长肖世泉，分局党委委员、区维稳办副主任章银树，分局党委委员、副局长刘裕平按照任务分工，率300余名警力至公祭活动主会场，严格按照安保工作方案要求，定人定岗定责，全力做好纪念馆区域外围控制工作。分局领导靠前指挥，参战警力警容严整，文明规范执法，认真开展涉稳事件防范、路面设卡引导、责任区域巡逻防控、人流引导封控等工作，疏散人员3000余人，发现劝离上访人员17人，送沙洲分流点31人。同时，区公安分局严格按照南京市公安局工作要求，认真做好要人警卫和国家公祭活动燕子矶分会场安保工作。分局党委委员、监察室主任吴平顺组织指挥室、治安大队、巡特警大队、马群派出所等单位，出动警力280余人次，圆满完成要人警卫任务。分局党委委员、副局长林家华组织指挥室、治安大队、国保大队等单位，出动85名警力圆满完成国家公祭活动燕子矶分会场安保任务。国家公祭活动当天,区公安分局调集50名警力增援南京救助站国家公祭活动维稳处置分流点,协助南京市公安局做好分流处置工作,确保分流点秩序平稳。分局启动治安防控一级加强勤务,全力做好社会面防控工作,全局民警在岗在位,除要人警卫、现场执勤、后勤保障、正常值班以及其他专业岗位外,全部投入社会面防控工作,全力做好社会面巡防、反恐维稳、公安检查站值守、重点人员稳控等工作。当天,全区治安大局平稳。

◆青奥会安全保卫 8月16~28日,青奥会期间,区公安分局参与完成青奥会开闭幕式、要人警卫、物流仓储中心值守等安保任务52次,组织1200余人次参与完成钟山国际高尔夫球场、南京体育学院比赛场馆安保工作。对8706名青奥会相关人员进行背景审查,对全区重点涉恐目标单位进行排查梳理,落实工作措施。抽调警力参与龙潭、东阳检查站安检工作。开展消防、烟花爆竹、民爆物品、剧毒化学品等安全监管领域隐患排查整改,全区未发生重大安全事故。

7月10日、11日上午,青奥会比赛项目"铁人三项"测试赛在玄武湖公园举行,测试赛完全按照青奥会正式比赛时间、流程、规格进行。区公安分局作为该项目安保参战单位,出动50名警力参加现场执勤。为确保正式比赛活动安全有序,区公安分局成立安保工作领导小组,制定和部署各项安保措施,并由治安大队牵头,会同迈皋桥所、摄山所、龙潭所、靖安所、八卦洲所、经侦大队等单位警力参加测试赛现场安保工作。全体参战民警按照方案要求,定人、定岗、定责,认真落实各项安保措施,维护活动现场秩序,确保活动安全圆满。

8月14日晚,青奥会开幕式第三次联调彩排在南京奥体中心举行。为确保彩排安保任务顺利完成,在南京市公安局统一领导下,区公安分局制定详细安保方案,并召开专题培训部署会,细化工作措施,将责任落实到"最后一米"。分局党委书记、局长刘勤,分局党委委员、副局长肖世泉,分局党委委员、副局长林家华,分局党委委员、副局长刘裕平按照任务分工,率参战警力至奥体中心现场,严格按照执勤规范和"定人、定岗、定责"要求,全力做好奥体中心东侧区域外围控制工作。全体参战人员认真开展巡逻防范、路面设卡引导、控制人流以及进场、散场人车引导等工作。至21时30分许,开幕式彩排顺利结束,区公安分局各项现场安保执勤任务圆满完成。

青奥会开幕前,区委、区政府领导先后到区公安分局专题调研指导青奥安保工作,为圆满完成安保工作奠定了坚实基础。8月16日晚,第二届夏季青年奥林匹克运动会开幕式在南京奥体中心体育馆隆重举行。针对区公安分局承担的4大项任务,局长刘勤、副局长肖世泉带领治安大队警力对执勤安保现场反复勘查调研,精心制定工作方案,明确工作任务和标准,确定任务区域、安保措施和各岗位执勤点警力配备。区公安分局先后召开专题会、负责干部会对开幕式安保工作进行部署。对全体参战民警和参与现场执勤的300名特勤队员进行专项集中培训。认真做好三次开幕式演练安保,及时查缺补漏。刘勤、肖世泉、林家华、刘裕平按照任务分工战斗在安保第一线,带领参战警力在各自责任区做好安保工作。期间,分局将奥体东侧安保区域划分为7个责任区,设5段人流封控线、18个盘查卡点、10个街面反恐搜爆小组、5个车巡小组、4条支路卡口、10个通道执勤点,做到定位、定岗、定时、定人,把责任落实到"最后一米"。从8时第一批警力到岗至23时撤岗,参战警力警容严整,认真履职,克服作战时间长、任务重、不利天气等困难,冒雨坚守岗位4个多小时。在开幕式现场,疏导人员5万余人,处置上访人员9批次40人。全局民警在岗在位,启动"一级加强"勤务,扎实做好社会面治安防控。8月16日,全区刑事警情同比下降51.5%、治安警情同比下降42.86%,刑事发案同比下降87.6%,治安形势平稳,警卫任务圆满完成。

8月24日上午,刘勤到马群苏果仓储配送中心检查指导青奥安保工作。马群苏果仓储配送中心是青奥核心守护区域,负责青奥会15个场馆、64个售后点销售食品和其他物资的储存。区公安分局根据青奥会安保工作要求,精心制定安保方案,组织16名警力对仓储配送中心进行24小时巡查守护,扎实落实安保措施,保证青奥会场馆售卖食品的绝对安全。

8月28日晚,青奥会闭幕式在奥体中心隆重举行。在南京市公安局统一领导下,区公安分局成立由刘勤为组长,分局党委成员分工负责、各单位主要负责人为成员的安保工作领导小组,并按照南京市公安局任务要求精心制定安保工作方案。在此基础上,区公安分局组织参战单位、安保力量参与闭幕式安保演练,并组织开展闭幕式安保专题培训,细化工作措施,将责任落实到"最后一米"。闭幕式当天,刘勤、肖世泉、章银树、林家华、刘裕平按照任务分工,率600名警力至奥体中心现场,将区公安分局负责的奥体中心东侧区域,划分为7个责任区,设5段人流封控线、18个盘查卡点、10个街面反恐搜爆小组、5个车巡小组、4条支路卡口、10个通道执勤点。各执勤点严格按照执勤规范和"定人、定岗、定责"要求,全力做好东侧区域外围控制工作。区公安分局领导靠前指挥,参战警力认真开展涉稳事件防范、路面设卡引导、责任区域巡逻防控、江东中路守护及进场、散场人车引导等工作,共疏导人员4万余人,妥善处置上访人员8批次50人。至22时30分许,闭幕式顺利结束,区公安分局各项现场安保执勤任务圆满完成。

◆其他体育竞赛安全保卫 3月6~9日,全国室内田径锦标赛在南京市仙林体育训练基地举行,各省、自治区、直辖市及相关行业协会共592名运动员参加比赛。区公安分局治安大队积极会同摄山派出所、仙林派出所提前制定详细周密安保方案,就赛事安检、现场秩序维护、运动员驻地安全等工作进行部署。比赛期间,参战民警按照任务分工,认真落实比赛现场秩序维护、运动员驻地安全检查等各项安保工作措施,确保赛事安全圆满。

5月24日,2014迎青奥"骑遍南京"栖霞站活动暨"雅驰杯"高校大学生山地自行车越野赛和仙林高校大学生首届龙舟赛在南京仙林羊山湖公园举行。区公安分局成立安保工作领导小组,制定和部署各项安保措施,并由治安大队牵头,会同巡特警大队、迈皋桥派出所、仙林派出所等单位190余名警力参加现场安保工作,参战民警按照任务分工,认真落实各项安保措施,维护活动现场秩序,确保活动安全圆满。

9月20日,“祥瑞杯”第二届南京市龙舟公开赛在八卦洲举行,20支专业龙舟队参加角逐。此次比赛现场环境复杂,围观群众较多,安保任务艰巨。为确保活动顺利进行,分局党委委员、副局长肖世泉率领治安大队、指挥室、八卦洲派出所等参战单位负责人实地察看地形,针对活动现场存在的安全隐患及时向主办单位提出整改意见,并就如何科学部署警力进行安排。活动当天,肖世泉坐镇现场指挥调度,区公安分局出动警力220余人次参与现场执勤。全体参战警力按照安保方案要求,密切协作配合,认真落实各项安保工作措施,确保活动安全圆满。

11月1~2日,2014世界职业舞蹈比赛暨第十三届南京都市圈国际体育舞蹈公开赛在南京大学体育馆举行。来自世界20多个国家及全国40多个省市的1500余名运动员参加比赛,13000余名观众到现场观看。区公安分局成立安保工作领导小组,制定和部署各项安保措施,并由治安大队牵头,会同消防大队及仙林派出所组成联合检查组在赛前对场地进行严密安全检查,消除安全隐患。比赛期间,副局长林家华、刘裕平到比赛场地检查安保工作落实情况。区公安分局每天组织治安大队、马群派出所、仙林派出所等单位55名警力参与现场执勤,全体参战民警严格按照任务分工,克服疲劳,认真做好观众入场安检、现场秩序维护、外围停车场巡控等各项安保措施。比赛安保期间,参战警力救助、服务群众130余人次,处置各种突发事件5次,确保比赛安全圆满。　□吴佳健

食品药品监督管理

·概　述·

◆**概况**　2014年,根据南京市食品药品监督管理局(以下简称市药监局)和区委、区政府部署,区药监局开展党的群众路线教育实践活动,完成青奥会期间食品药品安全保障任务,严厉打击食品药品违法行为,全区全年未发生重大食品药品安全事件。4月22日,区政府将区食安办由区卫生局调整到区药监局。区药监局局长王永明任区食安办主任,副局长李芳任区食安办副主任。当年,区药监局办理餐饮服务行政许可事项1183件,零售药店的药品经营许可证许可事项96件,保健食品审批登记事项35件。牵头组织检查食品药品生产经营单位5055户,清理整顿食品生产经营户172户,对存在安全隐患的1074户全部督促整改到位。全年受理办结投诉举报375起,处理及时率、规范率均达100%。全年办理食品药品行政处罚案件125起,其中87件立案查处,28件重大行政处罚案件向区法制办备案,完成非税收入312万余元,移送公安司法机关追究刑事责任4件5人,全年无行政复议和行政诉讼案件。抽检药品160批次,合格率96%;餐饮环节食品监督抽检60份,合格率100%;快速筛查检验保健食品10批,抽检化妆品33批,合格率均为100%。各项业务指标统计在全市药监系统中名列前茅;在2014年栖霞区城市幸福指数测评中,食品药品安全满意度排名比全市平均水平上升,是栖霞区测评指标中满意度上升的六个指标之一;在文明城市创建检查中,区药监局承担的餐饮店6个测评项目获得满分;被区委、区政府表彰为“2014年度机关作风建设争先进位优胜单位”。

◆**食品药品安全宣传培训**　年初,区药监局针对不同群体制定宣传培训方案,明确分管领导指导把关,筹措专项经费10万元予以优先保障。全年共举办行政相对人培训8次,协管员信息员培训4次;开通了政务微博,制作20份PPT课件、4组宣传视频、5万份宣传折页和5000只主题宣传环保袋,免费赠送社区群众和服务对象;开展“健康惠民迎青奥　食品药品阳光行”系列宣传活动23场,范围涵盖了学校、企业、社区、机关和军营。

◆**青奥会食品药品安全保障**　3月,区药监局按照上级文件要求,制定《2014年栖霞区“青奥会”食品药品安全保障工作方案》,成立了青奥会食品药品安全保障工作领导小组。区药监局局长王永明任组长,张静林、李芳副局长任副组长,各科室负责人为成员,领导小组办公室设在局办公室。执法人员以零售药店、小诊所、窗口地区和旅游景点餐饮店为重点,排查运动员慎用药品、特殊药品、食品和保健食品安全隐患,共出动执法人员634人次,检查监管对象910户,排查出安全隐患91处,全部督促监管对象整改到位。在“青奥会”举办期间,5名业务骨干全程驻点保障“青奥会”饮食安全,圆满完成任务,受到上级表彰。在行政执法保障工作中,局领导带领全体执法人员实行7×24小时值守。每天24小时保证1位局领导,2名执法人员在岗值守,定点不间断巡查,落实日报和周报制度,保障辖区食品药品安全。先后配合警方查报站处理3起夜间无合法手续运输药品的事件。共暂扣来源不明的药品2140盒,货值约3000元,有力维护青奥会期间药品市场秩序。在安保维稳工作中,局领导班子主动对接责任社区和维稳对象,上门了解群众疾苦,想方设法为群众解决困难,并抽调6名工作人员专门负责安保维稳工作。在环境整治工作中,局领导班子带领全体人员主动放弃周末休息日,深入社区和群众,打扫环境卫生,支持社区工作经费15万元。

◆**栖霞区市场监督管理局挂牌成立**　12月20日下午,区委、区政府在仙林办公点举行了栖霞区市场监督管理局挂牌仪式,栖霞区政府邢正军区长为新局揭牌,标志着栖霞区市场监督管理局正式成立。新成立的栖霞区市场监督管理局由原区药监局、区工商分局、区质监分局合并组成,加挂栖霞区食品药品监督管理局牌子。承担省、市工商行政管理、质量技术监督、食品药品监督管理部门授权或委托的行政审批职能和日常监管工作,另按片区设置5个市场监督管理分局,挂食品药品监督管理分局牌子。

·食品安全·

◆**概况**　2014年,区药监局组织开展餐饮环节食品安全专项整治,累计出动执

法人员2196人次，执法车辆572台次，检查餐饮服务单位2331户次，查找餐饮环节食品安全隐患57处，均督促餐饮户整改到位。全年办理食品类案件56件，其中55件立案查处，完成非税收入69万余元。全区全年未发生重大食品安全事件。圆满完成了全国硕士研究生统一考试、区“两会”、中高考、APEC第21次中小企业部长会议、青奥会期间国宴保障团队共计4万余人次的就餐保障任务。通过节前巡查、短信预警、应急值守来确保传统节庆期间的饮食安全。重大活动及传统节庆期间食品安全“零事故”。

◆量化分级管理 2014年，按照国家食品药品监督管理总局和南京市药监局有关餐饮服务食品安全监督量化分级管理工作要求，区药监局完成全区1818户餐饮服务单位的监督量化分级管理工作，量化分级管理率达96.4%。其中大中小学及托幼机构食堂158户量化分级管理率100%。评定A级单位124户，B级单位86户，C级单位1608户。完善餐饮单位诚信档案，完成建档2688户，建档率达95%。

◆食品生产加工小作坊和无证餐饮专项整治 4月至8月，区药监局在承接了区食安办工作职能后，牵头组织开展全区食品生产加工小作坊和小餐饮店清理整顿专项行动。要求各街道对此项工作实行每月“零报告”，将无证从事食品加工的单位和人员纳入“黑名单”，每月在全区范围通报。累计出动执法人员6462人次，检查相关单位5055户，清理整顿食品生产经营户172户，对存在安全隐患的1074户全部督促整改到位。

◆上海福喜肉制品专项检查 7月，针对媒体曝光“上海福喜问题食品事件”，区药监局依据南京市药监局相关文件要求，迅速展开行动，在辖区内开展餐饮服务环节肉及肉制品安全专项检查。共出动执法人员28人次，执法车辆8台次，检查涉事餐饮企业19户次。经检查发现，除个别企业前期使用过上海福喜食品有限公司提供的食品及食品原料外，其余品牌连锁餐饮单位均未使用该公司提供的产品。检查期间，区相关门店涉事产品均已下架。各门店累计封存涉事产品1361.28公斤、销毁678.1公斤，涵盖13个品种。

◆组织查处八卦洲猪蹄案 8月初，区药监局依法组织查处用工业过氧化氢等化工原料加工猪蹄的案件，当场查封扣押冷冻进口猪蹄及半成品约1300千克，工业过氧化氢溶液约50千克，工业氢氧化钠约10千克。此案移送公安机关以涉嫌生产有毒有害食品罪追究刑事责任，当事人已被批准逮捕。这是区药监局承接食品安全综合协调职能后，组织查处的全区第一例食品安全违法案件，也是南京市第一例对此类违法行为移送刑事处罚的案件。

◆毒品试剂检测火锅底料 11月，区药监局与区公安分局联合开展冬季火锅店调料专项检查。首次使用公安部门专门检测毒品的快检试剂对火锅底料、蘸料是否含有罂粟壳进行快检。对6户火锅店和1户干锅店的辣椒及辣椒制品进行采样，抽查20个批次的火锅底料和蘸料，快检结果全部为阴性。

◆查处尧化门天盾菜场“问题牛肉” 12月9日，栖霞区有关部门调查处理天盾农贸市场某摊位的可疑牛肉问题事件，引起媒体关注。经执法部门调查，该摊位销售的牛肉由江宁区某批发市场购入，摊主不能提供检验检疫资料，执法人员依法扣压全部“问题牛肉”，并抽样送检。经检验，该批牛肉非法添加物磷酸盐阳性，区工商部门对该经营户依法予以行政处罚，并责令摊主对该批问题牛肉进行召回，消除不良影响。区药监局首先是对周边工地食堂等餐饮单位进行全面排查检查，均未发现此类问题牛肉；其次是及时通过微博等媒体向公众进行了辟谣和解释，防止引起不必要的恐慌，并将查处情况逐级上报。

·药品安全·

◆概况 2014年，区药监局先后组织实施迎青奥食品药品安全200天、药源性兴奋剂专项治理“百日行动”、医疗器械“五整治”和药品经营企业执业药师在职在岗等专项行动。药品零售企业、二级以下医疗机构检查覆盖率100%。行政许可检查、到期换证合格率、新版GSP认证检查完成率均为100%。对区内部分药物研发单位、植物提取物生产经营单位进行了突击检查，防止出现各类药源性兴奋剂管理问题。组织行政相对人业务培训4次，将全区的医疗器械不良事件报告数从上一年的0件突破到97件，受到上级肯定。医疗器械生产经营企业和化妆品生产经营企业的监督检查覆盖率达到上级要求。全年，办理药品类案件42件，其中24件立案查处，完成非税收入42.3万余元。全区全年未发生药品安全事件。

◆新版GSP认证及零售药店许可审批 2014年，新版GSP开始实施。新版GSP检查标准高，检查项目较多，每次要求至少配3名GSP检查员，单体药店需检查项目180项，连锁药店需检查项目142项。年初，南京市药监局发布《关于我市贯彻实施〈江苏省药品零售连锁企业药品经营质量管理规范检查细则〉(暂行)等有关问题的通知》。区药监局组织执法人员内部学习，对具体条款逐条研究，对实际操作中有困惑的问题及时向上级部门请示汇报；在吃透文件精神的基础上，紧密结合工作进展情况，组织部分零售药店负责人到通过新版GSP认证的药店进行现场观摩。听取企业对执行新版GSP的看法和意见，总结工作经验，为更加科学合理的开展新版GSP认证工作打好基础。2014年GSP检查共计88家次，出动362人次。全年已通过新版GSP的零售企业61家。全年共办理药品经营许可证许可审批103件，超过前三年许可认证通过总和。

◆查处网络销售假冒化妆品重大案件 年初，区药监局根据举报人提供的线索，检查区内一家网络销售化妆品的淘宝天猫店，发现该企业存在销售假冒化妆品的情况。区药监局在公安等部门的密切配合下，查获该企业销售的假冒化妆品价值14万余元，对其处以140万元罚没款的行政处罚。当事人完全履行处罚决定，该案顺利结案。

◆**医疗器械“五整治”专项行动**　3月下旬至8月下旬，区药监局在全区范围内开展医疗器械“五整治”专项行动，排查和解决医疗器械生产流通使用环节存在的问题和安全隐患，对一次性无菌、植入、体外诊断试剂、高值耗材等高风险的医疗器械进行重点检查。共立案12件，当场处罚2件，下达罚没款金额合计28万余元。其中查处“南京诺一金贸易有限公司擅自降低经营条件件案”被国家药监局作为医疗器械“五整治”专项行动典型案例予以全国通报。

◆**药源性兴奋剂专项治理“百日行动”**

6月，区药监局根据江苏省、南京市药监局的部署开展药源性兴奋剂专项治理“百日行动”，严防在青奥会期间出现药源性兴奋剂管理问题。区药监局除加大对辖区内零售药店、医疗机构的日常检查覆盖面外，还对区内部分药物研发单位、植物提取物生产经营单位进行了突击检查，防止出现各类药源性兴奋剂管理问题。检查中提醒相关单位严格遵守兴奋剂管理的各项规定，不得擅自生产经营《兴奋剂目录》中所列蛋白同化制剂、肽类激素、易制毒化学品等7大类物质。青奥会期间，区内3家零售药店因未能规范管理，主动报告停业整顿。

◆**全区零售药店、医疗器械经营单位和医疗机构负责人培训**　8月和10月，区药监局在区委党校组织召开全区零售药店、医疗器械经营单位和医疗机构负责人会议，约220余人参加。会上，南京市药监局专家对青奥会药源性兴奋剂监管和医疗器械不良事件监测工作进行培训。通过培训，与会人员充分认识青奥会药品安全和医疗器械不良事件监测工作的重要性，强化了业务知识，提高责任和风险认识。全年上报医疗器械不良事件97例，达到225份/百万人口，上报数量在南京市11个区县中位列第三。　□王　艳

安全生产监管

◆**概况**　2014年，全区各项安全控制指标均未突破南京市政府下达的控制考核指标，未发生有影响的事故，安全生产形势总体平稳。全年，区财政安全生产专项支出800多万元，区政府统筹规划150万元安全发展基金，加大安全社区建设、隐患排查整改投入力度。区安委会进一步明确各成员单位安全监管责任，促进区政府在全市率先研究出台《栖霞区安全生产管理责任体系》(宁栖政字〔2014〕127号)。建立健全安监工作新机制，实施隐患排查整改菜单制，通过自查自报系统、日常检查、群众举报等多种渠道，每月收集梳理安全隐患，向各街道下发不少于150条安全生产隐患菜单，由牵头部门跟踪督改。建立政府购买服务机制，区、街两级联动，分别与第三方中介机构签订协议，组织专家参与隐患排查和安全监管，提高检查的专业性。落实分片管理责任制，将全区9个街道分为3大片区，由区安监局3位分管领导分片负责，定点对接。安排安监大队10名执法人员相对固定派驻街道，每周不少于1天驻街道办公，下沉执法力量，提升监管效能。在全市率先建立有奖举报制度，设立20万元有奖举报基金，通过隐患短信举报平台宣传有奖举报制度、受理举报，以手机充值形式给予举报人20~200元不等的奖励。全年区政府召开4次区长办公会、10次全区大会研究部署“迎青奥”安全生产200天专项整治、“六打六治”、公祭日安全保障等重点工作。区安委会继续巩固安全社区建设成果，仙林街道成功创建国际安全社区，尧化街道成功创建全国安全社区。按照国家安监总局24号令要求，将119家企业纳入重点监管范围，检查各类企业467家次，下达责令限期整改指令书180份，处罚16家违法企业，罚款69万元。查处“12345”“区长、书记信箱”等渠道收到的各类举报信访61件，举报查处率100%，回复率100%。是年，区安监局被南京市安委会评为安全生产工作优秀单位和南京市迎“青奥”安全生产200天专项整治行动有功单位；被区委、区政府评为2014年度完成“五个建设”工作目标先进单位、2014年度机关作风建设争先进位优胜单位和2014年度平安法治栖霞建设先进集体。

◆**“迎青奥”200天安全生产专项整治**

2014年，区安委会组织开展“迎青奥”安全生产200天专项整治行动，全力打造“安全青奥”。根据安全生产管理责任体系，调动区域内各行业部门、街道执法力量，健全巡查机制，下发巡查实施办法，组织对区内所有生产企业开展日常巡查，定期督察，循环式互查，节假日、周末以及夜间等八小时之外的抽查暗访，检查不漏一处，不留“盲区”。全区共排查各类工业企业、建设工程、长输管道、人员密集场所、公共场所等2136处，排查整改各类隐患3141处，责令存在安全隐患的南京永保金属粉厂、南京焊条铁粉厂以及所有危险化学品生产、储存等30多家易燃易爆企业停产停业整顿。组织专家，联合消防、工信、质监等部门对危化企业、船舶修造企业开展拉网巡查，共检查、复查96家次，下发责令整改指令书150份，关停3家危化品存储企业，责令5家船企停产整顿。组织多部门联合执法，开展专项整治，共排查群租房、地下出租屋594户，排查整改消防安全隐患121处。检查在建工地、拆迁工地101处次。关停无证KTV34家，集中清理无证废品收购站，拆除城中村6个，投入近1000万元资金，整改龙潭老街、马群新街两处重大公共消防安全隐患。

◆**组织青奥期间安全大防控**　2014年青奥期间，区安监局梳理全区企业名单，按危险等级分级监管，先后召开142家重点企业和637家一般企业负责人大会，签订“保青奥”安全生产承诺书，明确企业主体责任，要求青奥期间定人、定责、定位，企业负责人承诺“五不准”即“不饮酒，不请(休)假，不离宁，不关手机，不离岗”。全面下沉执法力量，安监局全体执法人员分片包干，驻点督导，进驻区域内67家高危企业，每天到驻点企业督查企业主体责任落实，组织安全生产“十问十答”。整合区、街、部门执法力量，联合专家，组织对所有生产企业开展日常巡查，协助企业保障安全。要求各企业上报安全责任人、联系方式，建立栖霞安监区、街二级微信群，区、街安监人员将每日开展企业抽查暗访、夜间检查情况和问题及时反馈至微信群。针对高温、强对流天气等气候特点制定安全生产应急预案，区、街、企业三级严格执行24小时

专人值班和事故专报制度，全面做好青奥期间应急队伍和物资准备，实现全覆盖、全过程的动态监控。

◆**企业安全标准化创建** 2014年，区安监局着力推进企业安全标准化创建工作。在工贸企业领域，与各街道签订责任状，分解任务，召开2次标准化工作推进会，重点开展小微企业标准化创建工作，梳理名单，倒排进度，与中介机构对接，开展上门咨询服务。10月底前，全区已经通过105家小微企业标准化达标，超额完成南京市安监局下达的87家达标任务。针对企业安全生产标准化评审不合格项整改落实情况开展"回头看"，重点检查企业达标后安全生产状况，每年度开展自评及持续改进，不断规范企业内部安全管理体系。

◆**管线安全隐患专项整治** 2014年，区安监局促进区政府出台《区政府关于成立栖霞区管线管理工作领导小组的通知》(宁栖政字〔2014〕82号)，组织住建、城管等20个部门和街道成立地下管线安全监管工作领导小组，并在区住建局设立区管线办，负责动态管理全区地下管线基础数据，统筹协调安全隐患整改、现场施工管控、网格巡查等工作，这在南京市各区中尚属首家。同时，明确管线行业各监管部门，其中，区发改部门负责长输油气管线的监管；区住建部门负责城镇燃气管线的监管；区安监部门负责危险化学品管线的监管。与金陵石化等8家央企产权单位逐一对接，建立全区境内西气东输、川气东送、航空燃油、厂际管线等1100公里管线基础数据库。区领导先后召开6次专题会议，形成会议纪要，协调整改建筑占压、树木占压等各类影响管线安全的隐患26处，其中重大隐患4处，涉及1.2万多平方米建筑与管廊安全距离不足，实行挂牌督办。区、街两级共投入资金4000多万元，实施建筑拆除，占压清理，标识设立，一批影响管线安全的多年积患得到彻底整改。

◆**安全生产宣传教育活动** 2014年，区安监局组织全区安监人员开展封闭式培训，学习贯彻《南京市安全生产条例》等法律法规，组织街道分管领导、安监科长参加江苏省安全生产执法培训和国家安监总局业务培训，100%取得执法证和培训证书，确保每个街道不少于4人持证执法。针对企业管理人员、一线从业人员、农民工等举办9场培训班，共培训1500余人，建立从业人员培训台账，定期开展持证、培训情况检查。与南京市安监局积极协调，投资数十万元，在尧化地区设立特殊工种持证上岗集中培训考试点，方便从业人员考试取证。积极开展安全月各项宣传活动，在仙林街道亚东商业步行街广场举办安全生产月启动仪式及安全咨询日活动，组织街道、市燃管处、区消防、交警、质监等部门现场设立5个咨询台，摆放事故案例警示教育展板，传播安全知识。通过编发《安全生产通报》，下发《南京市安全生产条例》，编印发放安全宣传册等形式宣传安全知识。拓宽渠道，建立栖霞安监微信、微博平台，充分利用网络、电视、广播等媒体开展安全宣传，联合栖霞电视台开辟《安监在线》专栏，在省、市网站上发表信息80余篇，在《中国安全生产报》、《江苏安全》杂志上发表专题文章6篇。

◆**完善应急体系建设** 2014年，区安监局专门斥资20余万元，建设全区安全生产通信联络指挥系统，设立安全生产通讯发射总台，为区应急办、消防大队等部门及各街道配备45台数字对讲机，实现区域实时对讲全覆盖。按行业分析企业薄弱环节，开展应急演练试点，组织危化、非煤矿山、船舶修造等行业在金陵石化南京炼油厂、招商局物流、铅锌银矿等企业开展应急演练73场，其中大型应急演练5场，高危企业应急演练率100%，是历年同期应急演练频率最大，规格最高，范围最广的，有效提升应急救援实战能力。组织专家修订完善全区突发公共事件应急总体预案和危化品、道路交通等35个专项预案，开展企业应急预案管理专项检查，督促指导责任单位完善应急预案，理清事故报告程序，做好各类专项预案和总预案的衔接。在全区29家加油站全面推广阻隔防爆系统，提高危险源、点的应急科技支撑能力。

◆**国家安监总局到区检查** 4月23日下午，国家安监总局统计司处长沈文华一行，会同江苏省、南京市安监局职业健康处对栖霞区重点行业职业危害评估试点工作进行检查指导。检查组查看栖霞区南京太平洋窑炉设备有限公司、欧萨斯(南京)环境设备有限公司职业危害台账，现场检查扬子江药业集团海陵药业有限公司、南京汽车锻造有限公司职业健康工作开展情况。通过"听、查、看、问"等方式，检查企业涉及粉尘、噪音、有毒有害气体等存在职业危害的作业现场以及职业卫生机构设置、人员配备、管理制度、从业人员健康体检、相关人员培训以及职业危害申报等情况，听取企业负责人工作汇报。检查组对栖霞区企业职业危害评估预防工作给予充分肯定，认为重点企业对职业危害防护措施到位，劳保用品配备到位，工作细，底数清，监管机构多措并举，指导有力，针对性强。同时建议栖霞区要继续加强职业危害宣传、告知、指导工作力度和执法力度，切实保障企业职工安全健康。

◆**管道损坏涉险事故应急演练** 6月24日上午，栖霞区政府组织区安监局、应急办、金陵石化等单位在南京炼油厂开展管道损坏涉险事故应急演练。南京市安监局副巡视员柯用斌，南京市经信委相关领导以及区安委会相关部门分管领导，各街道(园区)分管领导、安监人员、重点化工企业负责人150余人参加观摩。演练模拟一辆槽罐车在避让突然冲出来的电瓶车时，撞到金陵石化公司管廊架，导致管道泄漏发生。事故发生后，康保厂职工立即报警，通知管线产权单位。产权单位迅速启动企业应急预案，确认泄漏化学品性质后，关闭管线阀门，组织工程人员赴现场。区政府迅速成立由尹军副区长为总指挥，区公安分局、应急办领导为副总指挥的现场指挥部，启动相应级别应急响应，成立警戒疏散、现场救援等8个专业小组，协调相关职能部门赴现场处置。经过近30分钟紧张有序的处置，现场泄漏的管线被紧急修复，泄漏的有毒气体经过稀释，已不存在危害，"泄漏"事故成功处置，演练取得圆满成功。演练结束后，区长邢正军作总结发言，对演练表示认可。

◆**烟花爆竹集中销毁行动** 青奥前夕，按照南京市统一部署，全区所有零售点烟花爆竹统一下架，一律禁售禁放。区安监局专门召开保青奥烟花爆竹安全监管工作会议，向烟花爆竹经营户发放《致烟花爆竹经营户告知书》《致客户告知书》，要求9家街道烟花爆竹经营户切实做好烟花爆竹下架封存工作。8月8~10日，区安监局联合区公安分局和南京国贸土产公司，对全区203家零售点烟花爆竹实行政府统一回购并集中销毁，共集中销毁12698箱，整顿区烟花爆竹储存仓库1家。 □马 飞 魏 力

消 防

◆**概况** 2014年，公安分局按照上级公安机关关于加大消防安全监管、减少消防安全隐患的总体部署，加大对消防安全隐患的排查整改、消防突发事件的处置和日常消防安全宣传力度。全年，公安分局消防大队共出动消防车1012辆次，消防官兵3379人次，抢救被困人员31人，疏散人员197人，抢救财产价值374万元。消防大队监督检查单位2131家次，发现火灾隐患或违法行为1300处，下发《责令改正通知书》887份，督促整改火灾隐患或者违法行为1042处，立案查处351起，实施临时查封13处，责令“三停”单位24家。

◆**消防安全问题整治** 2014年，公安分局严格落实属地责任，先后督促马群、龙潭、迈皋桥街道投入400多万元对隐患区域进行整治，配置消防装备，增强了初期火灾的扑救能力。对全区排查梳理出来的12家涉及“三合一”的场所开展专项整治。2014年，公安分局联合工商、文化、质检、安监等部门联合对辖区内无证经营KTV、桑拿浴室、废品收购站、汽修场所开展联合执法。先后开展职能部门联动执法14次，先后劝停或关停无证KTV、桑拿浴室等场所30余家，取缔废品收购站10余个，关停汽修、摩修场所6处。

◆**消防安全培训宣传** 2014年，公安分局会同仙林大学城消防志愿者联盟，联合开展“消除火患，远离火灾”暑期消防安全宣传教育。利用户外大屏、影院影片播放前夕，播放消防公益宣传教育短片；走进社区，面对面和百姓交流。督促指导全区所有消防安全重点单位开展一次消防安全警示教育，开展一次消防演练，开展一次教育培训，对小场所、小单位及“三合一”场所等全部宣传告知一遍。切实落实消防宣传进学校、进社区、进企业、进机关、进农村，全年开展各类宣传教育活动380余次。 □吴佳键

交通安全

·交警七大队·

◆**概况** 2014年，交警七大队管辖区域包括栖霞区、南京开发区、仙林大学城。辖区内道路总长1638.87公里，其中，国道、省道3条，长25.77公里；主干道27条，长45.3公里；次干道60条，长112.22公里；县、乡道路397条，长948.07公里；村级道路275条，长507.5公里。辖区内有南大、南师大、中国药科大学、南财、南京森林警察学院、南信院等大专院校13所，驻区部队179旅、南京第十干休所等多个单位，金陵石化公司、石油公司栖霞油库等大型石油化工企业20多家，以及龙潭大型深水港码头、国际汽配城、省级旧车交易市场等。辖区有车辆运输单位3360家，驾驶员12.8万人，车辆10.6万辆，其中，危险品运输单位20家，车辆850辆；出租公司3家，出租车639辆。2014年，交警七大队以“迎青奥”为契机，坚持“以人为本、标本兼治”原则，突出对路口秩序、路段违停和“三小车”违法开展专项治理行动。全年查处违章22.33万起，拘留12人。其中查处酒后驾驶525起、酒醉驾驶6起、机动车闯红灯2281起、查处渣土车违法行为9120起，暂扣各类不规范车辆2107余辆。同时，持续加大重点车辆、驾驶人源头监管力度，有效提升源头监管效能。健全城市道路区、街道及区各部门隐患排查整改联动机制，跟踪整改进度，确保道路隐患排查见底，整改措施落实到位。全区全年发生交通事故8709起，比上年同期下降29%，其中死亡事故59起、死亡62人，比上年同期分别下降6.3%和6.1%；伤人事故1075起，造成1120人受伤，比上年同期分别下降23%和21%。

◆**整治“三小车”违法行为** 2014年，交警七大队继续保持“三小车”整治的高压态势。各街道借鉴尧化马自达整治成功模式，按照“政府主导、部门参与、条抓块管、以块为主”的工作原则，主动上门做工作。交警七大队各中队配合街道执法力量，针对三小车聚集的重点、难点区域，按照先非残疾人，再外地残疾人，最后本地残疾人的顺序，对“马自达”车主信息按照“一人一策、一车一策”进行摸排、梳理、分析，建立档案建档攻坚，逐一入门入户进行宣传，谈法律、讲政策，要求其认清形势主动放弃从事非法营运工作，确保有效建立长效管理机制。交警七大队在青奥安保警力严重不足的情况下，抽调后勤、事故民警上路，围绕商贸区、车站等聚集点，持续开展攻坚整治，在迈皋桥、经天路、马群等地铁站坚持警力守到最后一班地铁结束，并妥善应对处置车主堵门、睡马路、拦截车辆甚至自残、自焚等过激行为。为协助街道做好“三小车”车主善后接访工作，交警七大队专门安排了一名长期在一线工作，经验丰富的老民警配合街道接访，面对大量的要求立即予以处理放车的“三小车”车主，悉心解释，面对要泼打滚，堵门要挟的车主耐心接待。交警七大队共暂扣“三小车”727辆，移送石佛寺639辆，切割非法装置536个，“三小车”聚集乱点明显减少。

◆**“黑车”整治** 2014年，交警七大队继续保持对仙林地区黑车整治的高压态势，制作宣传横幅50余条，在黑车集中区域进行广泛宣传。同时，大队宣传民警主动走进高校，利用校园广播、网络、橱窗等宣传平台，动员高校师生放弃乘坐黑车出行。为进一步挤压黑车的生存空间，交警七大队在加大路面处罚力度的同时，进一步加大科技投入，增强操作人员的培训力度。全年在仙林地区安装静态监控48处，查处机动车违停49756起，100元记3分5453起，其中近九成是黑车。面对高密度、大力度的监控和民

警现场处罚，部分黑车车主与交警和客管处打起了游击战，针对这一现象，交警七大队充分发挥移动监控抓拍的作用，不仅充分利用仙林中队的移动抓拍车，还不定期抽调迈皋桥、八卦洲中队的车辆予以增援，让黑车车主防不胜防。目前，大队移动监控抓拍车辆共取违9481起。青奥会期间，虽然面对高密度、高要求的各级保卫任务，面对奥体、浦口、玄武等比赛场馆不断的支援任务，面对开、闭幕式大量的警力投入，警力前所未有的严重不足，交警七大队仍抽调2名骨干民警全身心配合区打黑大队开展仙林地区黑车整治工作，确保仙林地区的城市环境发生翻天覆地的变化。

◆交通停车秩序整治 4月上旬至8月上旬，中共南京市委、南京市政府决定开展“大干一百天，环境大扫除”专项整治行动。根据区委、区政府的部署和上级公安机关的要求，交警七大队在全区范围内集中组织开展停车秩序及警营环境整治工作。落实南京市公安局及交管局《窗口、内务设置管理规范》和《交管局服务窗口设施设置标准》，对窗口环境、内务卫生进行一次大梳理、大摸底、大排查，对驻外中队、驻外窗口，逐一检查、逐一过堂，对发现的问题立即予以整改。对全区112条主次干道进行排查，因症施策，对符合停车条件的路段和停车矛盾较为突出的路段和地区，与城管和街道联系，挖掘停车资源，规划停车泊位，安排工作人员进行收费管理；对于不符合停车条件的路段，最大限度地采用物理隔离；对路边贩卖水果的车辆，积极联合街道市容进行整治，同时从人民群众意愿出发，落实专人关注大队官方微博、网络舆情信息等，对群众反映的问题及时落实整改，与网民互动，加强舆情引导和正面新闻报道，最大限度争取群众的理解和支持。自4月1日至8月底，交警七大队共贴单51758起、移动电子警察抓拍5804起，监控抓拍21606起，现场处罚100元记3分26127起，清拖车辆493辆次(其中长期停放的僵尸车65辆次)。

◆重大活动交通管理 12月13日，首个南京大屠杀死难者国家公祭日活动在南京举行。交警七大队承担了紫金山庄酒店要人警卫交通安保任务，同时，还要兼顾南京森林警察学院车队、燕子矶分会场、辖区内7个全红灯控路口的管理任务以及001安保地面车辆管控任务。交警七大队完成一级警卫任务3趟次。12月31日，为确保栖霞寺新年撞钟交通安保万无一失，交警七大队组织全队百名警力，设立5个管控分流点、3个社会车辆停车场，分设4个路段巡管组，调集2台清障车和1辆122巡逻车，根据现场交通总量和人流密集度，实施“总量调控”和“局部微循环”相结合的交通组织。当晚交通管理安全有序，未发生一起交通事故。 □侯 萌

·交警高速公路二大队·

◆概况 2014年，交警高速公路二大队开展“迎青奥、保安全、促畅通”交通秩序专项整治、“大干一百天，环境大扫除”等工作，为青奥会、APCE会议、国家公祭日大型活动创造稳定的道路交通环境；狠抓事故预防，实现重大交通事故大幅下降；强化高速恶劣气候预防处置。全年，大队共出动警力1.2万余人次，巡逻车9000余台次，巡逻里程约93万公里，开展各类专项整治50余次，取缔各类交通违法行为51493起，其中非现场查处42667起，现场处罚8826起(其中记分违法8448起，记分率95.72%)。全年辖区实发交通事故3997起，比上年(3154起)上升26.73%；其中简易程序事故3986起，比上年(3139起)上升26.98%；一般程序事故11起(去年15起)，其中死亡事故3起，致5人死亡，比上年(8起致9人死亡)事故发案率和死亡人数分别下降62.5%和44.4%，重大交通事故发案率已连续三年大幅下降，重大事故预防取得实效。总体来看，2014年虽然简易交通事故受到流量的增加和节假日大流量的影响有所上升，但重大死亡事故和死亡人数大幅下降，重特大交通事故得到有效控制，辖区未发生有影响的重特大交通事故和涉车涉路治安、刑事案件，特别是全队保证重点节假日超高流量道路通行、青奥会安保和国家公祭日安保等工作，赢得上级部门和群众好评。

◆春运交通管理 2014年，春运从1月16日起，到2月24日止，历时40天。春运期间，二桥过江流量达到332.65万辆次，日均流量比平时上涨40%左右，经历4场大雾管制交通、6天冰雪等恶劣天气。高速二大队共出动警力1600余人次，检查登记重点车辆(大客车、危化品运输车、面包车)2万余辆，发放安全宣传材料1万余份。现场查处各类违法630起，实发交通事故857起，比上年389起上升120%，主要是免费放行期间轻微交通事故增长迅猛，未发生有影响的重特大交通事故，交通安全形势稳定。

◆南京长江二桥全天禁止外地货车通行

3月27日，南京市公安局交通管理局对外发布《关于绕城公路、长江二桥禁止部分车辆通行的通告》：自2014年4月1日起，绕城公路的刘村枢纽经长江二桥至雍庄枢纽段、沪宁高速的麒麟枢纽以西段全天禁止非本市籍号牌货车和过境营运客车通行。上述车辆可从绕越高速公路(G2501)通行。对于外地货车违反规定在二桥通行的一律按照规定罚款100元并记3分。全年，高速二大队共现场查处8000余起外地货车闯禁区违法行为，通过不断整治，货车的通行量已从原来的日均3万多辆降至1万多辆，有效确保政府禁行措施执行到位。

◆省、市领导检查指导工作 7月30日上午，市委常委、政法委书记刘志伟到二桥公安检查站检查指导青奥安保环宁护城河公安检查站工作。实地察看检查站民警、武警的工作情况，参观检查通道内部安检设施，慰问驻站交警、武警和分局支援警力，听取各警种关于青奥会检查站工作情况汇报，对二桥公安检查站工作给予充分肯定，对全体参战人员在炎炎烈日下坚守岗位表示亲切慰问，并对下一步工作提出具体工作要求。

8月5日上午，江苏省武警总队副司令员冯彬、政治部副主任殷作亚亲临二桥安检站检查指导工作，冯彬实地察看了在二桥公安检查站参加青奥安保工作的武警官兵工作情况，详细了解安检站的警力部署和工作流程，深入官兵宿舍察看内务，并对参战的武警官兵在高

温烈日下坚守工作岗位表示慰问。

8月20日下午,副省长、省公安厅党委书记、厅长王立科以暗访的形式,深入南京长江二桥公安检查站检查指导工作。二桥检查站站长雷民向王立科报告二桥公安检查站工作情况,介绍大队警力部署、工作勤务以及正在开展的青奥安检工作。王立科对大队检查站工作表示肯定,希望全体参战警力,继续发扬不怕吃苦、连续奋战的优良作风,咬紧牙关,坚守岗位,确保夺取青奥安保工作的全面胜利。

◆**青奥会护城河安保**　第二届夏季青年奥林匹克运动会于2014年8月16日至28日在南京举行。为做好青奥会安检工作,南京市公安局在全市外围各重要关卡设立公安检查站,发挥环宁护城河作用。南京长江二桥公安检查站于7月15日运作,进入三级勤务;8月1日进入一级勤务,与武警、部队、治安、学警等支援人员100余名警力,开始全面安检。期间,检查登记各类入宁车辆83946辆,入宁人员163158人次,盘查重点地区车辆41辆,消除嫌疑119人;抓获网上"三逃"人员4名,涉毒嫌疑人5名,缴获冰毒5.4克,大麻(61头,24根枝干),成功处置非正常上访事件1起,收缴管制刀具71把,仿真枪8把,拦截违规运输危化品1起40吨,收缴其他管控物品274件(个),行政拘留4人,切实发挥好环宁护城河公安检查站过滤网的作用;期间还圆满完成青奥会开、闭幕式通行80趟一、二保要人警卫任务;8月20日下午,副省长、公安厅党委书记、厅长王立科到二桥检查站,对检查站整体工作给予充分肯定。因二桥公安检查站出色的工作成绩,青奥会期间有1人荣获省级个人二等功,3人被南京市公安局嘉奖。

◆**国家公祭日公安检查站安保**　12月13日,首个国家公祭活动在南京举办。二桥公安检查站立即恢复,11月下旬全警进入三级勤务;12月1日至10日进入二级勤务;12月10日至14日进入一级勤务模式,与支援的治安、武警、警辅一同坚守公安检查站,严格落实对过往八大类车辆(1.反恐、情报等部分有明确查控要求的车辆;2.各类通报协查布控车辆;3.司乘人员、悬挂号牌或外观标识明显来自涉疆、涉藏等重点地区的车辆;4.无牌或牌照污损、模糊不清、无法辨认或有假牌套牌嫌疑、有碰擦撞击痕迹等车辆;5.夜间行驶的微型面包车、车窗深色贴膜客车等重点类型车辆;6.绕行、规避、急停、疾驶等车辆;7.出租车、危险物品运输车以及其他嫌疑车辆;8.现场发现或者上级指令要求查控的其他车辆)和涉恐等重点人员的检查。其间,二桥检查站检查登记重点车辆3500余辆,核查人员2.2万余人次,其中重点区域车辆3辆,排除嫌疑8人次;查处重点违法行为414起,其中酒后驾驶1起,无证驾驶1起;收缴各类管制物品22件;并完成7趟次要人警卫任务,无一差错,受到上级公安机关的充分肯定。　□王远淦

防震减灾

◆**概况**　2014年,全区加大防震减灾知识宣传力度,着力推进防震减灾基础设施和队伍建设。组织开展进学校、进企业、进社区、进机关、进农村的"五进活动",采取防震减灾社区知识竞赛、防震减灾广场宣传咨询、抗震救灾图片展等多种形式,宣传普及地震和灾后卫生、生活科学等知识,发放防震减灾宣传资料6000余份。栖霞区新增南京市地震安全示范社区1个。加大中小学校防震避震知识培训,成立地震知识兴趣小组,组织开展防震宣传画比赛、防震减灾小论文评比、参观南京栖霞少年民防教育馆等系列活动,将防震教育知识落实到课堂内外,组织全区中小学开展应急疏散演练,中小学校应急疏散演练率达100%。新增南京市防震减灾科普示范学校1家。加强灾情速报队伍及地震科普宣传员建设,完善区级地震灾情速报网络,与栖霞区公安消防大队合作成立"栖霞区地震应急救援搜救队",进一步加强栖霞区地震应急救援能力。加强防震预警设施建设,协助南京市地震局在燕子矶、龙潭安装地震烈度仪2处,在龙潭大棚村设立防震减灾监测点1处。

◆**社区地震科普宣传员培训**　3月13日,为进一步推动地震科普宣传工作,提高地震科普宣传员工作能力,普及防震减灾科普知识,区科技局举办社区地震科普宣传员培训,邀请南京市地震局震害防御处黄凌云副处长担任培训师,就地震的现象、形成原因、产生灾害、地震波的传播、震级,以及地震发生时如何避险等方面进行培训。全区共115名街道、社区地震科普宣传员参加培训。培训结束后,南京市地震局震害防御处处长王金宝向参加培训的宣传员颁发南京市防地震减灾社区科普宣传员证书。

◆**中小学防震减灾疏散演练**　5月12日,栖霞区实验小学组织开展"防震减灾疏散演练"活动。全体师生按照学校地震应急预案确定的逃生路线迅速进行疏散,演练活动从拉响警报到全体师生撤离至学校操场指定区域用时仅1分53秒,实现了安全、高效、有序地撤离,达到了疏散演练预期目标。活动当天,邀请南京市地震局震害防御处黄凌云副处长为学生做地震应急逃生知识讲座。在"5·12"防灾减灾日前后,全区46所中小学开展应急疏散演练。　□杭　铖

人民武装

·概　述·

◆**概况**　2014年,区人武部贯彻南京警备区党委(扩大)会议精神和区委、区政府指示精神,抓思想筑牢根基,抓准备提升能力,抓党建坚强核心,抓安全保持稳定,地方军事工作有序展开、稳步推进。思想政治建设富有成效,民兵整组工作拓展深化,军事训练工作扎实推进,青奥安保工作安全圆满,兵员征集工作保质保量,基层规范化建设如期达标,新民兵训练基地建设有序推进。南京港龙通信技术有限公司武装部成立。区人武部被江苏省军区评为军事训练先进单位、征兵工作先进单位、部所挂钩帮建活动先进单位,被南京警备区评为征兵宣传先进单位、新闻宣传先进单位、青奥安保优秀单位。

◆**青奥安保**　7~8月,区人武部按照南京警备区和区委区政府部署,出动基干民兵

××人次，圆满完成青奥安保各项执勤任务。配合地铁公安分局、公交治安分局、南京地铁公司、南京公交公司对辖区内8个地铁站台（1号线迈皋桥站，2号线马群站、金马路站、学则路站、仙林中心站、羊山公园站、南大仙林校区站、经天路站）驻站巡查，对6条公交线路（140路、25路、28路、114路、73路、68路）随车执勤。同时，配合区政法委（综治办）做好各类突发事件的应急处置工作。参战民兵以严整的军容、规范的执勤、昂扬的斗志，受到省市军地领导和人民群众充分肯定。

·民兵预备役·

◆概况 2014年，区人武部立足现有条件，从严落实各项战备规章制度。战备抽查××次，应急拉动民兵应急分队××人次。动用基干民兵××人次参加青奥会和国家公祭日安全保卫。5月，组织实施"全市民兵防化分队成建制基地化训练"，并进行带战术背景的防化救援综合演练，得到南京警备区原司令员傅沿江肯定。南京警备区向各区转发区《紧扣专业特点，突出基地化特色，着力提高民兵防化分队应急处突综合能力》经验材料。12月，街道武装部部长参加南京警备区集训，区平均成绩靠前，燕子矶街道武装部长梁会玉个人综合成绩全市排名第一。开展防汛抗洪骨干集训、高炮分队操作手跟训、安保任务培训、应急值班分队集训等多项专业训练。

◆民兵组织整顿 3~6月，区人武部按照南京警备区部署开展民兵整组工作。全区编组普通民兵××人，分支援、应急、储备3类队伍，其中，支援队伍占58%、应急队伍占25%、储备队伍占17%；编有联合防空、通信保障、工程抢修、伪装防护、防化救援、交通运输、物资油料、医疗救护、安全警戒、后勤保障、经济动员、应急救援等分队13种，其中，各军兵种民兵保障分队占36%、街道民兵占62%、企事业单位民兵占38%。35岁以下人员占96%，专业对口率76%，受训率41%，各项指标均达到有关规定要求。

◆民兵防化分队成建制基地化集训 4月，区人武部依托南京市民兵教育训练基地，牵头组织全市民兵防化分队成建制基地化集训，系统学习防化救援理论知识，进行防化装备操作使用实操训练，全市××名民兵骨干参加集训。集训结束时，组织带战术背景的防化救援综合演练，训练效果得到南京警备区司令员傅沿江高度肯定。南京警备区向各区转发栖霞区《紧扣专业特点，突出基地化特色，着力提高民兵防化分队应急处突综合能力》经验材料。

◆基层武装部规范化建设考评 11月19日，南京警备区司令员曹新民、政治部主任夏清潺带队，对区基层武装部规范化建设进行考评，副区长毛银玲、区人武部部长李斌、政委徐刚陪同考评。考评组先到马群、迈皋桥、燕子矶和仙林4个街道武装部，分别听取街道主要领导工作汇报，查看各场所硬件设施和软件资料，后至区委党校会议室，听取毛银玲工作汇报。曹新民对区基层武装部规范化建设高度肯定，概括出高度重视、推进有力、舍得投入等3个特点，要求区人武部按照党管武装7个规范，在规范化建设中处理好硬件与软件、有形与无形、当前与长远等3个关系。

·征 兵·

◆概况 2014年，区人武部积极开展征兵宣传，在仙林大学城组织"征兵宣传校园行"活动3期，中央电视台予以报道。区征兵办与钟山学院合拍的微电影《当兵去》，在南京警备区展播被评为二等奖。是年，全区为军队和武警部队输送合格新兵××名，超额完成征兵任务。

◆夏秋季征兵 2014年夏秋两季，全区为军队和武警部队输送合格新兵××名，超额完成征兵任务。大学及以上学历兵员××人，占54.3%；普通高中及同等学力兵员××人，占45.1%。党员××人，团员××人，党团员占61.8%。

◆征兵宣传校园行 6月5日，区人武部在钟山职业技术学院组织"征兵宣传校园行"活动，区人武部政委徐刚、钟山职业技术学院党委书记杨四海等军地领导参加。活动吸引1200余名在校大学生现场咨询。是日，全国女兵征集网上报名开始。中央电视台《新闻联播》《军事新闻报道》《新闻直播间》等栏目对"征兵宣传校园行"活动予以报道。 □徐 刚

人民防空

◆概况 2014年，区人防办围绕人防信息化建设和服务民生两大目标，开展人防工程大普查、环境专项整治和人防进社区（村）等工作，努力开创人防工作新局面。2月始，普查人防工程，全年，完成×××个、建筑面积××××××平方米人防工程普查任务，人防工程维护管理合格率100%，优良率85%，开发利用率达

新兵起程 区人武部 供稿

80%。为确保青奥会期间安全稳定,区人防办建立健全青奥安保维稳组织体系,研究制定行动计划和各专项工作方案,组织机关工作人员参与治安巡防。

利用“六五”普法教育、防灾减灾日和《中华人民共和国人民防空法》颁布纪念日等时机,采取多种形式开展人防宣传教育,依托市民广场、社区、学校、教育馆、媒体等阵地普及人防知识。在全区15所初中开设人防教育课,开课率100%。向初一年级56个班级学生免费发放《民防知识》教育课本4700册。投入5万元,在摄山小学开设民防知识教育课。动员机关、学校、企业、社会团体参观栖霞少年民防教育馆,参观人数8000人次以上。投入20万元,完成栖霞街道银矿社区纳凉工程扩建任务,全年免费向居民开放,夏天接待纳凉群众4800多人次。投入200万元,完成马群街道百水芊城社区4490平方米地下停车场改建任务。推进人防工作进社区、农村。全年,向9个街道、120个社区(村)下拨人防工作进社区专项经费147万元,给120个社区(村)制作人防宣传栏,配发人防宣传挂图,在部分社区配备户外电子显示屏。完成人防应急救援包摇号发放工作。开展“结对帮扶”工作,投入23万元,资助迈皋桥街道晓庄社区、迈皋桥街社区环境整治出新;投入20万元,扶持八卦洲街道外沙村农村经济发展。完善区人防地下指挥所信息平台建设。对××台警报器进行全面检查,提升区防空警报覆盖率。组织各街道、驻区重要经济目标单位制定防空袭方案。狠抓人防机关队伍和专业队伍建设,完成××支专业队、×××人的整组和训练任务。10月10~16日,组织人防机关工作人员和专业队员200人参加人民防空“生命线”工程防护演习,圆满完成任务。12月13日,结合南京大屠杀遇难者国家公祭日,开展防空袭演练活动。是年,区人防办被南京市国防动员委员会评为人民防空“生命线”工程防护演习先进单位。

◆人防工事普查　2014年,为准确掌握区人防工程管理现状,探索新形势下人防工程管理的新途径、新办法,区人防办对人防工事管理情况进行普查。区人防办工程监管科深入街道、社区,对全区人防工事维护管理情况逐个检查,8~10月,为确保青奥会期间安全稳定,区人防办开展人防工程使用、安全管理普查,逐条对照普查内容,逐项如实填写人防工程普查表,做到不走过场,不留死角。全区人防工事合格率100%,优良率85%,人防工事开发利用率80%。

◆人防工作会议　4月11日,区人防办召开人防工作会议,总结2013年人防工作,结合党的群众路线教育实践活动,对2014年全区人防工作进行详细部署。会上,副区长陈松与各街道人防工作负责人签订“2014年度人防管理目标责任书”,对2014年人防工作提出明确要求。陈松指出,各级人防部门一定要按照“能打仗、打胜仗”的总要求,树立战略思想和应急思想,增强做好人防工作的责任感和使命感,进一步提高对人防工作重要性的认识;着眼适应“战场”和“市场”需要,明确当前形势下区人防建设面临的新任务,发挥人防单位小、作为大的作用,推动区人防工作向纵深发展。

◆市人防办领导考察区人防地下指挥所　5月28日,南京市人防办主任傅阳等一行5人,考察区人防地下指挥所,区人防办主任杨家龙陪同考察。傅阳等一行在查看区人防地下指挥所后召开座谈会。杨家龙简要汇报区人防地下指挥所建设和调试运行情况,傅阳对区人防地下指挥所建设予以充分肯定,他指出,人防地下指挥所建设要注重质量,严格工程验收;要完善信息化系统,优化指挥所功能,把指挥所信息系统与南京市人防办、国动委成员单位的信息系统连接起来,实现信息共享,统一指挥;要加强人才的培养和训练,做到平时能应急,战时能应战。

◆邢正军调研人防地下指挥所　6月30日,区委常委、区长邢正军率领区政府领导班子成员调研区人防地下指挥所建设情况,区人防办主任杨家龙等陪同。邢正军仔细查看人防地下指挥所设施设备,听取杨家龙工作汇报,对人防地下指挥所建设给予充分肯定。他要求人防办要加大工作力度,按照南京市人防办要求的时间节点,高标准、高质量地完成地下指挥所工程验收前的各项准备工作,确保验收顺利通过。

◆家庭应急救援包发放　10月22日,区人防办在区委党校举行家庭应急救援包发放电脑摇号仪式。南京市人防办副主任徐利国、区政府副巡视员朱青涛出席仪式。区人防办主任杨家龙主持仪式。区机关、各街道、各社区相关领导,社区居民代表及媒体记者150余人参加摇号仪式。户籍数为区公安部门提供的数据,摇号者为每个街道的两名居民代表。区公证处全程监督。通过电脑摇号,8100个家庭获得应急救援包。　□成集军

10月22日,区人防办在区委党校举行家庭应急救援包发放电脑摇号仪式
区人防办　供稿

科技·科技创新平台

Science and Technology & Sci-tech Innovative Platforms

南京市仙林鼓楼医院

杨[illegible]绘

◎ 责任编辑　贾志忠

总　　述

◆概况　2014年，栖霞区科技工作聚焦重点、创新举措，被国家知识产权局认定为国家知识产权强县工程试点区，高新技术企业进一步集聚、科技孵化体系不断完善，各项工作取得一定成效。科技创新引领产业发展，完成《栖霞区3D打印产业发展规划》，行政区完成高新技术产值213亿元，全年新认定高新技术企业15家，新认定江苏省高新技术产品30件，获得国家、省、市级科技计划项目立项36个，获扶持资金1033万元（含科技创新券350万元）。载体建设助力创新创业，新增国家级“苗圃+孵化器+加速器”科技创业孵化链条建设示范单位1家，国家级科技企业孵化器1家，省级科技企业孵化器1家，市级科技企业孵化器2家，市级专利产业化基地1家；新增在孵企业538家，新增毕业企业15家。科技服务推动全面发展。加大科技创新创业人才培养力度，入选科技部科技创新创业人才1名、中青年科技创新领军人才1名、重点领域创新团队1个，入选2014年江苏省“博士计划”2名，入选“紫金科技创业系列人物”4名。提升知识产权服务水平，开展点菜式选学培训48场，1家企业被评为国家级企业知识产权管理标准化示范先进单位，2家企业入选省级先进单位，培育省、市级“正版正货”示范街区2家，培育南京市知识产权示范企业4家，全年累计完成专利申请5060件，发明专利申请2744件，专利授权1682件，发明专利授权350件。丰富科技成果转化服务形式，开展“企业高校行”“高校企业行”“科技沙龙”等专场活动，开展产学研合作项目49项，获南京市科技进步奖2个，获“金桥工程”立项10个。强化科技金融服务，建成区科技金融集聚区。是年，区知识产权局被评为2014年度江苏省知识产权工作先进集体、2014年度南京市知识产权执法维权工作先进单位。

◆科技体制综合改革　2014年，区科技局按照南京市和栖霞区综合改革工作的总体部署，与大学城高校服务处共同推进科技体制综合改革。加快推进民营科技企业创新发展，推进完善科技管理制度，解决制约企业技术创新的突出问题，突出对“三大三小”科技产业的扶持，修改完善《栖霞区科技计划项目管理办法》和《科技发展计划项目申报指南》，支持民营企业加大研发投入，重点培养高新技术企业。健全知识产权应用与保护制度，建设国家知识产权强县工程试点区，推进知识产权企业培育工程，培育专利成长型企业；推进知识产权运用推动工程，筹建江苏省专利运营中心栖霞分中心，探索实践符合栖霞区情的区域专利运营模式；推进知识产权保护工程，提高全区知识产权保护意识，强化知识产权联合执法协作机制；推进知识产权服务提升工程，开展知识产权“菜单式选学”培训，更好的服务于企业知识产权意识提高和能力提升。创新仙林科技城管理体制机制，制定并执行《仙林科技城发展联盟推动科技创业创新工作评比激励办法》，鼓励驻区高校引进各类拔尖人才，加快科技成果就地转化和高校科技园建设，形成人才集聚、产业发展、科技创业创新的规模效应。

◆科技经费投入　2014年，栖霞行政区下达科技创业家扶持资金175万元；下达高新技术企业扶持资金100万元；下达栖霞区科技成果转化专项资金113.28万元；下达栖霞区科技型企业技术创新基金项目37项，补助经费400万元；拨付2011年、2012年入选南京科技创业家企业贷款贴息121.26万元；下达栖霞区科技发展计划项目6项，补助经费72万元。此外，获得国家级、省级、市级各类科技计划立项36项，争取到项目扶持资金1033万元。

◆第七批“科技镇长团”　8月，栖霞区迎来第七批“科技镇长团”成员。江苏省委组织部向栖霞区选派第七批“科技镇长团”专家20人，总数位居全市第一。其中，胡永红、高敏、李栋、孙林、夏卫平、李志臣、赵蕴龙、钟德星、王晓亮、李竹、韩顺法、商琳等12名同志赴栖霞区任科技镇长团成员，胡永红同志任团长；张敏、吕佳、王健、冯杨阳、丁翠平、汪敏、张平、柳永坡等8名同志赴南京经济技术开发区任科技镇长团成员，张敏同志任团长。镇长团成员在行政区、开发区、大学城各个岗位上充分发挥优势，积极搭建桥梁，为推动栖霞转型发展建新功。

◆省科协领导到区调研　8月21日，江苏省科协副主席冯少东一行到栖霞区调研科普阅览屏在社区的应用情况，先后参观了青田雅居社区和尧林仙居社区示范点。冯少东对区科协在科普阅览屏应用上的探索表示肯定，同时提出阅览屏应进一步丰富内容形式，鼓励社区科普员更好地引导青少年、社区居民等特定人群使用新媒体了解科普知识。

科技创新平台

金港科技创业园

◆概况　2014，南京金港科技创业园大力推动科技创业孵化链条建设，全面推进园区发展，被科技部火炬中心认定为国家级“苗圃–孵化器–加速器”科技创业孵化链条建设示范单位；被省科技厅认定为江苏省科技企业加速器、首批江苏省“苗圃–孵化器–加速器”科技创业孵化链条试点单位。金港科创园全年完成财政总收入1.15亿元，实现全社会资产投资3亿元，实现软件和信息服务业收入4.69亿元，完成服务外包执行额384万美元，其中离岸执行额177万美元。全年完成专利申请397件，发明专利申请183件。新增孵化器在孵企业44家、毕业企业8家。建成金港信息化管理系统，开办“金港创新创业学堂”6场，帮助园区企业获市级以上项目立项15个，争取各项扶持资金845万元；新培育高新技术企业2家；新认定省级企业研究生工作站1家、市级工程技术研究中心1家。建成区科技金融集聚区，组织“企业场外市场挂牌交流会”、“知识产权质押贷款”等专题金融对接活动，区科发公司、上海晋成投资等8家机构落户集聚区。中自南京物联网技术研究与应用中心、南师大协同创新中心投入运营；江苏省（佰腾）专利运营中心栖霞分中心落户园区。攻克建设难点，园区二期工程15万平方米主体全部封顶，一期配套项目进入竣工收尾阶段。扩大招才引智的渠道，深化与中科院自动化所合作，深挖创业人才来宁创业。引进重大项目26个，引进国家千人计划专家1人，南京“321”计划人才7人，新增江苏省双创计划人才1人；入选南京市紫金科技创业新锐人物1人、南京市紫金科技奋进人物1人。加强苗圃运营管理，与南京财经大学共办“挑战杯夏令营”，举办“创赢未来”苗圃专场项目选拔，开展“同类型项目交流会”，新增大学生创业项目61个，完成登记注册项目42个。

◆园区制度建设 2014年，南京金港科技创业园健全、规范园区发展各项制度，弥补制度漏洞，保障园区建设高效、运营规范。完善项目入驻筛选评估机制，修订完善《南京金港科创园项目(企业)入园评审管理办法》，结合园区主导产业，严格项目准入制度，强化项目引进评价体系，明确项目考核流程，确保项目落户科学规范；推进工程建设管理规范严谨，编制《南京金港科技创业园工程建设管理制度汇编》，出台17项规范制度，抓实工程建设管理，确保工程质量；健全园区日常工作制度。修订财务管理制度，制定出台接待工作规范、固定资产管理制度、档案管理制度和信息公开制度，进一步细化各项事务工作流程，提高管理服务效率。

◆企业员工获栖霞区“最美劳动者”称号

2014年，栖霞区总工会、栖霞区文明办开展“共创栖霞美、共圆栖霞梦——寻找最美劳动者”活动，金港科技创业园区企业职工队伍中涌现出一批信念坚定、爱岗敬业、甘于奉献、勇于创新的劳动者。南京吉山光电科技有限公司总工程师应学勤荣获“栖霞最美劳动者”称号，南京西巨电子技术有限公司总经理龚大成和南京泽朗医药科技有限公司技术部经理万冬梅荣获“栖霞优秀劳动者”称号。

◆省三维打印产业技术创新战略联盟年会 1月20日，江苏省三维打印产业技术创新战略联盟2013年年会在金港科技创业中心召开。会议就三维打印技术的核心技术研发、产学研合作、人才培养、公共服务平台建设、技术产业化等方面进行了交流。年会由联盟秘书长、江苏省生产力促进中心副主任秦克主持，联盟秘书处向大会报告了联盟2014年工作情况及2015年工作要点。中科院苏州纳米技术研究所研究员谢永林、南京中科煜宸激光技术有限公司董事长邢飞、南京恒宇三维技术开发有限公司总经理付俊国、南京航空航天大学教授顾冬冬、西安交通大学教授魏正英作主题学术报告。江苏省政协副主席、南京航空航天大学副校长黄因慧教授，紫金(江宁)科创特区党工委书记周金文和栖霞区委常委、副区长毛银玲出席会议。

◆省级科技企业加速器 2月19日，江苏省科技厅下达《省科技厅关于确认第二批江苏省科技企业加速器的通知》(苏科高发〔2014〕43号)，南京金港科技创业园被认定为省级科技企业加速器，成为栖霞区第一家省级加速器平台。南京金港科技创业园发展成为集创业苗圃、孵化器、加速器为一体的产学研集中区和高层次人才集聚区。

◆产学研对接北京邮电大学 4月2日，南京金港科技创业中心与栖霞区物联网产业基地联合组织栖霞区物联网产业科技创业家到北京邮电大学考察并开展产学研对接活动。副区长毛银玲带队，栖霞区物联网产业基地、相关街道、金港科创负责人及8家企业家代表一行20多人参加。活动中，企业家与北京邮电大学专家进行产学研对接，针对企业自主创新中遇到的问题作了充分的沟通交流，并参观北京邮电大学重点实验室。

◆入选江苏省首批科技创业孵化链条试点单位 4月17日，南京金港科技创业园“苗圃–孵化器–加速器”科技创业孵化链条成功入选江苏省首批“苗圃–孵化器–加速器”科技创业孵化链条试点单位名单。金港科技创业园按照“创业苗圃–孵化器–加速器”科技创业孵化链条的工作要求，创新运营模式、聚焦产业定位、优化空间载体、完善服务体系、健全加速机制，聚集各类科技创新要素，优化组织网络化、功能社会化、形式多样化、服务产业化的科技创业孵化链条，完善创业苗圃、孵化器和加速器的对接机制，实现了“创业苗圃–孵化器–加速器”的接力式孵化与培育。

◆中小企业融资交流会 5月8日，金港科技创业中心举办中小企业提升融资能力交流会，南京市中小企业服务中心副主任董宜康参加了会议。会议围绕缓解中小企业融资难，提升企业融资能力，为中小企业推荐合适的金融服务产品，

1月20日，省三维打印产业技术创新战略联盟年会召开 金港科技创业园 供稿

搭建金融机构、投融资服务机构与中小企业的融资需求平台等内容展开。悦雅财富总经理高嵩作为本次交流会的主讲，为大家介绍一些解决融资困难的方法。兴业银行和建设银行分别为大家介绍一些针对中小企业融资的相关产品。

◆市人才办调研园区科技创业家企业 6月24日，南京市人才办副主任张明娣、南京市委组织部人才二处处长罗昌锋、副处长范薇，区科技局相关领导以及南京银行相关负责人到金港科技创业园调研科技创业家发展情况。考察组先后走访了南京西巨电子技术有限公司、江苏透平密封高科技有限公司、南京欧信医药技术有限公司和南京赛佳环保实业有限公司4家企业。考察组与创业家们深入交流，参观了部分企业的产品展示，听取创业家们对科技创新、产品生产与销售等方面的情况介绍，企业的最新动态以及目前存在的问题，征求了科技创业家政策兑现服务的意见和建议。张明娣要求市、区人才办和科技创业家专项办做好各项政策服务，希望金港科创、南京银行能为公司提供科技贷款等科技金融服务，切实帮助企业做大做强。

◆三维打印“砳砳”走进青奥发布会 7月16日，南京金港科技创业园创新平台南京三维打印应用产业创新中心参加南京市暑假青奥文体活动发布会。发布会上，创新中心现场3D打印青奥吉祥物“砳砳”，实现三维打印技术与青奥会合作。7月17日，由SLA激光固化技术一次性3D打印成型的“砳砳”走进新闻发布会，诠释科技青奥的精彩。

◆南京师范大学领导考察园区企业 10月18日，南京师范大学党委书记宋永忠一行6人考察了园区企业南京汉图信息技术有限公司，栖霞区区长邢正军、副区长毛银玲陪同考察。金港科创园有关领导和人员、南京师范大学科技处参加了此次活动。南京汉图信息技术有限公司由南师大教授和321人才创办，公司是一家依托物联网、互联网与3S技术，从事智慧旅游、行人导航产品研发与销售的GIS高新技术企业。宋永忠对团队前期的工作表示了肯定，并鼓励团队开放思想、创新模式，推进政产学研模式发展，同时主动学习先进，进一步做好旅游信息化工作。

◆二期建设项目主体建筑全面封顶 12月30上午，南京金港科技创业园二期项目1号、2号楼正式封顶，标志着金港二期项目所有7幢主体建筑全面封顶。金港二期项目总建筑面积155171平方米，地面12层，局部地下2层，是金港科创园已投入使用的一期项目的延伸，为园区中小型科技企业提供孵化平台和科研用地。

7月16日，南京三维打印应用产业创新中心参加青奥发布会

金港科技创业园 供稿

◆国家级科技创业孵化链条建设示范单位 12月31日，国家科技部开展第二批“创业苗圃–孵化器–加速器”科技创业孵化链条建设示范工作，南京金港科技创业园被评为国家级科技创业孵化链条建设示范单位，是目前南京市唯一一家国家级示范单位。南京金港科技创业园以“国家级南京金港高新技术创业服务中心”为基础和核心，延伸建立“南京金港科技创业苗圃”和“南京金港科技园加速器”，为处于不同发展阶段的企业和团队提供专业化孵化发展服务。至年底，已累计培养高新技术企业16家，年申请专利近400件；集聚国家“千人计划”专家8人，江苏省“双创”计划人才7人；近两年实现财政总收入超过2亿元，为区域经济创新发展提供了有力的载体支撑。

□杭　铖

江苏生命科技创新园

◆概况 2014年，江苏生命科技创新园建设、招商和招才再创新高。续建建筑面积54.6万平方米，竣工17万平方米，完成固定资产投资7亿元。A1、A2、A3、C6、E7总计36.2万平方米的工程主体封顶。招商中心景观绿化改造工程完成，建成智能化停车场体系，GPS库房投入使用。引进江苏富瑞特生物科技有限公司大型总部企业及33家孵化器企业。至年底，有注册企业160家，其中，总部企业11家，孵化器企业97家，集聚国家“千人计划”4人、江苏省“双创人才”4人、南京市领军型科技创业人才26人。推动企业知识产权保护及发展机制，入园企业拥有800多个优良药剂产品，157件发明申请专利，90余种授权专利，并成功创建南京市专利产业化基地。江苏生命科技创新园被国家科技部授予国家级科技企业孵化器称号；被江苏省侨务办公室评审认定为江苏生命科技创新园华侨华人高层次人才创业基地；被南京市科协认定为第四批中国科协海智计划江苏(南京)生物医药产业特色基地，并获2014年度市科协“海外智力为宁服务”专项引导资金项目，是南京第一个在生物医药领域获此殊荣的园区平台；被南京市妇女联合会授予市级女大学生创业实践基地称号。

◆百事可乐公司考察园区 3月1日，区长邢正军接待到访的百事可乐全球研发中心副总裁Gregory Yep一行。Gregory Yep一行参观南京诺云生物技术有限公司，考察江苏生命科技创新园投资发展环境。南京诺云生物科技有限公司是经百事可乐公司正式授权的亚太地区绿色防腐剂供应商。Gregory Yep博士一行对江苏生命科技创新园的投资发展环境给予肯定，对江苏生命科技创新园的科技研发承载能力、产业发展连续性表示满意，希望进行深层次洽谈，争取项目合作。区委常委、组织部部长兼江苏生命科技创新园管委会主任陈波，江苏生命科技创新园管委会相关领导参加接待。

◆国家生殖健康产业基地——江苏生命科技创新园授牌仪式 3月19日，江苏生命科技创新园举行国家生殖健康产业基地授牌仪式。中国生殖健康产业协会会长张维庆和江苏省政协党组副书记、副主席何权为基地揭牌。国务院参事、中国生殖健康产业协会副会长马力，南京市人大副主任陈礼勤，中国工程院院士王广基教授，栖霞区人民政府区长邢正军以及江苏省、南京市、栖霞区相关部门领导，生殖产业学界专家，企业代表共80人出席仪式。邢正军代表区委、区政府向前来嘉宾表示热烈欢迎。仪式上，区委常委、组织部长、江苏生命科技创新园管委会主任陈波汇报基地建设发展情况。国务院参事、中国工程院院士、省中医院生殖学科专家、计划生育生殖健康研究会专家和企业代表交流发言。

◆诺贝尔化学奖得主考察园区 5月21日，1988年诺贝尔化学奖得主罗伯特·哈勃(Robert Huber)与2006年诺贝尔化学奖得主Roger KorndERG到江苏生命科技创新园考察。区委常委、组织部部长、江苏生命科技创新园管委会主任陈波，常务副主任窦立华，副主任余蓉等陪同考察。罗伯特·哈勃是1988年诺贝尔化学奖得主，现为德国马普学会生物化学研究所教授。这是哈勃第四次考察江苏生命科技创新园。哈勃此次到访园区主要是了解江苏生命科技创新园的建设发展现状，商讨在园区建立办事处的具体方案，标志着双方的合作进入实质性操作阶段。陈波表示，江苏生命科技创新园会与哈勃一道加快推进办事处的建设，加快全球高端人才的集聚，促进生物医药产业的国际性交流。他还建议园区和哈勃深化合作，共建“中德国际研发孵化器”，引进德国及欧洲的生命科技企业，促进资源集聚。

◆省领导调研园区 5月5日，江苏食品药品监督管理局副局长朱勤虎到江苏生命科技创新园就园区建设GSP仓库事宜调研。区委常委、组织部部长、江苏生命科技创新园管委会主任陈波，管委会常务副主任窦立华等陪同。朱勤虎听取园区基本情况汇报后，走进建设现场，了解园区各个区域的功能定位和建设现状，对江苏生命科技创新园的发展成绩表示肯定。5月27日，中共江苏省委组织部副部长胡金波一行到江苏生命科技创新园调研园区人才工作情况。胡金波首先听取沙盘讲解，了解园区基本情况，随后到园区研发孵化区，参观由南京中医药大学科技处副处长狄留庆担任主任的江苏省中药高效给药系统工程技术研究中心、2004年诺贝尔化学奖得主阿龙·切哈诺沃担任所长的南京大学化学与生物医学科学研究所以及隶属于正大集团的江苏正大丰海制药有限公司，与相关负责人交谈，了解高校实验室及公司在园区内的运行和发展情况。陈波、副区长邱志强、窦立华等陪同调研。

◆区四套班子主要领导视察园区 6月25日，区四套班子主要领导臧正金、邢正军、李汉桥、夏宁一行到江苏生命科技创新园视察园区重点项目建设推进情况。区委常委、组织部部长、江苏生命科技创新园管委会主任陈波，管委会常务副主任窦立华陪同调研。区四套班子主要领导走进园区建设现场，重点查看17万平方米商务配套A区的建设工地，乘坐施工电梯登上A3办公配套楼的楼顶，听取A区建设进度汇报。在对园区在建项目建设进度进行询问和了解后，区委书记臧正金重点指出商务配套区对江苏生命科技创新园形象塑造、功能提升、拉动产出的重要性，要求园区尽快完成商务配套区建设，尽早投入使用。

◆医疗器械推介会 6月30日，江苏生命科技创新园在招商中心三楼多功能厅举行医疗器械推介会。区委常委、组织部部长、江苏生命科技创新园管委会主任陈波，南京市药监局巡视员、南京市医疗器械行业协会会长何光明，常州市医疗器械行业协会秘书长周筑华等出席会议，东南大学等科研院所以及省内30余家医疗器械企业参会。江苏生命科技创新园一直将医疗器械定位为三大产业方向之一，发展优势非常突出，主要体现在交通物流优势、产业配套优势、人力资源优势、政策扶持优势、商务生活配套优势、公共平台服务优势和生态环境优势七大方面。会上，窦立华作投资发展环境推介；东南大学生物科学与医学工程学院教授朱纪军就东南大学在医疗器械领域的可转让项目成果作讲解；省市药监局的相关领导对医疗器械企业的注册、审批流程和最新产业发展政策作解读；园企双方作深入的意向性交流。陈波表示，园区将继续借助省市医疗器械行业协会的资源优势，提高服务水平，完善配套服务设施，为入园企业的发展创造良好的环境。

◆E7研发办公楼封顶 7月11日，江苏生命科技创新园E7研发办公楼顺利完成主体封顶。该楼于2013年3月18日正式开工，为地下二层，地上十层，总建筑面积61609.77平方米，建筑高度49.2米。经过江苏省药监局许可，园区将在E7研发办公楼中建设GSP仓库，为入园企业及周边医药企业提供专业药品仓储和物流服务。这是南京市第一家由政府出资建设并负责管理运营的药品经营平台。该仓库的建成将大大提高江苏生命科技创新园的企业服务水平和效益产出能力，并形成良好的区域集聚效应，对推动栖霞生命科技产业的发展有巨大作用和积极意义。 □邵寿梅

江苏生命科技创新园E7研发办公楼　　江苏生命科技创新园 供稿

南京紫东国际创意园

◆概况　2014年，南京紫东国际创意园综合楼开工面积51万平方米，续建面积12万平方米，竣工面积39万平方米，固定资产投资约4亿元。引进游族网络股份有限公司、江苏达科通云信息科技有限公司、江苏现代快报传媒有限公司等入住企业150家。至年底，累计注册企业230家，完成项目总投资5.31亿元。集聚国家“千人计划”2人。与南京艺术学院合作，新增栖霞区南京艺术学院大学生创业孵化基地，共建“南京艺术学院(栖霞)文化创新园”，并在栖霞区文化创意发展规划、人才培养、文化资源保护与开发、艺术作品创作等方面进行全面、深入合作。10月24日，在第九届中国工业设计周暨首届江苏工业设计周开幕式上，中国工业设计服务中心成功签约授牌。中国工业设计服务中心正式成立，并落户南京紫东国际创意园。该中心将逐步启动设计综合服务平台、大数据云信息服务平台、设计展示交易平台、设计人才培训及认定平台、设计创新产业转化服务平台、设计创新成果孵化平台和设计创产加速器(设计创新总部)平台的搭建工作。

◆南京文交所发展良好　2014年，南京文化艺术产权交易所(简称“文交所”)交易量达550亿元。4月10日，南京市市长缪瑞林带领相关部委办局的负责人一行，陪同到南京文交所调研。区长邢正军陪同。南京文交所总裁周军汇报发展指导思想、核心业务、商业模式、核心竞争力、已上线运营平台、年度发展计划以及南京文交所各项工作开展情况。缪瑞林充分肯定南京文交所取得的成绩，特别是对南京文交所的“文化加科技加金融”这种创新的业务模式非常认可。南京文交所是报中宣部同意并经国务院证监会部际联席会议验收通过，由江苏省人民政府正式发文批准的大型文化产权交易平台，持续推动文化实体经济的发展。

◆服务青奥志愿者　7月下旬，接到南京市青奥办紧急通知，安排约230名青奥会工作人员及志愿者于8月3日至8月28日入住南京紫东国际创意园G3楼。接到任务后，区委、区政府主要领导高度重视，第一时间成立青奥专项任务保障领导小组，副区长万震任组长，区委办主任田峥嵘、区政府办主任张农、区政府办副主任赵锡斌任副组长，区委办、区公安分局、区消防大队、区安监局、区药监局、马群街道、南京紫东国际创意园管委会相关负责人为成员。在青奥会工作人员及志愿者入住南京紫东国际创意园近一个月的时间里，保障小组多次召开现场协调会议，解决各类餐饮、住宿、消防、食品安全等复杂问题，克服时间紧、任务重等诸多困难，最终顺利完成此项接待专项任务。

◆南京游族信息技术有限公司举行签约仪式　9月12日，紫东国际创意园与南京游族信息技术有限公司举行签约仪式，达成入园意向，栖霞区区委书记臧正金出席，紫东国际创意园管委会常务副主任赵玉泉与游族网络股份有限公司总裁陈礼标签署了协议。11月7日，园区协助游族网络股份有限公司完成南京研发项目新公司的注册。11月26日，双方正式签署入园协议后，游族信息技术有限公司正式入住园区，开始南京项目的研发和运营。游族网络股份有限公司是A股主板第一游戏股，2014年该公司净利润4亿元左右，是一家立足于游戏应用研发、影视制作和全球发行的互联网企业，现有员工1000多人，自有平台用户1亿多家，产品输出到海外60多个国家。

◆中宣部领导到园区调研　9月25日，作为中宣部组织的节俭养德全民节约

9月12日，南京游族信息技术有限公司举行落户紫东创意园签约仪式
南京紫东国际创意园 供稿

行动的一部分，中宣部副部长王世明率领有百余人的代表团参观考察紫东国际创意园，栖霞区主要领导以及园区管委会主任贺研和常务副主任赵玉泉陪同考察。

其间，贺研向代表团详细介绍了紫东国际创意园的建设和发展情况，紫东国际创意园所实现的低密度、低容积率、低建筑密度和高绿化率以及对绿色生态长廊完整性的维持，令代表团眼前一亮。同时，代表团对紫东创意园的GRC外墙，屋顶花园和屋顶农场、雨水回收利用系统等赞誉有加。对紫东包括低碳环保、园林景观、高度智能的建园理念给予高度评价，认为这种理念将会成为未来城市规划的方向，可以节省大量人力物力，希望紫东国际创意园在完善自然生态系统的同时高水准的加快人文生态建设。 □郇 阳

江苏金箔文化产业园

◆**概况** 2014年，江苏金箔文化产业园管委会以载体建设、文化引领、产业扩展为重点，推进园区各项工作稳步向前。3月，一期项目启动约5万平方米的主体工程建设。至年底，完工约3000平方米的金箔展示中心、约50000平方米的黄金珠宝交易中心两个主体建筑封顶工程，进入内装阶段。同时，园区还将配合投资方，做好启动区内部分道路、生态景观的建设管养工作，力争下年底生态园区打造初具形象。结合龙潭水一方景区和金箔企业开发工艺旅游线路，与康辉旅行社合作开发一条名为水一方金色之旅的旅游线路，东升金箔厂接待游客约1500人次。拓展金箔产业应用领域，金箔主题酒店向外招标，酒店面积约7300平方米，酒店内将设置大型金箔创意展示厅、金箔主题画廊、金箔元素餐厅、酒吧、咖啡厅和客房，明年正式启动。与南京洛可可公司合作开发水一方景区的金箔类产品。

◆**南京金箔行业协会成立** 上半年，江苏金箔文化产业园管委会为整合江宁金箔、龙潭金箔等南京金箔资源，分别走访江宁金箔集团、南京金线金箔厂、东升金箔厂等一批在江宁、龙潭地区的金箔龙头企业，他们一致认为成立金箔行业协会既是生产厂家的愿望，又是行业发展的需求，也是市场竞争的大势所趋。8月，园区组织一批金箔企业家参观宜兴江苏省陶瓷行业协会，学习相关行业协会运营的宝贵经验。8月26日，在江宁金箔集团、南京金线金箔厂、东升金箔厂等六家金箔龙头企业的发起下，成立南京金箔行业协会，选举会长、副会长、秘书长等相应职位，并在南京市民政局备案。协会成立后立即开展工作，实行“五个统一”，即统一生产计划、统一原辅材料采购、统一财务管理、统一技术指导、统一品牌，为金箔行业的良性发展打下了坚实的基础。 □姚 翔

紫金科技创业特别社区

◆**概况** 2014年，位于紫金科创特区中的紫金(仙林)软件与服务外包产业园加快推进载体建设，完成前期工作建筑规划设计、施工图审、土地权属登记、幕墙图审，以及工程规划许可证和施工许可证的申办。自建部分5幢孵化器、加速器建筑，建设面积共16.9万平方米封顶。

9月25日，中宣部副部长王世明(前排右一)率领百余人代表团参观考察园区
南京紫东国际创意园 供稿

山南片区方面，规划用地面积24万平方米，其中农用地17.33公顷。完成立项、红线、测绘等工作，具备随时上报征地的条件。年初申请农转用指标18.33公顷。占地面积约10公顷，一期土方外运14万立方米、石方爆破20万立方米，已经完成。推进人才公寓建设，由紫金(仙林)科创特区委托管理的学仕风华人才公寓124套已全部入住，东城汇人才公寓共59套入住30套。紫金(仙林)科创特区制订专门管理规范，并安排专人负责人才公寓的保障和管理工作，确保人才入住的人生和财产安全。

紫金(新港)特别社区重点聚焦光电子、ICT等战略性新兴产业及科技服务业，培育引进高层次人才、高科技企业落户发展，加快建设人才引进、企业孵化、技术研发、产业集聚特色高地。10月，苏南自主创新示范区获国务院批复设立，成为全国首个以城市群为基本单元的国家自主创新示范区，紫金(新港)特别社区也被纳入其中。12月10日，科技部发文[国科发火〔2014〕364号]公示，紫金新港科创服务中心(南京紫金新港科技创业特区创业服务中心有限公司)获评为国家级科技企业孵化器。新引进4家民营科技企业孵化器。紫金(新港)特别社区落户入驻科技企业达210家，集中在光电子、ICT、移动互联、电子商务等战略性新兴产业领域，鼎科纳米、煜宸激光、宇都通讯、康众光电、飞博光电、奕宇光电、车险无忧、车宝保险、摆摆科技、快轮智能等一大批科技企业快速成长。新落户的在孵企业中，有61家企业产品上市销售，销售收入2.72亿元，14家企业获得天使轮的投资，融资金额1.43亿元。集聚6名中科院院士、26名中组部“千人计划”特聘专家、22名江苏省“双创人才”、136名南京市“领军型科技创业人才”等代表的海内外高层次科技创业人才。

◆立升新一代半导体南京研发基地 2014年，立升新一代半导体南京研发基地项目稳步推进。该项目是由台湾立升投资控股集团与香港企业投资共建，打造成化合物半导体研发、封装、测试、产学研、孵化及全球化合物半导体技术交流的基地。总规划建筑面积21.1万平方米，共5幢，总投资约8.85亿元。园区做好该项目的前期服务、手续申报、施工引导、安全监管等各项工作，完成总平及单体方案报批并取得该地块土地证，工程规划许可证正在申报中；护坡、桩基、施工图图审工作也正在进行；现场试桩结束，土方开始外运，预计土方量40万立方米。 □周欣然

南大科学园

◆概况 2014年，南大科学园开工建设12.5万平方米，剩余4.6万平方米在做前期准备工作。创意产业园1-4#楼竣工交付。园区在产业上集聚中科院紫金山天文台、江苏省建筑科学研究院、武汉中合设计院、环保部南京环科所4大院所。

创新创业教育园一期工程建筑面积67514平方米，完成消防、防雷、质检等验收手续办理；创新创业教育园二期工程建筑面积54000平方米，完成前期工作；紫金山天文台新园区项目、中合绿建一期项目总包单位均进场施工；省建科院绿色节能示范基地项目动工建设。引进5位院士领衔的科技创新团队，4位国家“千人计划”、8位省“双创”、25名市“321”人才。

◆项目招商 2014年，南大科学园围绕环保、信息产业等开展招商，实现一批项目落地。江苏省建科院项目，该项目于7月下旬签约，项目总建设体量4.6万平方米，其中省建科院使用2.6万平方米，可实现年税收2000万元。北京中公教育项目，项目总投资2亿元，确定装修设计方案，按照五星级标准装修，建成后可以完善园区配套。康优凯欣通信项目，该公司主要从事信息网络设备的软、硬件开发及服务。正康检测项目，该公司主要围绕环科所专业从事气体检测工作。 □潘宏霞

东南大学国家大学科技园栖霞园区

◆概况 2014年，东南大学国家大学科技园栖霞园区位于晓庄广场西北角，占地10余公顷。园区有入驻企业53家，涵盖电子信息技术、新能源、生物技术等行业。其中，国家“千人计划”人才项目团队1家，南京市“321”人才项目企业13家，其中，3家为东大教授创办企业，3家学生创业企业，5家校友企业。目前园区企业注册资本累计达1.3亿元，主营业务收入约2亿元，纳税总额近千万元。7月，园区被认定为江苏省级科技孵化器企业。园区二期规划建设将分为两部分开展，第一部分为科创楼西侧原操场地块三栋，作为专业技术研发园，地上建筑面积约2.2万平方米。第二部分为科创楼以东地块，规划建设总面积约24万平方米的科技及商业配套综合体。栖霞园区将建设成集科技孵

12月，东城汇人才公寓正式启用 紫金科创特区 供稿

化、科技研发、中试加速、商业配套于一体的现代化高科技创新创业园区,科技载体面积最终将达到33万平方米。

◆江苏—北欧新能源论坛专家组走访园区 4月10日上午,江苏—北欧新能源论坛专家组走访大学科技园栖霞园区。大学科技园总经理江汉、副总经理李克川、企业发展部和成果转化中心等相关工作人员参与接待。燕子矶街道党工委副书记赵晓琳、王军一同参与接待。专家组参观大学科技园展厅,了解科技园发展的历程及取得的成绩,随后与大学科技园及园区新能源企业进行座谈和交流。江汉欢迎专家组的到来并介绍园区发展概况。他表示,大学科技园栖霞园区结合东南大学优势学科和栖霞区发展战略进行产业定位,确定新能源为重点发展的产业之一,希望以后与北欧新能源领域的科研院所就科技成果转化等方面加强交流和合作。芬兰阿尔托大学先进能源系统负责人皮特对大学科技园的接待表示感谢,并介绍北欧新能源发展现状和新能源技术产业化情况。会上,园区新能源领域企业介绍企业情况和重点项目,并咨询项目合作和技术发展方向等问题。

◆省、市领导到园区调研 8月7日下午,江苏省人社厅就业管理中心主任陈健、南京市人社局副局长江萍、栖霞区政府副区长毛银玲到大学科技园参观调研。东南大学资产经营管理处处长、大学科技园总经理江汉、大学科技园副总经理李克川、学生创业及外联部相关人员参加调研活动。参加调研的领导首先实地考察栖霞园区晓园三舍建筑结构情况,并对建设规划等方面提出意见和建议;随后领导们参观栖霞园区展厅,对科技园学生创业工作取得的成绩给予肯定。座谈会上,江汉从园区载体建设、内涵建设、企业服务、科技成果转化、学生创业等方面汇报大学科技园总体建设情况。陈健指出要进一步探讨校府合作模式,充分利用高校资源,在政府政策推进和扶持下促进学生就业及创业。江萍表示希望能和东南大学国家大学科技园加强合作,为大学生创业者提供更优质的创业平台,提升学生创业能力。毛银玲表示要探讨"省、市、区、大学"合作共建模式,形成"苗圃-孵化器-加速器"的产业链条,重视创业园功能打造,加强向国内外大学科技园学习。

◆开园仪式暨招商推介会 10月16日,东南大学国家大学科技园栖霞园区开园仪式暨招商推介会顺利举行。东南大学副校长浦跃朴、栖霞区委常委、常务副区长曹海连、东南大学校长助理吕传毅、资产经营管理处处长江汉、校发展委员会办公室副主任姚志彪等出席开园仪式。江苏省信托公司董事长黄东峰、光一科技股份有限公司董事长龙昌明、途牛旅游网CEO于敦德等80余位企业家到会参加活动。

浦跃朴致辞,曹海连讲话,东南大学智能网络与测控系统研究所所长、博士生导师陈俊杰教授作"物联网的发展机遇与挑战"专题报告。东大科技园栖霞园区是2012年2月开始建设的,规划载体面积33万平方米,一期6万平方米科技载体已于2013年7月改造完成并交付使用,现有在园企业50余家,已被江苏省科技厅认定为省级科技企业孵化器。

◆海外华侨考察园区 10月12日,美国北加州苏浙同乡会会长、美国太平洋贸易公司董事长刘振祥,芬兰Protacon公司亚太部经理马志斌一行考察东南大学国家大学科技园栖霞园区。

考察开始,大学科技园企业发展部副部长王释辰带领到访宾客参观大学科技园展厅,介绍大学科技园的发展历程、运营情况、科研成果转化、科技型人才培养以及大学生创业情况,刘振祥对大学科技园的发展充分肯定,并对大学科技园成果转化以及招才引智表示出浓厚兴趣。随后,大家就各自涉及领域、发展情况以及对于回国投资创业的一些需求进行深入交流。海外华侨一行参观考察大学科技园栖霞园区海善达科技有限公司和康友医疗科技有限公司。

◆领军型科技人才企业座谈会 12月17日,燕子矶街道组织的领军型科技人才企业座谈会在东南大学国家大学科技园栖霞园区召开,燕子矶街道人大工委主任徐选、燕子矶街道工委副书记李志臣、科技园副总经理虞志霞出席会议。燕子矶街道及园区30余位科技人才、企业家代表参加会议。虞志霞介绍科技园的基本建设情况以及科技园企业孵化公共服务体系。徐选总结2014年燕子矶街道人才工作。

"321"人才、淮南师范学院教授、南京舜陶电子科技有限公司董事长管恩祥代表科技人才发言,分享创业经验。出席会议的还有燕子矶街道劳动保障、税务等部门,以及中国建设银行燕子矶支行、交通银行中心支行和南京知识律师事务所的相关人员,他们与企业家们就公司运营中用人、纳税、融资、PCT专利申请等问题进行互动交流。会后,参会领导和企业家参观"321"人才企业南京蕴纳纳米科技有限公司、南京邦林生物科技有限公司和南京丰跃纳米科技有限公司。

□陈　亮

栖霞区移动互联网产业基地

◆概况 2013年底,区政府设立栖霞区移动互联网产业基地,纳入栖霞商务区统筹规划建设,以聚宝山北门街区为一期,以小庙山地块为二期,以尧化外贸仓库地块、南大科学园周边可挖掘空间为三期,重点发展手机游戏、微电影软件研发、电子商务、互联网金融等业态。栖霞区移动互联网产业基地一期共2.5万平方米,位于南京市东北部,聚宝山公园北侧,聚宝山公园占地140公顷,基地坐落其中,由11幢2~3层单体建筑组成,目前已全面建成并招商。基地主要有以下特点:交通出行便利。紧邻312国道,车行10分钟即可抵达南京市区,距离最近的高速公路入口仅2公里,基地开通往返地铁2号线仙鹤门站的班车。产业基础雄厚。基地北部紧邻国家级南京经济技术开发区,为移动互联网产业发展提供了重要的产业基础。创业氛围浓厚。产业基地位于创业发展中心节点,312国道沿线是南京市规划的重要高新产业、总部经济发展带,移动互联网产业基地紧邻312国道,位于其中心节点位置。人

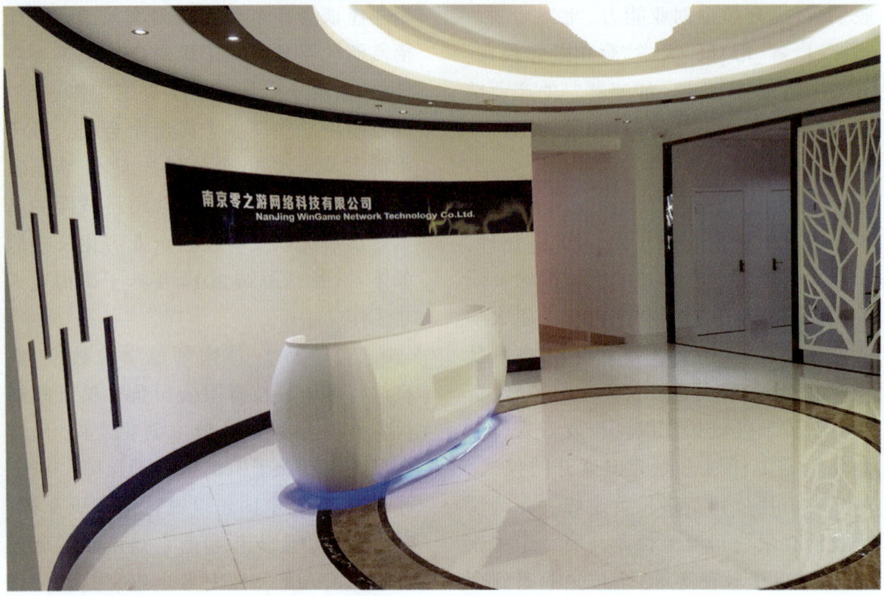

位于栖霞区移动互联网基地的南京零之游网络科技有限公司

区委宣传部 供稿

才资源丰富。产业基地南邻仙林科学城，这里是江苏省高等学校重要的集聚区，创业和创新资源十分丰富，可为入园项目持续发展提供人才支撑。自然环境优越。产业基地紧邻南京最大的生态公园——聚宝山生态公园，周边紫金山风景区、栖霞山风景区环抱，明外廓百里风光带生态环境怡人。自2013年底开园至今，累计引进企业33家，注册资本总额4.04亿元。其中落户企业16家，注册资本金共3.64亿元；税源企业17家，注册资本金共0.4亿元。落地项目企业主要分成四种类型：一是互联网人才实训，为产业基地和周边互联网企业提供成熟中层员工。二是大数据云计算的基础架构层。三是互联网软件应用层面。四是直接面向个体用户层面提供平台交易服务。未来五年内，基地将建设成移动互联网创业孵化器、移动互联网企业加速器、移动互联网总部基地、移动互联网人才实训基地和移动互联网公共服务平台"五位一体"的发展格局。产业基地由南京东部宝聚投资发展有限公司运营管理。

◆《失落之城》夺得年度最受期待页游大奖　5月，在第七届中国网页游戏高峰论坛上，南京圣骥网络科技有限公司开发的《失落之城》夺得年度最受期待页游大奖。该公司成立于2013年4月，创办人傅浩程，是一家主要以手机游戏&网页游戏研发、合作、推广的专业互联网游戏公司。在入园短短一年时间，公司从5名员工发展成现有的60多人，拥有国内顶尖的iphone、Android、PC等跨平台终端研发技术团队，拥有360手机助手、百度手机助手、安卓网等掌上应用及PC上渠道平台，并与上海慕和网络科技公司达成战略合作协议，共同拥有10个内部工作室，已经成为南京本土规模最大的网页游戏公司。公司研发的3款游戏已经开始走内部测试，从用户留存、前期付费等数据估算，3款游戏的月流水最低可达1000万元。该奖项此前江苏的企业只有苏州蜗牛公司拿过，南京本土企业还是首次获奖。　□王洪涛

工业科技

◆概况　2014年，行政区实现高新技术产业产值213亿元；新认定高新技术企业15家，为历年来最高，高新技术企业累计达62家；新入选高新技术(后备)企业4家，新增江苏省民营科技企业47家，江苏省科技型中小企业34家；新增高新技术产品30件；新认定省级重点研发机构1家，省级研究生工作站9个，江苏省创新方法试点企业1家；新增世界500强企业研发机构1家；获准组建省级工程技术研究中心2家，9家市级工程技术研究中心通过验收。南京金港科技创业园入选国家级"创业苗圃-孵化器-加速器"科技创业孵化链条建设示范单位，江苏生命科技创新园入选国家级科技企业孵化器。区内企业与南京大学、东南大学、复旦大学等高校院所开展产学研合作49项。

◆国家级、省级科技创业孵化链条　2014年，南京金港科技创业园先后入选江苏省首批"苗圃-孵化器-加速器"科技创业孵化链条试点单位和国家级"创业苗圃-孵化器-加速器"科技创业孵化链条建设示范单位，金港科技创业园成为南京市唯一一家国家级示范建设单位。

◆科技企业孵化器与加速器　2014年，区内重点平台与街道孵化载体发展迅速，行政区新增国家级、省级、市级科技企业孵化器4家，省级加速器1家。其中，南京金港科技创业园入选江苏省科技企业加速器，成为栖霞区第一家科技企业加速器；江苏生命科技创新园入选国家级科技企业孵化器；东大科技园栖霞创业园入选省级科技企业孵化器；龙潭街道南京龙安科技创业中心与尧化街道南京尧化科创中心入选市级科技企业孵化器。至年底，行政区共拥有国家级科技企业孵化器2家，省级科技企业孵化器3家，市级科技企业孵化器6家；拥有省级科技企业加速器1家。

◆国家级工程技术研究中心通过验收　7月6日，科技部国家级工程技术研究中心验收组对栖霞区南京三宝科技集团有限公司承担的"国家射频识别(RFID)系统工程技术研究中心"组建项目进行验收。验收组肯定了中心的组建工作，提出要进一步加强能带动RFID产业发展的核心技术研究、开发和应用。12月，国家科技部下发了《关于2014年度国家工程技术研究中心验收结果的通知》(国科发计〔2014〕339号)，同意"国家射频识别(RFID)系统工程技术研究中心"通过验收，并予以命名，正式成为我国射频识别行业唯一一个国家级工程技术研究中心。

◆**国家及省、市级科技计划项目** 2014年,行政区科技型企业、科技创新平台共获得国家、省、市级科技计划项目立项36项。其中,获国家科技型中小企业创新基金项目4项;获江苏省国家科技合作计划项目1项;获江苏省科技型企业技术创新资金项目5项;获江苏省基础研究计划项目1项;获南京市科技发展计划项目6项;获南京市科技攻关服务平台专项计划1项;获南京市科技创新券计划科技创业家培养项目11项;获南京市知识产权战略推进计划1项;获江苏省企业知识产权战略推进计划项目2项;入选江苏省"正版正货"承诺推进计划1项;入选南京市"正版正货"承诺推进计划1项;南京金港科技创业园与江苏生命科技创新园获南京市专利产业化基地建设项目支持。共争取项目扶持资金1033万元。

◆**高新技术企业** 2014年,南京才华科技集团有限公司、江苏军一物联网股份有限公司、南京亚电电力技术发展有限公司、南京英田光学工程有限公司、南京电力设备质量性能检测中心、南京矿通科技有限公司、南京先欧仪器制造有限公司、南京西巨电子有限公司、南京恒道医药科技有限公司、南京奇可医药化工有限公司、江苏德佐电子科技有限公司、南京威克曼科技实业有限公司、江苏智运科技发展有限公司、南京沃联科技有限公司、南京思孚泰科信息技术有限公司15家企业,先后被江苏省高新技术企业认定管理工作协调小组认定为江苏省高新技术企业。全区(含南京开发区)高新技术企业累计达128家。

◆**江苏省高新技术产品** 2014年,行政区20家科技企业的30件产品入选2014年江苏省高新技术产品,这些产品近两年实现产值33.33亿元。

2014年栖霞区高新技术产品一览

表12

序号	高新技术产品名称	企　业
1	多功能公路护栏抢修车	南京金长江交通设施有限公司
2	多功能隧道清洗车	南京金长江交通设施有限公司
3	高性能SVS签名验签软件	江苏先安科技有限公司
4	微型高精密度电流感测电阻	南京萨特科技发展有限公司
5	新能源电池保护元件(S6125)	南京萨特科技发展有限公司
6	1300-500P固态放大器	江苏德佐电子科技有限公司
7	RFS-2334读写器	江苏瑞福智能科技有限公司
8	甲钴胺片/胶囊/注射液	扬子江药业集团南京海陵药业有限公司
9	盘形悬式玻璃绝缘子(交流超特高压输电线路用)	南京电气(集团)有限责任公司
10	NRZS8028集中器	南京能瑞自动化设备股份有限公司
11	多传感协同工作无线控制的LED工矿灯	南京吉山光电科技有限公司
12	多传感协同工作无线控制的LED路灯	南京吉山光电科技有限公司
13	Incoloy 800H多孔集合管	江苏新恒基特种装备股份有限公司
14	普云海关电子手册辅助核销系统(企业端)软件V1.0	南京普云信息科技有限公司
15	环保型高光泽彩色喷墨打印纸	南京泛太克文化产业发展有限公司
16	环保高性能哑光彩喷纸	南京泛太克文化产业发展有限公司
17	工业汽轮机高承压刷式密封件	江苏透平密封高科技股份有限公司
18	回转式空气预热器复合式刷式密封件	江苏透平密封高科技股份有限公司
19	脉络通胶囊	扬子江药业集团南京海陵药业有限公司
20	依帕司他片/胶囊	扬子江药业集团南京海陵药业有限公司
21	耐强酸强碱特种有机管式膜及组件	江苏凯米膜科技股份有限公司
22	具有热塑橡胶性电流互感器	南京智达电气有限公司
23	一体式背胶	南京冠佳科技有限公司
24	普云视频会议客户端软件V1.0	南京普云信息科技有限公司

续表 12

序号	高新技术产品名称	企　业
25	高温气冷堆蒸汽发生器用多连弯管	江苏新恒基特种装备股份有限公司
26	补充充放电主动均衡的智能电池管理设备	南京国臣信息自动化技术有限公司
27	连续式钢瓶热处理生产线	南京年达炉业科技有限公司
28	酸碱回用有机管式膜成套装备	江苏凯米膜科技股份有限公司
29	改性沥青	南京炼油厂有限责任公司
30	CR 高效节能风冷分体式热管换热系统	南京春荣节能科技有限公司

◆省、市级工程技术研究中心　2014年，行政区2家企业获准组建省级工程技术研究中心，9家企业工程技术研究中心获市级认定。其中，南京中建化工设备制造有限公司获准组建江苏重工装备工程技术研究中心，江苏凯米膜科技股份有限公司获准组建江苏省耐强酸强碱特种有机管式膜工程技术研究中心；南京智达电气有限公司南京市高压套管工程技术研究中心，江苏新恒基特种装备股份有限公司南京市特殊金属管配件工程技术研究中心，南京吉山光电科技有限公司绿色照明工程技术研究中心，南京恒电电子有限公司南京市微波集成电路工程技术研究中心，江苏凯米膜科技股份有限公司南京市管式膜工程技术研究中心，南京泽朗医药科技有限公司南京市植物提取工程技术研究中心，南京赛佳环保实业有限公司南京市难降解工业废水处理工程技术研究中心，南京正泰龙科技有限公司南京市智能电网配用电监控终端系统工程技术研究中心，江苏联宏自动化系统工程有限公司南京市城市轨道交通能源管理系统工程技术研究中心9家市级工程技术中心通过验收，获市级认定。

◆省级研究生工作站　2014年，行政区新增9家省级研究生工作站。南京能瑞自动化设备股份有限公司与南京大学开展共建，南京英田光学工程有限公司分别与南京航空航天大学和扬州大学开展共建，南京曜动节能环保科技有限公司与中国药科大学开展共建，南京三宝通信技术实业有限公司与南京邮电大学开展共建，江苏德佐电子科技有限公司与南京航空航天大学开展共建，南京卫元舟实业有限公司与南京农业大学开展共建，南京三宝科技股份有限公司与南京工业大学开展共建，中建八局第三建设有限公司与东南大学开展共建。

◆市科技进步奖　2014年，行政区科技企业获南京市科技进步奖两项。江苏凯米膜科技股份有限公司“耐强酸、强碱特种有机管式膜的研究与应用”项目、南京高华科技有限公司“物联网用MEMS(微电子机械系统)力学量传感器”项目均获南京市科技进步三等奖。

◆栖霞区3D打印产业发展规划　2014年，栖霞区联合江苏省科技发展战略研究院产业技术研究中心对辖区3D打印产业发展情况开展调研。调研组摸清栖霞区3D打印产业规模、企业特点和资源支撑，找准栖霞区3D打印产业亟待解决的瓶颈问题，编制完成《栖霞区3D打印产业发展规划》，为栖霞区政府指导区内3D打印产业发展提供决策依据。

知识产权

◆概况　2014年，栖霞区入选国家知识产权强区工程试点区，栖霞区知识产权联席会议制度不断完善，知识产权战略实施进一步深入。全区(含南京开发区)累计完成专利申请5060件，发明专利申请2744件，专利授权1682件，发明专利授权350件。提升企业知识产权创造能力，1家企业入选国家企业知识产权管理标准化示范先进单位，2家企业入选江苏省企业知识产权管理标准化示范先进单位，4家企业入选南京市知识产权示范企业，1家企业入选南京市知识产权战略推进计划，1件专利入选南京市优秀专利奖。提高知识产权服务水平，开展知识产权“菜单式选学”培训，组织开展知识产权培训48场；建立江苏省(佰腾)专利运营中心栖霞分中心；推动建立无形资产专利权评估担保办法；江苏生命科技创新园被认定为南京市专利技术产业化基地。加大知识产权保护力度，推进正版正货示范创建工作，金鹰奥莱城被评为江苏省“正版正货”示范创建街区，南京花园城被评为南京市“正版正货”承诺推进计划示范创建街区；开展迎青奥专利行政执法工作，针对400余种商品进行了定向检查，立结案38件。

◆国家知识产权强区工程试点区　2014年，根据国家知识产权局《关于确定2014年国家知识产权强县工程示范、试点(区)的通知》(国知发管函字〔2014〕101号)，栖霞区成功入选2014年国家知识产权强县工程试点区，试点时限自2014年8月至2016年7月。“十二五”以来，全区专利申请累计12629件，其中发明专利申请6441件，有效发明专利1348件，发明专利和实用新型专利占专利总量的70%，企业拥有发明专利量居全市第二，知识产权的数量和质量实现同步跨越。仙林地区高校知识产权联盟、区知识产权服务中心、区科技创新法律服务站、专利运营中心等相继成立，南京经济技术开发区获批开展江苏省知识产权试点园区创建，2家入选南京市专利技术产业化基地，全区知识产权管理和服务体系不断完善，企业创新动力得到进一步增强。大批拥有自主知识产权的高效节能装备、新型环保设备、数控加工设备、生物医药产品畅销国内外。

◆专利申请与授权 2014年，栖霞区（含南京开发区）完成专利申请5060件，其中，发明专利申请2744件，实用新型专利申请1659件，外观设计专利申请657件；实现专利授权1682件，其中发明专利授权350件，实用新型专利授权1145件，外观设计专利授权187件。专利申请量、发明专利申请量、专利授权量、发明专利授权量分别比上年增长41.22%、65.8%、28.9%和3.2%。

◆创建企业知识产权管理标准化示范单位 2014年，栖霞区加快推进企业知识产权管理标准化建设。江苏开元医药化工有限公司先后被评为国家级、省级企业知识产权管理标准化示范先进单位，南京年达炉业科技有限公司被评为省级企业知识产权管理标准化示范先进单位，江苏凯米膜科技股份有限公司被评为省级企业知识产权管理标准化示范合格单位。此外，江苏德佐电子科技有限公司、南京高华科技有限公司、江苏海企港华燃气发展有限公司、江苏可一文化产业集团股份有限公司、南京中建化工设备制造有限公司、敖迪特半导体（南京）有限公司、华能南京金陵发电有限公司、南京银茂铅锌矿业有限公司、南京乐呵呵庄园农业科技有限公司9家企业入选2014年度企业知识产权管理标准化示范创建单位。

◆创建"正版正货"示范街区 2014年，金鹰奥莱城通过南京市"正版正货"承诺推进计划验收，并于6月被列入省级"正版正货"示范创建街区。金鹰奥莱城已建立"正版正货"创建评价指标体系、建立金鹰奥莱城知识产权保护联盟，知识产权保护联盟商户已由初期的48家发展到85家，占奥莱城总商户数的30%。7月，南京花园城被批准为2014年南京市"正版正货"承诺推进计划示范创建街区。全区商贸领域知识产权保护意识和能力进一步提升。

◆知识产权"菜单式选学"培训 2014年，栖霞区创新知识产权服务形式，从企业自身需求出发，进行点菜式选学培训，开展更具针对性的"一对一"上门培训服务，提高提升企业知识产权意识和能力。先后邀请江苏省科技情报所文献中心、南京市知识产权局、南京苏高专利商标事务所、南京知识律师事务所、南京纵横知识产权代理有限公司、南京众联专利代理有限公司、江苏佰腾科技有限公司、南京天翼专利代理有限责任公司的20名专家和工作人员就"专利申请知识"、"PCT国际专利申请"、"企业专利工作实务"、"专利制度简介"、"软件领域的专利申请与保护"、"化学领域专利申请"、"企业贯标工作的组织与实施"、"企业知识产权法律风险防控"、"国内外科技文献检索与利用"、"专利信息应用"等课程开展培训48场，受到企业的欢迎好评。

◆江苏省（佰腾）专利运营中心揭牌 11月25日，栖霞区举办江苏省（佰腾）专利运营中心揭牌仪式暨栖霞区专利运营专题培训会，第八届中国专利周栖霞地区活动开幕。江苏省知识产权局专利管理处副处长武毅，南京市知识产权局综合处处长牟晓健，栖霞区委常委、副区长毛银玲，街道、园区科技分管领导和工作人员，区内科技型企业代表及仙林地区高校知识产权联盟成员代表70余人参加本次活动。

江苏省（佰腾）专利运营中心栖霞分中心以专利托管、收购、转化、交易、产业化和投融资等为核心业务，整合利用栖霞驻区高校、高科技企业优势资源，提供集专利托管、交易、许可等基础专利运营、专利联盟、专利池等高端专利运营以及专利咨询、检索、预警分析、战略研究等增值业务于一体的专业专利运营服务，提升创新资源的整合效率，降低专利交易成本，实现专利价值最大化，推动和促进专利技术的流转、转化及产业化。

◆迎青奥专利行政执法 2014年，栖霞区知识产权局配合南京市知识产权局、南京市专利行政执法支队，联合区工商局、文化旅游局、商务局、交通运输局和城管局等部门开展市场管理秩序保障联合执法。8月13日，在沃尔玛超市迈皋桥店开展联合专利执法行动。针对小家电、办公文具和儿童玩具等400余种商品进行了定向检查，检查并取样有专利标识的产品30余件，立结案38件。

科普教育

◆概况 2014年，栖霞区深入推进科普富民益民工程。丰富科普志愿服务，组织科普咨询、科普讲座、技术培训、科普夏令营等活动，创新开展栖霞区科普旅游活动，邀请高校教授走进社区、学校，举办南京科协大讲堂5期、栖霞科普讲堂

11月25日，江苏省（佰腾）专利运营中心揭牌　　区科技局 供稿

13 期,发放各类科普宣传资料 2.4 万份,举办各类科普活动近 400 场。深入开展科普惠农工程,加大科技帮扶力度,开展实用农技培训,获南京市科协“双百工程”立项 4 个、“厂会协作”项目立项 2 个,培训农民近 2000 人次,评选农业科技示范户 12 个。靖安野生蔬菜协会马定邦入选国家“科普惠农兴村计划”科普带头人。迈皋桥街道华电社区获江苏省社区科普益民计划先进单位称号。推进科普网络建设,推进社区科普“站、校、网”建设,在全区社区、村推进建设科普益民服务站和社区科普大学;新引进全媒体科普阅览屏 20 块,实现、社区全覆盖;开播科普专题节目 1 个。栖霞区网络科普工作入选江苏省科协“三服务一加强”工作创新案例。抓好科普示范创建,新增省级科普示范街道(社区、村)4 个、省级科普教育基地 3 个、省级科学教育特色学校 1 家,新增市级科普示范街道(社区、村)3 个、市级科普教育示范基地 3 个,入选中国科协“海智计划”基地 1 个。是年,区科协被江苏省科协评为 2014 年度全国科普日活动优秀组织单位,被南京市科协评为 2014 年南京市科协工作先进集体。

5 月 17 日,区科技局、科协组织栖霞区科普旅游活动　　区科技局 供稿

◆科普示范创建　2014 年,栖霞区积极推进基层示范创建,提升基层科普工作影响力。仙林街道被命名为江苏省科普示范街道、南京市科普示范街道,华电社区、青田雅居社区和联盟村 3 个社区(村)被命名为江苏省科普示范社区(村),青田雅居社区和联盟村被命名为南京市科普示范社区(村)。南京三维打印应用产业创新中心、石埠桥小学、朗诗绿色人居馆被评为江苏省科普教育基地,南京中医药大学科普教育示范基地、南京金港 3D 打印科普馆和石埠桥小学科普馆被评为南京市科普教育示范基地。炼油厂小学入选江苏省“十二五”第三批科学教育特色学校。

◆青少年科普活动　2014 年,栖霞区积极组织全区中小学生参加第十二届全国中小学信息技术创新与实践活动、第八届华东地区青少年机器人联赛、江苏省金钥匙科技竞赛、南京市第二十届中小学师生科技创新大赛、中小学生“迎青奥”科技小发明优秀作品展示会等科技竞赛,获得奖项 388 个。举办第六届栖霞区“探索杯”中小学师生科技创新作品展评活动,13187 名中小学师生参赛,收到科幻画 156 幅、小发明 33 个、科学小论文 49 篇、科技实践活动成果 10 个、科技实践活动方案 14 个、科教发明与制作12 个,评出 97 个奖项。安排 30 多万元专项资金,对全区青少年科普教育、科技创新工作优秀单位进行补助。

◆建设社区网络科普益民系统　2014 年,栖霞区进一步推进实施科普基础设施工程。创新社区科普工作载体,加快网络科普益民系统建设,实现社区全覆盖,并在政务大厅、中小学、医院等窗口单位进行试点布置,全区设置全媒体科普阅览屏 82 台。出台《栖霞区全媒体社区服务(科普)阅览屏管理暂行办法》,建设市、区、街道、社区四级管理模式,鼓励各街道、社区积极结合自身实际,形成特色和亮点。设置丰富的科普益民服务内容,强调对应居民需求,下设民政、卫生、计生等 14 个二级目录,使全媒体科普阅览屏内容涵盖社区居民全部生活。

◆南京科协大讲堂　2014 年,栖霞区先后承办 5 期南京科协大讲堂。邀请南京中医药大学第一临床医学研究院薛建国教授在龙潭街道丽江苑社区为居民做“膏方养生与日常保健”讲座;邀请南京中医药大学卞慧敏教授在马群街道为社区居民做“冠心病的防治知识”讲座;邀请南京中医药大学讲师殷海燕在金陵中学仙林小学部做“儿童意外伤害预防与处理”讲座;邀请南京航空航天大学戚成海教授在华电中学为中学生做“世界航空航天的发展与展望”讲座;邀请东南大学附属中大医院中医内科主任王长松在尧新社区为居民做“亚健康状态的防治”讲座。讲座内容贴近百姓生活需求、满足青少年兴趣爱好,普及了日常生活医疗卫生知识,激发了中学生的爱国热情和科学探索兴趣。

◆科普旅游活动　5 月 17 日,为推动驻区高校、科研院所科普场馆资源开放,满足公众日益增长的科技知识需求,区科技局、科协首次组织开展栖霞区科普旅游活动。旅游景点包括南京师范大学珍稀动植物博物馆、南京邮电大学通信展览馆、南京三维打印应用产业创新中心 3 个科普教育基地。通过科普旅游活动,游客们领略了大自然丰富的物种,学习了百年通信发展史,体验了 3D 打印技术的神奇。作为科普宣传形式的新探索,科普旅游活动在满足公众的科学知识需求的同时,推动了区内科普场馆资源向社会公众开放。　□杭　钺

城市环境

City Environment

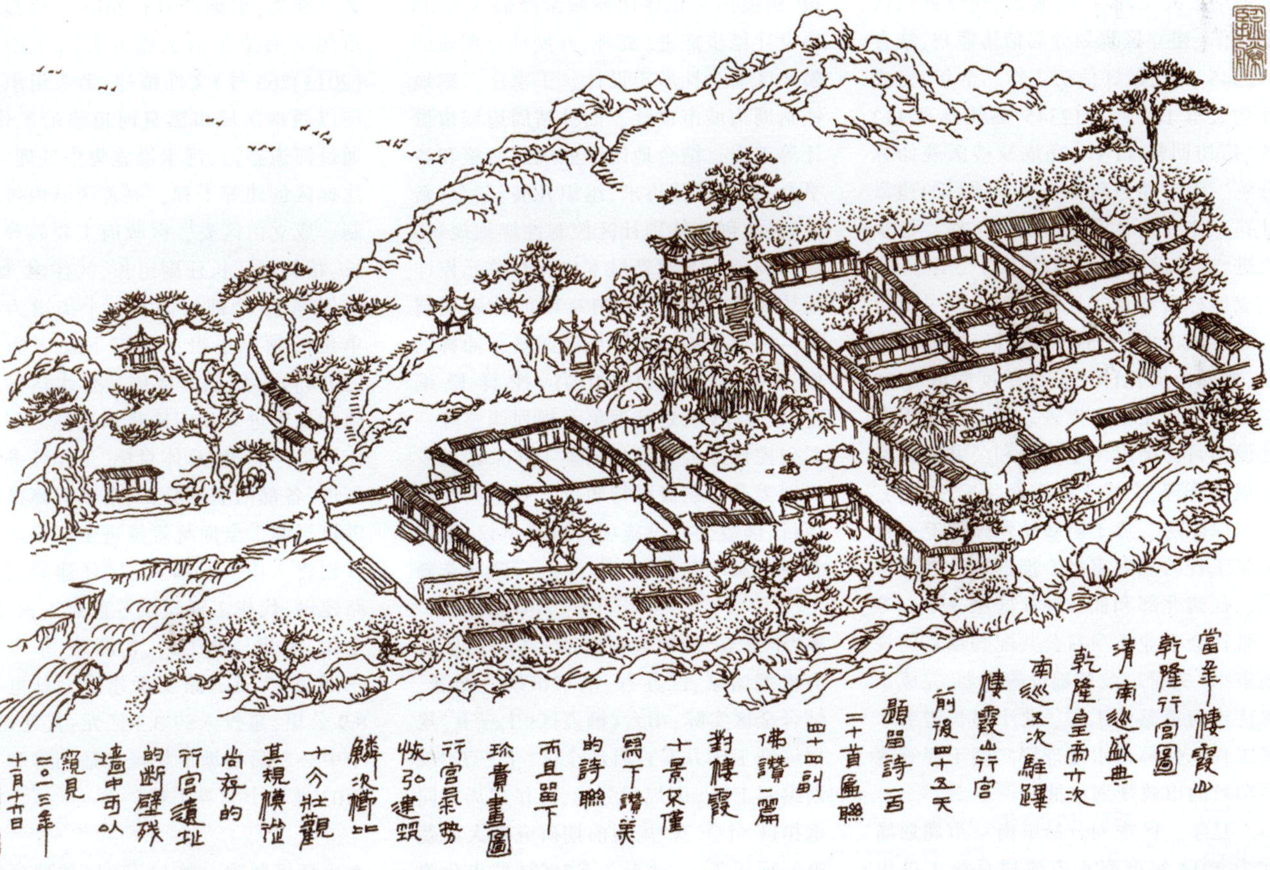

栖霞山·乾隆行宫

江云龙 绘

◎ 责任编辑　胡国富

城市规划

◆**概况**　4月14日,南京市规划局栖霞分局(简称“区规划分局”)成立,区城乡规划委员会办公室设在区规划分局内。区规划分局内设办公室、规划编制与用地科、建筑规划管理一科、建筑规划管理二科、市政规划管理科、测绘与法规监督科等6个科室,下辖区城市规划编制研究中心。全年,完成各项行政审批1436件,其中,核发“一书两证”464件、建设工程规划验线验收192件,平均办案周期由7.4天缩短至4.9天。配合完成全区依申请公开工作、行政复议、违章处罚认定工作。建立区规划分局信访账户,结合“12345”热线做好信访工作。全年,完成社会公示168件、“12345”热线办理113件、信访回复11件,完成鼓楼医院仙林分院、南京港边防检查站等项目的违章处罚工作和仙林汽配城复议工作。稳步推进“城市设计三年行动计划”,至年底,完成仙林副城青龙片区、羊山湖风情街等8项城市设计,栖霞商务区、龙潭新市镇、栖霞山文化休闲及旅游度假区等23项城市设计正稳步推进。服务全区重点建设项目,突出民生工程和公共配套设施规划管理,完成丁家庄保障房(二期)、花岗保障房、燕子矶新城保障房等一批民生工程的规划审批,推进仙林鼓楼医院、仙鹤北部和仙林湖社区服务中心等一批社会事业类项目公共配套项目的规划审批。完善市政基础设施规划,完成丁家庄沟河道整治工程、北十里长沟引水管工程、仙林污水处理厂二期工程等建设项目的市政规划审批。

是年,区规划分局被南京市规划局评为2014年度南京市规划系统先进集体,被区委、区政府评为2014年度先进单位。区规划分局窗口被区文明办评为2014年度“三亮三比”优秀窗口。

◆**规划管理培训**　2014年,为更好地承接事权下放,区规划分局开展规划管理工作专题培训,培训内容涉及规划工作的各个方面,包括南京城市总体规划修编、区总体规划、城乡规划法规体系与依法行政、规划实施审批流程、控制性详细规划管理、建设工程建筑面积计算规则等。组织培训人员到河西新城区、江宁区等地考察学习先进的规划管理理念和方法,开拓视野。同时,组织人员参加区外城建系统举办的城市地下管线建设管理、城市建设管理等专题培训。全年,举办培训9期,培训400余人次。

◆**城乡规划编制**　2014年,区规划分局全面梳理辖区规划工作情况,牵头拟定《关于深入开展全区城市设计工作的意见》,排定31个城市设计项目。至年底,完成仙林副城青龙片区、羊山湖风情街等8项城市设计,栖霞商务区、龙潭新市镇、栖霞山文化休闲及旅游度假区等23项设计稳步推进。此外,开展仙林副城麒麟片区概念性城市设计、丁家庄二期地铁站周边城市设计、仙林站周边城市设计等工作。结合地区产业规划调整和各平台、建设单位诉求,组织开展《紫金(新港)科技创业特别社区控制性详细规划》局部调整、龙潭新城EAD010单元控详地块调整(优化)、南京市仙林副城新港—炼油厂片区控详局部调整、仙林副城仙鹤片区(EAe020)控详修编EAe020-15规划管理单元规划调整等一系列控详修编和优化调整工作。区城乡规划委员会积极履行职责,对重大建设项目、区级公共设施项目进行审议,组织召开专家评审会22次。　□顾正颖

◆**“十三五”规划编制启动**　11月,区政府根据国家、江苏省、南京市统一部署,结合全区实际,出台《栖霞区“十三五”规划编制工作方案》,启动全区“十三五”规划编制工作。区规划分局、区住建局共同承担区“十三五”规划前期研究重大课题第五项任务——“十三五”区域城市化建设及城乡统筹发展研究。区规划分局从以“多规融合”促城乡协调发展的角度出发,通过比选委托的方式确定课题研究单位,共同研究栖霞区规划融合的现状、问题,并从重构规划体系、统一管控指标、强化部门协调、导入公众参与等方面提出促进规划融合的路径。区住建局与课题研究单位系统研究区城市化建设及城乡统筹发展现状,提出应该突破“三区”(栖霞行政区、南京开发区、仙林大学城)束缚,以龙潭片区、尧迈片区、八卦洲生态岛和仙林大学城等四大发展片区统筹城乡一体化建设,使其分别承担区域的生产、生活、生态和科教研发功能;以长江黄金水道、玄武大道-312国道、二桥高速连接线和四桥高速连接线等交通廊道引导核心地段开发建设。

□顾正颖

市政建设

◆**概况**　2014年,区住建局按照区政府统一部署,根据《2013~2015年栖霞区城市黑臭河道整治实施方案》(宁栖政字〔2013〕265号)文件精神,牵头组织九乡河以西地区城市黑臭河道整治工作,并通过河道整治、污水设施集中处理、排水达标区创建等工程,完善区域内排水机制。成立由区委、区政府主要领导任组长,相关副区长任副组长,区住建、城管、环保等13个部门以及9个街道为成员单位的领导小组,制定下发宁栖政字〔2014〕94号《栖霞区创建排水达标区实施意见》,进一步明确排水达标区创建工作的指导思想、总体目标、工作任务和各街道、各部门职责分工,落实保障措施和考核机制,全面统筹推进全区排水达标区创建工作。2014年,区住建局完成道路建设、代建工程建设等重点工程任务。全年,承建马群南路、怡园路、华电北路三期等13条道路工程建设,总里程约8.9公里,总投入约3.3亿元;代建区“三个中心”、后新塘地块经济适用房和季家街03地块小学等工程。

◆**水环境整治**　2014年,区住建局完成南京市下达的污水主次干管建设任务1.8公里,加上北苑西路及迈皋桥老街两条街巷,累计铺设管道1.9公里;完成污水到户支管14个片区,累计铺设管道20.06公里。此外,结合黑臭河道整治工作,启动北十里长沟流域经五路片区、城东流域马群科技园片区污水到户支管的建设工作,共涉及迈皋桥、燕子矶、马群3个街道、115个片区。

◆河道整治 2014年，区住建局根据《2013-2015年栖霞区城市黑臭河道整治实施方案》(宁栖政字〔2013〕265号)文件精神，牵头完成九乡河以西地区河道的综合整治工作。完成马群街道百水河主流、朱庄撇洪沟、湖底撇洪沟、黄马撇洪沟、青马撇洪沟、刘家营沟、姬家庄沟、牛王庙沟、姬家庄沟等9条河道综合整治，栖霞街道五福家园沟、红枫沟、赵家圩沟、十月沟、南象山河5条河道综合整治，仙林街道十里长沟、文苑河、羊山北沟南支、北支4条河道综合整治，迈皋桥街道涂家营沟、柳塘沟、南十里长沟主流栖霞段等3条河道综合整治，尧化街道马汊河、工农联盟河等2条河道综合整治，燕子矶街道幕府山沟1条河道综合整治，开发区兴武大沟1条河道综合整治。

◆排水达标片区创建 2014年，全区24个排水达标片区创建工作，主要集中在迈皋桥地区。根据区政府统一部署，区住建局和相关街道成立排水达标片区前期调查工作小组，社区、设计、施工、监理等单位人员共同参与，对列入达标计划的片区进行系统摸查。至年末，完成前期调查摸底工作，针对调查中发现的问题，委托设计单位补充设计，结合街道小区出新工程，予以整改完善。

◆区"三个中心"建设 2014年，区住建局续建区教育中心、文化艺术中心、体育中心3个项目。"三个中心"位于尧化地区五号路南侧、五号街西侧，北至新城路，西至新尧路，东至尧辰路，南至金尧路，建筑面积约12.5万平方米，投入约3.8亿元。教育中心建筑面积9.7万平方米，投入约2.44亿元，包括小学部、初高中部。小学部建筑面积1.9万平方米、初高中部建筑面积7.8万平方米。小学部于2013年9月竣工交付，初高中部于2014年9月竣工交付。文化艺术中心建筑面积1.36万平方米，投入为6902.6万元，项目主要为文化馆、图书馆以及相关配套设施。至年底，内装修和室外景观绿化施工进入扫尾阶段，管线综合施工完毕并完成竣工测量，雨污水、给水、通信、内部电力、燃气领取规划许可证管线。体育中心建筑面积1.1万平方米，投入6608.1万元。至年底，内装修完成95%，室外景观绿化完成80%，管线综合施工完毕并完成竣工测量，雨污水、给水、通信、内部电力、燃气领取规划许可证管线。

◆后新塘地块经济适用房工程 2014年，区住建局代建后新塘地块经济适用房工程。该项目位于尧化街道尧佳路以南、金尧路以西，北至尧佳路，西至太龙路，东至金尧路，南至金尧路泵站。占地3.46万平方米，其中建筑用地2.6万平方米，投资约2.5亿元。该项目分两期。一期投资1.2亿元，占地2.89万平方米，建筑面积2.9万平方米，含2幢住宅楼和商业楼、配电房、地下停车场、物业管理用房等配套设施；二期计划投资1.3亿元，建筑面积为3.99万平方米，含3幢住宅楼和社区中心、商业楼、地下停车场等配套设施。该项目主要用于煤田四队的拆迁安置工作。一期、二期项目建成后可分别提供经济适用住房355套和394套。至年底，一期04、05号楼进行内装饰施工，01号配电房进行土建施工；二期在获施工许可后，进行桩基施工。一、二期雨污水、电信、内部电力、燃气已领取规划许可证，外电、给水的规划要点已报窗口。

后新塘经适房一期　　王智山　摄

◆季家街03地块小学工程 2014年，区住建局承建季家街03地块小学工程。该工程位于栖霞区迈尧路328号，项目北至玉尚路，西至文清街，东至经五路，南至万晓路。项目用地1.97万平方米，建筑面积1.86万平方米，投资7500万元。项目包括一栋四层综合楼、1栋5层教学行政楼、1间传达室及地下停车库。项目建成后可设小学24个班，地下停车位约85位。至年底，教学楼施工至内部墙体砌筑，综合楼、地下车库至桩基施工；雨污水、电信、内部电力已领取规划许可，外电、给水的规划要点已报窗口，内部高低压柜进行招投标流程。

◆熙湲路 2014年，为搭建迈皋桥地区道路框架，满足各种管线载体、交通、景观和开发建设需求，解决车辆通行难问题，区住建局开工建设熙湲路。工程西起北苑西路，东至北苑东路，长约757米，规划红线宽24米。工程内容为道路建设，雨水、污水排放和绿化、路灯等配套建设。排水工程采用雨污分流制。暴雨重现期按3年计，雨水自东向西排入北苑西路雨水管，最终接入南十里长沟；污水自西向东排入北苑西路污水管，接入迈尧路污水管，最终纳入城北污水处理厂。工程投资约8472万元，所需资金自筹解决。至年底，水泥稳定碎石铺设基本完成。

◆**和燕路390号地块配套市政道路** 2014年，区住建局开工建设和燕路390号地块配套市政道路。该工程分两条路，一条为北苑西路，北起青城路，南至玉尚路，长约196米，规划红线宽33米；一条为玉尚路，西起北苑西路，东至逸文路，长约396米，规划红线宽24米。工程内容为道路建设，排水、绿化、路灯等配套建设。工程投资约1.07亿元，所需资金自筹解决。至年底，北苑西路雨污水管埋设50%，玉尚路完成一层沥青铺设。

◆**北崮山路一期** 2014年，区住建局开工建设北崮山路一期工程。工程西起霞云路，东至和燕路，长约450米，规划红线宽40米，采用双向6车道城市主干道标准。工程内容为道路建设、绿化、亮化等。工程投资约2.35亿元，所需资金自筹解决。至年底，北半幅6%灰土铺设完成。

◆**北苑东路一期** 2014年，区住建局开工建设北苑东路一期工程。工程南起华电路，北至规划中的玉尚路，长约1075米，规划红线宽35米，采用双向4车道城市次干路标准建设。工程内容为道路建设、绿化、亮化等。工程投资约3.01亿元，其中，工程直接费4555万元、其他费用2.52亿元，工程预备费用434万元。至年底，临时项目部搭设完成。

◆**南湾营路北延工程** 2014年，为完善城东地区路网结构，满足花岗保障房及麒麟片区交通出行需求，区住建局续建南湾营路北延工程。工程北起文康路，南至马高路，长约330米，宽52米。工程内容为前期征地拆迁、杆线迁移、道路建设、土方外运和排水、绿化、路灯、交通等配套建设。道路按城市主干路标准建设。排水工程采用雨污分流制。雨水排入相交道路雨水管道，暴雨重现期按2年计，污水纳入城东污水收集体系。工程投资约3600万元，所需资金由南京市城建资金统筹安排。至年底，工程完工。

◆**言和路北延工程** 2014年，为完善迈皋桥地区路网结构，满足华电1号地块居民出行需求，区住建局续建言和路北延工程。工程北起华电西路，南至规划月苑南路，长约430米，规划红线宽24米。工程内容为道路建设和排水、绿化等配套建设。道路按照城市支路标准建设。排水工程采用雨污分流制，雨水接入华电西路雨水系统和北十里长沟，污水纳入城北污水收集体系。工程投资约1000万元。至年底，道路完工。

◆**言和路中段工程** 2014年，为完善迈皋桥地区路网结构，方便周边小区居民出行，区住建局续建言和路中段工程。工程北起月苑南路，南至文四路，长约302米，规划红线宽24米。工程内容为道路建设和绿化、亮化等配套建设。项目投资约999万元，所需资金自筹解决。至年底，道路完工。

◆**华电北路三期** 3月，为完善迈皋桥地区路网结构，方便迈皋桥、尧化门地区居民出行，区住建局续建华电北路三期。工程西起兴贤家园路，东至金陵石化铁路线，长约900米，规划红线宽35米。工程内容为前期拆迁、杆管线迁移、道路建设和排水、路灯、绿化等配套建设。工程投资约5200万元。至年底，道路基本完工，尚余南半幅路面未实施到位。

◆**马群南路拓宽改造工程** 6月，为配合麒麟生态科技创新园建设，完善马群地区路网结构，区住建局续建马群南路拓宽改造工程。该工程南起绕城公路，北至马群广场，长约1500米，规划红线宽35米。工程内容为前期拆迁、杆管线迁移，道路、桥涵建设和绿化、路灯、排水等配套建设。道路按照城市主干道标准建设，设计车速50公里/小时。工程投资约3亿元，其中，工程费用约4700万元、前期拆迁费用约2.53亿元。所需资金由南京市城建资金统筹安排。至年底，900米路床施工结束。

◆**怡园路** 6月，为配合纬一路快速化改造工程，完善南京城东北地区的路网结构，提高路网通行能力，区住建局续建怡园路。工程西起经五路，东至迈化路，长约700米，规划红线宽24米。工程内容为前期拆迁、道路建设，排水、路灯、绿化等配套建设。工程投资约3100万元，其中，拆迁费用约1800万元、工程费用约1300万元，所需资金由南京市城建资金统筹安排。至年底，除西段约50米尚未实施外，其余路段基本完工。

◆**季家街经济适用房配套市政道路** 9月，为完善季家街地块内部路网结构，改善季家街地区人居环境，解决地块内部仅有少量较窄的通道、车辆通行难等问题，区住建局开工建设季家街经济适用房配套市政道路。工程包含市场路、文清街、玉尚路3条道路。市场路南起何市路，北至玉尚路，长约195米，规划红线宽12米；文清街北起玉尚路，南至季家街小学用地边线，长约160米，规划红线宽24米；玉尚路西起文清街，东至经五路，长约225米，规划红线宽24米。工程内容为道路建设，绿化、路灯、排水等配套建设。3条道路均按照城市支路标准建设，排水工程采用雨污水分流制，暴雨重现期按3年计。雨水排放方面，市场路自北向南排入何市路规划雨水管，文清街自南向北排入玉尚路雨水管，玉尚路自西向东排入经五路雨水管；污水排放方面，市场路自北向南排入何市规划污水管，文清街自南向北排入玉尚路污水管，玉尚路自西向东排入经五路污水管。三条路污水最终纳入城北污水处理厂。工程计划投资约1817万元，所需资金纳入出入地块资金平衡。至年底，12%灰土铺设完成。

◆**逸文路** 10月，为搭建迈皋桥地区道路框架，满足各种管线载体、交通、景观和开发建设需求，解决地块内部仅有少量较窄的通道、车辆通行难等问题，区住建局开工建设逸文路。该工程北起青城路，南至熙湲路，长约890米，规划红线宽24米。工程内容为道路建设，雨水、污水排放和绿化、路灯等配套建设。道路按照城市支路标准建设。排水工程采用雨污分流制。暴雨重现期按照3年计，雨、污水暂时排入南十里长沟，待迈尧路建成后接入迈尧路雨、污水管，污水最终纳入城北污水处理厂。工程投资约2.65亿元，所需资金自筹解决。至年底，300米道路沥青铺设完成。

◆**万晓路** 12月，为完善季家街地块内部路网结构，改善季家街地区人居环境，解决地块内部仅有少量较窄的通道、车辆通行难等问题，区住建局开工建设万晓路。工程北起纬一路，南至青城路，长约350米，规划红线宽16米。工程内容为前期征地拆迁、道路建设，排水、路灯、绿化等配套建设。道路按照城市支路标准建设。排水工程采用雨污分流制。暴雨重现期按3年计，雨水自北向南接入青城路雨水管。由于道路东侧小区内污水管网已全部接入青城路污水管，故此次不铺设污水管道。工程投资约878万元，所需资金纳入出让地块资金平衡。12月底，工程进入土方清理阶段。 □赵雨馨

交通建设与管理

综 述

◆**概况** 2014年，区交运局围绕区委、区政府工作部署，以开展党的群众路线教育为抓手，自加压力，真抓实干，重点做好交通路网规划、建设，交通秩序综合整治和交通运输行业发展等工作，较好地完成全年目标任务。全年，作出行政许可1335件、行政处罚1328件、行政处理31件，罚没款355.84万元。没有发生行政诉讼败诉和行政复议撤销案件。至年底，区有道路运输业户6131户、货运车辆1.13万辆，道路运输业户和车辆同比增长分别为7.69%、8.2%。有机动车维修企业180家，其中，一类20家、二类77家、三类83家，有驾校11所，均为三类驾校。全区农村公路总养护里程652.3公里，其中，县道109.8公里、乡道300.2公里、村道242.2公里。至年底，农村公路建、管、养总投入4000万元，县乡道改造总投入约1610万元。投入1270万元，实施农村道路水泥化工程23公里；投入615万元，完成乡村道维修3.22万平方米；投入184万元，完善102.2公里农村公路安保设施。为促进节能减排，启动新能源汽车推广工作。21家企业和21名个人购置新能源汽车211台，省、市、区三级发放专项补贴5497.5万元。是年，区交通运输局被区委区政府评为作风建设争先进位优胜单位，区公路运输管理所被评为省交通运输系统执法评议考核先进单位，龙潭街道被评为2014年度省级乡村公路养护及安保示范街道。

◆**区客运联合执法大队成立** 4月22日，区客运联合执法大队成立。该大队由南京市客管处、区交运局、区公安分局、区交警、区治巡警、区城管局等单位22名人员组成，其职责是客运执法和货运稽查。全年，区客运联合执法大队出动执法人员6921人次、执法车1522车次，检查疑似黑车1471辆，驱离违停车2488辆，查处黑车360辆。在执法过程中，执法队员遭受暴力抗法33起，人员受伤24起，乘客不配合60余起。货运稽查中，检查普通货物运输车1020辆、危险品运输车137辆。

◆**创新客运联合执法机制** 2014年，区客运联合执法大队在执法实践基础上，总结经验，创新信息化、属地化、专业化、常态化联合执法机制。信息化，即建立全覆盖监控网，整合公安、交管、城管等部门监控资源，利用高科技手段，无盲点、无死角、无间断查处机动车违停，使“黑车”无处落脚；属地化，即各街道成立交通秩序整治办公室，负责本街道范围内黑车整治的面上管控、信息传递、宣传引导、协同备勤和善后处理；专业化，即形成稳定的执法队伍，相互配合，密切协调，不断提高战斗力；常态化，即与相关部门、街道、社区建立密切的联系机制，坚持常态打击，落实长效管理，杜绝阶段式、突击式执法。

道路工程

◆**概况** 2014年，全区农村公路总养护里程652.3公里，其中，县道109.8公里、乡道300.2公里、村道242.2公里，农村公路建、管、养总投入4000万元。县乡道改造工程总投入约1610万元，改造道路5条、6.3公里。投入1270万元，实施农村道路建设和改造，完成水泥化工程23公里；投入615万元，完成乡村道维修3.22万平方米；投入184万元，实施农村公路安保工程，完善102.2公里农村公路安保设施，消除安全隐患。

◆**县乡道改造工程** 2014年，区交通运输局实施县乡道养护改造工程6.3公里，实施乡道主干道养护改造工程4.1公里，实施农村道路水泥化工程23公里，农村公路建、管、养投入4000万元。其中，燕尧路柳塘段拓建工程长2公里，宽7米，投入约460万元，于1月开工，5月完工；龙其线龙潭警校段拓建工程长1.6公里，宽7米，投入约440万元，于1月开工，6月完工；龙其线东阳部队段拓建工程长0.8公里，宽6.5米，投入约400万元，于6月开工，7月完工；燕西线花岗段大修工程长1.4公里，宽6米，投入约220万元，于10月开工，11月完工；岔龙线外贸仓库段出新工程长0.5公里，宽14米，投入约180万元，于11月开工，12月完工。

◆**县道桥梁技术状况检测** 第四季度，区交通运输局委托检测单位对区内县道公路桥梁技术状况进行检测，排查桥梁安全隐患。检测内容为桥梁主要部件是否完好，附属构造物是否完整，泄水孔是否畅通等。对有病害的桥梁采取措施，尽快修复；对无病害的桥梁，加强日常养护，做好经常性检查记录，健全桥梁管理档案，确保桥梁处于可控状态。加大治超力度，严禁超载车辆上路上桥，严禁在桥梁上下游200米范围内挖砂、采石、取土等作业。

◆**铲雪除冰** 2月18日，南京地区天降大雪，公路路面积雪，给交通安全造成巨大压力。区交通运输局迅速启动应急预案，采取机械与人工铲雪相结合的方式连续作业，并加大对公路桥梁、涵洞的巡查力度。对积雪较厚的路段，用机械铲雪；对积雪较薄的路段，撒防滑料融雪；对积冰路段，用人工配合机械除冰。全区未发生因冰雪造成的重大交通事故。

◆**疏港大道油污处理** 3月23日，区交通运输局公路管理站在巡查疏港大道时发现大面积油污，油污占据一条行车道和非机动车道，长度超过40米，严重影

响过往车辆和行人安全。养护人员迅速赶到现场，一面疏导过往车辆和行人避开油污路段，一面用黄沙覆盖油污，随后用洒水车冲洗。经过2个多小时奋战，油污清理完毕。

◆市交通运输局领导检查龙潭人行天桥　5月9日，南京市交通运输局副局长郑永亮等一行对龙潭铁路东道口人行天桥栏杆和安全防护网出新工程进行检查。检查中，郑永亮对该项目前期组织、施工、安全、质量工作给予肯定，并提出一步工作安排和注意事项。他指出，该天桥上跨铁路，下设高压接触网，施工条件复杂，须确保安全第一，要高质量、高标准地做好栏杆和安全防护网更换出新工作，保证10年无大修。

交通行业管理

◆概况　2014年，区交运局全面做好行业管理各项工作，行政执法规范有序。全年，作出行政许可1335件、行政处罚1328件、行政处理31件，罚没55.84万元。没有发生行政诉讼败诉和行政复议撤销案件。完成机动车维修企业价格报备工作，一二类企业报备率100%，三类企业报备率95%以上，驾培学校价格报备率100%。对汽车维修人员开展培训，410人接受培训。截至年底，区内有道路运输业户6131户、货运车辆1.13万辆，较上年相比，道路运输业户、车辆分别增长7.69%、8.2%。区内机动车维修企业180家其中，一类20家、二类77家、三类83家，有驾校11所，均为三类驾校。

◆急救知识培训　6月17日，区交运局在该局会议室开展急救知识培训。培训班邀请区红十字会人员和南京市卫生学校老师授课，区交运局职工和区内重点运输企业人参加培训。培训内容主要为4分钟急救知识，其分为现场判断、呼救、心肺按压、打开气道、人工呼吸等5个步骤。授课老师通过多媒体教学图文并茂地讲解，同时用人体模型进行现场示范，授课老师还讲解、演示各种外伤包扎技术。

◆驾校开班计划、学时审核　年初，区交运局为进一步做好驾校开班计划、学时审核工作，调整人员分工，由专人负责全区驾校的业务审核、指纹修改等工作。至12月，审核上报开班计划3.03万人次，其中增加计划6435人，实际开班2.85万人；新增教练员53人，教练员异动68人，新增教练车24辆，更新34辆；审核学员培训5.43万人，其中，科目一3.02万人，科目二、科目三连审2.39万人，科三单审150人，打印培训记录表5.43万张，发现疑似有问题学时242件，退回整改242件，指纹修改80件，并逐一建档留存。

6月17日，区交运局举行黄金四分钟急救知识培训　　区交运局 供稿

◆行业市场监督检查　2014年，区交运局通过日常检查、突击检查、联合执法等方式对汽车维修企业和驾校经营行为进行监督检查，严厉打击无许可修车路边店、驾校违规挂靠等违规行为，共检查企业486家次，其中，汽车维修企业326家次、驾校160家次。下发《责令劝停通知书》83份，其中，汽车维修企业77份、驾校6份；作出行政处罚82件，其中，汽车维修业户65件、驾校17件，关停和搬迁汽车维修企业26家，拆除汽车修理户外广告牌11块，取缔驾校违规培训点4处，处罚金额10.45万元。至12月底，受理各类举报投诉235件，其中，汽车维修47件、驾校178件，均及时予以解决，回访满意率100%。

◆长虹驾校纠纷处理　2月28日，因长虹驾校内部股权及债务纠纷，合作人周月红自行停止长虹驾校800多名学员的正常培训并失去联系。大量学员频繁向南京市“12345”投诉，报刊、电视台等媒体相继报道，社会影响极坏。事发后，区交运局协调南京市交运局驾培处，研究应急处置方案。区维管所(驾培所)执法人员与该校实际出资人宋玉荣及其委托代理人多次沟通，宋玉荣主动承担所有在册学员后续分流安置工作及相关费用约45万元。最终，该校转校299人，其中，天保驾校186人、紫金驾校110人、栖霞驾校3人，长虹驾校承担培训539人。周月红退还非法招生学员17人、培训费用5万余元。

◆培育“绿色汽修”、“江苏快修”企业　4~6月，区交通运输局维管所(驾培所)开展汽车维修企业摸底工作，对符合“绿色汽修”要求的企业，推进节能减排设备设施配备、废弃物分区标识、有毒危险废弃物单独存放、垃圾分类处理等工作，健全“绿色汽修”管理体系。9月，为让广大车主享受“便捷、便利、便民”和“省时、省心、省钱”的消费服务，区交运局要求基础条件较好的企业对照“江苏快修”品牌创建标准，做好创建准备。全年，培育“绿色汽修"企业3家、"江苏快修"企业1家。

◆危险货物运输企业安全生产互查 5月19日，区交运局为督促危险货物运输企业落实安全生产主体责任，强化行业安全监管措施，组织区内6家危险货物运输企业开展安全生产互查。互查中将危险货物运输企业分为2组，由南京海龙运输有限公司和栖霞车队有限公司分别担任组长，带领各自组员开展互查。两小组通过查台账、查照片、查证件，询问安全员等方式对企业日常安全监管工作进行细致检查。通过互查，强化了企业安全生产主体责任，提高了企业安全生产意识，危险货物运输安全有了保障。

◆青奥会交通安全 8月16~28日，青奥会期间，区交运局多措并举，狠抓交通安全监管，做到"预防为主、综合治理"，为青奥会顺利召开和有序进行提供安全、文明、畅通的交通环境。组织区交运局机关、站所人员配合区公安部门在龙潭和东阳两个治安卡口联勤联保。8月1日起，龙潭和东阳治安卡口24小时执勤不断岗，8月10起，青奥安保进入一级勤务模式，132名执法人对过往货车逐一检查，检查危险品运输车455辆、普通货物车799辆，查处27辆，与区公安部门联合检查小型客车2.34万辆。

□刘文传

部分驻区单位

·上海铁路局南京东站·

◆概况 2014年，南京东站正线管辖里程达130多公里，下辖20个自然站：1个路网性编组站，1个一等区段站，1个二等货运站，7个三等站和10个四、五等站，共配有15台调机，承担着路网、区域、枢纽服务的功能，担负着管内44条专用线(铁道)的取送作业和管理及周边二十多家大型企业及部队、军工单位物资的运输任务，为长三角的经济发展发挥着重要作用。南京东站成立职工教育科、保卫武装科，车站下设8个职能科室、14个车间(站)、4个经营公司、59个班组、200个自然生产小组，现有职工总数1455人。南京东站实现"1·12"安全1100天、"4·22"安全1200天、"7·31"安全1300天、"11·8" 安全1400天四个阶段及安全年目标。完成中华门站停办客运业务期间的旅客运输组织工作，开行零散货物、批量零散货物快运列车。职工队伍素质得到提升，在上海铁路局职业技能大赛中，取得接发列车半自动闭塞组团体第二名、自动闭塞组第三名的较好成绩。是年，南京东站被评为上海铁路局2014年度安全优质站段、文明单位、先进平安小区，获江苏省总工会颁发的"五一劳动奖状"。

◆运输经营再创新高 2014年，南京东站办理车数365.2万辆，日均10005辆；解编4.78万列，日均131列；中时5.9小时，较年计划压缩0.5；停时18.1小时，较年计划压缩0.9；运用车保有量2932车，较年计划压缩118车。运输收入完成10.63亿元，其中客运收入完成3335万元，超年进度计划147万元，其他业务收入完成1245.6万元，超年度计划395.57万元，较好地完成年度各项经营指标。

◆开行零散货物、批量零散货物快运列车 2014年，南京东站深化货运组织改革，坚持"一切围绕市场变化，一切服务客户需求，一切服从安全高效，一切为了企业发展"理念，主动适应货运组织改革新变化，以提高"后厂"运输保障为落脚点，发挥调度集中统一指挥作用，优化运输组织方案，开展货运营销。开行零散货物、批量零散货物快运列车，铁路市场意识得到进一步提高。9月18日7:28分，X2692次在南京东站上行场6道出发，标志着南京东–南仓间路局首列跨局货物快运列车正式开行。

◆生产生活条件改善 2014年，南京东站践行群众路线，维护和保障职工群众利益。2013年职代会确定的十件实事全部兑现。提高职工收入水平，职工工资人均增量再次高于全局平均水平。改善职工住房条件，完成36户住房分配，发放住房货币化补贴656.5万元。投入"三线"建设资金815.2万元，对管内相关岗点生产生活设施进行了更新、补强。深入落实"三不让"帮扶救助机制，做好困难职工走访慰问，全年助困586人次23.7万元、助医1206人次97万元、助学2人次0.7万元。投入50.8万元，安排全站职工健康体检，并组织169名职工健康休养。加强企业文化建设，开展群众性文化体育活动，丰富职工文化生活。

□姚明志

·南京长江二桥·

◆概况 2014年，南京市政府作出规定：4月1日起，绕城公路的刘村枢纽经长江二桥至雍庄枢纽段、沪宁高速的麒麟枢纽以西段，全天禁止非南京市籍号牌货车和过境营运客车通行。是年，南京二桥通行量2634.97万辆，日均车流量7.22万辆，同比下降1.69%。禁行规定是南京二桥通行量下降的主要因素。该桥执行"4个长假7座以下小客车免费通行""200米免费放行"、鲜活农产品运输"绿色通道"规定，全年，共免费放行车辆207.4万辆，免费金额4768.6万元。

◆百日环境整治 2014年，南京二桥开展迎青奥百日环境专项整治行动，投入5050万元，用于全线环境卫生整治、路面维修出新、道路桥梁设施设备维修出新，收费站区、服务区、办公区整治，东杨坊绿化提档升级和南引线绿色通道建设任务等。集中整治全线110万平方米绿化和隐蔽工程，清理边沟4万米；与八卦洲街道组成协调小组，共同处理南京二桥沿线的违建与垃圾，消除安全隐患。维修桥梁伸缩缝5处、标牌44套，北汊桥桥梁灌缝6000延米。清理隔离栅缠绕物20公里，更换老化、破损隔离栅2940片，调整波形护栏线性11公里，更换波形护栏780片、立柱310根，涂装出新全线牛角护栏、砼防撞墙、钢防撞护栏6.1万平方米，更换南汊桥斜拉索阻尼器改造160套.更换27座收费亭，改造30套H型防撞柱，出新站区路面、减速带，重新涂装30个收费岛。出新服务区路面1.5万平方米，修缮更换老旧设施301处；完成南京二桥服务区污水处理设施改造工程，东、西两座服务区日处理污水能力300吨。完成办公区域封闭,出新围墙,清洗建筑物1.4万平方米。完成东杨坊互通路段、八卦洲服务区、北汊公园及雍庄互通路段、全线中分带的绿化提档升级。8月16日,青奥会开幕前,完成地形整治11.53公顷,大乔木移栽734棵,小乔木、小灌木移栽1.23万株,补植草皮和其他地被植物59.79万平方米。

◆全线路灯恢复照明　2014年,南京二桥投入700余万元,对强电项目进行维修保养。完成11个高杆灯维护保养,恢复雍庄电力电缆铺设和八卦洲206盏灯照明,更换南汊桥部分路灯低压供电线路。对全线81台地埋式变压器、1台干式变电站、4条高压线路、8条中压线路、1077盏路灯、31盏高杆灯、低压电缆、UPS及发电机、3个配电房、电力监控系统等进行全面检查及维护。7月,全线路灯恢复照明。　□蒋　燕

·南京港龙潭集装箱有限公司·

◆概况　2014年,南京港龙潭集装箱有限公司(简称"龙集公司")贯彻落实"抢抓市场促增长,精益管理谋优化,科技创新争一流,安全为基保稳定,和谐共进聚合力"的工作方针,主要经营指标实现新跨越,货源组织和航线开发取得新突破,综合管理水平迈上新台阶。完成集装箱吞吐量249.56万标准箱,较上年增长9.52万标准箱,同比增长3.97%,创历史最好成绩。

开通"南京—唐山"内贸北方直达航线,初步形成南京港集装箱内贸运输航线"Y"型战略框架。启动"南京—泸州"定期直达班轮,推动货源腹地向西南内陆地区辐射。启动启运港退税政策试点工作。积极寻找新的业务增长点,与厦门裕丰签订合同,抢占南京以及周边地区退租箱修理市场,开启长江流域首个集装箱起、退租点。

围绕龙潭港区四期工程年度计划,完成侯工楼土建,301、302重箱堆场和303空箱堆场等项目建设。完成海关查验新H986项目。按要求加快推进国检新查验场地建设项目和一关三检"三个一"工程。启动8000平方米新CFS仓库建设项目。新购置2台空箱堆高机,并在三届四次董事会上通过采购两台场桥的议案。

重点技改节能项目取得重大进展。完成场桥能量回馈单元加装改造项目。22台场、36套自动过道系统安装到位,滑触线拔插区改造完毕。与南京港华燃气签订建设LNG加气站协议,预计2015年1月完工,集拖油改气节能减排项目将取得实质性进展。2014年,龙集公司综合装卸能耗较上年下降6.5%。

是年,龙集公司推进安全生产标准化创建工作,以815分现场综合考评成绩通过江苏省交通运输厅港口局二级达标考评,取得安全生产标准化二级达标企业资质。

◆市长缪瑞林考察南京港　5月23日,南京市市长缪瑞林考察南京港,副市长陆冰、市政府秘书长林克勤和南京市发改委、交通运输局、规划局、投促委等有关部门负责人参加考察。南京港集团总经理沈卫新、党委书记章俊、副总经理杨联宏陪同考察。缪瑞林一行考察龙潭港区龙潭集装箱公司作业现场,沈卫新汇报龙集公司规划建设、改革发展情况。缪瑞林指出,南京是长三角的门户,要把南京港打造成长江航运物流中心核心载体,为南京成为国际综合性交通枢纽城市,推进海上丝绸之路战略和长江经济带建设作出积极贡献。

◆瓦努阿图总理等参观龙潭港区　8月15日,瓦努阿图共和国总理乔·纳图曼率外长萨托·基尔曼、瓦驻华大使塞拉·莫利萨等在中国驻瓦大使谢波华陪同下参观南京港龙潭港区。南京市副市长罗群,南京港集团总经理沈卫新、副总经理杨联宏等接待纳图曼总理一行。12月14日,巴西工会联合代表团24人参观南京港龙潭港区,江苏省总工会副主席曹海、南京港集团工会主席王建新陪同参观,龙集公司总经理唐文、党委副书记缪阳热情接待客人。

◆省港口职业技能竞赛　10月26~27日,江苏省港口职业技能竞赛在南京港龙潭港区举行。江苏省交通运输厅副厅长梅正荣、省总工会副主席曹海,省人力资源和社会保障厅副厅长刘小群,省港口局局长朱培德,南京港集团总经理沈卫新、党委书记章俊等观摩竞赛活动。各参赛单位领队、技术指导、选手和裁判员近200人参加活动。经过角逐,龙集公司营运操作部岸桥班阚虎、王辉、邹鸿强3名选手分获岸桥司机技术比武第一名、第二名和第四名。　□申淑辉

·明州码头有限公司·

◆概况　南京明州码头有限公司(简称"明州公司")位于南京龙潭港区。2014年,明州公司岸线长700米,陆域纵深1000米,占地70万平方米。拥有2个7万吨级、2个5万吨级泊位,年设计通过能力649万吨。主营散货、件杂货和集装箱装卸业务,货物吞吐量877.08万吨,主要为南京周边及长江中上游地区的大型钢厂和电厂服务。

2014年,根据交通部"沿海码头靠泊能力管理规定",着手将码头靠泊等级由7万吨级提升至10万吨级。码头前沿水深常年保持在-14.5米以上(由于长江航道限制,仅允许吃水10.5米以下的船舶通行),8.5万载重吨以下海轮可减载进江靠泊。公司配备2台卸船机、2台装船机、4台门机、4000余米的皮带线和40余台流动机械,年实际吞吐能力可达1800万吨。建成30多万平方米硬化场地,可形成一次性200万吨以上散货堆存能力。建成非主流矿加工基地,形成碎矿5000吨、筛矿1万吨、配矿1万吨的日处理能力。

新增的装船流程系统于9月投入使用,单机装船能力从1250吨/小时提升至1600吨/小时。实施筛分系统改造,混矿和过筛能力由2000吨/天提升至1万吨/天,同时过筛质量也得到提高,由原先的二次过筛达标减少至一次过筛达标,全年电力消耗比2013年减少11.78%。

2014年,明州公司被评为"消防平安杯"活动优胜单位,电工班获南京市"工人先锋号"称号,公司职工史俊峰获南京市"五一劳动奖章"。

◆矿石延伸服务　2014年,明州公司继续拓展矿石破碎、过筛、混矿等延伸服

务。通过扩大非主流矿物流加工基地规模，进一步完善矿石破碎功能；改造原有筛分系统、租赁过筛设备，使过筛作业能力由不到2000吨/天提高至1万吨/天；制定混矿流程标准，优化作业工艺，合理安排场地，使混矿能力达到1万吨/天。明州公司矿石延伸服务独具特色。

◆电工班获市“工人先锋号”称号 2014年，明州公司电工班获南京市总工会“工人先锋号”称号。该班组坚持技术分析会制度，不断创新管理手段，提升质量管理水平。通过建立保养制度、实施技术改造等措施，有效降低公司生产流程皮带机故障率，防止了重大机损事故发生。先后实施堆场照明系统远程控制改造、宿舍楼锅炉系统恒温改造，年节约水电费近40万元。严格执行安全操作规程，建立健全各项安全管理制度，开展原创安全警语征集活动，将安全文化融入班组园地，班组成立以来安全无事故。

◆新增装船系统运行 9月，明州码头新增装船系统建成投产。新增装船系统主要为7条皮带输送机、1台装船机及相关配套设施，并对原有3条皮带输送机进行改造，实现自由切换，同时，新增3600平方米散货堆场。2013年9月工程开工，2014年完成。新装船流程系统投产后，公司单机装船能力从1250吨/小时提升至1600吨/小时，年装船能力可增加200万吨以上。 □陆　莉

新城建设

新尧新城

◆概况 新尧新城东起仙新路，西至绕城公路，北到栖霞大道，南达沪宁铁路，规划面积约6.8平方公里，规划居住人口约10.5万人；定位为南京仙林副城的重要组成部分，以生态居住和完善配套服务为主的现代化城区，南京经济技术开发区的生活配套区。

2014年，新尧新城开发建设指挥部按照《南京市城市设计三年行动计划(2013–2015年)》要求，完成新尧新城城市设计；加快推进社会事业项目建设，栖霞区中学交付使用，建成区文化馆、图书馆和体育馆；加快推进道路等基础设施建设，完成明外郭新尧新城段出新改造工程，开工建设金尧路西延建设工程，法院西和翠林路公交场站交付使用，建成诚实村停车场；加快推进绿化建设，完成尧佳路、金尧路、新尧路绿化提档升级和明外郭新尧新城段道路两侧、翠林山庄西景观绿化建设工程，开工建设太平山公园及“三个中心”北侧山体公园绿化工程；加快推进“城中村”改造步伐，完成中建八局基础公司小产权房、尧化中铁24局企业厂房、尧佳路两侧、尧化管廊周边环境整治拆迁。

是年，继续推进后新塘经济适用住房项目，一期工程完工，二期开工建设；完成银贡山南地块保障房项目土石方外运、土建基础工程和北侧山体锚杆加固消险；新尧新城1号污水提升泵站及主干管工程与南京经济技术开发区签订共建协议；成功上市拍卖翠林北路地块，可回笼资金约7亿元；加强与银行的沟通联系，贷款11亿元。

◆明外郭新尧新城段出新改造及景观绿化工程竣工 2013年12月10日，明外郭新尧新城段出新改造及景观绿化工程开工建设，2014年6月下旬竣工，总投资约700万元。该工程北起华电北路绕城公路跨线桥，南至尧新路，全长约760米，现状路幅8米。道路出新改造工程内容包括：进行道路主体出新、设置人行道、路灯、排水及配套交通设施等；道路两侧景观绿化建设工程内容包括：景观绿地、沿线绿化、围墙出新和挡墙建设等，共栽植绿化约1万平方米。

◆银贡山南保障房项目开工 2月8日，银贡山南地块保障房项目开工建设，至年底，完成土石方外运、基础工程和北侧山体锚杆加固消险。该项目位于银贡山南侧、规划尖山路以南、燕尧路以东，为安置二桥高速沿线新尧新城片区城中村改造、环境综合整治拆迁居民而配建的工程。项目用地面积41258平方米，总建筑面积131241平方米，其中地上106569平方米，地下24671平方米，商业配套为2613平方米，共计7栋住宅，每栋均为21层，套型面积45–90平方米，安置总户数1402户，总投资约6亿元。项目由南京新尧新城开发建设有限公司出资建设，委托南京栖霞建设集团有限公司负责代建，建设工期约定20个月。

◆尧佳路、新尧路、金尧路绿化提档升级工程竣工 3月10日，尧佳路、金尧路、新尧路绿化提档升级工程开工建设，4月中旬竣工，建设费用约600万元。该项

明外郭新尧新城段道路出新及景观绿化工程竣工　　王智山　摄

目总长约7000米，其中尧佳路长约3000米，金尧路长约2200米，新尧路长约1800米，完成绿化提档升级面积约3万平方米。绿化栽植中，注重乔、灌、花、草的有机结合，形成绿成线、树成荫、花成景的格局，使道路绿化具有层次感，提升了新尧新城城市形象，美化了道路绿化景观环境。

◆金尧路西延建设工程开工　9月10日，金尧路西延建设工程开工，至年底，完成华电北路绕城公路跨线桥到箱涵约400米两层沥青摊铺。该道路工程西起华电北路绕城公路跨线桥，东至尧新路，全长约700米，规划路幅40米，为城市次干道。工程内容包括：新建路面、路牙沿、人行道、路灯、排水、管线综合及绿化等，建设费用约2000万元。建成后，将成为贯通主城与尧化地区东西向的主要通道。

◆太平山公园项目开工　10月10日，太平山公园项目开工，至年底，基本完成公园内道路、停车场建设。该项目工程北至栖霞大道，南至新城路，东起新尧路，西至太平山仓库，占地面积约28.3万平方米。工程内容包括：园林绿化、硬质广场、道路、水体、配套设施等，其中配套设施约3200平方米，建设费用约2000万元。建成后，将优化新尧新城生态环境，提升城市形象，满足新城地区居民休闲、游憩等需求。

◆出让新尧新城翠林北路储备地块　12月3日，新尧新城翠林北路储备地块成功出让。该地块东至国有空地，南至新城路，西至翠林北路，北至前塘路，总出让面积59071.51平方米，规划性质为二类居住用地，容积率≤2.8。地块挂牌出让底价为8.9亿元，经过30轮竞拍后，被华润置地(苏州)有限公司以12亿元竞得，楼面地价达7255元/平方米。

□王智山

燕子矶新城

◆概况　2014年，南京市江南小化工集中整治工作现场指挥部(简称“燕子矶新城指挥部”)在推动燕子矶片区化工企业搬迁整治的同时，加快旧城更新和环境综合整治步伐，开展规划编制、企业搬迁、征收拆迁、工程建设、生态建设、土地出让等工作，实现燕子矶片区生态环境质量和城市功能品质不断提升。全年，完成固定资产投资32.18亿元，占全年目标任务的108.2%，其中，市政工程2.04亿元、环境治理12.14亿元、民生工程18亿元。继续完善和燕路沿线整治出新规划设计、和燕路两侧城市设计、太新路两侧城市设计。5月，启动新城加油加气站设施布点研究与新联机械厂、南摩材料厂开发方案研究，推进地下空间规划研究；至年末，完成燕子矶老镇保护更新规划设计，和燕路两侧景观提升设计进入招投标阶段，经五路两侧景观提升设计进入实施阶段。

◆保障房建设　2014年，燕子矶下庙村保障房工程完成投资20.5亿元，其中拆迁、工程费用分别为2.5亿元、18亿元。至年末，一期工程42万平方米G、E、S、Q地块17栋住宅楼开工建设16栋，全部实现主体封顶，转入内外装饰工序；二期工程46万平方米A、B、D地块完成桩基总量85%，B地块部分栋号进入基坑土方及垫层施工阶段，部分配套道路同步施工。

◆城中村危旧房改造　2014年，燕子矶新城指挥部启动王家前枣林村国有土地征收项目、燕子矶保障房国有土地征收项目、晓庄村城中村危旧房改造项目、吉祥村胜利村危旧房城中村改造项目、薛家村化工一组城中村危旧房改造项目(国有土地)、燕子矶老镇城中村危旧房改造项目(国有土地)等6个城中村和危旧房改造项目。全年，计划征收拆迁面积54万平方米，其中集体土地房屋拆迁面积17.9万平方米、国有土地房屋征收面积36.1万平方米。至年末，王家前枣林村国有土地征收项目中签约企业1家，剩余2家企业正在谈判；燕子矶保障房国有土地征收项目中签约企业7家，剩余8家正在谈判；晓庄村危旧房城中村改造项目中集体住宅拆迁完成94.4%，企业拆迁完成86.7%；吉祥村胜利村危旧房城中村改造项目中集体住宅拆迁完成98.4%，企业拆迁完成75%；薛家村化工一组城中村危旧房改造项目(国有土地)获得征收许可，具备实施条件；燕子矶老镇项目进行拆迁公示并完成征收前期手续。

◆市政道路建设　2月，嵩山路二期长1066米、红线宽35米道路建设完成。4月，太新路改造开工，至年末，完成长3000米、红线宽45-55米道路主体建设。10月，黄山路二期道路建设开工，至年末，完成清表及原地面处理；10月，岷江路道路建设开工，至年末，完成排水及路基工程；10月，钟燕路二期道路建设开工，至年末，完成清表及原地面处理；

新建成的嵩山路　　燕子矶新城　供稿

10月,松花江路道路建设开工,至年末,完成道路清表及原地面处理;10月,燕江路道路建设开工,至年末,完成排水及路基工程。12月,钟燕东路道路建设开工,至年末,完成清表及原地面处理;12月,珠江路一期工程完工,该工程长934米,红线宽35米;12月,临江路一期工程完工,该工程长930米、宽28米;12月,经五路东侧高压杆线下地工程隧道主体(宝米宾馆段除外)完工。

◆土地出让 3月,南京中水电星湖湾房地产有限公司竞得经五路东侧下庙村地块,该地块规划面积13.96万平方米,实际出让8.14万平方米,用地性质为住宅,总价为18.96亿元;4月,光鸿投资有限公司竞得经五路西侧1、2号地块,该地块规划面积6.6万平方米,实际出让5.79万平方米,用地性质为商业、住宅混合用地,总价为11.89亿元;12月,南京金浦东部房地产开发有限公司竞得太新路南侧枣林村C、D地块,该地块规划面积4.92万平方米,实际出让3.99万平方米,用地性质为商业、住宅混合用地,总价为12亿元。

◆明外郭百里风光带建设 3月,观音门公园一期城楼建设主体封顶,12月,竣工验收,至年末,完成绿化建设2万平方米。4月,土城头栖霞大桥至经五路段工程全线土方塑形完成,至年末,完成绿化建设8万平方米,种植乔木2227株、灌木5685平方米、草坪4.8万平方米。全年完成建设投资8000万元。

◆化工企业关停搬迁 4月,燕子矶新城指挥部完成钟山化工厂老厂区土地证移交工作,第二批非化工搬迁企业中的第二热电厂全面停产。9月23日,燕子矶新城指挥部与金陵拜耳聚氨酯有限公司签署收储协议。11月18日,与金陵帝斯曼树脂有限公司签署收储协议,至年末,化学试剂厂老厂房转型改造项目保留的14幢厂房基本完工。12月2日,南京市政府与南京锦湖轮胎有限公司搬迁补偿达成一致意见,至年末,南京电气(集团)有限公司完成干式套管生产线、复合绝缘子生产线、电容套管生产线和玻璃绝缘子成品装配线搬迁,完成核心产品玻璃绝缘子(窑炉、成型)生产线设备采购,新基地建设开工。

◆小南化土壤修复 5月20日,小南化北部地块土壤修复工程开始施工,施工单位为北京建工环境修复有限公司;6月1日,小南化南部地块土壤修复工程开始施工,施工单位为上海康恒环境股份有限公司。10月初,燕子矶新城指挥部与南京市环保局共同招标,确定小南化土壤修复工程监测验收单位为上海华测品标检测技术有限公司;10月下旬,监测验收单位进场,对修复完成区块进行土壤及地下水采样。至年末,现场修复全部完成,计划于2015年2月通过专家评审。

◆燕子矶滨江公园工程 燕子矶滨江公园工程南起临江路,北至长江,东起南京二桥、西至燕子矶公园,沿长江呈带状分布,长约2.8公里,面积约43.65公顷。该工程计划分两期实施。一期长0.95公里,面积11.9公顷,二期长1.85公里,面积34.45公顷。一期工程中,6月,B区景观主体结构完工,10月,全线水利工程完工,至年末,B区建设基本完工,A、C区完成主体景观结构,栽植乔木820棵、灌木8100平方米、草坪13000平方米,铺设景观石22块。全年,完成建设投资3500万元。 □周 昂

迈燕新城

◆概况 2014年,迈整指挥部根据"9322城市环境综合整治三年规划"、"大干一百天,环境大扫除"及"再干两百天,环境大提升"要求,完成6个小区出新,建筑面积近22万平方米,投入约3560万元;新建、整治和燕路、红山路、华电北路段8个景观绿地,新增景观绿地近9.3万平方米,投入约2555万元;加快推进城中村危旧房改造,在完成2013年3个拆迁项目扫尾基础上,启动4个城中村危旧房改造项目;开工建设5条市政道路,投入约8.56亿元;开展迈皋桥地区黑臭河道整治,长度约3.57公里,投入约3176万元;创建排水达标区,实施迈皋桥街道2014年污水到户支管建设工程,工程投入1.3亿元。继续推进迈皋桥创业园南侧地块保障房一期建设;加强与银行沟通联系,融资贷款18.2亿元。

◆小区出新 2014年,迈整指挥部完成6个小区出新,建筑面积近22万平方米,其中,3个小区列入省市"931"和"9322"城市环境综合整治计划,分别是和燕花苑、华电三宿舍、省电建一公司宿舍小区,3个小区建筑面积近18.9万平方米,投入约3024万元。完成和燕路295号、迈街2号6幢,十字街70号09幢、18~20幢3个小区出新,建筑面积3.1万平方米,投入约536万元。出新后,小区路灯、楼道灯、防盗门、监控、信报箱、宣传栏、绿化、休闲场所等设施配套到位,增设机动车停车位,封闭界边围墙,使小区可管、可控,为下一步长效管理打下基础。

◆游园绿地建设 2014年,迈整指挥部景观改造的重点区域是和燕路、华电北路、红山路段周边地区。完成和燕路段迈皋桥幼儿园周边,东井村39号、28号、50号绿地建设,新增绿地近0.3万平方米,投入约200万元;完成华电路段言和路游园绿地、石景山公园绿地改造,改造绿地近8.6万平方米,投入约2165万元;完成红山路周边的十字街商业街、十字街桥70号三角地绿地景观改造,改造绿地近0.45万平方米,投入约190万元。

◆城中村危旧房改造 2014年,迈整指挥部完成迈皋桥地区经五路东西两侧、迈皋桥创业园南侧地块保障房一期、合班村(集体)3个危旧房城中村片区拆迁扫尾工作,启动合班村(国有)、何家村、高家村周边、迈皋桥医院及周边、铸造厂周边4个危旧房城中村改造项目。合班村有住宅268户、企业单位10家,项目投资4.64亿元,1月进场动迁,至年末,拆迁住宅267户、企业9家,完成率99%。何家村、高家村周边有住宅330户、企业5家,占地3.38万平方米,项目投资4.9亿元。6月,进场动迁,至年末,拆迁住宅325户、企业5家,完成率98%。迈皋桥医院及周边有住宅97户、企业4家,占地约1.67万平方米,项目

2013年11月,改造前的言和路游园广场

2014年12月,改造后的言和路游园广场

迈整指挥部 供稿

投资7.5亿元。6月、进场动迁,至年末,拆迁住宅97户、企业3家,完成率99%。铸造厂周边有住宅273户、企业3家,占地约15.66万平方米,11月底,进场动迁,至年末,拆迁住宅206户、企业1家,完成率75%。

◆**黑臭河道整治** 2014年,迈整指挥部开展黑臭河道整治工作,整治河道3.57公里,投入约3176万元。其中,南十里长沟二支河道长约0.7公里,至年底,完成护砌、河底生态化改造、清淤、沿岸厕所建设等工作,完成工程量80%;南十里长沟三支河道长约1.37公里,至年底,完成淤泥顶面测绘、清理河岸边杂树杂草、清淤、L型护砌等工作,完成工程量70%;北十里长沟东支涂家营沟迈皋桥区域河道长约1.5公里,年内实施清淤工作,至年底,完成工程量60%。

◆**创建排水达标区** 2014年,为保障城市排水系统安全稳定运行,迈整指挥部实施迈皋桥街道排污水到户支管建设工程。该工程涉及10个小区,分7个标段,投入1.3亿元。经南京市招标办公开招标,确定7家施工单位、4家监理单位、1家跟踪审计单位。11月初,进场施工,至12月底,完成工程量60%。

◆**市政道路建设** 2013年11月~2014年9月,迈整指挥部开工建设北苑西路一期(迈尧路–华电路)、和燕路390号地块、熙缓路、北崮山路一期(霞云路–和燕路)、逸文路5条道路。2013年11月,北苑西路一期开工建设。该道路长617米,宽33米,为城市次干道,双向4车道,投入1.64亿元,其中,工程建设2583.01万元,征地拆迁、杆线迁移等费用1.38亿元,2014年年末,建成通车。1月,和燕路390号地块配套市政道路开工建设。其中,北苑西路南起玉尚路,北至青城路,长约200米,宽33米;玉尚路西起北苑西路,东至逸文路,长约400米,宽24米。预计投入1.06亿元,计划2015年年底通车。5月,熙缓路开工建设。该道路长757米,宽24米,预计投入8472.84万元,计划于2015年6月底通车。5月,北崮山路一期开工建设。该道路长448.67米,宽40米,预计投入2.35亿元,计划于2015年年底通车。9月,逸文路开工建设。该道路长891米,路宽24米,预计投入2.65亿元,计划于2015年年底通车。 □杨红梅

拆迁安置

◆**概况** 2014年,区拆迁办紧扣"9322"环境综合整治行动方案、"大干一百天,环境大扫除"动迁整治任务和"再干两百天、环境大提升、巩固见长效"环境综合整治专项行动,实施中建八局基础公司、牛王庙城中村危旧房改造,狮子坝危旧房城中村改造、马房山吴家墩危旧房城中村改造、万家楼村危旧房城中村改造、晓庄村城中村危旧房改造、合班村危旧房城中村片区环境综合整治,迈皋桥创业园南侧地块保障房一期、烷基苯厂管廊周边环境综合整治,迈皋桥医院周边环境整治、高家村何家村环境整治、百水桥危旧房改造、吉祥村胜利村危旧房改造、栖霞戴家库危旧房城中村改造,尧佳路南地块、尧佳路两侧地块环境综合整治等项目的征收拆迁工作,涉及住宅户5000余户、企业230家,征收拆迁房屋面积160万平方米。同时,区拆迁办配合做好下庙保障房二期、王家前化工一组城中村危旧房改造,薛家村、枣林村、经五路东西两侧、长江二桥沿线环境综合整治,紫金特别社区、丁家庄保障房二期、临江路一期、观音门公园一期、122省道拓宽改造等征收拆迁项目的审计工作,在维护群众合法权益和地区稳定的前提下,确保拆迁安置任务顺利完成,为全区经济发展和城市建设提供有力保障。

是年,区拆迁办被南京市委、市政府评为南京市环境综合整治先进集体,被区委、区政府评为2014年度完成"五个建设"工作目标有功单位。

◆**选房安置** 2014年,区拆迁办根据职责分工,协同区各职能部门和建设单位,办理拆迁户申购拆迁安置房的申报手续,落实房源、户型、面积等工作,加快推进拆迁安置房的选址和建设,配合做好群众的选房入住工作。全年,配合区房改办、项目建设单位完成北苑西路、龙潭机电产业园二期、龙潭经济适用房二期、122省道拓宽改造、纬一路快速化改造等项目的选房安置工作,安置被拆迁群众900户,交付房屋1992套。

◆拆迁信访 2014年，区拆迁办完善信访工作机制，妥善处理好被拆迁群众反映的问题，明确专人负责和解释，充分发挥信访网络作用，及时掌握信息并反馈到相关部门和街道，统一答复口径和解决问题的方法，坚持从源头上防范和化解各种不安定因素，切实解决涉及被拆迁群众利益的实际问题。全年处理各类交办、转办信访件44件，办理"12345"工单462件，综合满意率85%以上，有效控制群体性上访和越级上访。

◆马群牛王庙村片区危旧房城中村改造 该项目拆迁人为区住建局，涉及马群街道牛王庙村住宅户283户、工企单位19家，房屋建筑面积10.2万平方米。根据宁政发〔2012〕222号、苏国土资地复〔2000〕478号、苏国土资发〔2003〕251号、苏国土资发〔2004〕141号、苏国土资地函〔2003〕2339号、苏国土资函〔2012〕216号批准，1月28日，区拆迁办领取宁征拆字〔2014〕001号南京市征地房屋拆迁方案批准通知书。该项目执行宁政发〔2007〕61号《南京市征地房屋拆迁补偿安置办法》、宁政发〔2007〕143号《〈南京市征地房屋拆迁补偿安置办法〉实施细则》、宁政发〔2010〕263号《南京市关于调整规范征地房屋拆迁补偿有关政策标准的通知》、宁政规字〔2013〕4号《市政府关于印发南京市危旧房改造产权调换、城中村拆迁安置暂行办法的通知》。2月15日，进场动迁，4月底，拆迁完毕。

◆马群狮子坝地块项目拆迁 该项目拆迁人为南京市土地储备中心、南京宁杭交通投资发展有限公司，涉及马群街道狮子坝地块住宅户522户、工企单位6家，房屋建筑面积11万平方米，安置房地点为马群花岗保障房。根据苏国土资地函〔2002〕833号、苏国土资地函〔2006〕1455号、苏国土资函〔2011〕72号批准，区拆迁办领取宁征拆字〔2014〕004号南京市征地房屋拆迁方案批准通知书。该项目执行宁政发〔2007〕61号《南京市征地房屋拆迁补偿安置办法》、宁政发〔2007〕143号《〈南京市征地房屋拆迁补偿安置办法〉实施细则》、宁政发〔2010〕263号《南京市关于调整规范征地房屋拆迁补偿有关政策标准的通知》、宁政规字〔2013〕4号《市政府关于印发南京市危旧房改造产权调换、城中村拆迁安置暂行办法的通知》。4月17日，进场动迁，5月底，拆迁完毕。

◆燕子矶新城保障性住房项目拆迁 该项目拆迁人为南京燕子矶保障房开发有限公司，涉及燕子矶街道下庙社区工企单位13家、房屋建筑面积13.4万平方米。7月9日，区拆迁办领取宁栖房拆字〔2014〕003号南京市栖霞区房屋拆迁方案批准通知书。该项目执行宁政发〔2007〕61号《南京市征地房屋拆迁补偿安置办法》、宁政发〔2007〕143号《〈南京市征地房屋拆迁补偿安置办法〉实施细则》、宁政发〔2010〕263号《南京市关于调整规范征地房屋拆迁补偿有关政策标准的通知》、宁政规字〔2013〕4号《市政府关于印发南京市危旧房改造产权调换、城中村拆迁安置暂行办法的通知》。4月28日，进场动迁，截至年底，6家企业签约。

◆燕子矶新城晓庄村危旧房城中村改造 该项目拆迁人为南京拓燕投资有限公司，涉及燕子矶街道晓庄村住宅户378户、工企单位18家，房屋建筑面积6.97万平方米。根据宁政发〔2012〕222号、苏国土资函〔2012〕052号批准，5月5日，区拆迁办领取宁征拆字〔2014〕005号南京市征地房屋拆迁方案批准通知书。该项目执行宁政发〔2007〕61号《南京市征地房屋拆迁补偿安置办法》、宁政发〔2007〕143号《〈南京市征地房屋拆迁补偿安置办法〉实施细则》、宁政发〔2010〕263号《南京市关于调整规范征地房屋拆迁补偿有关政策标准的通知》、宁政规字〔2013〕4号《市政府关于印发南京市危旧房改造产权调换、城中村拆迁安置暂行办法的通知》。5月12日，进场动迁，7月中旬，拆迁完毕。

◆万家楼村危旧房城中村改造 该项目拆迁人为南京领马投资发展有限公司，涉及马群街道万家楼村住宅户133户、工企单位4家，房屋建筑面积2483平方米。根据宁政发〔2012〕222号，苏国土资函〔2003〕2339号、〔2010〕1056号、〔2011〕559号批准，5月7日，区拆迁办领取宁征拆字〔2014〕007号南京市征地房屋拆迁方案批准通知书。该项目执行宁政发〔2007〕61号《南京市征地房屋拆迁补偿安置办法》、宁政发〔2007〕143号《〈南京市征地房屋拆迁补偿安置办法〉实施细则》、宁政发〔2010〕263号《南京市关于调整规范征地房屋拆迁补偿有关政策标准的通知》、宁政规字〔2013〕4号《市政府关于印发南京市危旧房改造产权调换、城中村拆迁安置暂行办法的通知》。5月15日，进场动迁，7月底，拆迁完毕。

◆马房山、吴家墩村危旧房城中村改造 该项目拆迁人为南京领马投资发展有限公司，涉及马群街道石坝社区住宅户

5月5日，晓庄村危旧房城中村改造拆迁补偿安置结果公示 区拆迁办 供稿

196户、工企单位26家,房屋建筑面积10.2万平方米。5月7日,区拆迁办领取宁栖房拆字〔2014〕002号南京市栖霞区房屋拆迁方案批准通知书。该项目执行宁政发〔2007〕61号《南京市征地房屋拆迁补偿安置办法》、宁政发〔2007〕143号《〈南京市征地房屋拆迁补偿安置办法〉实施细则》、宁政发〔2010〕263号《南京市关于调整规范征地房屋拆迁补偿有关政策标准的通知》、宁政规字〔2013〕4号《市政府关于印发南京市危旧房改造产权调换、城中村拆迁安置暂行办法的通知》。5月17日,进场动迁,7月底,拆迁完毕。

◆何家村、高家村危旧房城中村改造　该项目拆迁人为南京迈燕建设发展有限公司,涉及迈皋桥街道何家村、高家村住宅户340户,工企单位1家,房屋建筑面积4.04万平方米。根据宁政发〔2012〕222号批准,6月10日,区拆迁办领取宁征拆字〔2014〕011号南京市征地房屋拆迁方案批准通知书。该项目执行宁政发〔2007〕61号《南京市征地房屋拆迁补偿安置办法》、宁政发〔2007〕143号《〈南京市征地房屋拆迁补偿安置办法〉实施细则》、宁政发〔2010〕263号《南京市关于调整规范征地房屋拆迁补偿有关政策标准的通知》、宁政规字〔2013〕4号《市政府关于印发南京市危旧房改造产权调换、城中村拆迁安置暂行办法的通知》。6月28日,进场动迁,8月底,拆迁完毕。

◆马家园二期城中村改造项目拆迁　该项目拆迁人为南京栖霞商务区管委会、南京东部商务区投资发展有限公司,涉及尧化街道尧胜村住宅户209户、工企单位2家,房屋建筑面积3.8万平方米。根据宁政发〔2012〕222号,苏国土资地函〔2004〕457号、866号,〔2006〕460号,国土资函〔2009〕895号,苏国土资函〔2011〕72号、〔2011〕559号、〔2014〕116号批准,7月11日,区拆迁办领取宁征拆字〔2014〕014号南京市征地房屋拆迁方案批准通知书。该项目执行宁政发〔2007〕61号《南京市征地房屋拆迁补偿安置办法》、宁政发〔2007〕143号《〈南京市征地房屋拆迁补偿安置办法〉实施细则》、宁政发〔2010〕263号《南京市关于调整规范征地房屋拆迁补偿有关政策标准的通知》、宁政规字〔2013〕4号《市政府关于印发南京市危旧房改造产权调换、城中村拆迁安置暂行办法的通知》。8月16日,进场动迁,10月初,拆迁完毕。

◆明外郭小庙山二期工程项目拆迁　该项目拆迁人为南京栖霞商务区管理委员会、南京东部商务区投资发展有限公司,涉及尧化街道尧化胜社区小庙山周边住宅户79户、工企单位21家,房屋建筑面积7.8万平方米。7月14日,区拆迁办领取宁栖房拆字〔2014〕004号南京市栖霞区房屋拆迁方案批准通知书。该项目执行宁政发〔2007〕61号《南京市征地房屋拆迁补偿安置办法》、宁政发〔2007〕143号《〈南京市征地房屋拆迁补偿安置办法〉实施细则》、宁政发〔2010〕263号《南京市关于调整规范征地房屋拆迁补偿有关政策标准的通知》、宁政规字〔2013〕4号《市政府关于印发南京市危旧房改造产权调换、城中村拆迁安置暂行办法的通知》。8月19日,进场动迁,9月底,拆迁完毕。

◆吉祥村胜利村危旧房城中村改造项目拆迁　该项目拆迁人为南京拓燕投资有限公司,涉及燕子矶街道吉祥村、胜利村地块住宅户249户、工企单位18家,房屋建筑面积11.2万平方米,安置房地点为燕子矶新城保障房。根据宁政发〔2012〕222号、苏政地〔2010〕1305号,苏国土资地函〔2002〕386号、〔2004〕739号、〔2003〕2020号、〔2006〕361号、〔2008〕473号,苏国土资函〔2012〕216号批准,7月11日,区拆迁办领取宁征拆字〔2014〕014号南京市征地房屋拆迁方案批准通知书。该项目执行宁政发〔2007〕61号《南京市征地房屋拆迁补偿安置办法》、宁政发〔2007〕143号《〈南京市征地房屋拆迁补偿安置办法〉实施细则》、宁政发〔2010〕263号《南京市关于调整规范征地房屋拆迁补偿有关政策标准的通知》、宁政规字〔2013〕4号《市政府关于印发南京市危旧房改造产权调换、城中村拆迁安置暂行办法的通知》。8月29日,进场动迁,10月底,拆迁完毕。

◆百水桥村危旧房城中村改造项目拆迁　该项目拆迁人为南京领马投资发展有限公司,涉及马群街道白水桥村住宅户175户,房屋建筑面积2.9万平方米。9月9日,区拆迁办领取宁栖房拆字〔2014〕006号南京市栖霞区房屋拆迁方案批准通知书。该项目执行宁政发〔2007〕61号《南京市征地房屋拆迁补偿安置办法》、宁政发〔2007〕143号《〈南京市征地房屋拆迁补偿安置办法〉实施细则》、宁政发〔2010〕263号《南京市关于调整规范征地房屋拆迁补偿有关政策标准的通知》、宁政规字〔2013〕4号《市政府关于印发南京市危旧房改造产权调换、城中村拆迁安置暂行办法的通知》。9月16日,进场动迁,11月底,拆迁完毕。

◆栖霞村戴家库危旧房城中村改造项目拆迁　该项目拆迁人为南京栖霞山文化休闲旅游度假区委员会,涉及栖霞街道栖霞村、戴家库住宅户503户,房屋建筑面积801万平方米。9月19日,区拆迁办领取宁栖房拆字〔2014〕006号南京市栖霞区房屋拆迁方案批准通知书。该项目执行宁政发〔2007〕61号《南京市征地房屋拆迁补偿安置办法》、宁政发〔2007〕143号《〈南京市征地房屋拆迁补偿安置办法〉实施细则》、宁政发〔2010〕263号《南京市关于调整规范征地房屋拆迁补偿有关政策标准的通知》、宁政规字〔2013〕4号《市政府关于印发南京市危旧房改造产权调换、城中村拆迁安置暂行办法的通知》。9月26日,进场动迁,11月底,拆迁完毕。

◆尧佳路两侧地块、尧佳路南地块环境综合整治　根据国务院《国有土地上房屋征收与补偿条例》、《南京市国有土地上房屋征收与补偿办法》的相关规定,为加快尧化地区环境整治步伐,进一步提升城市品质,9月19日,区政府发布宁栖府征字〔2013〕第007号《南京市栖霞区人民政府房屋征收决定》,该决定的主要内容为实施尧佳路两侧地块和008号尧佳路南地块环境综合整治项目。11月8日起,区征收办开展这两个项目的征收工作。尧佳路两侧地块项目涉及尧化街道尧化社区住宅户36户、工企单位1家,房屋建筑面积3611平方米,尧佳路南地块项目涉及尧化街道尧化社区住宅户49户，房屋建筑面积3029平方米，产权调换房源地点位于尧化新尧新城熙景和苑。区政府成立项目征收指挥部，由南京新尧新城开发建设有限公司、尧化办事处、区征收办、区国土分局、区住建局、区城管局、区法制办、区信访局等部门组成。12月底，该项目征收工作完成。

◆铸造厂周边片区危旧房城中村改造项目 根据国务院《国有土地上房屋征收与补偿条例》、《南京市国有土地上房屋征收与补偿办法》的相关规定，为加快迈皋桥地区危旧房城中村改造步伐，进一步提升城市品质，11月7日，区政府发布宁栖府征字〔2013〕第010号《南京市栖霞区人民政府房屋征收决定》，该决定的主要内容为实施铸造厂周边片区危旧房城中村改造项目。11月26日起，区征收办开展该项目征收工作，涉及迈皋桥街道合班村住宅户291户、工企单位2家，房屋建筑面积2.6万平方米。12月底，该项目征收工作完成。

◆薛家村、化工一组城中村危旧房改造项目 根据国务院《国有土地上房屋征收与补偿条例》、《南京市国有土地上房屋征收与补偿办法》的相关规定，为加快燕子矶片区改造步伐，提升南京主城北部地区门户形象，11月13日，区政府发布宁栖府征字〔2013〕第012号《南京市栖霞区人民政府房屋征收决定》，该决定的主要内容为实施薛家村、化工一组城中村危旧房改造项目。该项目涉及燕子矶街道和燕街、薛家村村住宅户306户、工企单位8家，房屋建筑面积3.1万平方米。区征收办将于2015年1月29日起实施该项目征收工作。 □陈 星

城市管理

市容管理

◆概况 2014年，区城管局出台《栖霞区市政设施维护运行项目招投标管理暂行办法》《栖霞区市政养护市场化作业招投标工作实施指导细则》《栖霞区园林绿化设施养护市场化工作实施意见》和《栖霞区环卫改革及作业市场化方案（草案）》等文件，将区城市管理综合行政执法大队的行政执法队员派驻到9个街道工作，并由执法中队长兼任街道城管科科长，从而推进城市管理改革。区城管局围绕“大干一百天、环境大扫除”“再干两百天，环境再提升，管理见长效”等重点工作，以长效综合管理为抓手，努力提升全区环境面貌水平和城市品位，较好地完成各项既定目标任务。在全市长效考核中，取得5个第一名、6个第二名、1个第三名的成绩，在全市“9322”第一战役考核中，获得主城区组考核第一名，在全市“大干一百天、环境大扫除”阶段性工作考核中，连续4次获第一。全年受理各类案件近40万件，回复率100%，结案率98%。拆除迈皋桥沃尔玛广场东西南北风茶社、马群地铁维修基地活动板房等违建1472处、约19.19万平方米，整治和拆除各类店招、广告2561处（块）、6.56万平方米。结案归档一般程序838件、简易程序5570起。纠正渣土运输违法行为1500余起，查扣违规渣土车781台次。维修市政道路2.79万平方米，修剪补植绿化树木325.01万株。办结区人大代表建议和政协委员提案26件。是年，区城管局被评为“南京市环境综合整治工作立功单位”。

◆停车秩序专项整治 2014年，区城管局积极开展停车秩序专项整治工作。协调推进公共停车场建设，在全区重点地区向市民开放停车场27处、泊位4767个，占全市开放停车场总数的35%。按照“应划尽划”的原则，在全区78条道路上划出道路泊位6096个，其中实现收费道路45条、泊位4277个，有效缓解迈皋桥、燕子矶、马群、尧化等地区的“停车难、停车乱”问题。

◆生活垃圾分类 2014年，全区生活垃圾分类涉及120个小区和八卦洲街道5个行政村，33万人，覆盖率76.3%，超额完成年度目标。区、街道、社区三级联动，发放宣传画、指导手册、倡议信5.9万册（封），张贴分类标识6000余份，设置宣传展板1500个，开辟垃圾分类“绿色环保宣传栏”120个，组织学生实践活动40余次、各类志愿活动170余次，以各种形式开展生活垃圾分类宣传活动，试点运行12个示范小区，重点推进6个社区。投入使用11辆厨余车，对经五路、尧化中转站进行改建，仙林大型生活垃圾中转站开展前期建设工作，区垃圾分类各项基础工作得以夯实。

◆改善城市环境卫生 2014年，区城管局延长道路清扫作业时间和中转站开放时间，增加道路保洁作业频次，确保城市

停车秩序专项整治后，区内非机动车停放井然有序 区城管局 供稿

容貌洁净。采取“三叉”措施，做到主次干道扫了又扫，路牙街边洗了又洗，果皮箱、垃圾桶擦了又擦。严格执行“一、二、三级道路三清扫”、“普通街巷两清扫”机械化作业标准，创新机械化道路清洗作业模式，采用“洒水车打头、冲洗车居中、洗扫车压后”的“三车联动”作业模式，实现路面、路牙、侧石一次作业、整体清洁的效果。是年，区环卫机械化作业率达75%。

◆数字化城市管理平台建设　2014年，区城管局全面推进数字化平台二期建设。在2013年尧化街道试点的基础上，在迈皋桥、马群、燕子矶等街道相继推广二级平台建设。加强街道范围内市容环境等案件的发现、处置力度，促进数字城管系统在全区的应用。同时对数据普查二期建设的基础数据进行处理并对接到平台中，根据区实际情况细化部件种类，保证各部件种类齐全、产权清晰、责任明确。

◆渣土扬尘治理　2014年，区城管局落实扬尘污染防治要求，采用高科技数字化管理，执行24小时全地域覆盖的渣土巡防体系。在全区重点路段增设沪宁连接线由西向东、启迪大道往二桥方向以及启迪大道往三桥方向三个点位，安装抓拍系统及视频监控系统，进一步加强渣土管控力度。同时，严把建筑工地出土关，要求施工现场有围挡，渣土运输密闭化，严查运输车辆不按指定路线行驶、抛洒滴漏、乱弃偷倒等违规行为，发现扬尘严重及垃圾污染的道路，第一时间全面清理。全年，检查渣土运输车3万余台次，纠正违规行为1500余起，查扣违规渣土车781台次(其中“黑车”213辆)，督促工地整改140余起。

◆万兴路、环陵路绿化改造　2014年，区城管局针对万兴路绿化整体较差，环陵路部分苗木老化状况，制定专项改造方案。更换部分苗木，增加小乔木，以增强绿化带的层次感和色彩搭配感。补植金叶女贞毛球1.31万株、金边黄杨小毛球9.17万株、红花继木小毛球2.45万株、红叶小檗毛球2125株、紫薇237株、红枫121株，安装护栏1500米。

◆市政绿化管理　2014年，区城管局集中整治16条主次干道1162处市政设施。完成和燕路、万兴路窨井整治，维修沥青路面1.08万平方米、泵站7座，清运淤泥1685立方米，更换窨井框盖423套、雨水井框盖525套。修剪行道树4.73万株、灌木307.69万株、绿岛广场绿篱11.92万米，清理杂草36.23万平方米，完成经五路、麒麟路、红山路等绿岛路牙麦冬补植。

◆防汛工作　2014年，区城管局积极做好防汛准备，加强设施维护，加大排水管网的绞拉清疏力度和河道保洁清捞力度，及时处理各类险树，认真开展泵站的汛前维修，对积淹水较严重地段增加雨水井。同时，对积淹水点进行现场调查，制定专项措施，对和燕路排水设施进行改造，增设雨水井20座，解决积淹水点7处，缓解积淹水点排水困难的情况。防汛期间，处理险树27株，消除不安全隐患573处。

◆工单办理　2014年，区城管局办理工单近40万件，其中，监督员上报案件约34万件、信访举报4000余件，涉及违章搭建、街面秩序、水域河道、停车管理、工地扬尘等各个方面。为加快对存在问题的整改进度，一方面对各街道、相关部门的举报工单回复进行深入剖析，从市民举报及承办单位的回复中查找日常管理漏洞；另一方面通过数字平台，分析相关数据，排查街道的问题多发地段和重难点问题，提出可行性建议和措施，督促街道整改落实。

◆门前三包　2014年，区城管局发挥网格化管理的创新优势，深入探索条块结合的长效化和常态化“门前三包”管理机制。以网格化为载体，构建执法中队、城管办、社区、志愿者四位一体的管理体制，定路段、定责任、定部门、定人员，形成城市管理合力。建立巡查小组，每天不定时对沿街商铺的“门前三包”落实情况进行巡查，对未按要求落实的商铺进行教育，指导、督促其认真落实“门前三包”责任制。全年，签订市容环卫责任书6322份，签订率达100%。

◆户外广告和店招店牌整治　2014年，区城管局通过市、区、街三级联动等方式，将市容管理内容由平面拓展为上、中、下立体管理，摊点、停车场、店招店牌、楼顶阳台、墙体立面等都纳入管理范围，推行“点、线、面、片”相结合，“定人、定岗、定责”的“四结合”、“三定”包干责任制，大力整顿店招标牌，有效解决户外广告和店招店牌违规设置、杂乱、破损陈旧、档次较低等问题。全年，整治各类违规户外广告、店招店牌2752处(块)、6.6万平方米，其中户外广告933处、1.7万平方米，高立柱广告牌128处，3.41万平方米，店招店牌685处、4585平方米，镂空字509处(块)、7331平方米。

◆市政管理行政许可审批　2014年，全区办理排水许可27件，协助南京市城管局办理道路占用挖掘许可12件。对所有行政许可事项都做到事前勘察现场，事中全程监管，事后检查评价。督促施工单位文明施工，保护好市政设施，同时进一步加大执法力度，市政管理人员与城管执法队员共同巡查，联合执法，坚决查处各类市政违法行为。全年，立案查处市政违法行为35件，其中有南京市安居集团在迈皋桥丁家庄保障房施工中向污水管网偷排泥浆、南京市城建集团在纬一路出新改造过程中未经批准占用挖掘市政道路等。

◆“大干一百天，环境大扫除”行动　4月底至8月中旬，区城管局贯彻落实中共南京市委、南京市政府关于“大干一百天、环境大扫除”的要求，开展环境综合整治百日行动。查处并取缔占道经营1.18万起，整治户外广告2339处、6.4万平方米，查处违法建筑1841处、9.1万平方米，查处违章排水9次，查处违规饲养家禽538只、违规种菜11.86万平方米，清理卫生死角1.25万处，清理标贴2.89万处，清理“牛皮癣”1657处。环境综合整治百日行动为青奥会顺利召开提供环境保障。

◆“96106”民生服务平台运行　5月1日，区“96106”民生服务平台上线运行，统一受理市长信箱、区长信箱、书记信箱、市民来电和"12345"热线等5个不同渠道的工单。按照《区民生服务中心建设运行方案》要求,该平台将热线话务服务纳入日常7×24小时值班责任制,确保第一时间制成工单派遣至政府相关职能部门。对于城市管理方面的诉求,由派遣员录入数字平台进行案件流转, 利用办理状态实时提示、电话跟踪催办回访等功能, 确保相关部门在规定时间内进行有效整改。平台运行以后,成功办结各类诉求15911件,实现优势资源有效整合,完成与数字平台的平稳过渡。

◆高考护考 6月6~8日高考期间,区城管局发挥网格化巡查执法优势, 依托"智慧城管"指挥调度平台,有序调派力量,做好护考工作。在燕子矶中学考点全面落实"城管护考",定人、定车、定岗、定责,区、街两级分别设置"巡考督察车"、"城管护考棚"、"巡车护考岗",全天候开通"58012319"城管护考服务热线。考场外发放《城管护考指南》,护考岗增配有护理经验的女执法干部, 并免费提供防暑药品。

◆青奥期间城管执法保障 7月28日~9月6日, 区城管局开展迎青奥城管行政执法保障工作。依托网格化巡查执法机制,制定《栖霞区城市管理行政执法大队窗口地区、重点道路"六定"方案》,在马群地铁站、迈皋桥地铁站和环陵路等窗口地区和重点道路实行7×24小时"定人、定岗、定责、定时、定标准、定区域执法"的"六定"工作模式,及时处置巡查过程中发现的违章行为。期间,查处并取缔占道经营3659起, 拆除户外广告407起,查处违章清洗33次,清理卫生死角3726处,清理标贴5988处。

□鲍丙根 王舒娴

住房保障

◆概况 2014年,区住建局完成保障房建设、征收(拆迁)项目选房确认、城市双困家庭住房保障申请受理审核及选房工作。全年,新开工保障房建设36.7万平方米,续建37.01万平方米,竣工19.48万平方米。完成晓庄村危旧房城中村改造、马群绕城公路周边危旧房片区(万家楼村)改造等14个项目的房源计划初审及上报确认工作,完成122省道拓宽、纬一路快速化改造等7个项目、1191户被拆迁 (征收) 家庭、1973套拆迁安置房(产权调换房) 选房及入住工作, 完成950余件各类住房保障案件的申请、审核工作, 共上报889户低收入住房困难家庭住房保障申请、10户低收入住房困难家庭廉租住房实物配租保障申请、45户收入中等偏下住房困难家庭住房保障申请, 完成20户公共租赁住房、797户城市双困家庭经济适用房选房工作。完成住房补贴发放审核工作, 发放住房补贴540.17万元, 涉及35个单位、132名机关干部职工。

◆保障房建设 2014年,区保障房建设任务为新开工36.7万平方米, 续建37.01万平方米, 竣工19.48万平方米。区住建局作为全区保障房建设的扎口部门, 积极参与保障房的规划设计方案评审、手续办理跟踪和建设进度督查等各环节。至年底,季家街保障房项目完成续建、竣工9.48万平方米任务,后新塘一期项目完成续建2.9万平方米任务,燕子矶新城一期保障房项目完成新开工21万平方米、续建9.13万平方米任务;龙潭江畔人家以东项目完成新开工15.7万平方米、续建15.5万平方米、竣工10万平方米任务。同时,根据南京市住建委关于确定区内新一轮保障房用地选址的要求,区住建局经过梳理,上报前新塘、石埠桥等4块用地选址。

◆征收(拆迁)项目服务 2014年,区住建局积极做好拟启动征收(拆迁)项目房源计划确认工作, 完成晓庄村危旧房城中村改造、马群绕城公路周边危旧房片区改造项目(万家楼村)等14个项目的房源计划初审及上报确认工作。同时,提前介入征收(拆迁)项目安置方案,把好政策关, 在项目启动前对整体安置方案提出合理建议, 在项目实施过程中针对个案提出符合现行政策的安置建议,以减少安置环节的矛盾。牵头组织拆迁安置房(产权调换房)选房及入住工作,与区拆迁办、街道、开发公司等部门紧密协作,确保各项目如期安置。至年底,完成122省道拓宽、纬一路快速化改造等7个项目、1191户被拆迁 (征收) 家庭、1973套拆迁安置房(产权调换房)选房及入住工作。

◆双困家庭住房保障申请审核 2014年,区住建局严格按照区住建、民政、街道三级审核、两次公示的方式,确保住房保障政策真正惠及最需要保障的家庭。区住建局对每户申请材料在规定时间内完成审核、录入、扫描、上报工作,并按照要求及时上报各类报表。是年,受理各类住房保障申请案件950余件, 经审核, 889户低收入住房困难家庭为住房保障申请,10户低收入住房困难家庭为廉租住房实物配租保障申请,45户中等偏下收入住房困难家庭为公共租赁住房保障申请。

◆保障房选房 2014年,区住建局根据不同收入家庭的住房状况和政府保障能力,科学制定保障计划方案,稳步推进各类保障。在公共租赁住房方面,9月28日,组织2014年第三季度及以前公示在保的20户家庭选取公租房。在经济适用住房方面, 申购该类住房的双困家庭分为两类, 一类为城市低收入住房困难家庭(简称"普通双困户"),另一类为依据宁政发〔2013〕262号文规定申请的2004年前被征地农民住房困难家庭 (简称"262号文双困户")。区住建局积极推进经济适用房选房工作, 梳理区属经济适用房项目剩余房源, 在南京市房改办指导下制定科学合理的选房计划, 决定对涉及262号文双困户的龙潭、西岗、栖霞、尧化4个街道按公示时间分两个批次组织选房, 第一批次于12月底实施, 42户在2014年第一季度及以前公示并通过资格复审的普通双困户完成选房。第二批次将于2015年1月22~28日实施,755户在2014年第二、第三、第四季度公示的普通双困户和 "262号文双困户"参加选房。

◆住房补贴发放 2014年,区住建局在做好住房补贴发放工作的同时, 按照宁政办发〔2002〕208号文件和宁栖政字

〔2003〕14号文件精神，为栖霞山风景名胜区管理处等单位的职工住房补贴发放提供政策咨询服务，确保全区住房补贴发放工作落实到位。2014年，全区申请住房补贴的机关干部职工共132名，涉及35个单位，累计发放住房补贴540.17万元。

环境整治

◆概况　2014年，区住建局根据省、市城市环境综合整治行动总体要求，完成村庄环境整治、城中村改造、小区出新等环境整治任务。全年，完成37个一般村环境整治和5个三星康居村提档升级，按照规划推进明外郭百里风光带栖霞段建设，继续实施门里海子口、化工一组地块等8个城中村改造项目，对江苏省电建公司宿舍等26个老旧小区、309幢房屋进行整治出新。

◆村庄环境整治　2014年，区住建局以规划保留村庄、城镇主要出入口，干线公路、铁路等交通干线沿线，风景名胜区周边村庄为重点，对照“六整治”、“六提升”要求，组织街道重点整治生活垃圾、生活污水、乱堆乱放、河道淤积。完成37个一般村环境整治和5个三星康居村提档升级，出新房屋外墙约112万平方米，清理卫生死角384处，清运垃圾900余吨，拆除披棚5.3万平方米，绿化建设35.5万平方米，使这些地区的市容市貌有较大改变。其中，八卦洲街道七里村和外沙村完成绿化1.2万平方米，新闸村修建道路40米，清理河塘约1.68万平方米，绿化约2000平方米，清理垃圾约90吨，拆除违章建筑约300平方米。龙潭街道对村民房屋外墙进行出新，面积6.33万平方米，在富民路、长泰路、大棚路、小尖路及留东路等安装太阳能路灯192盏。

◆门里海子口城中村改造　2014年，为改变门里海子口城中村落后破败的景象，消除城中村安全隐患，区危旧房城中村改造领导小组继续对门里海子口城中村实施改造。该项目位于仙尧路与尧马路围合区域，占地12.55公顷，涉及住户142户、建筑面积2.42万平方米，企业7家、建筑面积4.75万平方米。项目于2013年1月4日实施拆迁，至2014年年底，拆迁工作全部完成。

◆化工一组地块城中村改造　2014年，为改善太新路沿线居民生活环境，提升燕子矶地区城市形象，区危旧房城中村改造领导小组继续对化工一组地块城中村进行改造。项目东与原南京化工厂接壤，北至燕子矶老镇，西至和燕路，南至原南京化工厂西门前路，占地8.1公顷，涉及住户192户、建筑面积2.27万平方米，企业8家、建筑面积1.12万平方米。项目于2013年3月4日启动拆迁，至2014年年底，拆迁工作全部完成。

◆枣林村地块城中村改造　2014年，为改善太新路沿线居民生活环境，提升燕子矶地区城市形象，区危旧房城中村改造领导小组继续对枣林村地块城中村实施改造。项目位于太新路以北，十里长沟中支以西，原南京化工厂以南，占地2.7公顷，涉及住户44户、建筑面积2.2万平方米，企业5家、建筑面积0.05万平方米。项目于2013年3月4日实施拆迁，至2014年年底，拆迁工作全部完成。

◆王家前村地块城中村改造项目　2014年，为改善太新路沿线居民生活环境，提升燕子矶地区城市形象，区危旧房城中村改造领导小组继续对王家前村地块城中村进行改造。项目东至十里长沟中支，北侧、西侧、南侧与原南京化工厂接壤，占地1.16公顷，涉及住户221户、建筑面积1.4万平方米。项目于2013年3月4日实施拆迁，至2014年年底，拆迁工作全部完成。

◆薛家村地块城中村改造　2014年，为改善太新路沿线居民生活环境，提升燕子矶地区城市形象，区危旧房城中村改造领导小组继续对薛家村地块城中村进行改造。项目西至十里长沟东支，南至太新路，北侧、东侧与原南京化工厂接壤，占地2.29公顷，涉及住户286户、建筑面积3.25万平方米，企业1家、建筑面积0.12万平方米。项目于2013年3月4日实施拆迁，至2014年年底，拆迁工作全部完成。

◆薛家村、枣林村(太新路以南片区)城中村改造　2014年，为改善太新路沿线居民生活环境，提升燕子矶地区城市形象，区危旧房城中村改造领导小组继续对薛家村、枣林村(太新路以南片区)城中村进行改造。项目位于和燕路以东、经五路二期以西、太新路以南，占地14公顷，涉及住户454户、建筑面积7.8万平方米，企业10家、建筑面积2.4万平方米。项目于2013年1月2日实施拆迁，至2014年年底，拆迁工作全部完成。

◆迈皋桥合班村城中村危旧房片区改造　2014年，为有效整合资源，推进迈皋桥地区的环境综合整治，区危旧房城中村改造领导小组继续对迈皋桥合班村城中村危旧房片区(含原三毛长、容光达地块)城中村进行改造。项目东至北苑西路、南至熙湲路南侧、西至南塑新村、北至省变电公司，占地42公顷，涉及住户965户、建筑面积14.19万平方米，企业23家、建筑面积9.26万平方米。项目于2013年5月14日实施拆迁，至2014年年底，拆迁工作全部完成。

◆诚实村城中村改造　2014年，为加快燕子矶地区改造步伐，提升南京主城北部地区形象，区危旧房城中村改造领导小组继续对诚实村城中村进行改造。项目位于绕城公路与华电北路交叉口以东，占地2.38公顷，涉及住户24户、建筑面积0.39万平方米，企业7家、建筑面积1.23万平方米。项目于2013年1月17日实施拆迁，至2014年年底，拆迁工作全部完成。

◆小区出新工程　2014年，区住建局继续加大旧住宅区综合整治力度，小区出新工程顺利推进。对江苏省电建公司宿舍等26个老旧小区、309幢房屋整治出新，整治出新面积90.78万平方米，投入资金约10287万元，惠及居民8447户。区住建局加强对街道的监管、指导与督察，制定下发老旧小区整治工作方案，对小区出新的台账资料、整治内容和标准、现场管理、安全文明施工等作出一系列规范，明确现场施工管理专项整治标准，在方案设计、违建拆除、宣传发动、施工招标、倒排工作计划、现场管理和长效管理等环节上与街道相互配合、紧密协作，并将以上内容纳入督察范围。全年，完成屋面整修187幢、10.21万平方米，新建大门15个，新建物业管理用房7个、70平方米，平改坡4幢、2500平方米，整治道路94条、6.1万平方米，立面出新255幢、55.77万平方米，安装路灯496盏、楼道灯2853盏，安装远红外探头373个，安装单元防盗门547个。新增停车位2412个，新建电动车和自行车车棚48个，新建信报箱2184个、文化宣传栏34个、LED显示屏3个，更换落水管1.65万平方米。封闭围墙49座、1.38万平方米。新增绿化2.59万平方米，新建娱乐健身场所6处，新增健身器材12套，更换店招店牌1200平方米。

◆明外郭百里风光带（栖霞段）绿化 2014年，区住建局继续推进明外郭百里风光带(栖霞段)绿化工程。根据明外郭建设指挥部划定的建设红线范围，明外郭北起燕子矶观音门，南至马群花岗村，贯穿燕子矶新城、丁家庄保障房、新尧新城、312国道隔离廊道、仙林大学城、麒麟科技生态城，全长约15.21公里，占地约307公顷。至年末，沿线拆迁工作基本完成，新尧新城段绿化工程完成，并启动小庙山绿化景观建设，各项工作按时序进度推进。 □赵雨馨

◆尧化街道环境整治 2014年，街道动迁项目主要为中建八局基础公司项目、管廊地区环境综合整治项目、三盟修理厂地块项目、小庙山二期项目、马家园二期项目，尧佳路以南、尧佳路两侧地块项目等。全年，拆除住宅408户、企业30家，面积约14.8万平方米，拆除违建287处、2.89万平方米。整治占道经营1.4万起，清理回潮的废品收购站7处。检查违规运输渣土20起，责令停工整改6起。在仙林汽配城内，拆除小餐饮店25户、违规集装箱67个。整治占道经营79起，取缔早点摊33处，纠正倚门出摊201起，拆除私搭披棚6个，暂扣电动三轮车3辆，暂扣帐篷11个，清理乱堆放93处。全街道拆除违规广告64块、2674平方米。增划黄白线1.3万米，安装标志标牌近130块、限高栏2个、物理隔离栏15个、机非隔离栏300米、大理石站桩1000个，增划禁停网状线近40处，指定非机动车停放区域50处。查扣、拆割“马自达”50辆，清拖黄牌货车76辆。将9个小区作为垃圾分类试点，进行市场化运作，有2万余人参加垃圾分类行动。回收废纸板62吨、废纸7吨、塑料19吨、玻璃瓶15吨、厨余垃圾70余吨，总回收248.8吨。 □王小虎

◆龙潭街道环境整治 2014年，街道投入1100万元，开展弱电下地、道路提升、外墙改造、店招店牌出新和绿地公园建设等工作，整治集镇环境。投入400万元，建立垃圾回收、分类、清运体系。建造龙潭、靖安、长江3个垃圾中转站，配备封闭式垃圾运输车7辆、移动垃圾箱600个，确保垃圾日产日清。

街道将环境整治与城乡统筹、美丽乡村建设相结合，提高农村环境整治标准。投入3000万元，整治陈店、太平、靖安3个村666.67公顷农用地，通过疏通水系、平整沟塘、修建村庄道路、开通区间公交等工作提升村庄环境质量。打造万亩荷塘、千米栈桥“水一方”生态旅游区。大棚村在三星级康居示范村基础上，通过改造旧房、新建木屋和提升绿化水平等方式，做强“水天堂”农家乐品牌。

全年，完成河道整治108条，其中区下达的43条黑臭河整治任务全部完成。

建立健全秸秆禁烧及综合利用体系。一方面加大投入，购置、更新农用机械153台套，并对农户进行每亩(约0.07公顷)每年100元的奖励，鼓励农户秸秆还田；另一方面加大秸秆综合利用力度，建立秸秆收贮利用点，把秸秆加工成固体燃料，完成“不点一把火，不冒一处烟”的工作目标。

在交通秩序方面，坚持堵疏结合，加大执法力度，整治乱停乱放现象，同时，投入800万元，建立润潭临时停车场，可容纳卡车430辆，道路交通秩序大为好转。

街道将企业排污和空气污染纳入环境整治重要内容，排查生产型企业300多家，关停“三高两低”和排污企业33家，投入3500万元，用于设备拆除、职工安置。

完成2013年动迁拆违扫尾工作。至2014年年底，完成宣闸村增减挂钩、花园村城中村改造，综保区、龙潭污水处理厂等5个项目、4000多户拆迁工作。全年，拆除违建32处、3023.7平方米。

□陈 欣

◆西岗街道环境整治 2014年，街道启动小尤山商贸区及步青路商业街规划设计，完成中心区商业街和摄山星城西湖农贸市场提档升级，实施摄山公园、市民广场建设工程。完成麒龙路及周边村级道路改造。9月1日始，实施垃圾密闭运输，解决拖拉机噪音扰民和跑冒滴漏问题。推进桦墅“美丽乡村”建设，完成周冲村房屋建设，正进行村内道路、杆线下地、雨污水管网、污水处理、绿化景观等建设。整治7条黑臭河，河道总长约3.4公里，清淤20万立方米，绿化逾1万平方米。加强小区保安、保洁、保修3支队伍建设，实施绩效考核公示评议制度，调动物管人员工作积极性。完成9个小区道路等基础设施维修，完成12座门卫房建设，安装12个门卫道闸，建设小区内非机动车停车棚4处，新增机动车停车位900个，完成9个小区3250个停车位收费工作，2014年，收取停车费200万元，收费率98%。小区广场和主干道绿化全面提升，新增绿化面积30万平方米。完成摄山星城-仙林湖片区监控系统安装工程，架设高清摄像头136个，全面覆盖摄山星城和仙林湖地区。启动9个小区技防监控系统建设，并将全部纳入街道信息指挥中心。加大违建管控力度，杜绝违建出现。地铁小镇建设西岗果牧场危旧房拆迁完成立项、红线划定及入户调查，查产等工作正有序推进。完成废品收购站、烧烤摊点及G108工地活动板房专项整治。继续开展秸秆禁烧工作，通过拉网式巡查与重点区域定岗督查的方式，确保禁烧期间无一火点。加大对地铁四号线、仙林湖片区及G108项目扬尘管控力度。在地铁四号线采取押金考核办法，即由地铁公司向施工方收取扬尘管控抵押金，街道定期对各标段扬尘管控工作考核打分，地铁公司依据考核结果进行奖惩。加强交通环境管理。启用中心区停车场，新增路内停车位317个，增设

交通标牌10处，增加交通信号灯组10处，漆画非机动车停放点。开展大货车、渣土车乱停整治，上述车辆全部集中到摄山星城七乡河大道停放。打击非法营运，在经天路等重点区域查处黑车47辆。整治三小车，梳理出马自达54辆，交警、城管查扣17辆，上交到交警七大队12辆，有效改善区域交通秩序。

□李　琳

◆栖霞街道环境整治　2014年，街道拆除违建305处、5.91万平方米。其中，拆除东扬物流基地违建活动板房26间、185平方米，集装箱2个、40平方米；在“百日大扫除”期间拆除披棚117处，违建3处；拆除栖霞大道80号、五福家园门口披棚群，东阳莱田摆放农具的披棚、江南厂一楼违建群等4个地点的违建；强拆新合广场历史遗留违建2处、苗圃60平方米，无证房2处、120平方米。街道对南炼农贸市场进行整治，整治不规范门头100块，整治占道经营131次。对西瓜摊点摸排登记，规范瓜农经营。整治大型广告牌，拆除大型广告牌8块。配合水利站，拆除河道两侧违建披棚12处。整治栖霞老街，南京炼油厂、五福家园和江南水泥厂社区的占道经营、车辆乱停乱放问题。全年，清理卫生死角、乱堆乱放1.01万处，清理牛皮癣4210处，整治占道经营4358处，清除小广告2264处。街道接收“12345”工单542件，全部及时办结，其中，环境问题62件、毁绿问题5件、家禽问题23件、垃圾问题6件、亮化问题2件、路灯问题3件、乱收费问题1件、违建问题254件、违停问题38件、洗车点问题4件、扬尘问题19件、噪音问题2件、渣土问题19件、占道经营48件、无法归类问题56件。全年，接收区部门整改菜单1.68万件，整改1.42万件，未能办结2539件，办结率84.8%。在迎青奥“百日大扫除”期间，街道清理卫生死角4568处、垃圾1910吨，清理牛皮癣860处，制止倚门出摊、占道经营908次。拆除违建241处(含媒体曝光、区长督办件等)、3.26万平方米。取缔无照收购站71家、无照洗(修)车点33家，拆除违规广告牌225块。在南京炼油厂社区，拆除菜场内违规广告牌100块，取缔占道经营131起，拆除南炼公园内多年的违建披棚和雨棚，拆除大件路违规广告牌3块、违建披棚6处，拆除‘新八栋’外店面违规防雨棚6处。

□张君陶

◆马群街道环境整治　2014年，街道投入40亿元，实施牛王庙、狮子坝、吴家墩、马房山、万家楼和百水桥等6个城中村拆迁改造项目，面积40万平方米。投入350余万元，对中山门大街进行道路出新和绿化整治，摊铺沥青2.8万平方米，铺设人行道4125平方米。完成绿色通道建设任务，完成景观绿化23.2公顷，种植乔木、灌木近2万株。拆除违建1.5万多平方米。拆除沪宁高速、绕城公路、仙林大道等沿线高立柱广告牌65个，面积1.66万平方米。投入668万元，对24.84公里河道进行清淤疏浚和岸坡整治。投入150万元，对南湾营农贸市场内部设施及周边环境进行升级改造。清理卫生死角5000余处，清理占道经营2400余起，新配垃圾桶、果皮箱200个。取缔废品回收站8处。投入200万元，加装隔离栅栏6000米，新增物理隔离设施110个。新增机动车停车泊位626个，新建停车场5个，实现陶家营路、青马路、天马路、百水桥南路停车收费。查扣马自达40辆，查处非法经营黑车60余辆。做好青奥会、国家公祭日期间的工地管控工作，全年，开出工地扬尘整改通知书92份，整改达标率98%。加快提升地区安全水平。组建涵盖驻地部队官兵、中小学教师在内的巡防队伍，完成青奥会和国家公祭日安保维稳任务。是年，街道获江苏省青奥保障先进单位。5月起，街道投入800余万元，对中山门大街马群段南北两侧1500余米路面进行重新摊铺，更换路沿，修复人行道板1600平方米，安装隔离栏4000余米，重画交通标线4100米、黄色网格线17处、黄色禁停线226米，使路面焕然一新。对马群新街、陶家营路、百水南路等4条街面增设禁停指示牌8块。协调相关部门设停车泊位50余个，在花园城门前空地上安装非机动车停放支架180米，整治非机动车乱停乱放2000余辆。拆除不符合《南京市户外广告设置管理办法》的门头店招，拆除违规广告牌6处、300余平方米。新建景观围墙200米，房屋立面出新3000余平方米。

2005年以后，马群新街139号周边地区陆续被有关业主和租赁户搭起砖混结构违建和钢架结构披棚。2006年以后，街道组织过多次强拆，因种种原因未能彻底拆除。2014年7月初，街道通过发放公开信、召开座谈会、张贴告示等形式进行动员，要求违建住户自行拆除违建物。街道还聘请设计公司就拆迁后店面改造出新进行设计，将出新效果公示。7月10日，街道联合区行政执法局，出动200余人、执法车15辆、机械3台，对该地区违建和披棚强制拆除。经过6个小时，拆除违建160平方米、批棚75平方米。

□刘　谐

◆迈皋桥街道环境整治　2014年，街道拆除违建1800余处、9.3万平方米，并开展市容环境整治，清除主次干道、居民小区、背街小巷的违章广告，清除卫生死角。加强工地扬尘管控，对不符合扬尘治理要求的，一律整改，情节严重的停工处理。加强停车秩序管理，新增一批停车位，是年，街道道路停车收费泊位1301个，停车场泊位535个。加大对支路街巷机动车违停整治力度，开展100余次大规模交通秩序整治行动，出动人员1000余人次、车辆300余台次，查处暂扣黑大巴24辆、黑中巴10辆、私家车5辆，暂扣“三小车”324辆，交警七大队二中队开具违停罚单2.94万张。拆迁项目全力推进，合班国有、何家村、高家村、迈皋桥医院及其周边地区拆迁项目进场拆迁，南汽铸造厂及其周边地区拆迁进入扫尾。投入约3500万元，完成6个小区出新，建筑面积约23万平方米。言和路、北苑西路一期建成通车，熙溪路、和燕路390号配套道路、北崮山路一期、北苑东路一期、逸文路开工建设。完成游园绿地建设项目13个，加上言和路游园绿地建设、石顶山公园升级改造，全年，新增绿化近9万平方米。开展黑臭河沟整治，南十里长沟主流整治基本完成。

□陈荟芸

◆燕子矶街道环境整治　2014年，街道完成动迁84.63万平方米，拆除违建4.06万平方米。出新老旧小区13个，重点拆除违章搭建，整治房屋渗水、设施破损、环境脏乱现象，补栽绿化植被，增添停车泊位、路灯、楼道灯，实现物业管理全覆盖。整治主次干道28条，出新街巷道路7条，治理黑臭河12条。新建绿地游园3个、3.4万平方米。加强27个建设工地扬尘管控。拆除广告牌529处、8592平方米。淘汰黄标车391辆，新增停车泊位1603个，主次干道和背街小巷停车秩序井然。投入130多万元，每天出动60人、5辆挖掘机，对北十里长沟西支河道清淤。该河道长约1000米，杂草丛生，淤泥堵塞。清淤结束后，淤泥外运，在河道两岸撒草籽，绿化环境。

3月，天气转暖，占道水果车、流动摊点及夜市排档增多，街道联合区交警、城警等部门，每天出动80多人整治主次干道、背街小巷占道经营，重点为11:00~14:00、17:00~18:30两个时间段。取缔占道经营313处、倚门出摊134处，取缔夜市烧烤、排档42个。拆除违章广告牌、横幅、道旗11个，清理乱堆乱放17处，拆除乱拉乱接12处，清除小招贴、牛皮癣2100多处，清理垃圾杂物40多吨。取缔神农路口、太新路路口两个洗车场，暂扣喷水机、水桶、水管、抹布等洗车工具。街道在燕子矶中学、伯乐中学、晓庄师范附属小学、幕府山庄小学开展垃圾分类试点工作。发放公开信6600份、宣传册1400份，张贴宣传画6600份，设置展板2块，营造垃圾分类氛围。在学校门口及食堂投放大垃圾分类桶48个，又根据中小学特点，订做小型垃圾桶，放在校园、教室内。5~7月，街道开展环境整治攻坚行动，清理多处"脏乱差"。出动150多人，铲除幕府山庄围墙西面、金陵科技学院东面2.2万平方米菜地，拆除乱搭乱建50处、420平方米，清理粪坑120多个，清理杂草、杂物10吨；出动50多人，取缔化纤社区寅春西路北面存在10多年的非法集贸市场，拆除乱搭乱建17间、310平方米，违章广告牌12块、65平方米，清理垃圾杂物6吨；出动80多人，拆除寅春西路占道披棚12处、180平方米，还路于民。拆除化工一厂铁路东侧披棚10间、110平方米；出动80多人，拆除和燕路沿线太平村楼顶鸽子笼12平方米、门坡"四海小吃"违建30平方米，拆除门坡明华车行违建60平方米；出动40多人，拆除江家村茶水炉2台、徐家村茶水炉1台，石化社区门口无证披棚4处、110平方米；出动100多人，取缔城市绿洲非法批发市场，拆除乱搭建10间、200平方米，清理垃圾杂物30吨；出动60多人，整治江家村路沿线存在多年的"脏乱差"现象，拆除违建2100平方米，取缔废品收购站10家，清除违章广告牌48块、600平方米。 □陈　亮

物业管理

◆概况　2014年，区住建局继续推进物业管理体制创新，加强物业服务市场监管，依法调处物业管理矛盾，在改善城市形象，美化人居环境，提升公众幸福感和满意度上，取得一定成效，全区物业管理工作呈健康发展态势。加大对街道物业办和"两站一中心"指导、考核力度，对商品房小区的物业管理加强指导和监督，鼓励和指导物业服务项目参加优秀项目创建。是年，完成人大建议和政协提案主办件19件，受理人民群众投诉、举报、咨询1000余次，处理各类物业管理矛盾纠纷180余起，区物业管理和服务水平不断提升。

◆物业管理专项检查　2014年，区住建局联合区城管局、区公安分局、区质监分局等部门，并邀请物业管理专家，对全区物业管理进行6次专项检查，检查的重点为收费公示、卫生保洁、设施设备运行养护等。检查中，点评物业管理现状，就存在的问题提出整改意见，并将检查结果记入专项检查表。全年，检查住宅小区143个，下发整改通知书32份。是年，区住建局还协同区综治办等8家单位开展物业小区群租房专项整治行动。

◆物业管理行业监管　2014年，区住建局切实履行行业监管职能，规范物业管理市场主体行为，加强物业服务用房审查。物业管理区域备案21例，2个住宅小区、1个工业园等3个项目被评为南京市物业管理优秀和示范项目。对具备条件的15家物业企业资质升级进行初审，对20个物业项目服务业绩进行调查并记录在案。 □赵雨馨

建筑安装管理

◆概况　2014年，全区有建筑安装企业158家，其中新申报、增项申请、资质升级申请企业64家。有总承包资质企业40家、专业承包资质56家、劳务分包作业43家。建筑业企业申请信用手册审验换证106家。全年，审批14家建设单位《建筑工程施工许可》申请并发证。3~10月，开展建筑市场联合执法大检查，检查的对象为建设单位、监理单位、建筑施工总分包单位。检查63个建筑工地，建筑面积437.61万平方米，工程造价112.08亿元，有4家施工、监理单位被罚款或通报批评。

是年，完成农民工工资清欠工作和工程质检工作。

◆建筑安装管理　2014年，全区有建筑安装企业157家，其中新申报、增项申请、资质升级申请企业64家。有总承包资质企业40家，其中，房屋建筑工程总承包资质一级1家、二级4家、三级32家，化工石油总承包资质二级1家，电力工程总承包资质三级2家。专业承包资质74家，其中，地基基础专业承包二级1家、三级2家，体育场地设施专业承包一级资质1家、二级资质4家，化工石油设备管道安装专业承包二级资质1家、三级2家，钢结构专业承包二级1家、三级2家，环保工程专业承包一级资质1家、二级3家、三级4家，防腐保温专业承包二级1家、三级3家，机电设备安装专业承包二级4家、三级15家，送变电专业承包三级3家，建筑物非爆破拆除工程三级1家，建筑防水工程专业承包三级5家，建筑智能化工程专业承包三级5家，土石方工程专业承包三级9家，特种作业专业6家。劳务分包作业43家。建筑业企业申请信用手册审验换证106家。全年，审批14家建设单位《建筑工程施工许可》申请并发证，建筑面积50.53万平方米，工程造价16.63亿元。

◆双清工作　2014年，区清欠办接到投诉196件，其中"12345"工单73件。解决被拖欠民工工资6960.77万元，惠及民

2014年栖霞区受监工程获南京市优质结构工程名录

表13

序号	工程名称	施工单位	建设单位
1	仙林NO.2007G84地块11幢	南京市第六建筑安装工程有限公司	南京栖霞建设股份有限公司
2	仙林NO.2007G84地块12幢	南京市第六建筑安装工程有限公司	南京栖霞建设股份有限公司
3	NO.2010G06地块二期二标段8#楼	江苏双楼建设集团有限公司	南京高科置业有限公司
4	NO.2010G06地块二期二标段19#楼	江苏双楼建设集团有限公司	南京高科置业有限公司
5	金尧华府2#地下车库	通州建总集团有限公司	江苏志发房地产开发有限公司
6	NO.2007G81A2地块项目一标段29#楼	江苏通州四建集团有限公司	南京高科仙林湖置业有限公司
7	三金燕雨庭4#楼	江苏省江建集团有限公司	南京鑫和房地产有限公司
8	三金燕雨庭6#楼	江苏省江建集团有限公司	南京鑫和房地产有限公司
9	南京中医药大学国际教育中心教学综合楼	龙成建设工程有限公司	南京中医药大学
10	高端光电设备生产项目生产厂房一	南京建工集团有限公司	南京丰盛光电科技有限公司
11	高端光电设备生产项目生产厂房二	南京建工集团有限公司	南京丰盛光电科技有限公司
12	三金燕雨庭1#楼	江苏省江建集团有限公司	南京鑫和房地产有限公司
13	三金燕雨庭5#楼	江苏省江建集团有限公司	南京鑫和房地产有限公司
14	江苏省中医药博物馆	浙江海天建设集团有限公司	南京中医药大学
15	NO.2012G14地块地下车库	南京高科建设发展有限公司	南京高科股份有限公司
16	NO.2007G81A2地块项目一标段28#楼	江苏通州四建集团有限公司	南京高科仙林湖置业有限公司
17	南京东瑞医院医疗康复用房	南京市高淳建筑安装工程有限公司	南京东瑞医院
18	NO.2007G81A2地块项目一标段24#楼	江苏通州四建集团有限公司	南京高科仙林湖置业有限公司
19	南京高科NO.2012G14项目总部办公楼	南京高科建设发展有限公司	南京高科股份有限公司

2014年南京市建筑工程"金陵杯"优质工程奖表彰名录

表14

序号	工程名称	施工单位	建设单位
1	文苑广场	江苏通州四建集团有限公司	南京高科置业有限公司
2	南京经济开发区金融配套区员工廉租房	海通建设集团有限公司	南京新港开发总公司
3	循环经济示范园起步区经济适用房A-06、A-07	江苏弘扬建设工程有限公司	南京高科置业有限公司

□赵雨馨

工2949人。有4家建筑施工企业不积极配合清欠工作,以致发生重大恶性讨薪事件,造成恶劣影响,被南京市清欠办予以全市限制市场准入或通报批评的处罚。

◆工程质量监督检测　2014年,区质监站新受监工程361个,面积495.12万平方米;竣工验收项目140个,面积147.96万平方米;备案工程154项,面积163.52万平方米。区建筑材料中心试验室参加省级、国家级检测能力验证6次,涉及水泥、钢材、砼试块、砼取芯、保温板等项目材料,均顺利通过。全年,出具检测报告11.31万份,其中不合格报告3584份,不合格率3.17%。　□焦　健

土地资源管理

◆概况　2014年,区国土分局践行新时期国土资源工作新要求,推进改革转型,办结建设项目用地预审案106宗、829.33公顷,涉及农用地273公顷。通过市下达指标、独立选址、结余计划、增减挂钩等多种途径,解决农转用指标159.73公顷,落实耕地占补平衡指标162.37公顷。除个别不具备用地条件项目外,全年,涉及辖区内市重大投资项目保障率100%。

启动国土资源系统行政执法监察标准化建设。制定国土资源行政执法监察标准体系和办事流程,规范土地执法行为,提升土地执法效能。处置盘活闲置土

地。全年，涉及历史遗留闲置土地7宗、29.07公顷，处置4宗、17.07公顷。推进低效用地再开发试点工作。通过与园区平台、街道仔细摸底、反复对接，协调城镇建设与产业发展等关系，梳理并掌握3区102宗、306.67公顷拟再开发地块基本信息，为下一步再开发规划编制与实施打下坚实基础。开展3区撤组剩余土地调查。掌握7个街道、444个撤组剩余地块的位置、界线、面积及其内部的利用现状等情况，夯实资源后续管理基础。

是年，区国土分局在市级以上刊物发表10篇理论调研文章，其中，1篇获江苏省哲学社会学界第八届学术大会优秀论文二等奖，1篇获2013年度江苏省优秀土地学术研究成果二等奖。在江苏省国土资源系统2012、2013年度国土资源节约集约模范县（市）创建活动中，区综合考核排名第一，通过江苏省国土节约集约模范县（市）创建小组验收，保持全国先进地位。区被国土资源部评为第一批地灾防治高标准“十有县”。区国土分局被南京市国土资源局评为年度工作考核优秀单位，被区委区政府评为2014年度争先进位优胜单位、2014年度完成“五个建设”工作目标有功单位。

◆项目报批与供地 2014年，区国土分局完成11个批次、55个项目308.93公顷土地组卷报批工作。优化批后实施办事流程，完成三区56个项目批后实施，面积310.27公顷，当年报、当年批，批后实施率90%以上。三区全年供地78宗、333公顷。超额完成南京市国土局年初下达的年度供地任务。其中，出让地块26宗、面积174.71公顷，划拨地块17宗、34.79公顷。

2014年栖霞区(出让)供地情况

表15　　单位:公顷

序号	受让单位	地块坐落	用途	年限	批准日期	出让面积
1	南京紫金(仙林)科技创业特别社区建设发展有限公司	鲤鱼山D地块	科教科技研发	50	2013-11-28	4.58
2	南京建祥工程实业有限公司	马群科技园P地块	科教科技研发	50	01-08	0.49
3	江苏省电力公司	迈皋桥合班村302号	科教科技研发	50	01-08	2.39
4	南京市下关粮食仓库	北至铁路,东至尧新大道,南至&恒广路	仓储	50	01-08	2.98
5	南京紫金(新港)科技创业特别社区建设发展有限公司	东至南京高科股份有限公司,南至弓箭玻璃公司	科教科技研发	50	01-08	1.73
6	南京港(集团)有限公司	新生圩	工业用地	50	01-17	1.21
7	南京现代粮食物流有限公司	东至龙潭北路，西至三江河大道	仓储	50	03-06	8.48
8	南京安宏基国际物流有限公司	东至龙潭北路，南至太古冷链物流公司	仓储	50	03-13	5.15
9	南京高华传感科技有限公司	东至炼西路,南至栖霞大道	工业	50	03-13	2.51
10	新城万嘉房地产开发有限公司	仙林湖西侧二地块	住宅	70	04-09	14.75
11	南京中水电星湖湾房地产开发有限公司	经五路东侧下庙村地块	住宅	70	04-09	8.14
12	南京中南新锦城房地产开发有限公司	土城头路以南中花岗地块	住宅批零等	7040	04-15	12.92
13	南京招商启盛房地产有限公司	经五路二期西侧1、2号地块	住宅批零等	7040	10-29	5.79
14	南京新尧新城开发建设有限公司	尧化	商业	40	04-19	0.12
15	南京仙林新市区开发有限公司	仙林街道	批发零售	40	05-04	0.17
16	南京润潭物流服务有限公司	南京开发区	仓储	50	06-03	0.59
17	南京润潭物流服务有限公司	南京开发区	仓储	50	06-03	0.37
18	南京宇众先科自动化装备有限公司	南京开发区	工业	50	07-04	2.65
19	南京中电熊猫平板显示科技有限公司	南京开发区	工业	50	07-04	78.32
20	南京中电熊猫平板显示科技有限公司	南京开发区	工业	50	07-04	3.48
21	中垠房地产有限公司中青旅江苏置业有限公司	马群综合换乘中心地块	批零住宅等	4070	07-08	9.19
22	金鹰国际商贸集团(中国)有限公司	仙林中心A2地块	批零餐饮等	40	07-01	3.21

续表 15

序号	受让单位	地块坐落	用途	年限	批准日期	出让面积
23	南京能瑞自动化设备股份有限公司	仙林大学城	科教科研设计	50	07-24	1.60
24	南京大公机动车驾驶员培训学校有限公司	仙尧路北侧二期地块	科教	50	09-09	3.49
25	中国石化集团资产经营管理有限公司金陵石化分公司	张西村	工业	30	08-30	0.28
26	南京市电影剧场公司	栖霞区栖霞街 48 号	文体娱乐	50	09-19	0.13
合计						174.71

2014 年栖霞区(划拨)供地情况汇总

表 16 单位:公顷

序号	建设项目名称	用地单位	批准用地文号	批准时间	用途	批准面积	划拨面积
1	龙潭 CNG 母站	南京华润天然气利用有限公司	宁政国土批〔2014〕17 号	01-16	公共设施	1	1
2	南湾营增建保障房项目	南京商茂房地产开发有限责任公司	宁政国土批〔2014〕18 号	01-16	住宅	2	2
3	部队宿舍、办公用房	中国人民解放军南京军区司令部	宁政国土批〔2014〕25 号	01-23	军事设施	1.86	1.51
4	丁家庄二期(含柳塘)保障性住房	南京国资新城投资置业有限责任公司	宁政国土批〔2014〕42 号	03-06	科教城镇混合	27.4	15.93
5	南京四桥养护工区	南京重大路桥建设指挥部	宁政国土批〔2014〕88 号	02-24	公路	0.57	0.57
6	经济适用房	南京新尧新城开发建设有限公司	宁政国土批〔2014〕86 号	04-19	住宅	6.72	3.93
7	八卦洲农民文化活动中心	八卦洲办事处	宁政国土批〔2014〕97 号	05-04	基层社区中心(规划)	0.27	0.27
8	南京公路江南养护应急处置中心管理用房	江苏省南京市公路管理处	宁政国土批〔2014〕100 号	05-04	公路	1	1
9	翠林路公交场站	南京新尧新城开发建设有限公司	宁政国土批〔2014〕101 号	05-04	公共设施	0.46	0.35
10	绕城公路江南服务区	江苏省南京市公路管理处	宁政国土批〔2014〕103 号	05-04	公路	1.52	1.37
11	仙鹤片区北部社区服务中心	南京仙林新市区开发有限公司	宁政国土批〔2014〕106 号	05-4	居住社区中心(规划)	1.71	1.034
12	马群派出所迁建	南京市公安局栖霞分局	宁政国土批〔2014〕122 号	05-27	机关团体	0.54	0.39
13	南邮小学	南京仙林新市区开发有限公司	宁政国土批〔2014〕123 号	05-30	科教	2.93	2.93
14	燕华社区服务中心	南京市江南小化工集中整治工作现场指挥部	宁政国土批〔2014〕161 号	07-25	公共设施	0.19	0.19
15	110 千伏诚实输变电站	江苏省电力公司南京供电公司	宁政国土批〔2014〕228 号	10-30	公共设施	0.58	0.45
16	经济适用房	南京丰盛置业发展有限公司	宁政国土批〔2014〕215 号	10-12	住宅	0.99	0.99
17	市政管理服务中心	江苏仙林生命科技创新园发展有限公司	宁政国土批〔2014〕244 号	09-15	公共设施	0.87	0.87
合计						50.59	34.79

◆**土地管控体制机制建设** 2014 年,区国土分局突出“属地责任”与“节约集约”两个核心,深化三区管理体制改革,成立三区管控领导小组,明确三区、街道、部门层级职责责任,落实议事规则。呼应南京市国土资源局 10 项改革重点,成立区国土分局综改办,挑战 3 区融合后体制弊端,推动三区“关于进一步加强土地管控的意见”纲性文件出台,同时形成“建设用地用准入会审与跟踪管理方案”、“土地指标有偿配置办法”、“耕地与基本农田保护奖励办法”、“农村道路等特殊用地管理办法”、“三区低效利用土地再开发方案”等配套文件,协调区政府首次将土地管控与节地提效工作作为考核内

容，纳入区政府五个文明建设百分制考核目标，极大调动各个方面对用地源头把关、过程跟踪、属地管控积极性。

◆**耕地保护** 2014年，区国土分局强化耕地奖励性保护制度建设，提请政府出台三区耕地保护考核暂行办法，以全区保护面积为基数，以每亩(0.07公顷)200元的标准，奖励承担耕地和基本农田保护街道，实现“空间置换效益”工程，调动基层保护耕地积极性。推进基本农田划定落界，完成2236份责任书签署、296块基本农田公示牌制作，1000个界桩基本落地。开展耕地后备资源调查摸底，掌握八卦洲、龙潭街道42个地块、108.6公顷后备资源基础数据。推进龙潭街道466.67公顷土地综合整治项目实施方案编制、报批、项目阶段性招投标等基础工作。完成2013年度龙潭街道和西岗街道城乡建设用地增减挂钩复垦验收，新增农用地22.34公顷，新增耕地20.89公顷。完成八卦洲复垦项目验收和年度城乡建设用地增减挂钩项目立项报备。

◆**获评地灾防治高标准“十有县”** 2014年，区国土分局排查地质灾害隐患点27处，补设地质灾害警示牌22块。完成栖霞寺地面塌陷项目治理，启动燕子矶街道、化工厂中学南侧等3个地灾项目招投标工作，协调开发区做好龙潭街道龙小山北侧地灾治理12户、近1500平方米搬迁准备工作，通过江苏省国土厅组织的燕子矶中学大门北侧577号等3个地质灾害治理项目验收。率先在全市开展地质灾害应急演练，利用“地球日”、汛前集中培训及科普进校园、社区等活动，开展地质灾害防灾减灾科普宣传教育，不断提高地质灾害自我防范和应急处置能力，汛期无一例伤亡事故发生。是年，区被国土资源部评为第一批地灾防治高标准“十有县”*。

相关链接

十有县

2009~2012年，国土资源部组织开展地质灾害群测群防“十有县”建设，全国累计建成1765个，覆盖绝大部分地质灾害易发区。“十有县”建设，对提高基层防治能力、有效防范地质灾害起到十分重要的作用。为进一步提升基层地质灾害防治能力，国土资源部决定，从2013年起，启动地质灾害防治高标准“十有县”建设。十有内容为有制度、有机构、有经费、有监测、有预警、有评估、有避让、有宣传、有演练、有效果。

◆**地质环境治理** 2014年，区国土分局配合南京市国土资源局做好中国水泥厂、江南水泥厂两个企业矿山关停工作，配合仙林大学城管委会完成国家级环境治理项目工程施工，完成西岗街道小尤山残体地质环境治理工程。黄龙山地质环境治理工程设计方案进一步完善。江南水泥厂牛头山环境治理工程取得阶段性进展。严格按照扬尘防控、“六打六治”要求，履行安全生产应尽职责，巡查、监督责任落实。在青奥会、国家公祭日期间，有效防范安全事故、群体上访等现象发生。全年，实现涉矿扬尘污染零投诉、矿产管控零偷盗采。 □钟丹丹

6月24日，区国土分局在永展机电科技有限公司举行突发性地质灾害应急演练
区国土分局 供稿

环境保护

综 述

◆**概况** 年初，区委、区政府出台《栖霞区2014年生态环境保护工作目标》，确定11项综合指标和6项重点工作，把控煤降耗、水环境综合整治、大气污染防治、生态建设等方面40多项具体任务分解到责任单位，并明确完成时限。是年，区环保局按照全区生态文明建设和区长环保目标要求，紧扣“办好绿色青奥会”工作主线，坚持“解决突出环境问题”的工作导向，落实环保优先、生态为基方针，全力提升区域生态环境质量。

位于仙林大学城和迈皋桥街道两个空气质量自动检测站检测的空气质量优良率分别为50.1%和47.9%。建成区降尘浓度6.06吨/平方公里·月，达到区长目标7.0吨考核要求，比上年下降17.8%。小康断面达标率60%。区域环境噪声符合环境噪声的控制要求，环境功能区噪声达标率100%以上。

区环保局被评为江苏省建筑扬尘集中整治先进单位、南京市青奥会保障先进集体、区信息调研工作先进单位、区环境信访工作先进单位等。

环境监管

◆**概况** 2014年，区环保局牢固树立绿色发展理念，落实环保优先、生态为基方针，围绕环境管理、污染治理等目标任务，推进全区生态环境建设和保护。南京博启包装容器有限公司、南京三峰石化

有限公司、南京国路沥青有限公司、南京凯能保温材料厂等10家“三高两低”企业整治工作进展顺利,其中,南京三峰石化有限公司、南京国路沥青有限公司等8家通过市级验收,南京江南水泥有限公司和江南小野田水泥有限公司2家水泥企业按市政府要求,整治工作延至2015年。

◆区长环保目标责任制 2014年,南京市继续实行区长环境保护目标责任制。为改善地区环境质量,区政府召开26次常务会议、专题会议、现场会议,研究部署环境保护和生态建设工作。对水环境整治、青奥会环境临时管控、黄标车整治等重点和难点工作,区政府主要领导和分管领导深入一线、靠前指挥。全区形成区长亲自抓,区环保局牵头,各相关单位分工负责、互相配合,一级抓一级,层层抓落实的良好工作格局。至年底,区长环境保护工作目标全部实现,并通过南京市环境保护委员会考核验收。

◆建设项目环保审批与管理 2014年,区环保局实行严格的环保准入和环境容量控制制度,落实环保第一审批权,做好项目审批工作。全年,区环保局审批建设项目60个,其中,报告书17个、报告表35个、登记表8个;否决不符合环保要求或选址不当的项目13个;完成环保“三同时”验收项目28个,其中,南京市环保局委托环保验收项目20个、区级环保验收项目8个;出具江苏省环保厅和南京市环保局环保预审项目意见26个。

◆危险废物管理 2014年,区环保局实行危险废物转移网上报告制。网上转移联单635份,危险废物转移报告率100%。为核实区内危险废物产生、处置情况,防范危险废物环境风险,区环保局开展危险废物申报核实工作,对14家重点企业危险废物产生情况进行梳理核实。加强危险废物管理,处置危险废物1819.04吨,其中包括关停搬迁企业危险废物317.73吨。对42家辐射企业建立一企一档,督促3家社区卫生服务中心办理辐射安全许可证,指导8家企业办理许可证延期手续,督促42家企业完成年度监测和年度安全评估,确保全区涉辐企业无违法使用辐射设施行为。

环保执法

◆概况 2014年,区环保局以更大力度、更实举措,严查环保违法行为,保障全区环境安全。全年,查处案件107件,处罚金额322万元。建立、健全环境污染突发事件应急体系,推进污染源在线监控系统和环境监测预警中心建设。组织应急演练,提高突发环境事件应急处置能力,严防环境污染事故发生。加大违法排污查处力度,防范重大污染事故。开展安全生产检查和青奥会、公祭日空气质量监控等专项行动。强化危险废物污染防治,加强对危废产生企业日常监管,注重危险废物源头管理。对全区97家医疗机构的266.98吨医疗废物进行集中处理,集中处置率100%。继续征收排污费,全年,征收排污费834.4万元。做好环境信访接处工作。对来信来访做到文明受理、及时处理、限期结案、及时反馈、跟踪问效。全年,受理污染举报3559件,其中,领导交办34件、“12345”投诉2891件、“12369”批转401件,自接185件,上访7件,媒体及网络举报41件;受理水污染投诉245件,大气污染投诉1729件,噪声污染投诉1475件,其他投诉110件。信访件查办率、办结率、回复率均为100%,“12345”工单办理综合满意率96.5%以上。

◆青奥会、公祭日环境保障 2014年,为保障青奥会期间环境质量,实现“绿色青奥”目标,区环保局做好青奥环境保障临时管控工作。制定《青奥会举办期间环境质量保障临时管控行动方案》,明确任务分工、实施步骤和工作要求。细化《栖霞区环境保护局值班和应急工作制度》,要求所有值班人员对群众通过各种渠道的投诉、咨询做好记录,并在第一时间调查处理、答复投诉人,问题严重的启动应急程序。严格执法,确保管控措施执行到位。成立青奥会保障和应急指挥领导小组,下设空气质量监管组、环境执法组等11个专业组,分头负责落实各项管控措施。6月,管控措施进一步细化,在每天巡查的基础上成立重点污染源、危险废弃物、扬尘防控等3个督查组,对管控目标实行双重监控。对违规排放污染物的企业坚决按上限查处、限期整改,逾期未完成整改任务的坚决关停。11月,为保障国家公祭日期间环境质量,区环保局与相关企业对接,制定详细的限产、停产方案,明确限产规模、停产内容和监管责任人。青奥会和国家公祭日期间,区环境质量均达优良标准。

◆环境保护专项检查 2014年,区环保局继续开展大气污染防治专项检查,重点检查水泥等重点行业淘汰落后产能、化解过剩产能、停建违规在建项目情况,有污染企业煤质控制、停产限产情况,印刷、表面喷涂、石化、化工、船舶制造等行业企业大气污染物处理设施运行情况,煤场、料场、渣场防尘措施落实情况等。对近三年列入“三高两低”和有突出环境问题的企业、群众反复投诉的企业进行专项检查。开展河道排水专项检查,摸清企业污染物排放种类、数量、去向及污染状态等情况,严肃查处违法建设项目、污染物超标排放等行为。对栖霞、龙潭、尧化、燕子矶一批违规排放废水的洗涤、洗碗等小作坊和塑料粒子加工企业予以关停,对近20家违规项目立案查处。

◆重点企业环保核查 2014年,区环保局以委托第三方和专家评审的形式,开展对重点企业的环保核查。核查的重点为企业环保手续是否齐全、是否存在未批先建或批建不符现象、化学品消耗情况,清洁生产、三废排放及实际治理情况,应急预案制定情况等。对南京敦武商贸有限公司、南京康保玻璃纤维制品厂、肯德基红山动物园店、龙潭监狱北监区、马群花园城平台风机、南宝塑胶有限公司等20家重点企业存在的环境问题挂牌督办,督促其在规定时间内整改到位。对金桐石油化工有限公司、金陵石化有限责任公司烷基苯厂、南京锦湖轮胎有限公司、南京旭达热浸镀铝厂、南京汽车锻造有限公司、新实力食品科技(南京)有限公司等14家重点危险废物产生企业进行核实评估和风险评价,对危废物管理存在问题的企业挂牌督办。检查13家产生辐射的单位,对南京卫校、城东医院、烷基苯厂医院、栖霞卫生服务中心4家单位提出整改要求。

◆**污染源在线监控** 2014年,区污染源在线监控平台建设完成并通过验收,监控平台运转正常,在环境监管中发挥重要作用。区环保局整合在线监控数据,确保与南京市平台联网。收集、整理重点企业的"一企一档",充实南京市环保局移动执法平台数据库。为使污染源在线监控平台更好地运行,区环保局引入第三方开展平台日常维护、数据更新、人员培训等工作,并参与企业污染源在线监控终端巡检。

◆**环保宣传** 2014年,区环保局重视环保宣传,通过各种宣传活动,让环保理念深入人心。3月22日,组织青田雅居社区30名居民代表参加"世界水日"、"中国水周"和"水美南京"走进金陵石化烷基苯厂宣传教育活动。6月5日,与区委宣传部、区教育局联合举办"新实力杯·环保行为"区中小学生绘画赛。组织各街道通过悬挂宣传横幅、张贴宣传画等方式开展环保宣传。在栖霞电视台播放《秸秆综合利用》等专题片,在《南京日报》《金陵晚报》、南京市环保网站、栖霞-环保官方微博等媒体上发表环保宣传稿件300余篇。

◆**污染物排放许可证年审与换证** 2014年,区环保局对辖区内直接或间接排放污染物的持证法人、个体工商户和其他组织进行排污许可证的年审和新证换发工作。与此同时,对持证单位的废水、废气、废渣及其他形式的污染物排放进行全面检查、监测、统计、对比,并结合日常管理情况,对持证单位的污染物排放总量进行校核。

污染源治理

◆**概况** 2014年,区环保局制定下发污水管网建设和重点减排方案。建成龙潭、东阳污水处理厂,完成14条街巷、95个片区主次干管和到户支管建设任务,全区污水处理能力进一步提高。南京源港石油化工厂、南京双思石油化工厂、南京黄马化工有限公司、南京名枫肥料有限公司等8家企业结构减排能力形成,列入全市重点减排工程项目的江南小野田水泥有限公司1号生产线低氮燃烧改造工程完成。通过产业结构调整、污染治理等措施,全年,削减化学需氧量105.2吨、二氧化硫655.4吨、氨氮31.7吨、氮氧化物779吨,实现行政区年度污染物减排目标。对水泥、造船、化工及石化等行业企业下达强制性清洁生产审核计划,全年,完成清洁生产改造项目近40项。

◆**金陵石化周边环境整治** 2014年,区环保局开展金陵石化周边环境整治,发现新增污染源38家,其中,洗衣厂23家、塑料粒子加工厂9家、餐具洗涤企业6家。区环保局依法对18家洗衣厂、6家塑料粒子加工厂和6家餐具洗涤企业实施行政处罚。至年末,关停南京亚军洗涤服务中心、栖霞张兵洗涤中心、南京双杰洗衣有限公司、南京清线洗涤服务中心、南京林峰洗涤服务中心等洗衣厂22家(搬迁14家、选址待搬迁8家),关停南京橡塑造粒厂、宏凯塑业、城西塑料厂、明磊塑料加工厂等塑料粒子加工厂9家和风洁餐具清洗公司、洁为先餐具有限公司、众翔餐具配送中心等餐具洗涤企业6家。

◆**环境问题挂牌督办** 2014年,区环保局对列入区级挂牌督办的8个环境问题加大办理力度。这8个环境问题是燃煤锅炉冒黑烟、生产废气直接排放、使用高污染燃料、废气扰民、噪声扰民、空调外机扰民、废水排放未联网、焚烧废旧塑料。区环保局督促新实力、南宝塑胶、惠宁码头等企业基本完成燃煤锅炉清洁能源改造,实现氮氧化物和二氧化硫减排任务。至年末,全区有45台中小锅炉关停和改造。

◆**扬尘污染防控** 2014年,为加强扬尘防控工作,区环保局成立建筑工地管理室,区环保局、区住建局和区城管局各抽调2人到有关建筑工地驻点办公。全年,出动巡查人员2540人次,检查建筑工地230家。组织扬尘联合检查62次,夜查65次。发送扬尘污染督办单105份,下达整改菜单和限期整改通知书403份。通报9次,查处违规施工41起。全市扬尘防控工作考核中,区在17个单位中位列第四。

◆**黄标车整治** 2014年,区政府加大黄标车整治力度。区淘汰黄标车办公室实行例会制度,编制印发淘汰黄标车工作简报,建立淘汰黄标车网络体系,严格目标考核。利用区政府"百日大扫除"微信群每周通报工作情况,设立黄标车限行检查点,保证淘汰黄标车工作责任到位、措施到位。至年末,区共淘汰黄标车6476辆,淘汰率全市排名第六。

◆**河道排污口专项排查** 4月24日~4月30日,区环保局对南十里长沟、北十里长沟、兴武大沟、九乡河、七乡河、滨江河、便民河等主要通江河道实施大排查。排查出排污口237个,其中,工业企业排污口23个、雨水排口83个、生活污水排口131个。通过排查发现,2家印染企业和栖霞、尧化、燕子矶等地区的洗衣厂、洗碗厂、塑料粒子加工厂排放的废水对环境污染较严重。区环保局按照相关法律规定对违规设置排污口单位实施上限处罚,并通知街道按照属地职责对其实施截污、关停。

生态区建设

◆**概况** 2014年,全区继续开展生态区建设,有效改善人居环境。继续加大饮用水源地保护力度,定期开展保护区内水污染隐患排查,确保饮用水源安全,燕子矶、八卦洲集中式饮用水源地达标率保持100%。区域环境质量保持稳定。仙林大学城和迈皋桥两个空气自动监测站空气质量优良率分别为50.1%和47.9%。全区水环境功能达标率为92%,农村地表水23个监测点全部符合四类标准值。小康断面达标率为60%。区域环境噪声符合区域环境噪声的控制要求,环境功能区噪声达标率在100%以上。是年,全区继续开展绿色学校、餐饮示范街区等生态环境系列创建活动,在巩固历年成果的基础上,新创建南京一中马群分校绿色学校1所、仙林街道南大和园餐饮污染控制示范街1条。

◆**环境综合整治** 2014年,区各部门推进区长环保目标中环境综合整治工作。完成北十里长沟流域兴卫片区雨污分流

2014年栖霞区大气污染物平均浓度

表17 单位:毫克/立方米

地　点	二氧化硫	二氧化氮	PM10
迈皋桥	0.025	0.054	0.122
仙　林	0.023	0.051	0.122

2014年栖霞区水环境污染物平均浓度

表18 单位:毫克/升

监测位置	pH	溶解氧	CODCr	CODMn	BOD5	氨氮
七乡河	7.51	5.50	34.2	8.15	5.77	2.74
九乡河	7.65	445	28.8	10.31	6.30	4.67

2014年栖霞区区域环境噪声平均值

表19 单位:分贝 dB(A)

测点数	检测时间	Leq	L90	L50	L10
49	昼间	52.5	46.2	49.2	53.8
49	夜间	42.6	39.8	41.2	43.5

2014年栖霞区交通噪声平均值

表20 单位:分贝 dB(A)

监测路段宽度(米)	监测路段长度(米)	Leq	L90	L50	L10	平均车流量(辆/小时)
31.5	1500	67.50	46.60	58.05	69.85	1264

改造工程,启动实施城东流域宁杭公路片区雨污分流改造工程,启动实施八卦洲片区雨污分流改造工程一期。工程投入约5000万元,完成土方及清淤24万立方米,生态连锁砖铺设约9800平方米,直立式挡墙及自嵌式挡墙砌筑约5公里。至年末,完成工程总量90%。投入4279万元,对81条农村河道、河塘清淤整治,总土方量100.64万立方米。推行河长制,强化河道长效管理,建立区政府主导、水利部门牵头,有关部门分工负责、社会公众广泛参与的河道良性管护机制,促进河道资源的保护和利用。仙林大学城灵山、桂山、龙王山建材矿区关闭矿山地质环境治理工程项目经申报,获准列入中央财政补助项目。项目面积134.18万平方米,投入1.2亿元,其中,中央财政补助资金3150万元,大学城配套资金约9000万元。该项目分7个标段实施。2014年,完成龙王山中部、东部2个标段建设。西岗街道小尤山地质环境治理项目面积约11万平方米,于4月动工,11月中旬施工基本结束。加快"绿色栖霞"工程建设。是年,区新增林地173.33公顷,区林木覆盖率32.2%;区建成绿化面积4253公顷,绿化覆盖率49.9%。

◆秸秆禁烧 2014年,区政府下发《区政府关于做好2014年秸秆禁烧与综合利用工作实施意见》,实施全域、全年禁烧。对禁烧工作实施动态通报,每日编发禁烧巡查信息,每周编发秸秆禁烧简报,及时宣传好的做法。区环保局成立4个秸秆禁烧巡查小组,对全区4个街道实行全区域24小时不间断巡查,防止秸秆焚烧和垃圾焚烧现象发生。各巡查小组坚持深入田间地头,把静态检查与动态检查相结合,狠抓网格化体系落实,发现问题及时督促解决,并做好登记纳入月度考核中,做到公平公正。

◆河道整治 2014年,区启动115条、220公里河道整治工作。区领导担任主要河道河长,各街道主要领导担任副河长,其他河道河长由街道副处级以上干部担任,从而建立起河道整治分级管理体系。区政府多次召开河道整治协调会,区领导10余次到河道整治现场指导工作。区纪委对照2014年城乡水环境整治工作进度表,编发督查通报。区水环境整治办公室制定水环境整治考核细则,实施季度考核、年度考核,并编发水环境考核简报。是年,投入1.74亿元,完成黑臭河道整治107条,对其中26条河道进行环境提升,在清淤的同时,对岸坡进行绿化、美化、亮化。至年末,北十里长沟西支控源截污和引、补水工程启动,北十里长沟东支试验段整治工程完成,九乡河(秦淮东河先导段)整治方案报批工作完成。

◆环境监测 2014年,区环保局监测站按照南京市环保局《环境监测工作要点及实施方案》要求,结合区长环保工作目标,突出重点污染源监测分析,完成监测数据6427个、质控数据1363个,拟定2013年区域环境质量报告、2013年重点污染源报告,编制环境质量分析,为环境管理提供科学依据。做好区域环境质量监测工作。完成九乡河、七乡河、便民河3条河流5个断面地表水,1眼井地下水和2个饮用水源地的监测、采样、分析与统计工作;完成23个农村行政村地表水监测、3个空气降尘监控点和2个国控大气自动监测点降尘监控、3个点位空气硫酸盐化速率监测和尧化门降水监测点监测、迈皋桥噪声功能区24小时连续监测等工作;完成49个区域环境噪声监测点位、2个交通噪声监测点位监测工作。开展污染源监测。完成赫曼(南京)机械技术工程公司、中共南京市委党校等21家建设项目"三同时"项目的监测验收,完成锦湖轮胎、电气集团等重点监管企业326家次监督性监测。完成排污申报、排污费核定、"一厂一档"检查,完成银矿、南京吉祥铜业等涉重企业废水排放监测分析工作。对七乡河、九乡河等5条河流进行监测,为河长制综合整治提供科学依据。完成对黑臭河的监测工作。

□龚显军

区域经济

Regional Development

栖霞山·栖霞古寺　　江云龙 绘

◎ 责任编辑　胡国富　张双全　贾志忠

工　业

综　　述

◆**概况**　2014年,全区(含南京开发区,下同)规模以上工业实现总产值2420.49亿元,同比增长0.04%;规模以上工业增加值实现446.51亿元,同比增长9.1%;累计完成主营业务收入2359.24亿元,同比下降2.21%;完成利税总额92.97亿元,同比下降10.39%;实现利润总额为61.73亿元,同比下降10.96%。

产业结构更趋优化。全区加大产业结构调整力度,装备制造、光电显示、生物医药等新兴产业发展步伐加快,新兴产业占总工业比重达到79.5%,比上年提高1.6个百分点,产业结构更趋优化。全区有规模以上企业240家,其中,装备制造企业49家,实现产值189.8亿元,同比下降4.76%;交通运输设备制造企业18家,实现产值71.2亿元,同比增长8.53%;光电显示企业52家,实现产值1618.5亿元,同比增长2.59%;燃气电力企业7家,实现产值104.5亿元,同比下降3.97%;生物医药企业11家,实现产值45.1亿元,同比增长6.64%;石油化工企业22家,实现产值80.5亿元,同比下降7.6%;金属、纺织、食品等其他传统工业企业81家,实现产值310.9亿元,同比下降9.06%。

工业经济稳步发展。规模企业比重增加。全区有规模以上企业240家,其中行政区47家,实现工业总产值77.59亿元,同比下降7.88%。栖霞行政区实现工业总产值达亿元以上的企业有17家,即南京锦湖轮胎有限公司、南京佳和日化有限公司、扬子江药业集团南京海陵药业有限公司、南京电气(集团)有限责任公司、南京七四二五橡塑有限责任公司、南京康乔电线电缆有限公司、南京百江液化气有限公司、南京智达电气有限公司、江苏中意汽车改装有限公司、南京武家嘴船舶制造有限公司、南京申华汽车电子有限公司、江苏凯米膜科技股份有限公司、南京能瑞自动化设备有限公司、江苏新恒基特种设备股份有限公司、南京大金马实业有限公司、南京博钰塑料包装有限公司、立志美丽(南京)有限公司。17家企业全年实现产值64.07亿元,占行政区规模工业总产值82.6%。在规

2014年栖霞区街道、开发区产值实数排序

表21　　单位:万元

序号	单　位	当年产值实绩	同比增幅(%)	占全区比重(%)
	合计	24204888	0.04	100
1	新港开发区直管	21526284	0.32	88.93
2	栖霞街道	1200037	-3.17	4.96
3	龙潭街道	696684	-7.82	2.88
4	燕子矶街道	288270	-13.42	1.19
5	迈皋桥街道	190639	-9.46	0.79
6	马群街道	136136	11.1	0.56
7	尧化街道	115694	-1.47	0.48
8	八卦洲街道	27773	-27.28	0.11
9	金港创业中心	17390	-15.91	0.07
10	西岗街道	5980	5.39	0.02

2014年栖霞区产值20强企业

表22　　单位:万元

排序	企业名称	产值
1	乐金显示(南京)有限公司	3312263.6
2	南京夏普电子有限公司	2883438.1
3	南京LG新港显示有限公司	2585652.6
4	南京中电熊猫液晶显示科技有限公司	1428450.8
5	东光光电(南京)有限公司	1378109.3
6	南京华新有色金属有限公司	1358592.7
7	乐金化学(南京)信息电子材料有限公司	1141613.8
8	喜星电子(南京)有限公司	963432.5
9	瀚斯宝丽显示科技(南京)有限公司	686000
10	博西华电器(江苏)有限公司	542384
11	仕达利恩(南京)光电有限公司	440000
12	艾欧史密斯(中国)热水器有限公司	433297
13	华能南京金陵发电有限公司	423113.7
14	邦基(南京)粮油有限公司	398340.8
15	南京瀚宇彩欣科技有限责任公司	385000
16	瑞仪光电(南京)有限公司	358933.5
17	大唐南京发电厂	247277
18	南京炼油厂有限责任公司	236657.9
19	南京锦湖轮胎有限公司	201165.2
20	南京奥托立夫汽车安全系统有限公司	200859.1

模企业中,内资企业实现产值 443.48 亿元,同比增长 4.2%,其中,国有企业实现产值 29.67 亿元,集体企业实现产值 1.18 亿元,股份合作企业实现产值 0.4 亿元,有限责任公司实现产值 278.04 亿元,股份有限公司实现产值 37.29 亿元,私营企业实现产值 95.67 亿元,其他经济类型企业实现产值 1.24 亿元;港澳台商投资企业实现产值 137.06 亿元,同比下降 5.84%;外商投资企业实现产值 1839.94 亿元,同比下降 0.46%。

技术进步不断加快。实施技术创新示范工程,推动企业转型升级,加快技术中心和研发中心建设,提高企业创新驱动能力。新组建省级工程技术研究中心 2 家,新增省级重点研发机构 1 家、省级研究生工作站 9 个、江苏省创新方法试点企业 1 家,新认定市级工程技术研究中心 9 家,新增世界 500 强研发机构 1 家。

□许利鹏

◆重点产业 2014 年,南京开发区主导产业支撑明显,光电显示产业比重上升。光电显示、装备制造、生物医药三大主导产业有规模以上企业 92 家,实现产值 1888.7 亿元,同比增长 2.2%,占全区工业总产值 87.7%,其中,光电显示有规模以上企业 54 家,实现产值 1634.8 亿元,同比增长 2.2%,占全区工业总产值 75.9%;装备制造有规模以上企业 26 家,实现产值 215.6 亿元,同比增长 1.8%;生物医药有规模以上企业 12 家,实现产值 38.3 亿元,同比增长 3.9%。

盈利大户支撑显著,企业效益有所好转。南京开发区工业企业实现销售收入 2280.7 亿元,同比下降2.0%;实现利润总额 60.6 亿元,同比下降 1.8%。南京开发区本级工业企业实现销售收入 2095.3 亿元,同比下降 0.9%;实现利润 42.3 亿元,同比增长 0.8%。托管街道工业企业实现销售收入 185.4 亿元,同比下降 12.4%;实现利润 18.4 亿元,同比下降 7.2%。

软件产业深入挖潜,服务外包发展良好。南京开发区软件产业主要是嵌入式软件,产品有管理软件、手机应用软件、计算机外部设备应用软件、自动控制、数字音/视频产品软件、网络系统集成等。2014 年,17 家软件产业企业实现销售收入 50.3 亿元,同比增长 5.4%。作为工业主导型开发区,服务外包实现良好发展,18 家企业实现服务外包执行额 14181 万美元,同比增长 28.7%;实现离岸服务外包执行额 10059 万美元,同比增长 31.8%。

□柳云娇

工业园区

·马群科技园·

◆概况 2014 年,马群科技园完成签约项目 6 个,领照项目 24 个。中石化南京工程公司、嘉元腾等一批重点项目建设进一步加快,嘉恒医药、英格玛尼等项目主体竣工,三宝二期建成使用。重视科技人才引进,上半年引进"千人计划"专家 1 名、领军型科技创业人才 1 名;下半年"321"申报提交人才项目 68 个,完成资格审查 65 个,入围综合评审 21 个,其中"千人计划"专家项目 2 个,完成专利申请 215 件,在各街道中位列第一。申报项目中,物联网、电子信息等关联产业占 90%,人才项目与主导产业高度契合。凯米、海陵药业两家企业通过 2014 年南京市高端团队计划综合答辩,进入实地考察环节,海陵药业与美国保诺科技有限公司合作成立扬子江保诺医药研发中心,引进海归研发团队。凯米科技被认定为江苏省工程研究中心,三宝科技被评为南京市杰出民营企业,并被认定为省级服务业名牌。是年,园区为入驻企业争取各类扶持资金 3170.46 万元。

◆园区城市设计方案批前公示 1 月 2 日,马群科技园城市设计方案由南京市规划局批前公示,传统的园区将转型为高新科技园区。根据设计方案,马群科技园占地 248 公顷,在功能布局上分五大区:高新科研区,位于仙林大道以西、绕城公路以东;生态创新区,位于仙林大道以南、奔马路以北的灵山——紫金山城市绿廊上;创意总部区,位于奔马路以南、青马路以北;多元中心区,位于青马路以南、金马路以北,重点发展电子商务;物联网综合平台,位于金马路以南、沪宁高速以北。

◆领马公司成立 1 月初,南京领马投资发展有限公司成立。公司注册资本 2.5 亿元,由南京栖霞城市建设发展有限公司和南京金马工商实业总公司共同出资,前者出资 99%,后者出资 1%。公司主要从事市政基础设施开发建设、投资管理、项目投资咨询、房屋租赁、物业管理、环境整治、商业设施开发、旧城改造、新农村建设、土地复垦、安置房建设、绿化等方面的业务。公司设综合管理部、工程建设部、项目规划部、计划财务部等内部机构。

◆物联网应用与未来城市主题交流会 9 月 23 日,马群科技园召开"海峡两岸物联网应用与未来城市"主题交流会。河海大学物联网工程学院和台湾宜兰大学、中正大学等高校有关互联网应用、信息安全、节能环保等领域的专家学者 21 人与会。区科技镇长团团长胡永红出席交流会,马群街道党工委书记刘海滨主持会议。会前,专家学者考察园区才华科技集团和三宝科技集团两家物联网企业,并与企业负责人进行技术交流。会上,海峡两岸专家学者分别介绍自己的学科方向和研究课题,就射频识别应用、食品追溯、智慧农业等问题进行讨论,并就园区招商、南京"321"人才项目引进发言交流。

□刘　谙

·十月公社科技创业园·

◆概况 2014 年,十月公社科技创业园有建筑面积 10 万平方米,在建面积 8.2 万平方米,可利用土地 3.84 公顷,入驻企业 20 余家,有 5 名南京市"321"科技人才领军人项目落户。园区对入驻企业实行一条龙服务,主要有以工商注册、创投对接、上市辅导为代表的商业服务,以政策咨询、技能培训为代表的公共服务,以员工餐厅、企业沙龙、物业管理为代表的配套服务,同时,帮助入园企业享受国家、省、市相关优惠政策。是年,十月公社科技创业园被区科技局认定为区科技企业孵化器,被南京市经信委评为南京市小企业创业基地,被南京市科技局认定为南京市科技企业孵化器。

◆米兰电影梦工厂投入运营 年初,南京米兰尊荣婚纱摄影有限公司耗时8个月、投资5000万元重金打造的米兰电影梦工厂在十月公社投入运营。这是目前全省最大规模的专业婚纱内景摄影基地。该厂占地2.5万平方米，内设3大电影定制景区、9大仿真三维景观、28处多元二维景。首创“电影定制造景”、“全息自然光效”、“360度电影环拍”等诸多先进技术概念，将文艺复兴盛况、欧洲著名景观、好莱坞经典电影场景等宏大场景解构后进行还原艺术加工，再与自然景观进行完美结合。以米兰电影梦工厂为代表的婚庆文化产业将大力发展图文设计、影视文化、电子商务、旅游休闲等相关配套产业，助推区域产业转型升级。

◆二期工程开工　9月16日，十月公社科技创业园二期工程开工。项目投资2.3亿元，占地3.63公顷，规划建筑面积8.2万平方米，容积率1.99，建筑密度45%，绿化率29%。规划建设高规格多功能厂房6栋，经济总部、研发办公大楼2栋，地下车库1.1万平方米。园区内用环形道路将各个功能建筑连接，以满足现代工业企业研发生产需求。栖霞街道比较政府主导、企业主导、政企合作等不同筹资建设模式，最终选择政府主导型模式，将按照智能电子、装备制造的产业定位，充分利用仙林科学城、液晶谷资源，引进科技含量高、无污染、低能耗的中小型总部、研发企业入驻。　□张君陶

·三江口工业集中区·

◆概况　三江口工业集中区位于龙潭街道地域内，占地124公顷，厂房面积20万平方米。2014年，有24家企业落户，其中，化工2家，建材7家，包装制品3家、物流2家、设备生产制造及其他10家，有职工1900多人。新增鸿美达新材料有限公司和南京长益发电子有限公司2家企业，已投产经营。在建的有巨祥电线电缆、中玻新建材、冠佳科技和镕裕二期4个项目。纳入规模企业统计的企业有7家。

◆企业送岗进社区专场招聘会　4月9日，入驻企业南京巨祥电线电缆有限公司在龙潭街道滨江村举办送岗进社区专场招聘会，公司负责人、村干部和40名应聘人员参加活动。招聘的工种有售后服务人员、机修工、仓库管理人员、操作工、装卸工等。在此之前，滨江村对失业人员进行宣传教育，鼓励他们面对现实，转变就业观念，寻找适合自己的工作岗位。会上，12名应聘者与巨祥电线电缆有限公司签订劳动合同。

◆节能减排宣传月　5月，园区和龙潭街道工作人员走进三江口工业园区建筑工地和重点监管区域，发放节能减排宣传材料，开展《江苏省发展新型墙体材料条例》宣传月活动。园区和街道领导深入园区5家墙材生产企业走访调查，掌握企业发展动态，了解企业生产、销售、售后服务等情况以及企业在发展过程中遇到的困难和问题，鼓励企业升级改造，淘汰落后生产设备和技术。在宣传动员之后，南京耀先建材有限公司实施燃煤锅炉改造，采用秸秆等生物质作为燃料，有效减少污染物排放。　□陈　欣

·街道工业项目集中区·

◆新合村项目集中区　新合村项目集中区位于栖霞街道地域内，北依长江黄金水道，西与南京开发区相连，南与仙林大学城相望，沪宁铁路、312国道、栖霞大道穿村而过，交通十分便利。园区占地36.67公顷，建筑面积15万平方米，入驻企业100余家，其中规模以上企业10余家。台资企业永展机电，韩资企业跃和保电子、东风混凝土等年产值都在千万元以上。2014年，注册引进重点项目2个，注册资金2000万元，完成税源任务6205万元。实现工业总产值8.1亿元，销售收入7.9亿元，实现村级可支配财力1400万元，安置就业300人。

◆石埠桥村工业集中区　石埠桥村工业集中区位于栖霞街道地域内，分东西两块。2014年，占地40公顷，建筑面积20万平方米。入驻企业近50家，涵盖电炉制造、汽车组装、磁性技术、物流服务、食品生产等多个行业，其中千万元企业有6家，分别是国路沥青，年产值1000万元，利税90万元；摄炉集团，年产值1000万元，利税100万元；蒙尔司食品，年产值800万元，利税80万元；恒提电子，年产值1100万元，利税110万元；裕国机械，年产值500万元，利税50万元；极东特装车，年产值600万元，利税60万元。至年底，石埠桥工业集中区实现工业总产值4亿元，销售收入3.5亿元，安置就业近100人。　□张君陶

◆吴边工业集中区　吴边工业集中区位于尧化街道地域内。2014年，入驻企业14家，主要为制造业。其中南京博钰塑料包装有限公司、南京利利达泡沫制品有限公司、南京东浦管桩有限公司、南京兄和科技有限公司4家企业共实现产值2.43亿元、销售收入2.47亿元、税收1528.88万元。博钰塑料包装有限公司实现产值1.01亿元、销售收入1.01亿元、税收519万元，利利达泡沫制品有限公司实现产值5864万元、销售收入5864万元、税收346万元，东浦管桩有限公司实现产值6695万元、销售收入6836万元、税收549万元，兄和科技有限公司实现产值1640万元、销售收入1866万元、税收115万元。　□王小虎

部分驻区企业

·中建八局第三建设有限公司·

◆概况　2014年，中建八局三公司引进高校毕业生229人、成熟人才99人，公司员工总数2300人。有注册一级建造师160人、注册造价工程师27人、注册安全工程师41人，所有注册类人数228人。是年，该公司围绕“提质增效、转型升级”主题，推行标准化管理和精益化管理，取得较好业绩，各项指标再创新高。公司中标合同额272亿元，同比增长65%，营业额破百亿大关，利润总额突破3亿元。2014年，公司承接项目56个，其中，10亿元以上的项目10个，5亿元以上10亿元以下的项目6个，平均合同额6亿元以上。承接的代表性工程有南京市民中心、南部新城医疗中心、南京河

西城市生态公园、南京大屠杀遇难者纪念馆三期、浦口医疗中心、仙林污水处理厂二期、北京军博展览大楼加固改造等。

全年,公司在建项目73个,施工面积1326万平方米,生产紧张有序,质量稳步提升。2项工程获2014年度国家优质工程奖,2项工程获中国钢结构金奖,1项工程获詹天佑奖,1项工程获中国安装工程优质奖。申报专利52项,获专利授权33项,其中发明专利3项。发表论文106篇,其中10篇在国家核心刊物上发表。5项工法被评为江苏省省级工法。是年,完成省级高新后备企业申报,并通过评审。

◆获"南京市质量奖" 4月,中建八局三公司获南京市政府颁发的"南京市质量奖"。该奖项评选期间,南京市政府质量奖评选检查小组陈新华、杨利民、秦银辉等,到中建八局三公司进行为期两天的质量检查。检查采用听汇报、查现场、看资料等方法。检查小组认为,中建八局三公司秉承诚信自律、勇担社会责任、严格履行合同的宗旨,不断加强企业管理,切实提高工程质量管理水平,建立了良好的行业口碑和业内形象。

◆中标南京大屠杀遇难者纪念馆三期工程 9月30日,中建八局三公司中标侵华日军南京大屠杀遇难者纪念馆三期工程。拟建场地位于纪念馆北侧,江东中路以东、江汉路以西。工程为地下两层、地上一层,涵盖纪念馆展厅土建及内装修、配套服务区土建及装修、地面建筑外装饰、道路建设、给排水、综合管网、室外照明、消防等工程。工程中标合同额为1.74亿元,合同工期240天,用地面积2.96万平方米,建筑面积5.32万平方米,其中地下4.65万平方米。工程采用框架结构体系,地下室层高4.2米、8.1米,地面以上层高0米~13.9米,结构总高度13.9米。地下室采用"明挖顺法"施工,结构梁板、外壁板采用钢筋混凝土结构。桩承台满堂基础,采用C40P8混凝土,底板标高-12.6米,局部为集水坑;一般砌体采用加气混凝土砌块,局部采用煤矸石多孔砖。基坑采用地下连续墙支护,内部设置两道钢筋砼支撑。三期工程建设成功,有利于提高纪念馆接待能力和收集保护文物史料能力,更好发挥其爱国主义教育基地作用。 □赵亚红

·南京电气(集团)有限责任公司·

◆概况 2014年,南京电气集团有在册员工1239人、在岗员工915人,总资产24亿元,固定资产原值4.9亿元,钢化玻璃绝缘子产量494万只(3.7万吨),高压油纸电容式套管产量4662只,复合绝缘子产量44.5万只。

是年,南京电气集团在市场开拓、新产品开发、业务变革、管理提升等方面取得突破,在新基地产业园建设、玻璃元件新线项目建设上取得重要进展。玻璃绝缘子产品在国家电网2014年集中规模招标中的中标量位居同行业之首,综合中标率比上年提高8.5个百分点;先后在国家电网淮南-南京-上海1000千伏特高压交流工程和宁夏宁东-浙江绍兴±800千伏特高压直流工程中标。复合绝缘子取得国家电网、南方电网220千伏产品供货资质,并连续在南主电网框架招标、国家电网集中招标中中标;在印度国家电网取得供货资质,获得765千伏和400千伏工程订单。自主研发的70千牛~550千牛多伞形和830(760、840)千牛交流盘形悬式玻璃绝缘子通过国家级技术鉴定,产品综合技术性能达到交流盘形绝缘子国际领先水平。自主研发的550千伏复合外套油纸电容式套管通过国家级技术鉴定,产品主要技术性能达到同类产品的国际先进水平。为实现直流套管产品国产化,启动直流套管研发工作。

是年,南京电气集团被评为中国工业先锋示范单位、中国电器工业协会绝缘子避雷器分会先进会员单位、南京市守合同重信用企业、南京市安置残疾人就业先进单位等,连续第八年入选"中国工业行业排头兵企业";南京电气集团党委被评为南京机电系统优秀基层党组织。特高压油气套管研制项目获中国电力科学研究院科技进步一等奖,特高压输电线路用钢化玻璃绝缘子项目获南京市科技进步三等奖,雷电牌商标被再次认定为江苏省著名商标,雷电牌盘形悬式钢化玻璃绝缘子和电容式套管再次被认定为南京名牌产品。

◆为川藏联网工程供货 年初,在国家电网川藏联网工程招标中,南京电气集团中标乡城-巴塘500千伏线路工程玻璃绝缘子产品近7.2万片,5月13日,玻璃绝缘子产品交付。电网川藏联网工程地处高海拔无人区,施工条件恶劣,运输环节繁琐,并要通过山路、索道运输,因而对供货产品的质量和包装、标识等要求极高。为此,南京电气集团成立产品项目指挥部,认真抓生产组织、质量控制和产品交付等工作。针对产品需多次转运至环境恶劣的无人区特点,在产品包装上采用优质松木并增加板材厚度的方法,确保供货万无一失。

◆系列多伞形和830千牛交流玻璃绝缘子通过国家级鉴定 3月22~23日,江苏省经济和信息化委员会在北京召开由南京电气集团研制的70千牛~550千牛多伞形和830(760、840)千牛交流盘形悬式玻璃绝缘子产品技术鉴定会。鉴定委员会听取企业新产品研制总结、技术报告,审查鉴定资料,部分委员考察生产现场,并进行现场抽测,最终鉴定,多伞形系列产品采用双伞和三伞结构,设计合理,重量轻,电气性能优良,机械破坏负荷及残余强度高、分散性小;830千牛交流盘形悬式绝缘子实际机械强度高,可以满足840千牛机械强度等级要求。鉴定委员会认为,产品的综合技术性能达到交流盘形绝缘子的国际领先水平,同意通过技术鉴定,可以投入生产,并建议挂网运行,积累运行经验。

◆特高压油气套管项目获中国电科院科技进步一等奖 4月20日,因在国家电网中国电力科学研究院"特高压交流油-SF6套管核心技术研究与装备研制"项目中承担并完成关键设备——1000kV油浸式油-SF6套管的研制任务,南京电气集团获中国电力科学研究院颁发的2013年度科技进步一等奖证书。套管是高压和超、特高压电力设备的重要组件,其绝缘性能的优劣直接关系到电网的安全稳定运行。与普通的油-空气变压器套

管搭配架空导线方式相比，变压器与全封闭组合电器(GIS)采用油-SF6套管可使GIS和变压器实现全封闭、高紧凑连接，具有占地面积小、运行可靠性高、对环境无影响的优点，可起到减少维护工作量、保护环境的作用，具有良好的发展前景。

◆为6项特高压工程供货　6月30日，随着南京电气集团供浙北-福州特高压交流输电工程最后一批产品发货，集团为浙福线特高压交流输电工程近20万片钢化玻璃绝缘子供货任务完成。至此，该集团为国内6项特高压工程提供玻璃绝缘子75万片，供货总量保持国内同行业第一。其他5项工程为国家电网锦苏线特高压直流工程、南方电网糯广线特高压直流工程、国家电网淮上线特高压交流工程、哈郑线特高压直流工程、溪浙线特高压直流工程。

◆复合绝缘子进入印度市场　7月18日，经印度国家电网公司评审，南京电气集团获得印度国家电网公司复合绝缘子产品供货资质。在此基础上，集团先后在印度国家电网公司复合绝缘子产品招标中获得765千伏和400千伏工程产品订单，同时在印度地方电网也获得订单，供货总额超过2300万元。2014年，南京电气集团在巩固发展国内市场的同时，加大海外市场开拓力度，重点抓好印度市场。6月，印度国家电网公司专家到南京电气集团，对企业复合绝缘子供货资质进行现场审查。7月，供货资质获得审核通过。

◆“抗震型”电容套管研发成功　9月13~14日，中国机械工业联合会在南京召开会议，对南京电气集团研发的550千伏复合外套油纸电容式套管新产品进行技术鉴定。鉴定专家听取该产品研制报告，审查有关资料，抽样检测产品，认为该产品综合技术性能达到同类产品的国际先进水平，一致同意通过产品技术鉴定，可以批量生产。为满足国家电力建设需要，研发“抗震型”电容套管，南京电气集团组织科技人员自主创新，首次在油纸电容式变压器套管上采用复合外套，在套管空气端外绝缘上采用空心复合绝缘子，提高产品抗震性能，进行550千伏复合外套油纸电容式变压器套管的研发，攻克该套管研制的各项关键技术，满足产品在电气、抗弯、抗震、密封性能等方面的特殊要求。4月，完成样品试制和出厂试验，5月，完成产品型式试验，6月，通过产品抗震试验。

◆省级科技成果产业化项目通过验收　9月19日，南京市科学技术委员会在南京电气集团召开会议，对公司承担的江苏省科技成果转化专项资金项目——“特高压输电线路用钢化玻璃绝缘子研发及产业化项目”进行验收。验收专家组由东南大学、西南交大、中国电科院、华东理工大和江苏省电科院的5位技术专家和公证天业的两位注册会计师组成。验收专家听取项目工作总结、技术研发与产业化建设报告，审查有关技术文件、审计报告及财务凭证，并进行现场考察。验收专家组认为，项目验收资料齐全、规范，符合验收要求，该项目全面完成合同规定的各项目标和任务，可以通过验收。为加快特高压输电线路用钢化玻璃绝缘子的研发与产业化，满足国家电力建设需要，南京电气集团于2009年承担该项目。项目新增投入1.2亿元，目标产品年产量200万片。项目实施期间，获得专利授权8项，其中发明专利3项。

◆淮上线北环特高压交流工程中标　10月27日，国家电网公司“皖电东送”2014年淮南-南京-上海1000千伏交流特高压输变电工程(简称“淮上线北环特高压交流工程”)玻璃绝缘子招标结果发布，南京电气集团玻璃绝缘子中标2.49万片，产品强度等级为420千牛和550千牛，计划交货时间为2015年5月和9月。淮上线北环特高压交流工程是中国继晋东南-南阳-荆门、淮南-浙北-上海、浙北-福州工程之后建设的第四个特高压交流工程。该工程与皖电东送淮南-浙北-上海工程、浙北-福州等工程一起构建特高压交流环网和受端网架，将在世界上首次形成全长1428公里、连接能源基地和负荷中心的特高压交流双环网，对于提高华东电网内部电力交换能力和接纳区外来电能力、提升电网安全稳定水平、增强华东电网抵御重大事故能力，满足江苏、上海地区持续增长的用电需求，落实大气污染防治行动计划、促进经济社会可持续发展等具有十分重要的意义。

□赵新生

·中石化南京工程有限公司·

◆概况　2014年，南京工程公司是以设计为先导，专利、专有技术、工艺开发为核心，工程总承包和项目管理、专业施工为主体，面向国内外市场提供技术和管理服务的综合性、一体化的国际工程公司。下设23个职能部门、11个专业设计室、16个国内分(子)公司、1个海外分公司。在册职工3274人，其中，研发和专业设计、工程技术和项目管理人员2424人，具有本科及以上学历1869人，拥有中、高级专业技术职称1260人。

是年，南京工程公司在建、新开项目226个，其中，设计项目121个、总承包项目24个、施工项目81个。完成设计投资额120.84亿元、产值50.85亿元、营业收入48.74亿元，实现利润2.7亿元。由南京工程公司设计和EPC总承包的沙特卡扬NDA(脂肪醇)项目等12个项目开车、中交。公司工程质量主要指标平稳可控，全年，未发生上报设计质量事故，工程项目设计合格率100%，单位工程合格率100%，焊接一次合格率98%，工程项目一次投料试车成功率100%。

是年，南京工程公司获国家专利授权47件。承建的中石化九江分公司150万吨/年柴油加氢装置获国家优质工程奖，中石化金陵分公司油品质量升级改造加氢-催化联合装置、中石化武汉分公司油品质量升级改造二期工程、中石化九江120万吨/年连续重整及25万吨/年苯抽提联合装置、武汉-广水成品油管道工程4个项目获中国石化集团公司优秀工程奖，中石油大庆油田天然气制氢装置可行性研究报告、中石化南化公司硫酸装置尾气SO2环保治理项目可行性研究报告、南通醋酸纤维增资扩建(五期)工程3个项目获全国化工行业优秀工程咨询奖及优秀工程设计奖，浙江卫星能

2010~2014 年南京工程公司主要生产经营指标

表 23

年份	资产总值(亿元)	设计投资(亿元)	主营业务收入(亿元)	利税(亿元)	承接工程数量(个)	授权专利数量(件)
2010	32.16	101	33.2	0.92	255	4
2011	44.49	119	39.30	1.17	237	5
2012	42.85	12	49.54	2.82	182	6
2013	36.78	104	52.43	3.24	212	11
2014	44.24	120.84	48.74	3.35	226	47

源低温储罐安装工程获全国优秀焊接工程奖。南京工程公司被评为全国守合同重信用企业、全国“安康杯”竞赛优胜企业、中国石化集团公司安全生产先进单位、中国石化集团公司境外公共安全管理先进集体、江苏省文明单位、江苏省重合同守信用企业、江苏省“六五”普法中期先进单位、南京市城乡建设立功竞赛先进单位等。

◆被认定为市总部企业 2014 年,根据南京市政府《关于认定第二批南京市总部企业的通知》(宁政发〔2014〕68 号文件),南京工程公司被认定为南京市总部企业,是南京市第二批 17 家总部企业之一。2012 年始,南京市开展总部企业认定工作,公司凭借管理成熟、配套完善、效益突出等条件获得认定。通过认定,公司将有机会享受南京市政府每年统筹安排的总部经济发展专项资金,以及对公司产生的增值税、营业税、企业所得税给予补助奖励等多项优惠政策。总部企业的认定将为公司的转型升级提供强有力的政策性保障。

◆碧水蓝天工程 2014 年,南京工程公司承建江苏、河北、山东、湖南、湖北、广州等地脱硫脱硝 EPC 项目 9 个,当年中交开车 4 个。其中,中国石化集团限期督办的石家庄炼化催化裂化装置烟气脱硫脱硝除尘一体化项目、巴陵石化动力部 4 号锅炉烟气脱硫脱硝和热电事业部 10 号锅炉烟气 SCR 脱硝治理改造项目按期中交并一次开车成功。上述项目都是中国石化集团“碧水蓝天”环保计划的重要项目,其成功运行,有效改善周边地区的环境质量。

◆重点项目开车 2014 年,由南京工程公司 EPC 总承包的沙特卡扬石化 NDA 项目脂肪酸装置开车成功,业主称该项目是“沙特卡扬少有的几个能够按合同机械中交的项目”。由南京工程公司 EPC 总承包的南化公司 9 万吨/年制氢项目开车稳产一步到位,是同类装置中原始开车周期最短、配备人员最少、产品质量迅速达标的项目,该项目是中国石化重点工程、南化公司“十二五”规划发展项目之一。

◆攻关项目通过鉴定 11 月 5 日,南京工程公司承担的中国石化“十条龙”攻关项目南化公司水污染治理技术研究与开发项目通过中国石化集团公司鉴定。11 月 28 日,硫化氢湿法制硫酸成套技术开发项目通过中国石化集团公司鉴定,被认为具有国际先进水平。12 月,南京工程公司研发的球罐自动化焊接系统技术通过国内压力容器行业权威机构及专家评审,被认为该技术系统化、机械化、自动化水平达到国内领先地位。

◆行业标准编写 2014 年,南京工程公司主编的国家标准《硫酸、磷肥生产污水处理设计规范》和行业标准《石油化工汽轮机施工及验收规范》、《化工粉体物料堆场及仓库设计规范》出版发行。至年底,南京工程公司主编的 4 项行业标准基本成稿,《化工企业化学水处理设计计算规定》完成报批稿,《煤化工原(燃)料煤制备系统设计规范》、《石油化工腐蚀环境电力设计规范》完成征求意见稿,《石油化工立式圆筒形低温储罐施工质量验收规范》完成初稿。

□吴凤泉

农业·水利

综　述

◆概况 2014 年,全区实现农业总产值 12.11 亿元,现价增幅 5.24%;农业增加值 7.01 亿元,比上年增长 0.02%,现价增幅 5.37%;农村居民人均可支配收入 18913.9 元,比上年增长 10.3%。(注:2014 年农民收入统计口径由“农民人均纯收入”调整为“农村居民人均可支配收入”)

2014 年,区农业局(农工委)以发展设施农业、园区农业、生态农业、休闲农业、品牌农业和深化农业农村改革为重点,扎实推进全区农业现代化建设。推进设施农业建设。区农业局 2013 年度申报实施的 8 个南京市设施农业项目,全部通过南京市农业委员会与南京市财政局的联合验收,平均完成率 90%,建成跨度 6 米和 8 米钢架大棚、钢架避雨设施 51.08 公顷,建成玻璃温室 1.14 万平方米和砖结构菇房 1.08 万平方米。南京市设施农业项目补助资金 575.8 万元和栖霞区规模连片设施农业建设补助资金 410.52 万元,全部拨付到位。是年,区农业局加大设施农业项目建设力度,组织申报实施江苏省 2014 年菜篮子工程蔬菜基地项目 1 个、2014 年南京市农业专项资金项目 9 个(园区外 4 个,园区内 5 个)。是年,全区新增钢架大棚、玻璃温室、连栋温室、防虫网、喷、滴、灌等高效设施农业面积 135.47 公顷,高效设施农业占全区耕地面积比重 29.7%。推进江苏省栖霞现代农业产业园区建设。4 月 30 日,区政府研究制定江苏省栖霞现代农业产业园区扶持政策——“2014年至2016年，区财政每年补助园区2000万元专项发展资金”(摘自栖霞区人民政府办公室《会议纪要》第23号)。是年5月，经栖霞区人民政府申请，南京市农业委员会批准江苏省栖霞现代农业产业园区，列入南京市级重点扶持建设的现代农业园区。是年,区农业局组织江苏省栖霞现代农业产业园区，申报南京市农业专项资金重点园区补助资金项目（园区内)5个，项目总投资3345.36万元,其中,2014年度市级农业专项资金重点园区补助资金2000万元。推进生态农业建设。继续实施“绿色栖霞”建设,全区增加绿化造林面积256.67公顷,林木覆盖率32.01%。全区生态公益林面积3087.93公顷,获国家、江苏省和南京市生态公益林补助资金295.12万元。全年完成农作物秸秆机械化粉碎还田和收贮利用面积1.05万公顷，下达夏季农作物秸秆机械化粉碎还田和收贮利用区级财政补助资金126.1万元和市级财政补助资金74.8万元,全区农作物秸秆综合利用率96%。推进休闲农业发展，全区休闲农业全年接待游客115万人次,实现综合收入3.6亿元,比上年增长36%。推进品牌农业建设，是年完成全区17个无公害农产品、绿色食品和有机食品生产基地换证工作,新认证无公害农产品3个,全区通过“三品”认证农产品累计达到41个,新增农产品注册商标17个,“八卦洲”牌芦蒿获批“国家地理标志商标”。深化农业农村综合改革。推进“简政放权”工作,是年向街道下放农业审批、许可、执法等权力事项15个,12月1日，区农业局启用“南京市栖霞区农业局行政许可专用”和“南京市栖霞区农业局行政处罚专用”印章。全年未发生农产品质量安全和农业生产安全事故。加快培育新型农业经营主体，是年全区新成立新农民专业合作社8家、土地股份合作社5家和家庭农场16家。稳妥推进土地承包经营权规范流转工作，是年新增农村土地规模流转面积840公顷，全区农村土地规模流转面积3746公顷，占全区耕地面积的57.8%，全区适度规模经营面积比率达80%以上。开展农村土地承包经营权确权登记颁证试点工作，是年末八卦洲街道中桥村和龙潭街道南中村试点工作基本完成,农户签字确认率达98.3%。

是年,栖霞区被江苏省委组织部、江苏省委农村工作领导小组、江苏省经济和信息化委员、江苏省财政厅、江苏省农业委员会评为江苏省村级“四有一责”建设先进县(市、区),区委农工委李德山副主任被评为江苏省村级“四有一责”建设先进工作者。区农业局被南京市法制宣传教育领导小组评为全市“六五”普法中期先进集体。区农业局被南京市农业委员会、南京市总工会评为南京市农林综合行政执法技能竞赛优秀组织奖；被区委、区政府评为全区环境综合整治先进单位。区农业局(区委农工委、区农村集体资产管理办公室)被区委、区政府评为2013年度区机关作风建设先进单位。区农业局(区委农工委)被区委、区政府评为2013年度完成“五个建设”工作目标先进单位。

◆农村居民收入持续增长　2014年,区农业局(区委农工委)认真履行农民增收工作牵头部门工作职责,实现工资性、经营性、财产性、转移性收入全面协调增长。是年,全区农村居民人均可支配收入18913.9元,增幅10.3%,位居全市前列。其中,农村居民人均工资性收入13280元,比上年增长10.5%;经营净收入2977元,比上年增长10%；财产性收入为1817元,比上年增长9.9%;农村居民人均转移性收入为840元,比上年增长9.4%。

◆培育新型农业经营主体　2014年,区农业局通过加强宣传培训、政策引导、项目扶持、示范带动等工作措施,鼓励、支持农民专业合作社、家庭农场等新型农业经营主体发展。是年,新成立农民专业合作社8家,累计达到79家,入社农户9894户;新成立家庭农场16家,累计达到41家,土地经营面积590公顷,年销售农产品总值1842.4万元，其中31家已经办理工商登记。

◆农民资金合作社监管　2014年,全区农民资金专业合作社2家，登记在册社员股金1113.1万元,拥有社员2087人,吸纳互助金6711.49万元，投放互助金7421.7万元,其中,用于扩大农业生产资金119.6万元，用于农民生活急需资金139.1万元，用于农民投资创业资金4723万元。

◆农村集体“三资”管理　2014年,区政府出台《栖霞区农村集体资金资源资产监督管理实施办法》。区农村集体资产管理办公室在尧化街道2个涉农社区,开展农村“三资”信息化建设试点工作,实行网上做账，所有原始单据一律采用数码方式上传。全区16名新任村(社区)会计，参加南京市市委农村工作委员会组织的农村财务培训班，并取得农村会计上岗证书。区委农工委牵头组织对2013年江苏省、南京市和区本级新农村建设资金、村级“四有一责”资金和农民专业合作社项目建设资金开展专项审计,共审计项目18个，审计金额540万元,未发现违规使用资金。是年,全区社区资产股份合作社39家,量化资产3.35亿元,入社成员数9.08万人，发放社员福利856万元,全年分红总额2052万元。

◆经济薄弱村结对帮扶　2014年,区委农工委继续牵头实施全区经济薄弱村结对帮扶工作，制定帮扶专项资金规范使用办法，明确帮扶资金的70%用于提升村级经济能力项目建设的要求。区政府和开发区共为全区13个经济薄弱村安排财政专项补助资金760万元，各帮促单位共为全区13个经济薄弱村提供扶持资金1229.6万元，落实帮扶项目30个,建设内容涵盖村级集体经济发展、公共基础设施建设、村庄环境综合整治、村民服务中心建设和促进农民增收等方面。2014年,全区13个经济薄弱村集体经济总收入达6869万元,村均达528万元,比上年增加232万元。

◆土地承包经营权确权登记颁证试点

2014年,区政府出台《栖霞区农村土地承包经营权确权登记颁证试点工作方案》,确定八卦洲街道中桥村和龙潭街道南中村，为农村土地承包经营权确权登记颁证工作试点村。据前期调查,2个试点村共涉及村民小组50个，农户2315户，农民8921人，承包地面积805.2公顷。8月1日至12月31日，区农业局会同相关街道和村民委员会圆满完成宣传动员、业务培训、入户调查、测绘制图、审核公示等基础工作，通过审核公示有村民小组50个，农户2355户，农民9440人，完成测绘地块8958块，确认地块面积849公顷，农户签字确认率98.3%，基本完成农村土地承包经营权确权登记颁证试点工作。11月12日，区农业局拨付第一批土地确权登记颁证试点市级财政补助资金19万元。

◆通过省村级"四有一责"建设验收 2014年，区委农工委牵头推进村级"四有一责"建设工作，分二批拨付村级"四有一责"区级补助资金900元。全区村级集体经济总收入29224万元，村均622万元，比上年增长48%，消除了村级年经济收入70万以下的村。全区改扩建社区服务中心15家和"一站式"社区管理服务站14家，村级综合服务中心建筑面积平均达600平方米以上。完善村级信息综合服务平台建设，村级网站开通率达60%。全区各村民委员会干部平均年龄在45岁以下，80%以上具有大专以上学历，"双强"带头人达100%，群众对基层组织满意率达到95%以上。2014年7月，江苏省委农村工作领导小组、江苏省委组织部、江苏省经济和信息化委员、江苏省财政厅、江苏省农业委员会授予栖霞区"江苏省村级'四有一责'建设先进县(市、区)"称号。

◆美丽乡村建设 2014年，区委农工委牵头统筹推进美丽乡村建设，重点实施西岗街道桦墅村江苏美丽乡村建设示范村项目(特色样板示范村)和龙潭街道陈店村南京市美丽乡村建设示范村项目建设。其中，桦墅村依托良好的山水资源和深厚的人文资源，聘请东联(上海)创意设计发展有限公司负责总体规划，项目总投资9000多万元，获江苏省财政补助330万元，重点开展周村村庄民居改造、道路提升、污水处理、景观绿化、公共服务、休闲项目等基础设施建设，发展乡村旅游业。陈店村结合龙潭"水一方"生态休闲旅游区建设，项目总投资600万元，获南京市第一批财政补助资金60万元，重点开展东潘村庄基础设施、公共服务、污水处理、景观绿化等基础设施建设。是年，龙潭街道大棚村、八卦洲街道七里村获南京市首批"美丽乡村示范村"称号，市级第一批美丽乡村示范村获建设奖补资金30万元/村。

◆拓宽农产品销售渠道 2014年，区农业局加强农民合作社社会服务能力建设，组织实施江苏省农民合作社社会能力建设项目2个，省级财政补助资金60万元。其中，南京市东三乡农产品专业合作联社重点实施销售网络及物流体系建设，南京市栖霞红杜鹃花卉种植专业合作社重点实施农产品精加工中心建设，是年，全区农民专业合作社开设农产品直销店、平价店15家和苏果直销平价区35个，销售额达2100多万元。支持八卦洲派缘蔬菜专业合作社在淘宝网开设"八卦洲派缘蔬菜馆"网店、龙潭南京市东三乡农产品专业合作联社创办"丰收网"和南京虹彩花卉有限公司在淘宝网站开设"欣欣花园"网店，线上交易额达200万元。是年，区农业局先后组织农业园区和15个农业企业、农民专业合作社参加第12届中国国际农产品交易会、第16届江苏省(盐城)农业国际合作洽谈会、第12届江苏省(上海)名特优农产品交易会和首届江苏优质农产品(南京)展销会等活动，加强农业资源、农产品对外宣传推介，进一步提升栖霞区农业知名度。

◆农业公益性服务体系建设 2014年，区农业局按照南京市农业委员会、南京财政局《关于印发〈2013年区级公益性服务体系建设综合考评奖补暂行办法〉的通知》和《关于下达2013年区级公益性服务体系建设奖补预拨资金的通知》要求，进一步加强动植物病虫害控制、资源保护、农产品质量安全监管、农业行政执法、职业农民培训、农业信息、农机社会化服务等农业公益性服务建设，是年7月下拨2013年市级公益性服务体系建设考核奖补资金135.8万元，落实建设项目24个，全区创建"放心农资示范店"2个，新建或提升蔬菜田头检测室7个和"放心菜"检测点6个，配备蔬菜农药残留快速检测仪器7台，建成蔬菜病虫害测报点1个，创建平安农机合作社建设1个，落实村级防火员、防疫员、技术员和村级蔬菜检测员工作经费补助资金18.84万元，开展八卦洲街道新型职业农民培训467人。

◆农业综合执法 2014年，区农业局整合农业行政执法力量，加强农产品质量安全、农业投入品监管、农机安全监理、动物卫生监督、林业资源保护、渔业生产安全的综合执法力度。3月，联合南京市农林综合行政执法总队和区司法局在龙潭街道(营房集镇)开展"2014年农林执法'双走进'暨农业系统党的群众路线教育实践"大型广场活动，组织农业专家宣传讲解科学使用农资、农业法律法规等知识，并现场接受农民维权投诉，发放宣传资料和优质蔬菜种子"大礼包"400份。结合全区行政执法证换证考试，加强农业执法人员培训工作，编印系统复习资料，全局行政执法人员全部通过换证考试。9月，区农业局选拔5名执法人员参加"南京市农林行政执法大比武"竞赛，区农业局被南京市农业委员会、南京市总工会评为南京市农林综合行政执法技能竞赛优秀组织奖，张琼和王秀梅获得南京市农林综合行政执法能手称号。12月1日，区农业局启用"南京市栖霞区农业局行政许可专用"和"南京市栖霞区农业局行政处罚专用"印章。是年，区农业局立案查处农林违法案件9起，其中擅自改变林地用途案件3起，销售不合格兽药案件2起，销售不合格农药案件2起，销售不合格饲料案件1起和销售不合格肥料案件1起，案件查处率、结案率100%。

◆发展休闲农业 2014年，区农业局组织龙潭街道陈店村申报实施江苏省农业产业化引导项目(休闲观光农业类)——"栖霞区陈店'水一方'生态园建设项目"，项目总投资153万元，获省级财政补助资金50万元，主要用于游客接待中心、游船码头、游船购置、观光电瓶车等基础设施建设，6月陈店'水一方'生态园建成开放，并创建江苏省三星级乡村旅游示范点和AA级景区。组织西岗街道桦墅村申报实施2014年南京市农业专项资金项目（休闲农业类）——“桦墅村农家乐专业村配套设施建设项目”，项目总投资60万元，获市级财政补助资金20万元，主要用于游客接待中心、公共停车场、公共厕所等基础设施建设，是年末基本建设完成。11月15日至22日，南京栖霞区农林科学技术协会、南京鹏岛现代农业发展有限公司和八卦洲红杜鹃生态农业园成功承办2014年南京“秋之实”休闲农业游活动。是年，全区休闲农业接待游客115万人次，实现综合收入3.6亿元。

◆区农业局内设机构变革 2014年4月25日，南京市栖霞区机构编制委员会办公室印发《关于清理规范栖霞区区属事业单位的批复》(宁编办字〔2014〕19号)文件，区农业局下属7个事业单位调整合并为5个，单位性质仍为全额拨款事业单位。其中原栖霞区蔬菜技术推广站与栖霞区农业技术推广站合并组成栖霞区农业技术推广站，核定编制数为12人，领导职数一正一副。原栖霞区林桑茶果技术指导站更名为“栖霞区林业站”，核定编制数为5人，领导职数为1正1副。原栖霞区畜牧兽医站与栖霞区水产技术指导站合并成立“栖霞区水产畜牧站”，并增挂“南京市豚类自然保护区管理站栖霞分站”牌子，核定编制数为11人，领导职数一正一副。栖霞区动物卫生监督所增挂“栖霞区动物疾病预防控制中心”牌子，增加动物疾病预防控制职能，保留栖霞区农业机械安全监理所。核定编制数为7人，领导职数1正1副。

◆创建江苏省三星级档案室 2014年，区农业局按照《江苏省机关团体企事业单位档案工作规范》和《江苏省机关团体企事业单位档案工作等级复查意见》要求，对局档案室进行升级改造，购置档案柜、空调、电脑、灭火器、除湿机等设施，并加强档案规范化管理，对文书档案逐卷逐条地进行检查整理，确保入库档案齐全、完整、规范。是年，区农业局档案管理工作顺利通过区档案局等级测评，被江苏省档案局评为“三星级档案工作一级单位”。截至2013年12月，局档案室收藏文书档案3554卷、照片档案35张、实物档案40件和图书资料14册。

◆开展党的群众路线教育实践活动 2014年3月11日至10月30日，区农业局扎实开展党的群众路线教育实践活动。3月11日召开全局动员部署大会，并制定活动实施方案，明确从“学习教育、听取意见”、“查摆问题、开展批评”和“整改落实、建章立制”三个环节扎实推进。活动期间，全局32名在职党员全程参加教育实践活动，组织召开中心组学习7次，基层座谈会8次，专题民主生活会1次、专题组织生活会1次和全体党员干部集中学习16次，举办专题讲座和主题大讨论5次，集中观看教育宣传片10余部，每位科级以上党员干部平均撰写心得体会2篇。多方征集意见建议44条，个人查摆和相互批评形成的突出问题235个。经过认真梳理，研究制定整改方案，重点从加强作风建设、解决为农服务“最后一公里”问题、严格制度规范管理等方面落实整改工作，修订完善《区农业局改进工作作风办法》、《区农业局工作规则》和《区农业局工作人员考核办法》等3项内部管理制度，研究制定《栖霞区农业项目管理办法》和《栖霞区加强农村集体资金、资产、资源监督管理实施办法》等2个工作规范。10月30日，召开活动总结大会结束后，区农业局认真组织开展“回头看”工作，所有列入活动整改清单的重点问题，均已整改落实到位。

种植业

◆概况 2014年，全区农作物播种总面积14125公顷。粮油类播种面积7225公顷，总产量3.89万吨。区农业局继续在龙潭街道实施“部(省)级水稻高产增效创建”项目，总建设面积800公顷，全区粮食生产实现连续11年增产。其中，小麦播种面积2700公顷，总产量1.44万吨，平均产量5330公斤/公顷；水稻播种面积2000公顷，总产量1.76万吨，平均产量8800公斤/公顷；油菜播种面积500公顷，总产量0.12万吨，平均产量2400公斤/公顷；玉米播种面积2025公顷，总产量0.57万吨，平均产量2815公斤/公顷。全区蔬菜复种面积6900公顷，总产量14.2万吨，总产值7.67亿元，平均效益11.12万元/公顷，蔬菜产业继续保持较好经济收益。全区通过无公害、绿色食品和有机食品有效认证种植基地17个，总面积9367公顷；新认证无公害农产品3个，全区无公害农产品、绿色食品和有机食品认证农产品41个；农业“三品”产量占全区可食用农产品产量的比重达到54.8%以上。全区建立地力监测点24个，其中省级地力监测点7个，设立耕地质量监测标志牌。开展全区农产品产地土壤重金属调查，采集土壤样品120个，基本摸清全区农产品产地土壤重金属污染状况、分布、特征等基础信息。

◆高效设施农业建设 2014年，全区继续发展以钢架大棚、连幢温室、砖结构菇房、玻璃温室、防虫网、遮阳网为主的高效设施农业，增加高效设施农业面积135.47公顷，全区高效设施农业面积2020公顷，占全区耕地面积的29.7%。是年，区农业局推进高效设施农业项目建设，组织申报实施“江苏省2014年菜篮子工程蔬菜基地项目”1个（实施地点：龙潭街道)，获江苏省财政计划补助资金500万元（是年下拨补助资金250万元)；组织申报实施2014年南京市农业专项资金项目(园区外)4个，项目总投资663万元，获南京市财政补助资金298万元（是年下拨补助资金270万元)；组织江苏省栖霞现代农业产业园区申报南京市农业专项资金重点园区补助资金项目（园区内)5个，项目总投资3345.36万元，其中：2014年度市级农业专项资金重点园区补助资金2000万元。

◆水稻生态补偿 2014年，南京市农业委员会和南京市财政局依据各区上报水稻种植面积，结合卫星遥感测得水稻种植面积，确定区连片水稻种植面积533.6公顷。按照每公顷补偿3000元(其中市级财政资金1500元/公顷，区级财政1500元/公顷)，下拨区水稻生态补偿市级资金80.04万元，主要用于农田基础设施、水稻生产环境保护与修复、水稻秸秆综合利用、水稻农业保险补贴、土地流转补贴、发展公益事业和村级经济等方面建设。4月25日，区农业局拨付2013

年水稻生态补偿市、区财政资金153.64万元。

◆**豆芽生产监管** 2014年,区农业局承接分散豆芽生产企业的质量安全监管职能。年初,通过摸底调查,全区从事分散豆芽生产农户8户,其中,八卦洲街道1户,尧化街道3户,龙潭街道4户,日生产豆芽约1000公斤左右。普遍存在无工商营业执照和卫生许可证、生产场地卫生条件差等安全隐患和问题。区农业局在与豆芽生产户签订《豆芽生产质量安全承诺书》的同时,会同相关街道开展专项整治行动,对限期整改而未整改到位的7户豆芽生产农户实施关停取缔。

◆**测土配方施肥** 2014年,栖霞区继续被列为农业部测土配方施肥续建县项目区。是年,推广应用测土配方施肥面积1.42万公顷,种植品种包括小麦、水稻、油菜、蔬菜等。据专家测产验收,应用测土配方施肥技术比常规施肥增产5%以上,化肥使用量减少10%以上,其中,水稻种植每亩减少肥料施用量2.32公斤。

◆**惠农补贴** 2014年,全区种植业惠农补贴主要有水稻、小麦、油菜、玉米良种补贴,水稻直补和农资综合补贴等,惠农补贴按规定程序和时间通过"一卡通"发放到户。发放惠农补贴资金共1095.49万元,补贴面积12593.67公顷。其中,水稻直补面积1000公顷,补贴资金30万元;小麦良种补贴面积2967公顷,补贴资金44.46万元;油菜良种补贴面积226.67公顷,补贴资金3.37万元;玉米良种补贴面积1200公顷,补贴资金18.02万元;水稻良种补贴面积886.67公顷,补贴资金19.98万元;农资综合补贴面积6313.33公顷,补贴资金979.66万元。

◆**农业政策性保险** 2014年,全区政策性农业保险常规品种主要有水稻、小麦、油菜等险种,参保总面积4080.34公顷,其中,水稻参保面积886.67公顷,小麦参保面积2967公顷,油菜参保面积226.67公顷,占全区种植面积的100%,各级政府承担种植业保险保费82.11万元。高效设施农业政策性保险主要险种是蔬菜大棚保险,蔬菜大棚参保面积347.87公顷,各级政府承担高效设施农业保险保费156.55万元,全区高效设施农业保险总额占农业保险保费总额60.4%,达到市级下达目标。是年,全区农业保险理赔金额60.73万元,占2014年农业保险保费总额23.43%,主要理赔品种水稻,由于稻瘟病影响造成减产,全区水稻受灾面积95.95公顷,平均损失程度66.3%,赔付金额47.23万元。

◆**"放心菜"工程** 2014年,区农业局制定《栖霞区2014年"放心菜"工作考核意见》,与各街道签订蔬菜农产品质量安全责任书。加强蔬菜生产基地管理,在所有生产重点蔬菜村设立"放心菜"检测点,配备检测人员,形成区、街、村"放心菜"三级检测网络。全区共建成街、村"放心菜"检测点31个,田头标准检测室7个。全年,开展专项检查4次,发放《致全区菜农的一封信》、《南京市蔬菜禁止使用农药种类和蔬菜推荐使用农药品种》等宣传资料2万份;检测蔬菜样本4.05万份,合格率100%。

◆**农作物病虫草害防治** 2014年,区农业站重点加强水稻、蔬菜病虫害及桔小实蝇等预测预报工作,发布《农作物病虫情报》32期。推进蔬菜病虫害绿色防控工作,在江苏省栖霞现代农业产业园区外沙、中桥核心区建立蔬菜病虫害绿色防控示范基地,面积133公顷,建立蔬菜病虫害测报点1个,推广应用土壤消毒、生态控害、灯光诱杀、性息素诱杀、色板诱杀和科学用药等科学防控技术。示范基地的蔬菜病虫害防控效果达85%以上,损失率控制在5%以下,化学农药使用量减少30%以上,蔬菜农药残留量达到无公害农产品标准。同时,在全区举办农作物病虫害绿色防控培训班11期,培训550人次。

养殖业

◆**概况** 2014年,全区生猪饲养量0.73万头,出栏0.44万头,年末存栏数0.29万头;鸡年饲养量47.43万羽,出栏30.38万羽;鸭年饲养量1.14万羽,出栏1万羽;鹅年饲养量0.38万羽,出栏0.27万羽;年末奶牛存栏数750头,全年生产鲜奶0.3万吨。全区水产养殖面积1016公顷,其中,池塘742公顷,河沟等274公顷。高效设施渔业养殖面积203公顷,特种水产养殖面积792公顷。水产品总产量4856吨,其中,养殖产量4806吨、捕捞产量50吨。区农业局开展春、秋两季重大动物疫病突击免疫行动,免疫密度100%。全年,监测生猪血样58份,平均合格率100%;奶牛血样30份,平均合格率100%;家禽血样120份,平均合格率100%;奶牛布病检测704头,合格率100%;奶牛结核病检测704头,合格率100%。

◆**动物疫病综合防控** 2014年,区农业局在实施重大动物疫病免疫月月补免基础上,重点开展春、秋两季集中免疫行动和夏季高温消毒补免行动。全年,免疫生猪口蹄疫7942头、猪瘟病7942头、猪蓝耳病8155头,牛三价苗口蹄疫1576头,羊口蹄疫3844只,家禽高致病性禽流感38.38万羽、鸡新城疫38.04万羽,全区畜禽免疫密度100%。

◆**动物卫生监督** 2014年,全区有生猪屠宰企业1个,全年屠宰生猪18.02万头。区农业落实动物卫生监督人员驻场监管生猪屠宰检疫工作,生猪屠宰检疫率、无害化处理处理率100%。区动物卫生监督所全年开展定点屠宰场"瘦肉精"盐酸、莱克、沙丁等快速检测样品3.34万份;开展生猪规模养殖场"瘦肉精"快速检测123份;开展生猪定点屠宰场生猪尿样品监测120份、猪肝样品监测30份,农贸市场和超市猪、牛、羊、鸡、鸭等肉食品样品监测60份,均未检测出阳性样品。生猪定点屠宰场快速检测"瘦肉精"盐酸、莱克、沙丁等样品3.34万份,未检测出阳性样品。全年区动物卫生监督所出动执法人员233人次,加强对兽药经营、饲料生产重点单位监管,其中,兽药经营单位4家,饲料生产企业4家,发出整改通知书5份,各项整改措施落实到位。立案查处各类违法案件3起,行政罚款1.3万元,3起案件全部结案。

◆畜禽养殖污染环境综合整治　2014年,区农业局按照全区城市管理行政执法专项整治工作方案要求,加大对城郊结合部、铁路沿线、闲置工地、河道岸坡等“四类区域”中位于“禁养区”内的畜禽养殖场所和违规饲养家畜家禽行为的监管力度。3月底,“禁养区”范围内所有畜禽养殖场所全部清理完毕。7月底,位于“非禁养区”内的八卦洲和栖霞街道关闭规模养猪场5个,取缔生猪养殖608头。

◆渔政监督管理　2014年,区农业局严格执行长江春季禁渔期管理制度,4月1日至6月30日,长江春季禁渔期间,区渔政站设立监督举报电话,发放《致全区广大渔民的一封信》20份,开展突击检查6次,与南京市市渔政处开展联合执法检查12次,出动执法人员30多人次,共查处违反长江禁渔期捕捞生产、违法电捕鱼案6起,没收电捕工具6套和用于电捕鱼的橡皮艇1艘,其中情节严重的3起电捕鱼案、涉案人员6人移交司法部门处理。推进全区符合条件的17条渔船、33名渔民参加政策性渔船互助保险和内陆渔民人身平安互助保险,交纳保费4950元。发放2014年长江禁渔期渔民生活补助36人,每人每月590元,发放3个月,合计6.37万元,其中市级补助2.12万元。

农业机械

◆概况　2014年,全区推广大中型农业机械59台,其中,乘坐式高速插秧机4台,大中型拖拉机10台,配套旋耕机13台,秸秆还田机10台,开沟机3台,多功能播种机14台,联合收割机5台。全区农业机械化水平达到85%。全年,拖拉机新上牌照20副,乘坐式高速插秧机登记备案4台,登记备案无挂车手扶拖拉机80台,培训农机驾驶员39人,检验农机具180台套,拖拉机年检率98%,农机驾驶员换证率95%,上道路行驶拖拉机参保率100%。成功创建平安农机示范合作社1家。全年未发生农机安全责任事故。继续开展逾期未检验拖拉机、联合收割机牌证公告注销工作,当年公告注销拖拉机牌证1副。是年,区农机安全监理所杨俭被区政府评为栖霞区安全生产先进个人。

◆农机购置补贴　2014年,全区农民新购置农业机械(装备)75台套,总价值200万元,其中中央和省级财政补贴资金54.63万元。中央和省级补贴资金由区财政局直接拨付给购机者。

◆水稻机插秧　2014年,区农业局开展水稻机插秧260公顷。首次在西岗街道推广水稻机插秧技术,该街道桦墅村与龙潭街道南京淮洋农机合作社签订机插秧作业服务合同,农机合作社自带秧苗为农民提供机插秧服务,是年,该村联片水稻机插秧面积达到27公顷。

◆农作物秸秆综合利用　2014年,区农业局继续推进农作物秸秆综合利用工作。全年完成农作物秸秆机械化粉碎还田和收贮利用面积1.05万公顷,全区农作物秸秆综合利用率96%。是年,全区开展农作物秸秆机械化粉碎还田7050公顷,其中,小麦3200公顷,油菜45公顷,水稻880公顷,芦蒿871公顷,玉米867公顷,大豆1187公顷。在龙潭街道飞花村扩建秸秆致密成型(固化)企业1个,改建秸秆收贮转运中心1个。南京旭威农机专业合作社建设秸秆生态草毯生产企业1个。全区实施农作物秸秆肥料化利用3.4万吨。是年,按照每亩补助50元、区街各承担50%的补助政策,市、区两级落实农作物秸秆综合利用补助资金429.3万元,是年,拨付夏季农作物秸秆综合利用补助资金200.9万元。

◆平安农机示范合作社　2014年9月,区农机安全监理所结合地区实际情况,遴选龙潭街道南京顺盟农机专业合作社,作为2014年度平安农机示范合作社创建单位。区农机安全监理所指派专人指导合作社建立农业机械及其驾驶操作人员建立健全档案,制定《农机安全生产管理工作制度》和《农机驾驶操作人员安全守则》,建立农机安全生产活动室,做好人员培训。12月,合作社达到“组织健全、制度完善、台账齐全、检审达标、活动正常”的平安农机示范合作社创建标准,通过市级验收。

◆农机培训和职业技能鉴定工作　2014年,区农机安全监理所会同南京市农机职业技能鉴定站在全区举办农机驾驶操作和维修人员培训班2期,培训110人,全部通过农机职业技能鉴定考试考核,其中,取得初级工证书55人,中级工证书55人。组织农机合作社参加省、市高级农机技能培训,取得高级工证书5人。

林　业

◆概况　2014年,区农业局围绕绿色通道建设、生态防护林、建设森林防火、林木病虫害防治、河道绿化和村庄绿化等方面,扎实推进全区林业工作。重点实施绕城公路、绕越公路、沪宁高速公路、312国道和京沪高铁、沪宁城际铁路及地铁2号线等7条主要通道栖霞段两侧绿色通道品质提升行动。全区新增成片绿化造林面积243公顷,是年下拨2014年度“绿色栖霞”工程绿色通道建设市级财政补助资金1880.28万元和区级财政补助资金308.51万元。全年完成自然村村庄绿化21个,全部通过市、区级验收。加强森林防火安全体系建设,下拨2014年度“绿色栖霞”工程防火设施市级补助资金72万元,全年未发生火情、火灾。全区林地面积10378公顷,其中,有林地面积8088公顷、特灌林地面积1036公顷、“四旁”(村旁、宅旁、路旁和水旁)树面积1154公顷。经测算,按栖霞区国土总面积39544公顷计算,全区森林覆盖为26.33%;按栖霞区土地面积(扣除长江水面面积6608公顷)32425公顷计算,全区林木覆盖率32.01%。是年,杜继文、陈琳被评为2014年度南京市绿色通道建设先进个人。

◆“绿色栖霞”工程　2014年,区农业局以绿色通道品质提升、村庄绿化、河道绿化等工程为重点,深入推进“绿色栖霞”工程建设。全区投入建设资金约2.62亿元,开展绿色通道品质提升专项整治行动,全面完成辖区内7条、总长约61.7公里的绿色通道品质提升专项整治任务。八卦洲街道完成长江主江堤景观绿化，以及洲内主要河道沿岸景观绿化26公里；龙潭街道完成长江主江堤景观绿化15公里，结合"黑臭河"整治工作，开展辖区内41条河道绿化提升工程。是年，全区新增绿化造林面积256.67公顷。

◆园艺产业 2014年，全区茶叶种植面积33.30公顷，主要分布在西岗街道，春季干毛茶总产量1.32吨，总产值150万元。花卉苗木生产主要分布在八卦洲、西岗、栖霞和龙潭街道，种植面积423.1公顷，总产值2371万元。其中，观赏苗木面积410公顷，销售各类苗木74万株，产值1450万元；生产切花225万支，产值452万元；生产盆栽植物200万盆，产值360万元。全区果树种植面积74.5公顷，主要分布在八卦洲街道，总产量1410吨，总产值3390万元。

◆绿色通道品质提升工程 2014年4月至12月，按照南京市市委、市政府迎青奥"大干一百天"和"再干两百天"综合环境整治工作的总体部署和要求，区农业局牵头实施辖区内绿色通道品质提升专项整治行动。整治任务辐射全区9个街道及大学城、开发区等区域，主要涉及辖区内的绕城公路、绕越公路、沪宁高速公路、312国道和京沪高铁、沪宁城际铁路及地铁2号线等7条主要通道，全长约61.7公里。并对马群街道万家楼等4个拆迁村庄实施覆绿工程，专项整治面积255.9公顷，其中，绕城公路48.9公顷，绕越高速123.5公顷，京沪高速铁路2公顷，沪宁城际铁路40.5公顷，312国道3.7公顷，其他道路37.3公顷。整治任务圆满完成，并通过市级验收。

◆村庄绿化 2014年，区农业局结合全区村庄环境综合整治和美丽乡村建设，推进村庄绿化工作。重点开展村庄道路、河道、庭院、宅旁绿化和公共绿地建设，完成村庄绿化21个。其中，省级村庄绿化示范村8个和省级森林生态村2个，区级绿化达标村11个，获"绿色江苏"村庄绿化补助资金149万元（省级村庄绿化示范村每村8万元，共64万元；省级森林生态村每村15万元，共30万元，区级绿化达标村每村5万元，共55万元），是年下拨2014年度"绿色江苏"村庄绿化省级补助资金94万元和区级补助资金55万元。

◆森林防火体系建设 2014年，区农业局在西岗街道桦墅村射乌山、龙泉山续建硬质化防火通道共4公里，获市级补助资金60万元。在西岗街道桦墅村建成防火蓄水池2处、栖霞山建成防火蓄水池2处，共获市级补助资金12万元。2013~2014年防火期内，区农业局清查辖区内9个街道及驻区单位的防火物资，淘汰过期、损坏的防火器具，添置防火喷雾器45台、防火服40件、防火背心45件、风力灭火机36台、灭火弹920箱、消防服52套、油锯18台、铁扫把349把，全区森林防火物资的储备量达到市级应急储备计划要求。

◆林木病虫害防治 2014年，区农业局加强主要森林病虫害监测和防控，全面开展辖区范围内杨树食叶害虫检疫、监测和防控工作。重点对南京长江二桥沿线和长江大堤、312国道、疏港大道等沿线成片的1533公顷杨树林开展杨树食叶虫的预防和除治工作，紧急筹集防治经费86万元，成立专业防治队伍，购置高扬程喷雾机1台、烟雾机6台及化学药剂100箱，采取生物防治与化学防治的综合防控措施，杨树食叶虫疫情得到有效防治，全区杨树受害面积控制在5%以内。扎实推进松材线虫病防治工作，开展松材线虫病普查工作，制定防治实施计划，设立固定监测点6个，及时掌握全区松材线虫病疫情动态，聘请专业队伍开展对病死松树人工清除，并将疫木送至定点加工企业进行无害化处理。是年，全区清理松材线虫病疫区面积909公顷，清理病死树1912株，处理病材57立方米，其中，熏蒸处理15立方米，集中烧毁处理42立方米。 □陈 斌

水 利

◆概况 2014年，全区水利事业全面发展，为全区经济建设和社会发展提供有力保障。是年，完成水利建设投资2.72亿元，其中，市级投资1.28亿元，争取省、市以上投资1.36亿元，相关街道配套800万元。完成农田水利基本建设，工程总投资7432万元，配套建设流量10立方米/秒大套口泵站和引水流量为4立方米/秒上坝泵站，改进更新泵站、涵闸16座，整治主干河道4条，新建数据自动采集泵站、远程监控排灌站、监控中心各1座。是年，农村河道疏浚土方164.7万立方米，整治农村河道44条。由水利局牵头，完成龙潭、西岗、八卦洲等街道81条河道、长82.77公里的整治任务，总投资4200万元。其中，对26条河道整治提档升级，在清淤的同时，对坡岸进行绿化、美化、亮化，工作亮点被《南京日报》和《中国水利报》刊载。在青奥会和国家公祭日等国家重大活动期间，利用微信等方式对河道脏乱现象进行菜单式整改，共发整改菜单1390条，整改完成1265条，完成率91%。扎实开展清淤治理及泵站建设，投资500万元完成便民河左岸1.6公里堤防加固工程，完成八卦洲民洲圩、下坝圩护砌工程，七乡河312国道沿线1.9公里堤岸整治绿化。推进"水美乡村"建设，为龙潭街道"水一方"休闲旅游项目配套建设泵站一座，西岗街道桦墅村获省级"水美乡村"称号。落实防汛防旱责任制，做好防汛防旱各项准备工作，对区域内江河堤防、水库塘坝、穿堤建筑物、涵闸泵站开展2次防汛查患大检查，防汛物资准备到位，组建防汛抢险队伍79支、1956人；严格规范水政行政执法巡查，共查处水事违法违章案件105件，清除河道土坝围堰8处，确保度汛安全。开展主题为"水和能源"世界水日、"加强河湖管理，建设水生态文明"、"中国水周"等宣传活动。根据江苏省、南京市水资源管理考核办法，积极推进节水型社会建设，完成2所市级节水型学校和1个市级节水型园区创建工作，完成西岗街道桦墅村节水型灌区建设。改造农田灌溉沟渠，改善节水灌溉面积20公顷，受益农户184户。投资77万元，完成堤防灌浆11公里。

◆黑臭河道整治 2014年，区水利局和相关街道根据《区政府关于印发2013-2015年栖霞区城市黑臭河道整治实施

方案的通知》要求,完成九乡河以东和八卦洲范围内81条总长82.77公里的黑臭河道整治任务,完成清淤清障、清除垃圾、植树绿化、种植草皮等工作。其中,龙潭街道整治河道31条,共计长32.6公里,完成土方量59.25万立方米,植树3.23万棵,植种草皮15.94万平方米,投资2388.34万元;西岗街道整治河道7条,共计长3.77公里,完成土方量12.72万立方米,植树0.05万棵,植种草皮1.1万平方米,投资211.53万元;八卦洲街道整治河道38条,共计长41公里,完成土方量77.42万立方米,植树0.66万棵,植种草皮5.01万平方米,投资1403.94万元。栖霞街道整治河道5条,共计长5.4公里,完成土方量12.49立方米,植树300棵植被0.47万平方米,投资184.53万元。工程总投资4188.34万元。

◆**水利行政执法、水利工程安全生产** 2014年,区水政监察大队依法对辖区内水资源、河道堤防、水土保持、江河堤防和防汛设施进行巡查、管理。全年,查处水事违法违章案件105件,其中配合南京市长江河道管理处查处79件,查处区管河道违法违章案件35件。清除堤防杂草50吨、河道施工围堰8处,清淤3000立方米。加大水利安全生产巡查,对区域内堤岸、水闸、涵洞,泵站和在建涉水工程进行跟踪巡查,发现问题及时整改。完成水利系统安全生产上报工作,全区上报水库1座、水闸9个、泵站60座、堤防22处、灌区2个。

◆**永宁圩段防护工程** 1月8日,八卦洲街道永宁圩段防护工程开工。工程由八卦洲办事处水利管理服务站依据栖霞区水利局宁栖水字[2014]69号和栖霞区财政局宁栖财字 [2014]153号文件精神组织实施。工程主要内容为在200米保滩地外侧新建毛石砼护坎,护坎顶面高程7.5米,护坎外采用抛石固基,抛石顶部宽度2米。该工程由江苏金陵工程管理咨询有限公司代理;通过南京水利网进行招投标,中标单位为南京明瑞建设有限公司;监理单位为南京市水利规划设计院有限责任公司。工程预计2015年2月5日完成。工程批文经费为80万元,中标价为71.57万元。

◆**防汛工作** 2月7日,区政府印发《关于开展2014年水利工程汛前大检查的通知》,要求各街道办事处、南京经济技术开发区在2月25日之前,按照"查全、查细、查实"的要求对各类水利工程进行全面检查。2月底,区防汛防旱指挥部办公室根据检查情况,提出全年防汛工作意见,要求相关部门和街道落实防汛责任制、险工险段度汛措施,修订防汛防旱预案,加强抢险队伍建设,完善防汛指挥系统,加强水利工程的管理及信息管理,准确掌握水情、雨情、工情、灾情,制定除险加固和维修计划等。3月4~13日,区水利局、区财政局组成检查组对各街道办事处、南京经济技术开发区的江河堤岸、穿堤建筑物、涵闸泵站、防汛物资、在建工程等进行全面检查,对查出的险工隐患、老化失修等问题均要求制定措施、逐项整改。是年,全区共组建防汛抢险队伍79支、1956人,储备防汛木材150.03立方米、草包21.55万条、编织袋8.4万条、块石20520吨、土工布1.57万平方米、全方位照明设备2台套、抗旱机械14台套、装配式养水盆3套、铁丝笼10只。六七月汛期,尧化门降水量788毫米,其中,6月25~26日、7月1~2日、7月4~5日、7月11~12日出现强降雨,7月27日和29日长江下关高潮水位达8.04米,受11号台风"夏浪"、16号台风"凤凰"、22号台风"娜基莉"外围影响,全区出现强降雨和大风天气。由于各部门、各街道准备充分,措施得当,未发生农田受淹、小区严重积水灾情,全区安全度过汛期。

◆**便民河东阳段应急处理工程** 5月26日,便民河东阳段应急处理工程竣工。工程依据宁栖水〔2013〕46号和宁栖财字〔2013〕97号文件精神组织实施。工程建设单位为区长江堤防管理所,招标代理公司为江苏金陵工程管理咨询有限公司,监理单位为江苏省水利工程科技咨询有限公司,中标单位为正中路桥建设发展有限公司。工程于3月16日开工,完成土方开挖1379.2立方米、黏土料回填3275.6立方米、碎石垫层填筑58.5立方米、M15浆砌块石挡土墙418.95立方米、C20砼格梗44.55立方米、C20砼挡墙底板166.6立方米、C20砼压顶24.5立方米、C20砼护坡58.5立方米、草皮护坡1724平方米。工程造价50万元。

◆**三江河尾号段堤岸消险工程** 6月4日,三江河尾号段堤岸消险工程开工。工程由龙潭办事处水利管理服务站依据宁水管〔2013〕92号、宁财农〔2013〕139号文件精神组织实施。工程主要内容为左岸堤防加固工程750米,回填土压实度不小于0.92;清除建筑垃圾,保留迎水坡血防护坡及原堤顶混凝土路面,堤顶宽按高程10.5米处9米宽设置,背水坡坡比为1:3,至高程8.5处设置5米宽平台,平台以下按坡比1:3放坡与现状地面连接,并在背水坡种植草皮。工程由江苏金陵建设项目咨询有限公司代理;通过南京水利网进行招投标,中标单位为南京市水利建筑工程有限公司;监理单位为南京市水利规划设计院有限责任公司和江苏省水利工程科技咨询有限公司;审核单位为南京东来工程咨询有限公司。10月10日,工程完工。工程批准概算为345万元。

◆**便民河朱庄桥段堤岸消险工程** 6月22日,便民河朱庄桥段堤岸消险工程开工。工程由龙潭办事处水利管理服务站依据宁水管〔2013〕92号和宁财农〔2013〕139号文件精神组织实施。工程主要内容为左岸堤防土方加固900米,回填土压实度不小于0.92;维持现状堤顶高程10.3米,堤顶加宽至6米;迎水坡血防护坡保留;背水坡比为1:3,至高程8.5米处设置5~8米宽平台,平台以下按坡比1:3放坡,与现状地面连接,并在背水坡种植草皮;工程范围内混凝土道路恢复。工程由江苏金陵建设项目咨询有限公司代理;通过南京水利网进行招投标,中标单位为南京市水利建筑工程总公司一公司;监理单位为南京市水利规划设计院有限责任公司和江苏省水利工程科技咨询有限公司;审核单位为南京东来工程咨询有限公司。10月9日,工程完工。工程批准概算为363万元。

◆八卦洲农田水利设施改造工程 6月30日，八卦洲农田水利设施改造工程完工。该工程是根据南京市现代农业"1115"工程建设总体方案、《南京市栖霞区服务农业"1115"工程农田水利重点片区建设规划(2011-2020年)》实施的重点工程，对八卦洲街道的农田水利设施进行改造，为八卦洲建设以现代农业为基础，以生态防护、休闲旅游、郊野娱乐为主要功能的生态绿洲打下坚实的基础。项目区域内耕地面积3013.33公顷，水面积973.33公顷，通过实施农田水利综合整治工程，结合其他涉水、涉农项目的实施，恢复和新增旱涝保收农田800公顷；新增排涝能力7.57立方米/秒，由现有排涝能力42.3立方米/秒提高到49.87立方米/秒。工程主要建设内容为改造泵站13座，其中，改建或新建泵站4座，分别是上坝泵站、大套口泵站、临江圩泵站、圭易泵站；维修泵站9座，分别是兑南泵站、兑南新站、东江泵站等；新建圭易水闸1座；整治河道2条、6.86公里，其中，东南套河1.26公里，双柳河5.60公里；整治灌排沟3条、1.78公里，分别是圭易园区1号排灌沟、2号排灌沟、3号排灌沟；新建圭易园区渠道4.13公里；改造八卦洲排灌站监控中心等。工程建设单位为栖霞区农村水利工程建设处，设计单位为南京市水利规划设计院有限责任公司，土建及设备安装施工单位为江苏省水利建设工程有限公司（一标段）和南京市水利建筑工程有限公司(二标段)，监理单位为南京市水利规划设计院有限责任公司，设备供应单位为泰州泰丰泵业有限公司，质量与安全监督单位为南京市水利工程质量安全监督站。工程主管部门为栖霞区水利局。工程于2013年9月6日开工，总投资7432.35万元。

◆河道养护及维修 9月15日，栖霞区水利建筑安装工程公司与南京市长江河道管理处签订2014年度长江栖霞段堤防养护和维修合同。根据合同，建设单位南京市长江河道管理处，投入资金94.7万元；养护工程由栖霞区水利建筑安装工程公司承担，养护时间为2014年10月1日~2015年9月30日，养护范围为长江标准堤防龙潭水厂至大道口13.5公里、八卦洲洲堤32.3公里、港务一公司至通江港堤10.08公里。根据合同，12月20日，长江河道管理处2014年度省级维修工程项目II标段栖霞区长江干堤铁丝网围栏工程开工。建设单位南京市长江河道管理处投入资金42.51万元；工程由栖霞区水利建筑安装工程公司承担，负责在两段堤岸背水坡脚15米处安装铁丝网围栏2545米，其中，杨家沟段835米，大划子至大年段1710米。

◆便民河太平桥段消险工程 9月19日，便民河太平桥段消险工程开工。工程由龙潭办事处水利管理服务站依据宁栖水字〔2014〕47号和宁栖财字〔2014〕95号文精神组织实施。工程主要内容为堤防加高培厚，桩号K12+200~K13+000段设计堤防顶高程为10.75米，桩号K14+350~K15+150段设计堤顶高程为10.70米~10.65米，堤顶宽度不小于6米；迎水坡设计坡比为1:2.5，现有护坡顶格埂至堤顶草皮护坡；背水坡设计坡比为1:3，采用草皮护坡，回填土压实度不小于0.92。工程由江苏天信建设项目咨询有限公司代理；通过南京水利网进行招投标，中标单位为南京明辉建设有限公司；监理单位为江苏省水利工程科技咨询有限公司。工程预计2015年1月16日完成，批准概算为500万元，中标价为403.98万元。

◆滨江河(工农联盟段)河道整治工程 9月28日，滨江河(工农联盟段)河道整治工程开工。工程由栖霞街道水利管理服务站依据宁栖水字〔2014〕30号和宁栖财字〔2014〕54号文件精神组织实施。工程主要内容为拆除神巷闸、甘一闸、蔡巷桥、藤子桥、保贞庵桥，分别改建为2米宽的钢板人行桥；拆除无名闸一座；河道底部清淤，两岸清障整坡复绿。工程由太仓市水利市政设计有限公司设计，江苏天宏华信工程投资管理咨询有限公司代理；通过南京市小型建设工程平台进行招投标，中标单位为泰州通达水利工程有限公司；监理单位为苏州润云建设工程项目管理有限公司。工程预计2015年3月5日完成。工程批文经费为195.45万元，中标价为146.58万元。

◆下坝圩、民洲圩护坡工程 12月17日，八卦洲下坝圩、民洲圩护坡工程开工。工程由八卦洲办事处水利管理服务站依据区水利局宁栖水字〔2014〕48号和区财政局宁栖财字〔2014〕125号文件精神组织实施。工程主要内容为在下坝圩二期450米、民洲圩1100米堤防引水坡护砌，护砌工程6.00~9.50米，C25混凝土厚10厘米。工程由江苏天宏华信工程投资咨询有限公司代理；通过南京水利网进行招投标，中标单位为南京明瑞建设有限公司；监理单位为南京市水利规划设计院有限责任公司。工程预计2015年2月9日完成，批文经费为222.57万元，中标价为192.01万元。

□何春林

服 务 业

综 述

◆概况 2014年，全区以"转型升级、创新驱动"为核心服务经济，突出政策引导、强化机制创新、优化发展环境，大力推进项目、集聚区建设，推动产业结构优化升级，有力促进服务业平稳较快发展。2014年，全区实现服务业增加值265.2亿元，同比增长11.8%，占全区地区生产总值34.32%，比上年提高3.6个百分点，超额完成服务业占GDP比重每年提高两个百分点的目标；实现社会消费品零售总额196.3亿元，比上年增长14.3%；全年完成服务业固定资产投资249.8亿元，比上年增长63.1%，占全社会固定资产投资的54.3%，全面完成南京市对栖霞区2014年服务业目标，服务业经济提速发展，对经济增长的拉动作用更加凸显。

◆重大项目建设 2014年，列入南京市服务业项目库的11个重大项目，总投资146.2亿元，年计划投资16.6亿元，到年底，实际完成投资24.2亿元，完成计划的146.5%。华电产业园一期、五星联合基因、钟山产业园等项目已完成主体工程,其他项目均在顺利推进。

◆**平台建设**　2014年,6家省市现代服务业集聚区全年实现营业收入79.42亿元,比上年增长70.97%。江苏省文化产权交易所、游族网络等一批企业不断发展壮大,引领服务业经济向高端化发展。生命科技园、紫东创意园和南大科学园工程进展加快,全年完成投资合计15.6亿元,分别完成园区年计划的177.7%、150.6%和201%。重点公共服务平台建设初具规模,产业集聚度明显提高。

◆**投资增长提速明显**　2014年,完成服务业固定资产投资249.8亿元,比上年增长63.1%,占全社会固定资产投资的54.3%,增速高于全区固定资产投资50.3个百分点,增速比上年提高6.3个百分点,比重比上年增0.4个百分点。其中房地产业完成投资140亿元,比上年增长70.26%,占服务业投资比重达到56.1%;商品房销售面积111.1万平方米,比上年增长10%,实现商品房销售额133.4亿元,比上年降7.2%。

◆**新兴服务业稳步攀升**　2014年,信息和软件产业有序发展,全年实现增加值6.8亿元,比上年增长25.4%。限上信息软件业企业完成增加值3.8亿元,比上年增长43.8%。全年有19家工程技术研究中心获省市级认定。移动互联网、文化创意、网络动漫等重点领域快速发展,一批科技型企业正在向骨干型、领军型企业进发。南京三宝通信技术实业有限公司和江苏智运科技发展有限公司的营业收入在限上服务业企业中分别位列第三和第五,分别为7.1亿元和6.4亿元,增幅分别为39.2%和17.6%。全区实现金融业增加值63亿元,比上年增长13%,占比达24%,为服务业中占比最大的产业。

◆**物流业平稳发展**　2014年,全区物流企业全年实现增加值30.2亿元,比上年增长21%。64家限上企业实现增加值21.1亿元,比上年增长10.9%,实现营业收入118亿元,比上年增长7.5%,实现利润38亿元,比上年增长3.2%。12家企业营收过亿元的骨干企业实现营业收入103.2亿元,比上年增长8.8%,占限上总量比重为87.4%,较好地支撑行业平稳发展。其中,龙潭集装箱有限公司实现增加值2.3亿元,比上年增长15.3%;盛航海运有限责任公司实现增加值8092万元,比上年增长51.7%。

◆**消费市场总体趋稳**　2014年,完成社会消费品零售总额196.3亿元,比上年增长14.3%。其中,批发和零售业销售额186.2亿元,比上年增长15%;住宿和餐饮业销售额10.1亿元,比上年增长3.5%。受“限牌”传言影响,汽车销售一度高涨,下半年持续回落,回复至“稳增长”轨道,全年限额以上汽车类商品实现零售额80.4亿元,比上年增长11.8%,增速比上半年下降11.6个百分点。

◆**企业经营整体向好**　2014年,全区限上服务业企业实现增加值40.8亿元,比上年增长16.9%,实现营业收入193.7亿元,比上年增长12.6%,实现利润49.2亿元,比上年增长10%。7家增加值过亿元的限上企业实现增加值51.5亿元,比上年增长5.4%,去掉宁沪高速公路股份有限公司这家基数近36亿元的企业巨头,6家亿元企业增幅达18.8%,有力带动了限上企业整体增长。26家营收过亿元的骨干企业实现营业收入148.1亿元,比上年增长13.1%。交通运输业、租赁和商务服务业、信息软件业是限上服务业企业中利润最高的三大行业,分别为38.9亿元、6.6亿元和2亿元,分别比上年增长3.2%、55%和31%。　□许利鹏

商贸流通

·概　述·

◆**概况**　2014年,栖霞区商贸经济保持较快的增长态势,市场运行保持平稳。完成全区酒类流通备案工作;顺利推进11个城市商贸综合体项目建设,全面完成2014年大型商业网点调查工作;推进2014年农贸市场环境整治项目,完成农贸市场环境整治迎查工作;成功申报1个南京市中式快餐示范点;进一步调整和完善17家网上直报企业和31家样本企业监测点,加强对节假日的市场监测;全年共办理对外贸易经营者备案登记150份;完成4个再生资源回收企业的城市综合管理标准化建设工作;新建3个专业合作社和1个专业合作联社。是年,全区社会消费品零售总额实现196.3亿元,比上年增长14.3%。

◆**禽流感防控**　年初,南京市启动了人感染H7N9禽流感联防联控机制。在区防控办牵头下,根据防控工作各部门职能分工,区商务局市场管理科加大了市场监管力度,每天对5家活禽交易定点市场巡查一遍,督促5家定点市场完善硬件设施,落实防控措施。督促各街道对所属市场加强市场巡查,每日上报交易情况;跟踪督察5家定点菜市场的活禽交易区内各类设施使用和防控措施落实情况,及时纠正存在问题;每日向区防控办报告5家定点活禽交易市场设施设备的使用和活禽交易防控措施落实情况。全年共组织市场巡查218次,出动人员762人次。

◆**酒类流通备案管理**　2014年,区商务局在商务部酒类流通管理系统中及时录入栖霞区酒类流通相关详细信息,同时以街道为划分,对酒类流通备案登记表进行分类整理,便于核查。规范酒类流通随附单的管理,指导酒类批发企业正确使用,辖区内酒类批发企业酒类随附单使用率达98%以上。对酒类流通跟踪监测,酒类统计监测企业数据报送及时率和准确率均达100%。加强散装酒管理力度,要求经营户强化安全意识,落实安全措施合法经营。全年为39家酒类流通企业办理了酒类备案登记、变更手续。

◆**专业合作社和专业合作联社建设**　2014年,全区新组建3个专业合作社,分别是八卦洲七里村的南京洲磊蔬菜专业合作社、八卦洲永宁村的南京昊天蔬菜专业合作社和龙潭长江村的南京群邦农作物种植专业合作社。其中,洲磊专业合作社达到市级专业合作社示范社的标准。三家专业合作社的成立,共吸收社员305人,带动农户1304户,种植面积35.33公

顷。新建1个专业合作联社，为南京市东三乡农产品专业合作联社，该联社以栖霞区元飞野菜专业合作社为主体社，由南京东康蔬菜专业合作社、南京东润病虫害防治专业合作社、南京定帮粮食种植专业合作社共同组成。联社社员328人，带动农户986户，种植面积140公顷，具有一定规模。与南京市供销合作总社果品公司、缘派蔬菜专业合作社组建了宁栖缘农产品有限公司，公司注册资本200万元，主要经营农产品种植与销售、农产品新品种研发和休闲农业。

◆菜市场规划建设管理联运机制 2014年，针对马群、仙林、龙潭等地区群众反映买菜难问题，区商务局协调解决了龙岸花园二期菜市场规划配套建设问题，解决了龙潭江畔人家、龙岸花园、龙景花园近3万人买菜问题。区商务局以此为契机，开展全区菜市场规划建设前期调查工作，拟定初步方案，深入推进全区菜市场规划建设管理联动机制，拟定《栖霞区菜市场规划建设管理办法》，力争从根本上解决全区菜市场合理规划布局、配套建设和规范管理的问题，切实满足群众生活需要。

◆城市商贸综合体规划建设 2014年，全区规划建设的城市商贸综合体项目11个，总投资近100亿元，建筑面积约150万平方米。项目建成后，预计实现营业收入80亿元，带动就业近2万人。目前，累计完成项目投入22亿元，建成开业的城市商业综合体4家，有效提升了全区商贸流通业的发展层次和能级，较大地丰富了周边居民生活。

◆商务工作调研 2014年，对全区商务楼宇发展情况进行调研，重点打造紫东创意产业园F区楼宇经济，主要发展文化传媒、金融投资和高科技三个产业。对全区重点平台企业进行调查，初步建立平台企业信息资料，其中从事国际物流运输的专业服务支撑平台2个，大宗商品交易平台1个，个人消费服务平台2个。对全区汽车后市场进行统计摸底。据不完全统计，全区有汽车专卖(4S店)17个，经营汽车配件品种8个，专营汽车维修、行业培训、汽车用品、汽车租赁等方面业务的较少。全区汽车后市场从业人数达1875人。

◆城市配送节点基本情况统计 2014年，区商务局通过同各街道的协助等方式对企业信息进行了全面核实和确认，有8家企业基本符合城市配送节点的要求。它们是苏果超市有限公司的苏果仓储配送中心、南京元亨食品有限公司的马群自备食品仓库、江苏信天游实业有限公司的物流仓储、南京大唐仓储物流有限公司的大唐物流仓库、南京康博食品有限公司的南京康博冷藏物流、南京哈润食品有限公司的南京哈润冷链物流、南京一博蔬菜专业合作社的南京一博蔬菜物流、南京伯年网络科技有限公司的南京伯年网络物流。

◆市场运行监测 2014年，全区有商务部重点流通企业9家，生活必需品监测企业3家，重要生产资料监测企业5家，市级监测样本企业31家。元旦、春节、五一、端午、中秋及国庆期间，按照商务部要求，指导生活必需品样本企业启动生活必需品市场监测日报制度，样本企业于假期每日上午10点前报送前一日生活必需品市场销售及价格情况。指导重点零售、餐饮企业上午10点前报送市场销售情况以及上年同期销售数据，并于每天上午11点前，利用黄金周日报系统的“假日”板块，上报企业前一天销售收入及上年同期数。全年共上报市场运行分析12篇，各报表上报率达100%。

◆再生资源体系建设 为贯彻落实南京市城市综合管理标准化工作动员会精神，按照《南京市城市综合管理指导标准》要求，区商务局于3月19日选取辖区内春顺、苏商聚宝、苏商文军、供销科技南财大4家代表性再生资源回收企业，利用企业现有的电子屏和横幅等进行标准化建设宣传，扎实有序地推进城市综合管理标准化建设工作。4月中旬，商贸管理科对辖区内22家重点再生资源回收企业进行摸排检查，依照《南京市城市综合管理指导标准》，制定了《2014年栖霞区商务局城市综合治理标准化建设专项行动检查评分表》，重点从站点建设、站点管理和安全设施三个方面对企业进行排查。

◆商业网点布局状况摸底调查 3月以来，区商务局对全区商业网点进行全面调查摸底，5月，又对全区2000平方米以上各类大中型商业网点进行调查和统计，重点调查商业综合体、购物中心、百货店、超市、专业店及专卖店、家居建材商店、商品交易市场以及商业街区等业态，进一步建立和完善全区大中型商业网点基础信息资料。调查发现，全区2000平方米以上的商业网点共39家(不包含农贸市场)，其中2000~5000平方米的19家，5000~10000平方米的2家，10000平方米以上的18家（不包含在建项目）。

2014年栖霞区规模以上商业网点一览

表24

序号	企业名称	地址	业态
2000~5000平方米网点：			
1	南湾营菜市场	百水南路18号	农产品销售
2	百水芊城农贸市场	百水芊城	农产品销售
3	南湾营好又多超市	百水南路18号-3	百货

续表 24

序号	企业名称	地址	业态
4	百水芊城苏果社区店	百水芊城	超市
5	栖霞区红杜鹃花卉种植专业合作社	八卦洲街道外沙村东二组	厂家直销中心
6	东部休闲	新合村友谊路	餐饮
7	南炼宾馆	南炼厂部旁	餐饮
8	五福家园苏果店	五福家园大门外	超市
9	南京新森大酒店迈皋桥店	和燕路 281 号	餐饮
10	南京真知味饮食娱乐有限公司迈皋桥分公司	和燕路 346 号	餐饮
11	苏果超市万寿店	迈尧路与寅春路口	超市
12	南京悦客假日酒店	迈化路 88 号	餐饮
13	苏果超市有限公司摄山星城连锁店	摄山星城中心商贸区	营业
14	苏果尧林仙居社区店	尧佳路 21 号	超市
15	大统华服饰中心	尧佳路 27 号	服饰
16	苏宁电器尧化门点	尧佳路 7 号	电器销售
17	苏果超市尧新大道店	尧佳路 7 号	超市
18	乐和酒店尧新大道店	尧新大道 92 号	餐饮
19	乐和酒店聚宝山店	仙尧路 8 号	餐饮
5000~10000 平方米网点：			
1	南京八卦洲假日山庄	八卦洲街道七里村	住宿餐饮
2	金源百货	迈尧路 379 号	综合市场
10000 平方米以上网点：			
1	南京花园城	马群地铁站	商业综合体
2	海陵会务中心	马群科技园	餐饮
3	南京鹏岛现代农业发展有限公司	八卦洲新闸村	农产品批发市场
4	华润苏果晓庄店	和燕路 408 号	超市
5	高力国际家具港	栖霞区栖霞大道 8 号	家俱
6	彩虹广场	和燕路 408 号	综合体
7	北银桥市场	和燕路 251 号	综合市场
8	南京广鼎商娱购物中心有限公司	和燕路 348 号	大型超市
9	南京金盛迈皋桥商业贸易有限公司	南京市栖霞区迈皋桥街道合班村 375 号	综合市场
10	南京高力汽配城	栖霞大道 18 号	综合市场
11	东华金属材料贸易中心	迈尧路 380 号	钢材市场
12	江苏旧机动车交易市场	迈尧路 1 号	交易市场
13	红太阳家具	经五路 1-2 号	综合市场
14	万谷慧生活广场	华电路 1 号	综合市场
15	丁家庄商贸综合体	寅春路 9 号	综合市场
16	花卉市场	海子口	花卉销售
17	仙林汽配城	王子楼楼西 108 号	汽配
18	金鹰奥莱城	学海路 1 号	购物中心

◆**"万村千乡"市场工程清理整治** 2014年,根据南京市商务局《各区万村千乡市场工程存在问题集中清理整治任务清单及工作要求》的通知要求,区商务局对2006年至2008年以来全区参与"万村千乡"市场工程的31家农家店进行全面摸底排查,并与实施企业进行对接。5月中旬,就享受中央财政补贴资金、存在问题等方面内容再次进行深入排查、梳理、现场核查。经查,全区31家农家店都已进行改造,不存在只挂牌不改造的问题。对检查中发现的6家农资店的门头店招破损整改不到位的问题,再次进行了协调沟通,并得到解决。

◆**市供销总社领导到区调研** 5月28日,南京市供销合作总社副主任陈勇、副巡视员陈秀琴和区县业务指导处的领导一行4人,到栖霞区供销合作联社就构建供销系统医药连锁经营和配送体系项目进行专题调研。栖霞区商务局(供销合作联社)陈良琪副局长、国药控股国大药房南京连锁有限公司黄立金总经理等陪同调研。座谈会上,陈良琪介绍了前期项目方案拟定的情况和项目合作的整体构想。黄立金介绍了国大药房南京连锁有限公司的运行模式和经营情况。市社领导对全国医药行业发展趋势、南京医药行业市场状况以及新办药店资质认证等相关情况进行了全面了解。经过深入讨论,三方就项目合作方案达成共识,初步确定以市总社、区联社和国药控股国大药房南京连锁有限公司共同成立一个新公司进行市场化运作,初步确定了合作目的、公司架构和合作模式,并要求尽快制定实施方案。陈勇对南京医药行业发展充满信心。他认为,医药分开势在必行,南京医药零售市场发展潜力很大,市区两级供销社要抢抓机遇,按照《南京市供销合作总社全面深化改革、加快科学发展实施方案》的要求,以医药下乡为切入点,充分整合和发挥市区两级供销系统资源优势,以"国大医药"品牌,构建市、区、街镇和村(社区)四级全市供销系统医药连锁经营和配送体系,努力把供销社打造成为服务农民(市民)生产生活的综合平台。座谈会后,在陈良琪和黄立金的陪同下,陈勇一行视察了国大药房位于尧化门、中央门和迈皋桥地区的三家医药门店。

◆**保障平安青奥** 区商务局及时跟进青奥会期间安全管理工作,一方面,加大对各农贸市场巡查,推进农贸市场安全管理长效机制,向4个街道发送整改通知,督促街道认真做好安全隐患排查和治理工作,确保农贸市场安全有序经营。另一方面,及时进行储油库、加油站、油罐车管控工作,第一时间制定详细管控方案,成立专项工作小组,明确责任人,对辖区相关企业展开专项检查,保证管控措施到位。6月份向各涉油企业进行了专题宣传与指导,督促各企业自查自纠,7月起逐步展开检查工作,并取得明显成效。全区32家加油站、9家储油库全部检查到位,对于检查中出现的个别问题责令其限期整改,确保平安青奥。

◆**参加名优农产品展销会** 10月17~19日,由中华供销合作总社和江苏省人民政府联合主办,江苏省供销合作总社、无锡市人民政府、台湾农会等共同承办的2014年海峡两岸(江苏)名优农产品展销会在无锡市新体育中心会展馆举办。栖霞区供销合作联社积极组织南京平乐蔬菜种植专业合作社参加此次展销会。展会上,合作社的优质农产品——莲藕、茨菰、菱角、水芹、大米等以质量好、价格低的优势,在展销会上受到市民的喜爱,前来购买的市民络绎不绝。借助这次展会平台,南京平乐蔬菜专业合作社向消费者宣传自己的特色农产品,树立了品牌形象。

·农贸市场·

◆**概况** 2014年,全区农贸市场进棚入室在经营或即将投入使用的共计32家。

◆**农贸市场升级改造** 2014年,全区列入提档升级的改造项目3个,分别是西岗街道西湖菜市场、马群街道南湾营菜市场和迈皋桥街道长营农贸市场,其中长营农贸市场为拆除项目。改造工作从年初开始,2月份全面启动,从项目的确定、方案设计、审定、招投标等关键环节,区商务局都严格把关,改造工作顺利推进。马群街道的南湾营菜市场改造,5月份开工,7月20日完工,相关审计已经结束;西岗街道的西湖菜市场的改造工作7月份开工建设,11月中旬报审,年底前全部结束;迈皋桥街道的长营菜市场于2月份拆除完毕。

◆**农贸市场整治改造工作督查** 6月6日上午,南京市环境综合整治工作组一行5人,在市督察办副巡视员唐伟年带领下,对全区农贸市场整治改造情况实

2014年改造后的西湖农贸市场　　区商务局 供稿

2014年栖霞区农贸市场一览

表25

序号	名　　称	地　点	营业面积(平方米)	开业时间
1	南湾营菜市场	马群南湾营	3500	2010
2	百水芊城农贸市场	百水芊城社区	2800	2006
3	八卦洲青年桥菜市场	中桥村五四片2组	600	2013
4	南京八卦洲农贸市场服务中心	小集镇	3990	2008
5	九乡河菜市场	五福家园	4500	2005
6	南炼菜市场	南炼生活区	1783	1996
7	东阳菜市场	东阳街	2200	1992
8	江南厂菜市场	江南厂生活区	680	1994
9	十字街农贸市场	和燕路274号	1600	1999
10	迈皋桥农贸市场	东井村50号旁	1700	2009
11	金盛农贸市场	迈皋桥街2号	2000	2005
12	和燕农贸市场	和燕路325号	700	2009
13	壹城农贸市场	合作村91号	600	2009
14	万寿农贸市场	进取村154号	800	2006
15	寅春西路农贸市场	万鑫嘉苑	1100	2006
16	西湖集贸市场	摄山星城中心商贸区	2800	2006
17	摄山商贸中心	摄山星城步青路	2000	2013
18	幕府农贸市场	幕府山庄	900	2001
19	燕华农贸市场	燕华花园	406	2003
20	石化农贸市场	太新路92号	1000	1985
21	联珠农贸市场	联珠村	2200	1996
22	利民农贸市场	联珠村	1500	1996
23	晓庄农贸市场	城市绿洲	1200	2012
24	尧化农贸市场	尧化门街125号	3500	1997
25	金尧农贸市场	新尧路2号	5900	1998
26	天盾菜场	尧佳路23号	2900	2006
27	仙林农贸市场	文枢东路1号	7300	2009
28	仙林风华路菜市场	风华路1号	2003	2014
29	南京谐扬物业管理有限公司花园市场分公司	花园集镇	1380	2009
30	南京谐扬物业管理有限公司龙潭市场分公司	龙潭街东大埂	1440	2007
31	中国厂社区农贸市场	中国厂社区	600	2007
32	长江农贸市场	长江集镇中北巴士对面	3350	1998

地进行了督察检查,副区长秦志刚全程陪同。市工作组先后检查了仙林街道的仙林菜市场、八卦洲街道的八卦洲小集镇菜市场和尧化街道的金尧菜市场,现场听取相关街道关于农贸市场整治改造情况的报告。市工作组对栖霞区农贸市场整治改造工作所取得的成绩给予充分肯定。

◆区人大常委会领导视察农贸市场升级改造工作　6月17日上午,区人大常委会主任、党组书记李汉桥及区人大常委会有关领导,在副区长尹军陪同下,视察全区农贸市场升级改造工作。他们先后视察栖霞街道的南炼菜市场、尧化街道的金尧菜市场和仙林街道的仙林菜市

6 月 17 日，区人大常委会领导视察全区农贸市场升级改造工作
区商务局 供稿

场，观看 2013 年度全区农贸市场升级改造成果展。李汉桥等现场听取相关街道和农贸市场升级改造建设单位对工程情况的介绍，询问改造工程有关细节，充分肯定全区 2013 年农贸市场升级改造所取得的成果。李汉桥强调，农贸市场升级改造是市、区两级政府为民办实事的一项重要民生工程，也是栖霞区经济社会建设中的一件大事，希望相关部门和街道继续高标准、高质量完成 2014 年农贸市场升级改造任务，并对改造后农贸市场的长效管理、平抑菜价等方面提出要求。区商务局局长李罡等陪同。

◆市商务局领导到区检查 6 月 23 日下午，南京市商务局副局长徐震中带队，对栖霞区今年新建的仙林风华路菜市场和 2013~2014 年度农贸市场升级改造项目——南炼菜市场和西湖菜市场进行检查。检查组在检查栖霞街道的南炼菜市场后，对市场改造取得的成效给予充分肯定。在建设中的仙林地区风府路菜市场施工现场，徐震中详细询问了市场内强电、弱电的布设，消防设施建设等情况，对菜市场追溯系统所需硬件设备作了安排。在即将实施改造的西湖农贸市场内，听取西岗街道办事处主任葛山来有关改造工作进展的汇报后，徐震中要求街道以提质加速为已任，自觉把安全质量放在改造工作的首位，积极推进农贸市场改造，确保在规定期限内完成任务。区商务局要紧跟进度，靠前指导，始终抓住改造工作重点不懈怠。徐震中对农贸市场追溯系统建设十分重视，他指出，追溯系统建设，是政府为民办实事的重要举措，是让百姓吃上放心菜、放心肉的重要手段，是实现“餐桌安全”的重要保障。区商务局要加快推进追溯系统建设，今后，所有新建和改造的农贸市场必须在追溯系统安装调试完毕后才能营业。区商务局工委书记刘家常等全程陪同。

◆农贸市场升级改造验收 12 月 2 日，区商务局会同区住建局、区城管局、区工商局、区环保局、区安监局、区消防大队等部门，对全区 2013~2014 年升级改造或新建的南炼菜市场、西湖菜市场、南湾营菜市场、风华路菜市场进行改造后工程项目验收。验收人员认真查看台账资料，详细检查市场内部硬件设施设备建设及运行情况，听取街道及市场建设方的现场汇报，并对验收时发现的问题提出整改意见，要求建设方及时对照整改。

◆区领导检查农贸市场升级改造工作 12 月 10 日上午，副区长尹军检查升级改造的西岗街道西湖菜市场、马群街道南湾营菜市场。区商务局副局长陈良琪及相关科室人员全程陪同。西湖菜市场和南湾营菜市场的升级改造被列入 2014 年民生工程，这 2 家市场改造面积分别为 2800 平方米、3500 平方米，投入改造资金分别为 184 万元、94 万元。在检查过程中，尹军听取相关街道领导升级改造工作的简要汇报，对 2 家菜市场改造工作表示满意，就加强农贸市场长效管理工作，向相关街道和市场管理方提出更高要求。他强调，菜市场是反映城市文明的重要窗口，管理规范有序是各级政府组织管理水平的直接体现，必须加强管理。在建立完善长效管理机制基础上，配足保洁力量，加强动态管理，扎实做好市场内购物通道的跟踪保洁工作；管理人员要树立“立体保洁”理念，定期安排人员对市场墙壁、柜台外侧面、屋顶等部位的蛛网、浮尘等进行清扫；要建立“门前三包”制度，逐步使经营户养成自觉维护市场卫生的习惯。

·“三放心”工程·

◆概况 2014 年，区商务局围绕维护市场秩序、保障食品安全的总体要求，把菜篮子放心工程作为为民办实事的“民心工程”来抓，扎实落实绿色市场创建和生猪屠宰管理工作，同时建成覆盖屠宰、批发、配送、零售环节的肉菜追溯体系，建立来源可追溯、去向可查证、责任可追究的肉菜流通追溯监管体系。开展“双打”专项行动，确保各项工作任务得到落实。全年创建南湾营、联珠等 2 个市级绿色市场。组织生猪屠宰行政执法检查 68 次，参加执法人数 219 人次。

◆生猪定点屠宰监管 2014 年，区商务局严格监督生猪定点屠宰场建立和完善各项管理制度，与屠宰场和调猪经营户签订食品安全承诺书，并建立个人诚信档案，对调入的生猪必须提供真实的原始凭证，确保调入生猪来源可查。认真落实检疫检验、猪肉出场和不合格肉品召回制度，猪肉必须凭“二证二印”出场，确保去向可追。强化定点屠宰场无害化处理监管工作。建立健全无害化处理相关工作的要求和相关职责，每周到现场监督定点屠宰场对病害猪、病死猪、有害肉品及问题猪肉的无害化处理，督促屠宰场按要求做好病害猪无害化处理的视频碟片、台账等工作，做到责任可究。强化定点屠宰场“瘦肉精”防控工作，认真做好生猪入场“瘦肉精”自检监督检查，严防“瘦肉精”生猪进入屠宰场，监督屠宰场建立经营户的管理制度，进场屠宰的生猪，严格查验原产地“瘦肉精”检测合格记录凭证并按6%的比例进行自检。积极组织和配合相关部门、街道开展日常巡查、专项检查和专项整治行动，做好打击私屠滥宰、注水肉和病害猪肉等违法行为，组织日常巡查68次，参加人数219人次，有效维护了猪肉市场秩序。

◆肉菜流通追溯体系建设　按照商务部和江苏省、南京市要求，以肉菜生产经营企业信息采集系统为基础，整合流通各环节的企业和个体经营者信息资源，建成覆盖屠宰、批发、配送、零售环节的肉菜追溯体系建设，建立来源可追溯、去向可查证、责任可追究的肉菜流通追溯监管体系。由于2013年全区市场升级改造，市局下达的肉菜流通追溯18个节点目标要在今年完成，为了不拖全市后腿，区商务局二次制定了建设安装时间安排表，按时重点督促跟进，全区开展追溯体系建设的1家屠宰场、2家配送中心、2家团购单位、15家超市和23家农贸市场已完成建设并验收。对完成建设的节点单位，认真做好培训和日常检查监管，督促指导各节点单位追溯体系正常运行，做好每日进场数据、销售数据上传工作，发现问题及时向相关单位通报，限期督促整改。

◆参加食品安全宣传周活动　6月10日，区商务局参加由区食安办组织的“栖霞区食品安全宣传周活动”。活动在尧林仙居西广场设点咨询，并发放食品药品安全宣传折页册240份、肉菜流通追溯体系宣传册250份，倡导健康消费。通过广泛宣传提高了公众的食品消费信心和食品安全意识，增强了食品生产者守法经营责任意识，营造了良好的社会氛围。

◆参加市商务局农残检测培训　8月21日，区商务局组织31个农贸市场46名检测人员参加南京市商务局举办的蔬菜农药残留检测技术培训班。本次培训分别就蔬菜农药残留抽样和处理、农药快速检测实验方法、农药残留检测仪器的操作使用以及农产品质量安全监测信息平台的数据上传操作进行系统地教学培训，并指导参训人员现场实际操作，以确保参训人员熟练掌握蔬菜农药残留检测技术。参训人员通过培训，深刻认识到蔬菜农药残留检测工作的重要性，下一步将加大蔬菜农药残留检测力度，为全区农产品质量安全提供有力保障。

□胡　敏

·栖霞商务区·

◆概况　2014年，栖霞商务区牢牢把握“规划落实年”总体定位，突出重点，统筹推进，克难攻坚，着力化解制约商务区发展的不利因素，方案策划、规划修编、项目建设及招商融资等重点领域取得了关键性突破。明外郭风光带小庙山公园城市设计通过了南京市规划委员会评审，地铁7、8号线车辆段规划用地调整取得了上海铁路局的同意函，商务核心区一期城市设计方案通过南京市规划局编制例会。区域范围内可开发用地全部列入或申请列入收储计划。天林市场地块启动上市前期工作，宏大市场地块即将取得征地批复。对天林市场、宏大市场等计划先期开发用地，按照城市综合体、专业市场MALL的定位，同多家知名企业或集团进行商洽合作，其中，同红星美凯龙确定了投资协议核心内容，城市综合体项目也进入项目方案确定阶段。此外，小庙山一期配套设施建设正在加紧进行中。

◆小庙山一期开工仪式　3月5日上午，在区委常委、政法委书记孙中华的主持下，南京明外郭百里风光带栖霞小庙山片区一期工程正式开工。

根据规划，在尧化门地区将小庙山打造为节点公园。该地段位于南京东北部，紧邻栖霞商务区、新尧新城，明外郭百里风光带贯穿本设计地块。设计范围位于宁芜铁路联络线与仙尧路围合地区，占地面积53.5公顷。设计效果图显示，这一地块中心簇拥着一块绿肺，其核心是名为龙女神池的湖面，湖上将建设太平桥贯穿两岸。从功能分区图上看，这一地块的中央将打造明外郭——姚坊门文化遗址公园，周边衍生出服务载体姚坊门公园，打造创意办公中心组团、文化主题购物组团、姚坊门文创谷组团。在核心的文化遗址公园上，把现存土城头遗址打造成一条景观主轴，外部与不远处的聚宝山公园实现视觉景观的通透。

在这一区域的交通的设置上，将进

3月5日，南京明外部百里风光带栖霞小庙山片区一期工程正式开工

栖霞商务区 供稿

行道路分级管理，将中心的公园和周边的功能组团进行交通格局上的调整，确保互不干扰。另外，西北至东南贯穿遗址公园的土城头路，将现在的车行路改造成慢行路，公园内部还将结合散落的景点设置为景观步道，方便市民漫步赏玩。

◆南京地铁7号线车辆段选址论证会 3月5日下午，上海铁路局总师室在南京师范大学仙林宾馆第二会议室组织召开"南京地铁7号线车辆段选址"论证会，参会单位及部门有上海铁路局总师室、运输、计统、土方及经营开发处，和南京东站、南京市规划局、南京市地下铁道工程建设指挥部、区国土分局、栖霞商务区管委会。

参会人员在听取编制单位选址方案介绍、审阅方案文本后，进行认真的评议。总体认为，为改善城市面貌，加快地区发展，使土地利用集约最大化，将方案中铁路环到线区域选址为南京地铁7号线车辆段的思路是合适、合理的，此次方案设计思路清晰，内容较为全面，会议原则同意该选址方案。

◆栖霞商务区资源推介会 4月28日下午，栖霞区委、区政府在区委党校举办"南京·栖霞商务区资源推介会"。会议重点邀请商业地产、房地产、商贸服务业、移动互联网等知名企业及商协会代表等150余人，全面推介栖霞商务区资源。

栖霞商务区是栖霞区人民政府2012年设立的城市功能性平台园区，位于南京主城东部，南邻仙林大学城，北依国家级南京经济技术开发区，规划面积约3.8平方公里，是南京仙林副城的核心区域。栖霞商务区依托地区雄厚的先进制造业背景和强大的科技研发能力，融入南京市312国道研发产业轴的总体规划，主动呼应宁镇扬同城化发展趋势以及地区快速城市化和产业转型升级的需求，以商务商贸为园区发展主业，计划通过5-8年的规划建设，发展成为南京主城东部产业集聚度最高、经济活跃度最强、综合配套能力最优的现代服务业发展集聚区，填补城东没有大型商务发展空间的规划空白，打造全新的南京东部城市门户。

◆南京市外地驻宁机构协会对接会 10月16日，南京市外地驻宁机构管理局组织外地驻宁机构协会考察栖霞商务区投资环境。管理局局长张谦和协会会长杨胜利、执行会长盛伍茂、副会长张国利等参加考察。栖霞区区委常委、商务区管委会主任孙中华，商务区管委会副主任陆建尚详细介绍了商务区规划情况。双方就栖霞商务区开发建设进行座谈，交换了意见。

栖霞商务区位于312国道尧化门段北侧，总规划面积3.8平方公里。规划建筑面积270万平方米，其中地上195万平方米，地下75万平方米。计划用5~8年时间建成，精心打造成南京东部商务第一门户。南京市外地驻宁机构管理局牵头，组织协会及部分会员单位多次与栖霞商务区管委会对接，提出了以南京市外地驻宁机构协会为平台，一体化开发打造栖霞商务区的建议和想法。双方就此问题正在积极磋商。 □徐宁斌

·南京花园城·

◆概况 南京花园城是招商地产在马群投资、开发、经营的大型全业态购物中心，总建筑面积10万平方米，其中，地上9层，地下3层。B1-3F为购物中心，4~9F为酒店式公寓，B2-B3为停车场，拥有700多个停车位。购物中心于2013年11月8日盛大开业，是南京首个集购物、娱乐、餐饮、休闲为一体的花园式优悦生活物中心。南京花园城位于马群新街和中山门大街(宁杭路)交汇处，与地铁二号线马群站零距离接驳。另外规划中的16号线、17号线和马群换乘中心也在花园城附近交汇。它还是马群、孝陵卫、仙林、汤山、麒麟片区进入南京城区的必经站点。

南京花园城是招商花园城走出深圳后的首个同类型产品，是辐射周边3~5公里范围内的区域性购物中心。定位在服务区域内中高端人群，同时还将服务延伸至餐饮、娱乐休闲及日常家居消费。在花园城的品牌定位上，招商地产以"绿色低碳、区域时尚"为核心，旨在打造绿色、精致的花园式新生活。在经营布局上，花园城重视餐饮娱乐、儿童产业、影院电玩、健身社交等业态元素，满足现代都市的家庭生活需求，以开放式消费体验、花园式景观，打造和区域居民的亲密关系。

花园城自开业以来，日均客流量达3.5万~4万人次，年销售额5亿元，全年产生税收800万元，解决近千个就业岗位。

◆特色与品牌 双首层——花园城创造性地构建双首层的消费聚集模式，零距离对接地铁站大堂——马群站，地铁大堂1号出口直达花园城二层商场。在花

4月28日，栖霞区委、区政府在区委党校举办"南京·栖霞商务区资源推介会"
栖霞商务区 供稿

招商花园城全景 南京花园城 供稿

马群创意集市活动 南京花园城 供稿

园城，不仅有传统的基础首层可以聚集繁华的商业人流，更增加了二层南面与地铁大堂相连的增值首层，让南来北往的人群入织交汇。阳光中庭——南京花园城由美国商业建筑事务所LLA设计，2000平方米阳光中庭，实现商业与大自然的自如切换。

科脉凌云POS/ERP管理系统——以科脉·凌云POS-ERP为核心的管理系统，打造全新的城市综合体全业态信息化解决方案。采用跨平台设计，C/S与B/S架构部署，为联营商户管理、场地租户管理、物业管理、促销管理、会员关系管理、停车场管理、安装服务管理等提供专业解决方案。同时，系统还与网上供应链SCM无缝对接，网上商城管理等多级模块，为企业的多渠道发展搭建平台。

南京花园城入驻的商家有华润苏果、幸福蓝海国际影城、孩子王、南京歌城、屈臣氏、必胜客、麦当劳、肯德基、星巴克、面包新语、新石器、上海避风塘、晋家门、塔可、麻辣盛宴、外婆私房菜、老娘舅、万岁料理、一品铁板烧、百丽、千百度、瑞贝卡、滔博、sevenhalf、汇美舍、热风、芭图造型、圣蒂芙、康缇、哆来咪等数百个品牌。

◆第三届“花园码头·创意市集” 10月25日，“码头”系列创意市集进驻马群，这是由区政府主办，区委宣传部策划组织的文化创意主题活动。本次市集引入了“南京阿槑”、“梅花油”等一批本土文创企业。其中，“南京阿槑”品牌由落户栖霞境内紫东国际创意园的南京玲珑天动漫设计有限公司精心打造。活动现场，有枫叶元素的彩绘石头画、小沙弥摆饰、红枫造型的贝壳挂饰等数十件体现栖霞传统特色、风土人情的创意作品。其中，创意陶艺品牌“瓷器活”基于栖霞寺“禅”的概念，创作的一个个小佛像曾在南京市第七届文化交易产业博览会栖霞展馆中亮相，在本次活动中大受欢迎。此外，为了突出栖霞元素，本次市集的帐篷也采用泼墨加手绘红枫的创意制作。

□刘 诣

·金鹰奥莱城·

◆概况 2011年4月，南京仙林金鹰奥莱城正式开业，成为中国首家“第四代奥莱”。项目位于栖霞区学海路1号，是仙林新城区中心地带，面积12万平方米，拥有6座独立特色的主题场馆，近300间品牌折扣店、超大停车场、大型影院、国际餐饮连锁、美容SPA、精品超市、银行及儿童游乐设施等超强业态组合为一体，是以奥莱为主题的开放式Shopping Mall。尽管中国零售市场销售整体增幅在放缓，但南京金鹰奥莱城依然保持着销售总额的健康增长。2014年，销售总额高达7.5亿，比上年增长17%。金鹰奥莱城不仅拥有得天独厚的地理环境与品牌折扣，更有其自身的情怀文化，自2011年开业以来，推出了“奥莱·乐汇”、“奥莱码头·创意市集”、“奥莱剧场”、“奥莱牧场”、“奥莱RUN”、“奥莱亲子乐”等一系列品牌活动，被消费者熟知并认同。

·东城汇·

◆概况 位于栖霞区文苑路8号，地处仙林大学城高校集中区与高档住宅集中区的衔接地带，是仙林大型体验式综合商业中心之一，涵盖餐饮、娱乐、购物、教育4大主力业态。该项目于2012年12月开业运营，有肯德基、必胜客、常青藤、屈臣氏、大众书局、缤纷KTV、奇乐儿、兴和轩、东淮西川、中影UL国际影城、书人教育等商铺118家。总建筑面积约9万平方米，地上5层，地下1层，负一层为时尚精品购物街，1~2层为品牌餐饮、精品零售，3层为儿童教育培训、娱乐休闲天地，4层为大型美食广场，5层为大型影院和教育培训基地。东城汇旨在服务周边各社区及仙林地区各大高校，定期举办各种类型的主题活动。2014年商场营业额约1.5亿元。全年承办高校联盟年度的篮球争霸赛、仙林最强音歌唱大赛、文化艺术节、台湾美食节、夏季啤酒纳凉节等大型活动21场。

□钱飞燕

旅 游

·概 述·

◆概况 2014年，栖霞区旅游工作紧抓“办好青奥会、建设新南京”战略机遇，围绕创新旅游管理目标和旅游服务品质提升两条主线，实现了年初既定目标和各项工作任务。牵头相关单位高起点编制

《南京市栖霞区旅游发展总体规划(2014~2025)》，区文化旅游局开发的栖霞旅游官方网站、微博、微信陆续开通，原隶属南京市旅游委的栖霞山风景名胜区划拨到栖霞区。区文化旅游局对全区旅游市场开展各类专项检查80余次，确保规范有序。青奥期间对景区、星级宾馆、旅行社进行24小时巡查，确保青奥期间旅游安全保障万无一失。全年实现旅游总收入1.63亿元，比上年增长8.1%；接待境内外游客235万人次，同比增长17.5%。目前有AAAA级景区1家，AAA级景区1家，AA级景区1家，省三星级乡村旅游点1家，三星宾馆3家，旅行社19家。

·旅游开发·

◆编制总体规划 为进一步整合栖霞区旅游资源，优化资源配置，区文化旅游局牵头编制《南京市栖霞区旅游发展总体规划(2014~2025)》，并通过专家评审。规划将全区旅游资源功能分区划为一核(栖霞山文化旅游产业核)、一带(滨江旅游发展带)、四大组团(八卦洲养生度假组团、幕燕山水休闲组团、西岗田园度假组团、临港商务休闲组团)，对接2014年的“智慧旅游年”。此次规划首次将智慧旅游规划单独编制为一章，加强对栖霞区智慧旅游发展的引导，为下一步编制各个乡村旅游集聚区提供依据，形成诸如“山水人家　西岗桦墅”桦墅美丽乡村示范区，“渔舟唱晚　美丽江河”八卦洲小江河美丽乡村示范区，“云外水庄　八鲜世界”龙潭水八鲜美丽乡村示范区等美丽乡村旅游集聚区，并根据自身实际情况制定近期和中期建设目标，分阶段逐步实施，推动栖霞旅游业大发展。

◆网络媒介开发 5月，“南京栖霞区旅游”官方微博、微信正式上线运行。10月，“明秀江山，乐游栖霞”栖霞区旅游局官方网站正式推出。经过半年的运行，“南京栖霞区旅游”官方微博、微信被区委宣传部评为栖霞区十大示范性政务微博、微信。旅游微信推出5个月时间，制作60期，推送160多篇文章。其中被南京市旅委官方微信采用30余篇。6月16日，区文化旅游局在微博上推出的“夏一站，栖霞时刻”夏季旅游系列活动，借力新媒体的推介，大众通过微博参与，发现栖霞的美好。短短四天该微博的点击量超过两万。该活动旨在推介栖霞旅游资源，传播栖霞文化，宣传栖霞旅游产品。8月9日，组织微博报名“旅游首发团”的网友免费游栖霞。系列活动的举办引起了广大网友兴趣，新媒体、旅游以及相关产业都从中获得商机。

·旅游资源·

◆美食大赛获奖 5月8日，南京市旅游委在溧水大金山景区举办“舌尖上的南京乡村旅游美食大赛”，栖霞区5道参赛菜中有四道色香味俱全的乡村旅游菜肴在大赛上获得殊荣。豪楼旺角的“旺角秘制鱼头”获得金奖，豪楼旺角的“豪楼煎腊味”、“蒜梗烧排骨”和东部山庄的“早春三味笋”获得银奖。

◆栖霞山风景名胜区管理处划归栖霞区

南京市编委于2013年12月12日下发《关于调整南京市栖霞山风景名胜区管理处隶属关系的通知》，明确按照以块管理为主的原则，栖霞山风景名胜区管理处整体划归栖霞区，归口栖霞山文化休闲旅游度假区管委会管理，为区政府直属差额拨款事业单位，接受南京市旅游委的行业指导。3月，栖霞山风景名胜区管理处交接仪式举行。市编办主任许宏、南京市旅游委主任金卫东、区长邢正军、副区长万震、区政协副主席时效俊出席仪式。区委常委、常务副区长曹海连与南京市旅游委签订移交协议。

·乡村旅游·

◆“水一方”通过省三星乡村旅游点审核

10月，龙潭街道水一方生态旅游度假区通过江苏省三星级乡村旅游点审核。该度假区位于栖霞区东南面陈店村，北临长江，西邻栖霞山风景区，空气清新，河水清澈，拥有丰富的农家娱乐休闲、水文化风情与水网空间，展现出荷塘疏影、道路绿廊、毓秀江南的独特景观。

◆乡村旅游服务质量提升 区文化旅游局引导旅游企业增强诚信意识，加强行业自律，规范旅游服务行为，提升乡村旅游服务质量。9月，邀请南京市旅游委在栖霞区举办全市乡村旅游讲解员培训，组织全区农家乐景点讲解员参加培训班，提高乡村旅游讲解员讲解水平和服务质量。10月，组织全区农家乐经营户赴江宁五朵金花之一——世凹桃源景区学习乡村旅游经营经验。邀请经验丰富的老师到栖霞区为农家乐经营户做培训和指导，并选取红杜鹃生态园、水天堂农

5月8日，参加南京乡村旅游美食大赛获金、银奖　　区文化旅游局 供稿

庄等七家规模比较成熟的农家乐经营户上门指导,服务全区乡村旅游经营户,提高农家乐经营管理水平。

·旅游行业管理·

◆**概况** 2014年,区文化旅游局要求各旅游企业认真学习贯彻《关于开展南京市2014年旅游市场秩序专项整治活动的通知》精神,重点围绕赴台游市场各类不规范经营行为、一日游市场各类不规范经营行为、无资质经营者发布旅游服务广告、超出经营范围进行广告宣传以及各类误导欺诈消费者的广告宣传等行为,以"烧香、解签"等为名,诱导欺骗游客违法行为、旅游合同的签订及执行、恶性价格竞争、低于成本招徕旅游者、未经旅游者同意转团拼团等行为、强迫或变相强迫旅游者消费的行为等情况做全面的自查自纠工作,对查出的问题逐一落实整改措施和整改时间,认真进行整改,进一步规范旅游市场秩序。

◆**迎"青奥"集中整治** 7月19日~8月31日,区文化旅游局开展迎"青奥"行政执法保障工作。其间,制定《栖霞区迎青奥旅游行政执法保障工作实施方案》,成立旅游行政执法保障工作领导小组,制定局领导为带班领导、部门负责人为值班员的迎青奥值班制度,对景区、星级宾馆、旅行社进行24小时巡查,设立85664280值班投诉电话。同时,要求旅游执法检查人员落实每周7天工作制,上午9点至晚上10点分别到旅游窗口地区巡查,24小时保持手机畅通,检查期间必须佩戴执法证持证上岗,做到规范执法、精细执法、文明执法。旅游检查组组织60余人次分别对3家A级景区,3家星级宾馆、旅行社和服务网点检查,组织相关单位联合执法3次。

◆**假日旅游市场安全工作** 国庆节前夕,区文化旅游局印发《关于做好栖霞区2014年"国庆"假日旅游工作的通知》,开展假日旅游安全大检查活动。9月27日至9月29日区文化旅游局相关人员重点加强对节庆活动场所、旅游景区、乡村旅游点、旅游住宿设施、餐饮场所的安全检查,消除安全隐患,落实安全责任,强化应急措施,严防事故发生。活动期间,共计检查15家次,出动检查车辆4台次,检查人数12人次。 □王 蓓

·栖霞山文化休闲旅游度假区·

◆**概况** 1月14日,为贯彻落实中共南京市委、南京市政府关于加强南京栖霞山文化休闲旅游度假区规划建设的意见精神,经栖霞区委、区政府研究决定,成立南京栖霞山文化休闲旅游度假区管理委员会,全面负责度假区的规划、建设、发展。下辖南京栖霞山综合开发有限公司,该公司由南京栖霞城市建设发展有限公司、南京迈燕建设发展有限公司、南京朝霞投资发展有限公司共同投资3亿元,是可实行市场化封闭运作的大型综合国有企业,与栖霞山文化休闲旅游度假区管委会实行一套班子、两块牌子的运行模式。公司地址位于南京市栖霞区栖霞街道南水新村98号。公司设立董事会和监事会。董事会成员7名,监事会成员3名。下设综合部、财务部、规划部、工程部四个部门。

南京栖霞山文化休闲旅游度假区(以下简称片区)位于南京市主城东隅,包括栖霞山、何家山、南象山、北象山及其周边地段,东至紫金(新港)科技创业特别特区;南至312国道;西至仙境北路—疏港大道—亭子桥路一线;北至长江,占地面积约19.18平方公里。片区坚持高标准规划,高质量建设,高品质发展,高效率运营。强调人文、生态、低碳、智慧、创新的建设理念,以佛教文化为特色、以资源整合为路径、以重大项目为载体、以国际化为目标,打造历史与现代交相辉映,文化与产业融合发展的国家级旅游度假区和新型城市化建设的典范。

◆**城市规划** 南京栖霞山文化休闲旅游度假区城市规划分为总体片区规划、核心景区旅游规划、佛教中轴线规划及其他各专项规划。总体片区规划:2014年初,南京栖霞山文化休闲旅游度假区管理委员会通过公开征集的方式,遴选13家国内外设计单位,开展佛教文化中轴线打造、核心景区提升、协调区改造等三个方面的城市设计,对全域的功能布局、城市形态、开发强度、产业发展、景点塑造、游线组织等进行全面规划设计,最终确定设计方案进入报审程序。启动控制性详细规划的编制工作,11月9日召开南京市城乡规划委员会技术审查委员会会议,已公示。核心景区旅游规划:10月,通过对北京旅游规划设计单位的实地考察,经研究选取北京华汉旅规划设计研究院有限公司和江苏一德文商旅集团进行核心景区产品的运营和策划方面的旅游设计工作。佛教中轴线规划:佛教中轴线是片区内重点设计的区域,是栖霞山核心景区的主要文化及旅游轴线,作为今年规划设计工作的重点,已基本完成圆通禅院和金刚阁的修建性详细规划,并基本完成向各级汇报和专家论证程序,准备启动施工图设计,同时对广厅和山顶佛宫等佛教文化中轴线建筑开展方案设计。各专项规划:分别开展了石埠桥保障房规划设计、红枫街修建性详细规划编制竞赛和栖霞中学改造方案比选、栖霞寺山门广场修建性详细规划设计及新港职业学校修建性详细规划等工作。

◆**栖霞山国家地质公园筹备工作领导小组成立** 2月,中国科学院南京分院向中共南京市委、南京市政府呈送了王德滋等六位院士"关于建设栖霞山国家地质公园的建议"的报告。南京市市长缪瑞林对此作出批示,市领导刘以安、臧正金指示栖霞区按照市领导列清单、拿方案、建班子、抓推进的总体要求,抓紧落实。8月6日,栖霞山国家地质公园筹备领导小组成立。该项工作将栖霞山申报国家地质公园的筹建工作推向了实施阶段。区委常委、常务副区长、栖霞山文化休闲旅游度假区管委会主任曹海连担任领导小组组长,区政协副主席、区委统战部部长时效俊任副组长。筹备组成员包括区政府办、国土分局、住建局、环保局、财政局、文化旅游局等相关单位的主要负责同志。领导小组下设办公室,设在栖霞山文化休闲旅游度假区管委会,姚学敏同志兼任办公室主任,叶宁同志兼任办公室副主任。

◆**丹麦女王随行玛丽安娜来访** 4月28日,与丹麦女王一同到南京的辛德贝格

外甥女玛丽安娜，偕其丈夫到南京江南水泥厂游访，对该片区的未来发展表示十分关注。随后，玛丽安娜夫妇到栖霞山文化休闲旅游度假区管委会，听取管委会对江南水泥厂未来改造、维护、建设的方案构想。玛丽安娜对设计方案表现出强烈的兴趣和认可，表示会高度关注并支持江南水泥厂一带的开发建设，愿意协助引进丹麦的基金会资源参与到建设中。

◆重点项目推介会 9月17日，栖霞山文化休闲旅游度假区重点项目推介会在紫金山庄会议中心举行。南京市副市长刘以安、栖霞区委书记臧正金出席推介会并发表讲话，近百家房地产、金融投资机构、旅游开发等方面公司代表200余人参加推介会。会上介绍，栖霞山管委会将用5年时间，基本完成片区内19.18平方公里的基础设施建设和核心景区的功能提升，形成以礼佛、养生、创意、风景游赏为特色的文化休闲旅游度假区。会上，栖霞区常务副区长、栖霞山文化休闲旅游度假区管委会主任曹海连向来宾介绍了栖霞山核心旅游景区、滨江国际休闲、民国工业遗址、摄山—何家山养生、南象山科技研发五大功能片区，及栖霞小镇、栖霞广厅、圆通禅院、金刚阁、凤翔峰佛宫、邮轮码头等8个具体项目。这些功能片区和项目，均以栖霞山风景名胜区为核心，以佛教文化为脉络，围绕佛教文化中轴线展开。会后，中国进出口银行江苏分行与栖霞区政府签订了开发文化休闲旅游度假区项目合作备忘录。

□戴惠雅

◆南京旅游登山节暨秋栖霞红枫艺术节 10月11日至12月14日，南京市第五届(森林)旅游登山节暨第十四届“秋栖霞”红枫艺术节在栖霞山风景名胜区举行。此次活动依托于栖霞山独具特色的森林旅游资源和深厚的文化内涵，组织策划“枫”言“枫”语、佛性禅心、“秋韵·枫情”、微“枫”行动、遗“枫”余韵五大主题系列活动，通过精彩纷呈的系列主题活动和旅游文化套餐，彰显南京和栖霞山源远流长的历史文化特色及金秋红枫胜景魅力。其间，举办的“红枫码头”创意市集、栖霞山禅修之旅、“秋栖霞”登山比赛、栖霞山文化论坛、文物展、书画展、“多彩的秋天，落叶文化周”等共26项子活动，集“观赏性、娱乐性、参与性、互动性、公益性”为一体，丰富多彩，引人入胜。

◆首推“会说话”的明信片 10月，栖霞山管委会和邮政 等 单位 强力合作，运用虚拟现实的技术，推出国内首款智慧旅游明信片。游客只要用智能手机扫描明信片上的二维码，下载“e邮”软件，然后将手机对准明信片上的栖霞山旅游地图和照片，即可体验“语音导游”、“智能导览”、“3D原景重现”等奇妙场景，享受到更为便捷、智能化的旅游讲解服务。

◆栖霞山红枫节“禅修之旅”活动 10月20~23日，栖霞山联合栖霞古寺在秋季红枫节期间首次推出“放慢脚步，带上心灵去旅行”为主题的禅修之旅活动，邀请市民和游客在景区内体验身心寂静的慢生活状态，体验栖霞寺僧人的修行生活。活动动静结合，内容涉及打坐修禅，聆听梵音，诵经、品尝素斋、观看茶礼、体悟佛陀的教诲等，集体验性和参与性一体，特色鲜明。此次“禅修之旅”共50个名额，在全国范围内公开征集。只要身心健康、年龄在18—60周岁之间、愿意服从寺院食宿安排及管理者，均可报名。活动启动后，全国各地的3500多人报名，最终选定50人参加。

□李　宏

·燕子矶公园·

◆概况 2014年，燕子矶公园累计接待游客14.1万人次，比上年增长15%；实现收入345万元，比上年增长4.5%。对青奥期间的体育健儿、志愿者、工作者、符合规定的老年人、儿童、军人等实行免费政策。管理处党支部组织中心组学习12次，党支部学习6次，观看教育片2次。全年慰问困难职工11人，慰问费8000元。围绕“大干一百天”和“再干二百天”活动，管理处拿出60万元专项资金对园内的老旧设施进行维修、更新。公园成立安全保卫领导小组、平安景区活动领导小组、平安园林活动领导小组等专项活动领导小组。围绕安全生产月活动，悬挂宣传横幅，出专题板报，更换灭火器28具。针对公园地势险峻的特点，公园增派6名安保人员在登山道和矶顶险要处巡逻，确保青奥期间安全无事故。根据《关于市旅游委员会直属事业单位国有资本退出设计、施工、监理、养护、环卫、园林、审图、咨询等领域的实施方案》要求，成立专门的领导小组，制定燕子矶公园管理处及工会国有资本退出南京燕子矶园林绿化工程有限公司的实施方案并上报南京市旅游委。年底，根据实施方案已完成调查摸底、清产核资、审计评估、注销资质、转型发展五个程序。

◆“大干一百天，彻底大扫除”活动 4~7月，燕子矶公园为迎接“青奥”盛会，在青奥前开展“大干一百天，彻底大扫除”活动。公园景区平面、立面、空间、水体、地下设施等管理水平实现全方位提升。办公室屋面拾漏400平方米，拆除旧瓦与望板，更换新板、新瓦。门窗出新300平方米，内外墙出新粉刷约500平方米。公园内外围墙约650平方米，更换墙头小瓦及瓦当滴水约80平方米。售票处、检票处等外墙出新120平方米。更换入园洗手池，改造下水管；全园指路牌、温馨提示牌、安全警示牌等各类指示牌更换12处，文明服务告示牌更新2块。检票处门头改造，御碑亭油漆出新。种植红枫、海棠、紫荆、红叶石楠、八角金盘等各类乔灌木1500余株，吉祥草、石蒜、书带草等地被300平方米，栽植草坪1000平方米。清理卫生死角800平方米，清运各类垃圾约30吨。

◆国有资本退出施工、养护领域 6月，燕子矶公园根据宁政办发〔2014〕91号文的文件精神和《关于市旅游委员会直属事业单位国有资本退出设计、施工、监理、养护、环卫、园林、审图、咨询等领域的实施方案》要求，结合单位的实际情况，制定实施了燕子矶公园管理处及工会国有资本退出方案。成立以管理处主任兼书记乌明为组长，管理处副主任张剑、胡伟为副组长的领导小组。经调查摸底，确定公园涉及国有资本退出的企业仅为南京燕子矶园林绿化工程有限公司。该公司成立于2001年3月,燕子矶公园管理处占股95%,燕子矶公园管理处工会委员会占股5%,公司为园林绿化施工三级资质。公司所用人员由燕子矶公园管理处借出,均为事业编制人员。根据领导小组的工作安排,由财务科、办公室对工程公司进行清产核资,此项工作7月底完成。9~10月,管理处聘请南京市旅游委认可的资产评估公司对公司资产进行审计评估。国有资本退出的具体办法是:首先,燕子矶园林绿化工程有限公司注销园林绿化施工三级资质,退出园林绿化施工、养护领域。其次,变更公司名称及经营范围,转型为物业管理类公司,不再参与设计、施工、监理、养护、环卫、园林、审图、咨询等一般竞争性领域的经营活动。

◆首个国家公祭日活动　12月13日,是首个南京大屠杀死难者国家公祭日。当天上午10点,公祭仪式在侵华日军南京大屠杀遇难同胞燕子矶丛葬地举行。参加悼念活动的有栖霞区政府四套班子领导、燕子矶公园干部职工、解放军战士、学生代表以及群众近2000人来到燕子矶丛葬地纪念碑前,共同悼念遇难同胞,铭记历史,警示未来。10时整,悼念活动正式开始,全场同唱中华人民共和国国歌,随后全体肃立,向在侵华日军南京大屠杀中遇难的30万同胞默哀。默哀结束后,学生和群众代表先后发言,讲述他们在悼念活动中所感受到的一次次心灵震撼。最后,参加活动人员绕纪念碑一周,凭吊遇难同胞并献花。　□章　明

龙潭物流基地

◆概况　2014年,为加快龙潭物流基地(以下简称"基地")纳入开发区体系后的转型升级及"二次创业",基地针对南京市跨境电子商务平台领域的空白,抢抓国家第二批试点,争取了南京跨境贸易电子商务平台试点工作落户基地。4月,基地进行了跨境贸易电子商务中心一期5400平方米的硬件建设、设备安装和系统对接工作,与邮政速递达成战略合作协议,在中心内设立了中国邮政速递南京国际互换局龙潭分局,实现国际邮件快速分拣,并引进电商17家,配套物流企业3家。7月,南京海关正式同意并支持在基地开展一般出口模式下的跨境贸易电子商务试点。9月29日,进行了第一票货物的通关运作,10月28日,当天通过跨境电子商务中心出口42票货物,这意味着,龙潭跨境电子商务业务正式投入运行,也标志着南京成为继东莞之后全国第2个、江苏首个使用海关总署统一版通关服务平台实现跨境贸易电子商务实际运作的城市。结合跨境电子商务工作的开展,基地组织全体员工观看大型财经纪录片《电商风云》,聘请南京海关商品归类专家讲授商品归类知识,帮助员工加深跨境电商这种新型产业的了解。

基地根据市场需求整合仓库资源,调整价格体系,提高服务水平。2014年,外贸区续租仓库2.14万平方米,内贸区仓库出租面积6.71万平方米,全年租赁收入约1727万元。引进注册企业112家,新增注册资本内资6.48亿元,外资2600万美元,区内企业纳税合计约1.18亿元。龙潭保税物流中心是基地的独资子公司,全年经营收入3333万元,运作货物2.07万票,作业量16万吨,实现监管货值27.14亿美元。

基地加强安全生产管理工作,委托专业单位修复保税物流中心消防设施消火报警、室内喷淋、消火栓及远程起泵系统等,消除保税中心消防设施设备的安全隐患。同时,结合青奥安全生产整治行动,组织开展安全生产200天专项整治行动,通过月度巡查、专项检查、不定期抽查、宣传教育、召开园区企业负责人例会等形式,督促、检查、参与有关单位的安全隐患排查与整改,巩固物流基地安全稳定形势。

根据南京市、栖霞区开展环境综合整治百日行动工作的部署和要求,基地对辖区范围内的道路、墙面、围网、车棚、河道、杂草、场地、仓库等75个项目进行整改,对约10万平方米的库区预留地进行了整理,联合物业公司对库区车辆进出、停放、货物堆存进行引导和管理。栽种树木60余棵,草皮2000余平方米,协调拆除10余处违章建筑,关停了保税中心乳胶分装、化工罐装清洗等项目,协调并运转基地1000吨污水处理站,解决基地周边污水处理排放等问题。

根据南京开发区工委的安排和部署,基地开展党的群众路线教育实践活动,实施11项整改措施,完善7项管理制度。开展党员到社区(村、企业)"奉献社区、服务群众"活动,对摄山村实行党员一对一结对帮扶。在党员和干部群众中开展"送温暖、献爱心"慈善募捐活动。组织党员干部学习贯彻习总书记系列重要讲话精神,规范工程招投标、公务出差、公务接待等管理办法。

◆南京跨境贸易电子商务中心投入运行　10月28日,南京跨境电子商务中心在基地正式投入运行,标志着南京成为继东莞之后全国第二家、江苏第一家使用总署统一版跨境贸易电子商务通关服务平台进行跨境电子商务实际运作的城市,意味着南京跨境电子商务出口试点工作取得阶段性成功。

当天通过跨境电子商务中心出口42票货物,发货人是南京全麦电子商务公司,由金陵海关新生圩办事处放行,通过江苏省邮政速递e邮宝寄往美国马里兰、加利福尼亚、德克萨斯等地,预计货物将于11月10日左右送抵用户。

该中心8月由基地筹建,现已完成通关查验区、电商备货区、办公区的跨境贸易电子商务中心的建设,并配置自动查验分拣流水线及X光查验设备、高清摄像头等监管设备。同时,基地不断优化跨境电子商务"软环境":与邮政速递达成战略合作协议,在中心内设立了中国邮政速递南京国际互换局龙潭分局,奠定了国际邮件快速分发的基础;帮助试点电商企业与海关技术部门进行数据对接;引进了南京全麦、江苏汇国、南京寄之风、马达电子等电商企业17家,江苏易达通等配套物流企业3家,跨境电商企业集聚已初具规模。

该中心的运行,意味着标准化、常态化的货物通关正式启动,实现了南京跨境电商货物通关零的突破,为南京及周边地区的外向型企业拓展外贸营销网络、增强出口竞争力,提供有力的支撑。下一阶段,基地将积极争取进口试点,进一步拓展跨境贸易电子商务的业务功

10月28日，南京跨境电子商务中心投入运行　　龙潭物流基地 供稿

能，促进区域跨境贸易发展，做大做强南京跨境电子商务产业。

◆**宣城商务局领导到基地考察**　11月6日，南京市商务局局长汪振和、副局长何小庆等陪同安徽省宣城市商务局局长、党组书记汪侃一行到基地考察调研南京跨境贸易电子商务中心。汪侃一行首先参观了跨境贸易电子商务中心通关查验区、电商备货区、办公区，仔细察看了自动查验分拣流水线、X光查验设备及工作过程，听取基地招商部对跨境贸易电子商务业务流程的详细介绍，随后与相关人员进行了座谈交流。座谈会上，双方就跨境电子商务的建设模式、报关流程、口岸监管、人员配备等软硬件环境打造进行了交流。会上双方还就未来业务合作进行探讨。基地副书记施国平及相关部门负责人参加了调研。

◆**金陵海关领导到电子商务中心调研**

11月7日，金陵海关综合业务处处长夏俊带领金陵海关相关部门人员到南京跨境电子商务中心调研。夏俊首先听取基地对跨境电子商务中心建设、运营情况的汇报，然后参观电子商务中心通关查验区、邮政速递南京国际互换局龙潭分局、电商备货区，了解自动查验分拣流水线、X光查验设备的运作情况，最后就跨境电子商务通关服务等方面的工作进行了交流。夏俊表示将全力支持跨境电子商务中心的建设与发展，合力做强南京的跨境电子商务产业。基地负责人于建平参加了调研。

◆**南京海关关长到物流基地调研**　11月12日，南京海关关长薛金楼一行在金陵关关长王学理陪同下对设立在基地内的南京跨境贸易电子商务中心进行调研。南京经济技术开发区管委会副主任蒋伟等参加了调研。薛金楼听取了基地负责人于建平对跨境电商中心的介绍，并对中心建设和通关工作给予了充分肯定。

薛金楼一行随后参观了设在中心内的邮政速递南京国际互换局龙潭分局和已驻区运营的电商企业，观看实物通关操作流程和设备运行，并与企业代表进行交流。薛金楼表示南京及新生圩海关要高度注视电商企业贸易需求，不断探索新思路、新方法，为南京跨境电商中心提供更好、更科学、更高效的通关服务，促进地方外向型经济的加快发展。

□陈彦平

房地产开发

·栖霞建设集团·

◆**概况**　2014年，栖霞建设集团拥有商品房项目8个，保障房项目2个，委托建设项目7个，全年新开工面积94.57万平方米，竣工面积76.41万平方米，房屋合同销售35.56亿元，回笼资金37.28亿元，纳税4.38亿元。商品房开发板块中，南京枫情水岸大部分房源达到土建竣工验收条件，羊山湖花园首批交付房源完成综合验收，瑜憬湾已有5栋房源主体封顶；苏州栖庭住宅和商业全部通过竣工验收，全年交付531套；无锡东方天郡

11月12日，南京海关关长薛金楼一行到南京跨境贸易电子商务中心调研
龙潭物流基地 供稿

二期A1区竣工交付,栖园酒店取得建设工程规划许可证，栖园首批住宅竣工交付。南京枫情水岸与羊山湖花园全年共推盘8次,瑜憬湾花园一期首次开盘。集团全年实现商品房合同销售14.28亿元,其中,南京公司10.35亿元,苏州公司1.93亿元,无锡公司2亿元;共回笼商品房项目资金15.71亿元。保障房开发板块中，幸福城项目二至八组团已全部竣工并逐步交付使用，一组团也基本竣工，合同销售21.82亿元，回笼房款21.57亿元,交付房源2092套。工程管理板块中,2014年，集团新承接丁家庄二期保障房、迈皋桥街道创业园安置房、江苏省招标中心、尧化社区中心、银贡山保障房、麒麟科技创新园等多个项目,总建筑面积约142万平方米。至年底,所有委建项目施工进度均达到业主方要求。其中,丁家庄二期A3地块9栋房源进入主体施工;银贡山项目部分房源建至8层;麒麟科技创新园已开工33万平方米,启动区建筑已主体封顶。

是年，栖霞建设所有项目主体验收优良率继续保持100%,南京幸福城项目顺利通过住建部组织的国家康居示范工程达标验收和AA级住宅性能认定,并获得施工组织、成套技术、规划设计、建筑设计全部四项优秀奖。南京市国土局代建项目土建及安装工程、外幕墙工程荣获江苏省优质工程“扬子杯”,内装工程荣获“专项国优奖”。

是年，栖霞建设股份公司在中国房地产业协会、中国房地产研究会组织开展的“2014年中国房地产500强测评”中蝉联“中国房地产百强企业”,被国家住建部表彰为“国家康居示范工程住宅建设创新单位”和“国家康居示范工程住宅创新成绩突出企业”,被江苏省住建系统职工劳动竞赛活动领导小组评为2013年度江苏省住房保障和保障性安居工程建设劳动竞赛先进单位，被南京市总工会授予南京市五一劳动奖状。

◆银贡山南地块经济适用房项目动工 3月6日，南京新尧新城开发建设有限公司委托栖霞建设代建的银贡山南地块经济适用房项目破土动工。该项目位于栖霞区银贡山南侧，西到燕尧路、南至农场路、东到绕城公路,规划性质为二类居住用地，建设用地面积约4.1万平方米,总建筑面积约13万平方米,包括7栋21层住宅楼,总户数1402户。项目计划总投资约5亿元，工期20个月,计划用于安置新尧新城片区二桥高速沿线城中村整治、改善区域环境拆建的居民。

◆南京中城栖霞资产管理有限公司成立

3月17日,南京栖霞建设股份有限公司与上海中城未来投资有限公司共同投资组建的南京中城栖霞资产管理有限公司完成工商登记注册。南京栖霞建设股份有限公司以现金出资490万元，占注册资本的49%;上海中城未来投资有限公司以现金出资510万元，占注册资本的51%。公司成立后,立即实施了中城栖霞一期房地产投资基金的发行设立工作,共募集资金1亿元,用于无锡东方天郡项目的开发。

◆苏州栖庭项目交付 3月28~30日,苏州栖庭在历经3年建设后交付业主使用。经过前期准备,整个交付现场井然有序,入口处设置了交付流程指示,业主按照流程指示填写资料、缴纳相关费用后由水电、土建、物业、智能化、门窗等专业工程人员共同陪同验房,领取钥匙。该项目交付过程顺畅,实现了零投诉交付。三天时间,交房475套,为项目画上一个完整的句号。

◆集团总部项目开工建设 5月1日,栖霞建设集团总部项目在南京马群科技园区正式开工建设。该项目位于南京市栖霞区马群街道,西眺钟山风景区,北连徐庄软件园,东接仙林大道,南邻宁海药业、苏果配送中心等知名企业。该项目总用地面积约5.3万平方米，其中可建设用地面积4.8万平方米，规划总建筑面积约9.7万平方米,其中,地上6.3万平方米,地下3.4万平方米;包含综合办公楼、研发服务楼、后勤服务楼、生产研发楼以及相应配套建筑和设施等，将建成一个现代化办公及研发场所。该项目作为国家级住宅产业基地项目，也将重点开展住宅建筑结构体系、建筑规划设计与建筑平面设计、节能部品在住宅中的开发与集成应用等技术的研发工作,旨在促进我国冬冷夏热地区住宅产业化的技术创新、推广和转化,促进工业化住宅和部品集成应用体系的发展，促进我国住宅产业化生产方式的转变。

◆幸福城限价房再次开盘 6月14日，花岗幸福城项目限价房再次开盘，当天成功认购208套,认购金额约1.5亿元。限价房是南京市为满足住房困难家庭的购房需求而推出的具有保障性质的房源，价格由政府按照项目周边房价的90%核定，幸福城项目的部分房源被纳入其中,核定价格8600元/平方米。后因政策调整，南京市于年底结束受理限价房申请，此次开盘认购规模成为南京市限价房历史之最。

◆承建麒麟科技创新园项目 7月1日，南京市科技创新投资有限公司与南京栖霞建设集团有限公司签署《南京麒麟科技创新园首批房屋建设项目管理协议书》,委托栖霞建设承担南京麒麟科技创新园项目的建设管理工作。该项目总建筑面积58.76万平方米，其中地上建筑面积43.61万平方米，地下建筑面积15.15万平方米,包括紫金(麒麟)特区、麒麟附属小学及幼儿园、麒麟公园配套工程、南京市政务服务中心等四个子项目,总投资60亿元。

◆星叶瑜憬湾首次开盘 10月22日，由南京栖霞建设股份有限公司开发、位于南京市迈皋桥街道网板路的星叶瑜憬湾项目首次开盘。该项目总建筑面积25万平方米,由20幢18层高层住宅、8幢4~6层多层住宅和一个6000平方米的幼儿园组成。此次开盘推出160套高层房源，有70~130平方米的多种户型，当天成交110余套,成交金额2亿元,均价约19500元/平方米。

◆引入战略投资者 10月31日，国务院国资委正式批准南京栖霞建设集团有限公司国有股权管理相关事项的请示，集团正式引进新的民营资本战略投资者。2014年以来,南京栖霞建设集团有

10月22日,星叶瑜憬湾首次开盘　　栖霞建设集团 供稿

限公司面向国内优秀民营工程建设企业,开展增资扩股工作,通过引入战略投资者,将公司的注册资本金由1.90亿元增至2亿元,新增注册资本占增资后公司注册资本的比例为5.19%。7月底,在南京市产权交易中心的组织下,经过公开择优评选,江苏省苏中建设集团股份有限公司和上海嘉实(集团)有限公司,成为公司的战略投资者。引进这两家企业后,公司民营资本的持股比例首次超过国资。至年底,公司工商变更手续业已完成。

◆**湘联股份在"新三板"成功挂牌**　12月12日,南京栖霞建设集团建材实业有限公司参股的湖南湘联节能科技股份有限公司在全国中小企业股份转让系统正式挂牌交易,公司简称"湘联股份",股票代码831479,总股本3000万股,流通股1738.75万股。此次挂牌意味着该企业正式迈入资本市场,有效地扩大企业融资渠道和市场空间,为企业公开转让股份、进行股权融资等创造良好的条件。

□安　明

·高科置业·

◆**概况**　2014年,高科置业新开工面积97.7万平方米,施工面积161.79万平方米,竣工面积38.74万平方米。全年累计完成商品房销售金额22.46亿元,比上年增长24.72%,上缴税金3.21亿元。高科荣境A2地块小高层项目顺利入市,年内5次集中开盘均取得成功,全年小高层产品实现销售金额约16亿元,取得仙林区域销售冠军的成绩,产品价值得到市场认可。高科荣域2014年以精装修房源销售为主,精装修产品增容至85平方米、98平方米、115平方米、133平方米(4房带地暖、5房不带地暖)5种套型,全年加推3次,推出6幢房源,实现销售近6亿元。年末,高科荣境A2地块小高层首批5栋房屋、高科荣域二期毛坯房源顺利实现竣工交付,项目品质得到业主的广泛认可。

是年,高科置业开发建设的经济适用住房小区,共安置1068套房源,安置面积8.23万平方米;其中,龙岸花园一期顺利完成939套房源竣工交付,交付面积达7.35万平方米,用于吉祥苑机电产业园和龙潭街道就地拆迁;提供靖安佳园、摄山星城项目129套房源用于综保区、市双困家庭安置;龙岸花园二期、三期,液晶谷二期经适房项目进行开工建设。物业服务方面,高科置业全资子公司南京清风物业管理有限公司不断提高物业管理品质,市场认可度不断提升,在南京市住建委公布的"2014年度物业服务企业红榜排名"中,清风物业位列第六名。是年,高科置业荣获2013年度江苏省房地产开发企业综合实力50强、2014南京地产榜样企业等奖项。高科置业全年获国家优秀工程奖1项、"扬子杯"1项、"金陵杯"3项,"优质结构"9项,其中,代建的鼓楼医院一期获得"国家优秀工程奖",左右阳光商业及办公楼获得"扬子杯",循环园经济适用房项目06、07栋、东城汇项目获得"金陵杯",龙岸花园经济适用房一期02、03栋,荣域二期1、3、4、6、8、14、19栋获得"优质结构工程奖"。

12月12日,湖南湘联节能科技股份有限公司挂牌仪式　　栖霞建设集团 供稿

◆**高科荣境A2地块小高层产品上市热销**　1月11日，由南京高科置业有限公司开发、位于仙林科技城仙林大道与经天路交汇处(地铁2号线经天路站)的高科荣境A2地块小高层产品首次开盘。高科荣境项目分为A1、A2两大地块，A1地块规划为纯别墅项目，占地面积5.74万平方米，地上总建面积4.5万平方米，规划建设14栋叠加别墅，12栋联排别墅，面积(含地下室)为315~506平方米不等，已于2013年12月交付使用。高科荣境A2地块占地29万平方米，总建筑面积约77万平方米，地上总建面积约51万平方米，规划建设42栋小高层住宅、10000平方米山会所、30000平方米山体森林公园、15米叠水瀑布、1座城市大堂、1所18班制幼儿园、约2.5万平方米主题风情商业街。此次开盘推出32、29、20号楼共240套房源，套型面积在118~180平方米之间，折后均价约在17000元/平方米。本次开盘在高科荣境会所举行，采用摇号方式，现场近500组客户等待摇号，开盘仅2小时即去化九成，销售金额达4亿元。

2014年，高科荣境首次开盘大捷之后，又先后于3月29日、8月9日、10月11日和11月30日组织了4次集中开盘，共推出880套房源，面积12.01万平方米，每次开盘均实现热销。全年高科荣境A2地块小高层项目最终实现销售约16亿元，成为仙林板块名副其实的销冠，产品价值得到市场认可。

◆**高科荣境、荣域部分房屋竣工交付**　2014年，高科置业实现高科荣境A2地块小高层首批5栋房屋、高科荣域二期毛坯房源的如期竣工交付。为确保交付工作顺利完成，高科置业精心布置交付工作。在前期施工进度管理方面，平时狠抓施工进度，强调进度计划的严肃性；在施工过程中加大协调力度，为计划完成扫清障碍；完善组织架构和配套质控制度，充分发挥品质督导机构的作用，大力推行样板房制度，切切实实做好质量管理。在交付准备前期，对所有房源进行多次验房检查和客户沟通，提前排查可能出现的交付问题，化解客户矛盾；在交付期间，对交付现场及交付区域进行温馨布置；交付过程中物业管家和工程管家一对一全程一条龙服务，让归家的业主们在严谨、便捷、高效、温馨、优美的环境中完成交房验收。

◆**龙岸花园一期完成竣工安置**　5月，龙岸花园一期项目如期竣工。龙岸花园位于龙港大道以东，三江河以西，规划临港路以南，龙潭路以北，该项目一期建筑面积为15万平方米，共建设18栋18层的高层建筑，高科置业在设计方面积极运用商品房的一些好的做法，对产品外立面进行精心设计，造型上采用新古典主义建筑风格，营造小区良好的整体外在形象，显著提升小区建筑的美观度和品质感。从5月起，高科置业积极配合龙潭街道及政府相关部门进行龙岸花园一期吉祥苑机电产业园和龙潭街道就地拆迁批次房源的选房、结算、入住工作。历时一个多月，顺利完成该项目的安置工作，共安置939套住宅，安置面积达7.35万平方米。

荣境A2小高层交付实景图　　高科置业 供稿

◆**子公司获2014年度物业服务企业红榜第六名**　2014年，高科置业全资子公司南京清风物业管理有限公司在高科荣域、高科荣境项目的销售配合、房屋交付、入住装修等方面持续加大物业管理力度，物业服务品质不断提升；同时积极拓展多种经营渠道，逐步在左右阳光、高科荣域等服务项目上开展资产管理服务、智能投递服务、物资回收服务等增值服务项目，有效满足入住业主的多种需求。正是由于在物业管理品质上的不懈努力，清风物业的市场认可度不断提升，在南京市住建委公布的“2014年度物业服务企业红榜排名”中，清风物业位列第六名。

□黄　潇

金融业

·概　述·

◆**概况**　2014年，全区完成金融业增加值62.99亿元，比上年增长13%。全区银行类金融网点(不含ATM机)165个，股权投资类企业54家，证券营业部3家，保险类金融机构9家，小额贷款公司8家，融资担保公司1家，融资租赁公司2家。传统金融机构和新型金融业比肩而行，全区金融业态呈现多样化发展。金融机构发展结构进一步完善，金融功能进一步健全。为充分发展本地金融业，支持本地经济发展，今年新增16家开业的银行类金融网点，新增33只股权投资基金。调整融资结构，发展多层次资本市场，提高直接融资比重。全年区内有1家企业登陆新三板,1家企业处于申请主板上市待过会阶段,1家企业处于主板上市辅导期，另有6家企业在新三板上市进程中。出台了《区政府关于促进科技金融创新发展的实施意见》,全区金融创新能力得到提升,立足区位、产业和人才优势,符合本区经济、社会情况的特色金融发展起来。

◆**区小额贷款公司持续发展** 至年底,全区已开业的小额贷款公司共8家,其中,农村小额贷款公司7家,科技小额贷款公司1家。累计放贷2405笔，共计51.62亿元，其中，农贷2198笔，共计41.52亿元;科贷207笔,10.1亿元。累计贷款客户数784家,其中,农贷715家,科贷69家;全年累放贷款828笔,共计13.25亿元,其中,农贷746笔,共计9.3亿元,科贷82笔,3.9亿元。全年对区内小贷公司进行了评级1次、全面检查1次、抽查2次,各小贷公司运行良好,均无重大违纪违规行为。全区小额贷款公司迅速、平稳发展,在解决中小企业融资难、改善农村金融服务方面发挥重要作用。

◆**区融资性担保公司运营良好** 2014年,栖霞区有1家融资担保公司,即栖霞区中小企业贷款担保有限公司，成立于2005年,注册资本5019万元。2014年,该担保公司为24家企业提供29笔贷款担保,担保额达9610万元,收取担保费135.21万元,在保笔数28笔,在保余额9545万元。至年底,公司累计为企业提供担保572笔,担保额达11.21亿元,担保的中小企业在担保期内新增产值4.4亿元,推动总投资5.13亿元,新增税收1919.4万元,新增利润3.25亿元,解决地方就业361人，创造了一定的社会效益和经济效益。

◆**全力推动企业上市** 2014年,全区有1家企业登陆新三板,1家企业处于申请主板上市待过会阶段,1家企业处于主板上市辅导期，另有6家企业在新三板上市进程中。2014年,江苏透平密封高科技有限公司成功登陆新三板；江苏可一文化产业集团股份有限公司已向证监会提交申请材料,进入等待过会阶段;江苏新恒基特种装备股份有限公司继续处于辅导阶段,另有茶花电器、盛海航运等六家企业在新三板上市进程中。至年底,栖霞区进入南京市重点拟上市企业培育计划的企业有25家。通过动态管理拟上市企业储备库，实现分类管理、跟踪服务,加强扶持、引导及奖励,着力推动一批条件成熟企业尽快进入上市程序。2014年，针对区内中小企业众多的情况，加大对新三板工作的推进力度,于11月举办了新三板业务培训会,邀请全国中小企业股份转让系统市场发展部石经理为区内企业进行培训。

◆**强化科技创业投资目标管理** 至年末,全区共有股权投资机构54家,基金规模34.2亿元。结合南京市对区综合考核目标，区发改局将科技创业投资指标纳入考核体系，将指标分解细化到各街道、平台,制定了对街道、平台的科技创业投资指标考核办法。通过多方协同努力,多项工作齐头并进,全区科技创业投资市场活跃度大大提高。2014年,全区新增科技创业投资额1.62亿元,新增投资项目22家,新增股权投资机构33家,新增注册基金规模15.8亿元,指标完成进度良好,全面完成市下目标任务。

◆**开展科技金融创新** 2014年,根据区长办公会提出的发展全区科技金融工作要求,发改局与科技局、科发公司相关人员到苏州工业园区进行科技金融调研学习,并认真研读了《市政府关于全面深化金融改革创新发展的若干意见》,结合栖霞区已开展的科技金融方面工作，在广泛征求区科技局、财政局、人才办、科发公司、法制办意见基础上,经区长办公会研究通过,出台了《区政府关于促进科技金融创新发展的实施意见》。

◆**维护地区金融生态环境** 2014年,栖霞区按照江苏省、南京市要求,做好各项防范金融风险工作，维护地区金融生态环境。做好防范与打击非法集资工作。牵头街道(平台)和有关单位,开展防范和打击非法集资工作，认真进行风险专项排查和集中宣传教育活动；根据省市要求，清理整顿以电子商务名义开展标准化合约交易活动；对全区非融资担保公司进行清理与规范。□曹　瑾　王苏珂

·农业银行城东支行·

◆**概况** 中国农业银行南京城东支行(简称“农行城东支行”)位于南京市仙隐南路2号,现有在职职工268人,一级网点14个，营业网点覆盖栖霞、鼓楼、玄武、秦淮等区域。2014年,农行城东支行经营效益稳步增长，全行实现营业收入3.65亿元,比上年增加949万元。

◆**负债业务提速发展** 2014年,全行存款始终在较高的平台上稳步提升，全面完成上级行下达的日均存款任务和时点管控任务,为全市做出了一定的贡献。至年末，全行本外币各项存款余额128.34亿元,比年初增加12.6亿元;本外币存款日均余额125.01亿元，比年初增加16.64亿元。年末外汇时点存款余额为5840万美元，比年初增加928万美元,外汇日均存款6035万美元,比年初增加2255万美元,全市占比均超过15%。

◆**资产业务保持平稳** 2014年,全行本外币贷款余额49.35亿元，与年初基本持平,其中对公贷款余额30.05亿元,比年初减少3.4亿元;个人贷款余额19.3亿元,比年初增加3.07亿元。辖内政府平台资产业务取得突破,围绕与栖霞区政府、南京经济技术开发区和南京仙林新市区的发展,加大与三大板块的合作力度,支持区域内政府牵头的城镇化建设项目,组织上报各类城镇化建设项目5个,审批2个。辖内高校资产业务营销取得进展,上报审批南京林业大学“教八楼、教九楼”项目贷款。个贷营销有所强化,个人贷款户数比年初增加525户，余额增加3.07亿元,比上年多增8359万元,完成上级行年度增量任务的137.1%。

◆**客户营销取得突破** 2014年,成功为南交所上线“银商通”项目,实现该项业务零的突破,年末签约客户数3万余户,客户存款日均余额1.87亿元,时点余额最高达26.7亿;华联超市POS收单业务顺利开通;存放同业取得突破,成功办理

江苏银行同业存放2亿元；办理全国首单比率远期业务；成功开立321人才引进账户50余户；成功营销南京市进出口前五十强客户2户等。大力推动零售产品营销，全年组织开展42场“五走进”活动，个人加权贵宾客户达到26576户，比年初增加3362户，全行累计销售基金3.28亿元、贵金属35.23公斤、福彩101万元、代理保险6654万元，均处于全市领先地位。

◆信贷风险有效控制 全年支行信贷资产风险总体上没有发生较大变化和偏离。2014年，全行法人贷款到期贷款现金收回率、受托支付走款比重、风险预警信息处置、押品重估等均完成考核指标。至年末，不良贷款完成了管控目标，银行卡不良透支余额98.8万元，不良透支率为1.76%，个人不良贷款总额927.4万元，均控制在上级行管理指标范围以内。

◆基础创建再获佳绩 2014年，紧紧围绕“平安农行”创建工作目标，健全长效管理机制，全行全年无责任事故和违规违纪案件发生，获得总行“平安农行”、省分行“三化三达标”优秀一级支行荣誉称号，全行10家网点获得“三化三达标”优秀单位称号，4家网点获“三化三达标”良好单位称号。全年柜面堵截风险事件80例，涉及金额277.56万元。全年支行财会管理保持省分行财会基础管理“一级”单位，4家网点保持“三铁”标准，其中总行级“三铁”网点2家，省行级“三铁”网点2家，省行级“良好”网点10家，全行“三铁及良好率”达100%。全行六级柜员3人，五级柜员16人，柜员等级达标率达77.4%。

◆党建和队伍建设持续推进 认真开展党的群众路线教育实践活动。严格执行中央、中纪委各项规定以及上级行关于改进工作作风、密切联系群众的各项要求，勤俭办行和实干兴行意识显著增强，各项费用压降达到上级行要求。全行会议费、业务招待费、公杂费分别下降了69%、16%和40%。队伍建设和员工培养持续推进。全年通过公推公选的方式提拔使用干部7人，其中网点行长4人，支行本部总经理3人，进一步增强了支行本部及基层网点的管理能力和营销能力。组织参加上级行“一站到底”PK赛、组织开展青年业务技能比赛、业务培训、对公岗位轮岗等，对内提升了员工的业务技能、对外提升了网点的服务能力。持续开展员工人文关怀，强化企业文化建设。举办了“三八节”女性健康知识讲座、“成长的烦恼”青年员工座谈会以及各类工会活动，丰富了员工业余生活，有效缓解工作压力。全年慰问、祝贺累计364人次，金额30.52万元。累计建成或改造营业网点食堂13个，休息室(独立)5个，活动室(独立)3个，栖霞、新港、燕子矶、八卦洲和卫岗5个网点将躺椅更换成休息床，员工工余休息的条件得到进一步改善。 □唐 曼

·南京银行和燕路支行·

◆概况 2014年，南京银行和燕路支行(简称“和燕路支行”)持续稳健经营，主要业务指标不断上升，经营效益稳步增长，网点文明服务和营销业绩在全行名列前茅。

和燕路支行作为栖霞区内规模较大的全功能支行，辐射栖霞区重点发展地区，提供综合化金融服务：面向个人客户推出“金梅花”理财系列产品，提供专属财富管理渠道；针对特定消费信贷需求的客户提供“房易贷”、“诚易贷”等易贷类产品咨询及办理服务，重点向公共管理、特定行业类客户推出“信易贷”个人信用贷款；与栖霞财政、拆迁办、街道等单位紧密合作，依托银政合作优势，积极宣传南京银行各类金融产品，拓展了一批鑫薪卡、信易贷、信用卡优质客户；面向栖霞区内中小型企业、科技型企业、平台类企业提供各类融资支持、表内外业务等。与企业客户积极对接，创新融资模式，加强银企合作的深度与广度。

2014年，和燕路支行多次开展“走进社区、服务社区”活动，服务2500余人次，为社区居民提供理财、信贷、网络金融、市民卡、信用卡等业务咨询服务，加强与社区居民的联系。和燕路支行加强网点建设，先后完成龙潭小微支行选址、和燕路网点装修升级工作，扩大市场份额，提升对外服务形象。是年，和燕路支行获得“江苏省巾帼文明岗”荣誉称号。

◆网点建设 2014年，为更好地服务于民，和燕路支行对网点进行重装升级，11月5日上午举行开业仪式。南京银行南京分行领导对和燕路支行为区域经济发展做出的贡献表示肯定，并对今后进一步扩大业务辐射范围，提升业务规模寄予期望。重装开业的和燕路支行整体形象全面提升，服务环境更加便捷、亲切、舒适，硬件设施配套齐全。网点合理布局，一楼设个人储蓄柜台、VIP室、ATM自助设备三个区域；二楼设对公柜台和办公区域。厅堂内配套摆放等待座椅、绿色植物、各类终端设备、电子屏等设施，设有残疾人无障碍通道，爱心专座。VIP室为客户提供免费咖啡、茶、小食、杂志。还设置网银体验区，便于客户通过网银快速办理业务。

在网点装修升级的同时，和燕路支行对龙潭小微支行进行选址，依托龙潭地区优质资源，拓展市场份额，争取为龙潭地区的经济发展做出应有的贡献

◆区域融资支持 2014年，和燕路支行加强区域化经营，结合栖霞区经济社会、区域布局及产业结构等现状，以区域发展政策为导向，推进战略转型升级，为栖霞区经济发展和社会建设提供各类融资支持。和燕路支行积极与战略型客户保持长期合作关系，做好银政、银企对接服务，加大对栖霞重点项目建设的支持，加强与政府平台企业、栖霞园区企业、科技型企业的对接交流，宣传南京银行金融产品，建立业务关系，进一步拓展业务范围。和燕路支行践行“责任金融”的经营理念，立足中小企业，为栖霞区内的中小企业提供融资支持，针对企业的实际情况和贷款需求设计一整套金融服务方案，创新融资模式，开展保理池融资、鑫租铺、项目贷款等特色业务。

◆银政战略合作 2014年，由南京银行总行牵头，与栖霞区人民政府建立战略合作关系的工作处于部署中，定于2015年3月11日举行签约仪式。届时，南京

银行行长胡昇荣、副行长束行农、副行长兼南京分行行长周文凯，栖霞区区长邢正军、常务副区长曹海连等领导将出席签约仪式。

为推动与栖霞区人民政府战略合作关系的建立，南京银行充分利用“全牌照银行”及本部在南京的优势，立足于栖霞区在发展空间、资源支持、政府服务等方面的优质条件，积极推进栖霞区内重点项目落地，在栖霞区内规划新网点，拓展新品种、新业务。邢正军区长对南京银行近几年的发展以及双方的合作给予肯定，并希望在新的政策背景下，双方加强沟通，着力创新思路，在原有合作的基础上进一步深化合作，实现双赢，共同推进双方的快速发展。和燕路支行作为栖霞区内规模较大的综合性网点，加强银政联系和交流，深化与栖霞区部委办局、政府平台企业的对接交流，建立长效合作机制，创新合作模式，推动与栖霞区政府的战略合作，实现互利共赢，助推地区经济转型发展。

◆队伍建设 2014年，和燕路支行加强队伍建设，树立以人为本的管理理念，注重员工的主体地位，将员工自我价值的实现与业务发展目标相融合，调动员工的自主性和积极性，激发员工的责任心和进取心，关心员工的成长与进步。通过组织员工座谈会、户外郊游等活动，加深员工之间的感情，营造和谐的工作氛围，增强凝聚力和向心力，提高员工的归属感和忠诚度，促进员工与银行共同、全面、协调发展。

和燕路支行注重培养员工的综合素质，将打造学习型银行作为一项战略性工作，在行内形成浓厚的团队学习气氛，定期开展理论、技能、实务操作等培训，不断充实、更新、拓宽、完善员工的知识结构，提高员工的业务技能和执行能力。加强员工职业道德、职业操守、法规法纪、社会责任的教育与培训，引导员工树立正确的世界观、人生观、价值观，培养员工团结友爱、爱岗敬业、诚实守信的良好道德规范。

2014年，和燕路支行的队伍不断壮大，涌现出一批优秀员工：客户经理彭来救死扶伤，在开车路上将一名遭遇车祸的女同志送至医院抢救，各大电视台、报纸争相报道这一事迹。彭来做好事不留名，在别人危难时及时伸出援助之手，被授予“见义勇为”称号。大堂经理郑燕微笑服务，想客户之所想，急客户之所急，广受客户好评。综合柜员张萍兢兢业业，以专业的素养，高效率的服务满足客户的需求，被评为“年度先进个人”。

□彭　来

·栖霞科技创业投资有限公司·

◆投资基金 至年底，南京市栖霞区科技创业投资有限公司(以下简称“区创投公司”)已签约设立的子基金5支，总规模9.07亿元；具体合作运行情况如下：

九鼎基金总规模1.13亿元，其中区创投公司承诺出资6000万元，现已出资3306万元。九鼎栖霞基金管理公司在经过市场调查和综合评估后，将其投资的优科生物项目股权转让，该项目初始投入2000万元，现在优科生物以3600万元的价格将股份回购。此外，九鼎所投资的山东华特磁电科技股份有限公司已经在新三板挂牌，四川川恒化工股份有限公司计划15年申报上市；江苏天容集团股份有限公司经营状况良好，预计不久将盈利。

瑞腾基金总规模2亿元，其中区创投公司承诺出资6000万元，目前已出资900万元。瑞腾栖霞基金管理公司对其投资的湖北鸿翔农业项目进行指导帮助，从而促进企业上市工作的推进。

金茂中医药产业基金总规模3亿元，其中，区创投公司出资6000万元。目前金茂投资了4个项目，分别为万邦药业股份有限公司，投资额6000万元；和邦生物科技有限公司，投资额1500万元；芍花堂国药股份有限公司，投资额2640万元；康达医疗器械(上海)有限公司，投资额3000万元。其中，万邦德制药集团股份有限公司将于2015年初向中国证监会申报IPO材料。

与鼎信资本、龙腾资本经过多轮洽谈商讨，与江苏省产权交易所多次汇报协调，成功注册2家子基金，分别为：南京鼎毅创业投资有限合伙企业，规模5000万元，区创投公司承诺出资1500万元，基金正在募集当中；南京龙柏投资基金，规模1.47亿元，区创投公司出资4000万元，首期出资1600万元，相关出资手续均已办妥，目前出资到位。南京龙柏投资基金2014年新增3个项目，9月投资跃英商务咨询(上海)有限公司，投资额200万元；10月投资北京羽乐创新科技有限公司，投资额150万美元；11月投资深圳市网家缘科技有限公司，投资额60万元。

◆直接投资项目运作情况 江苏恒安方信科技有限公司，注册资本5500万元，区创投公司投资700万元，主要从事商品安全防伪认证系统软件的研发和销售，2014年实现2000万元销售额，回购日期2015年11月23日。

江苏捷峰高科能源材料股份有限公司，注册资本4850万元，区创投公司投资500万元，从事纳米材料、能源储存和转化相关产品的研发、生产、销售和服务，回购日期2016年1月17日。

南京沃土新材料有限公司，注册资本1750万元，区创投公司投资700万元，主要经营碳纤维质材料、储氢材料，回购日期2015年2月1日。

南京数模微电子有限公司，注册资本1200万元，栖霞创投投资500万元，经营范围为通信类，回购日期2015年3月。

◆担保公司 2014年，公司担保额9310万元，担保笔数28笔，收取保费135.21万元，在保笔数25笔，在保余额8710万元。累计获得江苏省南京市财政补贴资金1147.09万元，该部分资金循例置于专门账户用于风险准备，以增强公司抵御风险的能力。目前公司净资产6810.65万元，国有资产得到保值增值。在自身发展壮大的同时，公司积极扶持中小企业，已累计为区内164家企业提供担保572笔，担保额达11.18亿元，担保的企业在担保期内新增产值4.9亿元，推动总投资3.06亿元，新增地方就业311人，新增税收1079万元，新增利润6026万元，创造了一定的社会效益和经济效益。经权威机构评级，公司评定信用等级为A+。

□谢文思

·栖霞科技发展投资有限公司·

◆资产划拨　2014年，南京栖霞科技发展投资有限公司（以下简称“区科发公司”）根据区委、区政府的相关会议精神，经梳理，全区行政事业单位拥有500平方米以上的房屋共计247处，总面积5.12万平方米，区科发公司从中选定区人社局、区商务局证件齐全的4处房产（总面积8951.68平方米），办理资产划拨手续，已过户到区科发公司名下。

◆人才公寓购买　根据书记办公会的有关指示，区科发公司2014年购买“东城汇”西楼84套人才公寓，总面积3856.84平方米，总价3779.7万元。此外，为了提高人才公寓使用效率，经报批，区政府原则上同意东城汇西楼对外公开招租。经公开招标、竞标，最终选定威克希尔作为承租人。　□谢文思

经济事务管理

计划管理

◆概况　2014年，区发改局编制全区国民经济和社会发展计划纲要。纲要分综合目标、产业目标、科技人才目标、城建城管目标和民生目标五大类，并实施目标管理。在目标编制过程中，认真贯彻科学发展观要求，坚持科学性、奋斗性、连续性、导向性。年度各项计划目标完成情况良好，全区发展总体呈现经济运行平稳、产业转型加快、城市功能提升、民生事业改善的良好态势，为“十二五”发展划上一个圆满的句号。

◆建设目标　2014年，计划分为主要指标、重点工作、重点项目3个部分。主要指标依据江苏省、南京市基本现代化指标体系，分为经济发展、人民生活、社会发展、民主法治、生态环境五大类25项。重点工作在2013年科技人才、产业发展、城建城管、民生保障等11个方面基础上，根据党的十八届三中全会精神，增加改革开放内容，共12项。重点项目分产业项目、城建城管、重点平台、为民办实事4个方面220项。主要指标预期为：地区生产总值增长11%；公共财政预算收入增长11.5%；社会消费品零售总额增长14%；城镇居民人均可支配收入增长11%，农民人均纯收入增长12%。

◆产业目标　2014年，规模以上工业实现生产总值2420.49亿元，比上年上升0.04%，工业转型升级稳步推进，做大做强光电显示、生物医药、智能装备制造等支柱产业，培育发展物联网、3D打印、软件及移动互联网终端等特色产业，实现战略性新兴产业产值1950亿元，占规模工业比重达80%。服务业发展势头良好，推进综保区加快发展跨境贸易，积极培育江苏生命科技园、栖霞山文化旅游休闲度假区、栖霞商务区为省、市级服务业集聚区，不断推动服务业集聚发展，全年服务业实现增加值265.17亿元，同比增长11.8%，占地区生产总值比重达34%。农业现代化水平进一步提升，新增设施农业135.47公顷，新成立农民合作社13家，八卦洲现代农业园、龙潭“水一方”农业观光生态园等加快建设。重点项目建设有序推进，列入人代会目标的64个重点产业项目，完成投资231亿元，占全区总量的50%以上，其中，G108项目、中传成套设备、南京高科总部等项目加快建设，南京熊猫自动化设备、英达热低碳技术研发等重点项目建成投产；项目引进力度加大，新引进游族网络、富瑞特生物医药等亿元重点项目83个。

◆科技人才目标　2014年，栖霞区加大人才引进力度，成功创建国家“万人计划”基地，积极推进“321”人才计划，引进、培育南京市领军型科技创业人才100人、科技创业家5人、千人计划6人、高端创业人才团队3个，顺利完成市下达目标。创新载体加快建设，江苏生命科技园被认定为国家生殖健康产业基地，并入选第四批“中国科协海智计划江苏特色基地”，金港科创中心被认定为全省首批科技创业孵化链条试点单位，全区新增孵化器面积25万平方米、世界500强研发机构1家。加快培养企业自主创新能力，全年新增孵化器在孵企业598家、毕业企业32家，分别占计划的157%和100%；全年完成专利申请量4200件，其中发明专利2473件，分别占计划120%和180%；完成专利授权量1752件，其中发明专利432件，分别占计划100.7%和100.5%。

◆城建城管目标　2014年，不断强化规划引导，完成栖霞山风景区总体规划、仙林中心区、青龙片区等城市设计。优化区域路网结构，建成华电北路四期、南湾营路北延等一批道路，熙湲路、华电北路三期等道路加快建设。强力推进环境综合整治。全面推进动迁拆违，累计拆迁住宅5777户、企业282家、面积184万平方米；拆违达1440处、面积18.2万平方米，在全市“大干一百天，环境大扫除”考核中荣获有功单位。城市管理水平全面提升，加大环卫设施投入，环卫机械化作业率达85%，生活垃圾分类收集覆盖率达76.3%；成立区客运联合执法大队，查处各类违法违规营运车辆895辆，优化、新辟公交线路17条，新增停车泊位2000个，有效改善交通秩序。创新物业管理模式，探索并推广“尧化拆迁安置房管理新模式”和“迈皋桥老旧小区管理新模式”，全区物业管理水平得到提升。村庄环境整治加快实施，推进新闸村等31个一般自然村环境整治、外沙村等5个三星康居村提档升级，着力打造桦墅“美丽乡村”建设，村容村貌得到较大改善。

◆民生事业目标　2014年，加大就业和社会保障力度，全年新增城镇就业18389人，大学生创业完成256人，分别占计划的130.42%和127%，新增城镇就业中大学以上人员占比达42.3%，顺利完成市下达目标；累计发放最低生活保障金4225万元，应保尽保率达100%；新型农村合作医疗人均筹资达到650元，覆盖率100%。提高住房保障水平。季家街保障房、后新塘一期主体竣工，燕子矶新城一期、龙岸花园等项目加快建设，全年新开工36.7万平方米，竣工19.5万平方米。社会事业全面发展。优化全区医疗资源，“院府合作”、“校府联动”不断深化，引进省市一流三级医院知名专家73

名，重点打造全区康复医疗体系，极大提升卫生服务水平。完善教育资源布局，全年新建中小学、幼儿园20所；引进优质教育资源，共建栖霞(海门)实验初中，自主培养省特级教师2名、引进省内外骨干教师31名，教育教学质量得到改善。养老事业不断发展，新增养老床位300张、省级示范居家养老服务中心7家。加快发展文体事业，开展八卦洲龙舟邀请赛、“迎青奥”系列全民健身活动，“10分钟体育健身圈”建成率达100%。大力推进服务型社会组织培育工作，全年新注册登记358家，名列全市首位。提升社区管理服务能力，城市和谐社区建设达标率97%以上，农村和谐社区建设达标率94%以上；巩固安全社区建设成果，仙林街道成功创建国际安全社区、尧化街道成功创建国家安全社区。 □周 茜

财 政

◆**概况** 2014年，在区委、区政府的正确领导下，区财政局坚持以科学发展观统揽财政工作，在今年严峻的宏观经济形势下，紧紧围绕年初确定的工作目标，大力组织财政收入，切实发挥财政职能，不断强化资金安全和财政监管，加快推进财政改革，精细化调整支出结构，促进社会保障和改善民生，有力促进了全区经济社会的稳步发展。是年，全区财政系统共有干部职工141人，隶属区财政局管理的事业单位2个，街道财政所9个。栖霞板块全年实现公共财政预算收入77.2亿元，比上年增长12.13%，加上基金预算收入3.91亿元，上划中央收入85.39亿元，财政总收入为166.5亿元；完成地方财政总支出(含市指标)72.52亿元，其中，栖霞行政区地方财政收入30.47亿元，比上年增长9.28%，加上基金预算收入0.56亿元、上划中央收入15.51亿元，财政总收入46.54亿元，比上年增长0.43%；完成地方财政支出(含市指标)52.83亿元。是年，区财政局被区委、区政府评为“2013年度区机关作风建设先进单位”、“2013年度完成五个建设工作目标先进单位”，区财政结算中心被区委、区政府评为“2013年度区机关作风建设优秀科室”。

2014年栖霞区财政收入与支出情况

表26 单位：万元

指 标	2014年	2013年	同比增减(±%)
年度财政收入	465377	463383	0.43
一、上解中央收入	155067	179753	-13.73
二、地方财政收入	304681	278815	9.28
地方固定收入	294393	271122	8.58
农牧业税和耕地占用税	1886	739	155.21
专项收入	8032	6954	15.5
罚没收入	370	–	–
三、基金收入	5629	4815	16.91
年度支出合计(含市指标)	528297	530588	-0.43
公共预算支出	345941	328681	5.25
一般公共服务	41474	45524	-8.9
外交	–	–	–
国防	22	10	120
公共安全	17450	16573	5.29
教育	70719	64978	8.84
科学技术	21425	20959	2.22
文化体育与传媒	7101	5968	18.98
社会保障和就业	41752	38564	8.27
医疗卫生	24470	19443	25.86
节能环保	8327	7963	4.57
城乡社区事务	44983	37116	21.2
农林水事务	35883	36551	-1.83
交通运输	6529	5657	15.41
资源勘探电力信息等事务	10949	10605	3.24
金融监管等事务支出	–	–	–
商业服务等事务	4942	3965	24.64
援助其他地区支出	1757	1630	7.79
国土资源气象等事务	513	477	7.55
住房保障支出	4602	4046	13.74
粮油物资储备管理事务	–	–	–
其他支出(类)	3043	8652	-64.83
基金支出	182356	201907	-9.68
教育	21019	20210	4
社会保障和就业	126	948	-86.71
城乡社区事务	159172	177545	-10.35
农林水事务	285	2068	-86.22
资源勘探电力信息等事务	–	50	-100
其他支出(类)	1754	1086	61.51

8月29日,全区2015年度部预算编制工作会议召开　　区财政局 供稿

◆做好财政收入组织工作　2014年,为做好栖霞板块财政收入组织工作,圆满完成区委、区政府下达的目标任务,区财政局做到四个强化。强化目标任务管理。每月初及时下达板块、开发区、行政区、各街道、部门园区收入任务,确保每月适当超序时进度,季度末超全市平均增幅。同时加强收入任务考核,完善收入考核办法,明确税收主体责任,确保收入任务按期完成。强化部门沟通协调。通过加强与开发区协调,测定2013年收入基数和2014年调整数,及时进行数据对接和汇总,真实全面反映全区财政收入情况;通过加强与国、地税联系,共享涉税信息,谋划税收来源,实时掌握全区税收申报和入库动态;通过加强与街道园区沟通,有效开展护税协税工作,协调推进重点税源事项,切实保障全区利益。通过加强与市级联系,掌握全市收入情况,协调做好各项收入组织工作。强化企业走访调研。先后走访金陵石化、汇杰建设、栖霞建设、丰盛置业、南大科技园等企业,了解企业生产经营状况,调研相关项目税收情况,争取重点企业支持,为全区税收多做贡献。强化非税收入管理。进一步加强非税收入纳入预算管理工作,所有财政专户利息收入统一纳入预算,作为国有资本经营收入管理。同时做好非税收入缴库工作,定期梳理存量资金,按期缴入国库。

◆推进农村桥梁及"一事一议"项目建设　为进一步改善农村生产生活条件和交通状况,2014年,由区财政局牵头组织实施小农桥建设项目38座,其中八卦洲22座、龙潭15座、尧化1座;共计投资646万元,其中省323万元、市193.8万元、区级配套129.2万元。实施30个行政村村级公益事业一事一议财政奖补项目,涉及3个街道21个村居,总投资1288.91万元,其中村集体投入及其他资金604.91万元,申请财政奖补资金684万元(其中省级资金199万元、市级资金185万元、区级资金300万元)。至年底,上述38座农村桥梁和30个"一事一议"项目已全部完工。

◆合理安排民生支出　2014年,为更好地保障民生、改善民生,全力支持全区社会保障、就业服务、养老服务、基本医疗卫生体系建设,进一步优化支出结构,区财政局在与各部门深入沟通的基础上,认真调研,细致测算,科学合理地安排本年度各项民生资金。一是安排社会保障和就业经费4.18亿元,其中就业再就业各项经费安排3856万元,各项养老经费安排3516万元;二是安排医疗卫生经费2.45亿元。涉及民生的各项投入都比上年有所增加,各项民生资金均有足额保障。

◆及时足额发放惠民补贴资金　2014年,通过区财政惠民补贴信息管理系统发放的补贴项目达66项,发放资金1.95亿元,受惠群众逾40万人次。为了确保各项惠民补贴资金及时到位,区财政局按照年度预算要求,积极安排和筹措好各项惠民补贴资金,按程序审核下达相关指标,及时拨付资金;加强区街往来垫付资金管理,及时清算收缴应由街道承担的资金,确保惠民补贴资金及时足额到位;针对补贴项目标准提高政策,细致测算,提出合理的资金安排方案,保证提标政策及时执行到位。

◆确保各项惠农政策落实到位　适时拨付支农资金。2014年,累计拨付农业1115重点片区工程、河塘清淤、泵站水涵建设等水利项目资金1.25亿元;设施农业、低收入农户增收、绿色南京等农业项目资金2.05亿元。及时足额发放各项涉农补贴。累计发放涉农补贴1097.04万元,其中农资综合补贴资金979.66万元、水稻直补30.00万元、良种补贴87.38万元,全部补贴资金都通过区惠民平台发放,直接打入农户卡中。积极推进政策性农业保险工作。根据上级要求,结合全区实际,认真做好农业保险各项工作,督促街道财政将收取由农户承担的保费及时划入区财政局农业保险专户和保险公司账户,同时按照区政府会议精神,落实区、街两级配套资金,确保农业保险资金及时足额上缴市财政农业保险资金专户。

◆加强土地出让金收支管理　2014年,区财政局对土地出让金成本进行有效监管,跟踪管理土地出让项目补助资金使用情况,确保土地出让行为规范运作。主动关注土地出让市场变化,积极与南京市财政局沟通,强化政策研究和数据统计,争取土地出让资金及早拨付到位。全年,收市级土地出让金15.78亿元,拨付资金12.47亿元,有力地支持了街道、园区及开发平台的建设。

◆加强政府采购管理　年初,根据《南京市2014年政府集中采购目录和限额标准》的文件要求,结合栖霞区实际情况,制定《栖霞区2014年政府集中采购目录和限额标准》，并将其发放给全区各机关、事业单位和街道。全年，政府采购预算金额为1.3亿元，实际采购金额为1.17亿元，比预算采购节约资金1209.82万元，资金节约率为9.34%。

◆做好国有资产监管工作 进一步加强公有房屋出租专项管理工作。2014年，签订租赁合同217份，共收缴租金5260.74万元。做好行政事业单位资产监管工作。本着厉行节约的原则，科室之间业务联动，充分运用栖霞区金财管理信息系统，倒逼各单位科学管控资产，协力做到“盘清体量、核减存量、控制增量”。2014年共办结资产核销业务81宗，资产共计6852件，核销资产原价值为2491.83万元，处置收益为171.90万元；办结资产调拨业务5宗，资产共计75件，调拨资产原价值为64.33万元。持续做好拆迁补偿资金的专户专管，2014年收缴资金5426.12万元。完善国资管理信息系统，做好事业单位产权登记工作。进一步完善国资一体化管理信息系统，增加产权登记功能模块并开展集中业务培训，完成产权登记信息系统申报数据审核工作。至年底，区属事业单位共86家，资产总额为15.50亿元，负债总额为5.04亿元，国有资产总额为10.46亿元，其中，固定资产总额为8.11亿元。

◆开展“小金库”专项治理工作 根据南京市财政局、审计局贯彻执行中央八项规定严肃财经纪律及“小金库”专项治理统一部署和工作要求，区财政局按照规定时间、步骤和方法，结合实际，精心制定方案，迅速组织动员部署，确保各项工作稳步推进、深入实施。这次专项检查，对全区57个区级党政机关、9个街道办事处，共66个一级预算单位开展了自查工作，自查面达到100%。为保证专项检查工作落到实处，工作领导小组从区纪委、区财政局、区审计局抽调专人组成重点检查小组，按照“严肃、认真、务实、廉洁”的要求对抽查单位进行重点检查。安排检查人员9人，分为3个检查组，对计生局、团委、科技局、民政局、栖霞街道、龙潭街道进行了重点检查；重点检查率为9%，完成了市局布置的抽查率。

◆推进国有资本管理体制改革 区国资办严格按照中共南京市委、南京市政府相关文件要求开展国资退出工作，区政府主要领导、分管领导多次召开专题会议进行研究，拟订了栖霞区国有资本退出传统工商业具体操作方案及国有资本退出设计、施工监理、养护、环卫、园林、审图、咨询等领域具体操作方案，并多次召集相关部门、街道对具体操作方案及国资退出企业名单进行研究论证，确保方案符合市委、市政府要求并具备可操作性，最终明确将栖霞区国有企业分为三类〔功能类(政府平台)企业、公共服务类企业、一般竞争类企业〕实施国资退出工作。为整体推进这项工作，经区长办公会研究确定，出台了《区政府关于印发栖霞区国有资本管理体制改革工作实施办法的通知》(宁栖政字〔2014〕194号)，成立栖霞区国有资本管理体制改革领导小组，由区长担任组长，分管副区长担任副组长，区财政局(国资办)、区发改局、区住建局等相关部门负责人为成员，统筹协调国资退出传统工商业及设计、施工、监理、养护、环卫、园林、审图、咨询等领域工作。区财政局(国资办)、发改局和区住建局根据不同领域分别牵头负责，各主管部门、企业根据文件要求稳步推进退出工作。

◆控制防范财政风险 清理甄别政府性债务。按照国发〔2014〕43号文的精神，区财政(国资办)积极配合财政部驻江苏专员办做好政府性债务清理甄别工作，理清了政府性债务的规模。建立风险预警，实行动态管理。按照分类管理的原则，建立并完善了地方政府性债务统计报告制度，实行债务报表的月报、季报和年报，全面了解债务的规模、构成，实现对债务的全过程管理。建立了还贷预警机制。根据平台融资、资金运作、财务运行、土地抵押、出让等情况，提前三个月发出偿债通知，做好资金筹集，保证按期偿还债务。至年底，全区各政府平台无不良信用记录。根据全区债务规模，财政预算安排一定额度的偿债准备金，保证平台临时性资金需求。合理举借债务，优化融资结构。统筹安排园区平台举债时间，通过短期和中长期贷款的结合，偿债时间更加科学合理。根据平台建设进度，结合货币政策情况，实行动态利率政策，将融资利率控制在较为合理范围之内。稳步推进政府性投资项目融资方式多样化，积极探索尝试融资租赁等多种直接融资方式，协助园区平台筹措资金。加强政策交流。建立了“南京栖霞国有企业管理”网络交流平台，通过平台研究政策，交流工作，协调解决问题，大幅提升了工作效率和服务质量。

◆出台规范支出行为管理办法 为深入贯彻中央八项规定，规范支出行为，促进机关厉行节约，区财政局先后草拟，并由相关部门出台了《关于进一步规范国家工作人员因公临时出国管理的办法》《区管干部因私出国(境)管理规定》《栖霞区区级机关会议费管理办法》《规范和改进栖霞区公务接待和商务接待工作的实施意见》《栖霞区机关差旅费管理办法》《栖霞区机关培训费管理办法》等制度，进一步加强了区级机关“三公经费”、会议费、差旅费、培训费等费用的管理。

◆邀请市政府采购专家组上门解惑 栖霞区政府采购工作始于2003年，随着政府采购范围的扩大和采购制度的健全，每年节约了大量的财政资金。但近期来，区部分单位反映通过政府采购程序采购的商品存在价格偏高的问题。针对单位的质疑，区财政局于2月18日邀请了南京市财政局政府采购处、南京市政府采购中心、南京市物价局价格监测中心的领导和专家，和区纪委、区监察局相关领导，就政府采购商品价格问题召开了专题座谈会。市政府采购专家组深入分析了政府采购商品的价格与个人采购商品的价格，它们的不同之处主要有四个方面：一是人工成本，政府采购价格中包含免费送货、退换货，5×8小时现场保修等具体服务项目。二是税收成本，政府采购要求必须开具正规发票，依法纳税，权益有保障。三是资金流转成本，合同中标后，供应商先行垫付资金备货，然后安排送货安装，采购单位验收通过后才将采购款支付给供应商。四是软件系统成本，以计算机为例，政府采购要求供应商必须为计算机安装正版操作系统软件。此外,专家组还介绍,市级政府采购引入了价格监测机制控制协议供货产品价格虚高的问题。政府采购引入第三方监测机制,由市物价局价格监测中心通过对商场、超市、电子商城等40余个价格监测点的价格采集,运用专业数学模型测算出"市场均价",以该价格作为政府采购网上竞价产品的最高限价,并定期在网上竞价平台发布,网上竞价成交价格不能高于该市场价格。同时规定,凡发现竞价产品成交价格高于市场均价的,一经查实,给予举报者10倍于差价的奖励。

◆举办三期财政系统干部培训班 3月16日上午,邀请南京财经大学财税学院副院长朱军,为财政系统干部讲授"地方财政风险预警与规避问题研究",选题针对经济发展新形势下,地方政府融资平台产生的债务负担,地方财政当前面临的债务压力及风险等问题,从宏观上进行了深入的剖析,从地方债务风险现状到预警系统初步构建做出了详细的梳理,并对强化地方财政风险管理的预算制度改革提出了建设性意见,对财政决策行为提出了合理化建议。6月14日上午,邀请南京财经大学财税学院名誉院长杨抚生,为财政系统干部讲授"建立现代财政制度"。选题立足十八届三中全会通过的《中共中央关于全面深化改革若干重大问题的决定》,针对财税制度改革的重要性和必要性,我国目前财税制度存在问题,以及经济运行中突出的矛盾进行了深入的剖析,对我国财政体制改革背景及改革路线进行了梳理,详细阐述了财税改革的目标任务。9月20日上午,邀请南京财经大学财税学院院长蔡军为财政系统干部作"构建绩效导向的地方财政管理新模式"讲座,从预算绩效管理的角度,对建立现代化财政制度该机预算管理制度、提高资金效益、强化结果导向,推动公平高效规范的现代化预算管理制度的建立做了系统的阐述。对财政系统干部树立绩效理念,实现从关注投入到关注产出的转变,科学理财、加强绩效考评,将绩效管理融入预算管理,有了全新的理解和认识。

◆栖霞街道财政所获全市首家五星级档案室称号 3月21日,栖霞街道财政所在全市农村财政管理工作会上作《群策群力,创建五星级档案室》的经验介绍。栖霞街道财政所于2013年12月通过验收,成为南京市首家、江苏省第二家通过财政系统五星级档案室创建达标的基层站所。目前,该所档案室配备了2名档案员,拥有档案库房73平方米、阅档室17平方米、陈列室70平方米,建立了较为完善的档案工作制度体系。另外,档案库房备有密集架16列,可保证预存10年以上的档案存放量。同时该所还注重运用档案管理信息系统,实现了利用OA系统进行档案检索、统计、借阅、查询等功能。五星级档案室创建过程中,该所组织力量对所有文书档案和近8000卷的拆迁档案进行数字化扫描,为今后的查档利用打下坚实基础。区财政系统将以此为起点,吸取和借鉴栖霞街道财政所档案管理工作的经验,促进全区财政系统档案管理工作更上新台阶。

2月25日,区财政局召开财政所长工作会议,研究部署年度基层财政工作
区财政局 供稿

◆推进规范化财政所建设 根据南京市财政局的工作部署,区财政局在上年栖霞街道财政所成功创建规范化财政所的基础上,尧化、八卦洲和西岗3家涉农街道财政所成功创建规范化财政所。4月,区财政局在栖霞街道财政所召开财政所规范化建设现场会,目前各涉农财政所正根据规范化建设考核指标,争取顺利通过规范化建设考核。10月,针对街道财政账务检查中普遍存在的问题,区财政局在西岗街道召开财政业务管理现场交流会,财政所各账套会计参加。区财政局国库科针对普遍存在的问题,梳理整改意见,对账务处理中的疑点难点问题,给出权威解答。

◆做好全区会计人员的考试服务工作 顺利完成2014年度会计职称考试报名审核工作。今年的会计职称考试网上报名4436人次,4月23日至4月27日,到区财政局进行现场审核通过的是4060人。在审核过程中,通过现场采集电子照片、当场办理会计证调转等人性化服务的方式,帮助100多位考生顺利通过确认。有力保障2014年度全国会计专业技术资格考试。10月25日至26日,为期两天的2014年度全国会计专业技术资格考试,栖霞考区迈皋桥职业中学考点的考务工作圆满结束。此次栖霞考区设1个考点,分3场考试,共74个考场,接待考生2153人次,截至考试结束,未出现任何考场违纪现象及考生投诉。准确发放2013年全国会计专业技术资格考试合格证书。2013年度栖霞区考点职称考试合格人数初级为554人、中级为54人,为了做好发证工作,区财政局提前通过短信平台和电话通知的方式通知到每一位合格人员,准确无误地将每一本合格证书发放到考生手中。

◆**做好两大市级保障房转移支付沟通协调工作** 南京市政府2014年第43号《关于保障房片区配套建设和体制完善有关问题的会议纪要》出台后，区财政局高度重视、认真学习，多方调研，根据区政府要求，牵头汇总民政、教育、卫生、城管等相关部门报送的花岗、丁家庄保障房片区交付使用后项目资金需求情况。5月9日，南京市财政局领导赴区调研，区财政局将两大市级保障房片区运转经费汇总情况做了专题汇报，并向市局报送了书面材料《花岗、丁家庄片区运转经费基本情况表》及文字说明。

◆**推进非税收入管理工作精细化** 做好区级非税单位往来对账工作。自5月份起，区财政局开展了非税专户中单位明细账务的核对工作，梳理自2005年至2014年3月近十年的区非税账务与单位账务，更有个别账务追溯至1999年。目前166户单位账务已基本核对完毕。做好法院等4家单位汇缴零余额户的开户工作。为了减少区非税待查核资金，方便执收单位会计核算，针对全区一些非税资金量大的如法院、金港中心、妇保所、行政执法大队4家单位，专门联系相关银行开设了非税汇缴零余额户，非税资金先入各单位汇缴零余额户再转入区非税，从而使区级非税与这些单位非税资金与票据对接更清晰，资金对账更简捷。重新界定非税及财政代管资金。根据上级文件精神并参照南京市财政局模式，区财政局梳理现有收费项目，将收费项目分类为“纳入预算管理非税收入、财政代管事业收入、财政代管资金”三类，更新收费项目对应的功能科目，并完成了调整账务设置。

◆**加强财政依法行政管理** 2014年，区财政局为进一步规范行政行为，推进财政依法行政工作，对财政部门行政管理职责范围内现行有效的法律、法规、规章依据进行全面梳理，通过制定规范性文件、内部管理制度等形式，以合法、明确的责任制度规范财政各项管理行为，为进一步提高依法行政能力提供制度保障，真正做到“有法可依、有法必依、执法必严、违法必究”。做好行政执法人员管理。建立行政执法人员台账，根据区法制办的要求，对有行政执法权限的科室人员办理行政执法证，所有执法人员必须持证上岗。做好行政权力事项管理。6月，根据区法制办的要求，对照相关法律法规条文和上级财政部门的行政权力事项，对区财政局行政权力事项进行了清理和完善，修订后区财政局共有2项行政许可、6项其他行政行为和34项行政处罚。做好行政许可事项的审批。区级财政部门涉及的行政许可事项主要是会计代理记账资格的审批和会计从业资格证书的申领，区财政局制定了办事指南和业务流程，严格对申请人的各项材料进行审查，不断规范行政许可行为。全年，共发放会计从业资格证书6845份，收到会计代理记账申请5份，发放许可证书5本。

◆**做好综合改革各项工作** 根据《中共南京市委、南京市人民政府关于实施综合改革工程第二阶段重点任务的意见》要求，区财政局对35项改革任务进行了细化分解，形成了99项具体实施方案，其中由财政牵头的有4项，由财政配合的有22项。主要包括：实施国有资本退出传统工商业与环卫等领域改革、完善区街转移支付制度、加快推进预算制度改革、支持政府购买公共服务等。11月，区财政局又制定并下发20项重点改革任务市区对接改革事项清单，涉及财政的细化清单有28项，主要包括：推进完善区级专项资金管理工作、推进国有企业混合所有制改造、贯彻落实市区财政管理体制调整事项等。区财政局积极加强与市区有关部门的沟通，对由财政负责落实的任务清单，制定切实可行的实施步骤，明确完成的时间节点。按区综改办的要求，按时报送工作推进情况，确保了各项改革工作有序推进。至年底，区财政局牵头的各项改革任务的推进工作均达到时间进度要求。 □杨 斌

国家税务

◆**概况** 2014年，区国税局坚持依法征收，提升收入预测水平，建立收入风险防控分析指标体系，完成国税收入17.45亿元，完成公共财政预算收入5.98亿元。落实税收管理改革，加大风险管理的组织力度，完善风险管理运行机制，开展风险应对482户次，取得应对成效3732.23万元。围绕现代税收法治体系建设，依法行政，实现现代税收法治体系建设的目标要求。加强税收优惠政策管理，办理优惠政策即征即退企业48户，即征即退税款0.17亿元；享受免税资格企业53户，免征销售金额约1.65亿元。继续推进“营改增”试点工作，全区“营改增”纳税人实现销售收入58亿元，入库增值税1.23亿元。完成所得税汇算清缴工作，共完成8794户企业所得税纳税人的汇算清缴工作，入库企业所得税5.68亿元。增强出口退税综合管理能力，审核出口金额5.74亿元，免抵退税额0.72亿元。拓展纳税服务平台，推进非接触式服务，发挥网上办税服务厅和自助办税功能，纳税人网络和自助报税率达90%以上，网络和自助认证率达85%以上，纳税人税务登记预登记率达95%以上。落实国家税务总局“便民办税春风行动”，完善服务措施，提高服务水平。运用全程服务承诺系统，监控涉税事项办理进度，各涉税工作流程平均办结时限1.5天，办理效率居全市前列。推进税务文化现代化建设，通过税务文化现代化建设达标验

2014年栖霞区国家税务局完成区级财政收入情况

表27 单位：万元

项 目	2014年	2013年
合 计	59820	67260
增值税	39605	37119
所得税	20215	30141

注：此表不含南京经济技术开发区

收。推进惩防体系建设,提升反腐倡廉建设水平,将区局党风廉政建设分解为30项工作任务到部门,开展17户次执法巡察,1次任职廉政谈话,3次任期廉政谈话,查办3起信访投诉,惩防体系现代化建设顺利达标。是年,区国税局被区委、区政府评为完成“五个建设”工作目标先进单位。

◆**风险管理** 2014年,区国税局开展风险管理工作。严厉打击涉嫌虚开普通发票行为。对涉嫌虚开普通发票的73户次企业,认真仔细分析、归类,成立三个工作大组10个工作小组,共20人,按照“非案头不实地”的工作流程、迅速应对,起到打击震慑作用。73户次企业共涉嫌虚开金额19.07亿元,申报差额18.39亿元,补税企业6户,加收滞纳金0.25万元。利用数据信息情报指导税收风险管理。严把数据质量关,通过数据比对、加工,提供异常基础数据,开展有效应对,职能科室间、职能科室与税源管理科间,部门联合协作,步调一致,开展重点风险应对。利用第三方信息,获取有价值的数据信息,开展专项风险应对。强化案头分析,规范应对流程,严格执行实地检查审批制度。全年区国税局下发风险应对任务4批次,开展风险应对482户次,取得应对成效3732.23万元。

区国税局以风险应对案例交流为形式,强化六个“突出”,风险管理整体能力持续提升。突出案头分析。案例交流突出案头分析过程,强调涉税风险点分析识别过程。突出过程应对。突出对案头分析环节识别的风险点验证确认过程,强调疑点确认的政策依据。突出情报应用。突出第三方信息、涉税举报信息的情报转化,强调情报对风险管理的支撑作用。突出过程总结。突出风险管理经验的总结,做到由点及面,及时总结征管建议、指标建议并积极构建行业或项目模型。突出经验分享。案例交流重点突出分析、应对及情报应用的过程,强调经验分享,相互学习,共同提高。突出全员参与。案例交流单位既有风险团队成员,也有专业风险管理科,还有基础管理科。交流的案例既有区局重点行业,也有专项项目,还有营改增行业和企业等。

◆**便民办税春风行动** 2014年,区国税局以纳税人需求为出发点,找准征纳双方的工作契合点,深入开展“便民办税春风行动”。简化办税流程,前移审批。规范和清理纳税人涉税事项,简化办税流程,减少表单资料的重复报送,前移审批事项,由窗口集中受理并实行内部流转,限时办结。实行一窗通办,全面提速。打造全职能窗口,推进“一窗式”、“一站式”服务,对纳税人申请事项手续齐全的立即办,无法一次完结的预约办,涉及多部门的协调办。不断创新举措,方便办税。推进办税厅标准化建设,整合办税服务资源,发挥网上主办、窗口统办、同城通办、自助兼办、部门联办和委托代办的优势,打造多元化办税格局。维护税户权益,全力解忧。健全涉税事项申诉救济办法和投诉管理机制,畅通纳税人投诉渠道,及时处理、反馈纳税人的各项诉求,提高诉求处理满意率,确保纳税人权益保护工作落到实处。全年办理登记类业务15217户次,发票类业务151785户次,综合类业务2078户次。及时处理12345、12366转来投诉65件,举办新办纳税人税收宣传及各类政策解读39场次/4035人次,发放各类资料12798份,接受各类咨询13000余户次。各涉税工作流程平均办结时间1.5天,办理效率居全市前列。

◆**税务文化现代化建设** 2014年,区国税局开展税务文化现代化建设工作并顺利达标。以精神文化为核心,将文化建设内化于心。围绕南京市国税局的发展战略目标与核心价值体系,传承融合原有的文化理念,确立区国税局的文化理念。通过短信平台、电子显示屏、微信、QQ群等方式,拓展宣导途径。以制度文化为保障,将文化建设固化于制。成立制度梳理小组,以全面质量管理为主线,细化职责,修订规章制度47项。强化制度执行,不定期开展巡查。以行为文化为导向,将文化建设动化于行。深入挖掘身边的优秀典型,开展“党员先锋岗”“服务明星”评比活动,扩大典型的示范带动效应。落实“6S”(整理、整顿、清扫、清洁、素养、安全)行为管理规范,邀请礼仪专家开展培训,提升干部素质和服务水平。以物态文化为依托,将文化建设外化于形。完善文化宣传阵地,开设“文化建设”专题版块,建成以崇法、崇廉、尽责、尽美为主题的文化长廊,营造浓厚文化氛围。

◆**税收法治管理体系建设** 2014年,区国税局开展现代税收法治管理体系建设工作并通过南京市国税局验收。健全现代税收执法管理机制建设。制定重大税

2月18日,区国税局组织召开2014年主题风险应对工作布置会暨研讨会
区国税局 供稿

收执法事项集体审议办法，对重大税收执法事项实行集体审议；贯彻税务行政处罚实施办法，推广运用“说理式”文书，规范执法程序，落实税务行政审批制度，做好税收优惠备案、审批。健全现代税收执法监督机制。按季开展税收执法督察，加强内控机制建设，以督察、内控和一案双查为手段，规范日常执法行为，杜绝重大工作失误和执法过错。健全现代税收争议预防调处机制。按照责任分工，由区国税局相关科室分别负责纳税人投拆受理、税收争议调处、违章查处、预防调处工作，充分保护纳税人权益。健全现代税收执法综合协调机制。与栖霞区检察院签订《税检协作工作意见》并开展共建活动，推动税检协作向深层次发展；规范国地税联合委托代征和国地税协作工作，强化部门协作。

2014年，区国税局做好日常行政执法工作，规范税收执法行为。规范日常税收管理与政策审批工作。全年，办理审批注销税务登记553户，退抵税申请审批表(通用)718户次，申请增值税红字发票开具3057户次。规范税收优惠事项管理工作，全年，对110户所得税优惠备案，79户增值税税收优惠企业资格认定备案，进行检查、督察，规避执法风险，杜绝违法违规行为。执行税务行政处罚裁量权。对日常违法行为按照南京市国税局《税务行政处罚基准》进行处罚。全年，实施行政处罚191件，罚款8.56万元。规范《税收优惠备案风险提示书》《税收优惠备案资料补正通知书》《备案事项资料受理回执》等文书应用，全年，采用邮寄送达文书815份，公告文书送达739户次。

2014年，区国税局以定期督察和专项督察为基础，开展税收执法督察工作，税收执法督察工作迈上新台阶，在南京市国税局2014年执法督察案例评比中取得前八名的好成绩。专人负责执法监督与预警，强化日常监控。及时纠正不当或者错误的税收执法行为，税收执法行为准确率100%。成立税收执法督察领导小组，按季组织对税务行政执法行为进行专项检查，对发现的问题在分析的基础上，发出《责令限期改正通知书》进行纠正，并按照责任种类进行相应的责任追究。对督察中发现的问题，通过制度规范和业务培训的方式进行规范，提高执法意识与能力，杜绝同类问题的再次发生，规避执法风险的产生。

◆现代纳税服务体系建设 2014年，区国税局开展现代纳税服务体系建设工作并顺利达标。坚持领导、项目组和中层干部的“三级互动”，形成纳服现代化建设的合力。领导带动，充分发挥第一责任人的作用；项目组推动，制定实施方案，明确目标、措施和步骤；广大干部积极参与联动，形成群力共建的良好局面。注重“三个结合”，有效提升整体工作效能。将三大品牌理念贯穿于纳税服务现代化建设始终，实现品牌与服务的互相促进；注重纳税服务现代化建设与税务文化、法治等现代化建设合作共融，协调推进；将提升干部的综合素质与优化纳税服务、推进现代化建设相结合，充分发挥人的主观能动性，使之成为纳服现代化建设的内生动力。

◆税收管理 2014年，按照南京市国税局征管改革工作部署，区国税局实施以“三个到位”为核心的税收管理改革。统一思想，确保人员保障到位。全局上下认真学习税收管理改革方案，根据岗位职能的变化，优化调整人员、岗位，纳税服务科下设咨询辅导、办税服务、调查核查和综合管理四个工作小组，实现以岗选人、人尽其才。加强培训，确保岗位技能到位。制定税收管理改革落实方案，明确重点工作内容，扎实开展有针对性的分类培训9次。其中组织业务骨干梳理、解读税收管理改革内容，召开全员业务培训会5次，重点讲解税收征管、所得税、货劳税、出口退税等税收业务。此外，对办税服务窗口人员和调查核查人员，开展有针对性的培训4次。规范制度，确保业务协调到位。制定工作方案、应急预案，建立部门衔接协调机制，做好各项准备工作。组织纳服、征管、法规等部门业务骨干，梳理涉税业务，明确岗位分工、流转程序和操作规范。做好与南京开发区国税局新设办税服务厅的业务衔接，方便纳税人就近办税。区国税局人员保障到位、岗位技能到位、业务协调到位的“三个到位”的工作方法在全市推广。

◆“营改增”试点 2014年，区国税局继续做好“营改增”试点工作。加强对“营改增”转入企业的政策宣传和辅导工作，开展相关税收政策调研与反馈，开展货运企业信息录入工作，确保货运企业信息准确。开展货运物流行业税负管理专题调研，形成货运物流行业税收管理指南，促进货运物流行业发展的营改增效应分析专题报告上报南京市国税局。对2户江西货运发票抵扣企业进行检查，补报增值税13.49万元，并按规定加收滞纳金。至年底，“营改增”试点纳税人6856户，“营改增”纳税人共实现销售收入约58亿元，入库增值税1.23亿元。

◆固定资产管理 2014年，区国税局自行研发Android版固定资产辅助管理APP，利用二维码和移动互联技术管理固定资产。区国税局对资产进行全面盘点，在每一个固定资产上粘贴带有二维码的新版资产卡片，只需要在Android移动终端上安装软件，下载相关数据，即可通过扫描二维码或者选择相应类别等多种方式，获取所需固定资产信息，资产的保管人、使用科室、摆放地点等发生变动，可以及时修改。还可通过扫描二维码或科室为单位两种方式，对固定资产进行盘点，并实时刷新盘点数据，已盘资产、未盘资产一目了然，大大降低盘点工作的差错率。将移动端数据上传PC端服务器后，还可以进行报表打印、审核、审批等，对资产数据做更详细、更综合的处理。

◆特服咨询岗建立 1月1日，区国税局办税特别服务电话96888708正式启用，标志特别服务咨询岗正式建立。特服咨询岗由三位业务骨干承担前台咨询工作，区国税局政策咨询专家委员会和各科室提供后台支撑。面对1月份申报期一般纳税人月报、小规模纳税人季报和所得税季报叠加的挑战，特服咨询岗人员积极应对，依靠自身知识储备以及政策咨询专家委员会和各科室强有力后台支撑，有条不紊地解答纳税人各类问题，妥善处理网上申报系统故障和申报延期等突发情况,平稳度过特服咨询岗“特服号”启用后的首个申报期。

◆普通发票风险应对 2月18日,区国税局召开2014年主题风险应对工作部署暨研讨会。会议根据南京市国税局主题风险项目工作相关要求,结合区局具体实际,对普通发票开具金额较大后续零申报或少申报的小规模企业情况进行归集、分析。针对普通发票风险应对工作涉及面广、金额大、数量多的特点,风险管理团队集思广益,从开票方、售票方、街道、公安等多方入手,提出多项具体措施,形成应对方案。会后,立即组织人员选取重点户展开案头分析,对涉嫌虚开企业第一时间降低供票量,并查询开票网络地址,掌握企业信息及发票开具信息,为后续核查工作奠定基础。

◆“青年梦·税月情”南京大学生辩论赛 4月18日,区国税局承办的南京市“青年梦·税月情”大学生辩论赛南京工业大学VS南京财经大学预赛在南京财经大学举行。参赛选手围绕“纳税遵从度的提高是靠行政执法还是纳税服务”这一主题展开攻辩,经过紧张激烈的角逐,最终,反方南京财经大学队智高一筹,进入下一轮复赛,正方南京工业大学获优胜奖,正方三辩张石雨获最佳风度奖,反方四辩雷世奇获最佳辩手奖,出席活动的各级领导为获奖单位和个人颁发了证书和奖品。

◆企业所得税汇算清缴 6月3日,随着最后一户企业网上申报成功,2013年度企业所得税汇算清缴年报工作圆满完成。区国税局按照江苏省和南京市国税局改革方向,以创新工作思路和工作方法为立足点,做好企业所得税汇算清缴工作。成立汇算清缴领导小组,组织协调工作;通过短信平台、江苏省国税局汇算清缴一站通等信息化方式开展非接触式培训,提升培训效果;确定专人通过特服号解决纳税人网上申报问题,畅通解决问题渠道;实时监控纳税申报进度,及时做好纳税提醒;专人专岗办理纳税人税收优惠备案,汇算清缴准期申报率100%,“三面”合计47.76%,达到南京市国税局规定标准。同时做好所得税风险应对,筛选出998户风险企业,通过风险应对,亏损面下降近5个百分点,达到市局要求。期间,共完成8794户企业所得税纳税人的汇算清缴工作,汇算清缴准期申报率100%。 □牛坤杰

地方税务

◆概况 2014年,栖霞区地税局积极应对形势要求,坚持收入为中心,加大内外协调,深入挖潜增收,不断加强收入预测、动态税源监管等基础工作力度,突出重点,攻克难点。全年累计实现组织收入南京市地税局计划口径25.04亿元(市县级),比上年增幅13.51%;实现区公共预算口径税收收入46.34亿元(含教育费附加2.94亿元),比上年增幅15.79%。

◆征缴社保、基金费 2014年,栖霞区地税局规范社保基金征缴,提高工作质效。加强社保费欠费户的跟踪管理和基金费征收的日常规范,全年征收社保费30.76亿元,征缴率99.5%,组织各项基金3.34亿元,比上年增长9.23%;清欠255.71万元。 □刘立峰

◆青奥会发票专项巡查 2014年,青奥会在宁召开。栖霞区地税局抓好青奥期间安全保卫和执法服务保障工作,建立值班备案和各类应急处置制度,组织开展青奥会餐饮用票企业和个体工商户的发票开具、使用情况管理巡查,妥善处理各种征纳关系和投诉事件,组织检查245户,下户处理各类发票投诉8起,其中,节假日及8小时工作时间以外应急处置6件,确保第一时间响应投诉人,采取措施,解决发票投诉事项,管好“舌尖上的税收”。 □周　袁

◆“创意、创新、创业”栖税先锋论坛 2014年,栖霞区地税局与南京财经大学联合开展第二届“栖税先锋”税收论坛。活动紧紧围绕“创意、创新、创业”这一主题,邀请南京市莱格威智能机器有限公司总裁、大学生创业者刘峰,南京财经大学财税学院教授程瑶和栖霞地税局税政法规科科长周国强,分享大学生创业经历,畅谈创意产业化、企业创新文化培养以及国家在创意产业、高新技术创新及大学生创业政策支持等内容。通过深入探讨,在校大学生认识到创新对国民经济和社会发展的重要性,从而激励他们树立创新意识,积极学习科学技术,努力探索创新途径。

◆非居民税收征管 2014年,栖霞区地税局结合仙林大学城教育资源特点,扎实做好中外合作办学中的非居民税收征管。针对中外办学模式的多样性与信息

4月17日至5月20日,区国税局承办“青年梦·税月情”大学生辩论赛

区国税局 供稿

7月4日，“栖税争锋杯”税收知识竞赛举行　　区地税局 供稿

获取的滞后性，将中外合作办学潜在税源纳入动态税源管理，积极加强与高校、工商、公安、外汇管理部门等信息交换，强化源头扣缴管理；成立专业项目团队，采取实地核查、约谈等手段，准确掌握涉税事实；针对性开展纳税提醒服务，组织编制外籍个人税收政策、国际税收协定、外籍教师税收政策汇编，并组织仙林大学城10余所高校财务人员开展专题培训。对某高校中外合作办学项目的税款已经入库，享受中美协定教师条款的外籍教师17人缴纳相关税款30多万元。

◆“知行合一·栖税争锋”组织文化品牌 2014年，栖霞区地税局总结20年发展历程，以问卷调查、作品征集等多种形式动员全局干部积极参与，提炼组织文化精髓，为“敢于担责、敢于创新、敢于争先”的老栖霞“三敢精神”赋予新的时代特征，确立了“知行合一·栖税争锋”组织文化品牌，由“敢”之精神上升到“争”之行为，以“知行合一”践行组织文化。倡导干部“明责履责知责、创新创兴创行、争先争优争锋”，力求打造“敬业、创新、高效”的组织形象，以责任为本，以创新为源，以争先为矢，构建和谐地税，为实现税务管理现代化提供智力支持和精神保障。

◆“与青奥共成长”地税妈妈在行动 2014年，栖霞区地税局妇联与摄山村岗村结对共建，结合南京市青奥会召开契机，以“与青奥共成长”为主题，志愿者们利用周末开展志愿活动，和孩子们一起分享青奥趣味小知识，陪他们放风筝、过六一、参观科技馆和青奥村，享受“绿色青奥”的轻松氛围。多年来，栖霞地税妇联践行“奉献、友爱、互助、进步”的志愿精神，着力打造栖税先锋——康乃馨志愿团队，热心公益，反哺社会，坚持七年帮扶摄山村留守儿童，向孩子们赠送文具、体育用品、玩具等礼物，并自发捐款为该村筹建农家书屋，为留守儿童构建欢乐、绿色、活力的童年，树立文明风尚的地税巾帼形象。

◆7篇政务信息被中办、国办采用 2014年，栖霞区地税局7篇政务信息被中办、国办采用。全年完成信息总分922.5分，信息考核分541.5分，排系统第三。围绕小微企业融资难、简政放权等政策热点，对辖区内相关行业进行深入调研，全年有7篇调研信息被中共中央办公厅和国务院办公厅采用，其中《“定向降准”难解中小企业融资难》得到国务院副总理马凯批示；47篇信息稿被中共江苏省委、江苏省政府采用，及时、准确、客观、真实地将相关政策在落实中遇到问题以及企业在发展中遇到的困难等情况向上级反馈，为政府制定相关涉税政策提供参考依据。　□柴逢国

工商行政管理

◆概况 2014年，栖霞区新增个体工商户4578家，至年底全区个体工商户总数30586家。全年新增私营企业4858家，比上年增长22.86%，其中，新增注册资本1000万元以上企业178家，比上年增长134.21%；新增私营企业注册资本71.72亿元，比上年增长19.99%。全区私营企业发展数量在全市名列前茅。区工商分局推进工商登记制度改革，全面实行注册资本认缴登记制，简化经营场所登记手续，落实“先照后证”等最新工商登记制度，为90家企业和个体工商户实

区地税局“地税妈妈”向摄山村留守儿童赠送礼品　　区地税局 供稿

行“先照后证”登记。为八卦洲野菜经纪人协会注册“八卦洲芦蒿”地理标志商标,实现栖霞区地理标志商标零的突破。开展“迎青奥”执法保障工作,实行24×7小时值班备勤和全天候巡查执法,全力服务保障青奥会。2014年新《消费者权益保护法》正式实施,区工商分局全年受理消费者申、投诉2683件,数量是上年同期的2.5倍,为消费者挽回经济损失454.66万元,挽回损失是上年同期的7.5倍。全年办理工商行政处罚案件297起,案值1640.4万元。是年,区工商分局被区委、区政府表彰为“2014年度完成‘五个建设’工作目标先进单位”。

◆青奥会执法保障 2014年,区工商分局制定《全面加强迎青奥行政执法保障工作实施方案》《栖霞工商分局迎青奥行政执法保障工作六定方案》等青奥保障工作方案,围绕景区、窗口、示范街、农贸市场等重点区域,明确巡查标准,提高巡查频次。重点做好知识产权保护、广告管控、证照管理、打击传销、消费纠纷处置和市场专项整治等工作。检查经营主体3160户,检查批发零售市场、集贸市场等各类市场131个次,整治景区窗口等重点地区25处次,捣毁制假售假窝点3个。开展迎青奥知识产权保护百日专项整治行动。检查涉及青奥知识产权侵权的案件40起,其中,39起为利用青奥进行宣传的案件,1件为未经许可擅自销售带有青奥标志的产品,行政处罚10件,罚款8172元,有效保护了青奥知识产权权益。开展迎“青奥”200天流通领域食品安全集中整治,对辖区31家农贸市场进行专项检查,检查67户豆制品店,48户卤菜店,119户干货店,确保辖区市场内食品消费安全。对辖区内食品经营户开展全面检查,出动执法人员1440人次,检查食品经营单位983户,责令整改企业334户,立案查处4起,罚款金额3.5万元,取缔无证照生产经营单位7户,捣毁制假售价窝点4处。食品举报奖励1人,奖励金额380元。

◆打击传销 2014年,区工商分局成立栖霞区专业打击传销队伍,形成专业打击传销队伍与各相关部门联动的打击传销模式。在各社区建立健全打击传销网络,由社区网络负责人任组员的领导小组,由社区楼长、党小组长、辖区保安员、党员、群众组成志愿者队伍,每天活跃在小区内,及时发现问题,解决问题。全年共出动执法人员55人次,执法车辆21辆次。联合派出所对涉传地区传销活动进行严格的日常排查,共发现捣毁传销窝点7个,抓获涉传人员48人。并在对涉传人员进行谈话教育、帮助涉传人员认清传销危害后将其送至南京火车站遣返原籍。依法处罚传销骨干62人,移送公安机关处理的涉嫌犯罪传销分子13名。

◆发展品牌经济 2014年,区工商分局积极与区质量监督管理局联系,了解全区近年获得南京市名牌产品称号的企业名单,将栖霞区纳税前50名企业作为申报省、市著名商标的后备企业。帮助指导八卦洲地理标志注册,八卦洲街道以南京市栖霞区八卦洲野菜经纪人协会注册的“八卦洲芦蒿”地理标志商标于5月拿到国家工商总局商标局的证书,实现栖霞区地理标志商标零的突破,同时也是南京市唯一一个农产品地理标志商标。开展“双打”工作,严厉打击假冒伪劣产品。至年底,区工商分局处置商标案件共42件,罚没款78.07万元。

◆加强证照管理 2014年,区工商分局按照“属地监管”和“谁审批、谁发证(照)、谁负责”的原则整治无照经营户。全年共查处无照经营户307户,其中,无证KTV33户,无照废品收购站42户,无照浴室13户,无照小汽修13户,无照餐饮28户,无照三合一建材2户、无照电动车修理4户。引导办照415户,上报南京市工商局注册地与实际经营地不一致1929户。

质量技术监督

◆概况 2014年,区质监分局围绕“青奥”保障,加强“两个安全”管控。特种设备监管,出动人员785人次,检查企业193家、下达责令改正指令书73份;食品生产监管,出动人员306人次、检查企业186家次(含回访),下达整改通知书89份,开出整改项312项。完成6家重点监管企业的强制性产品认证获证检查,1家强制性认证消防产品生产企业的检查,2家有机产品认证企业的检查,3家机动车安全检测机构的监督检查。完成8家“两免费”集贸市场检定工作,对被列入“五统一”的15家集贸市场进行监督检查。完成10家社区卫生服务中心和40家社区卫生服务站的基层医疗机构免费检定工作,共检定血压计、心电图机等医疗器具397台件。完成6家企业151台可燃气体测爆仪的监督检查。完成44家工业产品许可证年审工作,做好对2家水泥企业生产许可证证书收回和注销工作。利用“3·15”国际消费者权益保护日、“计量日”、“食品安全宣传周”、“安全生产月”、“质量月”等,宣传开展质量强区工作,制作宣传环保袋及宣传记录本3000套。处理投诉举报277件,申诉66起,回复率100%,满意率98%。完成组织机构代码事项6134件。完成特种设备告知办理991件、变更办理339台、注册登记办理396项。督导帮助栖霞区2012年国家级项目“南京市栖霞区社区管理与服务标准化试点”中期评估相关资料的完善,指导尧化街道申报2014年度国家级项目“全科政务服务标准化试点”,指导1家企业申报2014年度省级“标准化良好行为”试点,指导尧化街道和栖霞区社建委申报省级地方标准上报,指导7425厂参与起草国家标准政策奖励申报。推荐8家企业申报区长质量奖。聘请11名产品质量安全特邀监督员,要求其以志愿者身份广泛宣传质量安全知识和产品质量安全工作。完成省工业企业质量信用AA级申报工作。安排专人,全天候协助合班村社区开展“百日大扫除”专项整治和安全大防控,并通过质监监管职能协助社区做好卫生大扫除和安全维稳工作。是年,区质监分局获“2013年度栖霞区机关作风建设先进单位”称号。

◆省局领导检查特种设备安全 1月14日,江苏省质监局局长刘大旺、副局长张前在南京市质监局副局长王建强、吴俊和栖霞区副区长曹海连的陪同下,对栖霞区南京百江液化气公司进行节前检查。刘大旺听取百江公司领导的安全工作汇报，并带队现场检查充装液化气平台。刘大旺要求落实安全责任制度，不能有一丝一毫松懈，杜绝不合格气瓶流入市场，确保不出安全事故，保障特种设备的安全运行。

◆**市领导检查食品生产企业** 1月26日，南京市副市长胡万进带队对位于栖霞区马群街道的苏果超市有限公司面包加工厂进行春节前食品安全检查。胡万进查看企业生产现场，重点询问食品添加剂使用和回收食品处理情况，要求企业抓好食品质量安全，监管部门进一步加强日常监管，确保市民吃得放心。

◆**"质量讲堂"进校园活动** 3月14日上午，区质监分局在南京师范大学仙林校区组织"质量讲堂"进校园活动。现场提供眼镜检测、眼镜清洗、珠宝鉴定等服务。大学生义务监督员向师生们发放《南京市质量宣传、教育读本》及其他质量法律法规、质量知识材料。工作人员详细介绍质量技术监督局的职能和职责、南京质量精神以及创建"全国质量强市示范城市"活动情况，宣传"产品质量法"、"特种设备安全监察条例"、"计量法"等法律、法规基本内容。

◆**"标准化知识进校园"活动** 3月14日，区质监分局标准计量科在南京师范大学举办"标准化知识进校园"活动。活动通过现场咨询、图片展板以及发放宣传材料等形式，向在校师生宣传标准化相关知识。通过讲解与学生息息相关的食品、乳制品、文具、眼镜等标准，提高学生的标准化意识，使学生在挑选相关产品时能运用标准化知识，挑选到优质产品，懂得安全生活，从而创造人人懂标准、人人用标准的社会氛围。

◆**参加"听我韶韶3·15特别节目"** 3月15日是消费者权益保护日，当天上午，南京电视台十八频道、高力家具港、区质监分局、区工商分局、区物价局在高力家具港联合组织举办"听我韶韶3·15特别节目"。区质监分局执法和管理人员在活动现场发放数百册《南京市质量宣传、教育读本》及其他质量法律法规、质量知识材料，接受消费者对于家具产品质量知识的咨询。

◆**召开迎青奥安全保障动员部署会** 5月17日上午，栖霞区政府召开迎青奥特种设备、食品生产（以下简称"两个安全"）安全保障工作动员部署会。区委常委、常务副区长曹海连，副区长秦亚平，质监局栖霞分局和区监察局、区安委办、区食安办、各街道办事处主要负责人参加会议。区质监分局副局长孙华、端学、袁百强参加会议，安监和食品科负责人列席会议。会上，区质监分局局长汪浩通报《栖霞区迎青奥会特种设备、食品生产安全保障工作方案》，明确相关部门、街道工作职责和要求；区安委办主任许斌、区食安办主任王永明作表态发言，全力支持、保障"两个安全"。秦亚平要求各部门加强合作，落实食品安全动态监管，形成工作合力，对食品安全零容忍、抓典型，坚决取缔无证、无照食品生产加工作坊。曹海连强调安全工作无小事、无底线，要有高度的政治敏锐性，确保青奥会"两个安全"；要部门联动，全面排查，严格执法；要加强值班、报告等工作制度，做好工作预案；实施分类和闭环管理；要切实履行属地责任，取缔无证、无照小作坊；要借助青奥会安全保障工作，进一步建立健全专项检查和长效管理工作机制。

3月15日，在"听我韶韶315特别节目"中，区质监分局与区工商分局、区物价局共同接受南京电视台专访 区质监分局 供稿

◆**市局领导视察栖霞特种设备安全工作** 6月12日，南京市质监局局长杨海宁率视察组对栖霞区"青奥"期间特种设备安全监察工作进行检查指导。陪同检查的有副区长曹海连，南京市质监局副局长周黎丽、总工梁华、处长赵新荣及其他工作人员。杨海宁对金陵石化分公司、南炼华雄液化气装站、金龙化工股份有限公司使用的特种设备运行情况进行现场检查。

◆**质量强区现场咨询日活动** 6月16日上午，区质监分局牵头在仙林亚东社区华润苏果广场举办栖霞区"质量强区现场咨询日"活动。副区长尹军致辞，南京市计量院、南京市质检院、仙林街道和亚东社区的群众参加活动。活动中，分局以"双枫连心人间情，质量强市为人民"为主题，现场开展南京质量精神和质量强区知识宣传，发放宣传手册300余份，接受产品质量咨询100多人次，免费测量血压、校验血压计、清洗眼镜80余件，免费鉴定珠宝30余件。

◆危化企业特种设备事故应急演练 6月18日,区质监分局联合西岗街道、区消防大队、摄山星城派出所、摄山星城卫生院、南京蓝天液化气有限公司等单位,以蓝天公司1#储罐第一法兰泄漏为假设事故,开展特种设备(压力管道)安全事故专项应急预案演练。应急演练模拟可燃气体储罐(压力容器)泄漏的场景。应急小组各尽其责,抢险救援有序开展,演练取得圆满成功。

◆市局领导督查特种设备安全保障工作 6月25日,南京市质监局副局长周黎丽再次带领督查组到栖霞区,就"青奥"期间特种设备安全保障工作进行全面、系统的检查指导。督查组直接到检查单位——欧萨斯能源环境设备(南京)有限公司进行现场检查,并听取该公司负责人的汇报。周黎丽要求加强管理,落实企业主体责任。之后,周黎丽一行回到分局,检查特种设备使用单位台账。督察组与区质监分局进行交流,对特种设备安全保障工作给予肯定。

◆邢正军调研分局工作 7月18日上午,区长邢正军带队调研区质监分局工作。区质监分局从全面提升区域质量工作水平、强化"两个安全"保障、规范行政执法、推进标准计量、深化群众路线实践活动成果、积极参与区域综合治理等方面汇报了上半年工作。邢正军对分局的工作给予了充分肯定,并对分局下半年的工作提出要求,要持续抓好质量强区,加强标准制度建设,确保"两个安全"监管到位,完善监管服务机制,切实加强内部管理和作风建设,进一步增强分局依法行政、廉政行政、高效行政工作建设,打造一支勤政廉洁高效的质监队伍。

◆"青奥"运动员食品安全保障 7月31日,区质监分局食品科对厄瓜多尔"青奥"足球队下榻的位于仙林的羊山湖宾馆进行检查,查看是否有地产食品在宾馆内销售。经检查,该宾馆无地产食品销售。分局监管人员提醒宾馆管理人员,要加强对宾馆内食品的质量安全管理,确保运动员食用安全。

◆市局领导夜查聚丙烯装置 8月4日晚,南京市质监局局长杨海宁、总工程师梁华率特设处、栖霞分局突击检查了南京炼油厂有限责任公司化工分公司,重点对该公司聚丙烯生产车间压力容器及丙烯管道的运行、管理、检验情况进行检查,对检查中发现的隐患和问题,现场下达《特种设备安全监察指令书》,要求企业立即整改到位。杨海宁要求分局要开展全天候的检查,将夜查、周末查常态化,并要求企业进一步加强值守工作,增强工作责任心,提高安全防范意识,杜绝安全事故发生。

◆区领导节前检查食品生产企业 9月26日,栖霞区副区长秦亚平带领区食安办成员单位对南京联展食品有限公司进行节前食品安全检查,现场查看企业生产情况,要求企业加强管理、落实主体抓好食品质量安全,要求监管部门进一步加强日常监管,确保市民节日食品质量安全。

◆组建栖霞区市场监督管理局 根据《省政府办公厅印发关于调整完善市县工商质监食品药品管理体制加强市场监管意见的通知》(苏政办发〔2014〕93号)文件要求,栖霞区整合工商、质监、食药监的机构、职能和人员编制,组建栖霞区市场监督管理局。12月20日,在区政府仙林办公大楼前举行栖霞区市场监督管理局挂牌仪式,标志着新的市场监督管理体制正式对外运行。 □孙 歆

价格管理

◆概况 2014年,区物价局在区委、区政府的领导下,以党的十八届三中全会精神为统揽,发挥价格"调控、服务、监管"职能,为全区经济社会健康发展创造了良好的价格环境。突出价格调控重点,全年CPI平均涨幅稳控在3.5%以下,圆满完成稳定价格和治乱减负目标任务。完善平价商店管理机制,创建升级市级示范店1家,新设区级平价店4家。开展市场价格行为检查8次,开展各类价格收费专项检查4次,内容包括汽车销售维修行业收费、停车收费、旅游景点收费、住宿餐饮价格等。接受各类价格举报咨询197件,经济制裁总额18.30万元,其中罚款3.38万元,没收2.92万元,退款12万元,办结率达100%,满意率为96.67%。积极开展"三信三优"诚信创建活动,推荐仙林金鹰、南炼宾馆等36家单位创建为区级"价格诚信单位",并选择其中17家单位申报市级"三信三优"单位。对全区165家收费单位2013年度收费情况进行年度审验,审核收费许可证165个,审验收费员证320个,新增换发收费员证78个,注销收费许可证20个,年审率达100%。上年度,全区行政事业性收费总额为3.92亿元,减负总金额达351.18万元。共受理全区16家开发企业22个楼盘的52次商品房价格备案工作,共计8387套,销售总面积达108.66万平方米。积极开展价格认证和鉴证工作,共受理南京经济技术开发区、区拆迁办等价格认证委托79件,认证总额6743万元。受理价格鉴证业务239件,涉案金额500万元。是年,区物价局获"全省价格工作先进单位"、"全市稳定价格和治乱减负目标责任制优秀单位"、"栖霞区机关作风建设争先进位优胜单位"和"环境综合整治先进单位"等称号。

◆创新农副产品平价店惠民机制 2014年,使用价格调节基金51万元,用于补贴平价店建设及节日期间向贫困户优惠供应平价店农副产品。1月10日,区物价局出资9万元联合尧化街道在翠林山庄社区开展平价店关爱老人活动,南京市物价局副局长王国宝,区委常委、常务副区长曹海连出席活动,活动吸引了社区近百名群众参加。活动现场为14位受关爱老人代表发放大米、大豆油、蔬菜礼盒、鸡蛋等物品,并通过社区向754位老人发放了面值200元的农副产品关爱卡,持卡可在指定平价店领取农副产品。农副产品的组织与发放均由区物价局监督平价店有序进行,在保证货品质量的同时,价格低于市场价格15%-20%提供农副产品给关爱卡领取者。

◆开展雨雪天市场价格巡查 2月18日,区物价局成立两个检查组,对迈皋桥地区的老街农贸市场、苏果超市;燕子矶

栖霞区物价局开展雨雪天气市场巡查　　区物价局 供稿

地区的联珠农贸市场；尧化门地区的尧化菜市场、天盾菜市场、苏果超市、尧化加油站等开展雨雪天市场价格巡查。检查结果显示，市场价格总体情况良好，没有受到气候骤变的影响，蔬菜、商品价格平稳，货源充足，汽油价格稳定。同时，检查组还对东三乡龙潭店、春辉戴家库店、仙林南大和园店等7家农副产品平价直销店进行突击检查，检查重点是保障房片区平价店的供应情况。检查结果显示，大多数平价店能够满足市场供应，且都能按照要求进行明码标价，并按照低于市场平均价格的16%~20%进行销售。

◆以教育实践活动为契机狠抓整改落实 2月以来，区物价局认真开展党的群众路线教育实践活动，坚持将活动与价格工作实际紧密结合。通过召开座谈会，发放征求意见函，访谈社区群众、离退休老同志、服务对象等方式多渠道征求意见，召开座谈会20余场次，发放征求意见函300余份，通过各类方式征求意见120余条，经过归纳整理，梳理出综合意见89条，先后制定了6个方面18项重点整改举措，均已逐条限时落实整改。其中，关于"仙林地区的菜场菜价高"的问题，区物价局作为重点制定整改方案。主要整改措施包括：优化平价店布局，开设农副产品直销店；加强对平价店价格指导与服务，促使平价店提档升级；以南京众彩物流市场和区内两大农民专业合作社为蔬菜保障基地，同时依托东三乡农产品合作社在仙林地区建立的配送直销点，大力发展净菜配送进社区模式；协同商务、工商等部门建立常态化、制度化的检查机制，督促经营者明码标价；对仙林集贸市场68个品种的菜价进行全天候监测，创设微博比价平台，提高价格信息公示工作。该整改任务已于12月底完成。

◆开展价格服务系列活动 3月15日上午，栖霞区"三信三优"诚信创建活动评委会在迈皋桥高力家具港召开全区"三信三优"工作表彰大会暨"我的诚信格言"颁奖活动。会上，南京仙林金鹰购物中心等36家企事业单位被授予2013年度区"三信三优"单位荣誉称号。颁奖活动结束后，南京18频道访谈栏目"老吴韶韶"专门对栖霞区"三信三优"工作进行专访。11月27日下午，区物价局联合南京市物价局在尧化街道青田雅居社区举行"价格为民社区行"活动。活动中，面向社区居民开展价格政策咨询，发放价格宣传材料150余份，现场受理价格投诉举报，帮助广大群众开展价格维权，保障群众的合法价格权益。

◆召开价格工作会议 3月21日上午，栖霞区2014年价格工作会议在栖霞区政府召开，区委常委、常务副区长曹海连出席会议并作重要讲话。参加会议的有全区稳定价格和治乱减负领导小组成员单位领导、三信三优评委会成员单位领导、各目标调控责任单位领导和各街道分管领导。会上，区物价局局长吴双龙总结2013年价格工作，深入分析栖霞区当前价格形势，部署安排2014年价格工作。曹海连充分肯定去年全区价格工作取得的成绩，并就做好今年价格工作明确了三点方向：保持全区价格总水平基本稳定，健全两个目标责任制，合理引导市场价格，加强平价店建设管理，强化市场监管，实现部门联动；发挥价格职能，落实优惠价格政策，服务企业发展，优化发展环境；切实保障民生，从群众关心的医疗、教育等热点价费问题入手，守住民生保障底线，提高价格惠民实效。会议还对栖霞区2013年度稳定价格和治乱减负优秀单位进行表彰，全区9个街道和13个部门依次向区政府递交2014年两个目标调控责任书。

◆落实停车收费新政 6月4日，区物价局联合区城市管理局专门组织辖区内25家经营性停车场、各街道停车办和物业管理服务中心收费人员召开业务培训会议，发放停车收费等级备案表。会上，集中组织学习《南京市停车收费管理规定》，针对此次新规出台涉及的相关政策进行逐一解答。6月上旬，区物价局先后上门向停车场发放《南京市停车收费管理规定》、计费速算表各150余份，发放停车收费提醒100余份，在全区人口流动量较大场所发放宣传资料300余份，解答咨询60余人次，做到主动宣传，积极引导。6月15日，南京市停车收费新标准开始执行，6月下旬，区物价局成立检查小组对全区24家社会停车场、4家地铁换乘停车场、1家区城市管理局自管停车场和11条道路停车新标准公示及执行情况进行检查。青奥会期间，再次组织力量对全区公共场所、占用道路、旅游景点、住宅小区、医院、商场、酒店、娱乐场所、写字楼等29家停车场进行专项检查，加强停车收费新政的执行落实。从检查情况来看，全区经营车辆停放保管服务单位均严格执行相关收费政策，10家由三级调整为二级的停车场均做到及时调整更换服务收费标价牌，并按规定收费标准收取停车费。

◆**加强青奥期间价格监管与服务**　7月1日至9月6日，区物价局专门成立青奥工作领导小组，开展青奥期间价格监管与服务工作，检查各类经营场所200余家。按计划组织对全区主要超市、商场、农贸市场和个体经营门店进行检查，将标价签免费发放至商户手中以落实明码标价。组织每周对全区重点旅游景点和宾馆酒店等重要经营场所价格行为开展常态化检查，发放价格政策提醒函200余份，要求切实做到规范有序、明码标价，严禁乱收费、乱涨价。检查对象包括栖霞山风景名胜区、燕子矶公园、长江观音阁景区、南炼宾馆、银茂宾馆、马群7天连锁酒店、仙林都市118连锁酒店、尧化门华江宾馆、迈皋桥锦江之星、博茂商务酒店和八卦洲悦客假日酒店等。同时，加强日常商品价格监测频率，每天对89种重要主副食品、民生商品价格开展专题监测分析。通过政务微博平台发布全区购物、餐饮、住宿、停车、娱乐等方面特色价格信息，提供全方位价格服务。

◆**开展居民小区物业服务运行成本调查**　7月30日至8月20日，为提高物业服务收费科学定价水平，按照南京市物价局工作部署，区物价局对全区居民小区物业服务运行成本进行了为期1个月的调查。据统计，全区小区物业覆盖率已达100%，物业公司47家，从业人员1万余人。其中，一级资质企业8家，二级资质企业5家，三级资质企业34家。此次调查重点对象为城市绿洲、上城风景、栖园等分布全区5个街道的10个小区物业服务企业，涉及商品房小区10908户，人口约31000人，入住率为75.7%。调查内容主要包括物业服务企业基本情况、居民小区物业服务基本情况以及业主对物业服务质量、收费标准等方面的意见建议等。区物价局对调查材料进行了细致梳理与深入分析，主要形成了以下调研结论：规范物业运行成本的管理，需不断完善业主自治制度；提高物业费收缴率，物业公司应全面公示物业服务费收

◆**开展涉企收费专项调研**　9月17日，区物价局召集10家驻区企业代表召开涉企收费调研座谈会，调研主题为“切实减轻企业负担，优化企业发展环境”。会上，区物价局向企业代表介绍了目前价格部门规范涉企收费工作情况，并就涉企收费相关价格政策和国家规定的主要违规收费行为向与会企业代表进行了宣传。同时，区物价局认真听取驻区企业意见建议。据企业反映，全区企业经营环境持续得到改善，但涉企收费仍存在不规范现象，主要集中在部分行业协会和中介组织，企业减负要求迫切。通过调研，区物价局详细了解各环节已出现或易出现的收费问题，并进行细致梳理，在此次扎实调研的基础上，进一步加大查处力度，治理涉企乱收费工作得到有序推进。

□苏　红　唐世珍

审计监督

◆**概况**　2014年，栖霞区审计局在区委、区政府和南京市审计局的领导下，以党的十八届三中、四中全会精神为指导，以群众路线教育实践活动为契机，正确把握好财政审计、政府投资审计、民生审计、经济责任审计和信息化建设、信息宣传六个工作重点。

2014年，区审计局共完成审计项目32项，提交审计报告23篇，其中7项拆迁审计未出正式报告。提出审计建议19条，被采纳审计建议11条。查出管理不规范金额3.41亿元，核减投资额1.33亿元，发现非金额计量问题12个。向各级审计信息宣传主流媒体及党报党刊编报审计信息宣传稿件71篇，被采用63篇(次)。是年，区审计局被南京市审计局评为2014年财政存量资金审计工作先进集体、区级机关思想作风建设先进单位、全区环境整治先进单位。

◆**预算执行审计**　2~6月，区审计局在对2013年区本级预算及其他财政收支情况审计中，围绕区财政具体组织执行2013年区本级预算及其他财政收支情治理工程资金、土地出让金等进行了审计与审计调查，延伸审计了6个财政专户、28项专项资金，涉及资金29.19亿元，占当年区本级支出的71%。2013年度，全区(不含南京经济技术开发区)实现全口径财政收入46.33亿元，可用财力53.55亿元（含土地出让金16.66亿元），财政支出53.05亿元，财政结余49.54亿元(其中含结转下年支出470万元)，年末财政供养人口13307人。在审计过程中，重点关注财政资金分配、管理和使用情况，注意从体制、机制和管理层面研究财政问题和提出审计建议，注重审计的整体性、效益性和建设性，对预算执行的整体情况、财政资金的使用效益情况作出评价，促进完善公共财政制度。审计结果报告报区政府，代拟工作报告也在区人大常委会上予以通过。

◆**领导干部任期经济责任审计**　2014年，受区委组织部委托，对当年8名离任的领导干部进行经济责任审计，对4名在任的领导干部进行任中审计，查出管理不规范金额1563万元，提出意见和建议18条。在经济责任审计中，发现一些违纪违规行为，主要有支出报支手续有待完善，个别单位以前年度预算结余过大，往来款长期挂账，未及时清理，部分往年收支、结余计入往来款，未及时结转，有的是同一单位或同一项目在预算内外互相挂账，未及时对冲。通过揭示和纠正领导干部在财经纪律方面的问题，帮助被审计领导干部及其所在单位强化经济管理、完善内部控制制度，在上届经济责任审计中发现的问题，其整改情况作为本届经济责任审计的一项重点内容。

◆**内部审计服务**　4月，区内审协会草拟和制定了《2014年栖霞区内部审计工作指导意见》，按照江苏省、南京市内审协会的要求，在全区范围内开展内管干部经济责任审计情况调研，宣传动员内审人员参与南京市十大功能板块专项审计调查，进行交流学习，组织内审人员参加2014年度内部审计理论研讨比赛及培训

不断得到提高。全年,全区内部审计共完成审计项目396项,其中财务收支审计34项、经济责任审计19项、基本建设审计319项、专项审计13项、其他审计11项、查出损失浪费金额3万元,增加效益82万元,提出审计建议并被采纳118条。

◆农田水利重点片区建设资金专项审计调查 2月~4月,区审计局对区水利局2011~2013年农田水利工程重点片区专项建设资金进行了审计调查。主要对栖霞区2011~2013年农田水利重点片区项目建设情况、资金投入情况及拨付情况开展审计调查。审计发现,配套资金2013年未全部到位。栖霞区2011年~2013年农田水利重点片区区级配套资金计划为3008.35万元,其中本级2802万元、街道自筹206.35万元。审计建议相关部门尽快安排并根据工程进度拨付工程资金,确保配套资金及时足额到位,以保证农田水利重点片区建设的顺利实施;同时进一步完善水利专项资金管理办法并严格执行。

◆经济适用房项目竣工决算审计 2013年8月~2014年5月,区审计局对南京高科置业有限公司承建的靖安佳园经济适用住房一期(含康靖花园二期)项目竣工决算进行审计。靖安佳园经济适用住房项目位于栖霞区靖安街道营房集镇省网路北侧,主要用于江南沿江高等级公路二期、三江口工业园区及50万伏过江电网工程拆迁户安置。此次审计重点关注该项目征地拆迁情况、建设情况、项目总费用审计情况、项目预计盈亏情况、资金来源及支出情况、房源安置等方面情况。审计表明,高科置业积极筹措资金,克服困难,精心组织,较顺利地完成了经济适用房建设任务,为解决拆迁安置矛盾提供了有利条件。该项目已交付876套拆迁安置房和2套产权调换房,基本满足了拆迁安置和住房保障的需求。高科置业严格规范施工单位变更签证行为,建立了完善的工程变更审批程序,同时严格落实内审制度,有效地控制了工程造价,成本控制方面成效明显。但审计也发现该项目存在配套设施建设相对滞后等问题,审计根据发现的问题,建议建设单位抓好住宅和公建配套项目的施工进度;采取有效措施,推进剩余房源的销售,加快回笼资金;对于滞销的房屋,要争取市、区房改办支持,研究消化解决方案。

◆成立政府投资项目审计服务中心 为了落实《关于加强政府投资项目审计监督的意见》精神,逐步实现政府项目审计监督的全覆盖,3月,区审计局成立了"投资审计服务中心筹备小组",通过"公开招聘、择优选聘"的方式,引进3位工程专业技术人员,成立了"政府投资项目审计服务中心"(以下简称"服务中心")。"服务中心"主要负责对中介机构参与政府投资项目审计工作过程进行监督,对中介机构编写审计报告内容、格式进行指导,对中介机构审计结果进行抽查、复核,并积极参与区审计局的工程审计相关工作。截至12月底,"服务中心"已完成33个中介项目的审查工作,对其中6个项目的工程造价进行了复审,复审核减额达195万元。"服务中心"的成立,对于进一步规范中介审计行为、降低审计风险、提高审计质量等意义重大。

◆编制《政府投资项目审计服务指南》 4月,区审计局结合党的群众路线实践教育活动,为了使政府项目建设单位更加全面熟悉区审计局审计工作流程,通过深入的前期调研,精心编制了《政府投资项目审计服务指南》,该《指南》本着"服务审计对象、规范审计行为、提高审计效率"的理念,言简意赅、图文并茂,以问答的形式阐述了投资审计的范围、审计组织形式、审计流程、审计结果的运用及审计质量的控制等16项常识性问题,同时以流程图的形式表述了审计服务的具体流程,力求帮助建设单位在最短时间内了解审计相关规定、熟悉审计程序,对于规范政府项目建设管理、提升审计效率、扩大投资审计影响力起到了积极的推动作用。 □孙圣东

统计管理

◆概况 2014年,区统计局完成第三次全国经济普查的入户调查及数据上报验收等相关工作,完成农业、规模以上工业、能源、科技、资质以上建筑业、固定资产投资、资质以上房地产业、限额以上商贸业、重点服务业、劳动工资等10余项统计常规工作,开展并完成劳动力、工业品价格、城乡住户一体化、规模以下工业、规模以下服务业等20余项专项抽样调查,完成全省固定资产投资统计改革试点和高校科技服务业两项统计调查改革试点调查任务,完成全区率先基本实现现代化定期统计监测、苏南现代化建设示范区监测、文化产业统计监测、节能统计监测、妇女儿童规划监测等5项统计监测工作,并对全区20家企业开展统计监审。全年,撰写统计调研分析专文30余篇,编撰《栖霞统计快讯》11期,为全区各类工作会议提供统计资料20余篇,完成2~12月各月《栖霞统计月报》编印工作,完成《栖霞区2013年国民经济和社会发展统计公报》和《2014年栖霞统计年鉴》编撰工作,撰写统计信息100余篇。是年,区统计局被评为2013年度南京市统计工作先进集体、2013年度南京市统计宣传工作先进集体、2013年度南京市统计"双基"建设工作先进单位、2013年度南京市服务业统计工作先进集体、2013年度南京市生产投资价格调查统计工作先进集体。

◆第三次全国经济普查 2014年,区统计局全面开展第三次全国经济普查(简称"经普")工作。1月1日零时,全区第三次全国经济普查正式启动,全区600多名普查指导员和普查员对754家联网直报单位、584家非联网直报单位(法人和产活)和21033家个体户开展入户登记。1月2日,区经普办组织各街道(园区)经普办在尧化街道所属普查区进行现场入户PDA操作培训。1月16日,区经普办建立三经普工作进展情况报告制度,构建联网直报单位、非联网直报单位以及个体户的全面登记工作日报体系,督促普查工作进展。同日,区经普办建立经济普查登记期间24小时值班制度,积极应对各种普查风险情况。1月17日,区经普办制定经普数据质量审核跟踪责任制度,责任落实到人。1月22日,区经普办建立经济普查期间重大事项报告制度。1月24日,区经普办下发市反馈部

门核查后新增单位及个体经营户名录，组织基层普查机构登记入库，实现“应登尽登”。2月17日，区统计局组织召开全区三经普园区工作会议，结合区委、区政府对园区发展的新要求，联合部门力量加强对园区经普和统计业务工作的指导力度。2月20日，完成全区三经普联网直报单位和个体户登记工作。2月24日，区委常委、常务副区长曹海连到区统计局专题调研统计工作，听取经济普查工作情况报告，并针对经济普查要求做好三方面工作，一是推进普查登记重点工作，二是加强与开发区的沟通协调，三是解决少数单位不配合问题。2月26日，区经普办根据南京市经普办战略新兴产业单位普查登记的工作要求，在全区开展相关登记资料修正工作。3月10日，栖霞区召开年度统计工作会议，曹海连对经普工作提出指导意见。3月13日，区经普办对各街道、园区和开发区提出现场普查登记阶段性工作要求。3月14日，市、区经普办与街道及社区普查员对三经普个体户抽样调查进行研讨并作个体抽样调查工作动员。3月26~27日，区经普办督导检查三经普实际登记工作。3月28~31日，区经普办联合工商局、所对不配合单位巡查。4月1日，区经普办开展三经普登记年度单位信息化统计年报数据审核验收。4月3日，区经普办部署普查最后阶段数据审核工作。4月4日，区经普办全面梳理全区标记“迁出”和“消亡”的单位，并利用部门资料开展经普单位查遗补漏工作，做好全区单位重名重码消除工作。4月8日，区经普办部署全区经普非联网直报单位数据审核验收工作。4月14日，召开全区经济普查数据会审会议。4月16日，区经普办落实经普登记上传数据及图片核对工作。4月23日，区经普办联合民政部门核对民办非单位资料，查找民政局年审单位。4月28日，区经普办联合教育、卫生等部门开展经普已登记单位专项数据审核工作。5月8日，区经普办召开全区三经普数据质量事后会议。5月12日，区经普办组织全区进行数据审核验收工区经普办分组对全区经济普查工作进行数据质量检查验收。5月19~22日，江苏省经济普查事后质量检查组到栖霞区进行为期四天的经济普查事后质量抽查工作。7月14日，区统计局召开全区经济普查资料开发应用工作布置暨培训会议，部署三经普数据资料开发。7月30日，南京市统计局副局长仲玉琪一行到栖霞区调研指导三经普资料开发应用。同日，区第三次全国经济普查领导小组召开全区经济普查资料开发应用工作会议，区统计局、区发改局、区商务局、区卫生局、区文化局、区教育局、区民政局、区交通局、区科技局等部门领导参会，区委常委、常务副区长、区第三次全国经济普查领导小组组长曹海连到会并指出经普资料开发应用应各部门明确责任分工，组建开发应用机构，并加强协作配合，共同完成；区经普办要统筹安排，明确研究方向，整合高校、部门等各方资源，争取省、市指导帮助，提高三经普资料开发应用质量。

◆全区统计工作会议　3月10日，区政府召开2014年全区统计工作会议。区委、区政府相关部门领导，各街道、开发区和园区分管领导及统计科长参加。区委常委、常务副区长曹海连到会讲话，区统计局副局长张中强主持会议，区统计局局长陈学、副局长端红霞和地方调查局局长许国强等出席。曹海连肯定全区统计工作的成绩，要求区统计局要发挥统计服务地方经济发展的基础性作用，围绕转型升级，围绕大局，围绕重点领域做好统计服务；要确保完成三经普工作任务，思想上不放松，继续打好攻坚战，严把数据质量不动摇，并做好后期数据的开发利用；要进一步提升统计服务水平，在统计分析上着力，既关注与全市及全省兄弟区、县的比较分析，又要努力变事后工作为事前和事中的服务；要继续加强统计基础工作建设，贯彻依法统计，提高基层统计人员、资金、工作条件的配置和改善，为统计工作创造更好的条件。会上，陈学全面总结2013年全区统计工作成果，对2014年统计工作进行谋划

◆省统计局到区进行经济普查事后质量抽查　5月19~22日，江苏省统计局工业统计处副处长于萍带领全省第三次全国经济普查事后质量检查组到区进行经济普查事后质量抽查，南京市统计局局长徐翠华、副局长仲玉琪、栖霞区区委常委、常务副区长曹海连、栖霞区统计局局长陈学等陪同。曹海连表示此次栖霞区代表南京市接受省局抽查，是对栖霞区经济普查数据质量的总体评价、工作指导和推进，栖霞区将全力配合检查组的检查工作，积极完成检查资料、素材的收集和提供。5月19日至22日，省经普办检查组分成数据核实、单位现场核实、个体抽样三个检查组，以“六条红线”、“五条高压线”的标准对5个街道的6个普查区部分普查对象的数据质量和单位现场情况进行检查与核对。在区、街、村三级普查人员的配合下，省经普办检查组一行圆满完成本次经济普查事后质量抽查。

◆省统计局到区调研　8月27日，江苏省统计局服务业处副处长叶玲春一行在南京市统计局副局长仲玉琪、区统计局局长陈学、副局长端红霞等陪同下，到区调研高校科技服务业统计试点工作。调研组分别听取了陈学和端红霞的汇报。叶玲春对栖霞区前期试点工作给予肯定，并对下阶段工作提出建议和要求，希望栖霞区改进报表制度设计，结合高校实际选择调查方法，全面反映高校科技服务业业务活动，研究探索难点统计的渠道和办法，推动高校科技服务业试点。陈学表示将按省、市工作要求和部署完成试点任务，做好试点报告。

9月12日，江苏省统计局副局长彭小年带领省统计局投资处在南京市统计局局长徐翠华、总统计师蒋明、栖霞区统计局局长陈学、副局长端红霞等陪同下，到区调研固定资产投资统计改革试点工作。调研组分别听取了陈学和端红霞的汇报。省、市统计局投资处分别就难点及困惑进行现场指导，并和与会者进行交流讨论。彭小年肯定了南京市和栖霞区的成绩，指出应加强试点论证，提高试点

公共服务

Public Service

南京市栖霞中学新校区　　杨秋绘

◎ 责任编辑　张永芳　张双全　孙　蓉

教　育

综　述

◆概况　2014年栖霞区有幼儿园68所，中小学53所；幼儿园教职工2324人，中小学教职工3976人；幼儿园在园幼儿17467人，中小学在校学生40176人。另有教师进修学校、广播电视大学各一所。在全区创建工作中，八卦洲中心小学获“江苏省特色文化建设项目学校”称号，南京炼油厂小学获“江苏省科技特色学校”称号，栖霞区实验小学获“江苏省节水型学校”称号；营防中学获“南京市国防教育示范学校”称号，金陵中学仙林分校小学部、晓庄学院附属小学获“南京市特色文化示范学校(培育对象)”称号；中电颐和家园小学、南京博爱艺术幼儿园等11家等小学、幼儿园被授予“南京市平安校园”称号；新港中等专业学校、栖霞中心小学、晓庄学院附属小学等3家中小学被授予“南京市数字化校园示范校”称号。是年，全区实际参加高考1273人，专科以上高校录取1119人，录取率为87.9%。参加中考2619人，总均分558.31分。

◆区委领导调研教育工作　3月10日下午，栖霞区委书记臧正金在副区长万震、区委办主任田峥嵘陪同下，调研栖霞教育。

臧正金一行首先到新尧新城，视察栖霞海门实验初级中学尧化校区的建筑工地，区政府副区长陈松、尧化街道、区住建局、新尧新城指挥部、区教育局等主要领导陪同。视察中，臧正金要求各部门通力协作，保证质量，按时完工，确保9月1日学校正常开学。随后，臧正金考察2014年已经投入使用的区实验小学尧辰路校区，希望学校能借助琅琊路小学品牌，打造自身特色，追求内涵发展。

视察结束后，在区教育局会议室召开调研工作座谈会。臧正金在讲话中总结近三年的全区教育工作。臧正金指出，近年来全区教育教学工作的成绩有目共睹，发展态势令人振奋。教育行政部门积极努力也初见成效，全区教育系统形成积极向上的工作氛围。区教育局的各项工作获得各级领导、教育同行、家长学生的广泛认可。臧正金还对办学模式创新、骨干教师培养、教育教学质量提升、素质教育推进等方面所采取的措施给予肯定。

◆全区教育工作会议　4月4日下午，栖霞区在区政府礼堂召开全区教育工作会议。区委书记臧正金出席会议并讲话，市教育局局长吴晓茅应邀出席。区人大常委会主任李汉析，区政协主席夏宁，区委常委陈波、孙爱军、周峰，副区长万震参加会议。会议由区委副书记胡晓健主持。

会议下发《区委、区政府关于建设教育强区　率先实现更高层次教育现代化的意见》、《区委办公室、区政府办公室关于印发南京市栖霞区优化教育布局三年行动方案的通知》、《关于振兴远郊学校(幼儿园)教育三年行动计划(2014—2016年)》、《关于进一步加强教师队伍建设的实施意见》等4个文件。

臧正金指出，为贯彻实施中央和省、市关于教育改革与发展的重要部署，栖霞区出台推进教育现代化和优化教育资源布局的三年行动方案，规划至2016年再新建幼儿园、中小学46所，形成教育均衡发展的新布局；到2020年全区教育发展主要指标，达到发达国家水平，建成教育强区、率先实现更高层次的教育现代化。

吴晓茅代表市教育局对栖霞教育工作、尤其是对栖霞区“十二五”以来所取得的教育教学成果给予肯定。万震对近年来全区教育工作进行全面总结，对本次会议出台的教育现代化有关文件进行解读；区教育局、区人社局、龙潭街道、马群街道等4家单位作交流发言，体现出这些部门和系统发展教育、支持教育的担当和信心。

会议期间，与会的区级领导和区各部门主要领导还现场考察全区19所学校。

◆责任督学挂牌督导工作会　为落实国务院教育督导委员会办公室《关于印发中小学校责任督学挂牌督导办法的通知》和省政府教育督导委员会办公室《关于切实做好全省中小学校责任督学挂牌督导工作的通知》精神，4月11日上午，栖霞区在新港中等专业学校尧化校区，召开中小学校责任督学挂牌督导工作大

2014年栖霞区幼儿园、中小学基本情况

表28

类别	学校数(所)			班级数(个)			在校学生数(人)			教工总数(人)			专任教师数(人)		
	共计	教育部门办	其他	共计	教育部门办	其他	共计	教育部门办	其他	共计	教育部门办	其他	共计	教育部门办	其他
幼儿园	68	12	56	556	147	409	17467	5082	12385	2324	649	1675	1166	333	833
中小学合计	53	47	6	1131	890	241	40176	31257	8919	3976	2774	1202	3472	2635	837
小学	34	31	3	701	602	99	25808	21710	4098	1956	1451	505	1746	1423	323
初中	14	13	1	275	187	88	9242	6078	3164	1796	1099	697	1116	803	313
[illegible]	[illegible]	[illegible]	[illegible]	[illegible]	[illegible]	[illegible]	[illegible]	[illegible]	[illegible]	[illegible]	[illegible]	[illegible]	[illegible]	[illegible]	[illegible]

4月11日,栖霞区在新港中等专业学校尧化校区召开中小学责任督学挂牌督导工作大会　区教育局 供稿

会,全区45所中小学校长及所有拟任责任督学参加大会。

为做好此项工作，区教育督导室进行精心筹备,遴选出责任督学,划分督学责任区,明确督学责任学校,依据地域为主、兼顾学段的原则,将全区中小学校划归9个督学责任区，每个督学责任区设置2~3名责任督学，每位责任督学安排2~3所责任学校。

区政府高度重视责任督学挂牌督导工作,区政府副区长万震到会,为责任督学颁发聘书并作重要讲话。万震在讲话中要求责任督学做学校规范办学的监督员、教研教学的指导员和沟通家长、学生对学校办学意见建议的信息员，要求学校支持配合责任督学共同做好挂牌督导工作。

◆接受县域义务教育均衡发展督导检查

4月16日,全国县域义务教育均衡发展督导检查组，对栖霞区进行国家级督导检查。检查组成员有:国家督学、辽宁省人民政府教育督导室主任王燕玲,国家督学、广东省教育厅副巡视员陈健和教育部督导办教育保障督导处张英成、刘青松等4人。省教育装备管理中心书记刘丰、市教育局副局长张生、市教育督导室副主任徐家仁也参加此次督导检查。

检查组专家查看栖霞区政府推进义务教育均衡发展工作的相关材料，分四组召开各级人大代表、政协委员、校长、教师、家长代表共60人座谈会,抽取各级人大代表、政协委员、校长、教师、家长、学生代表共642人进行满意度测评;分两组实地考查随机抽取的花园小学、伯乐中学等6所小学和初中。

区政府副区长万震、区教育局局长徐观林陪同检查组专家考查学校。在所到学校，专家们听取校长对学校办学情况的介绍,查看图书馆、实验室、电脑房等专用功能室，对照办学标准核查学校相关数据，考查部分学校快乐星期三等学生社团活动。检查组对栖霞教育均衡发展状况给予肯定评价。

◆晓庄学院与区政府签订合作协议　5月7日下午，南京晓庄学院与栖霞区人民政府签订教育合作框架协议。

出席签约仪式的双方领导有:南京晓庄学院党委书记李洪天，院长王国聘,副院长洪平、张波及相关学院负责人;栖霞区委副书记胡晓健,副区长万震,区教育局局长徐观林、区教育局工委书记王守云、副局长吴兴,晓院附小校长,以及区教育局基础教育科、人事科、区进校负责人。

签约仪式前，双方领导参观南师附中仙林学校小学部、南师附中仙林学校初中部、仙林实验幼儿园、金陵中学仙林分校中学部(在建)、金陵中学仙林分校小学部。在金陵中学仙林分校小学部会议室，与会人员共同观看栖霞教育专题电视片《征途2013》。

张波与万震分别代表南京晓庄学院与栖霞区人民政府在《南京晓庄学院、栖霞区人民政府教育合作协议书》上签字,根据协议,双方将在优质教育资源推广、人才培养与教育科学研究等领域开展积极有效合作。

签字仪式上，李洪天高度评价栖霞经济发展和教育发展的状况,并表示,晓庄学院将通过进一步完善自身建设,更好地服务于基础教育的发展，今后将按照双方签订的协议做好各项工作，落实各项措施。胡晓健对南京晓庄学院到栖霞指导教育工作表示欢迎，并表示双方

4月16日,全国县域义务教育均衡发展督导检查组对栖霞区进行国家级督导检查　区教育局 供稿

要以此次签约为契机，在协议框架基础上，抓好各项工作的落实，促进栖霞教育再上新台阶。

◆**第30个教师节庆祝表彰大会** 9月9日下午两点，栖霞区第30个教师节庆祝表彰大会在区机关大礼堂隆重开幕。栖霞区四套班子主要领导，仙林大学城管委会、南京经济技术开发区管委会相关领导，全区各街道主要领导、分管教育领导，区相关部门负责人，教育局机关全体人员，中小学(单位)负责人，中心幼儿园园长，教师代表，受表彰集体和个人代表，部分离退休校长共550多人参加大会。

区委书记臧正金对近年来全区教育发展取得的成绩和广大教育工作者做出的重要贡献给予充分肯定和充分评价，并希望栖霞以争当苏南现代化建设示范区、先行区为目标，加快转型发展步伐，加大改善民生力度。

会上，区委、区政府表彰迈皋桥街道、马群街道、栖霞街道、尧化街道等4个街道和花园村村民委员会、南京市公安局交通管理局第七大队四中队、中国人民解放军73096部队、南京炼油厂有限责任公司、南京高科置业有限公司、南京大学工会委员会等18家单位，肯定这些单位对全区教育发展做出的贡献。

会议宣读教育系统受各级各类表彰的先进单位和优秀教师以及栖霞区“十大教育有功人物”名单。

◆**参加全国新教育国际高峰论坛** 11月8日，2014年全国新教育国际高峰论坛在日照新营小学开幕，栖霞区作为全国“新教育实验区”应邀出席会议。全区中小学分管教学校长以及入围该论坛的论文作者代表共50余人全程参加。

参会期间，栖霞区代表听取朱永新教授的主题报告《关于理想课堂的思考》和美国德克萨斯大学教育学院教授鲍里奇，德国华德福资深教师Tina，以及斯洛伐克、爱尔兰、澳大利亚等国的专家及国内知名学者卢志文、陈大伟等专家的专题讲座，参观考察日照市新营小学、日照

代表栖霞区在交流大会上作发言，其论点和研究方法引起与会教育专家和教师的反响和注意。

学前教育

◆**概况** 2014年，全区幼儿园68所(含5个办园点)，其中教育部门办12所，民办和其他部门办56所。在园幼儿共计17467人，学前三年入园率100%。南京博爱艺术幼儿园等10家幼儿园获“南京市平安校园”称号。栖霞区上城风景幼儿园、区仙林实验幼儿园学思路分园、栖霞区爱儿坊东方天郡幼儿园、仙林晨光幼儿园、行知幼儿园通过省优质园验收；栖霞区第一实验幼儿尧顺分园、迈皋桥街道中心幼儿园丁家庄第一分园、江南幼儿园、保利紫晶山幼儿园、仙龙湾幼儿园通过市优质园验收。

至年底，全区幼儿园中有省级优质园39所，市级优质园15所。全年发放助学券20570人次，每人次1000元，共计2057万元。

◆**幼教专场“十二五”规划课题开题论证** 5月29日下午，栖霞区进行“十二五”规划课题幼教专场开题论证展示活动。南京市教科所副所长朱晓琥、主任姚慧；区教师进修学校有关负责人、全区幼儿园部分骨干教师等参加活动。

本次参与论证的课题包括省级重点自筹两项，分别为栖霞区第一实验幼儿园的“‘艺友制’思想引领下幼儿教师入职培训的案例研究”和南外附属幼儿园的“‘活教育’之‘劳作’思想指引下儿童生活坊的实践研究”。此外，博源星城幼儿园的市级立项课题“提升幼儿园家园共育‘科学性’的研究”也参加论证。

活动现场，专家们和课题研究学校课题组成员开展深入的对话和研讨。专家们对课题从研究背景、核心概念界定、研究目标、研究内容、研究重点、研究过程和思路等方面进行细致指导，并提出切实可行的研究建议，帮助课题组进一步厘清研究思路，明确研究方向。

育论坛”在栖霞区第一实验幼儿园尧顺分园举办。区教育局局长徐观林以及九个街道中心园的业务园长、全区68所幼儿园的园长参与论坛。

14所幼儿园的园长就各园的管理理念、特色亮点、培养目标，课程开发、教师培养等方面进行交流。其中，龙潭中心幼儿园的剪纸教学、西岗街道中心幼儿园的沙画教学、栖霞街道中心幼儿园的国学教学、区第一实验幼儿园的艺术教学、太阳城小学附属幼儿园的手指游戏等专题介绍，亮点突出；仙林实验幼儿园的“悦·美”理念、燕子矶街道中心幼稚园的“生活教育”理念、迈皋桥街道中心幼儿园的文化育人理念、阳光天使幼儿园“爱”的教育理念、方圆绿茵幼儿园的环境育人理念等专题也都是管理科学、理念先进的典型范例；中石化二公司幼儿园和博源星城幼儿园探索民办幼儿园的发展新路；南外附属幼儿园坚持走特色发展之路；八卦洲中心幼儿园肩负提升远郊幼儿园办园质量的重担等专题，都彰显出各自的地方特色。论坛最后，徐观林讲话并提出要求。

◆**清理整顿无证园“回头看”检查** 2013年6月起，在区政府的关心和指导下，各相关街道、部门密切配合，栖霞区启动清理整顿无证幼儿园工作。截至2013年12月，全区52所无证幼儿园关停48所、2所幼儿园过渡办园、2所幼儿园整改后再发证。到8月底，2所过渡园关停，2所整改园1所发证。鉴于栖霞区无证园整顿工作走在全市前列，此后市政府专门在栖霞区召开全市清理整顿无证幼儿园现场推进会，栖霞区清理整顿无证园工作得到市政府的充分肯定。

为进一步巩固清理整顿无证幼儿园成果，按照区政府的相关工作要求，对此项工作开展“回头看”检查。2014年11月下旬开始由各街道进行自查，12月3日、4日两天由区政府副巡视员王智带队，组织区教育局、7个街道社事科科长或联络员，分成两组进行检查，各街道分管领导汇报无证园清理整顿“回头看”自

初等教育

◆**概况** 2014年,全区有小学34所(含其他部门办3所),在校小学生25808人。义务教育入学率100%。八卦洲中心小学获"江苏省特色文化建设项目学校"称号,南京炼油厂小学获"江苏省科技特色学校"称号,栖霞区实验小学获"江苏省节水型学校"称号;营防中学获"南京市国防教育示范学校"称号,金陵中学仙林分校小学部、晓院附小获"南京市特色文化示范学校(培育对象)"称号;栖霞中心小学、晓庄学院附属小学获"南京市数字化校园示范校"称号。

◆**花园小学获"江苏省科学教育特色学校"称号** 2013年年底,由省科协、省教育厅联合组织专家组,对全省推荐上报的科学教育特色学校进行综合考核。通过审核材料、专家初评,组织检查组听取汇报、实地检查、调研等方式,对学校科学教育的管理机制、开设科学教育课程、科技活动创新成果、师资队伍和阵地设施建设等方面工作情况进行量化考核。花园小学凭借自身的实力和出色的成绩,被江苏省科学技术协会、江苏省教育厅命名为"江苏省科学教育特色学校"。

◆**"数字化学习合作研究项目"签约** 由栖霞区教育局、南京大学教育研究院和南京数模微电子有限公司三方合作的"南京市栖霞区数字化学习合作研究项目"签约仪式,于2014年3月11日上午在金陵中学仙林分校小学部会议室举行,南京大学副校长杨忠、教育研究院院长王运来,教授、博士生导师张红霞及研究团队,南京市教育局副局长潘东标、南京市电教馆馆长陈平、栖霞区人民政府副区长万震、栖霞区教育局局长徐观林,南京数模微电子有限公司徐斌博士等出席签字仪式。栖霞区教育局基础教育科及相关学校负责人参加签字仪式。

活动开始,由金陵小学副校长徐海龙使用移动网络终端在五年级二班执教《找规律》一课。课堂上,徐海龙通过形象的课件与必要讲解,让学生利用移动网络终端通过探究、合作、交流和研究数字的方法来学习本课内容。随后三方代表分别发言。最后,徐观林、王运来、徐斌共同签署"南京市栖霞区数字化学习合作研究项目"三方合作协议。

◆**金小、龙小牵手组建教育发展联盟** 3月25日下午,金陵中学仙林分校小学部和龙潭中心小学举行合作共建签约仪式。此举是栖霞区振兴远郊学校,使优质教育资源辐射远郊地区的又一具体方式。区教育局局长徐观林,龙潭街道办事处主任孙东方、副主任陈晓芳,金陵中学仙林分校小学部校级领导班子,龙潭中心小学校级领导班子和教师代表参加签约仪式。

"数字化学习合作研究项目"签约仪式在金陵中学仙林分校小学部举行
区教育局 供稿

在与会人员的见证下,龙潭中心小学校长顾农与金陵中学仙林分校小学部校长林慧敏签订合作办学协议,并分别代表双方学校表态发言。

◆**小学特色文化建设项目答辩** 根据苏教基〔2013〕19号《关于推进小学特色文化建设工程的意见》要求,在经过市级27所学校的材料评选和现场答辩后,八卦洲中心校的"鹂岛野韵"课程文化建设项目,被南京市教育局推荐参加省级评选。

6月11日上午,由建设学校八卦洲中心校副校长蒋宁、共建学校晓院附小校长鲁照斌等组成的答辩小组,参加全省32所小学的现场答辩。担任答辩评审的评委有省教育厅基础教育处处长马斌,省财政厅科教文处副处长蒋云涛,省教育学会副会长陆志平等专家和领导。

答辩共有四个程序:一是建设学校就建设思路、建设内容、预期效能等方面作介绍;二是共建学校校长就如何帮扶申报学校开展课程基地建设作介绍;三是区教育局就如何承担课程建设项目的责任,在人财物方面指导、扶持申报学校,确保项目顺利建成作介绍;四是专家点评提问。

在陶行知"生活即教育"思想的引领下,根据八卦洲的地域特色,结合区教育局振兴远郊行动计划,学校提出建设"鹂岛野韵"的课程文化,让孩子多一些野趣,多一些"野"味,多一些野韵。学校通过"四大行动",即学科建设行动、活动建设行动、环境建设行动和E学建设行动;开发、实施"六项课程",即"八野情趣"、"田园诗文赏析"、"儿童农民画"、"江水探究"、"小小建桥师"和"和悦太极";建设"一个基地",即规划建设成占地4.67公顷的大型"野趣园",努力使八卦洲中心校毕业的学生全面发展,既有现代文明素养,又具有"野韵"特质。

现场的介绍和答辩,不仅得到专家们肯定,也在如何进一步改进、提升的方法上得到专家们的指导。

◆**区第四届小学生综合素养大赛** 11月19日,"栖霞区第四届小学生综合素养大赛"在区实验小学尧辰路校区隆重举行。全区13所中心小学和民办小学的312名选手，在各参赛学校副校长带领下参加比赛。区教育局、教师进修学校有关领导，区相应学科教研员全程参加比赛活动。

此次比赛与往年相比，呈现三大亮点:选手覆盖面广。参赛代表队以中心小学和民办小学为单位，参赛选手由区教育局基础教育科，在各小学学籍库中随机选取，每个代表队从所有3~6年级学生中各抽取12名学生，学生抽取覆盖全区30所小学。抽取的参赛学生名单提前1天通知学校，力求客观真实。每个代表队从12名学生中选取6人组队参赛，其中3人编入现场答题组，3人编入电子板报制作组，比赛分3~6年级组依次进行。

现场答题在报告厅进行，每组分别进行“必答题”和“抢答题”比赛，必答题又分3位选手个人依次回答3道题目和3人集体讨论回答1个题目，以体现学生的集体智慧和合作精神。题目内容涉及美术、品德、科学、信息、体育、音乐等多门学科，不仅有书本内的知识，还包含许多生活常识和学习中知识的综合运用。

本届综合素养大赛采用电子板报设计为专项制作项目，3~4年级是运用各类画图软件和office word或者WPS文字工具软件，以《我的校园我的家》为主题制作电子板报，5~6年级是运用office powerpoint或者WPS演示工具软件，以“师恩难忘”为主题制作电子板报作品，内容主要反映班级或校园生活，鼓励广大小学生结合学习与实践活动及生活实际，积极探索、勇于创新，运用信息技术手段，结合音乐、美术、科学等知识和能力设计、创作电脑作品，提升学生的综合素养。

比赛结束，组委会举行颁奖仪式。区实验小学、南外仙林分校小学部和金陵中学仙林分校小学部获得团体总分一等奖。

普通中学教育

◆概况　2014年，全区有中学19所，其中初中14所（含民办1所），高中4所

校共录取1119人，录取率为87.9%。参加中考2619人，总均分558.31分，被高一级各类学校录取2572人，录取率98.2%。南京南江中学获“江苏省德育科研先进实验学校”，营防中学获“南京市国防教育示范学校”称号。

◆第18场“我与名师有约”活动　3月20日下午，思品学科“我与名师有约”暨初三思品一轮复习“整合式教学”研讨活动在一中马群分校举行。市教研室政治教研员王小叶、市学科带头人中华中学书记王存贵、玄武区教研室主任杨华，以及市整合式教学研究组全体成员、区思品学科全体教师等五十余人参加活动。此次活动是全市的教学研讨系列活动之一，也是栖霞区举办的第18场“我与名师有约”专题活动。

活动包含三个环节：首先，课例展示。一中马群分校教师张桂芳、张超，分别开设“俯仰之间皆成美”一轮复习课。其后，专家点评。与会的专家和老师进行充分的交流，王存贵用“有美、有方、有思辨”七个字对张桂芳的课例做简要点评；市教研员王小叶对两位教师勇于尝试整合式教学，积极创新复习策略给予充分肯定。最后，名师讲座。在开课、研讨的基础上，市学科带头人王存贵开设题为“2014年思品学科复习策略和建议”的讲座。

◆初中校本精品课程展示评比　2014年1月11日，南京市教育局组织开展全市初中校本精品课程展示评比活动，栖霞区共获一等奖4个，二等奖1个，获奖数量和获奖等级均处全市区县前列。

评比过程中，每个校本精品课程现场展示时间共15分钟，含PPT陈述和成果展示10分钟，内容包括：校本课程陈述（课程目标、课程内容、学情分析、实施情况等）；校本课程资料展示（教材、教案、作业、学生反馈信息等）。评委提问，陈述人答辩5分钟。

此前，为组织好此次送展校本课程评比工作，确保评比取得好的成绩，区教育局和教研室组织专家组多次对送评的

动高效的校本教程。这些校本教程的实施，为学校特色的形成、教师的专业发展和学生的全面发展起到积极的推进作用。

◆栖霞区(海门)实验初中开学典礼　8月31日，栖霞区（海门）实验初级中学举行开学典礼暨新校区启用仪式。参加典礼和仪式的领导有：区政府区长邢正军、副区长万震、副巡视员王智，海门市副市长王拥军、海门市教育局主要领导，尧化街道、栖霞街道、区住建局、新尧新城指挥部负责人，区教育局领导班子成员，全区中小学（单位）、区教育局机关科室负责人。

开学典礼在国歌声中开始。校长代表、教师代表、学生代表分别发言，表达全体师生以新学校组建与新校区搬迁为契机，抢抓发展机遇，共同谱写学校发展新篇章的愿望。王拥军、海门市教育局局长许新海分别讲话，他们共同表达对栖霞区（海门）实验初级中学顺利开学的祝贺，同时希望这粒栖霞与海门两地共育的教育种子能够早日在栖霞大地开花、结果。

邢正军宣布栖霞区（海门）实验初级中学开学并讲话，他希望进一步加快栖霞与海门教育资源的融合，，提升区域教育质量，办人民满意的教育，让幸福教育之花在栖霞的校园绽放。

◆高中生“五四”辩论赛　3月31日下午，栖霞区教育局在燕子矶中学举办高中生“五四”辩论赛，这是为弘扬社会主义核心价值观，深入推进素质教育，培养高中学生的逻辑思辨能力、语言表达能力而设置的传统赛事。担任此次辩论赛的评委有：南京市教育局中教处主任科员徐黎鸣、栖霞区教师进修学校校长朱光成、副校长李宝玉、教研员徐学宁、教研员季静仪等。

全区4所普通高中的代表队围绕“家长应不应该查看未成年子女个人信息”、“大学的专业选择，是个人的兴趣爱好更重要，还是社会的就业前景更重要”、“南京青奥，应侧重体现民族文化元素还是应侧重体现世界文化元素”三个

名，将代表栖霞区参加南京市举办的高中生“五四”辩论赛。南京师范大学附属实验学校的石砦、南京市栖霞中学皮仕琴和南京市燕子矶中学的谢雅凡分别荣获第一场、第二场和决赛场的“最佳辩手”称号。

◆获市青奥知识竞赛团体亚军 2014年6月28日，“‘南京·青奥’知多少”知识竞赛决赛在石鼓路小学举行，栖霞区青奥代表队，经过必答题、抢答题、限时题、风险题四轮竞赛角逐，最后和玄武区代表队并列团体亚军。

3月份，接“‘南京·青奥’知多少”知识竞赛通知后，电教中心组织南京市燕子矶中学、南师附中仙林学校、南京一中马群分校和摄山中学选派五位青奥选手参加“‘南京·青奥’知多少”笔试初赛。5月中旬，在笔试初赛中，栖霞区在14个区县代表队中，取得南京市第三名的成绩，获得现场决赛资格。6月，电教中心聘请历史教研员季静仪和地理教研员袁仁忠为3位决赛选手和17位啦啦队队员做赛前辅导。28日，在全市决赛现场，获得团队亚军。

◆栖霞区公民教育课程建设现场会 5月8日，栖霞区公民教育课程建设展示研讨现场会在南师附中仙林学校举行。江苏省教研室书记鞠文灿，南京师范大学教授谢树平，南京市教研室教研员王小叶，栖霞区教育局有关领导，南京市公民法制教育中心组老师、区教科室主任、区公民教育实验学校的领导和老师等参加会议。会议由省特级教师、区教师进修学校副校长李宝玉主持。

活动开始，南师附中仙林学校展示“仙林地区公用租赁自行车问题”调查研究的成果，并进行听证提问。同学们以“发现的问题”、“现有的政策”、“我们的方案”、“我们的行动”为主题任务，分四个小组展示汇报自己的研究和行动。由南京师范大学公共管理学院谢树平、南师附中仙林学校书记黄业照等专家、领导组成的听证组对同学们进行现场提问听证，同学们结合项目实际以及活动收获进行现场作答。

南师附中仙林学校校长徐险峰致欢迎词，黄业照就附中仙林两年来公民教育课程开展的情况作介绍。李宝玉作题为“栖霞区公民教育课程建设阶段性实践与思考”的汇报。

活动最后，鞠文灿对此次活动进行精彩点评，他肯定栖霞区在公民教育课程建设中做出的成绩，并勉励师生继续推进，将公民课程做得更加精彩。

职业教育

◆概况 2014年，全区有中等职业学校1所，在校生1728人。新港中等专业学校获“南京市数字化校园示范校”称号，该校物流服务与管理专业通过江苏省品牌专业验收；在全省职业技能大赛中获得1枚金牌，4枚银牌。

◆新港中专与兰阳技术学院合作签约 1月12日上午，台湾兰阳技术学院与南京新港中等专业学校教育交流合作签约仪式在新港中专迈皋桥校区会议室举行。校长童礼荣与兰阳技术学院副校长刘建良签订教育交流合作议定书。兰阳技术学院国际交流中心主任潘彦豪一同来访，新港中专党总支书记李杰、副校长许伟红等学校领导出席签约仪式。

根据“兰阳技术学院与新港中等专业学校教育交流合作议定书”，双方本着“友好、互惠”的原则，建立合作关系，双方可组团互访，就拓展高等职业教育交流合作的领域及具体项目等问题进行磋商；相互邀请教学人员进行学术访问、短期讲学、研习等活动；积极创造条件，互派学生至对方学校作短期交流研修；相互交流科技论文、学术期刊、教材、图书等数据，相互邀请对方参加各自主办的学术会议等活动。双方达成2015年上半年输送第一批优秀学生赴兰阳技术学院短期游学的意向。

签约仪式上，双方介绍各自的办学定位、办学特色、教师队伍的基本情况与发展思路。双方还就中国传统文化、社会经济发展方向等双方关注的问题，展开积极的讨论和交流。

◆职校品牌专业建设专家视导新港中专 5月30日，省职业学校品牌专业视导专家组刘景忠、张劲松、袁蓉、赵芬一行4人在市、区教育局领导的陪同下，在新港中专视导“物流服务与管理”省级品牌专业建设情况。

学校负责人向专家组汇报办学概况及“物流服务与管理”省级品牌专业建设情况。随后，专家组随堂听课、查阅资料、专业负责人访谈等视导工作，并视察校内实训基地。

下午的反馈会，专家组肯定学校在品牌专业建设工作中取得的成绩，认为学校教学管理规范有序，专业建设取得成效。同时，专家组希望学校在专业建设过程中，增强建设专业群意识，进一步加强师资队伍建设、深化课程改革。

社区教育

◆概况 2014年，全区有成人教育中心9所，八卦洲街道成人教育中心创建成为江苏省示范成人教育中心，马群街道成人教育中心创建成为南京市示范成人教育中心；全区现有居民学校112所，达省标居民学校73所。新审批民办幼儿园4所，民办非学历培训机构3所。原有的40所民办幼儿园年审合格33所，基本合格3所，限期整改3所，停办1所；13所民办非学历培训机构年审合格6所，基本合格4所，限期整改2所，停办1所。

◆栖霞开放大学揭牌 11月14日下午，栖霞开放大学揭牌仪式在新港中专电大校区举行。南京开放大学党委书记郭素强、校长秦怀建，栖霞区人民政府副区长万震、副巡视员王智，栖霞区教育局局长徐观林出席仪式。栖霞区有关部门代表及新港中专领导班子部分成员参加仪式。郭素强和万震共同为栖霞开放大学揭牌。

郭素强代表南京开放大学对栖霞开放大学的成立表示祝贺。他说，建设区级开放大学是建立健全南京市终身教育体系，推进学习型城市建设的需要。栖霞开放大学是南京开放大学办学体系的重要组成部分，与南京开放大学同为南京市全民终身学习的重要平台。郭素强希望栖霞区政府和有关部门能统筹规划，加大教育资源的整合力度，为栖霞开放大

11 月 14 日下午，栖霞开放大学揭牌仪式在新港中专电大校区举行

区教育局 供稿

学的发展营造良好宽松的环境，为学校的各项建设工作做好服务和保障。王智在仪式上对栖霞开放大学具体办学提出要求。　□张　明

部分驻区院校

·金陵科技学院·

◆概况　2014 年，金陵科技学院有江宁、幕府、白下三个校区，总占地总面积 97.2 万平方米，校舍总面积 51.0 万平方米，馆藏纸质图书 118.8 万册、电子图书 4421Gb，教学仪器设备总值达 1.61 亿元，现有全日制在校本科生 19000 余人。学院面向全国 31 个省、市、自治区招生，共招生 5156 人，设有软件工程学院等二级学院 16 个，职业师学院等教学单位 6 个。开设涉及经济学、文学、工学、农学、管理学、艺术学等六大学科门类的本科专业 46 个，中外合作办学项目 4 个，省一级重点建设学科 3 个，市重点建设二级学科 10 个，国家级特色专业建设点 1 个，省级特色专业 4 个，省级重点专业类 4 个，教育部卓越工程师教育培训计划试点专业 1 个，省级卓越工程师（软件

点建设实验室 1 个，省级高等教育人才培养模式创新实验基地 1 个，省级基础课实验教学示范中心 5 个（含建设点），省级实践教育中心建设点 2 个。在职教职工近 1200 人，其中专任教师 900 余人。现有“双聘院士”1 人，另有一批国务院特殊津贴获得者、全国优秀教师、“江苏省有突出贡献中青年专家”、“江苏省教学名师”、江苏省“333 工程高层次人才培养”对象、江苏省“青蓝工程”中青年学术带头人和优秀中青年骨干教师、江苏省“六大人才高峰”资助计划、江苏省“双创计划”、南京市“紫金人才计划”等优秀人才。专利受理累计 767 件，授权 422 件，其中，发明专利受理 163 件，发明专利授权 22 件，实用新型 303 件，外观 97 件。其中 2 项发明专利成功转让。此外，软件著作权授权 62 件。

2014 年，《“双十型”应用型本科人才培养体系建设》申报江苏省推荐国家级高等教育教学成果奖，顺利入围并最终获得国家级教学成果二等奖，实现学院在国家级教学成果奖项上零的突破。

◆南京软件科技大学创建工作取得进展

2014 年，在南京市委、市政府和南京市筹建南京软件科技大学工作领导小组

设软件工程学院等 6 个软件及涉软类二级学院。推动南京软件研究院挂牌，与中科院软件所联合举办卓越工程师培养项目，中科院软件所专家 300 多人次到校执教。作为 2014 年南京市重大项目，创建南京软件科技大学基本条件建设一期工程软件教学大楼 7 月底封顶，27 层软件研发大楼 12 月底主体封顶，二期工程科技孵化大楼和研究生教学楼开工建设。与南京林业大学等多家高校开展合作培养硕士研究生，首批联合培养研究生入校。引进软件类杰出人才 1 名、软件类教授 5 名、软件类博士 34 名。录取涉软专业新生 2217 人，数字出版等 2 个涉软本科专业；软件工程（嵌入式培养）等 2 个软件服务外包类专业嵌入式人才培养项目获批招生。

◆南京软件科技大学合作共建协议签订

1 月 21 日，南京市人民政府、中国科学院软件研究所、中国科学院南京分院与金陵科技学院在南京市人民政府会议室，签订合作共建南京软件科技大学协议。市政府副市长胡万进、中科院软件研究所所长李明树、中科院南京分院副院长谷孝鸿和金陵科技学院校长聂影在协议上签字。省教育厅、市相关部委办局和共建单位负责人参加签约活动。市政府副秘书长张强主持签约仪式。根据协议，四家单位在共建研发机构、人才培养基地等领域开展合作，推动金陵科技学院向软件科技大学转型升级，促进南京市软件名城建设。

◆南京软件研究院暨软件研究中心揭牌

9 月 26 日，由南京市政府、中国科学院软件研究所、中国科学院南京分院与金陵科技学院合作共建的南京软件研究院暨中国科学院软件研究所南京软件研究中心在金陵科技学院揭牌，来自四家共建单位主要领导，市相关部委办局负责人参会。副市长胡万进主持揭牌仪式。中国科学院软件研究所所长李明树、中国科学院南京分院院长周健民与金陵科技学院院长聂影为该中心揭牌。该中心

◆**南京青奥会对接和服务工作完成** 南京青奥会期间,学院在志愿服务、科技和人才支持、文艺演出、后勤保障等多方面开展对接和服务。开发“砾砾云打印平台客户端服务软件”及“青奥会云打印服务平台软件”,实现云打印技术在青奥会的成功应用。学院师生志愿者服务 10549 人次,服务总时长 125841 小时。学院南京青奥会对接和服务工作得到青奥组委会、市领导及有关方面的一致好评,市长缪瑞林做出批示,给予表扬。学院被评为“第二届夏季青年奥林匹克运动会市先进集体”。

◆**省、市级科技平台建设快速推进** 学院“数字艺术创意与应用实验室”首次获批 2014 年省高校重点建设实验室,“智能建筑监测技术工程实验室”获批江苏省 2014 年第一批省级工程实验室。“南京市智能园艺物联网工程技术研究中心”和“南京市绿色智能建筑工程技术研究中心”被认定为市级工程技术研究中心,立项建设“太阳能应用技术研究所”等校级工程技术中心 9 个。遴选校级重点实验室 7 个,其中“智能楼宇与装备技术实验室”、“工商管理学实验室”申报为市级重点实验室。此外,学院与 GE 智能平台签署战略合作框架协议,GE 向学院提供价值 3300 万元的 GE 控制器,共同搭建 GE 自动化系统集成实验室。

◆**职业技能培训** 学院获批为南京市首批专业技术人员继续教育基地,承担高等学院教师、工程技术人员等 12 类专业课培训任务。在校非学历培训项目并报送物价部门备案项目达 61 个,ACCA(英国特许注册会计师)等培训项目运作顺利,累计完成非学历培训16400 余人次,职业技能鉴定 3478 人次,高级工及其以上工种 1656 人次,完成行业认证 2000人次,合计 5478 人次。学院被全国总工会授予“全国职工教育培训示范点”称号。

◆**境外合作教育取得新成果** 学院与英国格拉斯哥卡利多尼亚大学(GCU)合作举办的土木工程专业本科教育项目获教育部批准,成为学院第 4 个中外合作办学项目。学院与澳大利亚昆士兰科技大学合作举办的软件工程专业本科教育项目、与英国德蒙福特大学合作举办的通信工程专业本科教育项目,通过教育部中外合作办学合格评估。学院加快推进与澳大利亚昆士兰科技大学(QUT)合作共建中澳学院。100 多名学生完成跨境教育申请签证工作,66 名国际合作专业学生取得双文凭毕业。接待美国纽约州立大学等国(境)外高校 19 批 62 人次来访、18 批共 35 人次的中外合作办学项目外方教师到校授课,选拔赴台湾 3 所科技大学交流学习学生 24 名,赴澳门科技大学交流学习学生 2 名,保荐 16 名优秀毕业生免试赴澳门科技大学完成研究生阶段学习。1 名台湾高校学生,作为学院第一位境外研修生完成研修学习。

□葛维东

·钟山职业技术学院·

◆**概况** 2014 年,钟山职业技术学院占地面积 51.33 公顷,建筑面积 20 余万平方米,已初步建成符合标准、风格独特的现代化校园。学院区位优势明显,位于南京东郊国家 AAAAA 级中山陵园风景区附近,交通便利。沪宁高速、南京二桥高速、宁杭国道、南京绕城公路在这里交汇,地铁 2 号线和 8 条公交线路经过“钟山学院”站。学院周边名校众多,北近南京仙林大学城,西依南京理工大学、南京农业大学,南临麒麟科技创新园。

学院服务经济社会发展需求,重点打造工业与信息化、财经商务、老年服务与康复、建筑工程技术、艺术与传媒等 5 大专业群,设有工业与信息化学院、经济与管理学院、土木与环境工程学院、现代服务与管理学院、艺术设计学院、基础教育学院、继续教育学院等 7 个教学单位。现有专业(含方向)46 个,全日制在校生 7300 余人。学院有专兼职教师 455 人,其中高级职称教师约占专任教师总量的 29.9%,45 岁以下专任青年教师具有研究生学历或硕士以上学位的教师约占 72.9%,专任教师中具有双师资质的比例达 75.8%。学院聘请南京理工大学、南京农业大学、南京工业大学等著名高校及科研院所的资深教授与高工担任兼职教授或专业带头人。近年来,学院大力推进师资队伍建设,初步打造形成一支“专兼结合、校企互通、师德高尚、业务精湛”的“双师型”教学科研团队。学院重视实验实训教学,教学仪器设备资产总值 4000 余万元,建有 74 家稳定的校外实训基地,近 100 个现代化的院内实验、实训室。

◆**党群工作取得新成果** 2014 年“七一”前夕,学院获全省高校先进基层党组织、优秀共产党员、优秀党务工作者等多项表彰,2014~2015 学年 15 项党建与思政研究课题获准立项。学院当选全国民办高校德育研究会理事单位,并作大会发言。《民办高职院校人文素质教育的途径探析》论文,在第二届全国素质教育教研成果评选活动中获一等奖。

◆**教育改革创新取得进展** 全年教学工作整体运行平稳,无重大教学事故。学院制定《关于实行“一师一企”制度的通知》、《钟山学院学生顶岗实习管理办法》、《校外实训基地建设与管理办法》;修订《外聘教师管理办法》;为进一步规范学生职业资格证书考证管理,修订《证书考试冲抵课程成绩管理办法》。

学院已建成比较完备的“1234”教学质量监控体系,即一周联合巡查、二级督导制度、三级听课制度、四方共评制度运转良好。积极深入教学一线,做好日常教学质量信息跟踪、检查和反馈工作。全年编发教学简报 22 期,对 10 位任课教师(9 位外聘教师、1 位专职教师)的违规行为进行通报和处理,起到良好的教学监督、警示作用。

◆**教育教学成果突出** 学院在江苏省高等职业院校技能大赛获奖实现突破。2014 年学院学生组队参加教育厅组织的职业院校 5 项技能大赛,均获较好成绩。其中动漫技能大赛、“协众杯”汽车营销赛获二等奖;英语口语技能大赛、会计技能大赛、市场营销技能大赛获三等奖。

省本专科优秀毕业设计(论文)获一等奖。艺术设计学院报送的学生毕业设计《江南贡院历史陈列馆改造设计》,由刘洋,黄永宁指导,获一等奖;艺术设计学院报送的团队毕业设计《蓝旗新村社区概念设计》,由黄永宁,郑祎峰等指导,获团队优秀毕业设计(论文)。

基础课教师教学能力提升取得新突破。江苏省高校第三届数学基础课青年教师授课竞赛，基础教育学院陈妍老师获三等奖;第五届“外教社杯”全国高校外语教学大赛中，基础教育学院刘黎老师获江苏赛区高职组二等奖、潘晨老师获三等奖。

此外，学院获9项江苏省高校哲学社会科学基金项目;12项省级大学生实践创新项目;学生参加各类教育部、行业协会及其他部门组织的技能竞赛获46个奖项;一名老师被评为英语四、六级优秀考务工作者及英语应用能力考试优秀考务工作者;学院正式出版或修订教材15本。

院内竞赛“百花齐放，百花争艳”。2013~2014学年，学院继续举办各类常规竞赛，主要包括第四届说课竞赛、第九届多媒体课件竞赛、第十届教师授课竞赛、第三届优秀教学单位评选、2012~2013年度学院“鸿腾奖教金”评选、“钟山才俊”遴选，各类获奖教师73人次。

□刘　晔

·南京交通技师学院·

◆概况　2014年，南京交通技师学院设有总校区、金陵校区、汽车应用系、交通工程系、运输商务系、智能信息系、机械工程系、基础部、培训中心等2校区、5系1部1中心和11个职能处室。在校学生近7000人，开设初中起点和高中起点的汽车维修检测、市场营销、现代物流、数控技术、公路施工与监理等20余个专业，高级工和技师的培养比例占70%以上，毕业生就业率达99%以上。现有教职员工480余人，其中专职教师300人，本科以上学历占90%以上，中、高级职称和技师以上技能等级的占70%以上。拥有汽车运用与维修专业紧缺型高技能人才培养培训基地、国家级职业教育(汽车运用与维修专业)实训基地、国家级高技能人才培训基地、江苏省第二批高技能人才培养示范基地、南京市高技能人才培训基地、南京市专业技术人员继续教育基地、南京市劳动预备制培训基地、南京市小型汽车维修公共实训基地、省级技能鉴定所等资质，并与重庆交通大学、金陵科技学院联合办学，进行大专、本科学历教育。学院建有汽车维修技术、汽车驾驶技术、数控技术实训基地以及汽车维修技术教学中心、股份制合作建设的上海大通4S店，拥有各类现代化教学设施设备。

2014年，在主管部门牵头下，学院努力探索技工教育和职业教育融合发展之路，积极寻求与优质办学资源实施整合。3月26日，挂牌“南京交通中等专业学校”。与新农集团下属南京金陵高级技工学校整合，11月12日，学院正式更名为“南京交通技师学院”。

学院推进重点专业体系建设，获批新建大客驾驶培训实训基地、汽车不解体检测实训基地、轨道交通实训基地三个教学基地项目。并从省、市财政取得部分项目建设资金支持。新增轨道交通、公路检测、智能交通3个新专业方向，并实现当年评审，当年招生。在今年的对口单招考试中，2011届单招班的本专科录取率达100%。

2014年，招收新生1047人。其中，高中起点100人，初中起点864人，中转高83人;实习预备就业学生1041名，预备就业率95%以上。新选址建设心理健康教育服务站和180平方米的学生社团活动室，推进学生心理健康教育及社团活动的常态化开展。

汽车驾驶实训楼项目于7月18日正式投入试运行。

狮麟驾院全年招收学员2.1万余人，培训结业学员1.8万余人，在同类驾校中名列前茅。培训中心全年培训鉴定1.4万余人。汽车维修实训基地实现全年维修车辆8200台次。

2014年，学院获第二届江苏技能状元大赛江苏省高技能人才摇篮奖;被省人社厅评为招生工作成绩突出院校;在全国交通运输教育系统汽车专业技能竞赛中，分别获汽车检测工种学生组团体一等奖、教师组团体三等奖，汽车维修工种学生组团体二等奖、教师组团体二等奖;在全国交通运输教育系统路桥专业技能竞赛中分别获教师组试验工二等奖、学生组试验工二等奖、教师组测量工三等奖、学生组测量工二等奖;在南京市职业学校技能大赛中获工程测量(中职团体)三等奖;在南京市职业学校技能大赛中获机电一体化设备组装与调试中职组团体三等奖;获团市委直属大中专校辩论赛优秀组织奖;获市交通运输系统安全生产目标管理先进单位;宋云波名师工作室被评为市交通运输行业党建创新创优项目、获市级技能大师工作室命名。全年共有40人次教科研成果获得市级以上表彰。学院主编的《汽车钣金技术》、《蓝领梦工厂》教材分获南京市第二届职业教育教学成果三等奖。

◆与南京市金陵高级技工学校整体合并

2014年5月，学校与南京市金陵高级技工学校成功实施整合。12月3日签署《两校整合协议书》，12月31日举行两校合并暨揭牌仪式。两校实施整合是学校落实南京市委、市政府《关于构建现代职业教育体系服务社会经济发展指导意见》(宁委办发〔2013〕80号)文件精神，配合做好南京市职业教育布局调整的体现，为学院实现转型发展，培养更多高素质的技能型、应用型、复合型人才奠定基础。整合后，使南京交通技师学院在职业教育领域的发展空间和规模得到进一步拓展，办学优势和办学特色愈加凸显，成为南京市规模最大的中等职业教育院校。

学校整体吸收合并南京市金陵高级技工学校，采取“一套班子、两个校区(本部校区和金陵校区)”的管理模式。办学规模和优势得到提升。11月12日，经南京市编办批复，学校正式更名为“南京交通技师学院”。

◆汽车驾驶实训楼竣工　汽车驾驶实训楼是学院“十二五”基建重点项目，于2012年启动规划，2013年3月开工建设，2014年7月18日竣工。该项目占地约5000平方米，总建筑面积4860平方米，总投资1200万元。集驾培服务、实训教学、社会培训等综合功能于一体，分为地下部分和地上部分。地下部分共一层，建筑面积1130平方米，功能设置为停车场。地上部分共四层，建筑面积3730平方米。一层功能设置为服务接待，包括服务前台、客服服务、信息监控及档案室等;二层功能设置为教学实训区，包括理

12月31日，南京交通技师学院与南京市金陵高级技工学校合并大会暨揭牌仪式举行

南京交通技师学院 供稿

论教室、实训教室、模拟室等；三层功能设置为驾培考试区，包括无纸化考试场(市车管所科目一考场)、计算机模拟考试室等；四层功能设置为办公区，包括办公室、会议室、接待室、教练员休息室等。

◆宋云波名师工作室获表彰 学校一直重视名师的培养和名师工作室的创建，近年来，重点创建宋云波技能大师工作室，以此促进技能大赛训练常态化。近几年在国家、省、市级比赛中均获得好成绩。宋云波技能大师工作室自创建以来，2013年荣获“南京市工人先锋号”、2014年获“南京市2014年度市级技能大师工作室”命名、“全市交通运输行业党建创新创优项目”三项荣誉，并获得市财政5万元经费资助，用于工作室建设及人才培养工作。该工作室已成为学院典型，对其他名师工作室建设起到示范引领作用。

□胡叶霞

·南京特殊教育职业技术学院·

◆概况 2014年，特教学院拥有燕子矶校区和江宁校区，共占地面积33.52公顷。学院设有特殊教育学院、学前教育学院、康复科学学院、艺术学院、外国语学院、信息科学学院、管理学院、阳光学院、国际教育与交流学院、继续教育学院(省师资培训中心办公室)、社科部和体育部12个院(部)，共有22个专业，形成特殊教育师资培养、残疾人社会事务服务与管理人才培养和残疾人高等职业教育三大专业集群。全年，学院积极开展党的群众路线教育实践活动，全面加强学院内涵建设。2014年，学院在校生5385人(其中残疾人大学生618人)，新招2130人（含201名聋人大学生)，毕业1869人，就业率超过98%。全年举办“国培”、“省培”，残联系统培训等各级各类培训班54班次，培训人员6382人次。学院有教职工400人，新增教授2名、研究员1名、副教授19名、博士10名(含博士在读6人)。2名教师被江苏师范大学选聘为硕士研究生导师。选派5名教师到美国、加拿大、英国和中国台湾地区的大学访学，17名教师到特殊教育学院和康复机构开展教学实践。

是年，特教学院聘请国际康复协会主席、美国国家医学院院士励建安、中国儿童康复专业指导委员会主任李晓捷、中国教育科学研究院研究员陈云英、华东师范大学终身教授朱家雄等4名学科领军人物为特聘教授；聘请特殊教育、康复、工艺等9位行业名师名家为课程特聘教授。施莉萍老师被评为“全国模范教师”。学院专任教师中获全国特教园丁奖1人，省级“青蓝工程”中青年学科带头人1人，优秀青年骨干教师3人。

特教学院调整院系，建立并与省残联共建“残疾人事业管理学院”，增设医学类康复治疗技术专业，首次招收视障师范生，首次选拔部分听障学生进入不同学院学习不同专业。“特殊师范艺术治疗特色课程群建构与实践”获得国家教育教学成果二等奖，实现国家级教育教学成果奖零的突破。“医、教结合学科融合的复合型特殊教育卓越教师培养”获得国家卓越特殊教育教师培养计划改革项目。5部教材获批全国规划教材，2部教材获批省级重点教材。

特教学院创办《现代特殊教育(高教版)》学术期刊，新增全国教育科学“十二五”规划课题重点课题4项，省级课题5项，出版学术专著、教材22部，完成国家出版基金重点资助项目《特殊儿童教育与康复》文库20本。学院教师在各级公开刊物上发表376篇学术论文，其中在核心刊物上发表71篇学术论文(C刊30篇)。另外编写、参编教材22部；获省部级科研成果奖3项。学院被国家语委批准成立“国家手语盲文推广服务中心”。

特教学院主持完成教育部《特殊教育教师专业标准》、《特殊教育学院聋教育课程标准》、中残联《残疾人职业教育体系建设规划》的起草工作。承办江苏省第五届残疾人技能大赛分赛活动；与南京市残联在学院共建“无障碍图书馆”、“无障碍影像资料库”，并开展“爱的光明行”等助残活动。

特教学院实验综合楼正式开工，新建脑电实验室、模拟仿真实验室、康复治疗实验室等实验室。图书馆新增图书1.7万册，电子数据库1个，新增教学科研仪器设备1171万元。

至2014年底，特教学院获“江苏省高等学院和谐校园”、“江苏省学生资助工作绩效评价优秀单位”等荣誉称号。学生项目获得全国大学生挑战杯二等奖、省创业大赛一等奖、省艺术展演专业组比赛一等奖、全国首届青年志愿服务项目大赛银奖。

2014年，学院采取系列改革措施加强专业建设。按照“医教结合”的要求，学院首次增设医学类康复治疗技术专业，在医学类专业设置方面有新的突破，为培养医、教结合的特殊教育复合型教师奠定坚实的专业基础；学院首次招收视障师范生，扩展学院残疾学生类型，探索残疾人师资培养新路；首次选拔部分听障学生进入不同学院学习不同专业，实现多种残障类型的学生进行高等融合教育试点。

◆鲁勇一行到学院指导 1月16日上午，中国残疾人联合会副主席、党组书记、执行理事会理事长鲁勇，中残联副理事长程凯一行由江苏省残联理事长高晓平，省教育厅副厅长丁晓昌等陪同到学院调研并指导工作。鲁勇仔细询问学院招生录取、师资队伍建设、实习实训基地建设等情况，肯定学院在推动中国特殊教育事业发展中付出的努力和做出的贡献。鲁勇转达中残联主席张海迪对学院的问候，传达和转述江苏省委书记罗志军代表省委、省政府对学院的关心和支持，以及对学院的发展的关注。鲁勇表示，中残联将全力推进与教育部、江苏省人民政府共建学院，一如既往地支持学院事业发展。

◆学院第四届读书节 4月23日"世界读书日"下午，学院在博韵楼音乐厅举办第四届读书节暨"现代大学生阅读论坛"。南京师范大学图书馆常务副馆长、江苏省高校图工委文献资源建设专业委员会主任张建平，江苏凤凰出版传媒股份有限公司综合办公室主任、一级作家王振羽，共青团江苏省委《风流一代》杂志社副总编及执行主编、中国阅读学研究会副秘书长胡建松应邀出席，学院党委书记丁勇、副院长姜玉泉、纪委书记崔燕和部分院(部)、部门负责人和师生代表参加开幕式。与会嘉宾和领导共同为2013年度优秀读者颁奖；三位特邀嘉宾和学院图书馆馆长周东升结合自身的经历和感受，从不同的视角对大学生阅读现状及成因、"新媒体阅读与纸本阅读"、"专业性阅读与经典阅读"等问题展开讨论。

◆五四表彰典礼暨经典诵读推荐会 5月7日下午，学院举办"阅读悦青春"——2014年五四表彰大会暨经典诵读推荐会，团省委党组成员姜东、学院党委书记丁勇、团省委学院部部长张迎春、学院纪委书记崔燕及师生代表五百余人出席表彰大会。经典诵读活动由"我的青春梦"、"我的中国梦"两个篇章构成。南京广播电视台首席播音员韩永联、江苏省青基会励志阳光基金阳光大使朱力等名家与学生一起，诵读《沁园春·长沙》、《短歌行》等经典名篇。其间，学院获得"全国五四红旗团支部"、"江苏省五四红旗团支部"的先进集体和校级"五四红旗团干部"、"优秀团员"等先进个人受到表彰。

◆无障碍图书馆影像资料库挂牌 6月4日下午，南京市无障碍图书馆、南京市无障碍影像资料库挂牌仪式在学院图书馆三楼盲文阅览室举行。南京市残联党组书记、理事长谢德俊，副理事长陈沙沙和学院党委书记丁勇、院长方仪分别为"南京市无障碍图书馆"和"南京市无障碍影像资料库"成立揭牌。"南京市无障碍图书馆"和"南京市无障碍影像资料库"成立后，更多有特殊需要的残障人士，能够在信息公平共享的基础上，享受到学院图书馆无障碍信息服务。

1月16日，中国残联理事长鲁勇一行到特教学院指导工作　　特教学院 供稿

◆合作主办《现代特殊教育》杂志 6月30日，学院与江苏教育报刊总社在报告厅A厅签署协议，共同主办《现代特殊教育》杂志。院长方仪、江苏教育报刊总社社长孙其华分别代表两家单位在协议书上签字。江苏省教育厅副巡视员洪流出席签字仪式并发表讲话。根据协议，学院与江苏教育报刊总社共同主办《现代特殊教育》杂志，江苏教育报刊总社负责《现代特殊教育》(综合)部分，学院负责《现代特殊教育》(高教)部分。2014年下半年，《现代特殊教育(高教)》出两期试刊，预计2015年正式出刊，面向国内外公开发行。

◆许津荣到学院慰问教师并座谈 9月9日上午，江苏省人民政府副省长、江苏省残联主席许津荣，省政府副秘书长徐国柱，省民政厅厅长侯学元，省残联理事长高晓平，省教育厅副厅长朱卫国等一行到学院考察慰问教师并召开座谈会。许津荣一行先后考察学院阳光学院和特殊教育博物馆，并在学院报告厅A厅参加庆祝教师节座谈会。学院党委书记丁勇从学院沿革与概况、发展与成绩、目标和规划三个方面作工作汇报。聋人教师代表、"江苏省高校辅导员十大年度人物"任媛媛汇报个人"自尊、自信、自强、自立"精神努力拼搏的生活、学习与工作经历。"全国特教园丁奖"获得者、从事特殊教育30年的李泽慧表达自己对特殊教育事业的特殊感情，将一如既往地投身特教事业，无怨无悔再工作30年。许津荣代表省政府向学院全体教职员工致以节日问候，向致力于特殊教育事业的人员表示敬意；希望学院在服务特殊教育、服务残疾人事业、服务社会管理创新

9月9日,江苏省副省长许津荣(右一)到校慰问教师　　特教学院 供稿

上能有新的突破，同时表示省委省政府全力支持学院提升办学层次，将采取具体措施帮助学院解决实际困难，以促进学院加快发展，使学院成为江苏省改革开放和“两个率先”的窗口。

◆残疾人职业教育研讨会　9月14日，由中国残联主办、特教学院承办的“残疾人职业教育研讨会”在报告厅A厅召开。中残联副理事长程凯、江苏省残联理事长高晓平、中残联教就部和省残联教就处部分领导出席会议。来自全国残疾人高等职业教育领域、残疾人中专校和特殊教育学院的20多位专家、校长汇聚一堂,共同研讨未来5~10年中国残疾人职业教育发展目标与建设规划。会议就《关于加快发展残疾人职业教育的实施意见(初稿)》和《残疾人职业教育体系建设规划(初稿)》展开研讨。

◆残障大学生融合教育选拔考试　10月22日和23日下午,学院举行2014级残障大学生融合教育选拔考试。本次考试是学院为试点实施残障大学生融合教育而组织实施,来自阳光学院的32名聋生参加笔试和面试。

此次融合教育试点工作选择特殊教育、计算机应用技术、美术教育等五个适合残障大学生身心发展特点的专业,试点专业采取自愿报名、考核选拔、择优录取的方式确定随班就读学生。

□孙家文　杨黎珍

文　化

文学艺术创作

◆概况　2014年,栖霞区文学艺术创作活跃,多次举办文艺创作比赛,有征文、诗歌、散文、歌曲、舞蹈、曲艺、小品、楹联等创作创编，并邀请有关专家学者举办相关创作、表演 培训班。由栖霞区文化旅游局和区文联共同组织创作的舞蹈作品《一起来跳舞》获第十一届江苏省“五星工程奖”金奖，获“中国梦·我心中的梦”江苏舞蹈新人新作金奖;栖霞区选送的三支驻区高校合唱队，参加第九届金陵合唱节总决赛暨2015南京新年公益合唱音乐会,均获金奖;区文化旅游局与区委宣传部、区文联组织开展的“金秋栖霞”艺术节活动,获南京市文化惠民品牌项目二等奖;区文联获“金陵五月风”第八届南京文学艺术节优秀组织奖。

◆文艺创作新成果　2014年，栖霞区文化旅游局、区文联、各街道及有关部门一批新作发表、出版、获奖。

国家级作品：

(1)彭泽民创作的歌曲《故乡的山楂树》获2014年亚洲国际音乐联盟、世界华人音乐家协会、中国国际华人艺术家协会主办的亚洲国际音乐节金奖,《伞下》获银奖;

(2)谢意伟作词、甜业作曲的《我爱栖霞山红红的秋》获中国民族器乐学会、世界华人音乐家协会、中国青少年艺术教育促进会、北京乐器学会主办的2014北京国际青少年音乐节歌曲创作金奖;

(3)刘跃清创作的长篇纪实文学《上甘岭43昼夜》2014年1月江苏文艺出版社出版,3月获全军重点作品扶持奖,解放军优秀文艺作品奖;

(4)曹光贵创作的随笔《嘱托》,2014年6月获江苏大众文学学会举办的全国第二届大众文学奖“最佳随笔奖”,小小说《听妈的》登载于2014年第3期《参花》杂志,2014年8月获东北文学网、参花杂志社全国小小说征文大赛 “三等奖”,短篇小说《病因》登载于2014年第7期《参花》杂志,2014年5月接中国小说学会书面通知,获中国小说学会“文华杯”全国短篇小说大赛“三等奖”;

(5) 赵家宝创作的散文《五月的畅想》,获“青春青奥 印象南京”暨“讲述中国梦”全球华语征文大赛二等奖;

(6)方政创作的散文《诗意燕子矶》,获“青春青奥 印象南京”暨“讲述中国梦”全球华语征文大赛二等奖;

(7) 方政、王霞创作的诗词分别获“勿忘国耻 圆梦中华”南京大屠杀死难者国家公祭诗词优秀作品奖;

(8)由吕佐兵(主编)、管秋惠(执行主编) 编辑的文化类著作《灵塔》,2014年9月由中国文史出版社出版;

(9) 陈丽君作曲的多首歌曲获奖、发表,其中歌曲《休闲好去处》发表于2014年中国音乐家协会主办的核心音乐刊物。

省级作品：

(1)舞蹈作品《一起来跳舞》获第十一届江苏省“五星工程奖”金奖、获“中国梦·我心中的梦”江苏舞蹈新人新作金奖;

(2)美术作品《人生若只如初见》获第十一届江苏省“五星工程奖”铜奖;戏剧小品《人生如戏》获第十一届江苏省

"金陵五月风"第八届南京文学艺术节"一起来跳舞"大型文化惠民主题活动中,栖霞区第一实验幼儿园表演的《清莲颂》获"优秀节目奖",马群街道金马艺术团表演的《一起来跳舞》获"最具活力奖"　区文化旅游局 供稿

"五星工程奖"铜奖;

(3)赵昌西的中篇小说《塘村概略》发表在《收获》2012年第4期,2014年12月获江苏省第五届紫金山文学奖中篇小说奖;

(4)潘兴强创作的书法作品《陋室铭》(隶书)获第三届全省乡镇(街道)文化站站长技能赛展银奖;

(5)陈丽君等创作的歌曲《春天来》(作曲 陈丽君、培峰,作词 卢咏椿)获江苏省第九届精神文明建设"五个一工程"(2012—2014年)优秀作品奖;

(6)王志高创作的长篇小说《风云再起》(27万字)2014年1月入选江苏省作家协会第八批重点扶持工程项目,2014年8月由吉林出版集团出版,2014年12月出版长篇小说《借势》(45万字)。

市级作品:

(1)"金陵五月风"第八届南京文学艺术节"一起来跳舞"大型文化惠民主题活动中,栖霞区第一实验幼儿园表演的《清莲颂》获"优秀节目奖";马群街道金马艺术团表演的《一起来跳舞》获"最具活力奖";

(2)南京财经大学合唱团无伴奏合唱《归园田居》、南京森林警察学院合唱团男声合唱《雪花》、南京师范大学中北学院合唱团无伴奏合唱《LUX Aurumque》,均获第九届金陵合唱节总决赛暨2015南京新年公益合唱音乐会金奖;

(3)美术作品《最炫民族风》、《明月几时有苍茫云间》,笛子曲《好一片艳阳天》,摄影作品《慈祥》《相伴》《午后》《爱读》通过南京市初选进入复赛,入围第十一届江苏省五星工程奖;

(4)赵家宝、吕佐兵、管秋惠、张智峰参与审读的地方文史著作《岁月留痕》,2014年10月由南京出版社出版。

新创作(征集)主要作品:

(1)区文联书法家薛煦、美术家任伟民、李洵分别创作的书法、国画作品,均以"龙"为主题;参加在法国斯特拉斯堡举行的展览;

(2)区文联与区委宣传部、区文化旅游局共同开展"群众路线文艺作品"征集活动。征集诗歌类作品65件,曲艺类作品4件,音乐类作品9件,摄影类作品6件,美术类作品33件,共计117件;

(3)区文联与区人大、区文化旅游局联合举办的栖霞区"庆祝人民代表大会制度建立60周年"书画摄影比赛,共征集书画类稿件140余幅、摄影作品100余幅。评出一等奖3件、二等奖7件、三等奖17件、入选奖39件;

(4)"我为青奥喝彩——栖霞区青少年书画展"8月1日在南京市文化艺术中心的美术广场举办。全区二十多所中小学参与活动,经专家评审,共挑选出70余件书画作品参展;

(5)在第十届南京市少儿艺术团队比赛,栖霞选送4个节目参加比赛,涉及声乐、舞蹈、戏曲等门类。其中民乐合奏《水乡歌》获器乐类创作奖,表演二等奖;群舞《礼物》获舞蹈类表演二等奖;故事《水鸭子勇斗鬼子兵》获戏剧曲艺类表演二等奖,相声《胖与瘦》获戏剧曲艺类创作奖,表演三等奖。

群众文艺

◆概况　2014年,栖霞区举办第十五届金秋栖霞艺术节等节庆活动,提升栖霞文化品牌的知名度和美誉度。以文艺演出、"群文比赛"、送电影和图书到基层等多种形式,满足人民群众文化生活需求,全年开展各类演出、培训、讲座、辅导等文化活动1000余场,送电影进村(社区)432场,送图书到基层4000册,组织基层文化培训服务指导千余人次,文化惠民小分队到基层送演出20场,受到群众欢迎。

◆栖霞区文化"双拥"工作　区文化旅游局与区文联在元宵佳节之际,联合组织

3~5月，由栖霞区文化旅游局组织的文化惠民小分队进社区演出　　张晓宇 摄

专场演出慰问武警部队南京仓库官兵，邀请南京民俗艺人，扎制一批花灯，悬挂在军营。区龙舞协会还帮助区内消防特勤二中队组建“姚坊门龙狮团”，赠送龙狮道具，并安排区文化馆的专业老师，对官兵们给予指导。是年，“金秋栖霞”艺术节闭幕式，由武警特勤二中队“姚坊门龙狮团”表演开场龙舞。

◆文化搭建平台　3月，“2014年栖霞区千场惠民服务活动启动仪式”，在西岗街道摄山星城举行，当天活动除有西岗街道的“星缘荟”文艺汇演，现场还开展科普大篷车、法律咨询、健康义诊、助残康复、现场招聘等各类服务。其中“星缘荟”作为群众文体团体自我管理平台，已经拥有广泛的群众基础，发展到现在已有26支文体队伍，近百名文体爱好者，为社区百姓的文化娱乐生活添姿增彩。

◆民族艺术进校园、进社区　4月，“中国梦，栖霞情——民族艺术进校园”活动在南京师范大学仙林校区拉开帷幕，至10月结束，在仙林大学城各高校演出13场。7月1日至7月30日，为让栖霞区各街道的老百姓更加了解民族音乐，组织南京民族乐团到区内9个街道举办社区纳凉晚会，巡演9场，让栖霞各街道的百姓们领略中国民族音乐的风采。其间，区文联与区文化旅游局还共同开展栖霞区首届“大家来相聚·全民共欢乐”群文走亲活动，全区共开展交流演出9场，参与节目100余个，参演人数近1000人，惠及群众1万余人次。

◆“金秋栖霞”艺术节　9月29日，第十五届“金秋栖霞”艺术节开幕式在龙潭街道江畔人家文化广场举行。围绕“中国梦·栖霞情”主题，艺术节期间各类文化活动内容丰富，盛况空前，参与人数达10万余人次。活动包含艺术节开(闭)幕式、街道专场文艺演出、民族艺术进校园、高雅艺术进社区(村)、“群文走亲交流”演出等各类活动近50场。历时两个月的艺术节，于11月16日在尧化市民文化广场闭幕，并获南京市文化惠民品牌项目二等奖。

◆文化交流扩影响　2014年是中法建交50周年，南京与法国斯特拉斯堡是友好城市，借此契机，双方政府联合拍摄双城人文纪录片《龙的重生》，用“龙”元素联系两座城市。栖霞的柴龙有幸成为纪录片中南京部分的元素。新华社、《人民日报》、中国国际广播电台、凤凰卫视、《欧洲时报》等十多家中外媒体记者，中国驻斯堡总领事张国斌、斯堡副市长格塞尔、南京副市长胡万进出席纪录片《龙的重生》在法国斯特拉斯堡首映式。3月28日晚三十分钟的纪录片《龙的重生》用交替剪辑的方法，把中法两国的人文与自然风光交织在一起，相互对照，相互辉映。法国观众在观赏纪录片的期间，又参观了栖霞区文联艺术家专门准备的以龙为主题的书画展，再次以“龙”为媒，增进两国人民的文化交流。

◆公共文化阵地建设　年底，栖霞区已形成区、街、村(社区)三级公共文化设施网络。面积达1.15万平方米的栖霞区文化艺术中心建成并投入使用，成为区内

11月12日，“我爱迈皋桥”群文艺术大赛颁奖仪式在迈皋桥街道举行
迈皋桥街道 供稿

公共文化设施、公共文化服务的标志性群众文化阵地；建成马群街道市级综合文化站，尧化街道吴边社区、燕子矶街道燕华花园社区、八卦洲街道中桥村、迈皋桥街道东井村社区等8个村(社区)标准化文化活动室；推进市、区、镇街、村(社区)四级图书馆(室)通借通还的“一卡通”建设。区图书馆完成八卦洲街道分馆、迈皋桥街道分馆、马群街道分馆、七里村分馆的建设工作。八卦洲街道七里村建成省五星级示范农家书屋，西岗街道桦墅村建成省四星级示范农家书屋，龙潭街道马渡村建成省三星级示范农家书屋。

图书馆

◆概况　2014年，区图书馆接待读者23906人次，其中图书外借10249人次、外借图书13670册次；报刊阅览13657人次。分馆接待读者3567人次，借还图书7997册次。为读者办理借书证109张，其中本馆21张，分馆88张。图书馆目前有机关、祥和雅苑、西岗、王子楼、武警南京仓库、明光金都农民工子弟小学等6家图书分馆。2014年新增图书13880册。

◆农家书屋建设　2014年，区图书馆推进市、区、镇街、村(社区)四级图书馆(室)通借通还的“一卡通”建设。完成八卦洲街道分馆、迈皋桥街道分馆、马群街道分馆、七里村分馆的建设工作，安装“汇文”图书管理系统客户端，实现主馆与各分馆的VPN连接，同时向分馆调拨图书12000册。按照江苏省新闻出版局工作部署，完成全区农家书屋基本信息核查工作，目前全区共有26家农家书屋。根据农家书屋的实际情况，制定农家书屋提档升级方案，八卦洲街道七里村申报五星级示范农家书屋，西岗街道桦墅村申报四星级示范农家书屋，龙潭街道马渡村申报三星级示范农家书屋。区文化旅游局还对七里村农家书屋进行重点扶持，拨款10万元，送图书4000册。

◆送书下乡工作以及辅导工作　2014年，区图书馆送书下乡8000册，其中，迈皋桥街道、马群街道各2000册，七里村4000册。帮助迈皋桥街道、七里村、桦墅村采购分编图书8000册，全年对基层图书室开展业务辅导18次，完成21000册图书的分编工作，30000册图书的整理排架工作。

文化遗产保护

◆概况　2014年，区文化旅游局稳步推进全国第一次可移动文物普查和全国第三次不可移动文物普查的申报、数据采集、录入、鉴定等各项工作。完成省级以上文保单位的档案收集整理工作。建立健全全区文物保护和管理工作的各项规章制度，规范全区文物保护工作程序。完善全区文物保护网络体系，健全全区田野文物网络监控平台，进一步加强田野文物管理，加强巡查力度，对国家及省、市、区级文物巡查11126处次。努力将文物安全隐患消除在萌芽状态，重视文物工作志愿者、文物工作者、街道和村(社区)文物管理人员和文物巡查保护人员的培训工作，确保文物安全。构建一支专业强、业务精的文物保护和文物管理队伍。聘请59名文物保护志愿者，举办文物志愿者培训班2期，培训人员120人次。加强对辖区内街道、行政村(社区)文物巡查工作的督查和管理力度，以及文物维修和环境改造工作；建设田野文物报警员网络体系、监控平台以及59名文物保护志愿者巡查队伍，举办田野文物报警员培训班。建立文物巡查的“四级责任制度”，实行有奖举报和巡查问责制，全区38处重点文物安装74个监控探头，进行24小时全天候监控，建成启用南京市首个田野文物实时监控平台。全国重点文物保护单位萧憺墓石碑、萧景墓神道石柱的违法拓片事件，得到及时妥善处理。幕府山庄小学申报成为南京市非物质文化遗产保护传承基地；全区1名“非遗”传承人申报成为第四批省级“非遗”传承人，8位“非遗”传承人为第二批市级“非遗”传承人，此外区内还有10名区级“非遗”传承人；指导南京金箔厂编写国家级“非遗”项目南京金箔锻制技艺资料的中长期规划。

◆文物保护志愿者文物巡查　6月，栖霞区文化旅游局聘请59名文物保护志愿者，举办2期文物志愿者培训班，培训人员120人次。栖霞区文物保护志愿者根据组织章程，开展制度化的文物巡查活动，加强巡查力度。8~9月份，志愿者主要针对位于栖霞区的南朝陵墓石刻进行巡查。巡查中发现萧宏墓西辟邪“不翼而飞”、萧融墓石刻被“五花大绑”、萧憺墓碑亭石刻和萧景墓石望柱石刻被非法拓印涂污等问题，志愿者及时报告文物行政部门并予以现场制止。全年，文物保护志愿者计对国家及省、市、区级文物巡查共11126处次，努力将文物安全隐患消除在萌芽状态，确保文物安全。同时，栖霞区文化旅游局加强文物志愿者队伍和文物工作者、街道以及村(社区)文物管理人员队伍建设，充分发挥文物保护志愿者的作用。建立文物巡查“四级责任制度”，实行有奖举报，责任到人。

◆南朝石刻被非法拓印涂污案查处　9月20日和26日，南京市文物保护志愿者巡查中，发现有人非法拓印萧憺墓碑亭石刻、萧景墓石望柱石刻。栖霞区文化旅游局文物科工作人员接报后，明令阻止并即刻报警。9月27日，南京地区媒体全面报道南朝石刻被拓印事件。9月底，中共南京市委、市政府主要领导分别就此案做出具体批示。9月28日，副区长万震召集区文化、公安、街道等部门研究加强石刻保护的措施。9月29日，南京市文广新局组织南京博物院两位石质文物鉴定专家至现场鉴定，并形成“关于萧憺墓碑亭石刻、萧景墓石望柱石刻遭拓印的现状评估意见”。10月上旬，在南京市文广新局指导下，栖霞区文化旅游局约请具有专业资质的文保机构，完成2处石刻上遗留墨迹的清洗工作，基本恢复原状并通过验收。10月22日，非法拓印涂污当事人被区公安部门行政拘留7日，罚金500元，收缴盗拓工具。非法拓印涂污文物当事人被处行政拘留为全国首例，中新社、《南京日报》、《现代快报》、《江南时报》、《扬子晚报》、《南京晨报》、《金陵晚报》以及江苏电视台城市频道“零距离”、南京电视台新闻综合频道

"直播南京"等新闻媒体均专题报道该案查办经过及查处结果。

◆第二批区级文保单位竖立标志碑 10月，栖霞区文化旅游局与镇江高资大理石厂签订第二批区级文物保护单位标志碑安装合同,11月，启动第二批区保文物竖立标志碑的工程，按照南京市文物标志碑的规范要求，先后为王家大村王氏祠堂、中国水泥厂公司龙潭工厂旧址、中国水泥厂河西街民国建筑、龙小山碉堡、司门桥、龙潭火车站民国建筑、西沟桥、官窑村官窑遗址、御龙桥、黄质夫墓、乾隆驻跸栖霞返金陵摩崖石刻、天开岩摩崖石刻、乌龙山炮台、文天祥诗碑亭、明外郭城栖霞区段、晓庄碉堡共16处文物单位竖立立式标志碑，全区公布的第二批区保文物共有20处,其中南京化工厂民国建筑拆除，尚有3处文物标志碑(镶嵌式)在下年竖立。

◆田野文物实时监控平台启用 11月，针对田野文物保护中存在的突出问题，切实加强文物监管，副区长万震及时组织属地文化、公安、街道等部门研究、制定并落实辖区内文物保护新办法，建立田野文物监控平台。栖霞区投资60余万元，在全区重点文物安装38处74个监控探头，进行24小时全天候监控,建成并启用南京市第一个田野文物实时监控平台。监控画面实时传输至区公安分局与区文化旅游局的监控室，监控室专人值守,实时掌握和监控文物安全。南京市文广新局在全市推广栖霞区建立田野文物监控平台的创新举措，督促其他市辖区进一步加强田野文物管理。

◆申报"非遗"保护基地和公布第一批"非遗"传承人 12月,经过前期申报，幕府山庄小学成功成为南京市非物质文化遗产保护示范基地。为鼓励和支持"非遗"传承人开展传习活动,栖霞区成功申报1名省级"非遗"传承人。薛友新(栖霞龙舞)为第四批江苏省"非遗"代表性传承人;8位"非遗"传承人为第二批市级非物质文化遗产代表性传承人，他们是(南京泥人制作技艺)何斌,(南京金箔锻制技艺) 王伦贵、张丽,(真金线制作技艺)宗昌银、葛义秀、王成,(金陵折扇制作技艺)倪世金、吴家胜。12月16日,经评审研究,命名栖霞区第一批10名区级非物质文化遗产代表性传承人，他们是(栖霞龙舞) 张桂娣,(金陵竹雕技艺)韩凤颖,(泥人彩塑技艺) 姜雯倩,(石匠成佛的传说)徐业海,(金陵折扇制作技艺)丁桂英,(南京金箔锻制技艺)兰厚琴、李桂红、杨文、白惠平,(南京泥塑技艺)朱敬伟。

广播电视

◆概况 2014年,栖霞广播电视台紧紧围绕区委、区政府中心工作,坚持团结、稳定、鼓劲和正面宣传为主的方针,落实媒体"三贴近"原则,进一步集聚优势,突出重点，争强当先，为推动全区转型升级、优化城乡环境、着力改善民生营造更加浓烈的舆论氛围。全年,制作播出各类新闻约3000条,专题约200档,网闻天下、民生信息约1440条。并在原有《栖霞新闻》及多档联办节目的基础上,新开设《法律诊所》、《栖霞好味道》及《漂亮妈妈酷宝贝》、《小芮说新闻》等多档精彩节目。此外,还通过《今天我上镜》等栏目及新媒体强化与观众互动平台，使得栖霞广播电视台知名度和美誉度大幅提升。

◆国家公祭日报道 12月13日，是国家首个"南京大屠杀死难者国家公祭日"。区广播电视台对此进行全方位、多角度的报道。报道撷取公祭日当天活动实况,并借助历史资料,重现历史画面,表达对死难同胞的哀思，充分揭示国家公祭日的重大意义所在。整档新闻播出,获得观众关注，并在全市区县及全国区县台年度好新闻评比中获得一等奖。

◆主持人大赛 3月初，区电视台首届主持人大赛启动。大赛由栖霞区文化旅游局、共青团栖霞区委主办,区广播电视台承办。来自全国的300多人报名,其中,年龄最大的近50岁,最小的16岁,有在校大学生、社区群众、企业白领,还有外国留学生参与。五场海选,44名选手进入复赛；经过角逐,16名选手进入决赛。决赛通过模拟主持和才艺展示两个环节,十名选手进入第二轮。经过抽签两两组合，现场即兴搭档主持，展示完毕,由来自栖霞区机关、街道、社区、高校以及合作单位的50名大众评审与5位专业评委共同投票，最终3号选手张贺夺得冠军。赛后,张贺、芮钟科、汪欣丽、黄雯和张明煜5人通过严格筛选正式加盟栖霞电视台。

◆省网公司栖霞分公司成立 8月底，江苏省广电有线网络发展有限责任公司栖霞分公司成立。年底,根据中共江苏省委办公厅、江苏省人民政府办公厅下发的《省委办公厅、省政府办公厅转发省委宣传部等部门〈关于进一步整合广电网络的实施意见〉的通知》和南京市广电网络整合政策说明会精神，区成立以区长邢正军为组长的网络整合工作领导小组,全面开展全省广电网络整合工作。经过与江苏省广电有线信息网络股份有限公司(简称省网公司)多轮协商、谈判,双方于6月21日签订全省广电网络整合《合资意向协议书》及《补充协议》,并于8月底完成资产评估工作，双方确认审计、评估结果,完成工商登记手续,江苏省广电有线网络发展有限责任公司栖霞分公司正式成立。

◆广播电视发展迅速 2014年,栖霞区以城乡一体化建设为抓手，加快有线电视网络的数字化和双向化建设，以丰富的内容、优质的服务,推进全区广播电视事业的发展。全年，发展有线电视用户15600户，整转有线电视数字化用户36100户。全区广电系统围绕"青奥"盛会,做好服务和保障。承办南京市广播电视职工技能竞赛，栖霞区代表队取得良好成绩。加强广播电视安全播出工作,全年,启动广播电视应急预案71次,动用人员2621人次,全区未发生一起广播电视安全播出事故。着力广播电视行业的新技术、新科技的应用与创新,全区申报的科技创新项目三网融合新业务获全市二等奖，广电网络资源管理系统获全市三等奖。 □王 蓓 徐宇佳

《今日栖霞》专刊

◆**概况**　7月1日起,经区委、区政府研究决定,《栖霞简报》正式和《金陵晚报》合作,改版升级为《今日栖霞》专刊。1993年10月18日创刊的《栖霞简报》截至5月28日,发行21年,出版1032期。这21年,是栖霞区经济、社会、文化、城市发展最快的时期,是栖霞大步迈入城市化、现代化的关键时期。《栖霞简报》全面记载了栖霞区委、区人大、区政府、区政协团结带领全区人民改革开放、创新创业的精彩篇章。《今日栖霞》专刊每周二出刊,每期4个版,全彩印刷。分别为头版特稿或深度报道、二版要闻、三版人文和四版民生。发行覆盖栖霞区以及主城部分区域,进一步扩大传播范围。专刊中新鲜、实用的民生资讯更加及时到位地服务栖霞民众,也成为栖霞区各级单位、政府领导干部,包括社区干部及时倾听民意,进行良好沟通的平台。

截至年底,《栖霞简报》共出版19期,采用稿件732篇,约30万字,其中图片171幅;《今日栖霞》专刊共出版26期,采用稿件650篇,约40万字,其中图片342幅。

◆**专题报道策划**　2014年,《今日栖霞》编辑部围绕青奥会保障、群众路线教育实践活动、改革创新、城乡环境提升、文明栖霞等内容,策划一系列专题报道。主要有“群防群治　志愿者‘化身’护航人”“青奥景观工程扮靓动感仙林”“节能风暴来袭　看我绿色栖霞”“国内首个地理式垃圾站在仙林启用”“栖霞打造民营经济发展高地”“全民健身迎青奥展活力”“栖霞区安保维稳大防控”“细数青奥盛会里的栖霞力量”“栖霞新增20所中小学和幼儿园”“牛津女硕士的科技创业梦”“聚焦金洽会　新兴产业助力栖霞新未来”“栖霞山打造文化旅游休闲度假区”“用全部的精力延伸生命的宽度　王志刚同志先进事迹报告会”“12个重大项目在南京开发区集中开工”“文化和科技相融合　文交会上闪亮栖霞元素”“群众问题做到‘件件有落实、事事有回应’”“‘码头’创意集市　栖霞元素引关注”“江苏省人民医院栖霞康复院区正式启用”“加快人才落户,助推人才高地建设”“大学城瞄准三大功能定位培植区域产业”“信息化平台全方位服务社区居民”“第二届南京市龙舟赛在八卦洲圆满落幕”“栖霞307个住宅小区实现物管全覆盖”“国家公祭日　栖霞区社会各界人士举行悼念活动”“五个街道全面禁放烟花爆竹”等。其间,还开辟《群众路线在栖霞》《关注环境综合整治》《创业创新》《达目标　促落实》《栖霞故事》《流淌在身边的感动》《政风行风连心桥》《防邪教宣传》《党派风采》等专栏,先后出刊15个专版,反映部门重点工作、优秀标兵评选、政风行风监督、城市管理创新、招才引智特色等,内容丰富多彩。　□李慧珍

文化产业

◆**概况**　2014年,栖霞区文化产业发展取得成绩。初步形成以新型显示产业为核心,以紫东创意园、南大科学园、金箔产业园为重要载体,以出版发行、文化旅游、创意设计、印刷复制为支撑的集聚、集群发展新格局。健全、完善、更新全区文化企业名录库,加强与重点文化企业的对接管理。全区共有文化及相关产业企业1074家,全区经“国家企业一套表”认定标识的“四上”文化产业单位为32家。加强文化产业人才队伍建设,开展对街道、园区、企业工作人员培训,提高其能力和水平。积极帮助区内8家企业申报2014年度江苏省文化产业引导资金项目。全年实现文化产业增加值79.05亿元,占全区GDP比重达10.23%。

□王　蓓　徐宇佳

◆**文化产业服务**　1月,从全区第三次经济普查认定的1080家文化产业单位名录库中,筛选67家达到一定规模、具有一定影响力的文化企业,建立重点文化企业资源库。3月,为春雨、朱雀、圣骥3家企业争取省级专项扶持资金220万元;液晶谷、南京紫东国际创意园、春雨集团、南京文交所获市级专项扶持资金340万元;帮助可一集团、林爵黄金、悦尚容等18家文化企业从南京银行、交通银行等获低息贷款7980万元。6月,组织企业参加2014首届江苏文化创意设计大赛、“江苏民营文化企业30强”“最具投资价值企业”等评比竞赛活动,增强企业的知名度和美誉度。8月,春雨集团被评为南京市首批重点文化科技企业,可一集团获最具投资价值获奖企业称号,喜多熊获最具成长性获奖企业称号。在10月举办的第七届南京“文交会”上,展示纳米复制、激光内雕、3D打印、黄金油画等技术和产品。区政府与南京艺术学院签订人才培养与文化创意产业发展战略合作协议。全年,以文化企业发展状况、文化人才创业之路为主题,在各级各类媒体宣传超过500篇次。

◆**文化创意产业沙龙**　11月11日,“2014南京·栖霞文化创意产业”沙龙在仙林召开,沙龙由区文化产业改革发展领导小组主办,区委宣传部、新华网新华房产承办。中共南京市委宣传部、南京文化产业协会、区委宣传部相关领导,栖霞区重点文化产业园区、文化创意企业相关负责人,行业专家、媒体记者等近80人参加活动。戴德梁行华东大区南京和杭州公司总经理汤耀光、江苏文化产业与市场研究中心研究员朱云、江苏可一文化产业集团股份有限公司总经理钱晓征先后以“文化创意产业园成功因素探讨”“江苏省文化产业发展研究”“艺术品经营的发展和思考”为题做主题报告。活动结束后,企业、园区负责人代表与相关政府部门领导、行业专家等就“文化创意产业发展趋势”作研讨。　□葛新冬

◆**万达竞得仙林湖地块**　12月31日,南京最后一场土地拍卖结束,万达集团以起始价36亿元竞得仙林湖G89地块。仙林湖G89地块位于仙林湖南侧,规划总面积28.48万平方米,为商办混合用地和二类居住用地,综合容积率3.51~3.77,限高150米,挂牌出让起始价36亿元。万达集团将投资150亿元,在仙林打造万达第四代城市综合体“万达茂”。与南京另外三座建成的万达广场不同,“万达茂”将不再以商业为主,而以文化娱乐为主,零售占比低于25%,是万达在世界首创的大型室内文化、旅游、商业综合体,所有业态均为室内项目,不受气候对娱乐的影响。

□瞿志邦

文化市场管理

◆概况 2014年，栖霞区依法设立的各类文化经营场所共409家。其中，网吧144家、游戏机室22家、歌舞娱乐场所20家、音像制品经营场所40家、书报刊经营点42个、印刷厂及打字复印点125家、电影放映单位3家、地面卫星接收单位11家、文艺表演团体2家。2014年被省广电局授予江苏省"无小耳朵社区"先进区。全年针对全区各类文化市场网吧、娱乐场所、出版物零售、印刷企业等重点场所加强执法检查，对各类文化市场场所检查2514家次。2014年立案查处违规经营场所23家次，并对全区网吧、娱乐场所、影院、印刷企业等文化经营性场所安全生产隐患进行排查整改。

◆查处盗版教材案 2014年9月9日，南京市栖霞区文化旅游局，对南京理工大学紫金学院教材临时仓库内的3172册涉嫌侵权盗版图书立案查处。该案系区内文化部门查处盗版教材销往高校的首例。区内文化部门主动联合公安机关成立专案组，抓获涉案嫌疑人1名，该案涉及的非法经营数额高达10万余元。当事人涉嫌侵犯著作权，案件于2014年9月11日移送南京市公安局栖霞分局作进一步处理。9月16日，南京市栖霞区文化旅游局与南京铁路运输检察院签署《关于侵犯文化类知识产权刑事案件协作办理的实施意见》，完善行政执法与司法衔接工作。

◆文化市场监管 2014年，区文化旅游局牵头公安、工商、街道等部门，开展文化市场专项整治工作，取缔2家无证KTV。加强全区网吧检查，把"错时检查"纳入到常态管理中，通过全方位的监管。全年立案查处网吧23家，停业整顿网吧2家。加强经营场所安全检查，检查中发现安全隐患及时整改，先后对4家网吧存在重大安全隐患的情况抄告区消防部门。顺利通过国家及省、市文明指数测评迎查工作和国家公祭日文化市场保障工作。加强对境外人员来宁演出及校园演出市场进行现场监管。2014年底栖霞区社会文化管理委员会办公室更名为区文化综合执法大队，承担组织开展全区文化行政综合执法工作。

◆青奥期间文化市场保障 2014年，区文化旅游局先后开展"迎青奥200天专项整治"行动和"青奥保障专项整治"行动，采取有效措施，全面加强文化执法行动，不断加大监管力度，确保辖区内文化经营场所安全无事故。分片区明确责任人和巡查人员，开展早、中、晚三个时段"三班倒"的市场巡查，保证执法人员全天候、无缝隙巡查文化市场。青奥期间，组织巡查人员开展"零点"行动，连续多日对网吧和娱乐场所的超时经营行为进行突击检查，共检查各类经营场所710余家次，立案查处违规经营场所9家，其中对2家违规接纳未成年人的网吧，实施停业整顿行政处罚，收缴非法出版物1100张（册），取缔无证出版物地摊4个，拆除非法安装和使用的"小耳朵"电视接受设备11个，顺利保障青奥期间文化市场平稳有序。

◆出版物市场监管 2014年，根据南京市"扫黄打非"领导小组有关通知精神，结合南京"迎青奥"保障要求，栖霞区集中时间、精力、人力、物力，对出版物市场进行集中检查，开展"迎青奥·清源2014"扫黄打非专项行动。重点打击非法出版物、侵权盗版音像制品和各类违法违规印制行为。专项行动共出动执法人员86人次，检查出版物销售店（点）43家，收缴非法出版音像制品390张、取缔游商2家，出版物市场经营秩序和环境得到有效维护。

◆行政审批下放 2014年，依据南京市文化广电新闻出版局宁文广新字〔2013〕354、389号文件通知精神，对互联网服务经营单位（网吧）设立许可事项的下放、对电影放映单位设立及变更的审批等三项行政事项的下放，栖霞区文化旅游局市场科认真贯彻落实《互联网上网服务营业场所管理条例》《电影管理条例》等法律法规。全年共办理互联网上网服务营业场所设立、变更行政审批8件，电影放映场所新设立2件。

档　　案

◆概况 2014年，区档案局（馆）以建立健全档案资源体系、档案利用体系、档案安全体系为核心，档案工作以服务全区经济社会发展、服务基层、服务民生为着力点，全面贯彻落实党的群众路线教育活动要求。年初，区档案局（馆）把建成省星级档案规范单位8个、省级规范化数字档案室2个，实现区政务平台电子文件自助归档功能、实现开放档案目录互联网查询利用功能、电子档案归档率达95%以上，馆藏实物档案数字化达100%等工作，列入栖霞区2014年经济和社会建设政府职能部门目标并全部完成。

是年，区档案局（馆）贯彻落实国家档案局九号、十号令，结合实施国家档案局八号令回头看工作，开展对全区76家机关部门、街道、直属单位和经济平台的档案执法检查和年检验收工作，全区新增文书档案21548件、专门档案19269卷（件）、照片2313张，光盘276张、实物156件，电子档案目录和电子原文全部录入区数字档案管理系统，电子档案100%在线接收进馆，更进一步实行数字化管理。全区推广传统载体档案和数字档案双建设、双归档，实现各立档单位原存量档案数字化，当年增量档案电子化，机关部门、街道室藏档案数字化率达50%以上，电子档案当年归档率达95%。

区档案局（馆）全年共完成38个机关部门、街道、社区（村）的规范化建档工作。区审计局、仙林街道、马群街道等三家单位档案室通过省三星级指标测评，尧化街道档案室通过省四星级指标测评。完成2个农业合作社的农村土地确权档案规范化管理工作、24个宗教场所档案工作达星级标准。区档案局、区检察院、区紫东国际创意园和尧化办事处建设成为省AAAA级数字档案室。

是年，区档案局（馆）升级改造数字档案管理系统，开发智能编研功能、统计功能、温湿度采集功能和CA认证功能，实现区政府智慧云平台向区数字档案综合管理系统的公文自动归档和单点登录。区档案局（馆）升级改版栖霞档案门户网站，实现开放档案目录互联网自助查询利用，未开放档案通过政务网授权利用，通过网站同步更新发布档案工作动态和档案法律法规，开设网上展厅。完成馆藏档案扫描200万页。区档案馆馆藏实物档案、照片档案、视频档案、音频档案的数字化率均达到100%，已完成馆藏纸质档案包括文书档案在内的涉及婚姻、独生子女、招工、建房等专题109个全宗的共407万页馆藏存量档案数字化工作，数字化率达95%。馆内涉及全区政治、经济、社会、文化等各类照片档案共5万张，视频档案13798条、6万分钟，各类目录数据共计140.7万条，各类电子档案存量突破6TB。

区档案馆全年完成整理馆藏档案10000卷(件)，新增录入目录数据50000条，档案消毒30000卷，接收第三届栖霞山文化节活动全部档案进馆。完成划控档案68个全宗2928卷，重新审查已向社会开放档案510卷。2014年，区档案馆共接待社会各界查档利用7800人次，调卷12200次，出证3436件，受到服务对象书面表扬32次，出具公函31份，为有关方面拆除涉及44处(户)、41622平方米违法建筑提供证据支持。查档出证率在85%以上，服务满意率100%，无一差错和投诉。

2014年，区档案局(馆)被评为“2013年度区机关作风建设优秀科室”，区档案局(馆)保管利用科被评为“2013-2014年度全市档案宣传先进集体”，两名工作人员被评为数字档案馆等级创建突出贡献人员。档案局政务微博荣获“栖霞区十大优秀政务微博”称号。

◆政务微博开通　3月，为宣传档案、方志工作，栖霞区档案局(馆)、栖霞区地方志编纂委员会办公室政务微博——“南京栖霞档案·方志”正式开通。档案与方志两个板块，每板块一周各有8个微话题，分别是档案工作动态、公告公示、政策法规、查档指南、馆藏简介、档案真品、图说栖霞、档案业务，方志工作动态、志鉴文苑、志鉴编纂、魅力栖霞、栖霞掌故、栖霞名胜、栖霞新貌、栖霞“非遗”，并有专人定期发布有关信息。区档案局(馆)、区志办政务微博开通，旨在全方位、多角度呈现栖霞区历史悠久、人文荟萃与社会发展。“南京栖霞档案·方志”政务微博开通以来，受到市档案局、城市频道记者、档案、方志同仁以及广大网友广泛关注。

◆“6·9”国际档案日活动　6月9日上午，栖霞区档案局(馆)组织全体人员参加在迈皋桥地铁站市民广场举行的“走进档案——档案连着你我他”为主题的广场咨询服务宣传大型活动。江苏省档案局局长谢波，南京市档案局局长束建民，栖霞区区委副书记胡晓健、区委常委孙爱军、副区长万震参加活动。

此次宣传活动由省、市档案局主办，栖霞区档案局(馆)和迈皋桥街道共同承办。活动主要采取开展现场咨询服务，发放档案宣传材料及宣传品，举办馆藏名人档案与珍贵档案展等形式。江苏省档案局(学会)、中国第二历史档案馆、市档案局(学会)、市规划局城建馆、市住建委房产馆、市人社局社保中心、市司法局公证管理中心及六城区档案局(馆)等十三家单位也参与活动。通过宣传让更多的市民了解档案工作、支持档案工作；使更多市民知晓档案工作在全面建成小康社会中的积极作用。与此同时，栖霞区档案局(馆)“6·9国际档案日”系列宣传活动也在全区范围内展开，在《南京日报》登载《“智慧档案”的栖霞经验》署名专文，举办档案服务进社区活动，布置宣传横幅与展板，网上微博互动等形式，举措多样，丰富多彩。

◆远程查档终端开通　根据区委、区政府意见，让档案工作进一步适应社会发展的需求，档案信息化更好地服务群众，提高市民的查档效率，2014年，栖霞区实现市民查档无需再到区档案馆，只需持本人有效证件，即可在政务大厅远程查档终端查阅与其相关的民生档案、政府公开信息，在线办理有关档案业务。同时建档单位也享有可直接利用数字档案管理系统实现对档案查阅使用的便利。

8月5日，档案局(馆)远程查档终端在区政府政务大厅正式开通。启用后，栖霞区市民需要查询自身档案相关信息，只须到该终端服务窗口，即可提交相关查档申请。接待人员根据查档诉求即时向区档案馆发送请求，区档案馆工作人员全程在线接收信息，在最短时间内将查档结果反馈至终端窗口，窗口人员打印出证，即完成查档流程。

◆区数字档案馆建成省AAAAA级数字档案馆　12月10日，栖霞区数字档案馆通过南京市首家江苏省AAAAA数字档案馆等级评估。根据栖霞区档案局(馆)的自检申报和南京市档案局的初审意见，江苏省档案局依据《江苏省数字档案馆等级评估办法》，由江苏省档案局副局长赵深等一行7人组成的评估组从组织管理、基础设施建设、基础业务、数字档案馆资源建设、网络建设、业务技能6大方面，54个子项，对南京市栖霞区数字档案馆建设进行现场评估。评估组经过听取汇报、审查材料、实地考察、综合评议等程序后一致认为：栖霞区委、区政府长期重视档案信息化工作，为数字档案馆建设提供保障；栖霞区档案馆在成功建设“省4A级数字档案馆”的基础上，进一步完善数字档案管理系统，研发和应用符合数字档案馆功能需求、具有地方特色的数字档案馆综合管理系统，架构合理、功能先进，满足管理和档案的利用需求，创建电子档案核心数据库和专用机房；栖霞区“江苏省AAAAA级数字档案馆”申报程序符合要求、材料齐全，对照《江苏省数字档案馆等级评估细则》评定总得分98.9分(其中基本分96.2分，加分2.7分)，各项指标均达到《江苏省数字档案馆等级评估办法》规定的省AAAAA级标准，评估予以通过。

◆栖霞古寺建成江苏省五星级档案室

12月10日下午，省档案局副局长项瑞荃，省宗教局副局长王在郑，市档案局局长束建民，市民宗局局长李兰、副巡视员宗志清等一行11人到栖霞区检查验收栖霞古寺档案规范化建设工作。副区长万震，区政协副主席、区委统战部部长时效俊，区档案局局长吴炳根，区民宗局局长邢銮娣，栖霞古寺住持隆相、监院谛如等参加测评会。

测评组实地查看栖霞古寺陈列室、档案室、阅档室的建设情况。栖霞古寺目前室藏档案种类多、数量大，共16个门类8004卷。其中具有栖霞古寺特色　为数不少的藏经、缘簿、藏品、字画、照片等，年工作的技术指导，妥善处置突发公共卫生事件，做好鼠、蟑、蝇等病媒防制。提升疾病预防控制能力，推进开展疾控各项工作。

◆**传染病防治** 2014 年，全区法定甲、乙类传染病发病率为 78.74/10 万。报告法定甲乙类传染病人 516 例，丙类传染病 2073 例，其中手足口病发病 1983 例。开展传染病疫点流行病学调查工作，计 2142 人次。按照传染病管理和突发公共卫生事件预案规定，及时处置手足口病、水痘和流感等聚集性疫情 15 起，疫情得到有效控制。全年，区各级医疗机构共报告各类传染病确认和疑似病人 599 例。定期对辖区内各医疗机构开展传染病报病质量调查，指导检查 53 次。4 月 1 日起，区内各医疗机构准时开设肠道门诊，区疾病预防控制中心（简称区疾控中心）对各医疗机构开展督导检查 46 次，发现问题及时要求其整改。各医疗机构共接诊肠道病人 4830 人次，完成“02”（霍乱弧菌）培养 710 例，“02”检索率为 14.70%，占全区人口的 1.09‰。妥善应对人感染 H7N9 禽流感疫情，及时更新和储备口罩、防护服、消杀药品、快速检测试剂等应急物资。开展埃博拉疫情防控工作，共观察非洲疫区回宁可疑人员 6 人，其中出现一例发热患者，及时入住南京二院进行检测，所有归国人员按程序观察随访，均无发病。全年无突发公共卫生事件发生。

2014 年度甲、乙类传染病发病情况

表 29

疾病病种	2014 年发病数	发病率（1/10 万）	2013 年发病数	发病率（1/10 万）	发病率增减%
合计	516	78.74	474	72.97	7.91
艾滋病	12	1.83	12	1.85	-0.87
HIV	54	8.24	43	6.62	24.49
肝炎	58	8.85	46	7.08	24.99
甲肝	4	0.61	3	0.46	32.18
乙肝	27	4.12	19	2.92	40.86
丙肝	17	2.59	7	1.08	140.74
戊肝	5	0.76	16	2.46	-69.02
肝炎（未分型）	5	0.76	1	0.15	395.78
麻疹	1	0.15	2	0.31	-50.44
出血热	1	0.15	2	0.31	-50.44
痢疾	27	4.12	51	7.85	-47.52
细菌性痢疾	27	4.12	51	7.85	-47.52
肺结核	211	32.20	202	31.10	3.54
涂（+）	77	11.75	86	13.24	-11.25
菌（-）	132	20.14	113	17.40	15.79
未痰检	2	0.31	3	0.46	-33.91
百日咳	2	0.31	–	–	*
猩红热	1	0.15	2	0.31	-50.44
淋病	65	9.92	34	5.23	89.51
梅毒	136	20.75	117	18.01	15.22
Ⅰ期梅毒	21	3.20	20	3.08	4.09
Ⅱ期梅毒	42	6.41	35	5.39	18.95
III 期梅毒	3	0.46	3	0.46	-0.87
胎传梅毒	1	0.15	–	–	*
隐性梅毒	69	10.53	59	9.08	15.93
疟疾	2	0.31	2	0.31	-0.88
恶性疟	1	0.15	2	0.31	-50.44
疟疾（未分型）	1	0.15	–	–	*
人感染 H7N9 禽流感	–	–	1	0.15	-100.00

◆**艾滋病防治** 2014 年，区卫生部门围绕南京市卫生局、区政府目标任务，落实艾滋病防治措施。区疾控中心加强重点场所、重点地段和窗口区域以及农民工、大学生、服刑人员和劳教人员等重点人群的宣传教育，宣传覆盖率达100%，对当年新发现艾滋病感染者开展百分百的面对面告知和知识宣教。对辖区内监管场所定期开展 HIV 抗体检测，江苏省龙潭监狱每季一次，南京铁路看守所、栖霞区看守所每月一次，全年共对1399 名被监管人员进行 HIV 抗体检测，未发现 HIV 抗体阳性。全区累计发现HIV 感染者和病人共 193 人，死亡 4 例，在管 175 例，其中病人 42 例，感染者133 例。全年新发 63 例，新报告 HIV 病例 14 例，报告质量达标率 100%；艾滋病诊断及时率、一致率均为 100%。落实江苏省、南京市关于娱乐场所行为干预文件精神，有序推进娱乐场所行为干预项目，与“江苏你我青少年健康服务中心”合作开展艾防干预活动，针对高校学生、辖区内娱乐场所等重点人群开展同伴教育、高危行为干预及检测，娱乐场所干预 2200 人次，男男同性恋人群干预 800 人次，吸毒人群干预 445 人次。开展自愿免费咨询检测（VCT）服务，有 646 名人员自愿接受咨询检测，发现 HIV 阳性感染者 9 例。联合江苏省中西医结合医院开展 PITC

工作,累计完成检测 186 人次,其中性病就诊者 HIV 检测 162 人次,发现 2 例阳性病例。

◆**结核病防治** 2014 年,区卫生局完善结核病防治组织网络,落实业务经费,建立工作运行机制和工作规范。全年,辖区内各医疗机构发现疑似肺结核病人 110 例,网络报告病人 110 例,追踪率 100%。共发现肺结核病人 234 例,其中涂阳 91 例,完成密切接触者筛查 165 例,筛查率 100%,密切接触者中无新病例发现。与新港开发区管委会建立联合防控网络,对企业医务室人员开展知识培训 1 次。规范处置瑞仪光电有限公司和南师大仙林校区等单位突发结核病疫情。

◆**血吸虫病防治** 2014 年,区血防查螺面积为 3353.67 万平方米,期内查出实有钉螺面积 349.99 万平方米,其中江滩占 330.63 万平方米、内陆 18.16 万平方米、山区 1.2 万平方米,分别占有螺面积 94.47%、5.20%、0.34%。捕捉框内钉螺 12538 只,全部进行解剖,未发现阳性钉螺。全区完成药物灭螺 734.33 万平方米,使用 50%氯硝柳胺 0.5 吨、26%氯硝柳胺乳剂 20.89 吨、4%氯硝柳胺粉剂 26 吨。区疾控中心全程督导灭螺工作,严把质量关,共开出指导意见书 16 份。在第 23 个血防宣传周期间,分别在八卦洲、龙潭、靖安等街道针对疫区农民、中小学生、沿江施工单位人员及流动人群等进行专题宣传和咨询。加强对易感地带的警戒措施,从 5 月 1 日起,各有关街道均在易感地带设立了血防岗哨和警示牌,对进入疫区从事非生产性活动的人员进行劝阻,在重点疫区安装血防语音报警器 13 台。10 月 12 日,启动血防查治病工作,全区 6 个街道共完成血防查病 10844 人,粪检查病 3681 人;完成全国血防监测点(靖安南中村)人群查病,共查 549 人。对全区登记在册的渔船民和水上作业人员共 1303 人进行血检,DDIA 阳性 30 人,粪检无阳性,预防服药共170 人。牲畜完成查治 900 头,无阳性病畜。

2014 年栖霞区血吸虫病防治情况

表 30

查螺面积(万平方米)	查出阳性		灭螺		检查血吸虫病人数(人)	血检阳性人数(人)	查出血吸虫病人			治疗		未治疗血吸虫病人数(人)	检查性畜血吸虫病数(头)	治疗阳性性畜数(头)
	钉螺面积(万平方米)	其中江滩面积(万平方米)	面积(万平方米)	其中环境改造面积(万平方米)			总人数(人)	其中		血吸虫病人数(人)	其中扩大化疗数(人)			
								急感病人(人)	粪检阳性人(人)					
3353.66	0	0	734.33	2	10844	167	0	0	0	0	317	0	900	0

◆**地方性疾病和寄生虫病防治** 2014 年,区卫生部门按照省、市地寄防工作要求,加强地方性疾病和寄生虫病防治工作指导,完成各项指标任务,及时上报各类报表。完成定量碘盐监测 300 份,合格率 100%。4 月 17 日,召开 2014 年栖霞区疟疾镜检工作业务培训会,布置疟疾镜检工作任务,全年共完成疟疾镜检 2800 张,没有发现阳性血片。

◆**计划免疫管理** 2014 年,区疾控中心加强预防接种服务,落实《预防接种工作规范》《江苏省扩大儿童计划免疫规划实施方案》,在正常门诊接种同时,开展日常查漏补种工作。全年,实施国家计划免疫一类疫苗接种 15.75 万人次,免疫规划疫苗接种率为 98%以上,二类疫苗本着受种者知情同意自愿选择接种原则,共接种 3.5 万人次。在全省 2013~2014 年度脊灰疫苗查漏补种活动中,对 4 周岁以下儿童开展两轮脊灰疫苗查漏补种,第一、二轮实际服苗人数分别为 273 人、275 人,补种率均为 100%。对 25 例麻疹疑似病例及时开展流调,并对其密切接触人员和周围人群共 555 人开展了麻疹疫苗应急接种;乙肝病例流调 29 例;AFP 病例流调 7 例。全区共发现并报告疑似预防接种异常反应 94 例,其中一般反应 82 例,异常反应 12 例,均及时规范处理。根据南京市卫生局《关于加强第二类疫苗预防接种工作管理的通知》精神,加强对二类疫苗使用的监督和管理,一、二类疫苗接种知情同意书签署率 100%,全年未发生预防接种差错和事故。

◆**慢性病防治** 2014 年,全区各社区卫生服务中心均完善居民电子健康档案,累计居民健康档案建档数为 392021 人,其中高血压建档 18332 人,糖尿病建档 5356 人。高血压和糖尿病规范管理率分别为 71%、53%。脑卒中、恶性肿瘤、冠心病也进行了建档和规范管理;35 岁首诊测血压达 100%;65 岁以上老人建档 57294 份。对管理的高血压、糖尿病病人每季度随访一次,60 岁以上老年人每年至少一次的跟踪随访,随访结果记录于健康档案。指导全区 9 个街道进行全民健康生活方式的创建活动,栖霞区迈皋桥街道奋斗社区、栖霞区栖霞街道五福家园社区、栖霞区马群社区卫生服务中心、栖霞区靖安社区卫生服务中心、栖霞区栖霞街道南炼小学食堂、栖霞区迈皋桥街道中电颐和小学食堂被市卫生局评为南京市健康生活方式行动健康单位。

◆**重症精神病防治** 2014 年,区卫生局根据江苏省、南京市重性精神疾病防治工作会议精神和《南京市重性精神疾病管理治疗工作实施方案》,逐步实现重性精神病人规范化随访管理。全区累计录入江苏省疾控信息平台的病人 1270 份,其中精神分裂症 988 人、精神发育迟滞伴发精神障碍 120 人、双相情感障碍102 人、癫痫所致的精神障碍36人、分裂情感性障碍8人、躁狂发作14人、偏执性精神病2人。在管重性精神病人351人，其中基础管理339人，个案管理12人。对各社区卫生服务中心每季度进行一次督导，开展重性精神病防制工作的健康教育。

◆公共卫生监测 2014年，监测1家农村水厂、7家集中式供水单位、25个二次供水点和3个区域供水点水质，采样113份，合格68份，合格率60.2%；检测2226项次，合格2078项次，检测项目合格率93.4 %。医疗机构消毒质量监测23家，采样291份，合格率88%；公共场所卫生监测419家，检测9961项次，合格率100%；对夏季开放的13家游泳场所进行了4轮池水抽检，共采集样品101份，合格6份，样品合格率为5.9%；检测707项次，合格528项次，检测项目合格率74.7%；托幼机构消毒质量监测46家，共计采样536份，合格463份，总体合格率86.4%。处置"夕阳红"旅游团、南京卫生学校等疑似食物中毒事件7起。督导辖区内10所中小学学生常见病，对校医建立学生体质健康卡、填写学生健康档案进行规范培训，统计全区中小学生体质健康资料；对全区6所中、小学开展教学环境卫生监测工作，撰写专题报告及时上报有关部门。在全区范围内开展了居民疾病负担监测工作，完成入户调查1000份。专项监测100名食品加工从业人员带菌状况、食品微生物及其致病因子、食源性疾病哨点医院。每月定期开展病媒生物密度国家监测点工作。

◆加强病媒防治 2014年，区疾控中心与21家驻区企事业单位签订全年委托代办除四害服务协议，为燕子矶街道提供公共环境除四害服务，完成企业春季灭鼠工作8家。7月份开始，对迈皋桥等六街道病媒生物(鼠、蟑、蝇)密度指数进行监测，每月进行1至2次，累计完成病媒生物监测38家，采样189份，合格189份，检测378项次，合格率100%。开展鼠、蟑、蚊、蝇每月常规监测。

◆从业人员健康体检 2014年，区卫生局落实对下岗再就业和低保人员的各项优惠政策，健康体检费用予以部分减免，全年共减免收费121人次，减免金额7502元。在靖安、马群、八卦洲、仙林等街道外设体检点，累计体检880余人次，方便偏远地区从业人员体检办证。

◆健康教育 2014年，区卫生局组织开展"3·24"结核病日、"4·7"世界卫生日、"4·26"计划免疫、"5·8"红十字日、"碘缺乏病防治日"等各类街头宣传咨询活动45次，累计发放各类宣传资料3万份，制作展板32块。在八卦洲街道新闸村开展健康咨询活动，发放粘鼠板、粘蝇纸、健康宣传折页等物品资料1000余份。

◆生命统计 2014年，全区户籍人口436751人，其中男性218944人，女性217807人。死亡2308人，死亡率5.28‰，男性死亡率6.05‰，女性死亡率4.51‰，出生5044人，出生率11.45‰，自然增长率为6.26‰。平均期望寿命为82.31岁，男性80.02岁，女性84.75岁。

妇幼保健

◆概况 2014年，区妇幼保健所执行《中华人民共和国母婴保健法》，坚持预防为主，以保健为中心，强化标准化建设与规范化管理，加强对基层保健业务指导，减少出生缺陷和围产儿死亡率，严防孕产妇死亡发生。继续实施农村孕产妇住院分娩补助和孕妇补服叶酸、"九免一补"等重大妇幼保健公共卫生项目。全年，全区孕产妇死亡率为0，婴儿死亡率1.69‰，出生缺陷发生率控制在4.81‰，5岁以下儿童死亡率控制在2.45‰，高危孕妇和低弱儿管理率达100%，孕产妇系统管理率98.84%，早孕建卡率98.82%，新生儿产后访视率99.13%，7岁下儿童健康管理率99.91%，7岁以下儿童系统管理率99.91%，3岁以下儿童系统管理率99.29%，体弱儿专案管理率达到100%。妇女病普查率98.96%，疾病检出率14.0%。各项指标均达到江苏省、南京市要求。

◆妇女儿童保健 2014年，区妇幼保健所落实重大妇幼卫生项目，保障妇女儿童健康。落实农村育龄妇女增补叶酸项目，免费为598名适龄生育妇女免费补服叶酸1230瓶，目标任务完成率136%。落实农村孕产妇住院分娩补助，区财政统筹拨付专项资金，落实住院分娩补助项目，实施农村孕产妇分娩补助843人，发放补助费42.15万元，任务完成率134%。落实预防母婴艾滋病、梅毒、乙肝等传播性疾病项目，产科医院高风险新生儿免费提供乙肝免疫球蛋白。开展孕产妇艾滋病、梅毒检测6042人，检测率100%，免费注射乙肝免疫球蛋白97人份。免费婚检2670人次，婚检率提升到95.49%，检出各类影响生育和新生儿健康的疾病333例，疾病检出率16%。完成12498名妇女宫颈癌和乳腺癌免费筛查，减免群众检查费用479万元，疑似病人全部转至2家二级医院及南京市妇幼保健院复诊。全年发放孕期保健免费服务券2569册，使用免费券服务7429人次，儿童保健免费服务券发放1206册，使用免费服务券10333人次。

◆托幼机构管理 2014年，区妇幼保健所加强对托幼机构儿童卫生保健服务监督。开展托幼机构儿童卫生保健服务，全区在册幼儿园60所，完成六一体检15149人次，新生入托体检6683人次，教师体检840人次。根据《托幼机构卫生保健管理办法》有关要求，开展托幼机构传染病防控与安全教育培训，组织全区在册托幼机构业务培训、现场指导等工作。

◆保健技术服务监管 2014年，区妇幼保健所监督指导助产技术服务和爱婴医院，组织市区妇产科专家对两家产科医院进行业务指导与测评2次，促进医疗技术改进与提高。区妇幼保健所对辖区内各医院、社区卫生服务中心分别业务指导100批次，出动专业技术人员300人次，开展质量和业务考核4次，专业指导2次。

◆妇幼保健服务培训 2014年，区妇幼保健所落实基层专职人员培训和例会制度，定期召开社区卫生服务中心妇、儿保专职人员和托幼机构保健人员例会30

场次,参会人员300人次。组织参加南京市围产协作组片区例会及区县5岁以下儿童死亡评审会等4次。举办专职人员培训班19期,培训222人次,全年召开儿、妇保例会24次。

社区卫生

◆**概况**　2014年,区卫生局贯彻落实江苏省政府《关于进一步加强城市社区卫生服务工作的意见》《江苏省城市社区卫生服务条例》及相关配套文件精神,规范实施国家基本药物制度,深化社区卫生服务运行机制改革,建设居民健康档案、电子病历、区域影像检验的区域卫生信息化平台,推进卫生基础工程建设,提升社区卫生服务质量。马群社区卫生服务中心被省卫生厅确认为"江苏省示范城市社区卫生服务中心"。年底,基层在用的基本药物70%以上属于同疗效中中低价格药品,药品平均价格下降13.6%,全区社区卫生服务中心基本药物销售金额达到4252.19万元,直接让利群众637.8万元;两家二级医院优先使用基本药物,品种占比达到85.7%,金额占比达到36.4%。出台《医疗机构处方管理办法》,推行单张处方药费超过100元时院长签字制度,按时定期对各医疗机构处方点评工作进行督导检查、考核评价,推进基本药物制度从框架建立向延伸内涵转变。

◆**社区卫生服务**　2014年,区卫生局强化社区卫生服务,提升服务内涵。新组建栖霞、尧化、迈皋桥社区卫生服务中心开始独立运行,并分别与栖霞区医院、迈皋桥医院签订技术帮扶协议,实施医疗、医技一体化管理模式。提升基层社区卫生服务中心能力,门诊均次费用比三级医院低63%,病人住院人次比上年同期增加6%,家庭医生重点人群签约率达78.6%。八卦洲社区卫生服务中心在市12345平台中公共卫生服务"零"投诉;在接受市卫生局的公共卫生检查中,被抽查群众对卫生工作满意度100%。

◆**卫生基建工程建设**　5月13日,八卦洲社区卫生服务中心综合楼主体工程封顶,预计2015年6月可投入使用。丁家庄、花岗保障房片区社区卫生机构建设推进顺利,为先期入住居民提供方便的医疗卫生服务。

爱国卫生运动

◆**概况**　1月15日,根据市、区编办文件的要求,区爱国卫生运动委员会(简称爱卫办)职能重新划归区卫生局。区爱卫办推进全区禁烟活动,在机关公共场所张贴禁烟海报,组织控烟小分队开展控烟检查,重点查看会议室、楼道有无烟灰缸、烟头,区内有无烟草广告。5月31日,第27个世界无烟日,区爱卫办联合区疾控中心、靖安社区卫生服务中心在龙潭街道开展禁烟广场宣传及义诊。邀请专家到社区讲课,宣传健康知识,提高全区居民健康知识知晓率和健康行为形成率。已经启动栖霞区城乡居民健康素养监测评估暨居民健康生活方式调查工作。

◆**病媒防治**　2014年,区爱卫办落实除"四害"社会组织服务市场化,2月28日在燕子矶街道组织除四害社会组织服务招标谈判会议,5月23日在区疾控中心会议室组织龙潭、西岗、栖霞三个街道除四害社会组织服务招标谈判,全区9个街道均将重点场所除四害服务按规范程序外包给有资质的社会组织。有序开展病媒生物防制监督工作,每季度均组织区疾控中心人员到社区、居民院落、农贸市场、超市、宾馆、餐饮等单位检查灭蚊蝇、灭蟑、灭鼠工作落实情况,并通报。出动检查人员78人次,车辆27台次,检查各类场所1000余处。迎接全国灭蝇先进城区复审,区爱卫办在各街道重点片区开展灭蝇工作宣传与监督检查。

◆**爱国卫生月活动**　2014年,区爱卫办在南京市委、市政府"大干一百天、环境大扫除、迎接青奥会"号召下,制定《关于在全区开展环境整治活动的通知》文件,要求各街道结合全国第26个爱国卫生月,在全区范围内开展以"清除垃圾、清除杂物、清除卫生死角、清除四害滋生地"为主题的群众性爱国卫生运动。爱国卫生月期间共清理卫生死角、乱堆乱放2919处,清理垃圾杂物610吨,清理"三乱"招贴1756处,整治河道249处,在全市工作考评中取得第一名。

卫生监督

◆**概况**　2014年,区卫生局继续规范卫生许可审批程序,开展公共场所、学校卫生、生活饮用水、传染病、医疗机构等卫生监督执法活动以及开展公共场所卫生、游泳池、学校周边违法医疗广告、打击非法行医"百日行动"等专项整治行动。做好青奥会保障期间卫生监督、文明指数测评工作,探索公共场所、中小学校、医疗机构等分级管理机制。区卫生监督所获2014年度全省基层卫生监督综合业务先进单位称号,被南京市总工会命名为市级"工人先锋号",荣获栖霞区2014年度完成"五个建设"工作目标先进单位称号。

◆**卫生行政许可**　2014年,区卫生监督所根据《中华人民共和国行政许可法》《卫生行政许可管理办法》的要求,严格规范审批程序,运用江苏省卫生监督信息平台许可模块,依法在规定时限内进行网上许可。10月27日,卫生行政许可搬入区行政服务中心。全年新办卫生许可证274户,复核198户,其中:公共场所共新办理卫生许可证268户,复核171户;集中式供水新办2户,复核6户;放射诊疗机构许可证新办4户,复核21户。

◆**医疗服务市场规范**　2014年,区卫生部门继续开展打击非法行医专项整治工作,监管违法医疗广告,重点监管医疗机构执业行为、医院感染管理、医疗废物处理等情况。开展医疗机构不良执业行为记分管理,实施医疗机构卫生监督量化分级管理公示制度。对全区98家医疗机构进行卫生监督量化分级评分,其中区医院、各社区卫生服务中心等医疗机构21家,门诊部4家,这25家今年按照标准只进行了初评,未定级。73家个体诊所,根据得分情况共评定A级单位3家,B级单位10家,C级单位57家,D级单位3家。与去年相比,D级单位大幅减少,由13家降至3家。

是年,区卫生监督所检查各类医疗机构311户次,监督覆盖率达100%,受理、查处投诉举报45起,对医疗机构违法行为负责人约谈9次,立案查处有证医疗机构15家,实施警告处罚7家,罚款8家,罚款7.7万元。开展23次打击黑诊所行动,其中由街道组织、多部门参与的有9次,共出动执法人员120人次、出动车辆31台次。对16家黑诊所进行取缔,张贴了取缔公告、捣毁了广告灯箱。没收药品、器械价值约1000余元,另两家美容院因从事违法开展医疗美容,依法进行行政处罚。

◆公共场所卫生监督 2014年,区卫生监督共检查公共场所经营单位820户,建档率100%。对6家集中空调使用单位、10家游泳场馆开展专项检查,督促各单位进一步规范管理。全面推进四类公共场所量化分级管理工作,全区公共场所820家,量化分级管理率达100%,评定A级住宿业单位2家、B级住宿业单位2家,B级游泳场所4家,其余为C级单位。对22家严重违反《公共场所卫生管理条例》及其《实施细则》的公共场所经营单位进行了行政处罚,罚款4.3万元。

◆生活饮用水和二次供水卫生监督 2014年,区卫生监督所对9家集中式供水单位及42家二次供水单位进行卫生监督检查及水质采样分析,对检查中发现问题进行现场指导并下达卫生监督意见。

◆学校卫生监督管理 9~10月,区卫生局联合区教育局对学校开展为期一个月的综合检查,共出动车辆32台次,人员160人次,检查中小学校44所,幼儿园48所,重点检查学校的传染病防控、教学卫生、健康教育、学生体检、食堂、饮水卫生及生活环境卫生等。加强对学校卫生工作的宣传和相关业务指导,依据《南京市中小学卫生监督综合评价标准表》,对44所中小学进行了健康校园综合评价,其中,AAAAA级健康校园8家,AAAA级健康校园34家,未评级学校2家。

◆青奥保障和文明指数测评工作 2014年,区卫生监督所在青奥期间实行一周7天、每天24小时巡查、值班制,每天对巡查情况进行汇总分析,对重点地区、重点单位增加检查频次,对整改情况回头看,确保青奥保障、文明指数测评工作顺利完成。

□刘海明

江苏省中医药研究院

◆概况 2014年,中国中医科学院江苏分院暨江苏省中医药研究院、江苏省中西医结合医院有床位730张,职工1266人,其中卫技人员1051人。全院职工中有博士40人,硕士264人,高、中级技术职务者各221人和275人,博、硕士生导师44名,兼职教授、副教授38人,享受国家特殊津贴的专家11人,省名中医、名中西医结合专家26人,从事中药等基础理论研究91人;有临床、医技科室34个,其中,骨伤科、心血管科、消化科、重症医学科为国家级重点专科,妇产科、呼吸科、肿瘤科、内分泌科、普外科、儿科、肾病科、老年病科、脑病科等12个专科为江苏省重点专科。是省内唯一一所专业从事中医药研究的公益类科研院所,是国家中医药管理局"九五""十五"期间列为首批重点加强的省级中医药研究院所和全国10所重点中西医结合医院建设单位之一,拥有中药口服制剂释药系统、瘿病证治2个国家重点研究室。依托建设的有江苏省现代中药制剂工程技术研究中心及中试放大平台、江苏省天然药物研究与创新实验室和国家专利产业化江苏中医药试点基地,也是国家药物临床机构、南京中医药大学附属中西医结合医院、南京医科大学教学医院和中国药科大学、江苏大学等多所大专院校教学合作单位。新增中标课题27项,其中国家自然科学基金12项,省自然基金等省级课题9项,(杰青项目1项、省重大疾病专项1项),中国中医科学院自主选题课题6项。全年发表学术论文371篇,其中SCI72篇。成功举办国家级、省级继续教育项目15项。有毒动物药多肽物质基础与功能研究关键技术平台建设获批立项,国家中医药管理局重点研究室2个、国家、省名医工作室以及分子生物学实验室5个、中医药分析与代谢组学等研究平台建设顺利推进。全年,门急诊总诊疗人次94.5万,同比增长9.4%;出院2.48万人次,同比增长11.6%。完成青奥会医疗保障任务。外科暨转化医学楼被列入省重点建设工程并获得省财政专项资助。继续做好南京中医药大学、中国药科大学等高等院校硕士点合作共建工作,新增博导、硕导18名,目前在院研究生153人,其中药学研究生79人、临床研究生74人。带教各类本科、专科临床实习生达338人。新进128名人员,其中硕士以上33人。选派42名业务骨干赴国内知名医院、实验室进修学习,22人赴美国、法国、新加坡、德国、韩国、丹麦等国研修、交流,2人赴台湾培训,17人入选六大人才高峰等各类研修项目。ISO 9001和ISO 15189质量体系顺利通过年度监督评审。加强对内、对外宣传工作,全年媒体发表稿件230余篇,出版《院报》12期,发布微博1378条。成功承办第三届江苏省中医药文化科普宣传周启动仪式。

◆中医药基础与临床协同发展论坛 4月11日,由中国中医科学院中医基础理论研究所、江苏省中医药学会联合主办,中国中医科学院江苏分院承办基础与临床协同创新及转化论坛。邀请国医大师周仲瑛教授工作室主任、南京中医药大学教授郭立中,中国中医科学院于智敏研究员、杨威研究员,中国中医科学院江苏分院朱方石教授、曹鹏研究员等专家作主题报告。论坛吸引省内外百余名同行专家,与会专家对通过多个主体的协同作用和资源共享,产生整体大于部分的协同效应,实现创新价值的最大化充满信心。

◆获国家"863计划"项目资助 8月16日,省中医药研究院中药分析和代谢组研究室主任李松林研究员作为课题负责人联合国内科研院所和知名企业,申报国家高技术研究发展计划("863计划")"临床营养用药食同源功能因子制备关键技术和产品研发”(项目编号:2014AA022204)。“863 计划”是以政府为主导,选择有限的领域为研究目标的一个基础研究的国家性计划,旨在提高中国自主创新能力,坚持战略性、前沿性和前瞻性,以前沿技术研究发展为重点。李松林课题组在前期国家和省自然基金资助下,在药食同源原材品质、质量控制及安全监测等方面取得多项关键技术突破。此次依据产、学、研、用原则,联合南京大学、第三军医大学、广州泽力医药科技有限公司、新疆玉昆仑天然食品工程有限公司和广州邦世迪生物技术有限公司等国内六家核心技术优势单位组建团队,经过入库答辩和与全国 20 多个团队的竞争性出库答辩,获得成功。课题针对药食同源生物资源深度开发利用的关键技术和产业瓶颈问题,结合重大疾病的临床营养需求,通过建立高效规模化制备、功效验证和安全保障三大技术体系,突破功效成分高效提取、成分复配和高端制剂制备等关键技术,建立国内首个药食同源标准化功能因子全成分高效提取产业化示范基地,为中国临床营养产业升级提供前置性保障。

◆协同创新大会　8 月 27 日,召开中国中医科学院江苏分院协同创新大会。国家中医药管理局科技司副司长李昱,中国中医科学院院长、工程院院士张伯礼,省卫生计生委副主任兼中医药局局长陈亦江,省科技厅副厅长夏冰等出席会议,并共同为新成立的协同创新研究中心——组分结构中药协同创新研究中心(江苏康缘药业)、复方中药现代药理学协同创新研究中心(江苏济川药业)揭牌。协同创新大会主要落实中国中医科学院江苏分院与各高校、科研院所、医院、企业开展紧密、广泛合作。会上,中国中医科学院江苏分院与上海交通大学基础医学院、省中医院、省人民医院、天士力药业、扬子江药业、天江药业等多家机构签订中医药协同创新合作协议书。来自省中医药局、高校、科研院所、中医院、中药企业 200 余位代表参加本次会议,共同见证协议签署。

8 月 27 日,国家中医药管理局科技司副司长李昱,中国中医科学院院长、工程院院士张伯礼,省卫生计生委副主任兼中医药局局长陈亦江,省科技厅副厅长夏冰出席协同创新大会,并共同为新成立的协同创新研究中心揭牌

江苏省中西医结合医院 供稿

◆江苏省中西医结合医院东院项目签约

10 月 20 日,“江苏省中西医结合医院东院”项目签约仪式在市经济技术开发区管委会举行。出席签约仪式的有栖霞区政协主席夏宁、市经济技术开发区管委会常务副主任杨友林、副主任徐志国、张铁波、沈吟龙,副区长秦亚平,卫生局局长吕俊,龙潭街道工委书记崔永国、办事处主任孙东方,该院党委书记、院长王小宁、副院长师厚华、纪委书记徐建娥、华电分院院长马林及有关职能科室参加了这次签约仪式。签约仪式由沈吟龙主持。龙潭街道工委书记崔永国在致辞中表示,引进三甲医院的管理、技术、服务,为当地老百姓服务,街道一定做好服务保障工作。杨友林在讲话中指出,未来龙潭将打造一座容纳 30 万人左右的临港新城,并重点完善生产性配套和生活型配套,打造优质生活、高效服务的龙潭新城。夏宁强调,街道及卫生部门要努力做好服务工作,做到事业留人,做好宣传,感情留人,做好后勤,待遇留人,吃苦不吃亏,人才愿意到东院来并获得相应的回报。王小宁在讲话中首先感谢栖霞区各级政府长期以来给予该院的关心和支持,表示一定认真做好东院,服务于百姓。

□李红玲

体育健身

综　　述

◆概况　2014 年,区体育局先后举办区第十二届社区运动会、区第九届老年人体育节,以及国民体质测试、送健身知识进社区、社会体育指导员培训等活动,推进重点区域全民健身项目推广教学,全面建设城市社区“10 分钟体育健身圈”。区体育总会、区老年人体育协会(简称区老年体协)被南京市民政局评为“AAAA”级社团组织;区体育局在 2013 年区县体育工作综合考核中获得一等奖,先后被南京市体育局评为南京市体育工作先进单位、2014 年度南京市龙舟工作先进单位、南京市第六次全国体育场地普查先进集体。8 月 11 日,南京青奥会网络火炬传递栖霞站启动仪式在区政府尧化门办公点北八楼会议室举行,并与参加活动机关代表、市民代表、运动员代表进行手机对碰虚拟网络火炬传递。

群众体育

◆概况　2014 年,群众体育工作围绕城市社区“10 分钟体育健身圈”建设目标,以“青奥”为主题，充分利用节假日、重大活动等时间节点，以各种赛事、活动为重点，开展全民健身活动。区体育局先后举办区第十二届社区运动会、第十届机关干部运动会、第九届老年人体育节；2014迎青奥“骑遍南京”栖霞站骑行活动、仙林高校大学生龙舟赛和山地自行车越野赛、“金地湖城艺境杯”仙林E16足球邀请赛、首届彩虹滨江劲走活动、第二届南京市龙舟公开赛、“八卦洲杯”南京市个人垂钓大赛、“水一方”荷文化节自行车大赛、2014年环洲徒步行活动、2014“秋栖霞”登山大赛等20多场全民健身活动，协助仙林高校体育联盟举办大学生首届龙舟赛比赛。全年开展国民体质测试9场，共测试3416人；新组建健身团队10个，推广健身新项目2个；开办广场健身舞、健身球（第十套）等培训班，培训健身骨干500人。截至2014年底，全区三级以上社会体育指导员达1558名。

◆社区“10分钟体育健身圈”建设 2014年底，栖霞区完成城市社区“10分钟体育健身圈”建设。全年新建更新健身路径88套，室内外乒乓球台114张，篮球架10副，室内健身器材6套，总投入约200万元。全区102个社区（村）已建成以体育设施为基础、体育组织为纽带、体育活动为核心、健身服务为重点的“10分钟体育健身圈”，建成率达100%。

◆第十二届社区运动会、第九届老年人体育节 4月19日上午，栖霞区第十二届社区运动会、第九届老年人体育节开幕式暨2014年江苏省健身秧歌大赛栖霞区选拔赛和栖霞区万名老年人健步走向北京迎国庆活动启动仪式在南京市栖霞中学举行。市体育局副巡视员甘双林、市体育总会秘书长金祥伟；区人大常委会副主任张民、副区长秦亚平；省市老体协及区机关部门、街道领导出席活动。开幕式上，举行万名老年人健步走向北京迎国庆活动启动仪式和2014年江苏省健身秧歌大赛栖霞区选拔赛。

◆“骑遍南京”栖霞站骑行 5月24日上午，2014迎青奥“骑遍南京”系列活动第二站——栖霞站活动暨“骓驰杯”高校大学生山地自行车越野赛、仙林高校大学生首届龙舟赛在仙林大学城羊山公园举行。南京工程学院周易清、李群群，南京铁道职业技术学院孙天夷分别获得“骓驰杯”高校大学生山地自行车越野赛前三名。南京森林警察学院、南京信息职业技术学院、南京技师学院分别获得仙林高校大学生首届龙舟赛200米直道赛前三名；南京技师学院、南京信息职业技术学院、南京森林警察学院分别获得仙林高校大学生首届龙舟赛500米直道赛前三名。

◆国民体质监测 5~10月，区体育局在全区9个街道开展国民体质监测。此次国民体质监测对象为20~69岁人群，监测内容包括：身高体重、肺活量、握力、俯卧撑（男）、仰卧起坐（女）、坐位体前屈、纵跳、台阶试验等，此次监测共测试3416人，有效完成样本采集任务。

◆“祥瑞杯”第二届南京市龙舟公开赛

9月20日上午，“祥瑞杯”第二届南京市龙舟公开赛在栖霞区八卦洲小江河光明—下坝段举行。森林警察学院、金斯利喜来登酒店、水上分局、紫金农商银行、十八频道、三江学院、南京大学等12支南京市龙舟传统运动队，以及街道所属的各村、社区派出的8支代表队，共20支队伍参加了比赛。经过激烈比赛，八卦洲街道东江村代表队、七里村代表队、上坝村代表队获得社区赛第一、第二、第三名；三江学院代表队、紫金农商银行代表队、森林警察学院代表队获得公开赛第一、第二、第三名；三江学院代表队、七里村代表队获得冠军赛冠、亚军。

◆首届彩虹滨江劲走活动 10月18日上午，栖霞区首届彩虹滨江劲走活动在彩虹广场举行。来自全区9个街道1000多名劲走爱好者参加了活动，他们身着统一服装从彩虹广场出发，沿和燕路经燕子矶至美丽如画的滨江大道，完成全程约10公里的劲走。

◆“水一方”荷文化节自行车大赛 10月18日，由区体育局、龙潭办事处主办，江苏单车网协办的“龙潭‘水一方’荷文化节自行车大赛”在龙潭“水一方”生态休闲旅游区举行，来自全市共150名山地车爱好者参加比赛。本次比赛从景区“荷塘栈道”出发，沿景区环绕骑行，男子组绕行5圈共25千米，女子组绕行4圈共20千米。经过激烈争夺，孙天夷、李群群、李长春分别获得男子组前三名；谈翠英、王煜、杨霞分别获得女子组前三名。

◆2014年环洲徒步行活动 10月25日上午，2014年环洲徒步行活动在八卦洲街道洲头举行。来自全市600名市民参加徒步活动，徒步者们在13公里的步行

9月20日上午，“祥瑞杯”第二届南京市龙舟公开赛在栖霞区八卦洲小江河光明—下坝段举行 区体育局 供稿

过程中既体会运动乐趣，又欣赏秋季田园风光。

◆“秋栖霞”登山大赛　11月18日，由江苏省体育局、市体育局、区政府主办，区体育局、区体育总会承办的2014年江苏省“秋栖霞”登山大赛在中国南京栖霞山举行。来自全省各地近2000名登山爱好者参加比赛，由栖霞寺大门出发至凤翔峰顶，全程约3.4公里。经过比赛，张乾坤、陈新宇、游培泉分别获得公开男子组前三名；张益芳、严芳、袁巧英分别获得公开女子组前三名；柴逢国、鲍玉石、朱世宏分别获得机关男子组前三名；石晓红、陈玉华、郑红艳分别获得机关女子组前三名；毛崇宝、魏宁、朱建军分别获得社区男子组前三名；孙丽梅、曾红霞、章燕分别获得社区女子组前三名。

◆第十二届社区运动会、第九届老年人体育节闭幕式　12月6日下午，栖霞区第十二届社区运动会、第九届老年人体育节闭幕式暨2014年栖霞区健身球操大赛在仙林街道曼度广场举行。全区21支队伍进行了健身球操比赛。随后，来自全区9个街道的老年人健身队进行了广场舞、健身球操、柔力球等健身项目展演。

体育训练与竞赛

◆概况　2014年，区体育局在抓好群众体育工作的同时，加强业余体校工作。区体育局组织开展阳光体育门球、校园足球、冬锻等校园体育竞赛。全年，组队参加省第十八届运动会射击(飞碟)、击剑、柔道、摔跤、举重等6个项目比赛，获得5块金牌、6块银牌、11块铜牌；参加市柔道、射击、举重、拳击、跆拳道、击剑、游泳等18个项目阳光体育运动联赛，获得金牌36块、银牌24块、铜牌26块。向市级运动队输送优秀运动员44名。

◆首届新春围棋大奖赛和少儿围棋定级赛　2月16~18日，由区体育总会主办，区棋类协会承办的2014年首届新春围棋大奖赛和区少儿围棋定级赛在南京市栖霞棋院(仙林部)举行。本次比赛吸引来自全国多个省市(湖南、四川、江西、安徽、上海、苏州、扬州等)共147名业余棋手参赛，其中5段以上棋手88名，比赛共进行10轮，最后，湖南选手聂峰林6段获得冠军及一万元奖金，南京选手王世一6段、王若然6段分别获得亚军、季军。比赛同时，举行区少儿围棋定级赛，比赛1天7轮，108名小棋手捉对厮杀，共有48名小朋友成功定1、2级。

◆第二届栖霞区围棋升段赛　2月22~23日，由区体育总会、区棋类协会主办，栖霞棋院承办的第二届栖霞区围棋升段赛在仙林小学开枰。南京市及芜湖、马鞍山、苏州、无锡、常州、扬州、镇江等周边多个市县地区共482名小棋手参加比赛。经过激烈的比赛，42名小棋手晋级2段，37名小棋手荣升3段。

◆“展巾帼英姿　建美丽栖霞”机关干部趣味体育运动会　3月6日下午，栖霞区体育局举办“展巾帼英姿　建美丽栖霞”机关干部趣味体育运动会。运动会设夹乒乓球、双人麦收、三人四足、车轮滚滚四个项目，来自机关30个部门279人参加，经过半天激励争夺，公安分局郭萍获得夹乒乓球项目第一名，地税局张杨、庄淼亭获得双人麦收项目第一名，公安分局岳海兰、王珏、陆瑶获得三人四足项目第一名，财政局蒋佩蓓、陈晓旭、石丹萍、陈丹获得车轮滚滚项目第一名。

◆第十二届社区运动会乒乓球比赛　4月19~20日，栖霞区第十二届社区运动会暨第十届机关干部运动会乒乓球比赛在南京信息职业技术学院体育馆举行。全区共260人参加青年男子组、青年女子组、中年男子组、中年女子组比赛。经过激励争夺，水利局毕欢获得机关部青年男子组第一名，地税分局庄淼亭获得青年女子组第一名，工商分局张曙获得中年男子组第一名，法院何芳获得中年女子组第一名；栖霞街道缪逸然获得社区部青年男子组第一名，迈皋桥街道时慧平获得青年女子组第一名，栖霞街道戴有喜获得中年男子组第一名，栖霞街道高凤获得中年女子组第一名。

◆“麦锐思杯”　羽毛球比赛　5月17~18日，“麦锐思杯”栖霞区第十二届社区运动会羽毛球比赛在南京信息职业技术学院举行，比赛设青年男子、女子，中年男子、女子四个组别，全区各街道及机关各部门134名运动员参加比赛。经过两天激烈争夺，马群街道李鹏辉、仙林街道李发业、栖霞街道马明分别获得社区部青年男子组前三名；栖霞街道施琳、仙林街道秦雍、栖霞街道陶捷分别获得社区部青年女子组前三名；栖霞街道陈勇、仙林街道闪荣章、燕子矶街道许杰分别获得社区部中年男子组前三名；栖霞街道陶蓉、栖霞街道张欣梅、仙林街道张慧珍分别获得社区部中年女子组前三名；区公安分局甄现凯、李玉良、原征分别获得机关部青年男子组前三名；区公安分局章荔、温秀荣、匡莉莉分别获得机关部青年女子组前三名；区公安分局吴敏、栖霞建设尹协煜、区法院龚明顺分别获得机关部中年男子组前三名；栖霞建设袁翠玲、区公安分局孙小红、区卫生局吴启美分别获得机关部中年女子组前三名。

◆小学生门球赛　6月14日，栖霞区小学生门球比赛在迈皋桥中心小学举行。全区共有40名运动员参加了比赛。经过一天比赛，迈皋桥中心小学、中电颐和家园小学、南师大附校仙林校区小学部分别获得前三名。

◆“金地湖城艺境杯”仙林E16足球邀请赛　6月28日至8月2日，由栖霞区体育局主办，金地集团南京置业发展有限公司协办，南京风之向文化传播有限公司全程赛事执行的“金地湖城艺境杯”仙林E16足球邀请赛在南京大学仙林校区体育场举行。此次比赛共邀请南京大学、南京工业职业技术学院、南京理工大学、南京农业大学、苏宁云商集团、江苏软件园、先声药业、港华燃气、农业部南京农业机械化研究所、中国林业科学研究院林产化学工业研究所、南京电视台等16支球队参加。经过32场比赛，南京电视台东南飞队获得冠军，港华燃气队获得亚军，苏宁云商集团队获得季军。

◆“八卦洲杯”垂钓(台钓)大赛 10月19日,由南京市体育总会、南京江洲旅游发展有限公司主办,市钓鱼协会、区体育总会承办,2014“八卦洲杯”南京市及周边地区个人垂钓(台钓)大赛在八卦洲浩驰生态农庄举行。本次大赛在指定水域进行,分两场进行,每场比赛时间90分钟,赛前进行抽签确定钓位,运动员凭证进入赛区指定钓位。经过比赛,吴荣军以总重量24.51公斤的成绩获得冠军,邹厚文、张金庆分别以22公斤和20.75公斤的成绩获得亚、季军。

◆第十二届拔河比赛 11月9日,栖霞区第十二届社区运动会拔河比赛在马群街道文体活动中心举行。比赛设600公斤混合组、520公斤女子组和640公斤男子组三个组别。来自全区近200名运动员参加比赛。经过一天比赛,栖霞街道、马群街道、西岗街道分别获得600公斤混合组前三名;栖霞街道、燕子矶街道、迈皋桥街道分别获得520公斤女子组前三名;栖霞街道、尧化街道、马群街道分别获得640公斤男子组前三名。

◆全国健身气功站点联赛总决赛 11月19日,2014年全国健身气功站点联赛总决赛在宁波市北仑区体育中心举行。来自北京、上海、江苏等20支代表队118名运动员参加了本次比赛。栖霞区组队参加比赛,燕子矶街道兰花园健身气功站点代表队获得集体赛易筋经二等奖、八段锦二等奖、体育道德风尚奖;顾玲喜获得个人赛六字诀第二名、吕红霞获得八段锦第二名。

◆趣味体育比赛 12月20日,栖霞区第十二届社区运动会趣味体育比赛在西岗街道摄山星城社区中心广场举行,比赛设踢毽子、双人跳绳、集体跳绳和趣味接力四个项目,来自全区135人参加比赛。经过比赛,燕子矶街道曾红霞、西岗街道葛庆婷、燕子矶街道耿庆东分别获得踢毽子项目前三名;燕子矶街道时慧平、曾红霞,燕子矶街道张小伟、周健,栖霞街道吴邦秀、施敏虹分别获得双人跳绳项目前三名;西岗街道星城二队、燕子矶街道、西岗街道星城小学分别获得集体跳绳项目前三名;燕子矶街道、西岗街道星城小学、西岗街道孟北社区分别获得趣味接力项目前三名。

体育产业

◆概况 2014年,全区体育产业规模不断扩大,呈现出较快的发展态势。体育市场体系逐步完善,产业结构进一步优化,体育市场主体日趋成熟,呈现出多元化的发展趋势。全区有公共体育服务企业71家,涉及体育健身服务、体育用品销售、体育用品制造、体育贸易、体育旅游、体育传媒等方面。至年底,南京本元健康科技有限公司普适型多功能健康体征综合测试分析仪研制与应用和南京金豹运动器具实业有限公司多功能运动球研发中心建设两个项目各获得50万元资助。

◆体育产业发展引导资金申报 2月17日,区体育局召开“2014年度省市两级体育产业发展引导资金”申报工作会议,辖区内相关单位参加会议。会上,区体育局副局长张兵兵布置2014年申报工作,并作专题辅导。3~4月,全区9家企业提交了省体育产业引导资金申报材料,经过选拔,南京本元健康科技有限公司的普适型多功能健康体征综合测试分析仪研制与应用和南京金豹运动器具实业有限公司的多功能运动球研发中心建设两个项目各获得50万元的资助。

◆审批高危险性项目(游泳) 6~7月,区体育局开展经营高危险性项目(游泳)审批工作,组织审核小组对申报单位进行验收。经过查阅台账、现场核查和硬件器材设施检查,最终,南京市万桥酒店有限公司、金陵石化有限责任公司、朗诗体育文化发展有限公司、南京决将体育文化传播有限公司、南京复地东郡置业有限公司等五家经营高危性体育项目(游泳)单位通过验收,获得经营许可证书。

◆第二届夏季青年奥林匹克运动会 8月16~28日,第二届夏季青年奥林匹克运动会(简称“青奥会”)在南京举行,根据南京市委、市政府要求,5月份,栖霞区组建青奥会赛时运行指挥保障中心(以下简称“区指挥保障中心”),在区体育局设办公室负责中心日常工作,为协调各项青奥服务保障事宜,区指挥保障中心编制《青奥会栖霞区指挥保障中心运行方案》,从目标理念、工作责任、组织体系、运行机制、运行保障、资源管理、测试演练等方面全面规划属地的赛前筹备与赛时运行工作,保障青奥会赛时运行工作打好基础。赛事期间,区指挥保障中心负责在辖区范围内对南京青奥会赛时运行进行指挥、控制与协调保障,指导辖区各单位按照运行计划和应急预案确定的各类运行政策和程序做好赛时运行和应急处置工作,并为南京青奥会的各类客户群提供客户体验。 □李振勇

江苏省体育训练中心

◆概况 2014年,江苏省体育局训练中心较好地完成参赛备战、服务保障、党工群团、单位建设等各项工作。在世界三大赛中,惠若琪、陈展夺得世界女排锦标赛亚军;在仁川亚运会上,获1金、3银、4铜;在南京青奥会上,获4枚金牌。陆浩杰夺得举重亚洲杯男子77公斤级冠军。年度全国一类比赛,训练中心健儿获12枚金牌、13枚银牌、9枚铜牌,总分554分。6月,训练中心完成党委换届选举,选举产生9名新一届党委委员,组建新的领导班子。申报省级体育产业发展引导资金,江苏中天钢铁女子排球俱乐部、江苏五台山女子篮球俱乐部先后成立。加大开放办队力度,支持有条件的市、县(区)联办队伍或训练点,女子举重、乒乓项目分别在无锡成立省队市办优秀运动队训练点。教练员胡雪峰获省级机关团工委江苏省青年志愿者服务事业贡献奖。全年,累计接待国家田径队、沙排队、橄榄球队、举重队、乒乓球队等各集训队伍运动员1500余名,做好国家队的训练、后勤、培训、宣传等保障服务。

◆比赛成绩 2014年,省训练中心共有17名运动员、4名教练员、1名工作人员入选仁川亚运会中国代表团,杨敏获得女子橄榄球冠军,金维娜获得女子篮球亚军,张常宁、黄柳燕(解放军双计分)获得女子排球亚军,孙雅薇获得女子100

米栏亚军，李满媛获得女子4×400米接力季军，肖霞获得女子400米栏季军，谭建获得女子铁饼季军，王振东获得男子50公里竞走季军。此外，中心有12名运动员入选南京青奥会中国代表团，成昱龙获得男子铁饼项目冠军，孙康平获得女子铁饼项目冠军。曹伟清、王逸蓬分别夺得女子散打52公斤级、女子剑术枪术个人全能两个表演项目的冠军。

◆江苏省篮球队建队60周年　1月17日上午，江苏省体育局训练中心在多功能厅庆祝江苏省篮球队建队60周年，从江苏篮球走出的一代国手李春祥、毛阿宝，球员时期被誉为“中国乔丹”的胡卫东、在十二届全运会上与队友揽得2金的卞兰，从江苏篮球走出的帅才李方膺、宫鲁鸣、孙凤武等数代名将名宿齐聚一堂。原省人大常委会常务副主任、省体委主任林祥国，省体育局长殷宝林、副局长杨国庆等领导也莅临指导，大家忆往昔，话将来，共同为江苏篮球寻根问脉。

◆全国室内田径锦标赛(南京站)　3月8~9日，2014年全国室内田径锦标赛(南京站)在省体育局训练中心室内田径馆举行。参加本站比赛共有28支代表队、578名运动员。江苏铁人田径队此站共夺得四枚金牌，分别是男子60米栏江帆(成绩7.78秒)、女子60米栏孙雅薇(成绩8.34秒)、女子60米袁琦琦(成绩7.44秒)、女子400米潘高琴(成绩54.91秒)。另外福建队的女子跳高运动员郑幸娟以1.95米的成绩打破全国纪录。

◆领导考察　4月18日，原国家体育总局局长、中华全国体育基金会名誉理事长袁伟民，中国奥委会副主席、中华全国体育基金会理事长吴齐等一行5人到省训练中心参观考察。省体育局局长殷宝林，南京体院副院长、中心主任陈柏，局人事处(外事处)调研员张洁云，中心副主任张本固、徐雪萍陪同考察。袁伟民一行在排球馆观看男、女排训练，并提出技术动作指导及要求。最后殷宝林要求大家认真学习中国女排精神，珍惜此次学习机会，认真研究存在不足，积极探寻解决方法。10月28日，省政协医卫体育委员会副主任殷宝林和江西省政协一行人到训练中心参观。南京体院副院长、中心主任陈柏，中心党委书记盛蕾，中心副主任张本固等陪同。

◆交流学习　8月20日，中国奥委会青年营到训练中心参观学习。来自韩国、约旦、乌兹别克斯坦、不丹等国家的营员共计28人实地考察中心各个训练场馆，并观看部分运动员的训练。营员们纷纷表示此行获益匪浅，不仅近距离感受到竞技体育的魅力，更被江苏运动员的热情与刻苦精神所感染，希望大家能保持更长久的友谊和交流。9月9日，中华台北奥委会大型运动赛会专业人员访问团林华韦一行到训练中心参观访问。省体育局副巡视员、体育总会副主席吕卫东，中国奥委会港澳台办处长吴坚，局训练中心党委书记、副主任盛蕾，省体育局外事处调研员张洁云等陪同参观。访问团参观中心的训练场馆及科研设施，盛蕾简单介绍了中心的各项情况，在随后的座谈会中，双方就训练、竞赛、科研、教学等问题进行交流。

◆合作办学开学典礼　9月1日，江苏省仙林体育学校与南京市栖霞中学合作办学中心举行开学典礼暨表彰大会。训练中心副主任张世林、南京栖霞中学教育集团校长韩祥富、训练中心人教部部长魏兆欣、仙林体校校长郇永斌出席会议。各项目中心负责人、项目中心办公室负责人、训练队领队及仙林体校全体师生参加会议。会议由栖霞中学副校长、合作办学中心主任陆国平主持。

□季　嵘　王佳宾

人口与计划生育

◆概况　2014年，栖霞区人口计生工作突出依法行政、0~3岁婴幼儿早期发展、流动人口服务管理、队伍作风建设等中心工作，为“幸福栖霞”创造和谐的人口环境。全区出生政策符合率99%以上，社区人口和计划生育服务管理网格化全覆盖，免费孕前优生健康检查覆盖率90%，人口和计划生育奖励优惠政策兑现率100%，人口和家庭公共服务体系覆盖率100%，人口和计划生育群众自治合格率92%，家庭健康服务率94%，人口信息化建设指数96%，流动人口管理服务率96%，人口和计划生育依法行政达标率100%，人口和计划生育队伍建设达标率95%，“青春健康与青奥同行”工程建设达标率95%，“人口文化—和谐家园”工程建设达标率95%，“世代服务—幸福家庭”工程建设达标率95%，人均人口和计划生育事业经费55元(区本级财政人均35元)达标，出生性别比基本正常，0~3岁儿童早期发展工作推进率93%，群众对人口计生工作满意率95%。12345政务服务热线信访工单办结率100%。全区有各级计生协会184个，会员小组2132个，发展会员28260人，会员数占户籍总人口7%。计划生育协会服务网络覆盖全区113个社区(村)。全年，有18个社区、22个样本点参与全国流动人口动态监测工作。

落实农村奖励扶助对象1321人，发放农村奖励扶助金123.49万元。全区有616人享受特别扶助金，其中，独生子女伤残类319人，独生子女死亡类295人，手术并发症类2人，发放特别扶助资金311.24万元。自7月起，在特别扶助金逐月发放基础上，把一年一次的公益金申领发放调整为逐月发放，为128人发放公益金26.4万元。按照每人每年60元的标准，兑现18362名无业群众的独生子女父母奖励金，发放110.17万元。启动2009至2013年持独生子女父母光荣证退休的企业职工和城镇非从业人员一次性奖励发放工作，为6439名奖励对象办理登记和结算手续，为306家自行发放的企业(3485名退休职工)办理资金返还手续，按照每人3600元的标准，共调拨资金3572.64万元，其中区财政实际承担2143.58万元。

全年，受理再生育一孩申请1038例，审批1038例，其中“单独二孩”(“一方为独生子女的夫妻可以生育两个孩子”政策)746例，无一例错批。发放独生子女父母光荣证5268本。按标准完成栖霞街道、柳塘社区、外沙村、联盟村4个人口文化服务阵地建设。推进免费孕前优生检查项目，组织检查1241对，完成全年目标任务124.1%。推进0~3岁婴幼儿早期发展工作，与应天学院共建区婴幼儿早期发展指导中心和培训基地。开展服务进社区亲子活动12场，参加家庭1200多个。审核通过育儿园、亲子园4家。制定出台《栖霞区0~3岁婴幼儿早期发展免费亲子体验服务实施方案》，以政府购买服务的方式送体验券进家庭，启动全区13~36月龄宝宝每年4次的免费亲子体验。

区人口计生局被评为2014年度南京市人口计生宣传报道工作先进单位和政务信息工作先进单位。

◆失独家庭关爱帮扶政策 2014年，区人口计生局继续实施2014年度失独家庭区级关爱帮扶政策，在养老援助服务、住院护工服务保险、交通游览优待、精神慰藉服务等方面开展帮扶。根据实际，将涉及所有扶助对象的“住院护工服务保险”缴费标准，由每人每年95元调整至100元，将49~59周岁扶助对象的游览园林年卡费由每人每年200元调整至230元。是年，为285人办理“住院护工服务保险”，为148人办理免费游览园林年卡和公交吉利卡，投入11.8万元，比上年度增长18%。《中国人口报》对此作了相关报道。春节前期，走访和慰问全区45岁以上失独家庭。全年，走访慰问250名特殊困难计生家庭，慰问金15万元。西岗街道专门成立“失独关爱之家”，使失独家庭重燃生活信心。每半年一次梳理进入特扶制度的人员档案，为59名特扶对象补发特扶金22.57万元。

◆创新计生药具发放 3月，区人口计生局组织9个街道、113个村居药管员学习、操作江苏省计划生育药具管理信息系统；11月初，又组织各街道及部分社区药管员参加市药具站信息系统培训，实现街道、社区(村)两级药具发放的信息化以及与市、区两级的有效对接。结合全区各街道政务服务大厅建设，及时申请和配备立式智能药具发放机7台，健全发放网络。全年，新增29个药具发放点(其中发放机26台)，做到药具摆放及时、系统维护到位、信息采集全面。全区已婚育龄妇女6.4万多人，使用药具人数1.7万人，发放药具15.32万元，药具发放率100%，有效率99%。联合区总工会举办“关爱女职工健康”活动，为南京莱斯康电子有限公司、江苏卡思迪莱服饰有限公司等29家企业送上计生用品4000余件。11月初，联合区委区级机关工委为300多名机关名干部职工发放避孕药具350多套。

◆“单独二孩”政策 从3月28日起，实施“一方为独生子女的夫妻可以生育两个孩子”政策(俗称“单独两孩”)。4月3日，组织举办栖霞区“单独二孩”政策培训班，第一时间对全区计生干部开展政策培训和文件解读。根据江苏省人口计生委《关于进一步简化和规范计划生育证件办理工作的通知》和南京市人口计生委《南京市再生育子女审批的实施办法》，精简流程，方便群众办事。4月16日，栖霞区第一批47对夫妻获批准再生育一孩生育证，其中属“单独二孩”21对。4月18日，栖霞区第一例“单独二孩”生育证由栖霞街道和栖霞社区的计生干部送到申请人严女士手里。全年，共审批“单独二孩”746例，无一例错批。

◆栖霞区“你我同行”青春健康教育主持人大赛 5月18日，区人口计生局在仙林大学城青春健康活动中心举办第二届栖霞区“你我同行”青春健康教育主持人大赛，特别邀请南京市人口计生委主任刘贵春和南京市计生协秘书长翟国庆参加，并为各高校青春健康同伴教育社团授予队旗。参赛选手们分别从南大、南师大、南财、南邮、紫金学院、南工院、南信院、南中医等各高校“青春健康”同伴教育社团的志愿者骨干中推荐产生，形成八组16位选手。选手分别在才艺展示、模拟主持、知识问答三个环节中各显风采，一比高低，相互交流和学习，最终角逐出一等奖2名、二等奖4名、三等奖6名、优秀奖4名。

◆首期中级育婴师培训班 8月20~23日，区人口计生局举办为期四天的栖霞区首批中级育婴师培训班，邀请苏州国家高级育婴师王生和盘海鹰、南京市妇幼保健院主任童梅玲和李希翎以及应天职业技术学院教师李会敏为大家授课，全区计生系统80余名计生干部参加。课程内容不仅涉及0~3岁婴幼儿早期教养以及早期教育课程开发等理论知识，还包括喂养及护理、洗澡与抚触等实际操作技能。通过系统学习，增强计生工作人员对0~3岁婴幼儿早期教育的认识，增长相关专业知识和技能，为后期开展0~3岁婴幼儿早教工作奠定基础。

◆“青春健康·幸福家庭”主题活动 9月27日，栖霞区在高校青年中开展“青春健康·幸福家庭”主题活动，纪念“9·25”公开信发表34周年。活动现场，三十多名大学生表演轮滑、街舞和吉他演奏等节目，栖霞9所高校和2所中专院校的110名志愿者们身着五彩T恤围绕仙乐湖两侧，穿过“幸福门”，在“婚育新风宣传墙”上留下五彩青春的手印，并郑重宣誓——我青春，我健康；我参与，我快乐！同时，主会场设有人口计生咨询宣传台，为现场市民提供0~3岁婴幼儿体验活动及咨询服务、孕前保健服务、政策咨询服务、流动人口咨询服务以及药具发放等。

□胡　蓉

劳动就业

◆概况 2014年，区人社部门围绕改善民生和服务发展两条主线，推进人力资源社会保障各项工作。全区新增城镇就业20230人，其中，新增城镇单位就业12138人，新增城镇就业中大学以上人员占比39.39%，实现再就业人数10583人，帮扶就业困难人数953人，培育自主创业者1116人，创业带动就业7035人。鼓励更加积极的创业，倡导创业带动就业。全区大学生创业314人，创建大学生创业园1个，并获南京市第二届“赢在南京”青年大学生创业大赛优秀组织奖。开展创业培训1185人次，再就业培训3127人次，农村劳动力转移培训3753人次，在职职工培训11685人次，新增高技能人才903人，职业技能鉴定取证4759人。开展企业工资集体合同审查数

540份，仲裁委立案处理案件结案率100%，劳动保障书面审查单位数3626户，示范仲裁院建成率100%，市民卡新制卡发卡量49318张。紫东国际创意园大学生创业园、南大科学园青创孵化园成功创建市级大学生示范创业园。龙潭怡江苑、丽江苑社区成功创建省级充分就业社区。

◆培育仙林地区高校毕业生就业市场　2014年，区人社部门将公共就业人才服务提前向校园延伸，在仙林各高校推进大学生就创业指导服务站建设，打造仙林地区高校毕业生就业市场品牌。3月28日，在南邮仙林校区，市区联动，政校企合作，举办仙林地区高校毕业生春季公益招聘会，246家企事业单位进场招聘，提供就业岗位3000多个，岗位需求涉及通信、计算机、自动化、材料、电子商务、市场营销、英语、物流、金融管理等专业，仙林地区12所高校的6000余名学生进场求职。在南中医等院校开展专业人才招聘活动，效果明显。同时，编制《仙林地区2014届高校毕业生生源目录》，加强驻区企业与高校毕业的就业对接力度。

◆政校合作　2014年，区职业培训中心分析区内劳动力文化水平、就业愿望及区域经济发展状况，筛选出符合现实需要、具有区域特色的培训工种。与新港职校合作，先后培训2个班，共59人，分别为家用电器产品维修工和制冷设备维修工两个工种。与北京正保育才公司合作，开展大学生创业模拟实训，招生3个班，共101人，发证94人，通过实训注册自己创业3人。与南工院、南审学院合作培训计算机高级操作员395人，取证321人。

◆"春风行动"系列招聘活动　2~3月，区人社部门继续开展"春风行动"系列招聘活动。活动期间，龙潭、栖霞、尧化、西岗、八卦洲、迈皋桥等街道举办规模招聘会8场，进场招聘企业291家，提供就业岗位10326个次，进场应聘人员8186人次，达成用工意向2350人次。悬挂宣传横幅26条，免费发放岗位信息宣传单、各类政策法规宣传资料5300多份。为满足群众就业需求，从5月27日起，区人力资源市场增加招聘活动场次，从每周1场增加到每周2场。

◆接管民办培训机构管理　7月起，社会民办培训机构的管理权限从南京市人力资源和社会保障局下放到区里，区职业培训中心接管12家培训机构。9月18~23日，区职业培训中心联合区消防大队对12家机构重点进行安全检查，对于不符合消防要求的培训机构，提出整改意见，并签订安全责任书。年底，为整改到位的培训机构换发办学许可证。是年，有1家培训机构从外区转入栖霞区，有2家培训机构在办理从栖霞区转出的手续。

劳动者权益保护

◆概况　2014年，企业工资集体合同审查数540份，仲裁委立案处理案件结案率100%，劳动保障书面审查单位数3626户，示范仲裁院建成率100%。受理各类投诉举报及领导转办案件475件，受理涉及劳动监察的"12345"政府服务热线工单646件。追讨工资及各类补偿约1069万元，涉及劳动者1404余人。法定期限内结案率100%。开展"农民工工资支付情况专项检查"、"清理整顿劳动力市场秩序"、"用人单位遵守劳动合同法情况专项检查"等，巡查监察用人单位600余家，指导213家单位存在的用工问题。

◆劳动保障专项执法审查　2014年，区人社部门书面审查涉及劳动者83226人，其中南京市49510人、外来20919人、非全日制535人、下岗离退休3803人、兼职1124人、劳务派遣6787人、境外人员89人、实习生232人、其他227人。

◆调解仲裁人事劳动争议案件　2014年，区人社部门调解仲裁管理科受理劳动人事争议案件604件，涉及职工604人。依法调解仲裁结案劳动争议案件604件，结案率100%，涉案金额1400万余元。劳动人事争议案件受理呈现的特点：一是案件总量大。经济结构调整、转型对用工产生较大的影响，因单位搬迁、整体效益不好的争议案件频发。二是请求事项由单一向多项变化明显。职工的维权意识进一步增强，用人单位对用工管理的规范化发展也同时进行，请求事项由简单的工资、社会保险变化为双倍工资、经济补偿及赔偿金。三是案情进一步呈复杂化、多样化，对适用法律的把握难度越来越大。

社会保障

◆概况　2014年，全区单位养老保险净增缴费11987人，新增灵活就业人员参保13085人，城乡居民养老保险覆盖率>99%，居民医保缴费6.66万人，征收社会保险费22.38亿元，清理社会保险历年欠费243万元，第三轮周期免费体检17821人。区内1.77万人领取城镇居民保险基础养老金；2383名被征地农民新纳入基本生活保障范围，发放被征地农民生活保障金和生活费6348万元。办理在职人员终止解除劳动合同备案26378人次，灵活就业人员解除备案1889人次；办理失业保险待遇核定8843人次，办理大龄延长领取失业保险待遇核定1192人次，接转失业人员档案6951份，办理失业保险待遇补发180人次。办理军转补贴180人/次。全年发放失业保险金11.8万人/次。办理基本养老保险转出1393人次，转入1126人次；医疗保险转出1620人次，转入714人次。区社保中心保管档案12.6万份，调入档案10364份，调出4207份。

◆退休人员社会化管理服务　2014年，1.7万余人参加第三轮免费体检。全区累计有5.8万名企业退休人员纳入社区管理服务。为纳入社区管理服务的企业退休人员建立929个自管互助组织，开展春季游园、夏送清凉、秋季养生、冬送温暖"情暖四季"特色活动，惠及人数6.2万人次。在敬老月活动期间，围绕主题，组织退休人员开展登山、文艺演出、球类竞技等各类活动147场次，参加人员1.2万人次。

◆**免费健康体检** 2014年，开展企业退休人员第三轮免费健康体检，共通知并预约体检5.1万名退休人员，其中2014年共通知体检1.7万余人，完成目标任务的109%。同时，加强对免费健康体检定点医院的协调和跟踪，完善检查考核制度，建立退休人员健康体检档案。结合“秋季养生”活动，有针对性地开展老年健康宣传，引导企业退休人员增强疾病预防和自我保健意识。

2014年各街道退休人员健康体检完成情况

表31

街道	体检人数(人)
尧化	1502
龙潭	785
栖霞	2468
迈皋桥	5699
燕子矶	4276
马群	1233
八卦洲	154
仙林	394
西岗	838
总计	17349

◆**全市首轮全民参保登记工作** 2014年，全区未参保人数计10793人。从11月18日开始，区、街道、社区三级联动，开展首轮全民参保登记工作。12月10日，全区提前半个月完成目标任务，入户调查率100%。

栖霞区2014年全民参保登记情况

表32

街道	未参保数(人)	已登记数(人)	进度(%)
迈皋桥	2099	2099	100
龙潭	1746	1746	100
燕子矶	1446	1446	100
尧化	1173	1173	100
八卦洲	1065	1065	100
马群	1045	1045	100
栖霞	970	970	100
仙林	626	626	100
西岗	599	599	100
合计	10769	10769	100

◆**被征地农民纳入基本生活保障范围** 2014年，全区2004年后被征地人员29059人，其中，17062人办理转缴社会保险，6514人领取被征地人员基本生活保障。全区完成新进征地保障项目11个，涉及被征地人员2383人，共计发放保障金6348万元。

◆**城乡居民社会养老保险** 2014年，根据《南京市城乡居民社会养老保险办法》(宁政规字〔2011〕2号)，区居民养老保险参保人员超过1.55万人，续保率95.18%，城居保基础养老金在领人员1.77万人，计发放补贴4545万元。

◆**领取困难补助老年征地农民纳入基本生活保障** 2014年，根据《市政府关于完善被征地老年生活保障和住房保障政策的实施意见》(宁政发〔2013〕262号)，辖区内有5938名原领取被征地老年生活保障的人员领取征地保障金，发放4496.76万元。领取困难补助的老年征地农民计4472人，发放2310.91万元。

◆**城镇居民参加医疗保险** 2014年，根据《南京市城镇居民基本医疗保险暂行办法》文件规定，“老年居民、其他居民和学生儿童”可以参加居民医疗保险。当年，66669名城镇居民参加南京市城镇居民医疗保险，其中，老年居民27404人，其他居民5336人，学生儿童33905人，参照学生儿童24人。

◆**城镇居民享受医疗保险政府财政补助** 2014年，根据《南京市城镇居民基本医疗保险暂行办法》文件规定，老年居民、享受最低生活保障待遇人员、重度残疾人、学生儿童等重点对象参保缴费给予补助。区内66489名城镇居民享受到医疗保险参保缴费政府财政补助，其中，低保户3508人，二级以上残疾1075人，重点优抚对象98人，低保家庭和特困家庭子女580人，老年居民24918人，其他居民3083人，学生儿童33222人，参照学生儿童5人。财政补助城镇居民医疗保险资金2541.41万元，其中，市、区两级财政各补助50%。

◆**自由职业者享受退休待遇** 2014年，2400名灵活就业的自由职业者且符合退休条件的，由区社保中心为其办理退休手续，发放退休证和养老金发放存折，通过银行按月发放养老金。其中，法定年龄退休1354人，特殊工种提前退休224人，病退29人，农保转社保退休36人，原征地农民由政府一次性补缴15年社会保险费退休757人。收取退休人员社会化管理服务费2436人次，计181.8万元。

◆**在职、退休人员享受丧亡待遇** 2014年,887名退休人员去世后其家属领取到丧葬费、抚恤费。57名死亡退休人员直系亲属领取供养待遇。自8月开始,市社保中心下挂相关程序后,区社保中心开始经办区属企业在职人员及自由职业者丧葬抚恤费业务,共办理在职及自由职业者死亡53人,直系亲属供养7人。

◆**养老金领取资格验证率98.29%** 3月下旬,在区内居民集中居住地和主要路口,张贴养老金领取资格验证公告400余份。从4月开始,办理企业退休人员养老金资格认证54132人次,验证率98.29%,供养直系亲属认证960人次。协助异地退休人员办理认证800多人次,其中网上认证289人次。 □向开宇

社会救助和福利

◆**概况** 2014年,全区围绕民生保障全覆盖,建立健全社会救助体系.做好“底线”民生保障工作,确保城乡低保应保尽保、应出尽出率100%。做好春节走访慰问工作,重点慰问39408户困难群体和优抚对象,累计发放慰问金(物)3057万元,比上年增长375万元。其中,市财政承担262万元,区财政承担1095万元,各街道总计承担1700万元。为1802名困难老人发放生活补贴费累计186.21万元。累计大病救助15742人、522万元;困难群众综合医疗救助200余人次,发放救助资金100多万元。为全区284名五保对象发放物价补贴2.84万元。全年,募集善款190万元,收缴冠名基金810万元,发放慈善救助1680人、145.3万元。及时足额为9名在册孤儿发放生活费,六一节前每人发放助孤补贴1000元。接待处理流浪乞讨人员20余人,确保流浪乞讨人员有需必救。贯彻落实全区困难群众医疗综合救助办法,在全市首家制定出台《栖霞区支出型贫困家庭生活救助暂行办法》,填补政府救助“夹心层”空白。将慈善与民生救助有机结合,推进“慈善超市”公办民营。

◆**危房改造** 2014年,市、区、街道共投入资金61.5万元,完成43户农村特困户危房,其中,维修26户、新建17户,受益82人。6月底,危房改造工作全部结束。根据文件规定,自2015年1月1日起,该职能由民政部门移交至住建部门。截至12月底,该职能顺利移交。

◆**福利彩票销售** 2014年,全区共有福利彩票销售点108个,由于拆违等原因,实际销售站点为104个。完成电脑型福利彩票销售4028万元,即开型福利彩票1269万元,“快3”型福利彩票4999万元,完成“中福在线”销售厅销售3649万元,累计完成福利彩票销售1.39亿元。

◆**街道级慈善基金会成立** 自2014年1月1日起,根据江苏省民政厅《关于下放基金会登记管理权限的通知》(苏社管〔2013〕190号)文件规定,基金会登记审批权限下放至各设区市、县(市、区)民政局。1月,全市首家街道级慈善基金会姚坊门慈善基金会经区民政局审批成立。4月,迈皋桥街道成立迈皋桥慈善基金会,成为全区第2家成立街道级慈善基金会的街道。截至12月底,两家基金会募集资金400余万元,为栖霞区的养老、助残、助困等领域做出贡献。

◆**无固定收入重残人员审批** 1~7月,全区有享受重度残疾人生活救助1101人,累计发放重残补助432万元。根据相关文件规定,自8月份起,该职能由民政部门移交至残联执行,两部门按时完成职能移交,未因职能移交发生差错。

◆**提高居民生活保障** 5月,区民政部门组织开展480多名60周岁以上低保人员免费体检活动。全年,完成低收入住房困难家庭收入认定审核870户,确保全区困难群众住有所居。2014年,全区持续保持城乡低保统筹同标,7月,上调标准至660元/月·人。截至12月底,全区有城市低保4319户、6030人,农村低保1422户、2404人,新入255户、328人,退出553户、825人,累计发放最低生活保障金4223万元。

2014年栖霞区城市居民(12月份)生活困难补贴情况

表33

地区	保障对象情况								保障资金情况						
	户数				人数				本月发放金额	上月发放金额	本月减少金额	本月调减金额	本月调增金额	本月人均补差金额	当年累计发放补贴金额总额
	本月数	上月数	本月减少数	本月调整数	本月数	上月数	本月减少数	本月调减数							
	户	户	户	户	人	人	人	人	元	元	元		元	元	元
1	2	3	4	5	6	7	8	9	10	11	12	13	14	17	18
栖霞区	1315	1323	8	1	1841	1849	8	0	447226	449401	2675	0	500	243	5485376
栖霞街道	137	139	2	0	146	148	2	0	60388	61196	808	0	0	414	732629
尧化街道	341	342	1	0	377	378	1	0	83684	83937	253	0	0	222.00	1092973
燕子矶街道	141	141	0	0	185	185	0	0	53301	53301	0	0	0	288.10	637763
龙潭街道	149	150	1	0	184	185	1	0	66099	66449	350	0	0	359.23	793776
马群街道	211	213	2	0	575	577	2	0	66319	66673	354	0	0	115.34	799127

续表 33

地区	保障对象情况								保障资金情况						
	户数				人数				本月发放金额	上月发放金额	本月减少金额	本月调减金额	本月调增金额	本月人均补差金额	当年累计发放补贴金额总额
	本月数	上月数	本月减少数	本月调整数	本月数	上月数	本月减少数	本月调减数							
迈皋桥街道	9	9	0	0	15	15	0	0	6188	6188	0	0	0	412.50	80673
仙林街道	113	114	1	0	120	121	1	0	34915	35165	250	0	0	290.86	413423
西岗街道	214	215	1	1	239	240	1	0	76332	76492	660	0	500	319	935012

2014 年栖霞区城市居民(12 月份)最低生活保障工作情况

表 34

地区	保障对象情况													保障资金情况							
	非农人口总数	户数					人数						保障对象占非农总人口比例	本月发放金额	上月发放金额	本月新增金额	本月减少金额	本月调增金额	本月调减金额	本月人均补差金额	当年累计发放低保金额总额
		本月数	上月数	本月新增数	本月减少数	本月调整数	本月数	上月数	本月新增数	本月减少数	本月调增数	本月调减数									
	万人	户	户	户	户	户	人	人	人	人	人	人	(‰)	元	元	元	元	元	元	元	元
1	2	3	4	5	6	7	8	9	10	11	12	13	14	15	16	17	18	19	20	23	24
栖霞区	31.5	4319	4322	15	18	6	6030	6037	19	23	0	3	19	2573863	2574323	11857	11737	1201	1781	427	30638902
栖霞街道	–	690	689	6	5	1	915	915	7	6	0	1	–	409133	409030	4491	3530	0	858	447.10	4849784
尧化街道	–	1253	1256	0	3	1	1660	1663	0	3	0	0	–	520662	521439	0	1252	475	0	313.65	6668150
燕子矶街道	–	327	329	1	3	0	500	504	1	5	0	0	–	242788	244212	396	1820	0	0	484.55	2867682
龙潭街道	–	398	401	0	3	0	607	611	0	4	0	0	–	285604	287873	0	2269	0	0	470.52	3399467
马群街道	–	491	491	3	3	2	745	747	3	4	0	1	–	410356	410464	2046	2206	660	608	550.8	4723646
迈皋桥街道	–	185	184	1	0	1	303	300	3	0	0	0	–	161395	159565	1764	0	66	0	532.7	1795130
仙林街道	–	56	57	0	1	0	97	98	0	1	0	0	–	36182	36842	0	660	0	0	373	451968
八卦洲街道	–	12	12	0	0	0	19	19	0	0	0	0	–	9644	9644	0	0	0	0	507.60	117846
西岗街道	–	907	903	4	0	1	1184	1180	5	0	0	1	–	498099	495254	3160	0	0	315	420.69	5765229

2014 年栖霞区农村居民(12 月份)最低生活保障工作情况

表 35

地区	保障对象情况											保障资金情况						
	农业人口总数	户数				人数					保障对象占农业总人口比例	本月发放金额	本月新增金额	本月减少金额	本月调增金额	本月调减金额	本月人均补差金额	当年累计发放低保金额总额
		本月数	本月新增数	本月减少数	本月调整数	本月数	本月新增数	本月减少数	本月调增数	本月调减数								
	万人	户	户	户	户	人	人	人	人	人	(‰)	元	元	元	元	元	元	元
1	2	3	4	5	6	7	8	9	10	11	12	13	14	15	16	17	20	21
栖霞区	6.78	1422	8	11	0	2404	11	16	0	0	35	967837	5434	6606	0	0	403	11586714

续表 35

地区	农业人口总数	保障对象情况										保障资金情况						
		户数				人数					保障对象占农业总人口比例	本月发放金额	本月新增金额	本月减少金额	本月调增金额	本月调减金额	本月人均补差金额	当年累计发放低保金额总额
		本月数	本月新增数	本月减少数	本月调整数	本月数	本月新增数	本月减少数	本月调增数	本月调减数								
	万人	户	户	户	户	人	人	人	人	人	(‰)	元	元	元	元	元	元	元
栖霞街道	–	69	0	1	0	103	0	1	0	0	–	57335	0	660	0	0	556.65	707951
龙潭街道	–	914	5	8	0	1541	8	9	0	0	–	598950	3322	5040	0	0	388.68	7247872
马群街道	–	12	0	0	0	21	0	0	0	0	–	12588	0	0	0	0	599	169856
八卦洲街道	–	330	1	2	0	596	1	6	0	0	–	227018	660	906	0	0	380.9	2663813
西岗街道	–	97	2	0	0	143	2	0	0	0	–	71946	1452	0	0	0	503.00	797222

◆民生保险项目续保　8月15日，区民政局代表区政府与人保公司签署民生保险续保业务合同，持续推进商业模式运作的救助项目，全区户籍人员自然灾害公众责任保险、无责救助责任保险、见义勇为求助责任保险、家庭财产综合保险、老年人意外伤害保险等五个险种实现全覆盖，区财政为此支付保险公司保费约130万元。全年，全区共受理理赔申报案例400余起，全区百姓通过保险公司获得理赔128万元。

◆区未成年人保护中心成立　12月，栖霞区未成年人保护中心以民办非企业形式正式注册登记，办公场地设在区社会组织培育发展服务中心内，并委托公益社会组织爱德基金会进行管理与运营。该中心将服务于孤儿、监护缺失儿童、重残和重病儿童、流浪儿童及其他特殊困难儿童五类困境未成年人，开展发现、评估、报告、救助等活动，指导街道、社区未成年人保护中心开展工作。

优抚安置与双拥共建

◆概况　2014年，全区继续巩固和完善抚恤补助标准自然增长机制，落实城乡优抚对象抚恤补助达100%。接收城乡退役士兵209名，无军籍职工18名，举办退役士兵专场招聘会10余场，退役士兵教育培训双证获取率和就业率100%。落实军休干部两个待遇，及时核报老同志医疗费用，组织多场多样化文体活动，按照要求开展第二批党的群众路线教育实践活动，落实政治待遇。为80名驻区部队随军未就业的军官家属办理生活补助，发放补助资金50余万元。做好涉军群体人员的信访稳定工作，组织160名退役涉核人员集中体检。为160名原8023部队退役人员办理到南京市金山医院体检手续，为其中9人办理评残，1人办理调残。

◆优抚工作　2014年，全区226名伤残革命军人换发新式伤残证，为11名伤残人民警察办理残疾人民警察证换证手续。申报人民警察调残1人，伤残军人退役换证7人，烈士证明书换发33人。申报60周岁农村籍退役士兵95人，并进行二代身份证信息核对。筛选10名重点优抚对象到南京市社会福利院进行为期10天的短期疗养。完成311名优抚对象大病住院医疗保险工作。

◆退役士兵安置　2014年，全区接收2013年度退役士兵209名，其中城镇士兵147名，农村62名，大学生入伍13人，接收转业士官11人。组织城乡退役士兵技能培训，参加短期培训188名、学历教育21名，参加培训人员占应培训人员的100%。有144人选择自主就业，自主就业率98%；发放城镇士兵自谋职业、自主就业补助金736万元。发放城镇士兵优待奖励金461万元。计划接收无军籍职工19人，实际接收18人，符合政策条件的无军籍职工接收安置率100%。

◆拥军优属活动　春节、“八一”等重大节日前，区、街道两级走访驻区部队，给官兵送慰问金共计150多万元；慰问军烈属、义务兵家属、烈军属、残疾军人、在乡老复员军人和带病回乡退伍军人1291人，区街两级通过惠民补贴平台发放慰问金125.08万元。1~10月，为80名驻区部队随军未就业的军官家属办理随军未就业期间生活补助手续，发放补助资金50多万元。“八一”建军节期间，组织召开栖霞区纪念建军87周年军政座谈会，驻区15家团以上单位的军政主管参加座谈会，总结创建省级双拥模范区工作，表彰15个创建工作先进单位和15名创建工作先进个人。驻区部队主动参与“大干一百天、环境大扫除”活动，出动官兵1000多人次，出动车辆60余台次，清扫垃圾杂物20多吨。

老龄事业

◆概况　2014年，全区有60周岁以上户籍老年人83186名，比上年增加5207名，占户籍总人口的18.9%。其中，60周岁至69周岁47986名，占老年人口的

春节期间，区领导走访慰问驻区部队　　区民政局 供稿

57.7%；70 周岁至 79 周岁 24702 名，占老年人口的 29.7%；80 周岁至 89 周岁 9605 名，占老年人口的 11.5%；90 周岁至 99 周岁 875 名，占老年人口的 1.1%；百岁老人 18 名，比上年增加 3 名。新增机构养老床位 300 张，建成南京市老年健康生活体验馆，与江苏省人民医院合作在栖霞区医院建设老年康复平台。创建市 AAA 级社区居家养老服务中心 7 家，省级示范居家养老服务中心 6 家。养老服务体系研究进一步加强，截至 12 月底，《栖霞区养老服务体系三年规划》（征求意见稿）通过各部门审议。完成 9 个街道居家养老服务指导站建设，并与“栖霞区虚拟养老院”对接。推进社区居家养老服务站由社会组织承接运营，根据老人实际需求拓展生活照料、出门帮助类的助餐、助浴、助洁、助急、助医等“5+N 助”养老服务定制项目。尝试开展养老服务医养融合，与区卫生部门联合开展“双枫养老健康”行动，77 个社区居家养老服务站实现“医养融合”服务。全区 9 个街道的 381 人参加养老服务人员资格培训，全部获得上岗资格证书。截至 12 月底，全区机构养老护理人员取证率实现 100%。

◆增加社会养老机构 2 家　2014 年，全区有 2 家养老机构完成新建、扩建，新增养老床位 300 张，全区养老床位数增至 3241 张，其中养老机构 17 家，床位数 2472 张；社区养老床位 769 张，每千名老人拥有床位数 39 张。所有公办养老机构全部实施事业单位法人登记，城乡社区居家养老服务站实现全覆盖且社会组织民营率达 88.5%，其中 AA 级以上 91 个，AAA 级以上 10 个。

◆引入社会组织拓展居家养老服务

2014 年，各街道引入民非组织参与社区居家养老服务。尧化街道 13 个社区居家养老服务站全部由好来屋公益服务中心社会组织对接，燕子街道引入枫情关爱服务中心和众善燕华居家养老服务中心，西岗街道引入星之缘老年服务中心，龙潭街道引入常青藤老年服务中心，仙林街道引入“同一屋檐下”服务中心，八卦洲街道引入协和老年人服务中心，马群街道引入枫盛家庭综合服务中心，迈皋桥街道引入枫情关爱服务中心。这些社会组织都基本具备专业从事居家养老服务资质，可以上门为居家老年人提供各种服务需求。

◆南京市老年健康生活指导管理中心成立　4 月，仁谷老伙伴健康养生馆暨南京市老年健康生活指导管理中心依托区颐养中心建成，由区智慧养老院托管运营，为栖霞区开展智能化养老提供新的载体。养生馆共设有“健康检测评估、体感康复训练、互助多媒体康复、休闲养生、心理关爱、营养指导”等 6 个功能区。开馆后，体验馆共计服务 4992 人次，其中馆内体验 3677 人次，社区外展体验 1315 人次。

2014 年栖霞区老龄人口状况

表 36

指标名称	单位	数量		占老年总人口比率
一、总人口数	人	440362		
二、老年人口总数	人	83186	其中：男性：40535	48.70%
			女性：42651	51.30%
1.60~64 岁老年人口数	人	26517		31.90%
2.65~69 岁老年人口数	人	21469		25.80%
3.70~79 岁老年人口数	人	24702		29.70%
4.80~89 岁老年人口数	人	9605		11.50%
5.90~94 岁老年人口数	人	738		0.90%
6.95~99 岁老年人口数	人	137		0.20%
7.100 岁以上老年人口数	人	18		

◆民政部领导指导养老工作 12月15~16日，国家民政部巡视员、中国社会工作协会副会长王国英到栖霞区指导居家养老工作，先后考察栖霞区智慧养老院、西岗街道星之缘老年服务中心及街道社会组织服务中心，尧化街道姚坊门居家养老服务中心王子楼站、迈皋桥街道东井村社区居家养老服务中心、区社会组织培育孵化中心、尧化街道政务服务中心等养老服务设施和养老服务项目实施情况，对全区社会养老服务体系建设取得的成果表示肯定。区民政局局长葛啟龙等陪同考察。

婚丧与地名管理

◆概况 2014年，全区严格执行《婚姻管理条例》，加强婚姻登记员业务培训，加快婚姻登记信息化建设，完成婚姻档案数据录入和移交，确保婚姻登记、收养登记合格率100%。全年累计办理结婚登记5521对，离婚登记2317对，补发婚姻证1306对，婚姻登记记录证明9406份。加强清明期间安全督查，确保文明祭扫，遗体火化率、骨灰正确处理率100%。做好地名工作，完成2处市级界桩核查及更新工作，完成全区地名志书编写工作，完成与句容市共同勘界任务并更换市界界桩。 □王 岚

民族宗教事务

◆概况 2014年，全区有回族、满族、蒙古族等少数民族5223人，占户籍总人口的0.7%。有佛教、基督教两大宗教信仰，其中基督教信众约6000人。登记在册的宗教活动场所23个，其中，佛教寺庙1座，基督教堂点22个，有各类宗教教职人员70人。有中国佛学院栖霞山分院、江苏神学院2家宗教院校和南京市栖霞区基督教三自爱国运动委员会1个宗教团体。全年，走访慰问少数民族贫困户33户，宗教界代表人士43人，累计发放慰问金5万余元。办理7个族别的30名少数民族中考考生民族成分的审核工作。围绕市、区重点工作，较好地完成青奥会期间宗教活动场所的安全保障、宗教档案规范化建设、第四届金陵礼佛文化月等重大活动任务；为2300余名回族等十个少数民族群众发放牛羊肉补贴。根据宗教场所城市综合管理标准化建设要求，马群、燕子矶街道分别投入20余万元，进行宗教活动场所标准化建设，至年底，全区85%带院落的宗教活动场所通过验收。区民宗局获2014年度全市民族宗教先进单位、全市民宗信息工作先进单位称号，并获全市民宗优秀调研成果奖第一名。

◆维护青奥会民族宗教领域安全稳定 2014年，为维护青奥会安全稳定，开展宗教活动场所安全检查。区民宗局配合街道做好宗教活动场所技防工作，安装电子探头13个，投资36万元，青奥会前夕投入使用。为做好青奥会接待场所栖霞寺青奥会期间安全稳定，专门安排3名统战、民宗干部24小时驻点值守，寺内排出以隆相法师挂帅的24小时值班人员，加强日夜巡查。区民宗局组织公安、交警、园林、街道等部门协助做好青奥会期间包括青奥会祈福法会在内的各种佛事活动的安保和接待工作。青奥会期间，栖霞寺共接待游客10万余人次，寺内各项宗教活动平安有序、安全稳定。 □吴晓斌

◆栖霞古寺建设 2014年，栖霞古寺在活动平台搭建与打造、弘法内容形式多样化上下功夫。栖霞古寺先后举办第十届夏令营活动、了凡读书会、禅修活动等，吸引众多参与者。新建的上客堂、新斋堂、玉佛楼等功能空间投入使用。玉佛楼建成后，寺院利用其较大的空间，布置形成新的档案陈列展馆，展示大量的文物与史料，让参观者了解栖霞古寺的历史。4月起，栖霞古寺禁止单支长度超过50厘米、直径超过1厘米的高香、大香入内。5月23日起，全面开展文明敬香工作，外香一律不许带入寺院。4月28日开始，历经一个月的时间，第四届金陵礼佛文化月圆满法会在栖霞古寺举行，代表“佛家三宝”的佛顶骨舍利、感应舍利、诸圣舍利移至崇光塔供奉。12月2日，栖霞山圆通禅院奠基仪式启动，标志着寺院建设进入一个全新阶段。栖霞古寺档案馆成为南京第一家成功创建“五星级档案单位”寺院，也是全省第三家通过五星级档案考核的单位。

◆栖霞古寺通过“五星级档案单位”考评 (详见P272“公共服务”相关条目) □马江洲

◆宗教档案规范化建设 2014年，栖霞区开展宗教档案规范化建设。区委统战部、区民宗局、区基督教“三自”爱国会投入5万余元，为每个基督教堂点统一购置和配备档案橱柜、立卷等创建材料。区委统战部、区民宗局拨付5万元专项资金，并从各街道、社区、部门抽调9名档案工作人员到栖霞寺开展档案创建工作，区档案局、区民宗局也各派一名业务科长到栖霞寺现场指导和服务。11月，经江苏省档案局检查验收，栖霞寺以119分的全省最高分通过省档案五星级验收，在南京佛教界起到引领示范作用。至年底，全区宗教堂点档案规范化建设创五星级1个、二星级6个、一星级6个，其余11家全部达到“六有”标准。

◆宗教活动场所星级认定 2014年，为创新宗教活动场所管理，促进场所管理的标准化、规范化，根据省市统一部署，开展星级宗教活动场所认定。全区23个宗教活动场所全部参与星级认定活动，其中四星级2个、三星级2个、二星级18个、一星级1个。 □吴晓斌

◆栖霞寺元旦、春节撞钟祈福活动 元旦、春节期间，栖霞寺举办两场撞钟祈福迎新活动。2013年12月31日晚，来自社会各界的代表、海内外客商和普通市民撞响109下钟声，为充满希望的2015年共同祈愿新年吉祥、国泰民安，社会和谐，家居平安。2月18日除夕，栖霞寺举办“鸣钟祈福迎新年”活动。与往年不同的是，栖霞寺全面禁止燃放烟花爆竹，震耳欲聋的烟花爆竹声和烟雾缭绕烧高香的现象没有了，取而代之的是每位市民可以寺门口领到3根细香，这样在大家保留传统习俗的同时，做到更加绿色环保。其间，有近万名群众到栖霞寺参加活动。 □瞿志邦

街　道

Subdistricts

江中丽岛·八卦洲　　　　移秋绘

◎ 责任编辑　胡国富

街道综述

2014 年栖霞区街道基本情况

表 37

街道名称	基层群众性自治组织		土地状况		居民状况					经济状况		
	居民委员会(个)	村民委员会(个)	总面积(平方公里)	其中	总户数(户)	人口数	其中	其中	人口自然增长率(‰)	财政总收入(亿元)	其中	农村居民人均纯收入(元)
				耕地面积(公顷)		总人口数(人)	女性人口(人)	乡村人口(人)			地方财政收入(亿元)	
合计	85	30	363.38	8030	148390	416326	207823	75119	6.22	62.15	38.28	18913.9
龙潭街道	6	18	108.05	3815	25639	67975	34780	36460	3.33	8.20	4.68	20448
西岗街道	4	2	28.13	399	9728	24877	12717	6034	7.01	2.52	2.07	20380
栖霞街道	13	3	58.36	624	16671	45179	22732	–	3.04	12.84	6.21	22536
仙林街道	4	0	32.67	0	10838	37773	19177	–	21.58	3.81	2.79	–
马群街道	15	0	17.72	118	11969	30025	15104	–	10.18	8.04	5.21	24050
尧化街道	13	0	23.46	98	16459	53505	24240	–	8.13	7.02	4.07	21340
迈皋桥街道	16	0	12.46	0	22760	60304	29967	–	7.14	9.86	7.08	–
燕子矶街道	13	0	10.5	0	23446	63888	32022	–	3.37	7.79	4.45	–
八卦洲街道	1	7	72.03	2976	10880	32800	17084	32625	4.17	2.07	1.72	21622

注:1.“土地状况”中不含南京开发区;

2.“居民状况”中,“合计”不含南京开发区(东区),“龙潭街道”不含“龙潭监狱”,“马群街道”不含“金陵监狱”,“仙林街道”不含仙林大学城住校师生;

3.“经济状况”中,“财政总收入”不含南京开发区、区属经济收入。

社区管理

◆概况 2014 年,全区以全科社工培训工作为手段,推进街道、社区体制改革,落实社区减负增效。完成 9 个街道政务、事务中心建设,将社区行政事务全部剥离。在全市首家全面推进全科社工模式,294 名优秀社工参加全科社工业务培训和能力培训。以增强社区居民的幸福感和满意度为目标,指导社区科学设置功能布局,力争 60%以上的面积用于社区为民服务,其中至少 40%面积用于社区以养老为重点的服务综合体。清理落实到社区的制度、牌子、组织机构等,96%以上的社区按文件要求清理完毕。是年,全区城乡和谐社区达标率分别为 97%、96%。继续开展全国社工职业水平考试考前培训工作,报名参考 462 人,通过初级 72 人、中级 18 人,持证率 49.9%。出台《栖霞区社区管理与服务标准》,推进全国社区管理与服务标准化试点工作。马群街道新成立紫金社区,迈皋桥街道金山花苑社区更名为奋斗社区,丁家庄、花岗等保障房片区成立 7 个社区。截至 12 月底,全区城镇居民社区总数为 85 个,农村居民社区总数为 30 个。

◆培育发展社会组织 2014 年,全区继续加强社会组织培育发展。出台《栖霞区社会组织直接登记办法》,明确行业协会商会、科技类社会团体、公益慈善类社会组织、城乡社区服务类社会组织四类社会组织可以采取直接登记的方式,降低社会组织“入门”门槛。截至 12 月底,全区累计新登记社会组织 362 家,其中民非 335 家,基金会 2 家,社团 25 家,备案 239 家;万人拥有社会组织登记数达 16.86 个,社会组织总数达 3599 个,其中注册登记数为 1123 个,名列全市首位。经评估,评为 A 级以上的社会组织数 27 家,评估率 36%。

◆区社会组织培育发展中心运营良好 2014 年,栖霞区社会组织培育发展服务中心在区民政局的指导下,由爱德基金会承接运营,成效明显。该中心利用空间条件积极开展公益服务,面向南京各地区社会组织、高校社团、公益人士等发起“来栖霞吧”项目,动员社会各界关注栖霞区社会组织发展与社区服务。全年,承办电脑班 30 次,欢唱会 42 次,故事会 37 次,国学培训 18 次,暑假夏令营 1 期(16 次),儿童创意坊 36 次,亲子活动 6 次,围绕新年、中秋节和重阳节的大型室内外活动 3 场,受益群众达 5000 人次以上。是年,中心经过招募和筛选,九洲残疾人文化中心、银龄老年人公益服务中心、力心国学、德圆堂少儿国学发展中心、温馨家园困境儿童支持小组等五家组织入驻中心并全部孵化毕业。该中心加强公益创投项目开发培育，开展财务管理、能力建设等培训12次，开展社会组织分享会2次，开展1轮项目实地走访与优化，2轮项目专业性提升和评估等工作。开发市级公益创投重大项目9个，区级公益创投重大项目17个。

◆第三届政府购买服务项目暨社区服务项目洽谈会 10月24日，全区在区委党校多功能厅举办栖霞区第三届政府购买服务项目暨社区服务项目洽谈会。洽谈会上，各街道、社区及部门与社会组织或企业单位签约46个服务项目，涉及购买资金1580万元。8个部门推出14个公共服务项目向社会组织进行购买服务，总资金174万元。全区9个街道还推出132个社区公益服务项目。此外，此届洽谈会首次表彰16家"企社互动，共促和谐"公益爱心企业，鼓励全区企业以慈善公益等形式支持社会组织公益项目。

◆全区社区管理与服务标准化工作 2014年，全区推进全国社区管理与服务标准化试点工作，出台《栖霞区社区管理与服务标准》，其中包含基础和通用标准、服务保障体系和服务提供三个子标准体系，为规范全区社区建设打下基础。尧化街道"全科政务"服务获国家级标准立项，并获得市第三届"社会建设创新奖"一等奖；《街道全科政务服务规范》和《网格化社会服务管理规范》两项标准获江苏省地方标准立项。市地方技术规范《栖霞区网格化社会服务管理规范》由南京市质监局发布。受标准化工作影响，全区居民对社区服务的满意度从90.35%上升到94.25%，网格化管理满意度得分由62.26分上升到70.01分。全区建立社会建设创新项目库，形成的5个市级品牌，全部进行推广转化，现有试点项目10个，观察项目30个，项目库中涉及特殊群体关爱的项目已占到项目总数的40%以上。

◆6个保障房社区成立 2014年，全区加大了保障房社区的管理与服务力度，区民政局加强对两大保障房片区社区成立和功能布局的指导，制定联席会议制度、定期调研汇报制度、工作简报反馈等制度，联合街道保障房管委会，多次就社区办公用房、养老院（或托老所）建设工作与市安居集团展开协调和对接。至12月底，马群街道花岗保障房片区先后成立金陵驿社区、花岗社区2个社区，迈皋桥街道丁家庄保障房片区先后成立春晓园社区、汇虹园社区、景和园社区、山水园社区4个社区。 □王 岚

尧化街道

◆概况 2014年，尧化街道总面积23.46平方公里，其中耕地面积98公顷。辖社区居委会13个（其中，纯居民社区2个，经适房社区8个，厂居社区3个）。年末总人口53505人，其中女性24240人，另有流动人口26426人，人口自然增长率8.13‰。

2014年，实现财政总收入7.02亿元，比上年增长21.24%，其中，地方财政收入4.07亿元，比上年增长48.54%。全社会固定资产投资15.2亿元，比上年增长16.9%。实现服务业增加值22亿元，比上年增长18.6%；完成服务业投资15.2亿元，比上年增长13.1%。城市居民人均可支配收入3.92万元，比上年增加11.3%。

拆除违建287处、2.89万平方米，整治占道经营1.4万多起，清理回潮的废品收购站7处。检查建筑工地违规运输渣土20起，责令停工整改6起。拆除违规广告牌64块、2674平方米。增划黄白线1.3万米，安装标志标牌近130块，指定非机动车停放区域50处。查扣、拆割马自达50辆，清拖黄牌货车76辆。启动9个小区为垃圾分类试点小区，垃圾回收量达248.8吨。新辟公交线路330路，新建公交场站2个，同时将79路、145路等7条公交线路改入新的公交场站。完成30家企业、408户住宅、约14.8万平方米的动迁任务。

新增稳定就业2450人，援助困难人员就业145人，扶持自主创业134人，带动就业907人。春节期间走访低保、重病重残等困难群众432人，发放各类慰问金155万元。举办"百场文体活动进社区"活动300余场次。尧化社区卫生服务中心建成开院，免费孕检176人次。进一步加强食品药品监管，全年，取缔黑诊所2家、黑作坊7家，关停51家无证餐饮单位。化解和稳控"春风化雨"案件3件，调处各类社会矛盾纠纷359起，调处成功率99.7%。

是年，街道创建为全国安全社区，获"江苏省城市环境综合整治先进集体"称号，全科政务服务工作获南京市社会治

尧化街道碧水蓝天 尧化街道 供稿

理创新奖一等奖。吴边社区被评为江苏省城市管理示范社区。

◆垃圾分类市场化运作　尧化街道是南京市垃圾分类市场化运作的试点地区之一。2014年,街道有9个小区、1万多户居民参与垃圾分类行动,和苑小区是街道垃圾分类示范小区。为调动居民垃圾分类积极性,街道运用市场化手段,让居民用家中的垃圾或闲置物品换购粮食、蔬菜。报纸、瓶子的回收价比市场价高,蔬菜售价比菜市场低。6~12月,街道9个小区回收厨余垃圾120多吨、可回收垃圾207吨,垃圾分类参与率平均21%,最高的小区达27%。

◆城市治理标准化方案出台　4月初,街道出台城市治理标准化方案,计划用3年时间,分3个阶段,打造“富裕尧化、美丽尧化、和谐尧化、幸福尧化”。该方案有18项内容,主要为市民广场、居民小区、乡村、农贸市场、主次干道、背街小巷、公共厕所、店招店牌、拆迁工地、建筑工地、河道、工地扬尘、交通秩序和停车场站等方面的管理。方案出台后,有10个社区被定为试点。该方案目标明确,措施具体,有利于集中社会各界力量解决社会关注、群众反映强烈的城市治理问题,形成全街道共建共治城市环境的良好局面。

◆第二轮全科社工培训　5月9日,街道在政务服务中心举行全科社工培训开班动员会,并启动第二轮全科社工培训工作,13个社区的80名社工参加培训。培训分理论学习和实践两个环节。理论课授课人是区、街道有关业务负责人和新港职校的专业老师。为保证培训质量,街道成立培训督查组,督查学员学习情况。培训人员考试合格后方能上岗。全科社工培训,使社区社工从单一业务从业者转变成为具备星级水平的全科社工,为社区百姓提供更优质的服务。

◆助老午餐　7月28日,尧胜社区在上曹组举行“姚坊门——爱心助老午餐”开餐仪式。爱心助老午餐是街道养老服务工作的一个组成部分,该工作由街道和社区牵头,好来屋公益服务中心专业社工团队运作,社区、社会组织、爱心企业互助组织多方联动,为社区老人提供综合性、专业化的社工服务,共同解决重残、失能、独居等特殊困难老人的午餐问题。每天在统一的时间、地点为老人提供午餐,对腿脚不便的老人送餐上门。

◆门锁更换　9月25日起,尧林仙居社区实施门锁更换工程。此前,尧林仙居社区门锁防盗性能较差,撬锁的偷盗案件时有发生,给居民造成财产损失。且有些门锁使用年限较长,居民尤其是年老居民使用起来不顺手。社区领导得知这一情况后,决定实施门锁更换工程。换锁所需费用每户居民承担40元,不足部分由区政法委、街道、社区共同承担。换锁前,做好宣传工作。楼栋长、网格员逐户上门通知,同时张贴书面通知,使换锁工作家喻户晓。至年底,居民自愿更换门锁2000多把,入室侵财案件比上年同期下降60%。

◆为高龄老人修脚理发　11月10日,尧林仙居社区为高龄老人修脚、理发服务活动开始。此前,社区领导在上门走访中发现,老人普遍需要修脚、理发方面的服务,于是,社区与好来屋居家养老服务中心联系,决定每周为80岁以上的老人提供理发、修脚服务。在尧林仙居养老服务中心,工作人员看到老人前来便上前搀扶,为他们办理服务登记手续,并发放服务卡,老人按卡号顺序和服务项目接受服务。此项工作受到社区老人欢迎。

◆“法治惠民行”广场活动　11月14日,区司法局和街道办事处联合扬州市警方,在尧化社区市民广场举办“法治惠民行”活动。首先是文艺演出。演出通过说唱、舞蹈、小品、快板等形式,宣传法律法规,展示法治建设成果。演出中还穿插有奖竞答活动,宣传法治。演出结束,法律诊所律师就经济纠纷、劳动争议、征地拆迁、遗产继承等方面的法律问题接受群众咨询。活动现场发放“老年人权益保障法”“劳动保障法”“婚姻法”“妇女儿童权益保障法”法律书籍和宣传彩页900多份。

□王小虎

龙潭街道

◆概况　2014年,龙潭街道总面积108.05平方公里,其中耕地面积3815公顷。辖社区居委会6个(其中,纯居社区2个、经适房社区3个、厂居社区1个)、村委会18个。年末,总人口67975人,其中女性34780人,另有流动人口9133人。人口自然增长率3.33‰。

街道实现财政总收入8.20亿元,比上年增长5.77%,其中,地方财政收入4.68亿元,比上年增长-2.39%。完成全社会固定资产投资23.27亿元,比上年增长96.95%,其中,工业固定资产投资11.53亿元,比上年增长304.56%。城市居民人均可支配收入38128元,比上年增加3467元;农村居民人均纯收入20448元,比上年增加1880元。

农资综合面积3183.43公顷,补贴493.75万元;小麦种植面积2624.6公顷,补贴39.37万元;油菜种植面积47.65公顷,补贴7147.6元;水稻种植面积530.56公顷,补贴11.94万元;玉米种植面积925.97公顷,补贴13.89万元。办理水稻、小麦保险、农村小额财产和蔬菜大棚保险,农民自交保费40余万元。

街道纳入交通局路网库内的村道89.57公里、乡道110.05公里,总养护里程199.62公里。完成10个一般村的环境整治。外墙出新2.96万平方米,清理卫生死角329处,修建道路3600米,清理河道1.16万平方米,绿化926平方米,清理垃圾13.8吨。整治老旧小区1个,拆除违章建筑约290平方米,清理垃圾约97.4吨,整理排水管线900余米,完成屋顶整治约1583平方米,立面出新1610平方米,新建围墙166米。

新增城镇就业1533人,新增大学生就业416人,实现稳定就业2376人,实现再就业528人,援助城镇困难人员118人,农村劳动力转移2230人次,农村劳动力转移就业142人,培育自主创业149人,创业带动就业995人,青年大学生创业24人,完成技能培训1035人,高技能人才培训62人,增收单位参保基金402万元,净增单位养老保险参保

龙潭街道荷花盛开的村庄　　王嘉陵 摄

452人,市民卡办理3838张。大病救助47户、18.09万元，慈善救助139户、14.39万元,临时救助800余户、45万余元，办理三助基金108户、10.8万元,办理保障性住房68户。综合医疗救助33人、30余万元。新办省老年优待证760个。安装“安康通”座机94部、手机60部。完成60岁以上老人“安康关爱”意外保险3134名。街道社会组织服务中心组织活动230场,参加人数4800人。

是年，长江村被评为江苏省民主法治示范村，联盟村和大棚村被江苏科协评为江苏省科普示范村，马渡村获江苏省“和谐社区建设示范村”称号,大棚村获南京市“美丽乡村”称号。

◆企业向区癌友康复会捐赠仪式　1月12日,街道企业向区癌友康复会的捐赠仪式暨欧泰癌友活动中心揭牌仪式在街道社会组织服务中心举行。区癌友康复会会长陶红,街道党工委副书记吴霞锋、办事处副主任陈晓芳以及捐赠企业代表出席活动。陶红和捐赠企业欧泰钢格板有限公司董事长张忠喜为欧泰癌友活动中心揭牌，并为区癌友康复会会员发放慰问品，区癌友康复会会员为与会者表演舞蹈、健身操等节目,会员们积极乐观的人生态度感染每一位观众。

◆“爱在花园”奖教助学基金会成立　3月11日,“爱在花园”奖教助学基金会在花园中学成立，区教育局党工委书记王守云、龙潭街道党工委副书记钱琍为基金会揭牌。基金会当场向34位贫困学生和优秀学生发放钱物，向2位优秀教师颁发荣誉证书和奖金。该基金会以尊师重教为宗旨,为贫困学生提供经济援助,对优秀的教师和学生给予奖励。提供奖教助学基金的单位有南京东升金属箔厂、南京泽悦贸易有限公司、南京瑞鑫物流有限公司、南京联盛、南京新百置业等企业。

◆安全生产月　5月31日~6月30日，街道开展“安全生产月”活动。活动分4周、每周1个主题进行,第一周“生产安全事故警示教育周”,第二周“安全生产宣传咨询周”，第三周“安全文化活动周”,第四周“应急预案演练周”。活动期间,悬挂安全宣传横幅52条,布置宣传橱窗30个,发放“交通安全知识”“消防安全知识”“用电安全知识”等宣传资料2000多份,举办安全负责人和安全生产管理人员安全知识培训两期,276人接受培训。中国水泥厂公司、欧萨斯能源环境、中油恒燃、川气东送、西气东送5家企业开展消防应急演练。

◆“水一方”旅游招商发布会　6月29日，龙潭“水一方”旅游招商发布会暨陈店村公交通车发布会在龙潭“水一方”举行。南京市旅游委副主任夏军、区委副书记胡晓健,副区长尹军、万震,南京经济技术开发区管委会副主任李华出席会议，南京市交通运输局客管处、南京市公交集团、南京工业职业技术学院艺术学院、区委宣传部、区发改局、区住建局、区教育局、区财政局、区交通运输局、区农业局、区水利局、区商务局、区文化旅游局、区国土分局、开发区建设局、开发区城管局、开发区规划管理局、龙潭街道党工委等18家单位或部门领导参加会议。胡晓健为南京“水一方”文化旅游管理有限公司揭牌，龙潭街道党工委书记崔永国介绍“水一方”生态休闲旅游区概况和水一方文化街区招商发布情况，江南公交客运公司向陈店村交授公交巴士车辆钥匙。“水一方”旅游招商发布会标志龙潭“水一方”生态休闲旅游区开园营业。

◆市河道治理标准化现场推进会　9月24日,南京市河道治理标准化现场推进会在街道召开。南京市城市管理局副局长司徒幸福、南京市水利局副巡视员艾旭华、南京市督查办主任郑伍、南京市城治办综合协调处调研员周维山、南京经济技术开发区管委会副巡视员刘众,以及南京市水利局、环保局、旅游委、体育局、农委、交通局、中山陵园管理局、水务集团,各区(园区)水利局、环保局、农林局、城管局等部门分管领导出席会议。与会人员参观靖安河、赵荡河、同心河等河道，听取工作人员关于河道整治情况汇报。街道党工委书记崔永国对河道水环境建设标准化综合整治工作情况作详细汇报。司徒幸福在讲话中肯定龙潭街道在河道整治方面取得的成绩，并就河道综合管理标准化、长效化工作提出意见与建议。

◆“金陵水乡·文化龙潭”重大项目签约仪式　9月28日,“金陵水乡·文化龙潭”重大项目签约仪式在龙潭街道举行。副区长尹军、区文化旅游局局长赵家宝、区发改局副局长王宪文、区商务局副局长顾鹏、区农业局副局长李德山,龙潭街道党工委书记崔永国、办事处主任孙东方以及12家企业、院校代表出席仪式。仪式上,南京银行、鸿典投资、东升金箔厂、东南大学等企业、院校代表分别与街道签署合作协议,就企业、院校在龙潭街道落户、发展等方面达成共识。重大项目落户将带动龙潭地区金融、服务等产业发展，是龙潭街道经济发展转型升级的重要契机。

◆"水一方"荷文化节山地自行车大赛　10月18日，龙潭"水一方"荷文化节山地自行车大赛在龙潭"水一方"生态休闲旅游区举行。该赛事由区体育局、龙潭办事处主办，江苏单车网协办。区体育局局长盛有福、副局长张兵兵，街道党工委书记崔永国、办事处主任孙东方等出席活动。150名山地车爱好者分男子组和女子组进入比赛。选手们从"荷塘栈道"出发，沿"水一方"景区环绕骑行。男子组绕行5圈、25千米，女子组绕行4圈、20千米。大赛角逐出男子组前十名、女子组前十名。主办方现场颁发奖状及奖品，每位参赛选手获得由"水一方"生态休闲旅游区提供的精美礼品。

◆街道与省中西医结合医院签订共建协议　10月20日，南京开发区、街道办事处和江苏省中西医结合医院在街道签订共建合作协议，三方就在靖安社区卫生服务中心所在地共建江苏省中西医结合医院东院达成合作意向。协议确定，原社区卫生服务中心机构、人员、功能继续保留，江苏省中西医结合医院负责对东院全面管理，龙潭办事处为东院提供原靖安社区卫生服务中心的所有设施设备，南京开发区管委会负责东院的房屋装修、设备采购和有关资金投入。该次协议充分利用江苏省中西医结合医院技术和管理优势，合理配置医疗资源，完善龙潭地区医疗卫生服务体系，解决农民群众看病难题。　□陈　欣

栖霞街道

◆概况　2014年，栖霞街道总面积58.36平方公里，其中耕地624公顷。辖社区居委会13个(其中，纯居社区2个、经适房社区1个、村居合一社区4个、厂居社区6个)、村委会3个。年末，总人口45179人，其中女性人口22732人，另有流动人口4016人。人口自然增长率3.04‰。

街道实现财政总收入12.84亿元，比上年增长-0.38%，其中，地方财政收入6.21亿元，比上年增长9.46%；全社会固定资产投资24.64亿元，比上年增长45.63%，其中服务业投资9.4亿元，比上年增长14.97%。完成协议引进项目投资7.95亿元。实际利用外资1000万美元。新增注册内资企业注册资本1.55亿元。服务外包执行额893.01万美元，占全年目标的111.6%，其中离岸执行额528.87万美元，占全年目标的132.22%。城市居民人均可支配收入41179.3元，比上年提高8.8%。

街道洽谈项目47个，其中，亿元以上项目11个，产学研一体化项目5个，科技研发项目10个，外资项目5个，落户项目4个，续建项目1个。完成专利申请207件，完成率148%；发明专利申请72件，完成率240%；完成新增在孵企业26家，完成率130%；引导并组织23家企业单位申报科技项目39个，其中资质类16个。

发放低保金576.35万元，大病救助、慈善救助、临时救助、综合救助、支出型救助、助学等各类救助支出73.51万元，完成"慈善一日捐"24.7万元，走访困难户8740人，发放慰问金522.9万元。完成"两癌"筛查4369人，孕前检查110对夫妇。在环境综合整治中，拆迁仙林污水处理厂503户住户和霞天集团等23家企业16万平方米；拓宽大件路、厂南路、电厂路等主干道路6条、10多公里；清理占道经营摊点582个，取缔黑作坊60多家，关停违规企业300余家；拆除违建86处、1万平方米，完成小区出新5.2万平方米，栽种绿化苗木28公顷，完成九乡河、江南厂护厂河、滨江河等14条、50多公里河道整治。收到12345、12319、市长信箱等各类平台举报案件1223起，回复率100%，满意率96.7%。

是年，街道获全国区街镇党的群众路线教育实践活动"先进集体"称号，南京市分类考核先进制造业街镇二等奖，被评为南京市城市治理优胜街道、区"五个建设"先进单位。

◆招聘活动　2月15日，街道在红枫街市民广场举办"春风行动"招聘会。34家企业进场招聘，为市民提供800个就业岗位，其中，招聘残疾人的有9家企业，它们带来保洁员、盲人推拿师、操作工、维修员、插花、后勤等近10个工种、38个岗位。50多名残疾人应聘，5名残疾人与用工单位达成就业意向。5月16日下午，街道在红枫广场举办2014年第二季度送岗进社区招聘会。弓箭玻璃器皿有限公司、乐金化学信息电子材料有限公司、南京海王汽车零部件、卡思迪莱有限公司、中国石化催化剂有限公司、江南小野田等40家企业设台招聘。此次招聘有电工、文员、"三保人员"等63个工种、近200个岗位，460人应聘，23人现场签订就业协议。

◆栖霞社区卫生服务中心　2月26日，栖霞街道与栖霞区医院签订购买服务合同，由栖霞区医院提供医疗服务资源，街道提供保障机制，双方共同组建栖霞社区卫生服务中心，当日，栖霞社区卫生服务中心成立。该中心位于原栖霞医院，街道先期投入400余万元，用于中心成立初期所需的医疗设备、办公用品、卫生耗材、药品及原栖霞医院门诊楼的出新改造工程，后续工作将陆续开展。该中心成立旨在为社区居民提供良好的就医环境，将居民就医的"关口前移"，把"健康快车"开到居民身边。

◆市残联调研重度残疾人两项基金落实情况　3月19日，南京市残联教救处处长张良等一行到栖霞街道，对2013年度南京市残联发放重度残疾人护理补贴、低保中重残补贴两项补助基金落实情况进行调研和检查，区残联副理事长王燕江陪同检查。街道残联理事长朱立霞汇报此项工作落实情况。街道将两项补助基金通过政府惠民平台发放，直接汇入残疾人银行账户，方便残疾人。南京市残联教救处人员对街道两项补助基金申报台账进行验收、检查，并用电话回访、入户随访残疾人方式进行核查。张良等一行对区重度残疾人两项补助基金落实情况表示满意。

◆国学启蒙班开笔礼　7月5日，国学启蒙班新生开笔礼在栖霞社区举行。该

7月5日，国学启蒙班新生开笔礼在栖霞社区举行　　栖霞街道 供稿

活动由栖霞社区主办，南大的10名老师和社区64名即将秋季入学的儿童参加开笔礼。中共南大党委常委、组织部王志林，共青团南大委员会书记葛俊杰、栖霞街道党工委书记郭昌标、团区委书记付建龙等出席活动。仪式上，孩子们先正衣冠，后行拜师礼。老师们笔蘸朱砂，在身穿统一纪念衫的学童额头正中各点一颗“朱砂痣”。这是中国古代传统礼仪中为学生开智的仪式，俗称“开天眼”，意为开启智慧。随后，学童们写“人”立誓，知道做人首先要堂堂正正地立身，要像“人”字那样顶天立地。最后，南大哲学系的学生们展示才艺，有琴韵太极、典雅汉服秀、古代乡礼再现、歌舞等。

◆网格业务大比拼　8月7日，街道“践行群众路线，网格业务大比拼”知识竞赛在石埠桥村举行。8支村（社区）队伍参赛，每支队伍3人，1人为一级网格村（社区）书记，1人为二级网格街道机关科室人员，1人为三级网格村组干部。竞赛分必答和抢答两个环节。经过激烈角逐，石埠桥村夺得冠军。这次活动不仅使街道各级网格人更加深入地掌握网格知识，而且加强网格成员的团结协作。

◆爱心助学协会奖、助学金发放　8月21日，街道第六届学子论坛暨爱心助学协会奖学金、助学金发放仪式在五福家园社区举行。仪式上，达富田、高科捷顺达等14家企业的企业家们回顾社区以学子论坛为纽带，与南大、南师大、南中医、南邮等高校合作，建立大学生社会实践基地，学子论坛不断发展的历史，并向社区爱心助学协会捐赠善款近20万元。协会按照考上大专每人1800元、考上本三每人2000元、考上本二每人2600元、考上本一每人3000元、考上研究生每人3600元的标准奖励大学新生、研究生新生，对56位优秀大学生和困难家庭学生颁发奖学金和助学金，标准为小学生每年600元，初中生每年800元，高中生每年1200元，大学生每年1500元。

◆十月公社科技创业园二期工程开工

9月16日，街道“十月公社科技创业园二期”工程开工仪式在十月公社科技创业园举行。区委常委、常务副区长曹海连，区人大常委会副主任贺研、副区长尹军、南京开发区管委会副主任沈吟龙等出席开工仪式。十月公社科技创业园成立于2004年，占地28.67公顷，已建成标准厂房10万平方米，入驻企业30余家，其中南京市“321”人才创办企业5家。园区二期工程占地3.63公顷，规划建筑面积8.2万平方米，将建总部和办公研发大楼2栋、高规格标准厂房6栋。二期工程按照智能电子、装备制造产业定位，充分利用仙林科技城、液晶谷资源，引进科技含量高、无污染、低能耗的中小型总部、研发企业，最大限度增强发展后劲，为实现街道转型创新发展打下坚实基础。

◆评出“五好五星”　10月29日，街道第三届“星耀网格——五好五星”民星颁奖典礼在南炼中学举行。区委副书记胡晓健、区纪委书记杨白英、宣传部部长周峰等出席颁奖典礼。第三届“五好五星”评选活动由街道组织，历时3个月。经过各村、社区推荐，街道评审小组评审和街道领导班子研究，产生仇大红等“好党员”6人、邻里情健身服务队等“好机构”6个，潘雨帆等“好少年”6人、葛宁霞等“好邻里”3人、陆金华家庭等“好家庭”4个、徐秀丽等“服务之星”5人、张义绿等“创业之星”3人、王道花等“孝顺之星”4人、倪承霞等“奉献之星”5人、蔡家华等“网格之星”6人。

◆4个厂居社区党支部成立　10月29日，街道4个厂居社区党支部成立，它们是炼油厂区域居民党总支、栖化新村社区党支部、银矿地质社区党支部、江南厂社区党支部。这4个厂居社区党支部成立，标志着街道将通过配优配强班子成员、与所属企业共建共管等方式，加快推进社区管理服务体制改革，逐渐形成“基层组织共筑、活动阵地共建、队伍建设共促、经费投入共担、科学发展共赢”的新型工作格局，不断提升厂居社区社会治理和服务群众工作水平。下一步，街道将重点完善基础设施，全面提升社区党建阵地形象。

◆今生有约集团总部落户　11月10日，街道与南京米兰尊荣婚纱摄影有限公司签订《南京今生有约文化产业集团公司总部项目投资意向协议书》。南京米兰尊荣婚纱摄影有限公司和关联企业南京今生有约、雪中彩影、圣蒂娅、缇香、艾诺珠宝、喜筵网等涵盖整个婚庆产业，经营项目有婚纱摄影、婚宴酒店、钻石珠宝、婚纱礼服、婚庆服务、蜜月旅行、租车等。该签约项目总投资1.5亿元，注册资金1000万元，将建成南京今生有约文化产业集团公司总部大厦2000平方米、研发大楼2000平方米、摄影用厂房6000平方米，门卫、配电房、车库等辅助建筑

1000平方米。该项目建成后将成为南京最大的婚庆产业基地。　□张君陶

马群街道

◆**概况**　2014年,马群街道总面积17.72平方公里,其中耕地面积118公顷。辖15个居民委员会(其中,纯居社区5个、经适房社区10个)。年末总人口30025人,其中女性15104人,另有流动人口21013人。人口自然增长率10.18‰。

街道实现财政总收入8.04亿元,比上年增长5.47%,其中,地方财政收入5.21亿元,比上年增长6.46%。实际到账外资1030万美元,服务外包执行额924万美元。服务业增加值16.6亿元,同比增长30%。投资固定资产31.5亿元,比上年增长33.4%。城市居民人均可支配收入42785元,比上年增加4309元;农村居民人均纯收入24050元,比上年增加2578元。

全年,为辖区企业对上争取各类扶持资金3170.46万元,累计完成专利申请215件。上半年集聚"千人计划"专家1名,引进领军型科技创业人才1名。下半年"321"申报提交人才项目68个,通过资格审查65个,入围综合评审21个,其中"千人计划"专家项目2个。申报项目中,物联网、电子信息等关联产业占90%,人才项目与主导产业高度契合。凯米、海陵两家企业通过2014年南京市高端团队计划综合答辩,入围进入实地考察环节;累计完成签约项目6个,领照项目24个。妥善调处驻街部队与辖区企业发展矛盾,加大为重点企业、重点项目服务力度,推动栖霞建设等多年停滞项目顺利开工,中石化南京工程公司、嘉元腾等一批重点项目建设步伐进一步加快,嘉恒医药、英格玛尼等项目主体竣工,三宝二期建成使用。

实施牛王庙、狮子坝、吴家墩、马房山、万家楼和百水桥等6个城中村拆迁改造项目,总面积达40万平方米。出资350余万元,对中山门大街进行道路出新和绿化整治,摊铺沥青2.8万平方米,铺设人行道4125平方米。新增景观绿化23.2公顷,种植乔木、灌木近20000株,成活率达98%以上;拆除沪宁高速、绕城公路、仙林大道等沿线高立柱广告牌65个。投入668万元,对24.84公里河道清淤疏浚和岸坡整治。投资150万元,对南湾营农贸市场内部设施及周边环境升级改造。

全年,新增城市低保46户、65人,发放城乡低保金472万元。救助无固定收入重残人员、城乡困难居民122人,发放救助金额51万元。走访慰问困难群体2388户,发放慰问金93万元。发放尊老金36万元、慈善救助卡约2200人次。推进养老保险扩面工作,增收基金212万元,净增单位养老保险参保360人。实现稳定就业1427人,新增大学生就业658人,援助困难人员就业106人;完成初始创业104人,带动就业614人;新增大学生创业20人,其中入选优秀项目2人。完成各类培训1494人,举办各类专场招聘会12场。

全年,检查经营单位2475家次,督促整改各类安全隐患129处。集中3天时间,对辖区18家零售点烟花爆竹实行政府统一回购并集中销毁,共2067箱,价值57万元。整改管线安全隐患5处,投入1600多万元。

海陵药业与美国保诺科技有限公司成立医药研发中心,凯米科技被认定为江苏省工程研究中心。三宝科技被评为南京市杰出民营企业,并被认定为省级服务业名牌。

《金陵驿报》创刊发行,马群书画院成立。百水家园社区养老服务中心运行。举办专场文化活动117场次,承办2014年江苏省全民健身嘉年华开幕式、栖霞区拔河大赛等重大活动。群众性舞蹈节目《一起来跳舞》获江苏省群众文化新人新作大赛金奖、江苏省文化最高荣誉奖"五星工程奖"金奖等奖项。

◆**"春风送岗"招聘会**　3月7日,街道人力资源和社会保障所在马群街道市民中心举办"春风行动暖民心,现场招聘促就业"招聘会,海陵药业、苏果超市、苏宁置业、招商局物业等32家企业,提供收银员、秩序维护员、物业管理、电工、保洁、机械加工、电子电工等近100个工种、2000余个就业岗位。应聘者有失地农民、下岗失业人员、家庭主妇,也有应往届大中专毕业生。招聘现场还为失业人员提供政策咨询和免费培训登记等服务。470余人与企业达成就业意向。

◆**"两癌"免费筛查工作会议**　4月9日,街道妇联在马群卫生院召开"两癌"(乳腺癌、子宫癌)免费筛查工作动员部署会议。街道党工委副书记车金楼和办事处副主任吴国林出席会议并讲话。"两癌"筛查工作领导小组成员单位负责人、街道相关科室负责人、相关医院妇产科主任和基层妇联干部参会。车金楼就做好"两癌"免费筛查工作提出要求:要立即

3月7日,马群街道举行"春风送岗"招聘会　马群街道 供稿

组织实施，做到合理安排；要广泛宣传发动，做到家喻户晓；要认真培训检查，做到优质服务；要及时治疗救治，做到群众满意；要搞好协调配合，做到齐心协力；要加强工作督查，做到纪律严明。会议对统计口径、检查时间、检查项目等事宜进行布置。

◆《金陵驿报》创刊 5月9日，《金陵驿报》创刊。该报是街道与南京传媒集团旗下《现代家庭报》联合出版的马群社区报，它以"发现马群人身边的美"为主题，每月两期，每期4版，栏目有爱马群、议马群、新马群、马群人、创马群、育马群等。至年底，《金陵驿报》共出版16期。年底又出版《金陵驿报》精选集，分民生服务篇、志愿风采篇、绿色家园篇、阳光教育篇、科技孵化篇等篇章。

◆群租房整治 5月初，街道成立主要领导任组长，综治、人口、城管、房产、公安等部门负责人任副组长的整治工作小组，依靠协管队伍、物业企业等基层力量，开展群租房整治工作。5月13日马群社区建立起长效管理机制，联合城管等部门，对辖区内所有群租房进行调查跟踪管理，加大对传销等违法犯罪活动打击力度。宁康苑社区利用6处宣传栏，张贴"打击非法传销"宣传标语24张，在社区主干道悬挂反传销横幅10条，还成立突发预案小组，每组2人，配合派出所入户检查，梳理出非法传销91户、群租房33户。

◆花岗和金陵驿社区成立 7月16日，花岗社区和金陵驿社区成立。花岗社区负责管理花岗幸福城西花岗片区的6个小区，占地60多万平方米，楼房62幢，122个单元，住房11837套，其中，廉租房2994套、经适房8843套。金陵驿社区分为金桂园、茉莉园两个小区，楼房全部为18层高层。有楼房37幢，61个单元，4608套住房。其中，金桂园有楼房16幢、25个单元，1800套住房，茉莉园有楼房21幢、36个单元、2808套住房。两小区内建有1所小学，2所幼儿园。

◆多功能信息化指挥中心试运行 6月，街道多功能信息化指挥中心试运行。该中心涵盖18个信息平台，其中，社会管理平台、应急指挥平台和民生服务平台由街道自主开发。政务服务、数字城管和权力阳光等平台是区政府的街道二级平台。为加强网格化服务管理，街道自主开发社会管理平台的手机运用系统，即网格通手机客户端，从工作菜单、任务派发、效果反馈、监督考核等方面实现网格工作动态掌控；视频监控系统汇聚辖区公安、交管、城管、物业等方面486个监控资源，实现辖区全覆盖；民生服务平台民生热线84360123，专门接收和处理居民各种诉求，在第一时间为老百姓解决问题。青奥安保和国家公祭日期间，多功能信息化指挥中心作为马群安保防控指挥中心发挥重要作用。

◆打击非法传销 7月31日晚，街道联合派出所、工商、城管、流动人口服务中心等部门，开展2014年打击非法传销行动，出动执法人员118人，其中，民警30人、特勤20人、保安20人、流动人口协管员20人、市容10人、尧化工商所6人、社区工作人员12人。抓获吸毒人员1名，清查私房出租22户，清理教育传销人员46人，盘查嫌疑人员21人，盘查嫌疑车辆16辆，清查旅馆、网吧、桑拿浴室、游戏机室、车站、加油站等重点场所和娱乐场所共34家，检查重点单位4家。此前，7月26日，街道在百水芊城社区举办打击非法传销专题培训会，街道相关领导、各社区书记、分管主任、综治社工，13家物业公司负责人等90余人参加培训。

◆宁康苑"敬老月"活动 10月1日，宁康苑"敬老月"系列活动拉开帷幕，扬子书画学会在小区健身广场举办书画作品展，邀请老人参观。10月10日，宁康苑妇女儿童之家联合马群劳动所开展重阳敬老博爱行活动，带领部分退休老人参观南京大屠杀遇难者纪念馆。10月17日，组织20名老人参加江苏电视台体育频道举办的马群地区"要大牌"掼蛋比赛海选。10月18日，组织栖霞区医院、马群卫生院4名医生到小区为老人免费测血压、血糖。10月20日，社区领导走访慰问高龄、空巢、失独、失能、困难的15名老人，为他们送去慰问品，并组织20名志愿者走进老人家中，"二对一"提供家政、护理、心理疏导等服务。

◆市民中心启用 10月26日，街道市民中心启用。该中心包括便民服务中心、民生服务场所等。便民服务中心面积330平方米，设置12个窗口，开设劳动保障、计生、卫生、民政、残联、老龄、户籍管理等116个服务项目，有15名经过考核选拔的全科社工提供服务。至年底，办理各类事项约2.4万件。民生服务场所有集篮球、乒乓球、羽毛球、健身路径、健身广场为一体的室外综合运动场和书画院、图书馆、舞蹈房、影剧院、音乐厅、戏剧社、健身房、信息技术与电子商务培训

10月1日，马群街道宁康苑社区"敬老月"活动拉开帷幕　马群街道 供稿

室、社区教育讲堂、劳动培训讲堂、法律服务、电子超市等22个室内活动室，至年底，服务群众数万人次。 □刘 诣

仙林街道

◆概况 2014年，仙林街道总面积32.67平方公里。辖社区居委会4个(其中，纯居社区3个、经适房社区1个)。有商品房小区26个。驻有南大、南师大、南财、南邮、南中医等高等院校12所。年末，总人口37773人，其中女性19177人，另有高校师生约18万人。人口自然增长率21.58‰。

街道实现财政总收入3.81亿元，比上年增长5.34%，其中，地方财政收入2.79亿元，比上年增长7.45%，房地产实现一般预算收入1.09亿元；全社会固定资产投资44.44亿元，比上年增长32.98%，完成投资20.2亿元，实到外资1700万美元。城市居民人均可支配收入4.29万元，比上年增长11.61%。

街道实现稳定就业475人，城镇登记失业率继续保持较低水平。完成社会化媒体营销师40人、高级育孕师40人技能培训。与高校开展培训合作，完成在校大学生高技能人才培训277人，并与新港职校开展合作培训。落实帮扶政策，推进社会保障惠民工程。全年，办理城镇居民医疗保险605人，办理发放市民卡4162张，申报受理社保补贴120人，发放社保补贴32万元，完成终解备案430人，灵活就业人员备案29人，办理失业就业证230人，完成420人失业金申领工作，失业金申领率100%。为446名失地居民发放老年生活困难补贴，为129人办理网上注册查询业务。开展劳动法律法规业务培训1场，参与企业80余户，社会劳动用工书面审查用人单位270家，调处处理劳动争议案件40起，为400余名民工协调讨回欠薪600余万元，劳动监察举报投诉案件结案率100%。新增参保单位102户，完成单位参保基金增收工作。完成社会化管理退休人员验证工作，免费健康体检364人，夏日为1392名退休人员送去清凉油、藿香正气水等防暑用品。

是年，街道被评为国际安全社区、全国社区服务型党组织建设示范街道、全国街(镇)党的群众路线实践示范标兵、江苏省科普示范街道、区2014年度完成“五个建设”工作目标有功单位、区2014年度信访工作先进单位、区2014年度平安法治建设先进集体。年末，街道连续48个月在南京市城市管理综合排名中位列第一，亚东社区、杉湖路社区、文澜社区、南大和园社区创建成江苏省城市管理示范社区。

◆仙林社会治理促进中心投入使用 年初，仙林社会治理促进中心建成并投入使用。该中心依托“同一屋檐下”和“帮帮团”社区服务社，培育“四点半课堂”“锄歌艺术”“万家欢”巡逻服务队等社会组织、草根队伍17支，组织开展“幸福花开幸福园”为老服务、“一家亲”同心社老年人精神文化服务、仙林公益学院等项目26个，开展网格文化年活动83场，受益群众9300多人次。在端午、中秋、重阳等传统节日，开展居民群众喜闻乐见的包粽子、百家宴、赏月登高等活动。引进新加坡社区医疗养老项目，该项目合作协议已签订，用房已装修好，证照办理、设备采购、人员招聘等正在办理。培育南邮“心阳”养老和居民自助养老等社团组织，依托南大和园、汇通、文澜等社区阵地，针对不同年龄、不同类型老年群体需求，探索多种模式的居家养老工作。

◆社会服务创新 2014年，街道探索政府与社会、与群众“双向互动”途径，努力形成政府与社会、与群众参与、合作、伙伴的关系，推进社会服务创新。一是“网格化”精耕细作。结合群众路线教育实践活动，出台《落实“十二项”整改举措的规定》，成立督导办公室，组建“管得宽”巡逻服务队、“盯得紧”督导考核队，每日点评、每周小结、每月考评，落实“十二项”整改任务；完成全科社工培训，启用“为民服务厅”，实现96项服务内容一站式办理；争取600多平方米仙龙湾门面房用于汇通社区阵地建设，建成之后将满足南部社区居民服务需求。同时，北部的文澜社区阵地也在积极争取高科置业诚品城二、三层近1000平方米配套用房。二是“信息化”日趋完善。9块信息化液晶屏、3台计算机安装到位，城管、交警、派出所、物业监控探头信号全部引入，硬件建设全部完成。推进服务器和软件建设，自主完成社情民意服务系统、实时视频服务系统、网格化信息服务系统、城市治理数字服务系统4大系统建设，剩余商品房小区物业服务系统、居民生活服务系统、科技社区服务系统、党员电化教学服务系统4大信息系统与区统一推进。

◆“国际安全社区”创建成功 2月27日，加拿大籍专家拉瑞宣布仙林街道通

1月，仙林社会治理促进中心建成并投入使用　　仙林街道 供稿

2 月 27 日，国际安全社区认证专家参观仙林街道晓葵学堂　　仙林街道 供稿

过国际安全社区验收，成为全省首个国际安全社区。安全社区是指相关组织机构，社区内有关部门、企业、志愿者和个人共同参与伤害预防和安全工作，实现安全健康目标的社区。它涉及交通、工作场所、公共场所、学校、老年人、儿童、家居、体育运动等诸多方面。1989 年，第一个国际社区诞生后，至 2014 年，全球仅有 100 多个社区获得这一荣誉。2010 年 6 月，仙林街道依据世界卫生组织《安全社区准则与指标》和国家安全生产监督总局颁布的《安全社区建设基本要求》，成立安全社区建设促进委员会，启动安全社区创建。街道成立 7 个专项工作组，实施交通、消防、学校安全等领域的“酒驾干预”“大学生心理健康”“外籍人员安全服务”“老年人防跌倒”等 15 个重点安全促进项目，并定期评估。2012 年 8 月，仙林街道被命名为“全国安全社区”。

◆“万家欢”巡逻服务队成立　3 月21 日，街道在中共南京市委党校多功能厅举行党的群众路线教育实践活动理论学习报告会暨“万家欢”巡逻服务队成立大会。街道在每个小区“草根奖”获得者、“三长五员”(党小组长、网格长、楼栋长，宣传员、文体员、治安员、卫生员、物管员）志愿者中推选出 5 人，组建 25 支、125 人的“万家欢”巡逻服务队。该队的职责是针对小区内治安、控违、环卫和矛盾纠纷等问题进行巡逻服务。会上，街道向巡逻服务队发放志愿者黄马甲、红袖标、巡逻小喇叭和工作记录簿，并对巡逻服务工作进行培训辅导。

◆青奥维稳　6 月 30 日，街道出台《仙林街道工委、办事处关于组织开展社会治安大巡防工作的实施意见》。7 月 1 日，召开青奥会安保、环境综合整治工作动员部署会议。7 月 4 日，召开青奥安保维稳动员、党的群众路线教育实践活动、环境综合整治、半年工作总结推进大会。青奥会期间，街道所有网格人员深入网格，逐家逐户排查，全面梳理辖区内存在的安全隐患、重点人头、不稳定因素等，确保底数清、情况明、信息准，梳理出安全隐患 98 个、信访不稳定因素 123 个，其中信访突出问题 24 个。印制《迎青奥安全检查记录本》2000 多册，将安全检查重点列成条目，要求网格人员逐条对照检查；印制居家安全“三字经”扇子 2 万份，发放给小区居民，提高他们的安全意识。街道建立以民警、特勤、专职保安为主的 30 人巡防中队，每天进行界面巡逻防范。同时，派出专业巡防力量开展“护青”行动，每天 24 小时全天候专业巡防，压缩不法分子活动空间。为 7 名社区支部书记配备 GPS 定位手机，为其联系市区平台提供方便。鼓励民众发现警情、报告警情，对提供有价值警情的居民予以奖励。青奥维稳工作开展后，辖区刑事警情同比下降 30%，刑事案件下降20%，破案率上升 10%。

◆网格化清洁车队　7 月 28 日，街道成立网格化清洁车队，旨在通过网格规范管理，提高道路机扫率。8 月，网格化车队上路清扫，机扫率主次干道达 100%，背街小巷达 90%。在驾驶员招聘问题上，街道坚持因岗聘人和人性化招聘原则，从仙林新村失地失业农民中招聘驾驶员 19 人，既充实车队力量，又解决失地农民就业问题，化解信访矛盾。2014 年，为提高道路机械化清扫水平，街道投入 780 多万元，购置洒水车 5 台、扫路王 4 台、慢车道小型清洗车 3 台、护栏清洗车 1 台、垃圾车 2 台。

◆《仙林网格之声》报出版　7 月 31 日，《仙林网格之声》社区报出版。该报系与《金陵晚报》合作出版，每月两期，每期发行 1.6 万份，主要刊登辖区内时事、热点新闻，驻街单位、基层团队、网格人员的先进事迹，学生作品等。每期内容可通过《金陵晚报》电子版在线阅读，实现线上线下同步发行。报纸内容贴近生活、贴近百姓，成为老百姓喜爱的一种读物。每期报纸通过各小区物业发到居民手中，至年底，共出版 11 期。

◆4 社区通过省城市管理示范社区验收

10 月 27 日，江苏省城市管理示范社区考核验收组到街道亚东社区、文澜社区、杉湖路社区、南大和园社区考核验收。省考核组深入 4 个社区，检查环境面貌、道路交通、河道水系、生活配套设施、停车秩序、垃圾分类等，重点检查城管服务网络和社区管理体制机制建设情况。考核组认为，4 社区可用“高、强、有、用”4 个字概括。社区居民素质高，创建定位标准高，信息化建设效率高；网格化管理合力强，难点问题攻克强，垃圾分类参与性强，绿化管养及时性强；社区有美的精神，美的干群和美的大环境；社区工作人员用心管理、用心谋划、用智服务。考核验收组同意 4 社区通过江苏省城市管理示范社区验收。　□钱飞燕

迈皋桥街道

◆**概况** 2014年，迈皋桥街道总面积12.46平方公里，辖居民委员会16个(其中，纯居民社区10个，经济适用房社区5个，厂居社区1个)。年末，总人口60304人，其中女性29967人，另有流动人口24878人，人口自然增长率为7.14‰。

街道实现财政总收入9.86亿元，比上年下降5.06%，其中地方财政收入7.08亿元，比上年增长7.25%；全社会固定资产投资17.48亿元，比上年增长16.4%。城市居民人均可支配收入42343元，比上年增加3496元。

全年，拆除各类违建1800余处、近9.3万平方米。推进合班国有、何家村、高家村、迈皋桥医院及周边地区进场拆迁。完成6个小区出新工程，总建筑面积约23万平方米，总投资约3500万元。言和路竣工通车，开工建设北苑西路一期、熙湲路、和燕路390号配套道路、北崮山路一期、北苑东路一期、逸文路等道路。完成13个游园绿地项目，新增绿化面积近9万平方米。基本完成南十里长沟主流的整治工作。全面开工建设保障房一期项目，完成保障房二期项目土地预审、项目选址、规划设计等前期工作。促进华电科技园一期、招商地产项目、丁家庄商贸综合体、省电力新能源研究培训中心等一批经济平台迅速发展，同时，加速生产型企业退城入园，全年新增小微企业1350家，完成地区公共财政收入4.47亿元。加强停车秩序管理，开展大规模交通秩序整治行动100余次，出动人员1000余人次、车辆300余台次，查处黑大巴24辆、黑中巴10辆、私家车5辆，暂扣“三小车”324辆。安全检查生产经营单位189家次，发现隐患556条。开展8项整治行动，实施10项惠民工程，推进6项制度建设。公开招聘20名大学生社工，选派4名优秀机关干部到社区任职，调1名优秀社区干部到机关任职。成功举办"我爱迈皋桥"第二届群文艺大赛，启用街道信息中心和政务大厅，成立12家居家养老服务站。

◆**绿地游园建设** 2月22日起，街道围绕“服务居民群众、扮靓城市客厅”主题，推进街头游园绿地建设，先后建设东井村30号、华三路、华西路、石顶山、言和路、东井村28号、十字街路、老迈皋桥幼儿园、华电新村西门两侧及桥口、迈皋桥中心幼儿园、东井村50号小区、十字街东路口、兴卫村兴兴路口等街头游园13个，总面积11.8万平方米(包括石景山公园)，做到街街有绿地，居民走出家门有“游园”。5月8日，街道出台《关于街道科室(部门)包干街头游园管理工作的通知》，要求每个科室包干街头游园管理。

丁家庄保障房新景　　江润余 摄

◆**“亚电蓓享阳光教育阵地”揭牌** 3月1日，“亚电蓓享阳光教育阵地”在迈皋桥文化活动中心揭牌。该阵地是街道大学生社工联合大学生志愿者们组织的公益类社会组织，由亚永电力有限公司赞助成立，旨在为辖区内的低收入家庭和流动、留守儿童做免费的课程辅导和提升教育。区政协副主席蒋励、迈皋桥街道政协工委副主任吴德双、区政协提案委员会部分委员，区红十字会、团区委等相关领导一行10余人，参加揭牌仪式，并现场观摩阵地，与阵地负责人蒋丹晴及部分参加活动的大学生座谈。座谈会上，蒋丹晴汇报近期开展的四大类主题活动情况，阐述下一步工作打算，吴德双汇报街道对“蓓享阳光教育阵地”的扶持情况。蒋励指出，草根型社会组织能够走上正规的可持续发展道路，不断提升组织建设规模，扩大社会影响力，弘扬中华民族的传统美德，奉献爱心，凝聚正能量，播散公益的种子，实现爱心大接力。

◆**招才引智推介会** 3月28日，街道“321”海内外高层次人才见面会在北京昆泰嘉华酒店举行。栖霞区委组织部副部长、区人才工作办公室主任瞿卫星，迈皋桥街道党工委副书记吴德双及20余个北京地区海内外高层次人才团队参加会议。会上，吴德双在解读市、区“321”计划中企业初创、金融财税、科技特色及生活配套四个方面特色扶持之后，重点介绍街道制定的叠加于市、区之外的优惠政策，包括房租减免、税收返还、资金扶持等3个方面，其中，对入选“321”计划且落户迈皋桥、第一年便产生一定税收量的企业，按照人才项目实施进度，分三期给予不超过100万元的项目启动资金，并在金融财税、生活配套等方面提供配套服务。经过洽谈，15名从事高端装备制造产业、生物医药、电子信息等项目研究的人才表达落户迈皋桥的意向。最终，南京法兰奇信息技术有限公司、南京卓影智能科技有限公司成功申报并落户。

◆**市领导调研环境整治** 5月22日，南京市市长缪瑞林率领市相关部门和各区政府负责人，到区调研环境综合整治工作，并现场观摩迈皋桥地区环境整治取得的成效，区委书记臧正金，迈皋桥街道党工委书记孙爱军、办事处主任肖胜利陪同调研。缪瑞林一行走街巷、穿小区，察看迈皋桥老街改造、258号老旧小区出新情况，检查言和路沿线景观提升等环境整治工程。缪瑞林在听取区“大干一百天，环境大扫除”阶段性工作汇报后，对区环境整治工作给予充分肯定，他要求放大栖霞区环境综合整治经验，进一步动员全市上下对标找差、攻坚克难，确保全市环境专项整治实现既定目标，以更好的城市形象迎接青奥会召开，全面打造宜居城市环境。

◆言和路滨河景观带工程 6月10日，迈皋桥言和路滨河景观带工程项目开工建设。该景观带北起华电西路，西临十里长沟，东靠言和路，占地约2公顷，建设内容为绿化、广场建设、地砖墙砖铺贴等。景观带附近多为居民小区，与华电西路、红山路、迈皋桥地铁站和省中西医结合医院相距不远，无论居住、经商，还是交通都处于迈皋桥窗口位置。景观规划定位为集功能、生态、休闲、自然于一体的城市滨河景观带。工程造价约1300万元，施工单位为江苏沭阳绿苑花卉景观工程有限公司，监理单位为江苏建发建设项目咨询有限公司。项目于11月30日完工。

◆迈皋桥政务服务大厅 6月16日，迈皋桥政务服务大厅运行。该大厅作为区试点项目，分民生服务大厅和信息指挥中心两部分，设置办事窗口12个，有工作人员12名。民生服务中心涵盖民政、计生、残联、劳动、老龄等100项民生服务项目。信息指挥中心耗资100多万元，其视屏墙由9块60寸的离子显示屏组成，通过矩阵技术接入近600个高清监测探头，对主干道路、重点地段和小区门口的违章搭建、占道经营、垃圾处理不及时、黑渣土车运输等现象进行实时监控。街道依托信息指挥中心有效整合“12345”，“96106”民生诉求办理，城管“12319”投诉处理、大厅实时监控、现场指挥等事项。至年底，街道便民服务中心受理承办1200余项业务，其中当场办结约600件，限时办结600余件，接待群众500余人次，按承诺时限办结率100%，群众现场评价满意率100%。

◆迈皋桥物业总公司 7月11日，街道对迈皋桥物业总公司营业执照服务项目增加注册，成立垃圾清运、绿地养护、停车管理等专业项目部门。至此，迈皋桥物业总公司组织机构得以完善。该架构包括总经理、常务副总经理、副总经理等领导，品质部、财务部、综合办等职能科室。垃圾清运部有车辆8台，绿化养护部有工作人员7人，停车管理部于6月中旬开始对辖区内的12条道路以及迈皋桥中心停车场实施收费管理。财务部对10个社区分公司物业实施财务监管，统一票价，保管凭证。至年底，12个社区实现实体化管理，53个自管收费小区物业费收缴率达80%，兴卫、万寿、奋斗、合班、南塑、华电、金宁7个社区完成小区物业收费管理全覆盖。全年，物管办指导成立小区业委会1个、管委会2个，调解较大物业矛盾纠纷8起，协调组织物业专项检查12次，督促整改物业问题菜单80余条。

◆“青春聚力创文明 团旗飞扬树新风”系列志愿服务活动 7月14日，街道团工委在东井村社区会议室举行南工大学生社会实践基地授牌仪式暨迈皋桥街道2014年暑期志愿服务活动启动仪式。启动仪式上，团区委副书记陈珺珺为志愿服务队授旗，街道团工委书记陈荟芸对本次志愿服务方案作说明，南工大材料学院学生代表宣读倡议书，双方签订合作协议书。仪式结束后，南工大材料学院的志愿者们联合“我爱迈皋桥”志愿服务队，开展“环境整治实践行”、“关爱老人服务行”、“文明交通宣传行”、“青奥知识普及行”4个专题行动，走进社区，走进大街小巷，在服务群众的同时，深化文明城市创建。7月24日，街道组织召开南工大学生暑期志愿服务总结座谈会，会上，街道和社区活动负责人就如何加强院街合作、社区建设、志愿服务长效机制建立等问题进行探讨和交流。

◆万谷·慧生活广场招商新闻发布会 9月11日，中国民生银行授信暨南京万谷·慧生活广场招商新闻发布会在苏宁环球套房饭店举行。区委常委、街道党工委书记孙爱军，街道副书记吴德双，区商务局、区工商局等部门领导参加会议，中国民生银行领导、万谷商业管理有限公司领导以及逾百名国内外知名品牌商家代表出席活动。发布会上，万谷·慧生活广场招商部总监莫华新对项目进行详细介绍，万谷·慧生活广场董事、总经理吴仁森介绍该项目的详细规划及发展前景，孙爱军代表区领导发言。此次招商会现场签约8家，包括星巴克、必胜客、爱婴岛等一线知名品牌。该项目得到民生银行大力支持。民生银行大明路分行对万谷·慧生活项目授信一亿元，以支持项目建设。 □陈荟芸

燕子矶街道

◆概况 2014年，燕子矶街道总面积10.5平方公里。辖社区居委会13个(其中，纯居民社区5个、村居合一社区3个、厂居社区5个)。年末，总人口63888人，其中女性32022人。人口自然增长率为3.37‰。

街道实现财政总收入7.79亿元，比上年下降4%，其中，地方财政收入4.45亿元。完成全社会固定资产投资27.85亿元，比上年增长183%；规模以上工业企业总产值28.83亿元，比上年下降13%；限额以上企业商贸服务业销售额133.82亿元，比上年增长10.66%。城市居民人均可支配收入43078元，比上年增加11.4%。

上报专利申请143个，产学研合作2项。新增在孵企业49家。申报市级以上科技计划项目5项。完成全国第三次经济普查，入库企事业单位1031家。成立燕子矶街道园区产业联盟，引进注册资本1000万元以上企业15家。中水电集团以总价18.96亿元拍下下庙村G08地块，正在开发的海赋尚城项目进展顺利；招商地产以总价11.89亿元拍下燕子矶新城经五路G16地块，该地块将建设成地区商业综合体。融汇系列知名品牌的彩虹广场开业，填补城北地区综合

商业空白。

在开展“9322”环境综合整治基础上，投入近1亿元，推进环境综合整治。重点开展动迁、拆违、小区出新、道路出新、市容环境整治、交通环境整治、河道整治、扬尘管控、农贸市场整治、广告牌整治等10项工作。完成动迁84.63万平方米，拆除违建1283处、4.16万平方米。完成10个老旧小区面积约30万平方米的出新任务。对化新路、水吉路进行整治出新。取缔4个露天市场。清理垃圾杂物2万余吨。拆除549处、8692平方米广告牌。整治12条河道。建设静港等3个公共停车场，新增停车泊位1747个。成立13个物业分公司，物业管理实现全覆盖。实施垃圾分类和绿化管养市场化运作，投入200万元，购生活垃圾密闭运输车16辆。

继续办好民生实事。高技能培训42人，新增稳定就业1476人，帮扶困难人员就业97人。引进钟山学院专业优势项目，建成众善燕华居家养老指导服务中心，祥和雅苑、电瓷两个社区居家养老服务站达省AAA级。推进厂居社区社会化管理。全年，登记注册社会组织29个，幕府山庄0~3岁婴幼儿早期发展指导服务站服务活动开展顺利，太平村社区阳光特教站获区公益创投资金。“老妈妈舞龙队”参加省、市20多场公益演出，参加青奥会主会场表演。抓好安全工作，开展打非治违专项行动，检查企业173家，整改隐患188处。部署烟花爆竹禁卖禁放工作。对1806家九小场所(小学校、小医院、小商店、小餐饮店、小旅店、小歌舞厅、小网吧、小浴室、小加工厂)进行检查，对68家“三合一”(生产、仓储、住宿混合)场所集中整治。深化平安创建，依托社会组织加强群防群治，利用巡更系统规范社区红袖标巡防，依靠派出所、物业中心强化物业保安管理。2014年，街道被评为全省无邪教创建示范街道。

◆组织退休人员活动 2014年，街道有纳入社会化管理的退休人员1.3万人，街道组织各种活动，丰富其生活。组织退休人员参加掼蛋、象棋、摄影等比赛；为庆祝第二十八个老人节，石化社区组织80名退休人员参加登幕府山活动，太平村社区、祥和雅苑社区组织近百名退休人员参加首届彩虹滨江竞走活动。10月27~30日，街道组织200名退休人员分两批赴苏州、无锡二日游。

◆江苏(栖霞)—北欧新能源论坛 4月8~11日，第一届“江苏(栖霞)——北欧新能源论坛”在东南大学榴园宾馆举行。论坛由区政府、东南大学主办，江苏省能源研究会、南京太阳能学会、东南大学太阳能技术研究中心、燕子矶街道承办。区委常委、组织部长陈波，南京市科协副主席尹聚航出席论坛并致词。中国工程院院士张耀明、东南大学研究生院常务副院长金保昇，东南大学能源学院院长钟文琪、书记朱小良，南京太阳能学会理事长、东南大学太阳能技术研究中心副主任王军，南京大学地下资源研究所所长李晓昭和瑞典皇家工学院教授朱斌，丹麦理工大学教授Poul Erik Morthorst、芬兰阿尔托大学先进能源负责人Peter D. Lund、挪威可再生清洁能源咨询公司总裁Einar Berstad等出席论坛。论坛由王军、朱斌等分别主持，瑞典、丹麦、芬兰、挪威和东南大学、南大、南京航空航天大学的专家学者分别作专题报告。论坛期间，中外专家参观燕子矶新城、幕燕滨江风光带，对燕子矶新城建设所取得成绩给予高度评价，建议开展江苏-北欧新能源技术合作，在南京成立江苏-北欧新能源研究中心，建立江苏(栖霞)-北欧新能源基地。

◆到北京招商引才 4月，街道组织人员到北京，分别参加北京大学、清华大学、中国科学院的校友联谊会，抓住机会招商引才，把校友联谊会办成项目推介会。其间，街道负责人详细介绍街道创新创业环境、南京市“321计划”、“高端团队引进计划”、燕子矶新城规划和建设情况，邀请与会者到燕子矶实地考察。街道还为化学试剂厂地块引进项目举办专场推介会。该项目占地5.33公顷，原有厂房10幢、1.5万平方米，正在进行外立面改造，计划按照易途电商园模式，打造成“互联网金融产业园”。经过对接交流，北京苍穹数码测绘有限公司有意向合作。该公司有KANQ GIS平台、三维地理信息系统平台、空间数据处理平台、图文一体化业务协作架构平台、海量空间数据共享与发布平台、基于服务的空间位置综合信息平台，这些平台在国内均处于领先地位。公司负责人表示，燕子矶有这么好的科技人才资源和创业环境，是他们在长三角布点发展的首选。

◆菜地建成休闲绿地 4~7月，街道投入160万元，把两处菜地建成市民休闲绿地。新联二村是企业自管小区，企业破产后无人管理。其篮球场旁边有一块约4000平方米空地，被居民种菜、搭披棚，环境脏乱差。街道对该地块进行整治，铲除菜地，拆掉披棚，建成停车场和绿地，供居民停车、休闲。燕华花园小区28幢楼旁边有一近2000平方米荒地，一些居民在上面种菜、扔垃圾。街道对这块菜地进行改造，建小亭子，铺塑胶、卵石，建健身路径，该地块成为居民健身休闲场所。

◆燕子矶新城保障房首幢封顶 5月26日，燕子矶新城保障房首幢封顶。燕子矶新城保障房是南京市重点工程，该工程东至绕城公路，西至明外郭百里绿廊，北至燕山路，南至华山路，总建筑面积约216万平方米。其中，高层住宅78栋，建筑面积约131万平方米，另有商业用房、幼儿园、农贸市场、社区活动中心等配套设施。建成后，可容纳17216户住户、43000余人居住。此项工程将加快燕子矶地区从老工业基地向滨江人居佳地转变。燕子矶新城保障房项目由南京建工集团承建，分三期建设，建设周期约5年。2013年4月19日，一期工程开工，预计2015年7月整体交付使用。

◆区领导到南化新村调研厂居社区转制工作 9月3日，区委常委、组织部部长陈波带队到燕子矶街道南化新村调研厂居社区转制工作，街道党工委书记周传明陪同。南化新村社区党支部书记孙其寿作社区情况汇报，调研组实地察看南化新村社区的办公用房、活动室和劳动保障服务站，与社区干部探讨厂居社区移交地方管理的有关问题。陈波表示，将原企业承担的社会事务管理职能移交到地方政府，能消除管理体制不顺的弊端，更好地为群众服务。街道要和南化公司积极沟通，多途径收集社情民意，多参考厂居社区成功转制的实例，多立足社区长远发展和需求，充分考虑到人、财、物、房等重要因素，推动社区移交工作顺利实施。

◆**彩虹滨江竞走活动**　10月18日，首届彩虹滨江竞走活动在燕子矶举行。10多支代表队、500多名运动员身着统一服装，沿和燕路至燕子矶滨江大道竞走，全程约5公里。随着青奥会的举办，南京市民的健身热情高涨，健步走、跑步爱好者越来越多。参加此次竞走活动的代表队组合方式多样，有同事组合，有邻居组合，还有校友组合。竞走者身份各异，既有全国竞走冠军、青奥会参与者、外国留学生，也有机关干部、工人、学生，还有现役军人、警察和个体劳动者。彩虹广场位于和燕路与栖霞大道交汇处，占地45000平方米，有许多体育健身设施，每天早晚都有数千人在广场活动，是南京城北市民健身休闲的好去处。

◆**在全国老年体协会议上介绍经验**　11月12日，全国老年体协2014年工作会议在湖南省长沙市召开。街道办事处副主任、老年体协主任孔娟赴会，并在会上作经验介绍。街道把群众喜闻乐见的民间文化娱乐形式打造成健身项目，借助大型活动锻炼和培养队伍，引导老年人开展科学的健身活动；培养社会体育指导员，以指导员带队伍，通过活动使不同的队伍产生各具特色的体育项目，吸引更多的老年人参与。街道开展老年文体活动的思路和做法得到大会认可，其"要创新项目，搭建舞台，用'一队一品'吸引更多老年人加入健身团队"的经验介绍引起与会者共鸣。

◆**燕小通过市园林式校园验收**　11月28日，"南京市园林式校园"评估验收组在区教育局、街道领导的陪同下，对燕子矶中心小学的校园环境、园林景点建设、学校文化建设以及绿化设施建设与维护等方面工作进行评估验收。评估验收组在实地察看、查看资料、听取汇报等后，充分肯定该校创建工作，认为该校围绕"快乐学习、悦群生活"的理念，打造"悦群文化"，形成1条主干道、3个广场、6块景区、10个景点的校园布局体系，校园绿化形成"片成绿、线成荫、点成景"的优美景观。建议该校认真总结创建经验，将创建精髓打造成校本课程，使之成为育人之本；加强长效和精细化管理，持续推进校园绿化、美化、香化和特色文化建设。

◆**"永济江流"景区规划编制完成**　12月，"永济江流"景区修建性详细规划及永济寺复建项目规划编制完成。"永济江流"为金陵四十八景之一，传说清朝乾隆皇帝曾来此寻找生父，并留下数处御题石碑，此处因依悬崖峭壁而筑的永济寺俯视长江，故定名"永济江流"。后永济寺被毁，这一胜景不复存在。此次规划在幕府山——燕子矶滨江风貌区重建永济寺，重现"永济江流"美景。区域框定为南至幕府山壁，东至燕子矶，西至现存观音阁，北至滨江永济大道之间。重建寺庙遵循明清时期风格，依幕府山崖而建，拟恢复金刚殿、钟鼓楼、天王殿及僧院等建筑，景区全部建设包括永济寺、庙前广场、纳骨建筑、万佛塔等4部分，预计总投资逾4亿元，建设工期约2年。

□陈　亮

八卦洲街道

◆**概况**　2014年，八卦洲街道总面积72.03平方公里(含主江堤外圩地、滩涂16.03平方公里)，其中耕地面积2976公顷。辖村民委员会7个、居民委员会1个。年末，总人口32800人，其中女性人口17084人，另有流动人口5129人。人口自然增长率4.17‰。

街道实现财政总收入2.07亿元，比上年增长16.29%，其中，地方财政收入1.72亿元，比上年增长30.3%；全社会固定资产投资1.02亿元，比上年增长-58.99%。农村居民人均纯收入21622元，比上年增加2439元。

街道重点项目南京哈润食品有限公司完成投资986万元，主体工程进入外立面及室内装修阶段，消防及污水处理配套设施开工建设。完成中心小学食堂及综合楼项目，街道一站式服务大厅建成并投入使用。完成卫生服务中心主体工程建设。新增洲内2条、对外4条公交线路，八卦洲至燕子矶轮渡复航并增加班次。

街道提前完成"9322"计划中11处、563.8平方米违建拆除，同时完成"9322"暨"再干两百天"违建拆除51处、2141.34平方米。在全市50个街道市容长效考核中，街道排名第十四位。完成22座农桥新建、改造，新建农村灰色化道路16.9公里，维修农路2160平方米。完成八卦洲水源地达标建设项目、洲头鱼嘴损毁应急修复工程。完成上坝提水泵站、大套口排水泵站、跃进河五一桥至船闸段河道景观整治，双柳河疏浚项目、中心路沿线环境综合整治项目，清淤黑臭河38条，并进行绿化美化提档升级。完成两个"三星康居示范村"提档升级和13个一般自然村环境整治工作。完成丽岛路西延线停车场、大同底站停车场建设。八卦花园社区沿街外墙立面出新约3.6万平方米，完成丽岛路三期店招店牌出新。八卦洲芦蒿被国家工商总局授予中国地理标志著名商标，并入选江苏农产品和地理商标20强。七里村获市级"四有一责"(有持续稳定的集体收入、有功能齐全的活动阵地、有先进适用的信息网络、有群众拥护的带头人，强化党组织领导责任)特色村称号，上坝村获区先进单位表彰。

是年，街道在南京市郊区分类考核中名列第二，并获现代农业主导型街道组别二等奖。

◆**南师大商学院八卦洲产业提升中心揭牌**　2月28日，南师大商学院八卦洲产业提升中心在八卦洲大同生态产业园区揭牌，南师大商学院院长蒋伏心、副院长李金生，街道党工委书记曹显进、办事处主任李春节、党工委副书记宋福红、办事处副主任唐军参加揭牌仪式。该中心由南师大和街道共同成立，蒋伏心任理事长，李春节任主任，宋福红和李金生任常务副主任。提升中心通过在园区设立企

2月28日，南师大商学院八卦洲产业提升中心揭牌　　八卦洲街道 供稿

业医院的方式，由南师大商学院定期派驻专家、教授为为园区企业提供产业规划、产品定位、营销策略、内部管理等方面的诊断服务，为企业转型发展、跨越发展提供指导。

◆“春风行动”招聘会　2月21日，八卦洲街道劳动和社会保障所在丽岛新城门前广场举行2014“春风行动”农村富余劳动力岗位对接专场招聘会。烽火滕仓、LG新港、奕顺物流、红杜鹃生态农业园、南京焊兆电子等35家企业参与招聘，岗位有收银员、操作工、司机、厨师、保安等1603个。约2000人到招聘现场，1421人填写求职登记，558人与用工单位达成就业意向。

◆《江中丽岛八卦洲》出版发行　11月，《江中丽岛——八卦洲》一书由中国文史出版社出版。该书由街道和区地方志办公室共同编纂，区委书记臧正金、区长邢正军为该书分别作序。全书33万余字，分“八卦猜想”、“农事记忆”、“景点素描”、“往事钩沉”、“芦蒿传奇”、“诗文大观”、“乡贤小传”和“书画集萃”等8个板块，收录张默、刘宇一、刘宇甲、张昌华、曹寇、冯亦同、方政、蒋义海等八卦洲籍或与八卦洲有深厚渊源的诗人、作家、画家等的诗文书画作品，图文并茂地展现“江中花园”八卦洲的历史变迁、文化魅力和发展成就。

◆突查黑作坊　4月16日，由街道食安办牵头，联合工商、质监、公安、城管等多部门，突查、取缔下坝村豆制品小作坊和豆芽生产厂。2家小作坊规模小，生产技术落后，卫生状况差，质量检验能力缺乏，生产、加工过程中产生的废气和污水对周边环境造成污染，且无生产许可证和营业执照，属“黑作坊”。此次行动出动执法人员30人、车辆5台，暂扣磅秤4台、豆浆机1台、容器6件，没收豆制品100余斤，销毁问题豆芽5000多公斤。8月7日，街道食安办联合城管、安监、公安、工商等部门对食品小作坊突击检查。执法人员先后查处东江西十组卤鸭制作店、七里北四组卤菜制作店、东江东三组猪蹄加工作坊。东江东三组猪蹄加工作坊属无证无照经营，且进货渠道不明，作坊中存有大量过氧化氢，还有18袋约360公斤浸泡过的猪蹄和约100公斤正在浸泡的猪蹄。执法人员现场封存猪蹄，并将经营者带到派出所作进一步调查处理。此次行动突查黑作坊3家，出动执法人员23人、车辆7台，没收冷冻猪蹄78盒、非法浸泡猪蹄18袋约360公斤、蹄筋5袋、过氧化氢溶液两桶、工业用碱半袋约20斤、卤菜制品4袋。

◆街道领导考察环保产业孵化基地　7月31日，街道党工委书记曹显进、副书记宋福红，招商科工作人员到中国（南京）软件谷创业创新产业园考察环保产业孵化基地。曹显进一行考察园区招商管理运营、内部管理和园区建设情况，了解南京双元电气有限公司和南京安柯诺智能科技有限公司运营管理情况。曹显进表示，产业园孵化基地以扶植环保企业为主线，将产业发展中心、科技发展公司和投资发展公司作为载体，建立一条龙服务体系，这种发展模式创新意识强，市场竞争力强，效果显著，值得学习。曹显进介绍八卦洲悦福科技发展有限公司以及科研平台建设情况，希望通过信息交流、模式借鉴方式，推动八卦洲的招商工作。

◆土地确权登记颁证试点工作部署暨业务培训会　9月1日，街道在中桥村会议室召开土地确权登记颁证试点工作部署暨业务培训会。街道党工委副书记、办事处主任李春节，办事处副主任孟桂正出席会议。街道纪委、党政办、财政所等7个部门负责人和7个村村民组长及村民代表参加会议。会上，李春节强调，要认真贯彻落实党的十八大和十八届三中全会精神，坚持和完善农村基本经营制度，进一步明晰农村土地承包关系，稳妥解决相关问题，查清承包地块的面积和空间位置，建立健全土地承包经营权登记簿制度，推动农村土地承包管理的信息化建设，如期完成试点任务，为八卦洲农村改革全面、深入推进提供有力支持。孟桂正指出，要抓好业务培训，把握政策界限。农村土地承包经营权确权登记颁证试点工作政策性强、时间紧、任务重，试点村必须组织足够的力量，充分调动熟悉村民小组土地承包情况的党员、干部的积极性。要加强相关法规政策和业务知识培训。工作人员需准确理解和把握政策界限，确保工作顺利开展。区农村集体资产管理办公室副主任吴学成解读农村土地承包经营权确权登记颁证工作有关政策，并就实际操作过程中需要注意的问题作说明。

◆首届现代农业培训班　9月13日，街道在财政楼会议室举行现代农业培训班开班仪式。南京市农委处长陆信娟、区农业局副局长汤春华、街道办事处副主任孟桂正和农副业科全体工作人员参加开班仪式。陆信娟致词,她指出,现代农业培训班顺应现代农业发展的需求,办得好,希望每一位学员能学有所得,学以致用。该培训班当日始,11月29日结束,每周六开课,课时共10天。培训内容为现代农业产业发展理论,农业产业化、现代农业新技术特点,农业新品种、新技术、新模式的发展动态等。受训学员主要有街道、村的农业主任、农技员,各农业企业和合作社的管理人员,共45人。

◆观光农业资源推介会　9月24日上午,八卦洲观光农业资源推介会在街道财政楼会议室召开。南京市农委副主任王巨华,区委常委、常务副区长曹海连,区农业局、商务局负责人,街道办事处党政主要负责人和分管领导等出席会议,20家企业负责人参会。会上,办事处主任李春节介绍八卦洲基本情况、资源优势、产业配套条件,并结合江北新区规划建设,分析八卦洲产业发展趋势,重点推介省级农业产业园、大同生态产业园、滨河滨江商业街等重点招商平台。江苏仁泽生态科技有限公司和南京金万方实业有限公司分别与街道现代农业园区签署合作协议。

◆与江苏农林技术学院合作办学　12月11日,街道办事处与江苏农林职业技术学院举行合作共建"园艺技术专业订单班"签约仪式。街道党工委书记曹显进、办事处主任李春节,江苏农林职业技术学院院长巫建华、副院长简祖平,区农业局、人社局代表出席签约仪式。双方约定,江苏农林职业技术学院农学园艺系将在八卦洲及周边地区招收2015年应届高中毕业生30人,学制三年,学习期满成绩合格的学生颁发专科毕业证书。八卦洲办事处将与录取学生及家长签订《定向委培协议书》,全额补贴学生学费,学生毕业后统一分配到园区平台或农业企业工作,解决学生的就业问题。同时,双方将积极创新合作办学模式,在教学计划、教材编制、课程设置以及学生在园区生产实践等方面,进一步扩大合作交流,让农业人才"订单"式培养更接地气、更加精准定位。　□祁　峙

西岗街道

◆概况　2014年,西岗街道总面积28.13平方公里,其中耕地面积399公顷。辖社区居委会6个(其中,经适房社区3个、厂居社区1个、村委会2个)。年末,总人口24877人,其中女性人口12717人,乡村人口6034人,另有流动人口7425人。人口自然增长率7.01‰。

街道实现财政总收入2.52亿元,比上年增长4%,其中,地方财政收入2.07亿元,比上年增长4%;全社会固定资产投资184.2亿元(含G108等),比上年增长912%,其中,工业固定资产投资163亿元(含G108等),比上年增长21069%。城市居民人均可支配收入40814元,比上年增加4373元;农村居民人均纯收入20380元,比上年增加1420元。

街道启动小尢山商贸区及步青路商业街规划设计,完成中心区商业街及摄山星城西湖农贸市场提档升级,实施摄山公园、市民广场建设工程。完成麒龙路及周边地区2.5公里村级公路改造。实施朝阳路人机分流及竹丝东路等背街出新改造工程。对7条黑臭河道集中整治,整治河道长3.77公里,清淤12.7万立方米,岸坡整治及绿化1.24万平方米,硬质化挡墙900立方米。完成七乡河液晶谷段1.7公里河堤清障,铺设草坪5万平方米,清理河岸垃圾、打捞河内漂浮物60余吨。完成9个小区内道路等基础设施维修,完成12座门卫房建设,安装12个门卫道闸,建设小区内非机动车停车棚4处;新增机动车停车位900个,完成9个小区3250个停车位收费工作,共收取停车费200万元,收费率达98%。实施小区广场及主干道绿化全面提升,新增绿化面积30万平方米。完成摄山星城-仙林湖片区监控系统安装工程,架设136个高清摄像头,全面覆盖摄山星城和仙林湖地区;启动9个小区内技防监控系统建设工程,并全部纳入街道信息指挥中心。启用中心区停车场,新增路内泊车位317个,增加交通标牌10处,增加交通信号灯组10处、漆画非机动车停放点。优化区域公共交通环境,325路公交线南延一公里;出资150万元新购4台公交车投入摄桦、摄孟线;新开设328路微循环,调整178路早晚开时间,与地铁二号线无缝对接。全年,实现稳定就业1238人、再就业655人、帮扶就业45人,新增大学生就业190人,培育自主创业68人,创业带动就业374人。完成净增单位养老保险参保人数1588人,城乡居民养老保险877人,企业社会养老保险扩面征缴377万元,全民参保登记576人,退休人员免费体检818人,办理生存验证2065人。举办"春风行动"和"送岗位进社区"大型招聘会3场,小型及专场招聘会21场,登记776人。举办技能培训班23期,组织培训人员733人。办理失业金首次申领50人,办理大龄延长失业金申领112人;为创业人员办理贷款2笔,分别为110万元、60万元。

是年,西岗街道被评为江苏省公共文化服务体系示范区,桦墅周村被评为江苏省2014年度美丽乡村建设示范项目、南京市2014年度水美乡村,桦墅农家书屋升级为四星级示范农家书屋,桦墅大米获中国绿色食品证书,西岗灵露雨花茶获2014年南京市雨花茶质量评比金奖,并获有机产品认证证书。

◆"春风送岗"招聘会　2月16日,街道人力资源和社会保障所在民生服务大厅举办"春风送岗"专场招聘会,苏果超市有限公司、金鹰奥莱城、博西华电器、汉佰纺织品有限公司、江苏卡思迪莱服饰有限公司等单位和南京开发区46家企业参加招聘,提供推销、保洁、保安、操作等80余个工种,岗位1100余个。400多人应聘,近250名应聘者现场与用工单位达成就业意向。招聘会现场,劳保所还提供政策咨询、劳动监察和免费培训登记等服务。

◆志愿服务联盟成立　3月5日,"挥洒青春梦想,践行群众路线"暨西岗街道志愿服务联盟成立仪式在西岗街道邻里中心举行。仪式上,南师大心理学院的志愿者与西岗街道7个失独老人家庭结对进行心理疏导;南京师范大学心理学院和应天学院艺术与设计系分别与街道共建

3 月 5 日,西岗街道志愿者服务联盟举行启动仪式　　西岗街道 供稿

社会实践基地和志愿服务基地，从心理咨询、艺术培训等方面为社区居民提供专业服务。仪式结束后,200 名高校志愿者和 30 名社区志愿者开展问卷调查、义诊、志愿宣传等各类志愿服务活动,各志愿小分队还在摄山星城各小区进行巡回宣传。

◆千场惠民活动启动仪式　3 月 16 日,2014 栖霞区千场惠民活动启动仪式暨西岗街道"星缘荟"文艺汇演在摄山星城小学风雨操场举行。中共南京市委秘书长、中共南京市委社建工委书记祁豫玮,区委副书记胡晓健、副区长毛银玲等出席活动。祁豫玮和毛银玲分别为星缘荟等 5 个社团授旗。星缘荟为街道自主培育的草根社会组织,在成立后的一年中,代表街道参加各类文艺比赛，带动居民开展各类文艺活动,成绩显著。

◆星之缘老年服务中心开业　3 月29日,街道"星之缘"老年人服务中心开业。该中心是一家非营利的专业养老机构,由社区居民臧慧珠创办，于 2013 年12 月在栖霞区民政局注册登记。中心以"关注老人、专业服务、以人为本、共建和谐"为宗旨,为西岗地区 60 岁以上老年人提供无偿、低偿或有偿专业服务,同时开展老年文体、老年关爱和老年信息咨询等活动。中心占地 350 平方米，一楼提供棋牌、就餐、康复健身、娱乐、上网等服务;二楼设有心灵茶吧、温馨驿站、日托等功能室，为老年人提供医疗保健，心理咨询、日间照料等服务。中心还拥有一支专业养老服务团队,设专职护理人员 5 人,居家养老服务员 28 人。该中心实行义工队伍和专职队伍相结合、长期结对和临时照顾相结合、集体活动与个体关爱相结合,坚持小型分散、方便实用和"关爱、真诚、沟通、服务"的服务原则,为老年人提供全方位服务。

◆政协委员帮扶结对社会组织公益行

10 月 10 日,西岗街道举办"星城·星缘" 区政协委员帮扶结对西岗街道社会组织公益行活动,区政协主席夏宁、副区长毛银玲参加活动。区政协委员视察街道星之缘老年服务中心、馨竹轩书画院、社会组织服务中心、癌友康俱乐部和阳光驿站-残疾人康复中心。区政协副主席、海辰药业董事长曹于平和区政协城乡组委员、东模机电董事长陈东辉分别向西岗街道癌友康俱乐部捐赠公益金 10 万元和 2 万元。同时,城乡建设委组全体委员与西岗街道 10 个社会组织开展结对帮扶。

◆招商资源推介会　10 月 16 日，西岗街道 2014 年招商资源推介会在西岗街道科技创业中心举行。区委常委、常务副区长曹海连参加推介会。推介会开始之前，街道组织参会人员参观正在开发建设的文化旅游项目—"桦墅美丽乡村",街道党工委副书记李萍向各位嘉宾介绍街道招商资源,对西岗科技创业中心、桦墅美丽乡村等资源做重点推介。南京综合保税区(龙潭)管理局副局长卢咏歌就液晶配套产业链项目向与会嘉宾做介绍。南京聚特机器人技术有限公司总经理许映秋代表入驻企业发言，对西岗街道务实、高效的服务表示赞赏。会上街道与博强玻璃、瓜瓜电子、巨优新能源、朗研光电科技、网河智能科技等企业的多个项目签约。

◆社区文艺节目大比拼　10 月 18 日,"星城荟萃　梦想启航" 西岗街道第二届社区文艺节目大比拼在西岗街道文体活动中心举行，辖区内包括仙林湖商品房片区在内的 7 个社区及相关单位参与大比拼。社区文艺大比拼是为栖霞区艺术节提供优质节目而开展的活动,2013 年首次举办后,受到社区居民的欢迎和赞赏。此次文艺节目大比拼评选出一等奖 5 个、二等奖 4 个、三等奖 5 个。获奖节目将参加区第十五届文化艺术节西岗专场演出。

◆政企结对公益行　12 月 31 日，南京液晶谷与西岗街道共建暨 "熊猫液晶爱心助困基金" 成立仪式在摄山星城中心区广场举行。仪式上,南京液晶谷与街道签订共建协议，液晶谷的 3 个党支部也分别与摄山星城 3 个经适房社区党总支签订共建协议。街道党工委书记高军玲为南京液晶谷志愿服务队和西岗志愿服务队组成的西岗志愿联盟授旗。中电熊猫信息产业集团有限公司党委书记、纪委书记张银千宣布 "熊猫液晶爱心助困基金"成立,并授基金牌。仪式同时启动广场便民服务和社区公益环保活动,南京液晶谷的 300 名志愿者会同西岗街道志愿者分别到观梅东苑、西苑等社区开展楼道卫生打扫等志愿服务。

□李　琳

人物·荣誉录

Figures , the Commended Outstanding Individuals and Collectives

栖霞山·明征君碑亭

杨 执 绘

◎ 责任编辑　张永芳

新任区级领导人

◆**蒋　励**　男，1962年1月出生，汉族，河北文安人。1979年12月参加工作，1983年9月入党，大专学历（南京广播电视大学党政管理专业毕业）。工作简历：1979年12月，历任解放军86826部队战士、副班长、班长；1985年1月，任中共栖霞区委老干部局科员；1988年11月，任栖霞区人事局科员；1993年12月，任栖霞区马群镇党委副书记；1994年3月，任栖霞区马群镇党委副书记、纪委书记；1998年1月，任栖霞区马群镇党委副书记、镇长；1999年12月，任栖霞区马群镇党委书记；2000年1月，任栖霞区马群镇党委书记、人大主席；2000年5月，任中共栖霞区委马群街道工委书记；2002年1月，任中共栖霞区委房产管理局工委书记、局长；2003年3月，任栖霞区劳动和社会保障局局长；2010年6月，任栖霞区人力资源和社会保障局局长、工委书记；2014年1月，任栖霞区政协副主席、党组成员兼区人力资源和社会保障局局长、工委书记；2014年3月，任栖霞区政协副主席、党组成员。　□纪　颖

先进模范人物

江苏好人

◆**郭凤萍**　女，1942年9月生，中共党员。在职时，郭凤萍因为从事计生工作，腿受了伤，落下腿脚不便的毛病。2010年7月，眼睛又受了伤，动了手术，一只眼睛几乎看不见了。作为一名共产党员、一名退休干部，她坚信一个好的心态能战胜一切，做到身残心不残、人老心未老，把剩下的一点余热，献给党和人民。她积极通过这种消除纠纷的非诉讼方式化解社会矛盾纠纷。及时、就地，不拘于形式，便民利民，能够及早发现矛盾、尽快解决矛盾，尽量做到“大事化小、小事化了”，增进团结，维护社会和谐的第一道防线。在“夕阳红”人民调解室刚成立的半年时间，就接待纠纷当事人173人次，调解11起，调解成功7起。“夕阳红”人民调解室成立两年多以来，化解矛盾纠纷两百多件，接待当事人六百多人。　□葛新冬

江苏省五一劳动奖章获得者

◆**周福安**　男，1968年10月出生，初中学历，现任南京缘派蔬菜专业合作社社长。2009年，他通过流转农村土地13.87公顷，创建南京市栖霞区派缘蔬菜种植中心，带动周边农户72户，从事高效农业无公害蔬菜种植。随着种植中心的稳健发展，2011年，他再次组建南京缘派蔬菜专业合作社，从开始的零散13余公顷，发展至今已有一百多户成员加入，总面积达41.73公顷，成为八卦洲街道最具有代表性的蔬菜专业合作社。他勇于突破自产难销的套路，改变传统方法，响应政府号召，创立品牌，加大宣传，自种自检，配合各级农业部门抽检等，构建多元服务平台，强化增值延伸服务。通过在规模化生产方式的基础上大力发展农业观光旅游，开设“派缘居”农家乐，让市民在前来基地观光的同时，也可品尝到合作社自己种植的最新鲜的蔬菜。截至2013年底，固定资产值510万元，销售收入1186万元。由于实行严格的生产销售管理，合作社的自产蔬菜在市场上形成良好的口碑，得到消费者一致认可，在八卦洲街道众多合作社中脱颖而出，并带动农户生产的积极性，直接给各个社员带来增收，减轻了剩余劳动力就业的困难。他建立的合作社也为八卦洲的整体农业创新发展做出了突出贡献，先后获南京市劳动模范、江苏省创业之星、南京市星火科技带头人称号，并创建“周福安劳模创新工作室”，合作社被评为“农民创业孵化基地”。2014年4月，他获江苏省五一劳动奖章。　□刘洪飞

◆**辛正坤**　男，1958年出生，韩国籍，本科文化，乐金显示(南京)有限公司总经理。公司拥有近万名员工，员工关系稳定，经济效益在不断的技术创新中持续提升。辛正坤始终秉承“尊重人格、为顾客创造价值”的经营理念依法经营，在维护劳资关系和谐方面做了大量工作，关心公司困难和工伤员工，支持工会组织的文体活动。辛正坤热衷公益事业，多年来坚持慰问驻地官兵，与南京市部分养老院、希望小学、福利院结成帮扶对子，代表企业为社会尽责尽力。2014年，辛正坤获江苏省五一劳动荣誉奖章。　□柳云娇

南京市五一劳动奖章获得者

◆**朱永桢**　男，1963年出生，中共党员，本科学历，现任栖霞区尧胜社区党总支书记。他坚持以科学发展观统揽全局，始终把发展经济作为第一要务，稳定作为头等大事，廉政作为第一责任，围绕“抓经济、促发展；抓学习、强素质；抓服务，强管理；抓活动、办实事；抓安全，保稳定”五条主线，为推进社会化管理建设做了大量工作，全面推进社

区各项建设上新台阶。2013年，完成注册企业共15家(科技型企业2家)，其中新增企业14家，增资1家，实收注册资本8230万元，全口径税源完成2450.03万元，社区获得2013年度南京市百强村17名的优异成绩。在南京市"动迁拆违治乱整破"行动中，他带领社区上下，做好群众矛盾调解工作，共拆违拆破拆旧42处，面积达2206平方米，清理废品收购站3家，粉刷出新围墙约5520平方米，完成村组道路及下水改造工程等，这些惠及百姓切身利益的实事，均得到百姓一致好评。在天林装饰城拆迁工作中，他领导社区人员积极配合区街工作，在21天内把这个艰难的任务完成，且未出现一例群体上访事件，受到区街领导的一致认可。他于2013年获栖霞区"五个建设"先进个人荣誉称号。2014年4月，他获得南京市五一劳动奖章。

◆唐湘宁 男，1962年1月出生，中共党员，大专学历，现任栖霞区花岗保障房管委会党支部书记。他从事基层工作31年，有13年村居书记的经验，有着丰富的基层管理经验。他牵头引资的百水工业园区内，企业林立，为地方财政做出巨大贡献。他先后接手北湾营、花岗村、122省道等区域征迁工作，解决近20户征迁"钉子户"问题。在征迁户安置过程中，他用自己的人格魅力、勤勤恳恳的工作态度，"一切为了百姓"的工作方针取得征迁户的认可，化解许多矛盾，保证花岗保障房的顺利入住。他所管理的花岗幸福城保障房片区是南京市四大保障房之一，范围大、地域广、人员复杂，各项工作开展难度极大，然而他却通过自己的努力，一边学习社区管理经验，一边深入群众了解入住居民的实际需求，实现从"村干部"到纯社区管理者的完美转变。在他的管理和领导下，花岗幸福城片区成为和谐稳定、环境优美的新一代经适房小区，成为居民心中真正的新花岗。在工作中，他沉下心来，扎根在基层，把百姓的事当成自己的事，尽力去完成，在居民中口碑良好。他的工作得到街道、区政府等上级部门认可，多次获得先进个人，优秀工作者称号。2014年4月，他获得南京市五一劳动奖章。

◆史俊峰 男，1988年5月出生，中共党员，现任南京明州码头有限公司大班长。2010年8月参加工作，因卸船机操作技术精湛，善于创新，拥有团队号召力，2012年9月提升为南京明州码头有限公司营运操作部卸船班大班长。他工作踏实、潜心钻研、勇于实践、锐意创新，攻克多个港口生产难题和班组管理难题。他完成的技术革新、安全管理创新、设备改造、工艺升级、成本管控等项目30多个，其中重点项目6项，在"提高5万吨级海轮卸船效率"、"优化五舱口型海轮清仓工艺"、"提炼先进操作法"、"提炼班组管理6T工作法"等项目中，取得骄人的成果，为企业节约成本近百万元。工作中他吃苦在前、勇于奉献，多次被评为宁波港集团先进生产工作者，是企业工人的杰出代表。同时，他还把掌握的各种技能和经验无私地传授给其他同志，带动大家一起学习进步。他经常开展操作和管理讲堂，讲授生产组织、安全操作、班组管理等方面的知识，经常组织劳动竞赛、技术比武等，为企业带出一支技术精湛、水平一流的一线团队。他所带团队先后荣获宁波港优秀班组、南京市工人先锋号、江苏省工人先锋号等称号。2014年4月，他获得南京市五一劳动奖章。 □刘洪飞

◆邢　飞 男，1981年出生，山东省临沂市沂南县人，中共党员，工学博士，现任南京煜宸激光科技有限公司董事长兼总经理、南京先进激光技术研究院常务副院长。2012年底在紫金激光产业园成立研究院首个产业化公司——南京煜宸激光科技有限公司，次年又成立南京中科煜宸激光技术有限公司。从业以来，他在激光再制造、激光焊接、激光切割等激光加工工艺的开发和工业应用做出了贡献，成为激光应用领域的专家，先后参加过多项国家科技项目研究。申请专利40余项，发表学术论文20余篇，获得过863新材料领域重点项目评审专家资格、北京市科委电子信息领域"北京市重点实验室及工程中心"评审专家资格，是中国光学学会激光加工专业委员会委员、中国电子视像行业协会大屏幕显示分会委员、国家高技术研究发展863计划新材料领域新型电子材料和器件主题专家组成员、国家高技术研究发展863计划微纳制造主题专家组成员，并受聘于东北大学、辽宁科技大学担任兼职教授。他带领团队开发的激光大屏幕显示系统于2012年12月荣获中国激光显示行业金奖，2013年参与建立江苏省三维打印产业技术创新战略联盟，并担任该联盟副主任。2014年4月，邢飞获南京市五一劳动奖章。

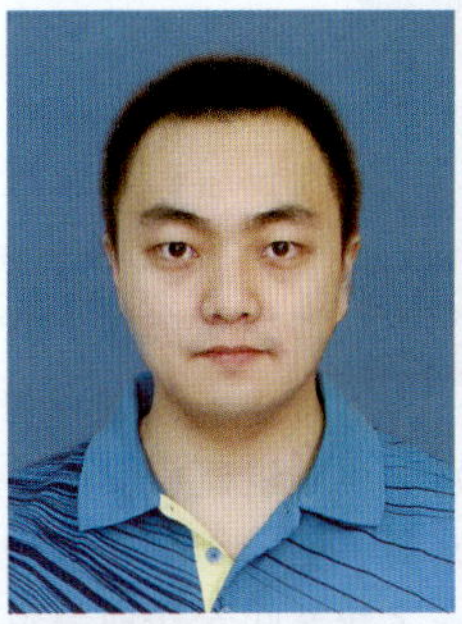

◆蒋琢晖 男，1987年出生，汉族，硕士，博世汽车部件（南京）有限公司火花塞制造事业部壳体加工生产规划工程师，负责壳体生产工艺的执行。他2011年加入博世公司，从实习生岗位开始，坚持在生产一线，虚心向工人师傅学习，勤奋工作，把自己所学专业知识用于生产工艺的优化和工装设备的技术革新之中，受到博世集团和公司相关部门的肯定和好评。他主持的"节油降噪"项目，仅使用该项目计划投资120万元的60%费用，解决火花塞行业壳体加工产生的废铁屑、油分离、人工排屑、废油气雾分流、壳体车加工噪音超标和油渗透地下污染环境的难题。2014年节约油973桶，节约资金

172万元。2014年4月，蒋琢晖获南京市五一劳动奖章。 □柳云娇

南京好市民

◆**段桂斌** 男，1962年5月生，中共党员。段桂斌16岁参军入伍，成为一名工程兵战士。1983年转业成为中国建筑第八工程局第三建设公司的一名工人。1992年，段桂斌因车祸左腿致残。之后，他离开单位，开始艰难的创业，经过近5年的打拼，2009年，段桂斌申请注册自己的钢结构公司，2010年，公司年产值达5000万元，2011年，企业年产值达近亿元。身为残疾，心系天下，段桂斌经常为灾区及残疾朋友奉献爱心，帮助残疾人实现就业，用温暖的爱心和顽强的毅力感染并激励着身边的每一个人。

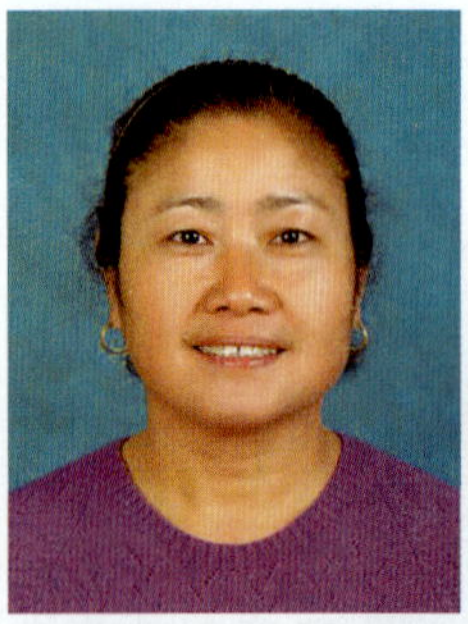

◆**张桂娣** 女，1963年2月生，从企业下岗，到燕子矶社区的居委会工作。走上新岗位后，她发现一个怪现象，一些妇女沉迷于麻将。一种良心和责任感的驱使，她下决心组建成立南京市第一支女子舞龙队，把一些妇女从麻将桌上拽下来。女子舞龙队在初期就得到新闻媒体的关注，《金陵晚报》等市级媒体多次报道这支舞龙队。她没有自满，而是坚持不懈地做“栖霞龙舞”的实践者和推广者。她在幕府山庄小学四至六年级的每一个班都培养了一支舞龙队，多次组织孩子们参加比赛和表演，取得优异的成绩。江苏卫视、《南京日报》等省市主流媒体多次报道她的事迹与战果。她还准备在金陵科技学院再培训两支大学生舞龙队，在南京特殊教育职业技术学院组建一支由聋哑人参与的大学生舞龙队，把目标瞄准青奥会。她表示：“不辜负大家的期望，尽自己一点微薄之力，将龙舞这一民间传统文化传承下去。”

◆**秦怀善** 男，1960年10月生，中共党员，现任马群派出所社区民警。他是一名部队转业干部，无论身份是军人还是警察，老秦始终秉持一颗为人民服务的赤诚之心。

马群百水芊城社区建成之初，是全市最大的拆迁安置房小区，管理难度大，是远近闻名的“问题小区”。秦怀善接手社区后，坚持“我为社区群众管治安”的警务理念，为创建平安法治小区呕心沥血。在工作中，他总结出“五层次人口管理工作法”，被上级部门作为社区民警工作样板向全市推广。他长期帮扶辖区困难群众10余人，组成60人的党员义务巡逻队、26人的红袖标治安巡防队。他在小区安装断线联网报警器，建成24处监控探头，10处路灯。他抓获各类犯罪嫌疑人20余名，破获案件30余起。社区案件较以往同期下降90%，成为一个治安稳定、人心安定、居民安居乐业的“幸福社区”，得到群众及各级领导的充分肯定。

◆**关新苗** 女，1982年6月生，中共党员，在区检察院工作。她始终把践行“立检为公，执法为民”的司法理念作为崇高的职业追求；她敬业爱岗，勤奋工作，努力维护好广大人民群众的根本利益。参加工作八年来，她长期加班加点奋战在打击刑事犯罪第一线，她所承办的600余件审查逮捕、起诉案件，法院均作有罪判决。因案件办理社会效果好，多名案件当事人送来锦旗。她热心群众工作、关爱受犯罪侵害的弱势群体，积极投身社会综合治理工作，先后获得南京市检察机关、江苏省检察机关十佳侦查监督能手；被授予南京市十佳检察官称号，荣立个人“三等功”两次，“二等功”一次。

◆**华　锋** 男，1941年9月生，东南大学退休教师。自2009年搬进小区，古稀之年的华锋买来工具，坚持每月对小区里800多米的小溪进行清理，有时一个月清理四五次，一清理就是三年。在华锋的坚持下，溪水质量有了明显改善。为了让小溪周边的生态更加美丽，华锋还自己买了树木、草皮栽种。华锋带动起不少业主参加到清理蓝藻的队伍中来，居民的环保意识也有了很大提升。

◆**陶　红** 女，1951年3月生，是一名退休人员。在退休前夕被确诊为乳腺癌，2006年加入南京癌友协会。面对癌魔她选择了坚强，在癌友协会里，积极地投入到分文不取的志愿者队伍里。因病致贫，是协会内的普遍现象，她凭着一颗善良的爱心，不辞辛苦地帮助身边的人，在她的带领下，栖霞活动中心成为南京市排头兵，为栖霞区赢得荣誉。她奔走在政府部门、相关医院、会员家中，不仅温暖癌友的心，还多次解决一触即发的社会矛盾。她用实际行动诠释志愿者的奉献精神，诠释癌友协会“为会员服务，为政府分忧”的崇高宗旨，诠释“人道、博爱、奉献”的红十字精神。

◆**张海健** 男，1985年6月生，现任淘大网络科技有限公司总经理。张海健毕业后进入中国最大电商公司阿里巴巴，2年时间长期保持Top Sales的战神记录。之后张海健开始自主创业，他领导的创业团队勇于创新，在电商服务领域创造许

多远见卓识的创新理论和成果。不仅与西门子(中国)、中国联通、凤凰传媒集团等50多家全国大型企业达成合作,还立足南京,为冠生园等老字号企业提供服务,促进本地传统企业向电商的转型。为全球超过200家电商企业提供产品运营、技术研发、数据分析、物流服务等全方位电商服务解决方案,成立四年来,拥有全国最大运营外包基地,向全国输送5000人次的专才,撬动的网络成交额逾2亿元。 □葛新冬

逝世人物

◆**杨瑞林** 男,汉族,1939年12月出生,江苏溧水人。1958年3月参加工作,1983年6月加入中国共产党,2000年4月退休,退休前任栖霞区人大常委会主任、党组书记,区关工委主任。2014年7月29日15时整在南京逝世,享年75岁。工作简历:1958年3月,南京市雨花台区青年生产实习队插队;1961年8月,任南京市农林局农场管理科办事员;1962年8月,任南京市人委郊办工交科办事员;1963年4月,任南京市农林局农业技术推广站技术员;1968年10月,任南京市革委会104干校生产组学员兼技术员;1969年8月,任栖霞中学教师;1971年11月,任栖霞区农校教员、技术员;1980年11月,任栖霞区农林科副科长;1983年12月,任栖霞区人民政府副区长、党组成员;1987年9月,任中共栖霞区委常委、常务副区长、区政府党组副书记兼区委政法委副书记;1994年4月,任栖霞区人大常委会主任、党组书记;1998年1月,任栖霞区人大常委会巡视员;1998年3月,任栖霞区人大常委会巡视员兼区关工委主任;2000年4月,退休。 □纪 颖

荣誉录

2014年度栖霞区获中央部委级表彰的先进个人名录

表38

姓 名	工作单位	荣誉称号	表彰单位	表彰时间
石 磊	栖霞街道	央视“我们的中国梦·五月的鲜花”榜样青年	中共中央宣传部、教育部、共青团中央	2014-05-04
吴兴林	栖霞区龙潭中心小学	全国模范教师	教育部	2014-08
王怀林	江苏凯米膜科技股份有限公司	科技创新创业人才	科技部	2014
徐赵东	南京东瑞减震控制科技有限公司	中青年科技创新领军人才	科技部	2014
黄 维	南京邮电大学	重点领域(有机光电子学)创新团队	科技部	2014
马定帮	靖安野生蔬菜协会	国家“科普惠农兴村计划”科普带头人	科技部	2014
陈 华	区委宣传部	2013年度舆情信息工作先进个人	中共中央宣传部	2014-03

2014年度栖霞区获省厅级表彰的先进个人名录

表39

姓 名	工作单位	荣誉称号	表彰单位	表彰时间
言 鹏	区公安分局	全省公安机关“打假行动”成绩突出个人	省公安厅政治部	2014-05-21
唐彦芳	区公安分局	全省警务保障“四级同创”示范基层岗位	省公安厅	2014-04-25
律 波	区公安分局	全省公安机关优秀教师教官	省公安厅	2014-09-05
刘 勤	区公安分局	青奥安保个人二等功	省公安厅	2014-09-27
肖世泉	区公安分局	青奥安保个人二等功	省公安厅	2014-09-27
李爱华	区公安分局	青奥安保个人二等功	省公安厅	2014-09-27
李德山	区农业局	江苏省村级“四有责”建设先进工作者	中共江苏省委组织部、中共江苏省委农村工作领导小组办公室、江苏省经济和信息化委员会、江苏省农业委员会	2014-07-09

续表 39

姓　名	工作单位	荣誉称号	表彰单位	表彰时间
王智凤	观梅社区党总支书记	江苏省优秀小巷女“总理”	省妇联	2014-02
王　芳	南京市伯乐中学	优秀教育工作者	省教育厅	2014-08
陈　勇	南京市八卦洲中桥中学	优秀教育工作者	省教育厅	2014-08
黄益平	中建安装工程有限公司	省“博士”计划	省科技厅	2014
徐艳红	中建安装工程有限公司	省“博士”计划	省科技厅	2014
周　明	区检察院	全省检察机关先进工作者	省检察院、省人力资源和社会保障厅	2014-10-31
黎志刚	区检察院	省“秋栖霞”登山大赛机关男子组第 14 名	省秋栖霞登山大赛组委会	2014-11
丁　彤	栖霞区红十字会秘书长	2009~2013 年度江苏省红十字会系统先进工作者	省红十字会	2014-03
杨　欣	栖霞区总工会科长	江苏省五一巾帼标兵	省总工会	2014-03
黄其根	栖霞区医院大外科支部书记	江苏省文明职工	省委宣传部、省文明办、省总工会	2014-12
周福安	南京宁栖缘农产品有限公司生产部经理	江苏省五一劳动奖章	省总工会	2014-04
张岷燕	区司法局	“维护农民工权益促进社会和谐”专项行动先进个人	省司法厅	2014-03-05
郭晓屹	区司法局	2013 年度全省司法行政系统信息工作先进个人	省司法厅	2014-03-05
宣红林	区司法局	全省“六五”普法中期先进个人	省法制宣传工作领导小组	2014-09-02
周朱伟	区司法局	全省“六五”普法中期先进个人	省法制宣传工作领导小组	2014-09-02
陈　华	区委宣传部	2013 年度宣传信息工作先进个人	省委宣传部	2014-04
葛新冬	区委宣传部	2013~2014 年度全省基层党员冬训工作先进个人	省委组织部、省委宣传部	2014-07-04

2014 年度栖霞区获市级表彰的先进个人名录

表 40

姓　名	工作单位	荣誉称号	表彰单位	表彰时间
李　斌	区人武部部长	“一对好主官”	南京警备区	2014-12
徐　刚	区人武部政委	“一对好主官”	南京警备区	2014-12
徐　刚	区人武部政委	新闻宣传工作二等奖	南京警备区	2014-12
徐　刚	区人武部政委	关心宣传工作优秀主官	南京警备区	2014-12
朱海峰	区人武部军事科科长	三等功	南京警备区	2014-12
朱海峰	区人武部军事科科长	青奥安保先进个人	南京警备区	2014-09
魏应军	迈皋桥街道人武部副部长	青奥安保先进个人	南京警备区	2014-09
潘　伟	尧化街道民兵	青奥安保先进个人	南京警备区	2014-09
舒忠明	区人武部军事科参谋	青奥安保先进个人	南京市政府	2014-09
舒忠明	区人武部军事科参谋	军事训练先进个人	南京警备区	2014-12
蒋　蓉	区人武部后勤科科长	安全管理先进个人	南京警备区	2014-12
胡　飞	区人武部政工科科长	新闻宣传工作二等奖	南京警备区	2014-12
胡　飞	区人武部政工科科长	对台宣传工作先进个人	南京警备区	2014-12
王苏健	区人武部后勤科职工	优秀职工	南京警备区	2014-12

2014 年度栖霞区获中央部委级表彰的先进集体名录

表 41

获表彰单位	荣誉称号	表彰单位	表彰时间
区公安分局	第三轮命名“全国公安机关执法示范单位”	公安部	2014-10-30
栖霞街道	区街镇党的群众路线教育实践活动“先进集体”	中国社会工作协会社区工作委员会	2014-08-28
栖霞区	2014 年国家知识产权强县工程试点区	国家知识产权局	2014
南京栖霞建设股份有限公司	省地节能环保型住宅国家康居示范工程住宅创新成绩突出企业	住房和城乡建设部	2014-11
南京栖霞建设股份有限公司	省地节能环保型住宅国家康居示范工程住宅建设创新单位	住房和城乡建设部	2014-11
幸福城	省地节能环保型住宅国家康居示范工程施工规划设计金奖	住房和城乡建设部	2014-11
幸福城	省地节能环保型住宅国家康居示范工程住宅产业成套技术推广金奖	住房和城乡建设部	2014-11
幸福城	省地节能环保型住宅国家康居示范工程建筑设计金奖	住房和城乡建设部	2014-11
幸福城	省地节能环保型住宅国家康居示范工程	住房和城乡建设部	2014-11
幸福城	省地节能环保型住宅国家康居示范工程施工组织管理金奖	住房和城乡建设部	2014-11
幸福城	省地节能环保型住宅国家康居示范工程施工规划设计金奖	住房和城乡建设部	2014-11
幸福城	省地节能环保型住宅国家康居示范工程住宅产业成套技术推广金奖	住房和城乡建设部	2014-11
幸福城	省地节能环保型住宅国家康居示范工程建筑设计金奖	住房和城乡建设部	2014-11
幸福城	省地节能环保型住宅国家康居示范工程	住房和城乡建设部	2014-11
陈丽君歌曲《春天来了》	江苏省精神文明建设“五个一工程”奖	中共江苏省委宣传部	2014-01
尧化街道	全国安全社区	国家安监总局	2014

2014 年度栖霞区获省厅级表彰的先进集体名录

表 42

获表彰单位	荣誉称号	表彰单位	表彰时间
区公安分局	全省警务保障“四级同创”示范单位	省公安厅	2014-04-25
区公安分局刑事科学技术室	全省刑事科学技术工作成绩突出集体	省公安厅政治部	2014-05-28
区农业局	江苏省村级“四有责”建设先进县(市、区)	中共江苏省委组织部、中共江苏省委农村工作领导小组办公室、省经济和信息化委员会、省农业委员会	2014-07-09
区物价局	2013 年度全省价格工作先进单位	省物价局	2014-01-17
西岗街道	第二批江苏省公共文化服务体系示范区	省文化厅、省财政厅	2014-07-02
西岗街道桦墅社区桦墅周自然村	2014 年度江苏省级水美村庄	省水利厅	2014-12-30
西岗街道桦墅村(周村)	2014 年度美丽乡村建设示范项目	省农村综合改革领导小组办公室、省住建厅、省农委会、省财政厅	2014-09-25
区人武部	部所挂钩帮建活动先进单位	省军区	2014-01
区人武部	军事训练先进单位	省军区	2014-01
区人武部	征兵工作先进单位	省政府、省军区	2014-12
栖霞区上城风景幼儿园	江苏省优质园	省教育厅	2014-06
栖霞区仙林实验幼儿园学思路分园	江苏省优质园	省教育厅	2014-06

续表 42

获表彰单位	荣誉称号	表彰单位	表彰时间
栖霞区爱儿坊东方天郡幼儿园	江苏省优质园	省教育厅	2014-06
南京仙林晨光幼儿园	江苏省优质园	省教育厅	2014-06
南京行知幼儿园	江苏省优质园	省教育厅	2014-06
栖霞区科协	2014 年全国科普日活动优秀组织单位	省科协	2014
大棚村	江苏省科普示范村	省科协	2014-12
长江村	民主法治示范村	省依法治省领导小组	2014
联盟村	2014~2016 年省科普示范村	省科协	2014-12
马渡村	江苏省和谐社区建设示范村	省民政厅	2014-12
南京栖霞建设股份有限公司	2013 年度江苏省住房保障和保障性安居工程建设劳动竞赛先进单位	省住房和城乡建设系统职工劳动竞赛活动领导小组	2014-03
栖霞区司法局	省综治委特殊人群服务管理工作领导小组	全省刑满释放人员安置帮教工作先进集体	2014-12-23
栖霞区司法局仙林司法所	省综治委特殊人群服务管理工作领导小组	全省刑满释放人员安置帮教工作先进集体	2014-12-23
栖霞区	江苏省法制宣传工作领导小组	全省"六五"普法中期先进集体	2014-9-2
江苏凯米膜科技股份有限公司制膜车间	江苏省工人先锋号	省总工会	2014-04
南京年达炉业科技有限公司技术研发中心	江苏省工人先锋号	省总工会	2014-04
南京明州码头有限公司	江苏省"安康杯"竞赛优胜单位	省总工会、省安全生产监督管理局	2014-04
《南京市栖霞区以微电影助力先进典型宣传》	2013 年度"好信息"奖	省委宣传部	2014-04
尧化街道	江苏省社会治安综合治理先进集体	省委、省政府	2014
尧化街道	省级无邪教示范街道	省委省政府	2014
尧化街道青田雅居社区	江苏省科普示范社区	省科学技术协会	2014
尧化街道	乡镇统计规范化建设示范单位	省统计局	2014
尧化街道	城市环境综合整治先进集体	省住建厅	2014
尧化街道吴边社区	江苏省城市管理示范社区	省住建厅	2014

2014 年度栖霞区获市级表彰的先进集体名录

表 43

获表彰单位	荣誉称号	表彰单位	表彰时间
栖霞街道	2014 年度南京市分类考核先进制造业街镇二等奖	中共南京市委、市政府	2014-02
区城管局	南京市环境综合整治工作立功单位	中共南京市委、市政府	2014-09
区人武部	战法创新活动一等奖	南京警备区	2014-01
区人武部	青奥安保优秀单位	南京警备区	2014-09
大棚村	南京市美丽乡村	中共南京市委、市政府	2014-02

综 录

Appendix

栖霞山·始皇临江处

杨执绘

◎ 责任编辑 张永芳 方可畏

新闻报道题录

2014年栖霞区刊登在市级以上媒体的新闻报道题录

表44

媒体	时间 月	时间 日	标题/内容	作者
CCTV-13	1	1	各地喜迎新年	栖宣
CCTV-1	1	9	南京:公益漂流书,传递中国梦	栖宣
《侨报》(美国)	2	16	栖霞:打造"五大产业板块",实现文化产业跨越发展(专版)	栖宣
新华社	4	29	南京辛德贝格小医院旧址将纳入规划保护	李响
《江苏法制报》	9	3	市领导专题调研企业上市工作,要求打造更优"上市生态"实现企业上市新突破	张璐
《法制日报》	10	22	江苏省委政法委号召向王志刚学习	白玉兵
《新华日报》	1	1	岁末撞钟年年有　今夕新意特别多	万程鹏
		5	仙林街道评选"草根明星"	陈宁　顾巍钟
		13	群众工作的好形式　党和人民的连心锁(专版)	栖宣
		14	南京栖霞区:转型发展变身科教大区(专版)	栖宣
		28	江苏生命科技创新园　生物医药研发领军者(专版)	栖宣
	2	14	舞龙庆元宵	栖宣
		28	宜居乐居美丽栖霞(专版)	栖宣
	3	18	臧正金:以改革激活创新之源	臧正金
	5	25	迎青奥"骑遍南京"自行车越野大赛昨在南京栖霞站首先拉开序幕	王扬
	6	26	栖霞:昔日城郊脱胎换骨进主城	顾巍钟
	7	23	10个总投资549亿元大项目落户栖霞	丁辉
	8	13	南京栖霞区仙林街道社会治理创新解读　群众工作的直通车　党和人民的连心桥(专版)	栖宣
	9	4	把百姓当朋友处,把群众当亲戚走	顾巍钟
	10	21	省委政法委号召向王志刚学习	白玉兵
	11	19	秋登栖霞	王扬
《南京日报》	1	1	撞响的福音:新年	吴彬
		5	仙林街道成"全国社区志愿服务模范街道"	宋广玉　陈宁
		6	市区合力,推动科学发展再上新台阶	李冀　江瑜　韦铭
		7	栖霞:明年基本消除黑臭河道	宋广玉　陈宁
		9	宁企研发智能平衡独轮车　充电90分钟跑35公里	刘蒙丹
		11	仙林开建大型文化综合体	宋广玉　陈宁
		13	文化科技卫生"三下乡"启动	许琴
		19	市新闻界书画家八卦洲送春联	罗正斌
		28	我市已举办近80场十八届三中全会宣讲会	韦铭
		28	八卦洲街道与南京市第四批"321"入选人才签订资助协议	蒋静蓉

续表 44

媒体	时间		标题/内容	作者
	月	日		
《南京日报》	2	11	我市规划建设八卦洲应急水源地	许震宁
		13	吃饭看戏要给小费，游栖霞山要坐火车	邢 虹
		14	时隔 14 年 栖霞“柴龙”又舞起来了	罗薇薇
		19	栖霞街道以为民服务理念积极对接“12345”	吴丽娟
		21	今年“春风行动”提供就业岗位超 3 万个	张 昊
		21	依托小微平台招商优势，助推小微企业健康发展	杜 敏
		23	盘活抛荒地，让农民鼓了钱袋子	宋广玉 朱 宇 陈 宁
		24	栖霞今秋新增 8 所中小学幼儿园	钱红艳 许建军
		25	把遗址亮出来 让文物走出来	吴明亮
		26	栖霞：由教育大区向教育强区迈进	李 鸣 许建军
		28	九乡河生态公园建成生态走廊	冯 芃
		28	栖霞全面推进城市治理工作(专版)	王 媛 谢步飞 王佳佳 丁 昆
	3	2	南京该怎样擦亮文化“金名片”	李 冀 吴明亮
		6	熟记 437 户居民信息靠的是用“心”	刘 晓
		7	南京日报小记者站 在栖霞实小挂牌	何 洁
		8	践行核心价值观 弘扬雷锋精神	邹 伟 杜 敏
		12	为人才提供“订单式”服务	刘蒙丹
		13	6 个社区有了农产品直销店	庞 博 许震宁
		14	栖霞区委书记接受专访谈：“听真声音、找真问题”	毛 庆
		20	全力推进新型显示产业高端发展	张 璐
		20	视频实时监管 违规渣土车无处遁形	王 馨 刘有仪
		20	仙林、宝华共建科技创新宜居城	毛 琪
		22	栖霞街道：集中送水解百姓“燃眉之急”	吴丽娟
		26	中电熊猫 8.5 代线明年 3 月试生产	张 璐
		27	燕子矶中学：强效共建，培育幼稚教育新土	栖 宣
	4	1	栖霞街道“321”人才成功入选“万人计划	曹晓莉
		2	86 个文化产业重点项目敲定进度表	韦 铭
		2	新港科创特区打造公共云平台	刘蒙丹 闫鸿锴
		2	中国龙邂逅法国龙	麻艳萍
		8	3 年内栖霞区新建 46 所中小学幼儿园	钱红艳
		10	市领导赴江宁、栖霞区调研	周爱明 刘有仪
		11	市领导专题调研紫金科技创业特别社区建设	韦 铭
		18	节能降耗的栖霞实践(专版)	吴国罡
		21	栖霞区尧化街道全科政务服务彰显综合改革成效	宋广玉 毛冠圩 陈 宁
		21	创意达人再聚栖霞创意市集	吴云青 陈 宁 唐 婷

续表 44

媒体	时间		标题/内容	作者
	月	日		
《南京日报》	4	22	“八卦洲芦蒿”成功申注中国地理标志商标	邹　伟　王　东　杜　敏
		24	南京经济技术开发区总工会隆重成立(专版)	栖　宣
		26	创洽会27个代表性项目集中签约	张　璐　吴云青　魏仕兰　王殷洁
		26	中国游戏数码港落户仙林大学城	吴　芸　魏仕兰
		29	辛德贝格外甥女参访江南水泥厂	吴云青
		29	“尧化模式”对网格化管理的借鉴意义	南京市委社建工委
		30	栖霞加快绿色通道建设	刘有仪
		30	栖霞商务区启动招商	吴云青　黄冉冉
	5	4	栖霞区委书记谈“环境大扫除”	殷学兵
		5	栖霞区总工会:当好职工的“娘家人”	栖工轩
		7	电瓷社区领头人:誓让社区旧貌换新颜	殷学兵　刘有仪
		11	王子楼社区　垃圾场变身休闲小广场	吴　彬
		13	“东大门”6000平方米违建被拆除	周爱明　殷学兵
		14	迈皋桥老工厂变身城市住宅区	吕宁丰
		17	岗位送到居民家门口	刘蒙丹　刘庆志
		18	栖霞龙潭:渣土场将变身绿地	殷学兵　王　馨
		19	4条“定制公交”将开进仙林	葛　妍
		20	金中入住仙林湖,今年正式招生	钱红艳
		21	“栖霞视点”公众微信上线	吴云青　陈　宁　唐　婷
		21	栖霞街道堆满垃圾的泄洪沟被整治一新	殷学兵　胥　欣　邵　妤
		23	市政府在栖霞区召开环境综合整治现场观摩会	孙　琳
		23	辛德贝格侄女帮燕子矶中学成功结对	冯　兴
		24	栖霞区政府帮“金奖大米”找销路	吴云青
		25	栖霞整治黑车和违章渣土车见成效	吴云青　王　勇　潘洪义
		26	“事不避难”才有“事不再难”	刘　晓
		26	南京开发区辟出8000平方米建立“大学生创业基地”	张　前　谈　洁
	6	2	长营社区有位“爱揽事”的社区书记	吴云青　陈荟芸
		2	全科社工,一个窗口搞定90多项业务	毛　庆　张　昊
		5	中考高考生6元玩栖霞山	吴云青
		11	沪宁城际铁路旁违建披棚被拆除	殷学兵　张宁
		12	栖霞街道“321”领军型科技企业	孔小璇
		12	燕子矶街道聚集19名“321”人才	潘　昕
		13	南京经济技术开发区发布大学生创业扶持办法　创业项目孵化成功可获5万元奖励	肖　姗
		17	栖霞山发现带伤野生河麂	李　宏　李子俊

续表 44

媒体	时间		标题/内容	作者
	月	日		
《南京日报》	6	17	环境整治构筑金陵水乡新景区	栖　宣
		18	仙林、新港区域新辟 5 条公交线路	葛　妍
		19	栖霞开通全市首家检察微信平台	彭　鹏　许震宁
		21	栖霞助青年当“立业先锋”	吴云青　陈　宁
		22	丁家庄保障房二期拟建幼儿园	江　瑜
		23	栖霞城管:效率最高	朱亚君　宋广玉
		25	管道泄漏事故演练	吴云青　陈　宁
		25	北十里长沟东支中段焕然一新	周爱明
		25	栖霞街道努力提升居民幸福感	程　先　陈　宁
		29	栖霞“水一方”生态休闲旅游区开园	胡　耀　李子俊
	7	1	栖霞:环境整治工作就是最大的民生工程	栖　宣
		2	八卦洲治理水环境,做好防汛准备	吴云青　陈　宁
		3	九乡河生态湿地公园多条河道被“清肠”	栖　宣
		3	巴西街头足球栖霞造	吴云青　陈　宁
		5	仙林街道社会服务网格化	汤昭照　冯　芃
		7	LG 新能源汽车动力电池项目　落户南京开发区	刘蒙丹　闫鸿锴　何晓进
		7	栖霞龙潭:臭水河变成清水河	栖　宣
		7	栖霞整治 34 家“三无”KTV 经营场所	吴云青　焦　健
		9	栖霞推出个性化党风廉政责任书	庞　博　许震宁
		13	马土路中央的“垃圾箱”清理掉了	栖　宣
		14	找准支点,栖霞做好转型发展大文章	王　勇　陈　宁　卢咏梅　吴云青
		17	千册《栖霞山四十八景》赠青奥嘉宾	吴云青　王　勇　陈　宁
		18	栖霞启动创建南京首个国家低碳工业园	吴云青　陈　宁
		20	十个总投资五百多亿元大项目落户栖霞	陈　宁　吴云青
		20	西岗街道整治重点工地脏乱差	栖　宣
		23	栖霞交出环境整治的高分答卷(专版)	谢步飞　朱亚君　丁　昆　何向东　王佳佳
		24	名校进驻保障房片区　百姓乐享家门口就医	顾小萍　钱红艳
		24	栖霞多项举措大力发展民营经济	吴云青　陈　宁
		24	栖霞区拆除绕城、沪宁沿线 128 处高立柱广告牌	栖　宣
		28	迎青奥仙林生态景观大提升(专版)	栖　宣
		30	八卦洲:江流绕芳甸　绿波拂家园(专版)	曹德强
		30	三宝:把电子标签贴到了法国酒庄	张　希
	8	1	LG 新能源汽车电池项目落户南京	张　璐
		8	各区街创新思路改善辖区环境面貌	栖　宣

续表 44

媒体	时间		标题/内容	作者
	月	日		
《南京日报》	8	11	“只要涉及工作,全是分内的事”	栖 宣 吴云青
		12	四大保障房片区已交付住宅 8 万套	王 馨
		12	栖霞号召全区党员干部 向王志刚学习	王 勇 罗正斌 吴云青
		12	大干一百天,燕子矶街道旧貌换新颜	栖 宣
		13	仙林百日绽放迎青奥(专版)	吴云青 魏仕兰 王殷洁
		14	栖霞建设集团引进民企战略投资者	栖 宣
		16	聚焦一条主线 突出两大重点 做实三十举措(专版)	栖 宣
		19	更多绿化有望上屋顶、爬墙面	栖 宣
		19	城管部门首次启用车载违停抓拍系统	刘有仪 朱亚君
		19	栖霞居民将在家门口享受省人医康复服务	吴云青 李 红
		23	青奥安保战场上的“父子兵”	吴云青
		26	栖霞区最年轻“321”人才荣获多项专利	孔小璇
		26	仙林大学城党的群众路线教育实践活动整改方案(专版)	栖 宣
		27	视威科技:品牌成长离不开商务局的“授课”	曲振毅
		30	一批中小学幼儿园交付或开学	钱红艳
	9	2	龙潭港试点启运港退税政策	刘蒙丹
		2	“只要涉及工作,全是分内事”	吴云青
		3	生命的光华——记南京市栖霞区委政法委副书记王志刚	栖 宣
		3	我市 5 家科技企业孵化器获省级认定	毛 庆
		5	“栖霞区招商引资”微信上线	吴云青
		9	金洽会栖霞区将举办两场大型活动,重点推介栖霞山文化休闲旅游度假区	吴云青
		9	南京开发区经适房项目交付	刘蒙丹
		9	栖霞:“名校、名师、名校长” 全力打造教育强区(专版)	许建军
		10	康尼机电:以核心技术打造国际知名品牌	曲振毅 陈 军
		11	市委追授王志刚同志“南京市优秀共产党员”称号	吴明亮 翟朝阳
		12	仙林地区未来要建 4 个主题公园	吕宁丰
		17	南京开发区 12 个重点项目将开工	刘蒙丹 何晓进 王 定
		17	栖霞山即将华丽变身(专版)	宋广玉 陈 宁
		18	栖霞山文化休闲旅游度假区 5 年建成	宋广玉 陈 宁
		19	仙林街道:“再干 200 天”责任到人	宋广玉 钱飞燕
		22	12 个重大项目在南京开发区集中开工	张 璐 何晓进 王 定
		26	栖霞 8 个重大项目昨开工,总投资近百亿	陈 宁 宋广玉
		26	铅笔用废报纸制成 材料扫二维码下载	张 璐 张源源
		26	改造升级,90 多个老旧小区换新颜	殷学兵 王成兵
		27	“四化融合”拌靓尧化门	毛冠圩 宋广玉

续表 44

媒体	时间 月	时间 日	标题/内容	作者
《南京日报》	10	12	“秋栖霞”红枫艺术节开幕	李　宏　李子俊
		13	市领导赴栖霞、浦口、六合调研改革与城镇化工作	吴明亮
		13	栖霞排定31个城市设计项目	宋广玉
		14	170个草根社会组织服务西岗居民	朱　宇　孙超群　宋广玉
		14	栖霞区启动餐厨垃圾回收	刘有仪　鲍丙根　朱亚君
		14	栖霞工商服务升级,促进区域经济体制改革(专版)	栖　宣
		19	“纳米墨水”项目落户1年销售过亿	毛　庆
		20	仙林湖将建社区中心	江　瑜
		20	康尼机电成功“敲开”欧美市场大门	刘蒙丹　何晓进　王　定
		20	栖霞深厚文化资源变身雄厚文化产业(专版)	宋广玉　陈　宁
		21	首届彩虹滨江劲走活动在栖霞区举行	翟佩能　冯　兴
		22	项目孵化有“靠山“,人才设备在隔壁	毛　庆　张　影
		22	栖霞“勤廉“助推转型发展创新发展(专版)	栖　宣
		24	南京平板显示技术达国际先进水平	刘蒙丹　何晓进　王　定
		25	中国工业设计服务中心落户南京	张　希
		26	千人环洲徒步健身赏景	吴　彬
		27	看南京如何把秸秆“变废为宝”	韦　铭
		27	智能移动平台产学研项目落户栖霞街道十月公社科技创业园	孔小璇
		30	南师大学子自制环保洗涤剂推向市场	钱红艳　刘　筱　邢丹丹
	11	1	仙林将建“医养一体化”养老社区	栖　宣
		4	栖霞区培育首批17个高校公益性社会组织	宋广玉　陈　宁
		4	小青柠志愿服务精神在这里延续	宋广玉　陈　宁
		4	首用毒品试剂检测火锅底料	刘有仪　罗　渐
		7	栖霞区市容井然有序	王　媛　谢步飞　王佳佳　丁　昆
		12	花港幸福城打造居民幸福新家园	栖　宣
		12	南京·栖霞文化创意产业沙龙昨举行	邢　虹　黄　珊
		13	突出转型发展,栖霞街道华丽转身	程　先　陈　宁
		14	八卦洲试点立体种植有机草莓	宋广玉　陶　然　杜　敏
		16	创意市集扮靓栖霞红枫节	陈　宁　宋广玉
		17	解放思想先行先试　深入推进区级改革	吴明亮　张　璐
		18	栖霞区综合改革先行先试	宋广玉　王　勇　陈　宁　毛冠圩
		18	八卦洲变身宜居宜业宜游中心花园	陶　然　杜　敏
		19	改革先行先试,各区将有哪些探索	吴明亮
		19	南湾营地区居民将用上天然气	栖　宣

续表 44

媒体	时间		标题/内容	作者
	月	日		
《南京日报》	11	20	2000 市民登上栖霞山	吴 彬
		20	让文化成为栖霞山文化休闲旅游度假区特色名片(专版)	栖 宣
		21	栖霞山红枫节旅游品质全面提升	李 宏
		24	三策并举,打造宜居宜学宜业新尧化	毛冠圩 杜 敏
		25	文化科技融合　成南京文化产业发展新引擎	朱 凯
		26	燕子矶新城添保障房	崔 晓
		26	雨中秋色更精彩	吴 彬
		27	校地民主党派共建　助推栖霞跨越发展	沈 芸
	12	1	转型发展,马群打造南京美丽“东大门”	朱凌青 杜 敏
		4	“四新”龙潭焕发现代化新活力	陈 欣 杜 敏
		5	南京将建汽配物流电商基地	阮小莉 赵子慧
		9	栖霞城管开展“市民开放日”活动	朱亚君 宋广玉
		12	首个自驾游集散中心定址幕燕滨江风光带	江 瑜
		15	百米长卷“栖霞山新十圣境”图完工	徐 远 李 宏 李子俊
		17	小小“母婴室”,解决“背奶”妈妈大难题(头版)	许 琴 工 萱
		17	栖霞山风景区内建筑高度　不得突破 24 米	韦 铭
		17	丁家庄保障房:未来这里有大规模商业中心	栖 宣
		19	迈皋桥打造城北生态宜居新客厅	陈荟芸 杜 敏
		21	栖霞 307 个住宅小区实现物管全覆盖(头版)	宋广玉 陈 宁
		23	栖霞下月在我市首推物管评星制	王 勇 陈 宁 宋广玉
		24	栖霞区招聘 314 名中小学新教师	钱红艳 许建军
		25	“海归”教授创业 6 年,搭起氢能产业框架(头版)	刘蒙丹
		25	西岗:栖霞最“年轻”街道展翅鹏飞	朱 宇 杜 敏
		27	南京综保区龙潭片正式运行	王 娟 金关宣 李子俊
		28	“龙潭第一吊”眼中的港口“加速度”(头版)	俞 洋 葛 妍
		28	栖霞将实施新一轮 20 项惠民工程	宋广玉 陈 宁
		29	女大学生 13 年来捐 18 万元助贫困孩子上学	张源源
		30	文化创意人才招聘会现场考“创意”	毛 庆 赵修丽
		30	南京地区 12 高校大学生首次联发“劝廉书”:有权不得任性	吴 德 庞 博 聂宝萍 许震宁
		30	栖霞“千企帮千户”行动 3 年,帮扶 1820 户家庭	彭中华
		30	栖霞“五大行行动”培育和践行核心价值观(专版)	闫凤娟 徐王元 孙维翼
		31	燕子矶:新一轮城市转型风鹏正举(专版)	王小锋 周 昂 龚闻博

文件目录选辑

中共栖霞区委员会

栖委字〔2014〕6号　关于成立南京栖霞山文化休闲旅游度假区管理委员会的通知
栖委字〔2014〕11号　区委、区政府关于表彰2013年度完成“五个建设”工作目标有功单位、有功个人和先进单位、先进个人的决定
栖委字〔2014〕13号　中共栖霞区委关于明确2014年全区重点难点促落实工作及专项促落实负责人的通知
栖委字〔2014〕18号　区委、区政府关于表彰2013年度全区信访工作先进单位的决定
栖委字〔2014〕21号　关于成立区委党的群众路线教育实践活动领导小组的通知
栖委字〔2014〕22号　中共南京市栖霞区委关于深入开展党的群众路线教育实践活动的实施意见
栖委字〔2014〕27号　中共栖霞区委、栖霞区政府关于贯彻落实省委常委会调研青奥工作精神全力以赴保障和服务青奥盛会的实施意见
栖委字〔2014〕29号　区委、区政府关于表彰2013年度栖霞区政法维稳工作先进集体和先进个人的决定
栖委字〔2014〕44号　区委、区政府关于印发栖霞区2014年率先基本实现现代化综合考核目标分解方案的通知
栖委字〔2014〕45号　区委、区政府关于建设教育强区　率先实现更高层次教育现代化的意见
栖委字〔2014〕50号　区委、区政府关于印发《栖霞区2014年社会建设工作目标》的通知
栖委字〔2014〕59号　区委、区政府关于印发栖霞区城市综合管理体制改革实施方案的通知
栖委字〔2014〕60号　中共栖霞区委、栖霞区人民政府关于全面深化改革的实施意见
栖委字〔2014〕61号　区委、区政府关于进一步完善南京经济技术开发区托管街道相关事项的意见
栖委字〔2014〕62号　区委、区政府关于印发《栖霞区2014年经济建设和社会建设工作目标》的通知
栖委字〔2014〕63号　区委、区政府关于印发《栖霞区2014年政治建设工作目标》的通知
栖委字〔2014〕64号　区委、区政府关于印发《栖霞区2014年文化建设工作目标》的通知
栖委字〔2014〕65号　区委、区政府关于印发《栖霞区2014年生态文明建设工作目标》的通知
栖委字〔2014〕73号　中共栖霞区委、栖霞区人民政府关于组建第二届夏季青年奥林匹克运动会栖霞区赛时运行指挥保障中心的通知
栖委字〔2014〕76号　关于成立中共南京市规划局栖霞分局党组的通知
栖委字〔2014〕87号　关于召开共青团南京市栖霞区第十三次代表大会请示的批复
栖委字〔2014〕91号　区委、区政府关于组织开展社会治安大巡防工作的实施意见
栖委字〔2014〕93号　关于印发《栖霞区城市长效综合管理责任追究办法》的通知
栖委字〔2014〕101号　关于成立栖霞区农村土地承包经营权确权登记颁证工作领导小组的通知
栖委字〔2014〕115号　关于成立栖霞区社区(村)阵地建设推进工作领导小组的通知
栖委字〔2014〕118号　关于深入开展全区城市设计工作的意见
栖委字〔2014〕119号　中共南京市栖霞区委关于印发《落实栖霞区党风廉政建设党委主体责任、纪委监督责任实施细则》的通知
栖委字〔2014〕120号　中共南京市栖霞区委关于印发《落实栖霞区党风廉政建设党委主体责任、纪委监督责任工作任务分解方案》的通知
栖委字〔2014〕122号　中共栖霞区委关于增强人大监督刚性和监督实效的实施意见
栖委字〔2014〕124号　中共栖霞区委、栖霞区人民政府关于进一步加强城乡规划管理工作的意见
栖委字〔2014〕126号　三区新一轮基层党组织结对共建暨“千名干部联系万户居民”活动实施意见
栖委字〔2014〕134号　关于进一步深化三区文明城市创建工作的实施意见
栖委字〔2014〕152号　关于成立中国共产党南京市栖霞区委市场监督管理局工作委员会的通知
栖委字〔2014〕157号　中共栖霞区委关于成立网络安全与信息化领导小组的通知

栖霞区人民代表大会

宁栖人发〔2014〕1号	栖霞区人民代表大会公告
宁栖人发〔2014〕4 号	关于区人大常委会主任、副主任工作分工的通知
宁栖人发〔2014〕5 号	关于栖霞区人大常委会 2014 年工作要点的报告
宁栖人发〔2014〕6 号	关于移交区十七届人大三次会议代表建议的函
宁栖人发〔2014〕11 号	栖霞区人民代表大会常务委员会关于批准 2013 年度栖霞区财政决算的决议
宁栖人发〔2014〕12 号	关于区政府工作部门主要负责人向区人大常委会报告履职情况的实施办法(试行)
宁栖人发〔2014〕13 号	关于同意南京市 2013-2017 年棚户区改造一期工程项目-栖霞项目建设资金列入财政预算的函
宁栖人发〔2014〕14 号	关于召开区第十七届人民代表大会第四次会议的请示
宁栖人发〔2014〕16 号	栖霞区人民代表大会常务委员会关于召开栖霞区第十七届人民代表大会第四次会议的决定
宁栖人发〔2014〕17 号	栖霞区人民代表大会常务委员会关于批准栖霞区 2014 年财政预算调整的决议

栖霞区人民政府

宁栖政字〔2014〕2号	区政府关于建立全区固定资产投资管理联席会议制度的通知
宁栖政字〔2014〕3 号	区政府关于印发《栖霞区推进总部经济发展三年行动计划》的通知
宁栖政字〔2014〕12 号	区政府关于成立栖霞区第六次全国体育场地普查工作领导小组的通知
宁栖政字〔2014〕15 号	区政府关于加强政府投资项目审计监督的意见
宁栖政字〔2014〕21 号	区政府关于产业园区引进项目管理工作的意见
宁栖政字〔2014〕30 号	栖霞区政府关于全面深化环保工作体制改革的请示
宁栖政字〔2014〕40 号	栖霞区政府关于将栖霞山文化休闲旅游度假区部分地块增列入 2014 年土地收储计划的请示
宁栖政字〔2014〕61 号	区政府关于印发 2014 年栖霞区生态环境保护和建设目标任务的通知
宁栖政字〔2014〕62 号	区政府关于印发 2014 年栖霞区区长环境保护工作目标任务的通知
宁栖政字〔2014〕63 号	区政府关于印发栖霞区突发公共事件总体应急预案和各专项预案的通知
宁栖政字〔2014〕69 号	区政府关于区政府领导分工调整的通知
宁栖政字〔2014〕88 号	区政府关于印发栖霞区老旧房屋排查专项工作方案的通知
宁栖政字〔2014〕89 号	区政府关于印发栖霞区重污染天气应急预案的通知
宁栖政字〔2014〕95 号	区政府关于印发金陵石化周边综合整治工作方案的通知
宁栖政字〔2014〕121 号	栖霞区政府关于迎青奥行政执法专项整治行动自查自纠工作情况的报告
宁栖政字〔2014〕126 号	栖霞区政府关于印发 2014 年栖霞区青奥环境保障临时管控方案
宁栖政字〔2014〕127 号	区政府关于印发栖霞区安全生产管理责任体系的通知
宁栖政字〔2014〕129 号	区政府关于印发《栖霞区残疾居民社会保险暂行办法》的通知
宁栖政字〔2014〕135 号	区政府关于进一步开展全区重点领域安全生产专项检查的通知
宁栖政字〔2014〕136 号	区政府关于印发全区均衡医疗资源三年行动计划的通知
宁栖政字〔2014〕149 号	区政府关于成立南京金港科技创业园管理委员会的通知
宁栖政字〔2014〕156 号	区政府关于印发青奥会栖霞区环境空气质量保障加强方案的通知
宁栖政字〔2014〕159 号	区政府关于印发栖霞区第二批区级行政权力事项下放目录的通知
宁栖政字〔2014〕176 号	区政府关于印发《栖霞区土地指标有偿配置暂行办法》的通知
宁栖政字〔2014〕179 号	区政府关于转发《市政府关于印发引导社会资本参与基础设施实施意见的通知》的通知
宁栖政字〔2014〕186 号	栖霞区政府关于印发《栖霞区 96106 民生服务平台建设和运行工作实施意见》的通知
宁栖政字〔2014〕194 号	区政府关于印发栖霞区国有资本管理体制改革工作实施办法的通知
宁栖政字〔2014〕213 号	区政府关于印发《栖霞区关于深入推进大学生就业创业工作的实施意见》的通知

宁栖政字〔2014〕228号	区政府关于促进科技金融创新发展的实施意见
宁栖政字〔2014〕231号	区政府关于印发栖霞区城镇低效用地再开发试点工作方案的通知

政协栖霞区委员会

栖协字〔2014〕3号	政协南京市栖霞区委员会关于2014年度工作要点的报告
栖协字〔2014〕7号	报送《关于促进我区大学生就业的建议案》
栖协字〔2014〕11号	报送《关于加强对全区小区物业管理监管的建议案》
栖协字〔2014〕15号	报送《关于加快推进我区"医养融合发展"的建议案》
栖协字〔2014〕17号	关于召开中国人民政治协商会议南京市栖霞区第八届委员会第四次会议的决定
栖协字〔2014〕18号	政协南京市栖霞区委员会关于调整区政协委员的通知

中共南京市委南京经济技术开发区工委

宁开工委办字〔2014〕3号	南京经济技术开发区关于2013年工作情况和2014年工作计划的报告
宁开工委发〔2014〕9号	关于印发《中共南京经济技术开发区工委关于深入开展党的群众路线教育实践活动实施意见》的通知
宁开工委发〔2014〕10号	关于成立南京经济技术开发区工委党的群众路线教育实践活动领导小组的通知
宁开工委组字〔2014〕19号	关于印发《南京经济技术开发区2014年非公企业党建工作意见》的通知
宁开工委办字〔2014〕27号	关于召开南京经济技术开发区总工会第一次会员代表大会的批复
宁开工委办字〔2014〕46号	关于印发《南京经济技术开发区"百名干部联系服务百家企业"活动实施意见》的通知
宁开工委办字〔2014〕48号	关于印发《南京经济技术开发区开展"三个服务"月走访活动计划》的通知
宁开工委办字〔2014〕64号	南京经济技术开发区2014年度机关作风建设情况报告

南京经济技术开发区管委会

宁开委经字〔2014〕1号	关于印发南京经济技术开发区2012-2013年区级环境友好企业名单的通知
宁开委城字〔2014〕21号	关于成立南京经济技术开发区城市治理委员会的通知
宁开委土环字〔2014〕46号	关于印发《南京经济技术开发区2014年环境保护和生态文明建设目标任务》的通知
宁开委城字〔2014〕63号	关于印发《南京经济技术开发区2014年城市综合治理标准建设工作实施方案的通知
宁开委经字〔2014〕66号	关于印发《南京经济技术开发区2014年经济建设工作目标任务》的通知
宁开委办字〔2014〕101号	关于申请报建国家级出口光电显示产品质量安全示范区的请示
宁开委城字〔2014〕112号	关于印发《南京经济技术开发区2014年防汛排涝工作预案》的通知
宁开委土环字〔2014〕136号	关于印发《南京经济技术开发区大气污染防治行动计划实施方案》的通知
宁开委科字〔2014〕172号	关于印发《南京经济技术开发区高层次科技创业人才计划实施意见》的通知
宁开委经字〔2014〕186号	关于印发《南京经济技术开发区统计规范化建设工作方案》的通知
宁开委经字〔2014〕223号	关于印发南京经济技术开发区2014年区级环境友好企业名单的通知

栖霞掌故

◆曾经有过的庙会　庙会，又称“庙市”或“节场”，是汉族民间宗教及岁时风俗，一般在春节、元宵节等节日举行。庙会是中国集市贸易形式之一，其形成与发展和地庙的宗教活动有关，在寺庙的节日或规定的日期举行，多设在庙内及其附近，进行祭神、娱乐和购物等活动。栖霞区流传一句古民谚：正月里过年，二月里赌钱，三月里赶会，四月里种田。所以栖霞区的庙会大多在阴历三月举行，而春节、元宵节形成的庙会恰恰较少，这便是庙会在栖霞区历史上的一个特色。根据调查统计，栖霞区举办过的庙会有：摄山龙王山庙会、桦墅土地会、漳桥大庙庙会、尧化门高庙庙会、二月二十五营防庙会、栖霞三茅会、三月初八长江庙会、三月十二花园庙会、迈皋桥庙会、龙潭娘娘观庙会、仙鹤观庙会、三月二十八甘家巷庙会、东阳牛王庙庙会、四月二十三摄山庙会、燕子矶关帝庙庙会等。

近年，政府部门不再提倡和鼓励办传统庙会，栖霞地区的传统庙会呈逐年萎缩状态。最先停办的是区政府所在地的尧化门高庙庙会，至2014年，龙潭、栖霞两地尚有庙会存在，但系民间行为。2015年年初，区政府又发停办庙会的通知，传统庙会全部取消。

◆江乘龙王庙庙会　江乘龙王庙庙会本不在栖霞区传统庙会统计范围内，公认为是一次元宵节玩龙灯活动，即为一次灯会。《栖霞年鉴(2003)》做过一次传统庙会的统计归纳，没有将其归入，原因有二：一是栖霞地区的庙会一般都在阴历三月左右，所谓的“三月里赶会”，时间上不符合；二是灯会过程没有商贸活动，跟其他庙会有明显区别。其实这是一个误会。在清代《张山龙王庙禁列章程碑铭》中提到正月十五“上会”、“不得因会”等字句，所谓“会”，即为庙会，因此，应视作一次庙会。

龙王山庙会除舞龙灯外，还有戏剧活动，退休教师朱礼良回忆：庙前广场有一戏台，坐落在龙王山南峰以北，此戏台设计独具匠心，看戏人坐山上，演戏人及戏台在山下，前低后高，沿山岩石成天然座位。台上演出无论老少孩童皆能看得见。戏台高约一丈，周围基座用花纹条石四方围住，戏台前立有旗杆石一块，可供插旗。演戏开场前，总有人捐资敬山，如某人、某乡绅名士捐款多少皆用红纸包裹，书于大红纸贴面的木板上，由报幕人唱名，报出所捐银钱多少，称作“跳加官”。龙王庙前社戏正月十六起开场，至正月十八结束，共三天。在社戏演出期间，江南、江北均有人前来游玩，也有客商前来销售干果。四乡八镇村民争先恐后，热闹非凡。

◆漳桥祠山庙庙会　漳桥祠山庙，在古漳桥向西约一华里，被乡民习称为“漳桥大庙”。根据吴广鑫回忆：有前殿、后殿数间，中有天井，供奉佛像数十尊”。曾有人发现过祠山庙石碑（《奉宪示永禁碑》），记述该庙会日期为二月初二日。祠山庙庙会日，在一年各庙会日中最早。是日，四乡八邻蜂拥漳桥，庙前香客盈门。根据碑文记载，庙会有“演戏”活动。据吴广鑫采访老辈人的回忆：二月二，漳桥庙前板“太尉”(俗称“跐太尉”)。相传此风俗传于洪堰村，由村民抬着太尉神像巡游庙会，任四野乡民“跐太尉”，以扳到太尉像为胜。相传此风俗一直沿袭到新中国成立前。

◆尧化门高庙庙会　尧化门高庙庙会日为农历二月初八日，旧时被民间公认为栖霞区最早的庙会。高庙地点在尧化门街中部路北，该地名今仍存。据原尧化镇老镇长、地方史研究者胡汉林研究，高庙因位于尧化一高地，便被称为“高庙”，民国时期出版的《上元江宁两县志》上记为“高家庙”。高庙实为一佛教小刹，名梵惠寺，建于明代初期，原先坐落在板仓街，现天文仪器厂外，当年因建造中山王徐达墓，而迁至尧化门。据胡汉林调查，该寺在尧化门有山门三楹、佛殿三楹、观音殿三楹，僧房四间，庙地三亩，还有寺产田地和山林，计贰拾陆亩玖分叁楹，庙门外还建有一座戏楼，在路南面北，后因修建铁路拆除。2007年，政府出台相关政策，二月初八尧化门高庙庙会至此被取消，且为栖霞建区以来最早停办的庙会。

◆南宫庙庙会　桦墅村附近每年有两个庙会，一是南宫庙庙会，一是土地庙庙会（土地庙位于西岗的东南麓，隶属龙王庙。土地庙里有土地老爷、菩萨和四大金刚、八罗汉，共三间大瓦房外包大院墙，墙内外有大片高大茂盛的山竹林园，此庙直到文化大革命时被拆毁）。南宫庙会上会日是每年农历二月初八日，《栖霞新志》记载：“二月：初二日为土地会，各家祀土地神。”可见土地会上会日应该是每年的农历二月初二。90岁的桦墅村老人（退休教师，秦氏家族30世孙）曾撰文回忆南宫会的盛况：

上庙会敬香的有十三个社群众，每个社有一二十户甚至全村人组成。一个社有一户做会首，一年一换，轮流做庄。当会首的人家要养一头猪，大约有150公斤上下，一个社要有两个养鱼塘，每年出会前三天，要杀猪、拉鱼，做菩萨的供品。初八参加出会的人，上庙回来，都要聚在一起吃上一顿。出会那天，每户要出一二个劳力，因为每一个社都有一座老爷亭子，还有一个万岁菩萨、两把伞，一把是龙伞，上面绣上两条龙；一把是万名伞。龙伞是红绸缎绣的，万名伞是白绫子做的，四周写上约万人的名字。伞顶上安上金属的顶，伞的四周有红绿须子。每个团体都有两面大鼓，四面铜锣，另外还有一套锣鼓家伙。老爷亭子是木制的，大约有两米高，亭子下面有四个虎脚，最下面有个底座，亭子中部两侧，安上四个大铁环，便于穿杠子、抬亭子。亭子上部是红、绿漆漆上的，下部是虎脚，漆上红色。初八出会那天，当会首的主人要捧万岁菩萨，大约有六七十厘米高，四十厘米宽，中间镶着金灿灿的“万岁万岁万万岁”的字。顶上插上金花、披上红布。会首的亲戚都来挂红。挂红的礼品有红布、大蜡烛、鞭炮、金花，表示祝贺的意思。每个社抬亭子的要八个人，打大鼓的，一面鼓两面锣相配合，都是青年小伙子。打锣鼓家伙的都是十几岁的少年，锣鼓上配上仙鹤珠子，红须子拖在下面很美观。大多数社都有一面彩色大绸旗，旗面都是用五六种颜色拼凑制成的，大约三四米高，连旗杆有五六米高。玩大绸旗的需要四个人，两人扛人马，两人保护马桩。玩大旗的是专人熟手，会在肩上左右插旗玩出花样来，如果遇上一阵风来，大旗分量很重，所以做马桩的人都是魁梧的身材，健壮有力气。另外还要有两人保护马桩，护着他的腰部。凡是做马桩的人，个个满头大汗，确实很累。

出会的队伍，按规定一个社跟着一个社，不能紊乱。队伍经过桦墅村主巷，都要"震巷"，这是老一辈传下来的。所谓"震巷"就是要求打锣鼓的人使劲地敲打，打得惊天动地，打得越响亮对村子就越有利。这叫"震地"，这个村子就兴旺，人口就平安，显得有气势，威风压邪。时间经过半个小时至四十分钟左右，出会的队伍才能向前进行。

队伍到达南宫庙后的麦地里，大路上要停一会。先让掌大旗的人先走，彩旗飘飘，迎风招展，浩浩荡荡。接着，抬着菩萨，两个吹鼓手吹响喇叭，一社跟着一社走，不能抢先，锣鼓跟在后面，到了庙前、庙东广场上，玩大旗的人开始上马桩，八九面大绸旗全面放开迎风招展，彩旗飘飘，锣鼓喧天，庙会进入高潮。锣鼓家伙摆开阵势，一班一班的各打各的锣鼓牌子。如：一支锣、七支锣、七现鱼喷嘴，水漫金山寺。这也是锣鼓比赛的场面。

围观人群，男男女女、老老少少，来自四面八方，真是人山人海，观看庙会的场面。有的看玩大旗的，有的看打锣鼓家伙的，看哪一社的大旗玩得出色、花样多，看哪一班的锣鼓打得有节奏好听。

最后，桦墅东社四人抬的太尉，也称吕王菩萨进入广场，这尊菩萨坐在木椅架上，脸上红光满面，手握金锤，头上插上金花，两根羽羚抖抖的，威风凛凛，神气活现。四个抬菩萨的都是彪壮大汉，身穿短衫，脚上穿的是新草鞋，新老白布袜子，精神抖擞，或前或后，或左或右，不停地在广场上打转转。这一幕特别精彩，观看的人群个个喜笑颜开，拍手欢快。

最后每个社有一名代表，带着少量锣鼓进庙敬香"收草"。所谓"收草"就是有一位先生在大殿前念咒语，每个社念咒完毕，这时候各社锣鼓一律停止敲打。退出庙外，庙会就此结束了。

新中国成立后，南宫庙庙会和土地庙庙会随着两座庙的废除而消失。

◆栖霞三茅会　栖霞古镇上的三月初一庙会，是栖霞地区大庙会之一，对应的并非佛教寺庙栖霞寺，而是道教的三茅会，因栖霞山顶旧时有三茅宫而形成。陈邦贤《栖霞新志》记载："三月初一日为三茅会，各乡大会，都来此朝山，旗锣伞扇，锣鼓喧阗，异常热闹；各种农具，也在这时候贩卖。乡人进香后，以树枝放于舍利塔最下之一层，说是可以腰不疼痛。"陈邦贤记述的乡人进香，显然指的是向佛和菩萨进香，因为栖霞山上三茅宫早不存在，赶会的人上三茅峰的也是凤毛麟角，可见乡民赶会实际赶的是佛寺的会，可见三月初一庙会的起源是道教，后又讹变为佛寺庙会了。

◆龙潭娘娘观庙会　龙潭镇的三月十五庙会自古就有，老百姓也说不清起自何年何朝。张彭莲老人(生于1926年)介绍，龙潭镇在古代位于大江之畔，也是一个渡口所在，龙潭镇的庙会是指在锥子山街的天妃娘娘庙（该庙舍建筑新中国成立初尚存，后被改为龙潭小学，当前这里还有庙留下来的遗迹，有一口古井被埋地下），最早是人们供奉天妃娘娘的场所，祈求长江上航行平安无事的，庙撤销后，赶庙会习俗尚存。

新中国成立后，娘娘观被废除，庙舍改为龙潭小学。当年小学院内有石雕多尊，雕的图案属道教内容，前几年还有雕有鹿图案的石鼓，因为庙会的名称为"观"，可见是道教庙宇无疑。每年的农历三月十五日，四乡八邻的老百姓都要到龙潭镇上赶庙会，只不过没有天妃娘娘可供奉，庙会上有农副产品销售，有杂耍卖艺的表演，有卖狗皮膏药的游走郎中等，热闹非凡，成为一年中最热闹的日子，至今仍不衰败。每到农历三月十四日，就有商贩赶赴龙潭镇，划点设摊，新中国成立后的庙会没有祭祀功能，实际上是一次农副产品、文娱活动等内容丰富多彩的综合性交流会了。

◆仙鹤门仙鹤观庙会　仙鹤门仙鹤观庙会日为农历三月十六。仙鹤观位于仙林大学城仙鹤观山山顶上，是一处道教的庙宇，初建于汉代，是南京地区最早的一处道观，据《南京玄观志》记载，明代万历年间曾重建。尧化街道退休干部胡汉林调查得知，该观门向西，有房舍九十九间半，布局严谨，气势恢宏。新中国建立初期，观中道徒仍开展宗教活动，当时道徒，多为山北翁姓乡民，后逐步毁废。胡汉林认为观之道场日为农历三月十五日，而庙会日后推一日而定，他还曾手绘观舍平面简图存世。

几年前，仙林街道老人潘德金(生于1915年)回忆：

在庙会到来之前，村村出动敬神、求神，烧香拜佛，希望来年风调雨顺，庄稼有个好收成，人丁兴旺。自三月十三日起，人们就开始庙会前的一些活动，打马桩、唱大戏，敲锣打鼓，一个菩萨一个菩萨的敬香，浩浩荡荡，如过节一般，好不热闹。三月十三日在钱家渡唱戏，三月十四日在包公堂唱戏，三月十五日在马头庙唱戏敬神，一直赶到三月十六日在仙鹤门赶庙会。说起打马桩、叠罗汉、扛大旗我太熟悉了，我记事的时候村里人就会这项活动，我们跟着跟着就学会了。打马桩、叠罗汉、扛大旗主要以仙林乡吕家山村民为主，我自己就参加过，当时参加打马桩的现在只剩下我了，其他的全死了。打马桩也叫叠罗汉，一个人骑在一个人的肩上，下面人抱住上面人的双腿，然后有一个人把前面两个人扶上自己肩上，叠成三层，最上面的一个人扛着一杆五丈布做的大旗在舞动、表演，旗子有红、黄、蓝、白、黑五种颜色，有时能叠成四个人，最上面是十来岁的小孩。以前一个乡分几个社，有什么上七社，下八社、后五社的，活动到哪，就叠成几个罗汉，就扛几面大旗，我们在打马桩叠罗汉，其余村民敲锣打鼓，打马桩的时候黑压压围得全是人，非常热闹。

◆东阳牛王庙庙会　东阳原为一古镇，历史悠久，传统庙会日为农历四月初二，对应的庙为牛王庙。关于牛王庙的来历，在东阳地区流传一则传说。相传听古时候有个将军，由于打了败仗，逃命逃到了摄山附近的七乡河，眼看自己马上被追兵追到了，他就急中生智，一跃就跳到正在河边饮水的水牛背上，并对牛说："牛啊，牛啊！您若能把我渡过河去，我今生永世不会把您忘记！我一定会好好报答您！"这将军话音刚落,追兵赶到,牛受惊了,立即下水,把将军渡过了河,将军感恩不尽,他刚爬上岸时,就见对岸射来的箭,密密麻麻,将军赶快往地下一趴,躲过了对方的箭;那条水牛呢,被射成个刺猬,不久便死了。

将军感到很内疚,他知晓,要不是为了救他,水牛绝不会死的!等追兵撤走后,他就到附近村庄挨家挨户打听那头牛的主人,后来打听到牛是姓赵的人家的,就赔了很多钱给赵家。尔后,为了永远纪念这头救过自己命的牛,他又出钱在那头牛遇难的地方盖了一座庙,起名叫牛王庙,在庙里修了个牛王菩萨。从此每年农历四月初二日,摄山一带的老百姓都要到牛王庙烧香磕头,求牛王菩萨保佑人畜兴旺,五谷丰登。

◆摄山庙会　摄山庙会因在原摄山镇政府所在地举行,便被称为摄山庙会,这是较普遍的一种说法。摄山庙会上会日是在每年的农历四月二十三,庙会所对应的庙在民间较难说得清楚,按照上面的说法,摄山镇政府所在地应有一对应的寺庙,摄山镇政府所在地为原朝阳行政村,这里曾有过寺庙。清乾隆《南巡盛典》记载,在龙潭与栖霞山行宫之间有一佛寺,名“保元寺”,但该寺在清末和民国期间的资料中已不见记载,或许该寺庙在太平天国期间就已毁弃。2009年,摄山中学在摄山星城建造期间,施工工地曾发掘到高僧寿塔基座及佛寺遗物,经考证为明代文物,说明附近曾有寺庙。作者以为,摄山庙会所对应的应是摄山庙。根据记载,早在江乘县存在之际,摄山山上即有一座摄山庙,摄山地区流传一则《仙人洞的传说》,记述的即为摄山庙的故事,后该庙移至山下,这与老人们所说摄山庙会原在摄山渡举行是相一致的。

◆燕子矶关帝庙庙会　定于农历五月十三为庙会日,据传这一天是关公的寿诞。燕子矶的关帝庙在多部地方史料中都有记述,被称为“寿后亭庙”,该庙位于今燕子矶公园门外东侧,20世纪末作者在燕子矶区文化馆工作期间,庙之主体建筑尚存。据传,当年陶行知创办的中国第一个乡村幼儿园(其时称为幼稚园)即利用燕子矶关帝庙庙舍。近年庙舍进行过改造,内容也从校舍改为饭店。今天从民国时期的老照片上还能看出关帝庙的面貌。

五月十三燕子矶庙会是栖霞区一年中的最后一个庙会,正值农村大忙季节,进入初夏,因此赶会的乡人买农具、买夏日用品的比较多。

◆蒋王庙庙会　蒋王庙位于紫金山主峰北麓,紧靠李文忠墓,该庙所在地现不属栖霞区的地域范围。二十多年前,蒋王庙庙会也曾属栖霞区行政管辖范围,区文管部门曾在蒋王庙周围进行过调查,为不使地方口碑史料丢失,权将该庙会的历史情况记录于此:

蒋王庙供奉的是蒋子文。三国时,蒋子文多次显灵,于是孙权封他为钟山山神,并将钟山改名为蒋山,于是有了蒋王庙。蒋王庙庙会日为每年的农历四月十八日,蒋王庙庙门前有一戏台,又称万年台,当地老人回忆,戏台有200年以上的历史,每逢庙会、盂兰会等盛大节日,都有唱戏活动,庙会期间连唱三天三夜。

相传蒋王庙地处内八社,每次看戏,规定内八社每户交一元钱,外八社每户交五角钱。新中国成立前,在蒋王庙戏台唱戏的主要有韩忠良(一说韩春良)、王山石京戏班。有一年,当地的一个董事长从夫子庙大舞台请了戏班来演《三请樊梨花》,戏班中有两个女演员参加演出,结果观众议论纷纷,后来戏台衰败,人们将其原因归在女人唱戏上。

新中国成立前,有个叫本仓的僧人负责蒋王庙的管理,日军侵华期间,日军曾要烧毁戏台,经众人力保,得已留存。新中国建立后,蒋王庙戏台被改为校舍,文化大革命中戏台被拆除。蒋王庙庙会一直延续举行,近年,蒋王庙庙会被玄武区人民政府公布为区级非物质文化遗产。

□管秋惠

往事钩沉

纪念中国人民抗日战争暨世界反法西斯战争胜利 70 周年

编者按:2015 年是中国人民抗日战争暨世界反法西斯战争胜利 70 周年。78 年前,日本军国主义政府发动“七七事变”,全面入侵中国。在家国民族生死存亡之际,古老的中华民族没有逆来顺受、甘以受耻,而是奋起反击,以血肉筑起钢铁长城,进行了长达 8 年的全面抗战,最终取得伟大胜利。今天,战争的硝烟虽已散去,但留给后人的思考经久不衰。作为一个地区的史志工作部门,既出于岗位职能更出于社会责任、民族情怀,栖霞区志办积极挖掘史料,编写抗日军民英勇抗争的事迹,纪念这场中国人民捍卫国家独立和民族尊严的英雄壮举,以更好地铭记历史,反思教训,总结经验,永葆和平。

金陵孤儿义勇军飞袭日寇汉奸

1937 年 7 月 7 日,日本侵略者悍然发动了全面侵华战争,给中国人民带来了前所未有的巨大灾难。1937 年 12 月 13 日,侵华日军野蛮侵入南京,制造了惨绝人寰的南京大屠杀惨案。战争和屠杀给国家民族带来无穷的灾难,也带来永远无法忘记的血泪、耻辱和悲痛。但中华民族从来不是逆来顺受、甘以受耻的民族,而是豪气干云天、慷慨赴国难、为保家卫国不惜生命的民族。今年是抗日战争胜利70周年，战争的胜利是无数先人奋不顾身的付出换来的，这其中就有一群金陵孤儿的付出。

民国初年，迈皋桥小红山有座寺庙，名为嘉善寺，已破败不堪，仅剩下几进殿庭和僧房，一些无家可归者常被收容于此。大约在上个世纪20年代后期，所收容的各地孤儿已有60余人，男女兼有，大的有17、18岁，小的才12、13岁。陶行知创办晓庄师范后，不仅本人来看望过孤儿们，还派晓庄师范的同学们到孤儿院来和孤儿们交流。而且他还通过各种社会关系，邀请一些专家、学者等社会名流来为孩子们讲课，在不知不觉中给孩子们灌输进步思想、爱国主义情感、民族气节等，这种传统一直保持到抗战期间。

民国26年(1937)，"七七事变"爆发的次日，全国掀起抗日浪潮。嘉善寺的孤儿自发组织起来，走上街头宣传抗日，他们还向东北抗日义勇军学习，组成一支抗日队伍，名为"金陵孤儿义勇军"，领头的孤儿叫钟华。他们随时准备走上前线去抗日，前前后后有60余人参加。南京保卫战前夕，嘉善寺里的孤儿们被陆续疏散，以钟华为首的义勇军战士们，不肯撤退，有的参加地方保安部队，有的参加地方抗日服务队，有的参加到红十字会做战地救护，全部投身抗战的洪流中去。有3个年龄较大的女孩随同通讯部队赴上海参加淞沪会战，上海失陷后回到南京，最后牺牲在保卫紫金山的战斗中。

南京沦陷后，孤儿们又重新陆陆续续回到嘉善寺来。这些经过战争洗礼的义勇军队员们，怀着对日寇的深仇大恨，对战友的深切怀念，在钟华等人的领导下重新聚集起来，拿起了武器，开始了"金陵孤儿义勇军"新的战斗历程。据石桥先生考证，他们曾利用清真寺小学的油印机印发抗日传单和标语，在南京城造成很大影响。民国27年(1938)春，义勇军战士混进劳工队，从敌伪仓库弄出枪支弹药、手雷和炸药包，出没于城内外，袭击单身敌人，晚上更是活跃在大街小巷，经常干掉巡逻的鬼子和汉奸，给城里的所谓"治安"造成极大的混乱。最出色的一次战斗是炸毁日伪军的一列军车，就在尧化门附近的沪宁线上，给敌人以沉重打击。

孤儿义勇军神出鬼没，给敌人造成了很多威胁，他们不断想方设法消灭这支令他们头痛、心惊的游击队。民国28年10月，金陵孤儿义勇军被敌人追捕，撤进小红山的一个山洞中，突围不成，最后引爆放在山洞里的炸药，20多名孤儿为国捐躯。这群青少年，这群无父无母的孤儿，在国家民族危难的关头，挺身而出，为抗日献出了最后一滴血，真正做到了"国家兴亡、匹夫有责"。

上元县抗日民主政权的对敌斗争

抗战期间，栖霞地区属于日伪军管控严密的重点沦陷地区，中国共产党领导的抗日军队在此地活动较少，但是作为抗战的中流砥柱，我党地下组织还是想方设法开展对敌斗争，在抗战后期还成立抗日民主政权。区地方志、档案部门经过查阅史料、寻访知情人，了解了一些这个存在时间不长但作用不小的政权的事迹。

1945年5月，为加强南京城东北方向的武装斗争，配合南京城内的地下工作，为抗日战争进入反攻阶段、解放南京做好准备，中共淮南区委决定，在南京东郊至镇江的沿江地区成立中共上元县委，至此，上元县抗日民主政权成立。上元县下辖尧化门、龙潭、栖霞、下蜀、南圩(长江北岸)五个区。

上元县抗日民主政权成立后，立即建立县武工队。武工队在下蜀——龙潭——栖霞山——尧化门铁路沿线一带活动，神出鬼没地打击敌人，机动灵活地配合各区干部开展抗日工作。先后在栖霞山火车站击毙作恶多端的日军翻译和便衣特务头子，在石埠桥端掉伪警察所，在龙潭袭击伪自卫团，以奔袭方式在下蜀捣掉伪军一个分队(约30人)。这些斗争既打击了敌伪嚣张气焰，又扩大了上元县委的影响。

为建立畅通无阻的南北交通线，上元县委派出民运干部到江南沿江一带做船民工作，争取船民为抗日部队服务。经过耐心细致的工作，船员们愿意为上元县党政军人员提供船只，并帮助搜集敌伪情报。在江北大河口，江轮票房负责人掩护新四军抗日民主政权人员通过长江和京沪铁路两道封锁线。有了这些"通道"，新四军抗日民主政权人员在敌人的眼皮底下来往自如。

1945年8月日本投降后，上元县抗日民主政权在京沪铁路沿线发动广大农民，开展减租减息斗争，掀起反封建斗争热潮。农民的阶级觉悟迅速提高，各乡农民协会相继成立，上元县抗日民主政权在京沪铁路沿线站稳了脚跟。

上元县抗日民主政权的一项重要工作就是分化和争取敌伪军，使敌伪人员为抗日服务。经过艰苦细致的工作，栖霞区石山渡水泥厂的日德翻译经常提供日军、德军情报，驻该厂的伪军分队长、某班长分别与我方建立联系，石埠桥伪军中队长、某班长也与我方建立联系，龙潭区伪区长戴光定还一度成为"两面"区长。

经过三个多月的努力，上元县抗日民主政权在南京城东北郊开辟了抗日游击根据地，它与南京西南方的江宁、横山抗日游击根据地相配合，对南京形成钳形包围之势，为新四军主力解放和接管南京做好准备。

1945年8月底，国共两党重庆谈判开始。中共为了表示谋求和平的诚意，决定让出南方八块解放区，9月底，中共淮南区委决定，撤销中共上元县委，上元县的党政人员撤到江北。

上元县抗日民主政权虽然只存在短短的四个月时间，但是做了许多卓有成效的工作，为抗日战争的胜利作出了不可磨灭的贡献，在抗战历史上谱写了光辉的一页。

新四军龙潭仓头伏击战

在八年的抗日战争中，中国共产党依据敌强我弱的实际情况开辟了敌后战场，随着战争深入，八路军、新四军紧紧依靠群众，有效消耗了日军的有生力量，将日本拖入持久战泥潭而不能脱身，使敌后战场逐渐上升成为中国抗战的主战场，并成为中国战场反攻的主要力量，可以说中国共产党是抗战当之无愧的中流砥柱。在栖霞的龙潭一带，我党领导的新四军曾经进行过一场伏击战。区地方志、档案部门经过查阅史料，再现了这次战斗的有关情况。

1939年10月初,日军开始向长沙进攻,江南方面兵力不足,只能固守原来据点。新四军第2支队决定趁机拔除敌人据点,打击日寇的嚣张气焰。

10月30日晚，第2支队第4团北越宁杭国道,进入栖霞地区。据侦察员报告：龙潭有日军50余人，绥靖队10余人;山口村有敌警戒部队(由龙潭来的)10余人,每天下午5点左右才来,到第二天5点后撤回龙潭。仓头有日军约20人,绥靖队约30人。火车通过时间是4点半(上海到南京)一次,5点半(南京到上海)一次,一直到晚上7点半仍通车,班次不一定。如发生战斗,龙潭日军必会出来增援。

新四军第2支队第4团首长决定在龙潭、仓头之间设伏,破坏铁路,歼灭由山口村回龙潭的警戒之敌，打击龙潭增援之敌。具体部署是:侦察连歼击从山口村出来的警戒之敌,并在炸毁火车时,前去缴获物资。特务连和警卫连为左翼,打击龙潭增援之敌，并将3枚地雷事先埋在山口村左侧一铁桥的铁轨下。由地方武装“句东北民众抗敌自卫团”担任仓头、下蜀方面的警戒任务。

11月3日夜,第4团按预定计划隐蔽进入伏击地区。拂晓前,各项任务布置妥当后,就埋伏在草地及战壕里。

4日5时许，耀武扬威的7名日军像平常一样从山口村出来。当他们毫无戒备地走到侦察连的预定射击地点时,侦察连一阵猛射,当场毙敌6人,仅1人逃走。

大约过了20分钟，仓头敌人倾巢出动,分三路从侧后包抄过来。其中最前面一路约20人,携有机枪与掷弹筒,向侦察连右边冲来。侦察连一个突击班全力抗击,敌军猝不及防,纷纷溃退。这时,指挥阵地吹响了冲锋号,突击班正要冲上前去缴械,因地形关系迟延了一下,火车又来了,故未前去。这时另两路敌人已抄到侦察连背后的山头,警戒班刚与之交火，便接到上级撤退的命令，于是侦察连全部撤下。与此同时,从南京开来的一列火车被地雷炸翻脱轨,车内日军死伤50余人，所载大米也倾入路边水沟内。

这次战斗,毙伤日伪军110余人,迫使沪宁铁路火车停开3天。

邑人档案

魔术表演艺术家——方振勇

生 平

方振勇,1949年生，出身于越剧艺术世家,自幼喜爱表演艺术,先后学习声乐、器乐、话剧小品、相声双簧、魔术等。1970年,正式拜师学习北方古典手彩戏法和西洋魔术，成为中国北派古典戏法第四代传人,掌握500余种大、中、小型魔术及传统戏法，创作多台大型魔术剧和魔术小品。自1989年起,多次参加江苏省及全国魔术大赛,获得过金、银奖。2002年,在中国杂技“金菊奖”第二届魔术大赛开幕式上，作为组委会唯一指定魔术师,表演中国古典“九连环”,并担任该次魔术大赛近台决赛主持。方振勇现为美国国际魔术协会会员，中国杂技艺术家协会会员,江苏省杂技家协会理事,江苏省魔术俱乐部副主任，江苏电视台“非常周末”整蛊计划魔术师,江苏地区魔术教学与研创专家，江苏综艺节目魔术嘉宾指导老师，江苏电视台《非常周末》、湖南卫视《金牌魔术团》、中央电视台《曲苑杂坛》、江苏少儿频道《聪明大发现》、中央电视台《我要上春晚》、河南卫视《魔亦有道》、广东卫视《哈罗中国》、福建卫视《好好学习吧》等电视台艺术栏目特邀嘉宾。

曲折的学艺经历

说起方振勇，熟悉他的人立马在脑海里浮现出方振勇的形象,瘦弱,两眼深邃而有神,头发稀疏,飘逸,艺术家大多喜爱这种扮相。按照他的话说,出生时体重很轻,也许是母亲缺少营养造成的,总之先天不足,出生后,家人祈盼未来的他有口饭吃即可,再也不会将他与“魔术大师”相联系。一个人不管命运如何,只要先天不足，注定了他一生要比常人付出更多,否则只能碌碌无为,平庸地走在人生路上。

按照人生的轨迹，方振勇本是个红二代,但是,命运总爱与他开玩笑。上世纪20年代,大革命的洪流滚滚,方振勇的父亲一个热血的青年，从浙江宁波涌入这股洪流。1927年,蒋介石发动四·一二政变,他父亲所在的队伍被冲散,他父亲与组织失去联系，以后便在上海的一个洋行里谋了个“打字”的行当。新中国建立后,方振勇的父亲去北京找到组织,被安排在中央商业部工作，享受科级干部待遇。可是他还是想回南方工作生活,几经辗转又被安排到南京，南京有个民国时期建的工厂,当时叫“中央化工厂南京工厂”,简称为“南京化工厂”,他的父亲便进了南京化工厂，在上海出生的方振勇，随父母亲迁往南京，南京成为他名副其实的故乡。

1965 年，方振勇毕业于燕子矶临江中学。文化大革命发生后，随着下放的洪流，到苏北盱眙县插队。此时的中国大陆上，处处都有“毛泽东思想文艺宣传队”。方振勇出生越剧艺术世家，受母亲的熏陶，吹拉弹唱，样样精通，尤其京戏唱得好，于是被安排进公社宣传队，负责宣传队的业务工作，被公社社员们敬称为“方导”。在这里方振勇遇到同样从南京下放到盱眙的专业团体艺人李万福，这里要补充交代一下：李万福，天津卫人，因家庭败落，成为流落街头的民间艺人，跑江湖一直跑到南京，南京夫子庙接纳了他。天津卫和南京是中国民间艺术最繁盛的两个窗口，也是公认的中国曲艺三分天下的两分天下，李万福在江湖历练中掌握了中国的古彩戏法，是北方穆派第三代传人。新中国建立后，艺人受到政府重视，南京成立百花曲艺团，李万福成为其中一员。方振勇认为自己的形象够不上“高大上”的典型标准，即便京戏演唱得再好，也不符合“艺术典型”的标准，于是，他把兴趣转移到民间艺术上。1970 年，方振勇正式拜师学艺，他的老师就是从南京百花曲艺团下放到盱眙的李万福先生，除了学习古彩戏法外，还兼学西洋魔术。

虽然古彩戏法在文化大革命中被视作“封资修”，但农民不管，认为古彩戏法表演比看样板戏有看头，方振勇便刻苦学习起古彩戏法，特别是古彩戏法中的九连环、三星归洞、仙人摘豆。忙时他和李万福一道种田，闲时一道传艺或是在公社的舞台上表演，好在当时方振勇单身一人，劳动中休息时练，下工回到知青屋里也练，方振勇不仅爱苦练，也爱钻研并有灵气，这是他未来成为魔术大师的根基。

数十年的磨练

文化大革命结束后，方振勇告别苏北的泥土，回到故乡，被安排在政府的房管部门，后来又调动到父亲所在的单位——南京化工厂，工作仍是管理房产。照常理说，成家立业的方振勇，不用再苦了，有了稳定的工作、稳定的收入。可是真正爱艺术的人惦念的是“舞台”，所谓“身在曹营心在汉”，方振勇就是这样的人，化工厂是化工部的大企业，厂里也有文艺舞台，工人需要文艺生活，他生活所在的栖霞区有栖霞区的舞台，南京市有南京的大舞台，方振勇对魔术孜孜以求，他离不开舞台，魔术被他着魔了。

方振勇从燕子矶起步，在工厂舞台上、社区广场上赢得笑声一片，逐步走向成熟，方振勇没有因为成功而藐视家乡的小舞台，只要需要，他都乐意在栖霞区社区、部队营房的小舞台为群众、为战士表演，也不讲任何条件，时常厂工会通知他，街道要他去演出，工具箱一拖就走，都是尽的义务，分文不取，他笑呵呵地自语：且当作练功吧。区里组织的送文化下乡，他随文艺小分队在乡间演出，除了魔术老行当外，根据需要，他还出演声乐、话剧小品、双簧、相声，这一练就是数十年，古话说得好：曲不离口，拳不离手。

方振勇多次在基层舞台表演

有一次，有人在医院病房里，看见一个人在练魔术，非常感动，写报道登载在报纸上，方振勇知道后，笑着说：“在医院里也得练啊，一日练一日功，一日不练十日空。”他经常对徒弟们说：“这玩意可是真功夫，台上一分钟，台下 10 年功。关键是要手快，没有别的秘诀，每学一个新魔术，至少要练 3 个月才能看不出破绽。”方振勇自从迷上魔术表演，每天都坚持“练功”，基本上没断过。数十年来，方振勇掌握了 500 余种大、中、小型魔术及传统戏法。创作多台大型魔术剧和魔术小品，终成为中国北派古典戏法第四代传人。

炉火纯青的魔术表演艺术

中国的民间艺术，本没有专业和业余之分，更没有学院派和山药蛋派之分，中国高等学府里至今没有开设过魔术专业，没有设立过古彩戏法的课程，而方振勇恰恰是在高校、在艺术部门的舞台上“传道授业”的专家。

自 1989 年起，方振勇多次参加江苏省及全国魔术大赛，获得过金、银奖。2002 年，在中国杂技“金菊奖”第二届魔术大赛开幕式上，作为组委会唯一指定魔术师，表演中国古典“九连环”，并担任该次魔术大赛近台决赛主持。他常年在南京地区大专院校中小学做魔术学术报告及魔术教学，2002 年担当港澳台三地魔术师南京专场魔术表演晚会主持人，2010 年个人魔术教学专辑《近景魔术入门》由南京音像出版社出版全省新华书店发行，2011 年 6 月担任首届南京高校大学生魔术比赛暨两岸四地魔术比赛南京地区选拔赛主评委，2011 年 6 月 10 日在江苏省文联主办的《名家讲坛》上主讲了魔术艺术的魅力，成为唯一登上《名家讲坛》的魔术师。

方振勇在校园里普及魔术知识

中国古彩戏法表演艺术家

在魔术界，号称有一种可以秒杀刘谦近景魔术的戏法，也是世界最早的魔术之一——距今约有4000年历史的古典戏法。这种戏法手头功夫极快，就算一帮人围着看，也看不出任何破绽，极具观赏价值。这就是中国的“古彩戏法”，这个艺术形态还入选了国家级非物质文化遗产名录。可以说，方振勇是中国南方唯一一位“古彩戏法”传人，甚至有行家说，他表演的据说是世界上只有他一个人能玩得转的“中国环”。

近百年来，随着中外艺人交流日益增多，国外魔术也大量地传入我国。人们对魔术的认识逐步偏向西方人的意识，甚至冷落了民族传统的艺术。他懂得，越是民族的才能越是世界的，他常告诫年轻魔术师：外国的魔术，有很多表演形式和套路，都是来源于中国古典戏法中的一些要素，我们既要学习西方人的魔术，更不应该忘记我们的传统艺术。中国的“古彩戏法”平中求奇，以出神入化的巧妙手法，从无到有，显示中国人的创造力量，这是中国戏法重要的艺术特色之一。方振勇在长期魔术生涯过程中，逐步形成对自己艺术追求的认知，他在他的名片上赫然地印着“中国古彩戏法表演艺术家”头衔，而不是“魔术师”字眼”。平日里，方振勇就在夫子庙民间艺术大观园为中外游客表演魔术，尤其喜爱向游客传授中国的古彩戏法，在重要的演出场所，他也是力推中国古彩戏法。

刘谦称他“铁环爷爷”

在南京夫子庙大观园里，游客看见魔术馆墙壁上挂着他和刘谦的合影。总感到好奇，方振勇总爱解释说：“这孩子每次见我，都喊我‘铁环爷爷’。”方振勇心里明白，刘谦就是被他的《巧结连环》节目所折服，敬称他为“铁环爷爷”，这“铁环爷爷”其实不仅是对自己艺术水平的肯定，更是对中国传统戏法的尊重。方振勇能表演数百个魔术，但最拿手的魔术是“中国环”。经常可见他用几个铁圆环在他手中，想合就合、想分就分，丝毫不着痕迹，看得人眼花缭乱。方振勇爱说：“这是绝活，除了我没人玩得转。”方振勇在讲坛上少不了要介绍这一技艺：“中国环”属于手法魔术，全靠手法熟练才能练就。他为了练成这手绝活，花了好几年的功夫。方振勇伸出手掌让观众看：“我手掌上的肌肉比较厚，非常灵活，这可是几十年的功力啊。”2014年，方振勇还将《九连环》带到央视《我要上春晚》节目，赢得观众好评。 □管秋惠

方振勇在《我要上春晚》节目上

统计资料

综　合

2014年栖霞区基本情况

表45

指　标	计量单位	数值	指　标	计量单位	数值
一、街道办事处	个	9	五、地区生产总值	亿元	772.71
居民委员会	个	85	其中:规模以上工业企业增加值	亿元	446.51
村民委员会	个	30	人均地区生产总值(按常住人口所在地评价口径计算)	万元	11.57
二、户籍总户数	户	151378	六、全社会固定资产投资	亿元	460.17
户籍总人口数	人	443807	七、社会消费品零售总额	亿元	196.30
其中:乡村人口	人	75119	八、实际使用外资	亿美元	5.08
女性人口	人	221569	九、进出口总额	亿美元	129.04
年末常住人口	万人	66.80	其中:出口总额	亿美元	55.69
出生率	‰	11.46	十、财政总收入	亿元	166.50
死亡率	‰	5.23	其中:地方财政公共预算收入	亿元	77.20
人口自然增长率	‰	6.22	十一、财政总支出	亿元	72.52
三、土地总面积	平方公里	395.44	其中:地方财政公共预算支出	亿元	49.26
其中:耕地	公顷	8030	十二、城市居民人均可支配收入	元	41179.30
四、人口密度	人/平方公里	1689	农村居民人均可支配收入	元	18913.90

2014年栖霞区国民经济主要结构指标

表46　单位:%

指　标	数值	指　标	数值
一、人口:1.城乡结构:城镇人口	83.07	三、国民经济产业结构:第一产业	0.91
乡村人口	16.93	第二产业	64.77
2.性别结构:男	50.08	第三产业	34.32
女	49.92	四、农业总产值结构:农业	82.01
二、就业:1.产业结构:第一产业	4.52	林业	0.77
第二产业	41.49	牧业	7.20
第三产业	53.99	渔业	6.93
2.经济类型:国有单位	22.67	农林牧渔服务业	3.09
城镇集体单位	2.54	五、工业总产值经济类型结构:国有工业	1.23
其他私营企业和个体劳动	70.92	集体工业	0.05
乡村劳动者	3.87	其他经济类型	98.72

注:人口结构按户籍人口分类。

2014年栖霞区生产总值构成情况

表47 单位:亿元

指标	2014年增加值(现价)	同比增减%(可比价)	指标	2014年增加值(现价)	同比增减%(可比价)
地区生产总值	772.71	10.4	住宿和餐饮业	6.57	8.3
第一产业	7.01	5.4	住宿业	0.19	1.0
第二产业	500.53	9.9	餐饮业	6.38	9.0
工业	454.65	9.0	金融业	62.99	13.0
规模以上	446.51	9.1	房地产业	41.56	5.0
规模以下	8.14	6.5	房地产开发经营业	32.72	4.0
建筑业	45.88	21.0	物业管理与房地产中介服务业	1.94	17.4
第三产业	265.17	11.8	居民自有住房	6.90	10.0
交通运输、仓储和邮政业	30.24	21.0	其他服务业	91.75	11.5
信息传输、计算机服务和软件业	6.81	25.4	其他营利性服务业	15.21	4.0
批发和零售业	25.25	11.0	其他非营利性服务业	76.54	13.2
批发业	11.75	11.5	公共管理和社会组织	15.29	1.0
零售业	13.50	10.5	除公共管理和社会组织外的非营利性服务业	61.25	18.0

人 口

2014年栖霞区人口及其变动情况

表48

指标	单位	数值	比上年增长(%)
年末户籍总户数	户	151378	2.55
年末户籍总人口数	人	443807	1.67
其中:男	人	222238	1.49
女	人	221569	1.85
性别比	女性为100	100.30	-0.37
其中:乡村人口	人	75119	-1.92
全年出生人口	人	5044	27.73
出生率	‰	11.46	26.21
全年死亡人口	人	2304	2.26
死亡率	‰	5.23	0.97
全年自然增长人口	人	2740	61.56
自然增长率	‰	6.22	59.49
年末常住人口	万人	66.80	0.59

注:本表除“年末常住人口”外,其余指标均为户籍人口资料。

2014年栖霞区计划生育情况

表49　单位:人

指　标	数值	比上年增长(%)
一、生育情况:1.出生人数	3240	16.38
其中:女性	1484	17.13
(1)一孩	2991	11.65
其中:女性	1377	12.96
(2)二孩以上	249	137.14
其中:女性	107	122.92
2.计划生育率(%)	99.63	-0.12
3.计划外出生人数	12	71.43
其中:女性	7	133.33
二、节育情况:1.年末育龄妇女	167035	-5.05
其中:已婚育龄妇女	127461	-5.00
2.只有一个孩子的妇女	99645	-1.62
三、晚婚情况:1.年末初婚女性	1965	-18.80
其中:20~22周岁	353	-29.68
23周岁以上	1610	-16.06
2.晚婚率(%)	81.93	2.67

注:本表数据由区人口和计划生育局提供。

农　业

2014年栖霞区农业总产值、增加值情况

表50　单位:万元

指　标	总产值		增加值
	现行价	可比价	
农林牧渔业总值	121141	114462	70076
一、农业	99342	93340	58729
(一)谷物及其他作物	12336	11781	–
其中:谷物(原粮)	10683	–	–
油料作物	915	–	–
(二)蔬菜、园艺作物	85078	79781	–
其中:蔬菜	76690	–	–
花卉及其他园艺	8326	–	–
(三)水果、坚果、饮料和香料	1928	1778	–
二、林业	931	902	493
三、畜牧业	8726	8741	3456
(一)大牲畜饲养	1917	1888	–

续表 50

指　　标	总产值		增加值
	现行价	可比价	
其中:奶牛	1681	–	–
(二)生猪饲养	576	590	–
(三)家禽饲养	1353	1331	–
其中:肉禽	694	–	–
蛋类	659	–	–
(四)其他畜牧业	4880	4932	–
四、渔业	8402	7871	5385
五、农、林、牧、渔服务业	3740	3608	2013

2014 年栖霞区种植业生产情况

表 51

指　　标	播种面积(亩)		单位面积产量(公斤/亩)		总产量(吨)
		折合(公顷)		折合(公斤/公顷)	
农作物种植合计	197800	13187	–	–	–
一、粮食作物合计	85762	5718	421	6315	36106
(一)夏收粮食	37633	2509	332	4980	12506
其中:小麦	37050	2470	335	5025	12414
蚕豆	583	39	158	2370	92
(二)秋收粮食	48129	3209	490	7350	23596
其中:稻谷	29893	1993	577	8655	17243
玉米	13132	876	405	6075	5322
大豆	4476	298	158	2370	707
薯类(五折)	628	42	516	7740	324
二、油料合计	7950	530	159	2385	1262
其中:油菜籽	7950	530	159	2385	1262
三、蔬菜(含菜用瓜)	100355	6690	1415	21225	141983
四、瓜果类	1944	130	1926	28890	3744
其中:西瓜	1312	88	2067	31005	2712
甜瓜	390	26	1664	24960	649
五、其他农作物	1789	119	–	–	–
其中:青饲料	1789	119	–	–	–

2014 年栖霞区林业生产情况

表 52

指　　标	单位	数值	比上年增长(%)
年末实有林地面积	公顷	10513	2.4
当年造林面积	公顷	243	57.0
木材采伐	立方米	–	–
年末实有果园面积	公顷	40	0.0

注：本表数据由区农业局提供。

2014 年栖霞区畜牧业生产情况

表 53

指　　标	单位	当年出栏数	年末存栏数	肉和奶蛋产量(吨)
一、大牲畜	头	96	773	26
其中：牛	头	96	773	26
1.乳牛	头	96	773	26
2.水牛	头	0	0	0
二、猪	头	4400	2930	286
三、羊	只	1700	2095	25
其中：山羊	只	1700	2095	25
四、家禽	万只	31.65	17.3	534
附：奶类产量	吨	–	–	3024
其中：牛奶产量	吨	–	–	3024
禽蛋产量	吨	–	–	1359

注：本表数据由区农业局提供。

2014 年栖霞区渔业生产情况

表 54

指　　标	单位	数值	比上年增长(%)
一、街道办渔场	个	5	0
二、村办渔场院	个	19	0
三、淡水养殖面积	亩(公顷)	15240(1016)	0
四、淡水产品产量	吨	4856	1.59
1.养殖产量	吨	4806	1.33
其中：鱼类	吨	4215	0.98
虾、蟹类	吨	521	–8.44
2.捕捞产量	吨	50	35.13
五、渔船拥有量	艘	108	0
1.机动渔船	艘	24	0
2.非机动渔船	艘	84	0

注：本表数据由区农业局提供。

工　业

2014年栖霞区规模以上工业主要指标情况

表55　　单位:万元

指　　标	数值	比上年增长(%)	指　　标	数值	比上年增长(%)
企业单位数(个)	240	-8.75	负债总额	7342431.7	-7.26
其中:亏损企业数(个)	83	7.79	主营业务收入	23592446.7	-2.21
亏损企业净亏损额	1196037	-18.95	主营业务成本及费用	21711725.8	-2.38
工业总产值(现价)	24204888	0.04	利税总额	929661.2	-10.39
资产总额	13130704.9	-0.93	其中:利润总额	617260.5	-10.96

固定资产投资和建筑业

2014年栖霞区全社会固定资产投资情况

表56　　单位:万元

指　　标	累计完成	比上年增长(%)	指　　标	累计完成	比上年增长(%)
全社会投资总额	4601741	12.84	其中:工业投资	2101106	-17.39
1.城镇固定资产投资	3201332	-1.66	第三产业	2498085	63.13
2.房地产开发投资	1400409	70.26	按经济类型分:国有经济	2880560	89.51
3.农村非农户投资	0	-	非国有经济	1721181	-32.71
按产业分:第一产业	0	-	其中:民间投资	1584853	-24.55
第二产业	2103656	-17.29	其中:私、个经济	1432320	1.04

2014年栖霞区房地产开发企业基本情况

表57

指　　标	单位	数值	比上年增长(%)
一、企业单位数	个	41	7.89
二、本年完成投资	万元	1400409	70.26
其中:配套工程投资	万元	-	-
其中:国有经济控股	万元	592471	51.28
三、按工程用途分:住宅	万元	1224588	84.24
商业用房	万元	31139	-53.03
办公用房	万元	35374	31.78
其他	万元	109308	68.99
四、本年新增固定资产	万元	511540	-11.31
五、房屋施工面积	万平方米	581.32	16.90
其中:住宅面积	万平方米	460.52	25.15
六、房屋竣工面积	万平方米	135.40	92.75

续表 57

指　标	单位	数值	比上年增长(%)
其中:住宅面积	万平方米	99.70	88.53
七、商品房销售面积	万平方米	111.09	9.75
其中:住宅面积	万平方米	106.30	10.01
八、商品房销售额	万元	1334290	-7.21
其中:住宅销售额	万元	1282409	-6.66

商贸业

2014 年栖霞区社会消费品零售总额情况

表 58　单位:万元

指　标	累计完成	比上年增长(%)	指　标	累计完成	比上年增长(%)
社会消费品零售总额	1962960.7	14.30	其中:住宿业	6221.3	28.69
1.批发业和零售业	1861568.9	14.95	餐饮业	95170.5	2.24
其中:批发业	194246.9	-3.48	2.限上企业	1696786.2	11.99
零售业	1667322.0	17.57	限下企业	266174.5	31.62
住宿业和餐饮业	101391.8	3.54			

2014 年栖霞区限额以上批发和零售业、住宿和餐饮业基本情况

表 59

指　标	法人企业(个)	营业面积(平方米)	年末从业人员(人)
总计	194	286409	11597
一、批发和零售业	157	183274	9034
(一)批发业	90	28097	4632
其中:国有控股	5	3050	994
内资企业	83	27497	4209
有限责任公司	12	3860	1319
股份有限公司	1	9743	347
私营企业	70	13894	2543
港澳台投资企业	4	100	131
外商投资企业	3	500	292
(二)零售业	67	155177	4402
其中:国有控股	5	28652	443
内资企业	64	142787	3284
集体	2	1298	64
有限责任公司	13	41977	871
股份有限公司	1	1000	14
私营企业	45	97883	2192

续表 59

指　　标	法人企业(个)	营业面积(平方米)	年末从业人员(人)
其他内资	3	629	143
港澳台投资企业	1	3750	857
与港澳台合资经营	0	750	561
港澳台商独资	1	2000	246
其他港澳台投资	0	1000	60
外商投资企业	2	8640	261
中外合资经营	1	40	39
外资企业	1	8600	222
二、住宿和餐饮业	37	103135	2563
(一)住宿业	7	20100	374
1.内资企业	7	20100	374
国有企业	0	1000	108
有限责任公司	3	7300	131
私营企业	4	11800	135
2.旅游饭店	3	7900	243
一般旅馆	4	12200	131
3.三星	1	1500	165
其他	6	18600	209
4.独立门店	5	18000	303
连锁总店(总部)	1	800	14
其他	1	1300	57
(二)餐饮业	30	83035	2189
其中:国有控股	2	3300	234
1.内资企业	29	77978	1824
国有企业	2	3300	234
有限责任公司	2	4000	211
股份有限公司	0	29628	113
私营企业	25	41050	1266
港澳台投资企业	0	57	10
外商投资企业	1	5000	355
2.正餐服务	25	49690	1801
快餐服务	4	33088	357
饮料及冷饮服务	1	257	31
3.独立门店	25	44910	1573
连锁门店	1	2957	213
其他	4	35168	403

2014年栖霞区限额以上批发和零售业经营情况

表60　单位:万元

指　标	购进总额	销售总额			营业收入	利润总额	纳税额	亏损企业(个)	亏损总额
			批发额	零售额					
总计	5440460.5	5748710.6	4327166.8	1421543.8	4863470.5	4661.8	37314.6	55	36088.8
(一)批发业	4222721.2	4347636.3	4162335.5	185300.8	3838210.8	-4870.9	21861.8	37	30126.9
其中:国有控股	183135.6	206742.0	186965.3	19776.7	196169.1	-310.3	1365.8	1	1453.8
内资企业	3832907.2	3929585.5	3753620.0	175965.5	3445701.7	-6704.8	16633.9	34	22959.2
有限责任公司	423891.5	467933.8	431998.8	35935.0	418463.5	-9302.7	5541.8	6	11822.1
股份有限公司	215126.1	215022.2	157266.1	57756.1	9354.9	-13.5	57.1	1	13.5
私营企业	3193889.6	3246629.5	3164355.1	82274.4	3017883.3	2611.4	11035.0	27	11123.6
港澳台投资企业	163713.5	175482.4	170476.7	5005.7	153350.8	321.6	470.2	2	651.7
与港澳台商合资经营	47535.7	51833.5	46827.8	5005.7	47596.1	-97.0	330.1	2	651.7
港澳台商独资	116177.8	123648.9	123648.9	0.0	105754.7	418.6	140.1	0	0.0
外商投资企业	226100.5	242568.4	238238.8	4329.6	239158.3	1512.3	4757.7	1	6516.0
中外合资经营	43157.2	46769.5	46769.5	0.0	44786.6	-4685.0	337.4	1	6516.0
外资企业	182943.3	195798.9	191469.3	4329.6	194371.7	6197.3	4420.3	0	0.0
(二)零售业	1217739.3	1401074.3	164831.3	1236243.0	1025259.7	9532.7	15452.8	18	5961.9
其中:国有控股	328355.3	346335.8	121495.4	224840.4	164742.3	1413.3	2020.1	1	1874.6
内资企业	1035247.0	1185368.4	164831.3	1020537.1	898014.7	8374.0	13066.2	16	5260.9
集体企业	20517.9	20654.9	0.0	20654.9	17653.9	46.2	163.0	0	0.0
有限责任公司	455530.6	469741.7	99503.6	370238.1	276692.9	810.0	3253.0	3	2088.9
股份有限公司	64489.9	66601.0	29970.4	36630.6	56924.0	1698.3	571.6	0	0.0
私营企业	491713.2	624911.1	34884.7	590026.4	542457.5	5733.8	9078.6	13	3172.0
其他	2995.4	3459.7	472.6	2987.1	4286.4	85.7	0.0	0	0.0
港澳台投资企业	166881.4	197654.6	0.0	197654.6	108951.5	1859.7	2000.4	0	0.0
与港澳台商合资经营	18078.9	23365.3	0.0	23365.3	0.0	0.0	0.0	0	0.0
港澳台商独资	148802.5	133658.1	0.0	133658.1	108951.5	1859.7	2000.4	0	0.0
其他港澳台投资	0.0	40631.2	0.0	40631.2	0.0	0.0	0.0	0	0.0
外商投资企业	15610.9	18051.3	0.0	18051.3	18293.5	-701.0	386.2	2	701.0
中外合资经营	5509.7	6073.8	0.0	6073.8	6073.8	-610.8	20.0	1	610.8
外资	10101.2	11977.5	0.0	11977.5	12219.7	-90.2	366.2	1	90.2

2014年栖霞区限额以上住宿和餐饮业经营情况

表61 单位:万元

指 标	营业额总计	年末拥有床位(个)	年末拥有餐位(个)	年末拥有客房和公寓(间)	营业收入	利润额	纳税额	亏损企业(个)	亏损总额
总计	57873.6	2674	23078	1519	42312.4	-1448.2	2408.1	17	2496.3
(一)住宿业	7746.0	1545	1750	914	5050.4	-180.0	275.2	3	450.4
1.内资企业	7746.0	1545	1750	914	5050.4	-180.0	275.2	3	450.4
国有	2610.5	237	350	152	0.0	0.0	0.0	0	0.0
有限责任公司	2063.0	518	630	289	2063.8	-162.2	129.8	1	354.4
私营企业	3072.5	790	770	473	2986.6	-17.8	145.4	2	96.0
2.旅游饭店	4780.5	957	1640	545	2156.7	-450.4	102.2	3	450.4
一般饭店	2965.5	588	110	369	2893.7	270.4	173.0	0	0.0
3.三星级	3255.2	447	900	251	644.7	-354.4	41.9	1	354.4
其他	4490.8	1098	850	663	4405.7	174.4	233.3	2	96.0
4.独立门店	6054.0	1037	1150	617	3371.7	-139.3	204.3	2	388.7
连锁总店(总部)	415.6	128	0	90	415.6	21.0	23.8	0	0.0
其他	1276.4	380	600	207	1263.1	-61.7	47.1	1	61.7
(二)餐饮业	50127.6	1129	21328	605	37262.0	-1268.2	2132.9	14	2045.9
其中:国有控股	2590.5	95	2100	55	2528.6	161.2	93.8	1	84.5
1.内资企业	39068.5	1129	16322	605	26503.7	-923.8	1530.0	13	1701.5
国有企业	2590.5	95	2100	55	2528.6	161.2	93.8	1	84.5
有限责任公司	2893.9	322	1100	191	2894.2	-227.0	162.6	2	227.0
股份有限公司	12432.1	99	4300	50	0.0	0.0	0.0	10	1390.0
私营企业	21152.0	613	8822	309	21080.9	-858.0	1273.6	0	0.0
港澳台投资企业	300.8	0	6	0	0.0	0.0	0.0	0	0.0
外商投资企业	10758.3	0	5000	0	10758.3	-344.4	602.9	1	344.4
2.正餐服务	33706.5	1030	14581	555	33675.7	-1546.5	1963.6	14	2045.9
快餐服务	15929.1	99	6621	50	3435.1	266.0	152.5	0	0.0
饮料及冷饮服务	492.0	0	126	0	151.2	12.3	16.8	0	0.0
3.独立门店	29327.7	848	12569	464	29256.6	-958.8	1726.5	12	1468.9
连锁门店	4708.1	0	1749	0	4407.3	-354.1	243.9	1	354.1
其他	16091.8	281	7010	141	3598.1	44.7	162.5	1	222.9

财 政

2014 年栖霞区财政收入情况

表 62 单位:万元

指 标	数值	比上年增长(%)	指 标	数值	比上年增长(%)
财政收入合计	1665034	11.40	其中:税收收入	716402	12.44
一、上解中央收入	893052	10.78	非税收入	55580	8.27
二、地方财政公共预算收入	771982	12.13	–	–	–

注:本表数据来源于区财政局。

2014 年栖霞区财政支出情况

表 63 单位:万元

指 标	2014 年	同比增减%	指 标	2014 年	同比增减%
总计	725170	–5.19	14.商业服务业	6237	6.31
公共财政预算支出	492625	7.93	15.金融监管等事务	0	–
1.一般公共服务	47032	–5.76	16.援助其他地区	2662	7.82
2.国防	22	120.00	17.国土资源气象等事务	513	7.55
3.公共安全	18150	6.93	18.住房保障支出	4902	15.45
4.教育	71319	9.76	19.粮油物资储备事务	0	–
5.科学技术	35136	8.65	20.其他支出	6043	–44.90
6.文化体育与传媒	7101	18.98	基金预算支出	232545	–24.59
7.社会保障和就业	41786	8.35	1.教育	21019	4.00
8.医疗卫生	24470	25.86	2.社会保障和就业	126	–86.71
9.环境保护	10218	12.10	3.城乡社区事务	209361	–26.29
10.城乡社区事务	149437	15.74	4.农林水事务	285	–86.22
11.农林水事务	35883	–1.83	5.资源勘探电力信息等事务	0	–
12.交通运输	6529	15.41	6.其他支出	1754	61.51
13.资源勘探电力信息等事务	25185	5.79	–	–	–

注:本表数据由区财政局提供。

教科文卫体事业

2014 年栖霞区普通教育事业情况

表 64

指 标	学校(所)	班级(个)	学生(人)	教职工(人)		毕业学生(人)	备 注
					专任教师		
一、中学	18	374	12640	1796	1531	4137	
其中:1.初中	14	275	9242		1116	2844	
2.高中	4	99	3398		415	1293	完中 1 所,十二年一贯制 1 所

续表 64

指　　标	学校(所)	班级(个)	学生(人)	教职工(人)		毕业学生(人)	备　　注
					专任教师		
二、职高(电大)	1	56	1728	224	195	557	
三、小学	34	701	25808	1956	1746	3372	
四、幼儿园	70	556	17467	2324	1166	4992	学生数含办园点

注:本表数据由区教育局提供。

2014 年栖霞区文化事业情况

表 65

指　　标	单位	数值	比上年增长(%)
一、图书馆:藏书	册	94307	17.26
书架单层总长	米	1849	0.00
发放借书证	本	109	-90.32
书刊外借	册次	13670	-27.84
新购图书	册	13880	157.61
二、文化馆:举办展览数	个	6	20.00
组织文艺活动	次	55	-21.43
举办训练班	班次	1	0.00
街、镇文化站	个	9	0.00
群众业余演出团队	个	72	0.00
三、文物管理:文物保护单位	个	59	-3.28
四、电影放映	场	432	-5.05
五、广播电视:街、镇电视站	个	0	–
有线电视光缆主干线	公里	3735	82.20
光缆联网街镇	个	9	0.00
有线电视用户终端	户	198100	0.56
宽带网用户	户	3800	2011.11

注:本表数据由区文化旅游局提供。

2014 年栖霞区卫生事业情况

表 66

指　　标	医疗机构(个)	实有床位(张)	工作人员(人)	卫生技术人员	
					执业(助理)医师
总计	183	1951	3926	3281	1228
一、医院	16	1618	2664	2209	725
其中:综合医院	14	813	1287	1090	386
中西医结合医院	1	705	1256	1025	312
专科医院	1	100	121	94	27

续表 66

指　标	医疗机构(个)	实有床位(张)	工作人员(人)	卫生技术人员	执业(助理)医师
二、社区卫生服务中心(站)	45	333	793	629	249
三、门诊部(所)(含诊所)	119	0	393	378	224
四、疾病预防控制中心(防疫站)	1	0	35	30	17
五、妇幼保健院(所、站)	1	0	23	19	13
六、卫生监督所(局)	1	0	18	16	0

注:本表数据由区卫生局提供。

2014年栖霞区体育事业情况

表 67

指　标	单位	数值	比上年增长%
体育系统职工	人	10	0.00
其中:教练员	人	5	0.00
青少年业余体校	所	1	0.00
专职教练员	人	5	0.00
运动员	人	290	45.00
其中:田径运动员	人	70	–
跆拳道散打运动员	人	100	42.86
柔道运动员	人	60	20.00
射击运动员	人	30	-40.00
击剑运动员	人	30	0.00
举行各类体育竞赛	次	25	-7.41
参加全国、省、市体育竞赛	次	40	60.00
获金牌	枚	41	13.89
获银牌	枚	30	66.67
获铜牌	枚	32	-40.74
向省、市输送体育人才	人	54	0.00

注:本表数据由区体育局提供。

2014年栖霞区专利申请量与授权量情况

表 68　单位:件

指　标	数量	比上年增长(%)	指　标	数量	比上年增长(%)
专利申请量	5060	41.22	专利授权量	1682	28.89
其中:发明	2744	65.8	其中:发明	350	3.24
实用新型	1659	36.66	实用新型	1145	58.37
外观设计	657	-7.98	外观设计	187	-23.04

注:本表数据由区科技局提供。

2014 年栖霞区新增高新技术企业和产品情况

表 69 单位:个

指　　标	数量	比上年增长(%)
高新技术企业	20	0.25
高新技术产品	82	0.09

注:本表数据由区科技局提供。
注:本表数据不含经济开发区数据。

人民生活

2014 年栖霞区城镇居民家庭抽样调查现金收支情况

表 70 单位:元/人

指　　标	数值	比上年增长(%)	指　　标	数值	比上年增长(%)
一、可支配收入	41179.3	8.80	(二)衣着	1828	4.70
(一)工资性收入	24787.3	8.39	(三)居住	6621	6.43
(二)经营性收入	3665	10.86	(四)生活用品及服务	1660	5.13
(三)财产性收入	4380	9.58	(五)交通通信	4086	6.38
(四)转移性收入	8347	8.71	(六)教育文化娱乐	5565	28.17
二、消费支出	30665.5	7.62	(七)医疗保健	2474	-9.21
(一)食品烟酒	7236.5	4.32	(八)其他用品和服务	1195	8.24

2014 年栖霞区城镇居民家庭抽样调查住房情况

表 71

指　　标	数值(%)	比上年增长(%)	指　　标	数值(%)	比上年增长(%)
1.家庭居住人口数(人/户)	2.84	0.0	未装修	0	0.0
2.现住房总建筑面积(平方米/人)	30.8	-2.0	6.饮水情况(%)	100	0.0
3.房屋产权(%)	100	0.0	自来水	100	0.0
租赁公房	0	0.0	矿泉水	0	0.0
租赁私房	10	0.0	其他	0	0.0
原有私房	40	-3.0	7.用水情况(%)	100	0.0
房改私房	11	-2.0	独用自来水	100	0.0
商品房	39	5.0	公用自来水	0	0.0
其他	0	0.0	8.卫生设备(%)	100	0.0
4.住宅建筑式样(%)	100	0.0	无卫生设备	1	0.0
单栋住宅	19	0.0	有厕所浴室	96	0.0
四居室	2	0.0	有厕所无浴室	2	1.0
三居室	23	0.0	公用	1	-1.0
二居室	48	-1.0	9.取暖设备(%)	100	0.0
一居室	3	0.0	无取暖设备	24	1.0

续表 71

指　标	数值(%)	比上年增长(%)	指　标	数值(%)	比上年增长(%)
普通楼房	0	0.0	空调设备	76	-1.0
平房及其他	5	1.0	暖气	0	0.0
5.装修状况(%)	100	0.0	其他	0	0.0
有装修	100	0.0			

2014 年栖霞区农村居民家庭抽样调查人均收支情况

表 72　单位:元/人

指　标	数值	比上年增长(%)	指　标	数值	比上年增长(%)
一、可支配收入	18913.9	10.30	二、消费支出	16073	11.40
(一)工资性收入	13279.9	10.47	(一)食品消费	5272	10.61
1.工资	12271.9	10.45	(二)衣着	770	7.39
2.实物福利	23	9.52	(三)居住	2447	-4.45
3.其他	985	10.67	(四)生活用品及服务	645	14.97
(二)经营净收入	2977	10.06	(五)交通和通讯	3104	8.91
1.第一产业经营净收入	2237	10.09	(六)教育文化娱乐	2951	37.45
2.第二产业经营净收入	0	-	其中:教育费用	1782	58.97
3.第三产业经营净收入	740	9.96	(七)医疗保健	452	10.24
(三)财产净收入	1817	9.92	其中:医疗服务费用	298	12.03
(四)转移净收入	840	9.38	(八)其他用品和服务	432	3.85

附　录

2010~2014 年栖霞区居民收入对比情况

表 73　计量单位:元

年份	农村居民人均可支配收入		城镇居民人均可支配收入	
	数值	比上年增长%	数值	比上年增长%
2010 年	12679	11.6	26026.46	21.98
2011 年	14898	17.5	29750.87	14.31
2012 年	16775	12.6	33678.27	13.20
2013 年	18763	11.9	36911	9.60
2014 年	18913.9	0.8	41179.3	11.56

2014年南京市各区主要经济指标对比情况

表74

区县名称	地区生产总值		地方财政公共预算收入		规模以上工业企业总产值		全社会固定资产投资		社会消费品零售总额		利用外资		农村居民人均可支配收入		城市居民人均可支配收入	
	累计完成(亿元)	比上年增长%	累计完成(亿元)	比上年增长%	累计完成(亿元)	比上年增长%	累计完成(亿元)	比上年增长%	累计完成(亿元)	比上年增长%	累计完成(万美元)	比上年增长%	人均累计实现(元)	上年比增长%	人均累计实现(元)	比上年增长%
玄武	482.49	10.3	43.97	6.0	38.67	3.7	111.59	2.4	390.72	13.2	17153	12.7	–	–	47376	8.7
秦淮	567.23	10.4	60.54	10.3	184.70	6.3	200.34	8.4	759.86	13.2	6223	–75.9	–	–	43306	8.7
建邺	253.71	10.6	70.39	12.5	13.85	–45.2	372.59	8.0	158.15	14.1	25146	–66.5	–	–	41481	8.8
鼓楼	906.94	10.5	80.05	7.3	139.13	3.7	254.46	10.7	715.54	13.3	49226	192.4	–	–	46597	8.9
浦口	635.96	10.9	83.09	10.2	1312.22	15.5	808.35	9.9	214.16	14.4	27224	–34.4	17874	10.4	40289	8.9
栖霞	772.71	10.4	77.20	15.3	2420.49	0.0	460.17	12.8	196.30	14.3	50771	–48.5	18914	0.8	41179	11.6
雨花台	364.38	10.4	51.95	18.1	168.83	–4.6	237.11	–7.1	243.83	14.4	16504	1.7	18879	10.1	41039	8.9
江宁	1405.61	10.9	166.82	13.0	2828.87	11.9	900.10	3.7	379.58	14.3	71787	–15.5	18108	10.2	41331	8.8
六合	710.79	10.3	64.99	6.2	1686.89	7.2	725.58	6.4	309.29	14.1	38490	–4.3	17233	10.3	39363	8.9
溧水	515.58	10.7	41.07	18.5	887.84	10.9	460.41	7.7	140.66	14.2	14521	–19.6	17233	10.3	37659	9.0
高淳	475.61	10.7	29.37	20.3	801.23	11.6	395.06	10.9	154.79	14.2	12051	8.8	17692	10.4	38530	8.7

索 引

说 明

1.本索引采用分析索引方法，按索引词首字汉语拼音音序排列，首字音序相同，按第二字音序排列，依此类推。

2.凡编目、类目、分目、副分目标题和人名作索引词的均用黑体字标明。

3.索引词后标的阿拉伯数字表示内容所在页码；数字后的拉丁字母a、b、c分别表示左、中、右栏；索引词后括注“图”、“表”字样的为图或表。

4.索引词后第二个及其后的页码表示“参见”内容的所在位置，缩后两格排印的索引词为相关主索引词的“附见”内容。

5.“特载”“大事纪要”和“综录”等编目的部分内容未作索引。

E

F

G

H

O

P

Q

Z

国之瑰宝

明征君碑

（『魅力栖霞』系列之九）

明征群碑全称为“摄山栖霞寺明征君之碑”，安厝在南京栖霞古寺寺门右侧的碑亭之中，为江南地区史学、书法美学、地质学价值最高，且又保存最为完好的一通唐碑。2001年，被国务院公布为全国重点文物保护单位，是当之无愧的“国之瑰宝”。

明征君碑碑主明僧绍，号栖霞，山东平原人。南齐时到都城建康，在摄山隐居，修建“栖霞精舍”，并邀请来自黄龙（今辽宁朝阳）的法度禅师共同居住，彼此相得。后舍宅为寺，才有了今天的栖霞寺。明僧绍因多次被征召入朝为官，均“称疾不就”，时人赞誉他为“征君”。其五世孙明崇俨在唐朝为官，擅方外之术，深得唐高宗李治和皇后武则天的宠信，奏请为先祖树碑祭祀。唐高宗欣然应允，亲自撰写碑文和碑阴的“栖霞”二字，并由时著名书法家高正臣、王敬知奉敕书丹篆额，御制了这通巨碑。

明征君碑碑高2.74米，宽1.31米，厚0.36米，有碑文共2376字，经历了1300多年的风雨剥蚀，仍灿然如昨，仅缺18字，实属罕见。

明征君碑碑材采用距今2亿多年前的二迭系栖霞灰岩制作，表面密布20000万多颗豆粒状白色斑点，形如梅花含苞待放，即为棘毛动物海百合茎和腔肠动物中国孔珊瑚化石，亦称梅花石，堪称旷世之物。

现将明征君碑碑体、碑亭和碑文拓片刊布于此，以飨读者。

留谜天书禹王碑
禹王碑

明征君碑碑体

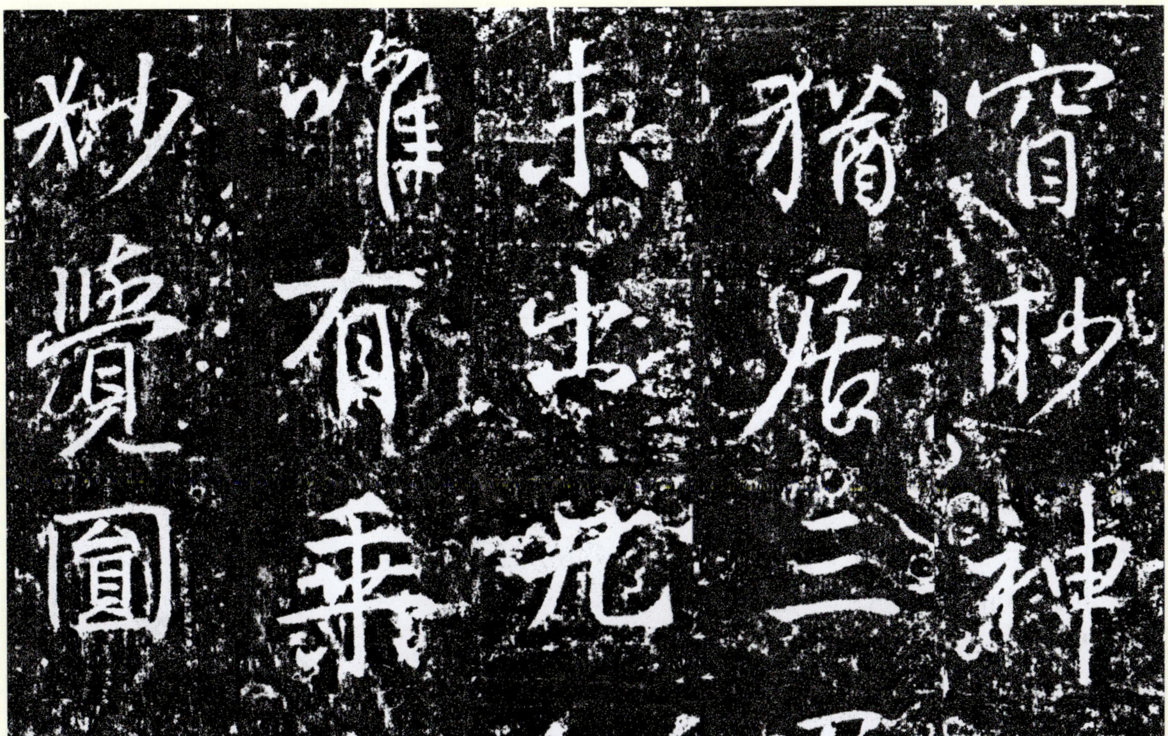

明征君碑碑文拓片（四）

明征君碑碑额拓片